Dieux maudits

La collection « Bibliothèque allemande » publie depuis 1984 des ouvrages liés à l'Allemagne. Elle réunit des publications françaises sur des objets de recherches franco-allemands, qui témoignent des évolutions dans des secteurs clefs des sciences humaines et sociales en Allemagne. Elle publie aussi des traductions françaises de textes novateurs allemands, comme des classiques (d'histoire, de philosophie, de sociologie…).
Au travers de cet échange scientifique, la « Bibliothèque allemande », avec ses séries associées *Philia* et *Dialogiques*, facilite la transmission de savoirs au-delà des frontières, et permet ainsi de renforcer les liens interculturels qui font la force de l'Europe.

La traduction de cet ouvrage a été réalisée avec le soutien du Centre Georg Simmel (École des hautes études en sciences sociales), du Deutscher Akademischer Austauschdienst, du Goethe-Institut et de la Deutsche Forschungsgemeinschaft (Fondation allemande pour la recherche), dans le cadre du Sonderforschungsbereich 1285 « Invektivität. Konstellationen und Dynamiken der Herabsetzung » de la Technische Universität Dresden.

Traduit de l'allemand par Anne-Sophie Anglaret. La version originale de cet ouvrage a été publiée en 2021, chez S. Fischer Verlag, sous le titre *Verfluchte Götter. Die Geschichte der Blasphemie*.

Gerd Schwerhoff

DIEUX MAUDITS

L'histoire du blasphème

Traduit de l'allemand par Anne-Sophie Anglaret

Bibliothèque allemande

Éditions de la Maison des sciences de l'homme

ISBN : 978-2-7351-2901-0
ISSN : 2105-4584
Imprimé en France

Illustration de la couverture
Dalí, *Canto 14 – Les blasphémateurs*, c. 1960 (gravure sur bois)
© Salvador Dalí, Fundació Gala-Salvador Dalí / Adagp, Paris, 2024
sauf pour les œuvres du Musée de St Petersburg, Floride aux USA
Monde entier sauf USA : © Salvador Dalí, Fundació Gala-Salvador Dalí / Adagp, 2024
Pour USA : © Salvador Dalí Museum Inc. St Petersburg, FL 200

Responsable du programme franco-allemand de traduction,
relecture scientifique de la traduction
Bettina Sund

Responsable éditoriale de la « Bibliothèque allemande »
Astrid Thorn Hillig

Responsable des activités franco-allemandes au sein
de la direction Recherche & International
Falk Bretschneider

Relecture et mise en pages
Héléna Bertrand

Relecture
Anna Calvière

Tous droits réservés
© 2021, S. Fischer Verlag, Francfort-sur-le-Main
© 2024, Éditions de la Maison des sciences de l'homme, Paris

Sommaire

Préface	9
Liste des abréviations	17
Introduction	19
Aux origines antiques	33
1. Le Dieu jaloux	35
2. Blasphème dans le polythéisme ?	43
3. Le combat des dieux	53
4. Le christianisme au pouvoir	67
Conflits entre les enfants d'Abraham	85
5. Les juifs – le peuple blasphémateur	87
6. Les musulmans – insulter le Prophète	105
Moyen Âge : l'ère des péchés de la langue	115
7. Offenser Dieu, un péché et un crime	117
8. Le blasphème comme pratique sociale	139
9. Hérétiques blasphémateurs – blasphémateurs hérétiques	177
Époque moderne : le blasphème dans les controverses religieuses	185
10. Discipliner les siens	187
11. La stigmatisation des autres	207
12. Image et blasphème	225
13. Obscénité et blasphème	235

Vives controverses autour du blasphème — 241

14. Formes nouvelles à l'époque des Lumières — 243
15. Répression et scandale à l'époque contemporaine — 277
16. Avant 1989 : un combat désespéré contre l'esprit du temps ? — 319

À l'ère mondiale du blasphème — 333

17. Conflits mondiaux sous le signe du blasphème — 335
18. Intolérance religieuse et répression politique — 373
19. Réactions et réflexions occidentales — 389

Conclusion et perspectives — 401

Remerciements — 417
Bibliographie choisie — 419
Crédits des illustrations — 427
Index — 429

Préface

En avril 2024, une polémique à la fois banale et révélatrice a éclaté en Italie au sujet d'une publicité diffusée sur Internet et à la télévision, dans deux versions légèrement différentes. Celle-ci mettait en scène un groupe de jeunes novices qui communiaient, s'étonnaient du goût agréable de l'hostie et découvraient qu'il s'agissait en fait de chips craquantes qu'une sœur plus âgée avait placées dans le ciboire vide. Durant quelques jours, l'opinion publique fut prise à témoin par d'innombrables acteurs, aux intentions et aux méthodes bien dissemblables, s'affrontant, cinquante ans après la célèbre affaire de la publicité pour les jeans Jesus conçue par Oliviero Toscani, pour savoir s'il s'agissait là d'un blasphème obscène (*patatina*, chips en italien, peut avoir une connotation sexuelle), s'il fallait que le spot soit immédiatement retiré et si la justice devait intervenir. La presse, notamment catholique, les réseaux sociaux, des associations comme l'Association italienne des auditeurs de radio et télévision, des politiques, à l'image d'un ancien sénateur de la Ligue, qui demanda à la marque de chips si elle prévoyait un spot équivalent avec Mahomet, ou un journaliste catholique, connu à la fois pour ses positions pro-européennes et violemment homophobes, y prirent une part active. L'annonceur obtint l'effet désiré : grâce au scandale, la publicité fut largement commentée en France, en Suisse, en Allemagne et la requête « chips et eucharistie » devint l'une des premières requêtes de Google Italie.

L'épisode ne mériterait pas que l'on s'y arrête s'il ne venait, à sa façon, banale, presque triviale, confirmer la pertinence des choix méthodologiques de ce grand livre de Gerd Schwerhoff, publié en 2021 mais précédé de ses nombreuses enquêtes sur le blasphème et les paroles d'outrage à la jonction du Moyen Âge et de l'époque moderne[1]. Le scandale éphémère de la *patatina* nous rappelle, en effet, que les accusations de blasphème ne sont pas corrélées à la force des appartenances religieuses, à l'autorité des institutions ecclésiales, aux formes d'organisation du monde social et aux

---

1. Gerd Schwerhoff, *Verfluchte Götter. Die Geschichte der Blasphemie*, Francfort-sur-le-Main, S. Fischer Verlag, 2021.

types de régimes politiques. Les blasphémateurs ne témoignent ainsi ni de leur profonde familiarité avec le sacré, ni des effets du recul de la pratique religieuse dans les sociétés modernes, au rebours de ce qu'ont autrefois affirmé Johan Huizinga et Jean Delumeau, trop prompts l'un et l'autre à rabattre la singularité et l'étrangeté de la performance blasphématoire sur les croyances. Ils n'illustrent pas davantage la confrontation entre les sociétés, celles qui préserveraient la centralité du sacré et le monopole des clercs sur sa gestion et celles dans lesquelles la désaffiliation religieuse, l'essor des libertés (de conscience, de culte, d'expression) et l'instauration de formes diversifiées de séparation de l'Église et de l'État favoriseraient les énoncés critiques, sceptiques, irrévérencieux, comme le suggèrent parfois des facilités intellectuelles polémiques et médiatiques. Quelques-unes des affaires les plus célèbres qu'évoque ce livre – l'affaire Rushdie ou celle des caricatures du Prophète publiées en 2005 par le journal danois *Jyllands-Posten* et reprises par d'autres journaux, dont *Charlie Hebdo* – apportent la preuve que les adversaires peuvent être également à l'aise dans l'utilisation des ressources modernes de la critique, de la communication et de la mobilisation politique pour tenter d'imposer leurs préoccupations dans l'espace public et, en fait, pour chercher à modeler celui-ci.

Gerd Schwerhoff fait donc ici un double pari, théorique et documentaire, qu'il faut décrire pour comprendre la portée de son enquête.

Le premier pari est celui de s'abstenir d'une définition générale du blasphème et de tenir à distance les raccourcis, plus ou moins séduisants, plus ou moins trompeurs, au moyen desquels on a souvent cherché à cerner la nature des paroles d'outrage contre les choses et les personnes sacrées, les dieux et les cieux : le blasphème serait une attaque contre le sacré, un crime imaginaire ou un crime sans victime… L'accumulation étourdissante des exemples tirés des archives ecclésiastiques et communales, des sermons et des manuels de théologie, des traités de droit et des procès, des grandes affaires médiatisées mais surtout leur contextualisation précise et systématique montrent ici qu'il n'y a pas d'énoncé blasphématoire en soi et qu'il serait vain de vouloir dresser la liste des formules et des formulations litigieuses. Ce qui fait exister le blasphème est un travail ou une construction, qui mettent en relation un locuteur (individuel ou collectif, comme souvent dans la controverse religieuse qui dénonce les blasphèmes supposés de communautés entières), un énoncé (proféré, écrit ou illustré), un juge (théologien, magistrat, opinion publique) investi du pouvoir de dire sous une forme ou une autre ce qu'il en est des propos légitimes ou illégitimes sur l'au-delà, Dieu, les intercesseurs célestes, les clercs et les croyants, mais aussi des témoins et un espace de dénonciation dans lequel les arguments vont pouvoir être déployés.

Renoncer à une approche définitoire pour s'engager dans une histoire pragmatique de la performance blasphématoire et de sa dénonciation, s'appuyer sur les catégories de la théorie des actes de langage et s'interroger par conséquent sur la performativité ou la force perlocutoire des paroles d'outrage permet à Gerd Schwerhoff d'établir le rôle central de la fabrique et de l'application des interdits dans la désignation et la discrimination des propos et des manières de dire. Comme l'annoncent les premières pages de cette belle traduction française, l'enquête entend avant tout démontrer que « "[b]lasphème" était et reste d'abord une qualification attribuée à des actes de langage spécifiques, afin de les désigner comme déviants ». Les procès et les procédures de qualification et de disqualification sont la matière du livre. Celui-ci montre, par exemple, comment ces débats de qualification conduisent à la fin du Moyen Âge et aux débuts de l'époque moderne leurs protagonistes à s'engager dans un effort sans fin pour distinguer les jurons involontaires, exprimés sous le coup de l'émotion, de la peur ou de la colère, notamment, ou sous l'emprise de l'alcool, et les imprécations délibérées par lesquelles le blasphémateur entendrait véritablement renier Dieu et l'organisation sociale du sacré, et pour faire le partage entre les bénédictions innocentes et les malédictions magiques, les œuvres produites au nom de la licence artistique ou littéraire et celles qui ont l'intention d'outrager la majesté divine.

La question du serment, sur laquelle le livre s'arrête à juste titre, est ici révélatrice : d'innombrables textes, images et feuilles volantes de la première période moderne s'emploient en effet à essayer de tracer la frontière qui sépare les bons et les mauvais serments, ceux qui constituent un véritable sacrement du pouvoir comme le dit Paolo Prodi[2], de plus en plus utilisés pour mobiliser et contrôler les populations, et ceux par lesquels quelqu'un prend en vain le nom de Dieu ou de la Vierge pour donner du poids à ses propos ou à ses menaces. L'omniprésence du blasphème à certains moments n'est donc pas séparable des interrogations soulevées dans ces périodes par le souci impérieux d'établir des règles de la parole acceptable ou légitime : les moines pèchent-ils par excès ou par pénurie de mots ? les laïcs (ou les femmes) peuvent-ils parler de religion ou faut-il ne pas leur en donner l'occasion pour éviter tout risque de blasphème ? doit-on empêcher les hérétiques de parler et notamment de s'adresser à la foule lors de leur supplice, en leur coupant ou en leur perçant la langue ? des catégories sociales particulières sont-elles davantage susceptibles de proférer de « vilains serments », comme le suggère l'attention particulière portée jusqu'aux XVIIe-XVIIIe siècles par la législation royale française aux joueurs, aux marins, aux soldats ?

Le second pari du livre intervient par conséquent ici. L'auteur refuse à juste titre d'écrire une histoire linéaire des propos blasphématoires et

---

2. Paolo Prodi, *Il sacramento del potere. Il giuramento politico nella storia constituzionale dell'Occidente*, Bologne, Il Mulino, 1992.

de leur répression, qui risquerait à tout instant de céder à l'illusion d'une identité du nominal, pour s'arrêter sur des configurations historiques spécifiques, dans lesquelles il peut reconstituer la constellation des acteurs, des enjeux et des arguments, et, du même coup, comprendre la dynamique qui les entraîne. Le livre met ainsi au jour des contextes très particuliers, disjoints, hétérogènes, dans lesquels le désir de réglementer les usages de la langue et d'encadrer les pratiques devint à la fois un enjeu et une obsession, un terrain d'affrontement entre pouvoirs, communautés religieuses, groupes sociaux, acteurs individuels. Il faut en donner ici au moins trois exemples qui correspondent à quelques-uns des temps forts et novateurs de l'enquête.

À partir du XIIIe siècle, au moins, la question des péchés de la langue prend, on le sait depuis les travaux de Carla Casagrande et Silvana Vecchio, de Corinne Leveleux ou encore d'Irène Rosier-Catach[3] et, bien entendu, de Gerd Schwerhoff lui-même, une importance nouvelle sous la pression de « la prise de parole » des laïcs, de l'urbanisation et de l'essor de la parole publique dans la prédication et la rhétorique politique, de l'introduction de la confession auriculaire et de la lutte contre les grandes hérésies. Les péchés de la langue deviennent une préoccupation rapidement partagée par les clercs et les pouvoirs séculiers, qui font peu à peu des propos blasphématoires un crime véritable et une menace qui attire la colère de Dieu sur l'ensemble des hommes. En injuriant Dieu et les protecteurs célestes, le blasphémateur met en péril la communauté tout entière et il mérite donc d'être dénoncé et châtié de manière exemplaire.

Au cours du XVIe siècle, le contexte des affrontements confessionnels de la Réforme, qui voient la répression s'alourdir de part et d'autre et les Églises rivales s'accuser mutuellement de blasphème dans leurs affirmations doctrinales, vient en partie dessiner, puis installer, une autre configuration historique. La controverse religieuse acharnée dresse, à l'oral et dans l'imprimé, des catalogues presque sans fin des « folles resveries, exécrables blasphèmes, erreurs et mensonges » des adversaires, comme le dit le titre significatif du pamphlet publié en 1561 par Pierre Richer contre Villegaignon[4]. Une génération plus tard, en 1599, alors que se profile la paix entre les partis politico-confessionnels, un docteur parisien et théologal d'Orléans, Hugues Burlat, juge encore nécessaire de décrire sur près de 300 pages les « blasphèmes, erreurs et impostures » de l'auteur d'un

---

3. Carla Casagrande et Silvana Vecchio, *Passioni dell'anima. Teorie e usi degli affetti nella cultura medievale*, Florence, Sismel / Galluzo, 2015 ; Corinne Leveleux, *La parole interdite. Le blasphème dans la France médiévale (XIIIe-XVIe siècles) : du péché au crime*, Paris, De Boccard, 2001 ; Irène Rosier-Catach, *La parole efficace. Signe, rituel, sacré*, Paris, Éditions du Seuil, 2004.
4. Pierre Richer, *La réfutation des folles resveries, exécrables blasphèmes, erreurs et mensonges de Nicolas Durand, qui se nomme Villegaignon, divisée en deux livres*, [s. l. s. n.], 1561.

traité contre la messe[5]. La fabrique des identités confessionnelles rivales par les Églises et les pouvoirs séculiers qui les appuient produit ainsi un flot de traités, de sermons, de récits édifiants prétendant établir le catalogue des propos inadmissibles sur Dieu; elle conduit également à l'emballement législatif et réglementaire, que l'on observe dans les édits généraux, les règlements locaux, les arrêts et les jugements. En cela, bien entendu, elle bénéficie aux justices séculières qui s'emparent de la traque des proférations inappropriées ou menaçantes, y gagnent de nouvelles compétences et arrivent d'autant mieux à leurs fins qu'elles appellent régulièrement les fidèles à la délation, en promettant souvent de récompenser les dénonciateurs. C'est notamment le cas en Lorraine, où la très efficace justice ducale promet à ceux qui signalent les propos blasphématoires, les malédictions et les imprécations une partie du fruit des amendes et des confiscations, comprise entre un tiers et la moitié.

C'est toutefois sur un autre moment, véritablement central pour son propos, que l'enquête de Gerd Schwerhoff s'avère d'un apport décisif. On a souvent relevé, à la suite d'Alain Cabantous et d'Élisabeth Belmas en France[6], le paradoxe apparent entre le ralentissement de la législation anti-blasphématoire avec les Lumières – le dernier texte français de portée générale date des débuts du règne de Louis XIV – et le recul des condamnations, d'une part, et l'émotion soulevée par quelques affaires retentissantes, comme celle du chevalier de La Barre en 1765-1766, d'autre part. Dans un article fondateur, Élisabeth Claverie a fait de celle-ci l'une des matrices de la «forme affaire» moderne et des manières dont les hommes de lettres surent s'adresser à l'opinion éclairée pour dénoncer comme un scandale l'incrimination de blasphème, le déroulement des procès auxquels elle donnait lieu et la terrible sévérité des condamnations que prononçaient les tribunaux (la mort pour le chevalier de La Barre). Brisant les habitudes de l'instruction judiciaire et l'habitus social des juges d'Ancien Régime, ces hommes de lettres, au premier chef Voltaire, firent circuler largement les documents, mémoires et pièces du dossier, c'est-à-dire portèrent à leur tour des accusations ou des dénonciations. Selon Claverie, c'est donc à Voltaire «qu'il revient d'avoir conçu ce triptyque moderne, aujourd'hui si banal, notamment dans l'appareil polémique de la gauche: la transformation d'un procès en affaire et d'une affaire en cause[7]».

---

5. Hugues Burlat, *Remarques des blasphèmes, erreurs et impostures contenus au livre du ministre Loque, de naguères publié sous tiltre des "Abus de la messe"*, Paris, C. de Monstr'œil/ J. Richer, 1599, disponible en ligne sur https://gallica.bnf.fr/ark:/12148/bpt6k8700655b.
6. Alain Cabantous, *Histoire du blasphème en Occident*, Paris, A. Michel, 1998; Élisabeth Belmas, «La montée des blasphèmes à l'âge moderne du Moyen Âge au XVIIe siècle», *in*: Jean Delumeau (dir.), *Injures et blasphèmes*, Paris, Imago, 1989, p. 15.
7. Élisabeth Claverie, «Sainte indignation contre indignation éclairée. L'affaire du chevalier de La Barre», *Ethnologie française*, nouvelle série, t. XXII, n° 3, 1992, p. 271-290.

Pour Schwerhoff, il n'est sans doute pas possible de séparer cette naissance de la forme affaire et de la critique d'un basculement profond dans la manière dont le blasphème est pensé à partir du XVIIIe siècle, qui explique en partie la perpétuation des poursuites et des condamnations alors que progressent les idées des Lumières et les formes nouvelles de mise à distance de l'autorité des Églises. La démonstration est d'autant plus importante dans l'économie du livre que les effets de ce basculement se font encore sentir dans les affaires récentes, comme celles de la *Dernière tentation du Christ* de Martin Scorsese, des *Versets sataniques* de Salman Rushdie ou des caricatures du Prophète, et même de la *patatina* que l'on évoquait plus haut. Il constitue même l'un des principes ou des moteurs des affaires contemporaines en conférant à de nouveaux acteurs le droit – et souvent, à leurs yeux, le devoir – de dénoncer des affirmations, des expressions ou des manifestations qu'ils jugent blasphématoires et en permettant à ces acteurs de s'ériger en victimes des actes ou des propos qu'ils tiennent pour scandaleux.

Progressivement, en effet, dans les Lumières européennes, juristes, philosophes et gouvernements éclairés, soucieux de concilier raison et religion afin d'engager des politiques de tolérance civile, cessent peu à peu de considérer que le blasphème est une insulte à Dieu, qu'il reviendrait aux hommes de punir à sa place. Des penseurs comme Christian Wolff, Adam Voigt ou Anselm von Feuerbach considèrent que «le blasphémateur n'insulte pas Dieu […] mais la société religieuse autorisée», en somme les Églises, leurs fidèles, et la société tout entière qui a besoin de religion pour se maintenir et maintenir chacun à sa place. Ce n'est par conséquent plus Dieu qui exige d'être vengé, mais les Églises ou les communautés religieuses qui s'estiment blessées, demandent justice et participent ainsi de la construction de la forme affaire en portant devant l'opinion leurs récriminations, leurs accusations et leurs attentes de réparations et de sanctions. On l'a vu, l'affaire de la *patatina*, par exemple, a pris consistance au moment où la presse et les associations catholiques décidèrent de s'indigner publiquement de la publicité, apportant la preuve de leur capacité de mobilisation et de la puissance de leurs relais dans le monde des médias et dans celui de la politique. Les choses allèrent alors très vite : fin mars 2024, le site professionnel unacom.it annonçait que le groupe Lorenzo Marini avait emporté le marché publicitaire de la marque de chips Amica ; le spot sortit le 8 avril ; un jour plus tard, il était retiré. Mais célèbre. Chacun put engranger les bénéfices symboliques de cette affaire mineure.

Nous savons que d'autres affaires mobilisèrent des acteurs bien plus déterminés, sur des enjeux infiniment plus graves que la dégustation inattendue d'une chips, et qu'elles connurent des issues dramatiques, parfois des années après l'événement qui en avait été à l'origine et après la disparition d'une partie des protagonistes, comme l'a montré l'attentat perpétré contre Salman Rushdie en août 2022. C'est l'immense mérite du livre de Gerd Schwerhoff que de les mettre en perspective sur le long terme et d'en dévoiler les fonctionnements, sans jamais sacrifier la singularité des configurations historiques et des constellations d'acteurs.

Olivier CHRISTIN
*Professeur ordinaire d'histoire moderne à l'université de Neuchâtel
et directeur d'études à l'École pratique des hautes études (V^e section)*

Liste des abréviations

Ambrosii ep.	*Sancti Ambrosii mediolanensis episcopi, prima classis*
BH	Diodore de Sicile, *Bibliothèque historique*
BT-Drs.	Bundestags-Drucksache (document du Bundestag)
Code théod.	Théodose II, Code théodosien (*Codex Theodosianus*)
CSEL	Corpus scriptorum ecclesiasticorum latinorum
De errore	Julius Firmicus Maternus, *De errore profanarum religionum*
GP	Thucydide, *Histoire de la guerre du Péloponnèse*
HAStK Verf.u.Verw.	Historisches Archiv der Stadt Köln, Verfassung und Verwaltung : G 215
MGH SS rer. Germ.	*Monumenta Germaniae Historica, Scriptores rerum Germanicarum*
MGH SS rer. Merov.	*Monumenta Germaniae Historica, Scriptores rerum Merovingicarum*
PL	Jacques-Paul Migne, *Patrologiae Cursus Completus. Series Latina*
PrALR	Allgemeine Landrecht für die Preußischen Staaten (Code civil prussien unifié)
RStGB	Reichsstrafgesetzbuch (Strafgesetzbuch für das Deutsche Reich – Code pénal impérial unifié)
StaatsA-BS Ratsbücher	Staatsarchiv Basel-Stadt, Ratsbücher : A 2 (Leistungsbücher I)
StaatsA-N Ratschlagbücher	Staatsarchiv Nürnberg, Bestand Reichsstadt Nürnberg, Rep. 51a : Ratschlagbücher Nr. 17.
Sym. *Rel.*	Symmaque, *Relationes*
VD17	Verzeichnis der im deutschen Sprachraum erschienenen Drucke des 17. Jahrhunderts der Bayerischen Staatsbibliothek

VD16   Verzeichnis der im deutschen Sprachbereich erschienenen Drucke des 16. Jahrhunderts der Bayerischen Staatsbibliothek

X   *Decretales Gregorii IX, Liber extra* ou encore *Liber Decretalium extra Decretum Gratiani vagantium*

Livres de la Bible cités

1 R	Premier Livre des Rois	Gn	Genèse
2 R	Deuxième Livre des Rois	Lv	Lévitique
1 Tm	Première épître à Timothée	Mc	Évangile de Marc
Ac	Actes des Apôtres	Mt	Évangile de Matthieu
Ap	Apocalypse	Nb	Nombres
Dt	Deutéronome	Qo	Ecclésiaste
Ex	Exode	Rm	Épître aux Romains

Introduction

Rétrospectivement, le 14 février 1989 semble marquer une césure importante dans l'histoire récente. Ce jour-là, l'ayatollah Khomeini, le plus haut dignitaire religieux d'Iran, rendit publique sa condamnation à mort de Salman Rushdie et de tous ses soutiens. À l'avenir plus personne ne devait, comme l'auteur des *Versets sataniques*, traiter avec mépris les biens sacrés des musulmans[1]. La nouvelle reçut un large écho international, elle enthousiasma les partisans de l'ayatollah et indigna ses adversaires. Pourtant, à l'époque, presque personne n'aurait considéré comme un événement historique le verdict du vieillard barbu, qui apparaissait plutôt comme une bizarre arabesque dans l'histoire mondiale. Rapidement, les regards se tournèrent vers la transformation politique vertigineuse de l'Europe de l'Est. Elle était déjà visible au début de l'année en Pologne et en Hongrie, et elle atteignit son apogée saisissant au moment de la chute du mur entre l'Est et l'Ouest de l'Allemagne, le 9 novembre. Déjà, durant l'été de cette année mémorable, le politiste américain Francis Fukuyama avait invoqué « la fin de l'histoire » et annoncé la victoire durable de la démocratie et de l'économie libérales[2]. À court terme, il put se sentir conforté dans sa prophétie par la fin soudaine de l'affrontement Est-Ouest. Rapidement, pourtant, il s'avéra qu'il y avait là une monumentale erreur de diagnostic.

Samuel P. Huntington, ancien professeur de Fukuyama, lui opposa ainsi quelques années plus tard sa thèse tout aussi simplificatrice du « choc des civilisations » : pour lui, le conflit entre les identités culturelles et religieuses, et non l'ancien face-à-face idéologique entre capitalisme et communisme, était le moteur de ce *clash of civilizations*. L'opposition entre

---

1. Gereon Vogel, *Blasphemie. Die Affäre Rushdie in religionswissenschaftlicher Sicht. Zugleich ein Beitrag zum Begriff der Religion*, Francfort-sur-le-Main, P. Lang, 1998, p. 184.
2. Stefan Jordan, « Francis Fukuyama und das „Ende der Geschichte" », *Zeithistorische Forschungen/Studies in Contemporary History*, vol. 6, n° 1, 2009, p. 159-163, disponible en ligne sur https://www.zeithistorische-forschungen.de/1-2009/id=4543 [consulté le 05/08/2020].

« le monde occidental » et « l'islam », en particulier, se trouva au cœur du débat. Le 11 septembre 2001, l'effondrement des tours du World Trade Center, à New York, devint l'effrayant symbole du conflit culturel mondial ; mais son commencement avait été marqué par l'accusation de blasphème lancée contre Rushdie, comme un mauvais présage annonçant une époque nouvelle et nullement glorieuse. Durant les décennies qui suivirent, le blasphème resta un point de cristallisation essentiel du prétendu conflit culturel entre Occident et Orient. La confrontation se fit même de plus en plus dramatique, des caricatures de Mahomet en 2005 au terrible attentat perpétré le 7 janvier 2015 par deux islamistes contre la rédaction du journal satirique *Charlie Hebdo*.

Le blasphème – un sujet d'un « autre temps » – nous est rapidement redevenu très contemporain, et peut même être lu comme tout à fait caractéristique de notre présent. Il y a quelques décennies seulement, l'intérêt pour le sujet se limitait surtout aux officines savantes. Dans les débats publics, il ne semblait réapparaître qu'au gré des combats d'arrière-garde de quelques traditionalistes impénitents. Les réglementations juridiques de protection de la religion, par exemple l'article 166 du Code pénal allemand, végétaient dans l'indifférence. Dans le cadre de l'affaire Rushdie, la discussion s'anima à nouveau au sein de la sphère culturelle occidentale de tradition chrétienne. Pour nombre d'observateurs, le blasphème était une sorte de revenant d'une époque prémoderne, un zombie qu'il fallait achever une bonne fois pour toutes par quelques puissants coups d'épée rationalistes. Dans les débats naissants, la possibilité de blasphémer en paroles et en actes fut en général considérée comme un phénomène véritablement moderne, fruit de la sécularisation et du libéralisme. « Lorsque le christianisme était encore répandu et puissant », ainsi que le formula le philosophe de la religion Christoph Türcke, « se moquer de la religion revenait à s'insurger contre la vérité suprême – et semblait ainsi incroyablement répréhensible, car tout à fait déraisonnable et autodestructeur ». Cela aurait changé avec les Lumières : sans pouvoir, certes, y être identifiée totalement, « la Raison ressemble parfois, à s'y méprendre, au blasphème. La moquerie, lorsqu'elle tape juste, pénètre plus profond que toute autre forme de critique ». Autrement dit : « la Raison, lorsqu'elle est utile, est douloureuse ; force lui est parfois d'offenser des sentiments religieux[3] ». Toutefois, concédait le philosophe, pour les musulmans la raillerie blasphématoire était peut-être une importation occidentale contrainte, qui n'était que difficilement dissociable de l'impérialisme et du colonialisme dans leur horizon d'expérience[4].

---

3. Christoph Türcke, « Blasphemie », *in* : *id.*, *Religionswende. Eine Dogmatik in Bruchstücken*, Lunebourg, zu Klampen, 1995, p. 17 *sq.*
4. *Ibid.*, p. 23.

Le texte de Türcke sur le « blasphème » parut quelques années après l'affaire Rushdie. Il fut le premier d'une série d'essais sur le « tournant religieux », qui peuvent eux-mêmes être considérés comme les signes d'une nouvelle importance du religieux dans le discours public. Depuis, le diagnostic d'une renaissance des religions autour du globe est devenu un bien commun scientifique et journalistique, résumé par le déjà proverbial « retour des dieux » (Friedrich Wilhelm Graf). Le renouveau de l'attention publique portée au thème du blasphème doit aussi être envisagé dans ce contexte. Les deux axes de discussion, la sensibilité religieuse plus grande et le débat sur l'identité culturelle, se renforcèrent mutuellement. Les voix chrétiennes réclamant la protection contre le blasphème se firent à nouveau entendre distinctement.

Le blasphème, il s'agit là d'une évidence, est davantage qu'un phénomène marginal. Toute discussion sur le sujet traite, en même temps, de problèmes contemporains essentiels : les questions d'identité religieuse et culturelle, de liberté d'expression et de tolérance. Dans ces débats, l'histoire est toujours là – parfois apparente, parfois en filigrane –, souvent comme une image repoussoir, devant laquelle s'impose d'autant mieux un présent lumineux. Il y a là un motif suffisant pour s'intéresser de plus près à cette histoire. Le regard en arrière apporte des éclairages difficilement conciliables avec les représentations habituelles. Il rend aussi le présent plus compréhensible.

Histoire(s) de blasphème

On trouve déjà plusieurs études historiques sur le blasphème, dont le nombre a encore augmenté fortement en raison des événements récents[5]. Sans ces travaux préliminaires, le présent livre n'aurait pas été possible. Aucun, toutefois, n'est réellement satisfaisant. Nombre d'entre eux, en dépit d'un titre général, ne traitent que d'une petite partie du sujet. À cela s'ajoutent les difficultés à maîtriser l'objet d'un point de vue terminologique et pratique. Il s'agit souvent plutôt d'une histoire de l'hérésie ou de la répression politique, de la liberté d'expression et de la tolérance. Autrices et auteurs associent alors à leurs livres une entreprise d'édification, par

---

5. L'exemple le plus récent est l'ouvrage de Jacques de Saint-Victor, *Blasphème. Brève histoire d'un « crime imaginaire »*, Paris, Gallimard, 2016 ; pour la recherche anglaise, voir David Nash, *Blasphemy in the Christian World: A History*, Oxford/New York, Oxford University Press, 2007 ; et, d'une richesse documentaire inégalée, Leonard W. Levy, *Blasphemy: Verbal Offense against the Sacred, from Moses to Salman Rushdie*, New York, A. A. Knopf, 1993. Sur l'état de l'art, voir mon post de blog : « Noch eine Geschichte der Blasphemie ? », *Kliotop*, 26 avril 2020, disponible en ligne sur https://kliotop.hypotheses.org/92 [consulté le 05/08/2020].

exemple la défense de la société libérale contre l'oppression et l'intolérance. Il n'y a rien à redire à cela tant que des catégories et des valeurs modernes ne sont pas plaquées sur une époque qui ne les connaissait pas, sous peine d'entraver la compréhension du passé. Ce qui était désigné comme un blasphème dans des époques antérieures constitue souvent pour nous, aujourd'hui, un phénomène étranger. Ce n'est qu'en nous efforçant de le comprendre dans son altérité que nous pouvons saisir la transformation historique qui a mené au présent ; cela n'exclut ni les parallèles entre hier et aujourd'hui, ni le fait de tirer des enseignements pour le dialogue interculturel. Pour toutes ces raisons, mon principe directeur est ici plutôt celui d'une analyse froide, ou du moins distanciée, du thème « brûlant » qu'est le blasphème. Les jugements de valeur ne peuvent « découler » directement de l'étude historique et restent soumis à une appréciation personnelle. Je peux, pour commencer, avouer que de mon côté, en cas de doute, je donnerai toujours la priorité à la liberté d'expression par rapport à la protection des susceptibilités individuelles ou collectives[6]. Les lois pénales ne sont pas des instruments appropriés pour protéger les sentiments religieux. C'est justement pour cela que je me suis efforcé de rechercher les motifs de ceux qui avaient, et ont encore, une autre position sur le sujet.

Une approche distanciée du sujet promet aux lecteurs curieux des découvertes dépassant les représentations conventionnelles, mais aussi un véritable divertissement. Car tout ne se résume pas à des destins tragiques comme celui du chevalier de La Barre, exécuté très jeune en 1766, ou de l'écrivain Oskar Panizza, brisé par son procès à la fin du XIXe siècle. On peut s'étonner devant les blasphèmes crus d'un James Taylor en 1675, ou devant les poèmes français du XVIIe siècle durant lequel religion et sexualité formaient parfois un curieux mélange. Les réactions de l'environnement social et des autorités publiques, face aux actes de langage blasphématoires, ne sont pas moins révélatrices. Enfin, les controverses autour du caractère et de la pénalisation du blasphème offrent une plongée dans la pensée de chacune des époques.

Si l'on place au centre de l'analyse les pratiques blasphématoires et leur jugement par les contemporains, et non, comme à l'habitude, la foi et la piété, la religiosité des sociétés « traditionnelles » paraît sous un jour inhabituel. À cette époque, le comportement blasphématoire surgit à chaque coin de rue. Cela ne suggère en aucun cas un éloignement de Dieu, bien au contraire. De fait, le christianisme semblait alors, de toute autre façon qu'aujourd'hui, « grand et fort » (Christoph Türcke).

Le médiéviste néerlandais Johan Huizinga l'avait déjà compris il y a environ cent ans, dans sa grande fresque *L'automne du Moyen Âge*.

---

6. La meilleure discussion de la question se trouve dans Jean-Pierre Wils, *Gotteslästerung*, Francfort-sur-le-Main, Verlag der Weltreligionen, 2007.

Il expliquait le blasphème par la religiosité omniprésente des contemporains : « La vie entière était tellement saturée de religion que la distinction entre le spirituel et le temporel risquait à chaque instant d'être perdue de vue[7]. » La description de Huizinga s'appliquait parfaitement au comportement d'un pêcheur maltais du nom de Giovanni, qui cultivait encore cela au XVIIIe siècle : il jeûnait chaque lundi, mercredi et samedi, et commençait sa journée en faisant appel à l'aide de la Vierge Marie, des saints et des âmes du purgatoire. Mais il n'hésitait pas à maudire Dieu lorsqu'il attrapait trop peu de poissons dans ses filets[8]. Celui qui entretenait avec Dieu et les saints des relations familières dépassait facilement les limites du profane. Cette familiarité n'était pas toujours passible, comme le voudrait un autre cliché courant, de la peine capitale ou de châtiments corporels. Ils constituaient sans aucun doute un danger réel, mais il existait aussi une culture très répandue de l'excuse et de la minimisation, une tendance à détourner les yeux, à se boucher les oreilles, à feindre l'ignorance. Ainsi les acteurs que nous rencontrerons au cours de notre promenade dans le temps et l'espace sont très variés : fanatiques et puristes, mais aussi moqueurs savants et joueurs bourrus.

Le blasphème comme outrage

Le blasphème peut être défini comme un dénigrement et un outrage envers le sacré. Les actes de langage dépréciatifs, et la façon dont les contemporains les jugeaient, sont donc au centre de l'histoire retracée ici[9]. Cette approche peut sembler simple et évidente, mais elle ne l'est pas. Souvent, on se plaint des problèmes de définition et l'on évite toute caractérisation claire. Ou alors, le blasphème est compris principalement comme « l'expression d'une opinion[10] ». Cela induit totalement en erreur, même si les opinions peuvent être exprimées sous forme d'outrage, ou être dénoncées comme blasphématoires. Le blasphème est en premier lieu une variante particulière du dénigrement langagier et symbolique, que la recherche actuelle tente de saisir par le

---

7. Johan Huizinga, *L'automne du Moyen Âge*, traduit par Julia Bastin, Paris, Payot, 1989, p. 162.
8. Frans Ciappara, *Society and the Inquisition in Early Modern Malta*, San Gwann, PEG, 2001, p. 91 *sq.*
9. De même pour la recherche sur le début de l'époque moderne, voir Francisca Loetz, *Mit Gott handeln. Von den Zürcher Gotteslästerern der Frühen Neuzeit zu einer Kulturgeschichte des Religiösen*, Göttingen, Vandenhoeck & Ruprecht, 2002 ; Javier Villa-Flores, *Dangerous Speech: A Social History of Blasphemy in Colonial Mexico*, Tucson, University of Arizona Press, 2006.
10. Selon David Lawton, *Blasphemy*, New York, Harvester Wheatsheaf, 1993, p. 5.

concept d'« invectivité[11] ». Cette conception souligne une fois encore l'actualité du sujet. Car l'outrage et l'injure, les discours de haine et la discrimination langagière semblent justement caractéristiques du nouveau millénaire, le prétendu *clash of cultures* n'étant ici qu'une facette parmi d'autres.

Les acteurs populistes comme Donald Trump utilisent avec un grand succès une stratégie de dénigrement systématique, pour stigmatiser leurs adversaires et mobiliser leurs propres partisans. Souvent, la politique internationale semble moins caractérisée par une diplomatie discrète que par une hostilité bruyante. Les violentes campagnes d'injures ont marqué de leur empreinte presque toutes les convulsions du passé récent, de la crise financière au Brexit. Dans les discussions et les actions sur le sujet « expulsions et migration », les stéréotypes péjoratifs et les surenchères racistes sont omniprésents. La conjoncture des *hate speech* et des *shitstorms* repose de façon essentielle sur les nouveaux moyens numériques de communication, en particulier les réseaux sociaux. De toute part on invective, et de toute part ces outrages sont critiqués. À l'ubiquité des propos durs et méprisants semble répondre une plus grande susceptibilité. L'espace public est marqué par une sensibilité particulière aux paroles dévalorisant et excluant les personnes en raison de leur sexe, de leur origine ou d'autres caractéristiques (attribuées). Cette sensibilité fait réagir, à son tour, des voix qui critiquent un « politiquement correct » prétendument idéologique. Dans le contexte qui n'est ici qu'esquissé, l'outrage envers Dieu et le dénigrement du sacré paraissent bien moins exotiques qu'on ne le pense à première vue[12].

Aussi simple que soit la définition préalable du blasphème, il est impossible de saisir de façon véritablement précise ce qui est dénigré en tant que « sacré » – les cibles du blasphème varient trop, dans le temps et l'espace. Il peut s'agir d'une offense à Dieu ou à des personnes saintes, ou de l'injure envers des images, des objets ou des symboles. D'un point de vue abstrait, les destinataires semblent être établis (ou le devenir) dans une sphère de la transcendance, au-delà de l'arène humaine dans laquelle les outrages habituels sont échangés entre mortels ordinaires. En ce sens, il y a dans le blasphème un moment de présomption, une façon de mettre à sa portée l'inaccessible, ou, simplement, l'insinuation d'une telle présomption[13]. À l'inverse, le reproche de blasphème est lié à l'accusation

---

11. Sur cette approche, voir plus en détail Gerd Schwerhoff, « Invektivität und Geschichtswissenschaft. Konstellationen der Herabsetzung in historischer Perspektive – ein Forschungskonzept », *Historische Zeitschrift*, vol. 311, n° 1, 2020, p. 1-36.
12. Pour le contexte, voir l'approche de Burkhard Josef Berkmann, *Von der Blasphemie zur „hate speech"? Die Wiederkehr der Religionsdelikte in einer religiös pluralen Welt*, Berlin, Frank & Timme, 2009.
13. Sur la question de la transcendance et de l'inaccessible, voir Hans Vorländer, *Transzendenz und die Konstitution von Ordnungen*, Berlin/Boston, De Gruyter, 2013, p. 20 *sqq*.

de dénigrer quelque chose ou quelqu'un en particulier. Ainsi, une telle accusation est généralement aussi une façon de valoriser le sacré attaqué. À l'évidence, les débats sur le blasphème mettent toujours en jeu la frontière entre le sacré et le profane, frontière qui est sans cesse recréée, redéfinie, souvent aussi déplacée. C'est de cela, notamment, qu'il est question dans ce livre.

Le recul relatif des religions dans le monde occidental moderne ne signifie en aucun cas une perte d'importance systématique de l'outrage envers le sacré, au sens large. Je reviendrai sur ce point dans la conclusion.

Qu'est-ce qu'un outrage?

Que signifie exactement la définition du blasphème comme outrage envers le sacré? Qu'est-ce qu'un outrage? Au sens le plus large, on peut le définir comme une offense infligée aux personnes par les mots, les gestes ou d'autres actes symboliques[14]. Il ne s'agit pas d'une blessure corporelle, et elle ne cause pas directement de douleur physique. Il existe, naturellement, de nombreux cas limites: ainsi une gifle peut faire très mal, mais très souvent l'humiliation symbolique qu'elle cause paraît plus grave que la douleur physique. À l'évidence, l'être humain dispose, au-delà de son corps physique, d'un second corps social et symbolique, qui peut être blessé par les mots.

Cela n'explique pas, toutefois, comment fonctionnent les blessures infligées par le langage. La philosophie connaît les actes du langage, qui ne sont pas un simple énoncé décrivant, par exemple, un objet, mais qui permettent de «faire» quelque chose. Dans sa célèbre série de conférences *Quand dire, c'est faire*, John Austin les définit comme des énoncés performatifs. Il prend pour exemple le baptême («je te baptise au nom...») ou le mariage («je vous déclare mari et femme»). L'acte de langage porte en lui-même son propre accomplissement; avec la formule correcte prononcée par la «bonne» personne, le baptême est réalisé, ou le mariage conclu. Concernant un outrage, une injure ou un blasphème, le processus n'est pas le même. Une annonce comme «je t'insulte par la présente!» déclencherait plus probablement l'hilarité. De même, aujourd'hui, une déclaration comme «j'injurie (ou je blasphème) Dieu» ne pourrait guère fonctionner[15].

---

14. Sybille Krämer, «Sprache als Gewalt oder: Warum verletzen Worte?», *in*: Steffen K. Herrmann, Sybille Krämer et Hannes Kuch (dir.), *Verletzende Worte. Die Grammatik sprachlicher Missachtung*, Bielefeld, Transcript Verlag, 2007, p. 31-48.
15. Steffen K. Herrmann et Hannes Kuch, «Eine Einleitung», *in*: Steffen K. Herrmann, Sybille Krämer et Hannes Kuch (dir.), *Verletzende Worte...*, *op. cit.*, p. 7-30, ici p. 10. Il en allait un peu différemment au Moyen Âge, voir chap. 15.

Ainsi, même une injure courante n'est pas une arme verbale, au sens où un certain usage déclencherait une blessure aussi certainement qu'un couteau ou un pistolet. Entre locuteur et destinataire, il existe une large palette d'interprétations possibles de tels mots, ne serait-ce qu'en raison d'une grande possibilité de gradation (entre «abruti complet» et «énorme connard»). De plus, les intentions de l'«envoyeur» sont très diverses («cela doit faire un peu mal!», «ce n'est pas ce que je voulais dire!», «je ne le pensais pas!») et trouvent chez le destinataire différents degrés de susceptibilité. Des injures qu'on pensait univoques peuvent perdre très vite leur sens, une injure grossière peut même devenir une interpellation familière. À l'inverse, des propos qui semblent neutres peuvent cacher un potentiel insultant subtil mais efficace, lorsqu'ils contiennent des impolitesses, des insinuations ou des histoires honteuses. Ainsi, à y regarder de plus près, la situation d'outrage n'a plus rien d'une évidence.

Ici apparaît une particularité de la communication humaine : elle a lieu – d'un point de vue sociologique – sous la condition d'une double contingence. En général, cela est mis en évidence par l'image de deux acteurs idéaux-typiques («Ego» et «Alter») dans une interaction en face à face : il ne peut y avoir aucune action, et donc aucun ordre social, «si Alter fait dépendre son action de la façon dont Ego agit et que Ego veut aligner son comportement sur celui d'Alter[16]». La conséquence serait une paralysie sociale totale. Ainsi, les deux partenaires sont contraints de s'entendre, en tâtonnant, sur le sens de leur communication, en confrontant sans cesse leurs attentes, leurs expériences et leurs horizons culturels. Le monde social ne peut être constitué qu'à partir de ce processus de compréhension mutuelle. Ce modèle permet de comprendre l'importance de la marge interprétative dans le cas des injures (supposées) : on peut se justifier («c'est vous qui avez commencé!»), nier l'outrage, afficher son sentiment d'offense («c'est allé trop loin!»), endurer vaillamment, faire un scandale ou répondre avec ironie.

Toutefois, le modèle de «Ego» et «Alter», qui communiquent dans une sorte de vide social, atteint vite ses limites. D'une part, les acteurs concernés ne sont pas des personnes abstraites, mais des hommes et des femmes, des riches et des pauvres, d'origines et d'appartenances diverses, dont les mots peuvent résonner de façons très différentes. Le contexte social et culturel, notamment, est essentiel : les concours d'injures des jeunes Afro-Américains, dans les métropoles des États-Unis, en constituent un exemple extrême. Dans une ambiance sonore particulière, ils se lancent dans une surenchère d'insultes vulgaires et imaginatives qui,

---

16. Niklas Luhmann, *Soziale Systeme. Grundriß einer allgemeinen Theorie*, Francfort-sur-le-Main, Suhrkamp, 1984, p. 149.

dans un autre contexte, paraîtraient extrêmement racistes[17]. D'autre part, comme dans la plupart des situations de communication, l'outrage et l'injure mettent le plus souvent en jeu des tiers : par exemple, des partisans de l'une des deux personnes, qui doivent être mobilisés ou pris à partie par l'outrage. Il peut aussi s'agir de spectateurs d'abord neutres (ce qui crée le caractère public), qui prennent ensuite parti ou tentent d'arbitrer. Ce public ne doit pas nécessairement être présent de façon physique, car un outrage peut aussi être diffusé par un support – une lettre, un imprimé ou un canal de communication électronique – et atteindre un grand nombre de personnes. De cette façon, l'injure peut être totalement détachée de son contexte d'origine et gagner une vie propre dans une autre situation de communication.

On voit déjà ici à quel point ces observations entrent en contradiction avec notre conception ordinaire du dénigrement verbal. Nous avons tendance à faire des intentions et des motivations du locuteur un critère décisif pour déterminer s'il y a outrage, en mesurer la gravité, définir la réaction appropriée, etc. Les réflexions ci-dessus, au contraire, laissent penser que l'interprétation d'un outrage ne dépend pas tant de l'acte de communication original que des processus de négociation qui ont lieu ensuite entre de nombreuses personnes potentiellement impliquées et concernées. Seule cette « communication secondaire » détermine s'il y a un dénigrement verbal ou symbolique, et la façon dont il doit être jugé[18]. Dans le paysage politique contemporain, mais pas seulement, la réponse d'un acteur affirmant que ce n'était pas ce qu'il voulait dire reste largement sans effet lorsque des faiseurs d'opinion influents jugent sa déclaration insultante, ou qu'elle est perçue ainsi par le public. Le blasphème était et demeure un exemple saisissant en ce sens.

Délégation

Une synthèse récente sur le blasphème évoque dès son sous-titre l'histoire d'un crime « imaginaire[19] ». Cette qualification induit en erreur. Naturellement, les outrages et les dénigrements verbaux sont toujours « imaginaires » au sens où ils ne laissent pas de blessures visibles mais dépendent de la perception des personnes concernées et de l'environnement social.

---

17. Elijah Wald, *Talking 'bout your Mama: The Dozens, Snaps, and the Deep Roots of Rap*, Oxford / New York, Oxford University Press, 2014.
18. Dagmar Ellerbrock *et al.*, « Invektivität – Perspektiven eines neuen Forschungsprogramms in den Kultur- und Sozialwissenschaften », *Kulturwissenschaftliche Zeitschrift*, vol. 2, n° 1, 2017, p. 2-24, ici p. 7.
19. Jacques de Saint-Victor, *Blasphème...*, *op. cit.*

Toutefois, il s'agit bien de véritables faits sociaux – à l'effet très « réel ». L'objection facile, selon laquelle la victime du blasphème (Dieu) n'existe pas, ou du moins n'est pas présente et ne peut ainsi en aucun cas se sentir personnellement offensée, ne suffit pas. Durant les longs siècles que je désigne dans ce livre comme l'âge classique du blasphème, la présence de Dieu était, pour la plupart des hommes, une réalité tout à fait tangible. En allemand, la définition du blasphème ressort très clairement du terme *Gotteslästerung* – le dénigrement de Dieu : il s'agit d'une offense faite à l'honneur de Dieu.

Si étrange que nous paraisse, aujourd'hui, l'image anthropomorphe de Dieu qui transparaît dans cette définition, son efficience sociale était grande. Dans les représentations des hommes de l'époque, le Créateur était animé par des motivations et des sentiments très humains, et réagissait ainsi à l'offense par une irrépressible colère. Il se défendait non seulement en punissant le coupable (c'est ce que racontent d'innombrables *exempla*), mais aussi en menaçant d'abattre la faim, la guerre et les épidémies sur la communauté dans son ensemble, si celle-ci ne sévissait pas contre le blasphémateur. Ici entrent en jeu les « tiers », qui sont loin d'être étrangers à l'affaire car la menace de châtiment collectif du Dieu courroucé pèse sur leurs têtes comme une épée de Damoclès. De ce fait, les membres de cette communauté se voyaient attribuer un rôle très clair : les témoins d'un blasphème devaient le dénoncer et l'attester, les juges devaient prononcer des jugements sévères, etc. Notre exposé montrera, toutefois, que ces tiers n'agissaient pas toujours, ni même habituellement, selon les normes officielles : il existait aussi des lois « non écrites » et des normes de comportement informelles, qui permettaient un autre rapport aux blasphémateurs.

À l'époque des Lumières, alors que l'idée d'une atteinte à l'honneur de Dieu devenait obsolète, le délit de blasphème dut être redéfini. L'« injure à la religion » fut alors considérée comme une attaque contre les fondements de l'État et de la société, un attentat contre la paix sociale ou simplement une offense aux sentiments religieux. Le délit n'en devint pas, pour autant, « imaginaire ». Ce fut plutôt l'inverse : si, auparavant, les accusateurs du blasphémateur se présentaient comme les délégataires d'un Créateur touché dans son honneur, ils s'exprimaient à présent au nom de l'État ou, du moins, de la communauté religieuse. Ainsi, ce mécanisme de délégation contribue fortement à relier les débats et les conflits des époques anciennes et modernes. La défense de personnes et d'objets saints, l'engagement contre l'outrage envers les valeurs et les symboles bien compris d'une communauté peuvent procurer aux acteurs concernés influence et prestige. Avocats prétendus du bien commun, ils sont davantage à même de mobiliser des partisans, ou d'exclure des personnes ou des groupes spécifiques.

Le blasphème comme qualification

« Blasphème » était et reste d'abord une qualification attribuée à des actes de langage spécifiques, afin de les désigner comme déviants. Il est peu probable qu'une personne accusée de blasphémer, dans les sociétés européennes traditionnelles, ait arboré volontairement cette étiquette, y compris lorsqu'elle prenait un plaisir certain à défier la puissance sacrée. C'est aussi pour cela qu'il est impossible d'esquisser un profil net « du » blasphémateur, traversant les époques. Il s'agit bien au contraire d'un personnage changeant, aux multiples facettes. À l'époque classique du blasphème, un homme pouvait, à cause de ses outrages, être catapulté aux marges de l'espace social, mais il pouvait aussi exprimer, de façon socialement acceptable, une force et un aplomb virils. Seule l'analyse de la configuration sociale du moment peut permettre de déterminer laquelle de ces variantes correspond le mieux.

Ce fut seulement à une époque relativement récente qu'il devint pensable de comprendre la qualification de blasphème comme une distinction pour une critique acérée et une ironie pertinente, ou même de formuler un *Éloge du blasphème* comme la journaliste Caroline Fourest en 2015. Cela ne fut possible qu'après la constitution d'une sphère publique critique, politiquement légitime et désirable. Le fait que les blasphémateurs soient mis en scène et célébrés dans l'art comme des briseurs de tabous avant-gardistes est également un phénomène relativement récent. En République fédérale d'Allemagne, au début des années 1960, les artistes situationnistes du groupe SPUR firent partie des pionniers. Ils provoquèrent l'opinion publique et l'Église catholique par une revue dont le contenu attira aux membres du groupe des plaintes et des condamnations pour pornographie et blasphème. Plus tard, Dieter Kunzelmann résuma ainsi leur stratégie devant les tribunaux : « Oui, monsieur le président, je reconnais avoir rédigé des textes pornographiques et je blasphème avec enthousiasme. Qu'y a-t-il de répréhensible là-dedans[20] ? » À l'époque, l'avant-gardisme blasphématoire avait déjà un certain coût : dans le cas des artistes du SPUR, des peines de prison avec sursis et l'exclusion du marché de l'art. Avant et après eux, nombre d'autres payèrent bien plus cher, dans leur corps et par leur vie, le coût de la liberté, ce dont témoignent aussi bien les destins d'Oskar Panizza et de George Grosz que ceux de Salman Rushdie ou des journalistes assassinés de *Charlie Hebdo*.

---

20. Aribert Reimann, *Dieter Kunzelmann. Avantgardist, Protestler, Radikaler*, Göttingen, Vandenhoeck & Ruprecht, 2009, p. 88 ; Ilonka Czerny, *Die Gruppe SPUR (1957-1965). Ein Künstlerphänomen zwischen Münchner Kunstszene und internationalem Anspruch*, Berlin, LIT Verlag, 2008, p. 125 *sqq*.

Dans la sphère culturelle chrétienne, la qualification de blasphème était en général accolée à des individus. Pour les prédicateurs du Moyen Âge, l'énorme scandale résidait précisément dans le fait que les propos blasphématoires marquaient le quotidien de nombreux chrétiens comme une habitude mauvaise, mais presque inévitable. Indignés, ils leur opposaient le modèle, par ailleurs si décrié, des juifs[21] et des musulmans qui évitaient résolument tout outrage envers Dieu[22]. Naturellement, l'accusation de blasphème pouvait aussi être brandie, très opportunément, pour dénoncer le prétendu coupable comme le représentant d'un groupe déviant, un incroyant, un sataniste ou un révolutionnaire, en tout cas un adversaire de l'ordre établi.

Utilisée contre de grandes communautés, elle joua surtout un rôle dans de nombreux conflits entre les formations religieuses, ou en leur sein. Ainsi, quelle que soit sa nouveauté, le choc prétendu entre le monde chrétien occidental et la sphère musulmane orientale, depuis 1989, arrive au terme d'une longue série de constellations structurellement semblables. Dans le contexte des religions monothéistes, on recourait volontiers à la qualification de blasphème pour stigmatiser le comportement scandaleux et les fausses croyances de confessions rivales. La confrontation entre juifs et chrétiens est, à cet égard, prototypique. L'accusation de blasphème portée contre les prétendus assassins du Christ appartenait au répertoire standard des prédicateurs médiévaux. Elle visa toutefois, de préférence, des confessions concurrentes dans une même communauté religieuse, comme on peut l'observer dans la querelle entre sunnisme et chiisme au sein de l'islam, ou dans les multiples variantes du discours sur les hérétiques au sein de la chrétienté, jusqu'au schisme qui suit la Réforme. La conception erronée, très répandue dans la recherche, selon laquelle hérésie et blasphème auraient longtemps été presque synonymes dans la pensée chrétienne trouve ici son origine[23]. Il convient de montrer que cette idée est inexacte : dans l'hérésie, il s'agissait de croyances fausses, alors que le blasphème désignait au contraire l'outrage envers la juste foi. L'hérésie pouvait (mais ne devait pas nécessairement) prendre des formes ressenties comme

---

21. Bien que les usages soient variables, il est courant de considérer que « juif » doit prendre une majuscule lorsqu'il s'agit du peuple, mais non lorsqu'il s'agit de la religion. Dans la pratique, il est parfois impossible de faire une distinction objective, en particulier dans un livre qui couvre une période extrêmement longue. Le choix a donc été fait ici de conserver toujours la minuscule (*N.d.É.*).
22. Gerd Schwerhoff, « Blasphemie zwischen antijüdischem Stigma und kultureller Praxis. Zum Vorwurf der Gotteslästerung gegen die Juden in Mittelalter und beginnender Frühneuzeit », *Aschkenas*, vol. 10, n° 1, 2000, p. 149 *sqq*.
23. Leonard W. Levy, *Blasphemy...*, *op. cit.*, p. 46 ; David Lawton, *Blasphemy...*, *op. cit.*, p. 84 ; voir cependant Egon Johan De Roo, *Godslastering. Rechtsvergelijkende studie over blasfemie en andere religiedelicten*, Deventer, Kluwer, 1970, p. 238.

blasphématoires par la partie adverse ; à l'inverse, le blasphème pouvait tout à fait se manifester sans sous-texte hérétique. Au-delà de cette distinction catégorielle, il reste que l'accusation de blasphème pouvait constituer une arme importante dans le combat contre des confessions concurrentes. Par ailleurs, et de façon générale, les représentants de tous les camps ne reculaient pas devant les outrages et le dénigrement des positions adverses, et de leurs ennemis. De leur point de vue, il ne s'agissait nullement de blasphèmes mais d'une sentence dure, et méritée, face à une hérésie damnable. Pourtant, ce qui semblait aux uns une abominable injure était souvent qualifié par les autres d'« outrage sacré », c'est-à-dire de dénigrement légitime au service d'une cause supérieure. Ce qui, dans l'espace politique contemporain, peut être étudié de façon exemplaire à partir de l'exemple des mouvements et des grandes figures populistes peut être transposé aux outrages religieux du passé : le dénigrement verbal des positions adverses fonctionne à la perfection pour mobiliser des partisans et parfois même les pousser à l'action.

Blasphème et violence

Ainsi se pose la question du rapport entre le blasphème et la violence. Il doit inévitablement être traité ici, même s'il ne s'agit que d'une facette d'un problème bien plus large, celui de la relation entre religion et violence[24]. Depuis la menace de mort proférée par l'ayatollah Khomeini contre Salman Rushdie en 1989, des dizaines de personnes ont été tuées dans des attentats, ou dans le cadre de contestations. Pour de nombreux musulmans, les attaques physiques étaient légitimes, parce que le prophète Mahomet avait lui-même subi la violence sous forme de mots et d'images blasphématoires. Naturellement, il est très problématique d'effacer de cette façon la frontière entre violence symbolique et physique. Néanmoins, il ne serait pas juste de réduire la violence et l'effet du blasphème à de « simples » mots ou images. En le désignant comme un acte performatif, on parvient à dépasser de façon analytique l'opposition, longtemps dominante, entre la parole (comme moyen de communication « raisonnable ») et la violence. Il a déjà été question ici de notre deuxième corps, social et symbolique, qui peut être blessé par des mots. De même que nous sommes, anthropologiquement, dépendants de la reconnaissance de l'autre ou des autres, des mots peuvent signaler le retrait de cette reconnaissance, ils peuvent

---

24. Pour l'espace chrétien, voir Arnold Angenendt, *Toleranz und Gewalt. Das Christentum zwischen Bibel und Schwert*, 5ᵉ éd. revue, Münster, Aschendorff, 2009 ; plus spécifiquement les contributions dans Kaspar von Greyerz et Kim Siebenhüner (dir.), *Religion und Gewalt. Konflikte, Rituale, Deutungen (1500-1800)*, Göttingen, Vandenhoeck & Ruprecht, 2006.

meurtrir et détruire[25]. Du reste, pour bien comprendre le blasphème, il convient de ne pas se concentrer uniquement sur la verbalisation et d'intégrer un champ plus large de dénigrements symboliques. Ainsi, à différentes époques, les attaques visant des images sacrées ont constitué une forme particulièrement remarquable de blasphème. Il revenait toutefois à l'observateur de définir si, à ses yeux, une telle agression devait être considérée comme un blasphème ou comme un acte particulièrement pieux, visant un culte des images lui-même considéré comme blasphématoire[26].

Voilà certains des aspects importants qui seront abordés dans ce livre. Naturellement, l'ambition d'écrire une histoire du blasphème de l'Ancien Testament au temps présent ne peut être réalisée que de façon fragmentaire, en indiquant quelques configurations essentielles, replacées dans leur contexte historique propre. Des motifs récurrents, et un fil rouge, apparaissent dans chacune de ces configurations, qui restent pourtant uniques. Compte tenu de cette complexité, la traversée de longues époques de l'histoire mondiale peut sembler trop audacieuse, et la catégorisation historique de chaque période trop sommaire. Par ailleurs, les limites de ce livre sont évidentes : il est écrit depuis une perspective occidentale et s'intéresse principalement au monde chrétien. Le judaïsme et l'islam apparaissent lorsqu'ils entrent en contact, ou le plus souvent en conflit, avec ce monde. Cette forme d'eurocentrisme conscient est certainement critiquable mais, dans l'état actuel de la recherche, une exigence plus grande ne semblait pas possible, d'autant moins pour un auteur qui a déjà dû se hasarder au-delà des limites de ses compétences principales en abordant l'Antiquité et les époques les plus récentes. Les raccourcis et les resserrements sont inévitablement le prix à payer pour parvenir à réaliser une large synthèse. Il revient aux spécialistes de décider si les raccourcis sont tolérables ; et à tous les lecteurs intéressés de se prononcer quant à la réussite de la synthèse.

---

25. Sybille Krämer, « Sprache als Gewalt… », *op. cit.*, p. 41. Voir récemment Axel Honneth, *La reconnaissance. Histoire européenne d'une idée*, traduit par Julia Christ et Pierre Rusch, Paris, Gallimard, 2020.
26. Gerd Schwerhoff, « Bildersturm und Blasphemie. Zum Spannungsfeld von Transzendenz und Gemeinsinn in der Reformationszeit », *in* : Hans Vorländer (dir.), *Transzendenz und die Konstitution…*, p. 186-206.

Aux origines antiques

1. Le Dieu jaloux

« Le fils d'une Israélite et d'un Égyptien, qui était venu au milieu des Israélites, sortit ; une querelle éclata dans le camp entre le fils de cette Israélite et un Israélite. Le fils de cette Israélite blasphéma le Nom et le maudit. On l'amena à Moïse. Le nom de sa mère était Shelomith, fille de Dibri, de la tribu de Dan. On le plaça sous bonne garde, jusqu'à ce qu'une décision soit prise sur l'ordre du SEIGNEUR. Le SEIGNEUR dit à Moïse : Fais sortir du camp celui qui a maudit ; tous ceux qui l'ont entendu poseront les mains sur sa tête, et toute la communauté le lapidera. Tu diras aux Israélites : Quiconque maudit son Dieu sera chargé de son péché. Celui qui blasphème le nom du SEIGNEUR (YHWH) sera mis à mort : toute la communauté le lapidera. Qu'il soit immigré ou autochtone, il mourra pour avoir blasphémé[1] » (Lv 24, 10-16).

Les références au sort de l'homme puni pour avoir maudit Dieu émaillent l'histoire de la chrétienté. L'épisode figure en bonne place au début du passage où est énoncée la célèbre loi du talion (« œil pour œil, dent pour dent »). Il se distingue des autres commandements par sa précision, alors que les préceptes suivants sur le meurtre ou la mutilation des hommes et des bêtes sont exposés de façon laconique. L'emplacement et le niveau de détails du récit le soulignent : l'injure faite à Dieu est bien plus grave que toutes les fautes commises par les hommes contre leurs semblables. Dieu lui-même, en tant que personne, est concerné, et c'est lui qui ordonne la peine capitale. La dramaturgie de la mise à mort est celle d'un rituel collectif : la procession hors du camp symbolise déjà l'exclusion de la communauté des hommes ; en plaçant leur main sur le coupable, ceux qui ont entendu le blasphème portent témoignage de sa faute et scellent son sort. Enfin, l'exclusion devient irrémédiable à travers la lapidation collective. Celle-ci constitue également une expiation pour les croyants, qui ont laissé en leur sein commettre un tel crime.

Le coupable est décrit comme un personnage à la limite entre deux mondes. D'un côté, il est clairement désigné comme un homme issu de

---

1. Pour toutes les citations de la Bible, la traduction est celle de la Nouvelle Bible Segond, dont les choix semblaient les plus proches de la version privilégiée en allemand (*N.d.T.*).

la communauté des Israélites, sa mère est même identifiée par son nom et son origine. De l'autre, en tant que fils d'Égyptien, il est né d'une relation avec un étranger appartenant à ce peuple dominant qui, dans la Bible, a opprimé et réduit en esclavage les Israélites, avant que Moïse ne les mène vers la liberté sur ordre de Dieu. Le récit suggère qu'en étant irrespectueux envers le Seigneur cet homme montre qu'il n'appartenait pas, en vérité, à ses fidèles. On trouve déjà ici de façon paradigmatique les deux configurations du blasphème, telles qu'elles se manifestent jusqu'à aujourd'hui selon des équilibres toujours renouvelés : l'injure peut être dirigée soit contre son propre Dieu, soit contre celui de l'« autre ».

Qu'était-ce donc que ce Dieu, qui prenait tant à cœur l'outrage d'un homme qu'il ordonnait à tous ses fidèles d'accomplir une exécution rituelle ? Un Dieu, assurément, très éloigné de l'image chrétienne moderne du père bienveillant et disposé à pardonner. Mais aussi un Dieu qui, dans le contexte du panthéon du Proche-Orient ancien, se distinguait par un profil très particulier. À ce sujet, l'égyptologue Jan Assmann a évoqué une « distinction mosaïque », qui n'aurait pas seulement tracé une ligne de partage importante dans l'Antiquité, mais aurait constitué un véritable tournant de l'histoire du monde, « de façon plus décisive que toutes les transformations politiques » :

> « Ce n'est pas la distinction entre le Dieu unique et des dieux multiples qui me semble déterminante, mais bien la distinction entre le vrai et le faux dans la religion, entre le vrai Dieu et les faux dieux, le vrai dogme et les dogmes erronés, entre le savoir et le défaut de savoir, la croyance et le défaut de croyance. »

C'est là, selon Assmann, que se situerait la différence essentielle entre les religions cultuelles ancestrales de l'Antiquité égyptienne, babylonienne et gréco-romaine, et les religions du livre nées d'un acte de révélation. Dans le sous-titre de son ouvrage, Assmann met en avant le « prix du monothéisme », à payer pour cette « innovation révolutionnaire ». Ce prix consistait en de nouvelles formes de dénigrement, d'exclusion et, enfin, de violence, introduites dans le monde par la distinction mosaïque : la « haine dirigée contre les païens, les hérétiques, les idolâtres et leurs temples, leurs rites et leurs dieux[2] ».

Les thèses d'Assmann déclenchèrent entre des chercheurs de différentes disciplines une vive controverse, qui fut productive dans la mesure

---

2. « Le prix du monothéisme » est devenu en français le titre de l'ouvrage, mais le titre original allemand était « La distinction mosaïque ou le prix du monothéisme » (*N.d.T.*). Jan Assmann, *Le prix du monothéisme*, traduit par Laure Bernardi, Paris, Aubier, 2007, p. 7, 9 et 29. Sur ce débat, voir Rolf Schieder (dir.), *Die Gewalt des einen Gottes*, Berlin, Berlin University Press, 2014.

Fig. 1 – Lapidation du blasphémateur, selon Lv 24.
Gravure, Michael Ostendorfer, 1554.

où elle poussa l'auteur à affiner sa pensée. Dans des publications plus récentes, il distingue le « monothéisme de la vérité », tel qu'il a été esquissé ci-dessus, d'un « monothéisme de la fidélité ». L'essentiel ne serait pas, alors, la différence entre le « vrai » et le « faux », mais la distinction fondamentale « entre la croyance et l'incroyance, entre la fidélité à l'Alliance et la rupture de l'Alliance, entre la loyauté et l'apostasie ». Ce monothéisme de la vérité aurait vu le jour dans les livres plus tardifs de l'Ancien Testament (notamment Jérémie, Deutéro-Isaïe, Daniel), alors que dans le monothéisme de la fidélité, constitué antérieurement, se manifestait la véritable distinction mosaïque. « L'idée d'un Dieu jaloux, qui ne souffre aucun autre dieu à ses côtés », serait alors simplement l'autre face du dieu aimant, tourné avec passion vers son peuple[3]. La jalousie prendrait la forme d'un langage de la violence et, selon les récits de l'Ancien Testament, se traduirait assez souvent par l'élimination physique de l'ennemi. Le monothéisme de la vérité, plus tardif, traiterait plutôt par le mépris les religions considérées comme fausses et aurait recours à la satire religieuse, raillant par exemple le culte païen des images comme une pure chimère[4].

Cette précision ne mit aucunement fin à la controverse autour des thèses d'Assmann. Certains théologiens et historiens de l'Église, en particulier, continuent à critiquer le fait qu'Assmann s'intéresse au monothéisme sous l'angle exclusif du rejet et de la violence. Cela n'est pas un inconvénient dans le cadre d'une histoire du blasphème, nécessairement exclusive : il sera peu question, dans ce qui suit, d'amour divin, de tolérance, d'indulgence ou même d'amour du prochain, sans qu'il faille voir là une prise de position sur l'essence profonde du christianisme. La distinction mosaïque ouvre d'importantes perspectives pour la compréhension du récit sur le fils de l'Égyptien et de toute l'histoire du blasphème. Au-delà de l'étude nécessaire des différences subtiles entre les différentes couches de tradition de l'Ancien Testament, telle qu'elle est entreprise par Assmann dans le passage cité ci-dessus, les normes et les récits de ce texte qui fait autorité constituent le point de référence des juifs et, plus tard, des chrétiens des siècles suivants.

Le Décalogue

« Je suis le SEIGNEUR (YHWH), ton Dieu [...] Tu n'auras pas d'autres dieux devant moi. Tu ne te feras pas de statue, ni aucune forme [...] Tu ne te prosterneras pas devant ces choses-là et tu ne les serviras pas ; car moi, le SEIGNEUR (YHWH), ton Dieu, je suis un Dieu à la passion jalouse [...] Tu n'invoqueras pas le nom du SEIGNEUR (YHWH), ton Dieu, pour tromper [...] »

Les cinq livres de Moïse (le Pentateuque) ne contiennent pas moins de deux fois le texte du Décalogue (Ex 20, 2-7 ; Dt 5, 6-11), les Dix Commandements révélés par Yahvé à Moïse sur le mont Sinaï. Cette double transmission renvoie à l'histoire très complexe du texte, impossible à démêler totalement. La version la plus ancienne du Décalogue date de

---

3. Jan Assmann, *Le monothéisme et le langage de la violence. Les débuts bibliques de la religion radicale*, traduit par Jean-Marc Tétaz, Montrouge, Bayard, 2018, p. 36 *sqq.*, citation p 39. Voir sa contribution antérieure dans Rolf Schieder (dir.), *Die Gewalt des einen Gottes*, *op. cit.*, p. 252 *sqq.*
4. *Ibid.*, p. 75 *sqq.*

la période qui suivit la chute du royaume de Juda, au VIe siècle av. J.-C., mais s'appuie sans doute sur des éléments plus anciens[5]. D'après la Bible, les Dix Commandements furent écrits par Dieu lui-même sur deux tables en pierre. La première table présentait, si l'on suit le compte catholique ou luthérien, les trois lois citées ci-dessus, concernant la relation entre Dieu et l'homme ; les sept autres réglaient les rapports humains[6].

Ce texte puissant est introduit par un discours direct de Yahvé à son peuple, qu'il interpelle par un singulier collectif (« ton Dieu »). Cela suffit à montrer le caractère intime, mais aussi exclusif, de la relation constituée ici. Les dieux étrangers ne sont pas tolérés, ce qui, à l'époque, ne signifie pas nécessairement que leur existence est niée. Au contraire, elle est « admise d'emblée » et leur puissance même n'est pas entièrement remise en cause[7] ; mais pour le peuple d'Israël, ils ne doivent jouer aucun rôle. L'interdiction des images, phrase suivante du Décalogue, concerne donc logiquement l'image – ou, de façon plus exacte : l'image sacrée – de son propre Dieu. Il est possible que ce commandement ait reposé sur des pratiques concrètes et politiques d'Israël en exil et post-exil, et n'ait pas été, au départ, spécifique à la religion de Yahvé[8]. Son objectif, toutefois, est clair : l'interdiction des images sacrées assure l'altérité et la perfection de son propre Dieu, qui s'oppose à toute matérialisation imparfaite. Dieu est unique, Dieu est tout-puissant, et Dieu est insaisissable pour l'esprit humain. Pourtant, il est aussi très proche de son peuple d'Israël, et ce peuple provoque chez lui des émotions. La description d'un Dieu impétueux, et même « jaloux » (*el qannā*) est unique parmi les religions de l'époque. Elle signale la relation particulière, affective, qui l'unit à son peuple, auquel il est attaché mais qu'il peut aussi frapper de sa colère[9]. Les autres dieux du Proche-Orient ancien ou de la sphère culturelle gréco-romaine étaient eux aussi capables de se laisser aller à leurs émotions et de se montrer envieux les uns envers les autres, mais « jamais il n'est question de la jalousie d'un Dieu au sujet de ses adorateurs[10] ».

---

5. À ce propos et sur ce qui suit, voir Matthias Köckert, *Die zehn Gebote*, Munich, C. H. Beck, 2007 ; et en particulier Daniela Piatelli, « L'offesa alla divinità negli ordinamenti giuridici del mondo antico », *Atti della Accademia Nazionale dei Lincei. Memorie. Classe di Scienze Morali, Storiche et Filologiche*, 1977, série VIII, vol. 21, n° 5, p. 403 *sqq*.

6. Sur les différentes façons de compter, voir Matthias Köckert, *Die zehn Gebote, op. cit.*, p. 26 *sqq*.

7. *Ibid.*, p. 49.

8. À ce sujet, voir Christoph Uehrlinger, « Exodus, Stierbild und biblisches Kultbildverbot », *in* : Christof Hardmeier, Rainer Kessler et Andreas Ruwe (dir.), *Freiheit und Recht. Festschrift für Frank Crüsemann zum 65. Geburtstag*, Gütersloh, Gütersloher Verlagshaus, 2003, p. 42-77.

9. Erich Zenger *et al.*, *Einleitung in das Alte Testament. 7., durchgesehene und erweiterte Auflage*, Stuttgart, W. Kohlhammer, 2008, p. 154.

10. Matthias Köckert, *Die zehn Gebote, op. cit.*, p. 51.

Comme toute relation intime, celle entre Yahvé et ses fidèles peut donner matière aux offenses et aux humiliations. Les deux premiers commandements renvoient explicitement à ce danger. Plus généralement, toute transgression de la loi révélée par le Dieu créateur déconsidérait sa personne et pouvait provoquer sa colère. L'adoration de dieux étrangers, à l'origine de délits ultérieurs comme l'apostasie ou l'hérésie, risquait fort d'outrager le seul et vrai Dieu. L'interdiction des images sacrées, largement interprétée comme une interdiction générale de représentation, devait empêcher tout dénigrement et toute limitation du Dieu infini.

La plupart des considérations sur l'offense à Dieu devaient ensuite s'appuyer sur l'interdiction d'invoquer son nom pour tromper, point de cristallisation essentiel du délit de blasphème. Ce qu'il faut comprendre par là est sujet à controverses. Contrairement à ce que l'on peut parfois lire, l'intention n'était certainement pas de faire naître un tabou général autour du nom de Dieu[11]. Cela renvoyait-il au fait de maudire ou de parjurer? Les deux actes sont proches, car un serment n'est rien d'autre qu'une « possible malédiction de soi-même » s'il vient à être rompu (voir chap. 8). Des dispositions ultérieures plus précises pourraient aller dans ce sens, comme l'interdiction d'insulter Dieu ou de maudire un prince (Ex 22, 27). Le plus probable, toutefois, est que les auteurs du Décalogue utilisèrent de façon délibérée une formulation peu spécifique, largement applicable, pour embrasser tous les cas possibles. Le commandement devait empêcher tout irrespect du nom de Dieu, et plus généralement – du fait que le nom, dans les sociétés anciennes, n'était pas vu simplement comme un symbole désincarné mais indiquait aussi de façon magique sa présence – de Dieu lui-même[12]. L'ambiguïté et la multiplicité des interprétations possibles devaient aussi caractériser, plus tard, tous les faits de blasphème.

Le récit cité en introduction rendait un peu plus concret le blasphème, car il précisait que le fils de l'Égyptien avait maudit le nom de Dieu. Il ouvrit surtout la voie d'une sémantique du dénigrement, car la Vulgate, la traduction latine de la Bible datant de la fin de l'Antiquité, utilise le verbe *blasphemare*. « *Qui blasphemaverit nomen Domini, morte moriatur* », ainsi se trouve résumé à la fin le message du récit, de manière incantatoire: celui qui insulte le nom du Seigneur doit être mis à mort. Peut-être cette traduction eut-elle pour conséquence que le dénigrement de Dieu fut, pour longtemps, qualifié de « *blasphemia* ». Cette forme repose sur le terme grec βλασφημία, ou βλασφημεῖν (outrage, ou outrager), luimême composé de βλάβος (tort, mal) et de φάναι (dire, affirmer). À l'origine, « *blasphemia* » signifie donc « parler en mal »; pendant longtemps,

---

11. Thomas R. Elssner, *Das Namensmissbrauch-Verbot (Ex 20,7/Dtn 5,11). Bedeutung, Entstehung und frühe Wirkungsgeschichte*, Leipzig, Benno Verlag, 1999, p. 145.
12. *Ibid.*, p. 274.

le terme ne fut pas réservé à l'outrage envers Dieu. L'usage linguistique dans les traductions grecques et latines de l'Ancien Testament demeura hétérogène, et l'original hébraïque préfère de toute façon la périphrase.

Le rigorisme contre ceux qui insultent Dieu était l'un des messages au cœur de la loi de l'Ancien Testament. Mais il pouvait avoir une part d'ombre, qui transparaît aussi dans la Bible. L'histoire de la vigne de Naboth (1 R 21) montre que le zèle religieux peut aussi se métamorphoser en son contraire, lorsque des puissances malveillantes l'utilisent à leurs propres fins. L'histoire est vite racontée : Naboth, qui a refusé de vendre sa vigne au roi Achab, est victime d'un complot fomenté par Jézabel, la femme d'Achab. Elle charge deux vauriens (fils de Bélial, c'est-à-dire du diable, selon la Vulgate) d'accuser publiquement Naboth d'avoir maudit Dieu. Naboth est lapidé sans autre forme de procès et Achab peut s'approprier sa vigne. Au demeurant, l'accusation était d'avoir maudit Dieu et le roi, une association que nous avons déjà rencontrée (Ex 22, 27) et que nous rencontrerons encore entre l'outrage aux pouvoirs terrestre et céleste. Dans l'histoire de la vigne, toutefois, le roi et sa femme sont les méchants. Leur méfait ne reste pas impuni. Par l'intermédiaire du prophète Élisée, Yahvé fait savoir à Achab qu'il désapprouve son crime et exterminera toute sa parenté. Le roi lui-même parvient à obtenir un sursis en faisant ostensiblement pénitence, mais Yahvé fait exécuter par Jéhu son jugement sur Jézabel et sa descendance (2 R 9-10). Ainsi, le potentiel heuristique de cette histoire est ambivalent. Elle montre le danger d'une accusation qui doit reposer presque entièrement sur des témoignages, puisqu'il n'existe pas de *corpus delicti* au sens classique. Toutefois, elle indique aussi que Dieu peut toujours se charger lui-même de venger son honneur, même lorsqu'il exige de ses fidèles qu'ils épousent sa colère ou qu'ils l'apaisent en tuant l'adversaire, comme dans le cas de Phinéas (Nb 25). Parmi les occasions où Dieu agit lui-même, on compte l'anéantissement des villes de Sodome et Gomorrhe, sur lesquelles il fait tomber une pluie de soufre et de feu (Gn 19).

Pour le peuple qu'il a choisi, l'intervention peut aussi apporter le salut. Dans un autre récit de l'Ancien Testament, la grande puissance assyrienne apprend de façon très concrète ce qu'il en coûte de ne pas respecter Yahvé (2 R 18 et 19). Devant les murs de Jérusalem, le chef d'intendance assyrien Rabschaké ne se contente pas d'injurier à pleins poumons les Judéens, dans leur propre langue, les accusant de manger leurs excréments et de boire leur urine. Il raille aussi la confiance du roi de Juda Ézéchias dans la puissance de son Dieu – les autres villes conquises n'avaient, selon lui, pas été aidées par leurs dieux. Pour manifester leur horreur face à cet outrage, le roi Ézéchias et sa suite déchirent leurs vêtements et appellent Yahvé à l'aide. Pour se venger, celui-ci envoie la nuit dans le camp assyrien ses anges, qui foudroient 185 000 hommes – métaphore, peut-être, d'une épidémie soudaine. Le roi assyrien Sennachérib lui-même succombe peu après son retour, victime d'assassinat alors qu'il est prosterné devant sa divinité. Dieu est particulièrement blessé par les railleries de l'adversaire de Juda, comme l'indique le discours qu'il adresse au roi assyrien : « Parce que tu t'agites contre moi et que ta suffisance est montée à mes oreilles, je mettrai ma boucle à tes narines et mon mors à tes lèvres » (2 R 19, 28). Le Dieu fulminant, on le voit ici encore une fois, protège ses fidèles et se déchaîne cruellement contre leurs ennemis. Il n'agit ainsi que lorsque son peuple a en lui une foi absolue. La séparation stricte entre « nous » et « eux », ainsi inscrite dans la tradition judéo-chrétienne, est au fondement d'un violent dénigrement de l'autre.

2. Blasphème dans le polythéisme ?

La colère des immortels retrouva le héros grec Ajax sur le chemin du retour. Il avait commis un sacrilège en violant lors de la conquête de Troie la fille du roi et devineresse Cassandre, après l'avoir arrachée de force à la statue de Pallas Athéna. Le violeur était menacé de lapidation, non en raison du viol, mais pour avoir outragé une image sacrée. Il n'y échappa qu'en cherchant lui-même refuge dans le temple d'Athéna. Il ne fut toutefois pas épargné plus tard par la vengeance de la fille de Zeus, qui fit couler son bateau dans une violente tempête. Avec l'aide de Poséidon, dieu de la mer, le naufragé put d'abord se mettre à l'abri sur un rocher. Présomptueux, il se vanta de pouvoir échapper aux dieux en dépit des flots déchaînés. Pris de colère, Poséidon fendit alors la pierre et laissa l'impie se noyer misérablement[13].

Les dieux vexés ne sont pas, dans l'absolu, une particularité du monothéisme. On les trouve également dans l'Antiquité classique. Dans la mythologie grecque, on rencontre sans arrêt des Olympiens courroucés et assoiffés de vengeance. L'*Iliade* d'Homère s'ouvre sur la colère du puissant héros Achille (« Chante, déesse, la colère d'Achille, le fils de Pélée[14] »). Elle est précédée par la colère du dieu Apollon, appelé à l'aide par son prêtre Chrysès contre le roi grec Agamemnon. Apollon envoie alors ses flèches infestées de peste dans le camp des Grecs. Pour apaiser le dieu, Agamemnon doit se déclarer disposé à rendre son butin, la fille du prêtre. Il arrache toutefois une compensation en la personne de la concubine d'Achille. Cette injustice suscite la colère indomptable du héros : non content de boycotter, d'abord, les combats, il pousse aussi sa mère, la nymphe Thétis, à demander à Zeus la victoire des Troyens.

---

13. La référence principale est l'*Odyssée* d'Homère, chant IV, vers 499 *sqq*. Pour les autres sources sur le viol et le sacrilège, voir W. H. Roscher (éd.), *Ausführliches Lexikon der griechischen und römischen Mythologie*, Leipzig, B. G. Teubner, 1890, t. I, p. 133-140 ; voir aussi Helmut Merkel, « Gotteslästerung », *in* : Theodor Klauser (éd.), *Reallexikon für Antike und Christentum*, Stuttgart, A. Hiersemann, 1981, t. XI, p. 1187 *sq*.
14. Traduction de Paul Mazon (*N.d.T.*). Sur l'interprétation du motif de la colère chez Homère et Aristote, voir Johannes F. Lehmann, *Im Abgrund der Wut. Zur Kultur- und Literaturgeschichte des Zorns*, Fribourg-en-Brisgau, Rombach Verlag, 2012, p. 47 *sq*.

Invectives, colère, vengeance – ici émergent quelques-uns des motifs que nous rencontrerons souvent dans l'histoire du blasphème. La fanfaronnade provocante d'un Ajax représentait davantage l'exception que la règle. Chez Homère, la colère des dieux était souvent provoquée par le manque de respect à l'égard de l'un de leurs protégés, comme dans le cas du prêtre Chrysès, ou par une négligence, comme lorsque Achille, par sa furie, remplit le fleuve Scamandre de cadavres et déchaîna ainsi la colère du dieu du fleuve (*Iliade* 21, 211 *sqq.*). Toutefois, de tels récits font immédiatement ressortir la différence entre les anciens panthéons polythéistes et le système de croyance monothéiste qui nous est plus familier[15]. Aujourd'hui, nous sommes surpris non seulement par le nombre des dieux, mais aussi par les représentations humanisées (anthropomorphes) qu'en faisaient les Grecs et les Romains. Les dieux étaient certes immortels mais ils étaient d'âges et de sexes différents. Ils formaient des couples et des familles, avaient chacun leurs propres pouvoirs et étaient classés selon un ordre hiérarchique, dominé par Zeus ou Jupiter. Surtout, ils rivalisaient les uns avec les autres et se faisaient concurrence, allant même jusqu'à se battre. Ils partageaient avec les hommes un cosmos qu'ils n'avaient pas créé, et communiquaient avec eux. Souvent, dans les récits homériques, il est difficile de différencier les dieux et les héros humains, et tous cultivent au même titre la colère comme un affect qui est l'apanage des puissants, et qui rend indissociables la douleur de l'honneur blessé et l'exigence de vengeance[16].

Il est certain que les épopées classiques d'un Homère ou d'un Hésiode ne donnent pas une image exacte des échanges ordinaires entre les hommes et les dieux. Il était évidemment indiqué, pour tous les mortels, d'entretenir une bonne relation avec les habitants de l'Olympe, qui pouvaient avoir une influence sur leurs vies grâce à des pouvoirs surhumains. Mais cette relation était en règle générale de nature rituelle et non personnelle. Elle s'exprimait par l'érection de sanctuaires, par des offrandes solennelles et des sacrifices d'animaux, par la pratique qui consistait à vêtir ou à laver des images sacrées et par des processions[17]. C'était bien cette communication concrète du quotidien avec les puissances supérieures et l'accomplissement des rituels sacrés qui étaient au cœur de la religion

---

15. Pour l'essentiel, voir Bernhard Linke, *Antike Religion*, Munich, Oldenbourg Verlag, 2014. Pour approfondir, Burkhard Gladigow, « Strukturprobleme polytheistischer Religionen », *in*: *id.*, *Religionswissenschaft als Kulturwissenschaft*, Stuttgart, W. Kohlhammer, 2005, p. 125-137; Walter Burkert, *La religion grecque à l'époque archaïque et classique*, Paris, Picard, 2011, en particulier p. 295 *sq.*
16. Johannes F. Lehmann, *Im Abgrund der Wut...*, *op. cit.*, p. 51.
17. Burkhard Gladigow, « Präsenz der Bilder – Präzens der Götter. Kultbilder und Bilder der Götter in der griechischen Religion », *in*: *id.*, *Religionswissenschaft als Kulturwissenschaft*, *op. cit.*, p. 62-72; Tanja S. Scheer, *Die Gottheit und ihr Bild. Untersuchungen zur Funktion griechischer Kultbilder in Religion und Politik*, Munich, C. H. Beck, 2000.

vécue, et non le respect de normes morales[18]. Les religions grecque et romaine ne transmettaient pas de stricts interdits éthiques comparables au Décalogue de l'Ancien Testament. Les dieux anciens n'écrivaient pas de lois. Dans l'ensemble, ils n'avaient d'ailleurs qu'un intérêt limité pour les choses terrestres. « Les dieux n'aiment pas les hommes[19]. » Inversement, leur comportement était loin de constituer un exemple moral. Les épopées grecques nous montrent plutôt une étonnante amoralité, déjà critiquée au VIe siècle av. J.-C. par Xénophane : « Homère et Hésiode ont attribué aux dieux tout ce qui, chez les hommes, est reproche et blâme : vols, adultère et tromperie mutuelle[20]. »

Dans l'ensemble, les mythes et les épopées sont peu pertinents pour comprendre les manifestations réelles de la religion antique. Ni les Grecs ni les Romains ne développèrent une quelconque théologie. C'est pourquoi les interprétations plus récentes quant au rôle de la religion dans l'espace romain délaissent les représentations et les dogmes abstraits et ne tentent pas d'esquisser un panthéon cohérent. Elles s'intéressent bien davantage aux possibilités d'action qui s'offraient aux hommes dans chaque situation pour entretenir des relations avec les puissances supérieures. Pour être précis, il ne s'agissait pas d'une orthodoxie mais d'une « orthopraxie », une recherche de l'action juste. Ce que pensaient ou croyaient « vraiment » les acteurs n'avait pas d'importance[21]. Au-delà des dieux traditionnels, le cercle des destinataires du rituel pouvait d'ailleurs inclure les héros, c'est-à-dire des mortels vénérés après leur mort, ou des ancêtres disparus. Et on vénérait habituellement moins une divinité en elle-même que sa manifestation concrète, moins Junon, donc, que *Juno Regina* ou *Juno Sospita*. Durant les deux cent cinquante années, environ, qui précédèrent la mort de César, les temples romains furent par exemple dédiés à 78 puissances divines, dont six formes différentes pour le seul Jupiter et quatre pour Hercule. On vénérait aussi dans ces temples des valeurs comme la concorde (*concordia*), l'espoir (*spes*) ou la confiance (*fides*)[22]. Par ailleurs, le culte des puissances sacrées était loin d'être une affaire exclusive : on pouvait honorer une divinité par plusieurs représentations dans un même temple, lui ériger plusieurs temples dans une même *polis*, vénérer tout un ensemble d'images sacrées, et même placer des statues de dieux « étrangers » au sein d'un temple[23].

---

18. Bernhard Linke, *Antike Religion*, op. cit., p. 48, 95 *sqq*.
19. *Ibid.*, p. 7.
20. Walter Burkert, *La religion grecque…*, op. cit., p. 330.
21. John Scheid, *Quand faire, c'est croire. Les rites sacrificiels des Romains*, Paris, Aubier, 2005.
22. Jörg Rüpke, *Pantheon. Geschichte der antiken Religionen*, Munich, C. H. Beck, 2016, p. 137.
23. Tanja S. Scheer, *Die Gottheit und ihr Bild…*, op. cit., p. 130 *sqq*.

La religion antique, comme le reflètent ces pratiques, s'appuya toujours sur un ancrage concret. Dans la Grèce classique et dans la Rome de l'époque républicaine, elle était surtout tournée vers la communauté de la *polis*. L'entente durable, pacifique, avec le divin (*pax deorum*), objectif de tous les actes de communication sacrés, assurait l'ordre intérieur de la communauté et sa protection, ou sa victoire dans les conflits avec des puissances extérieures. En règle générale, la compétition guerrière était moins dangereuse pour les incarnations des puissances sacrées que pour la communauté humaine qui les vénérait. Ainsi, il pouvait être intéressant de chercher à s'attirer les bonnes grâces des puissances tutélaires de l'ennemi. Par des invocations rituelles, les Romains essayaient de s'adresser aux dieux des cités assiégées et leur promettaient des temples et un culte dans leur propre ville, afin de prendre d'assaut plus facilement les fortifications délaissées par ces puissances surnaturelles. La conquête n'indiquait pas, alors, la faiblesse de la divinité concernée ; elle montrait qu'elle avait favorisé le vainqueur[24]. L'objectif n'était pas la destruction des dieux ennemis mais leur intégration dans son propre panthéon. Une évolution se profila dans le monde grec au cours des guerres contre les Perses, qui furent accusés d'avoir détruit ou volé des images cultuelles. Plus tard, au IIIe siècle av. J.-C., lorsque les guerriers de la Ligue étolienne dévalisèrent et dévastèrent des sanctuaires au cours de leurs pillages, Philippe V de Macédoine se lança dans une campagne de vengeance et rendit coup pour coup : « Une spirale de violence contre les résidences des dieux s'enclenche alors ; on voit que l'ennemi politique peut être frappé plus fort qu'avant par la destruction des résidences de ses dieux[25]. »

Asébeia – Impiété

Le dénigrement des puissances divines par des individus, lorsqu'il intervenait au sein même d'une communauté, était bien différent des actes de guerre. Déjà, à l'époque de la Grèce classique, Aristote ou Isocrate exprimèrent leur conviction que la crainte des dieux était ancrée en l'homme pour permettre une coexistence ordonnée[26]. En ce sens, les religions antiques connaissaient aussi les devoirs et les interdits, dont la transgression pouvait être sanctionnée de la façon la plus sévère. Et on pouvait également observer dans l'Antiquité classique des formes de dénigrement des dieux, comparables par certains aspects aux faits ultérieurs de

---

24. Jörg Rüpke, *Pantheon...*, op. cit., p. 155 ; Tanja S. Scheer, *Die Gottheit und ihr Bild...*, op. cit., p. 307.
25. Tanja S. Scheer, *Die Gottheit und ihr Bild...*, op. cit., p. 312.
26. Walter Burkert, *La religion grecque...*, op. cit., p. 330.

blasphème. Toutefois, d'anciennes interprétations qui faisaient de l'*asébeia* l'équivalent grec du blasphème chrétien se sont trop fiées à l'idée qu'il existait un ensemble précis de délits sanctionnables[27]. On comprend mieux ce que signifiait réellement le terme grec *asébeia* en le confrontant avec son pendant positif, l'*eusébeia*. Cette forme spécifiquement grecque de la piété désigne d'abord l'orthopraxie, le juste culte des dieux selon les usages des ancêtres. L'*asébeia* désigne au contraire une transgression des règles du culte, sous la forme de «vol dans les temples, de parjure, de rupture du droit d'asile ou de la trêve du dieu», qui pouvait provoquer la colère des habitants de l'au-delà et menacer la *polis* dans son ensemble[28]. Plus tard, au IVe siècle av. J.-C., le philosophe Aristote devait donner une définition beaucoup plus large de l'*asébeia*, consistant «à n'être pas dans la note dans ses rapports avec les dieux, les démons, les défunts, les parents et la patrie[29]».

Ainsi, lorsqu'il est question de dénigrement du sacré dans l'Antiquité, on pensera d'abord à des manquements au rituel, par exemple au franchissement d'une limite spatiale ou au dépôt d'un rameau sur un autel précis[30]. Le vol dans les temples, qui pouvait être puni de mort, était considéré comme un grave sacrilège[31]. De même, le non-respect de l'asile dans des lieux religieux ou auprès de représentations des dieux, recherché en vain par Cassandre violée par Ajax dans le récit homérien, constituait une profonde transgression. Le sacrilège commis vers 630 av. J.-C. par les Alcméonides, qui tuèrent les partisans du conspirateur Cylon réfugiés dans un sanctuaire, demeura longtemps dans la mémoire collective des Athéniens[32].

Des cas de dénigrement plus direct nous sont aussi parvenus. Le poète Pausanias racontait ainsi que dans un bois consacré à la déesse Artémis, près de la cité arcadienne de Caphyes, un groupe d'enfants qui jouaient trouvèrent une corde. Ils la nouèrent autour du cou de la statue de la déesse

---

27. Leonard W. Levy, *Blasphemy. Verbal Offense Against the Sacred, from Moses to Salman Rushdie*, New York, A. A. Knopf, 1993, p. 7. L'auteur s'inscrit dans la lignée d'Eudore Derenne, *Les procès d'impiété intentés aux philosophes à Athènes au Ve et au IVe siècle avant J.-C.* (Liège/Paris, H. Vaillant-Carmanne/É. Champion, 1930, p. 9 *sqq.*), dont les apports empiriques sont toujours essentiels, mais dont les interprétations sont en partie dépassées; voir aussi Jean Rudhardt, «La définition du délit d'impiété d'après la législation attique», *Museum Helveticum*, vol. 17, n° 2, 1960, p. 87-105.
28. Walter Burkert, *La religion grecque...*, *op. cit.*, p. 362 *sq.*, citation p. 365.
29. Aristote, *Éthique à Eudème*, suivi de *Des vertus et des vices*, traduit par Émile Lavielle, Paris, Pocket, 1999, citation issue de *Des vertus et des vices*, 1251a30, p. 186; voir Jan Dressler, *Philosophie vs. Religion? Die Asebie-Verfahren gegen Anaxagoras, Protagoras und Sokrates im Athen des fünften Jahrhunderts v. Chr.*, Norderstedt, Books on Demand, 2010, p. 9.
30. Walter Burkert, *La religion grecque...*, *op. cit.*, p. 333.
31. Tanja S. Scheer, *Die Gottheit und ihr Bild...*, *op. cit.*, p. 152 *sqq.*
32. *Ibid.*, p. 172 *sqq.*

et s'écrièrent : « Artémis est étranglée. » Lorsque les habitants de la cité virent ce que les enfants avaient fait, poursuit le récit, laconique, « ils les lapidèrent[33] ». À l'évidence, ils considéraient que les conséquences potentielles de l'acte enfantin étaient si graves qu'il fallait recourir directement à la peine capitale. L'immaturité manifeste ne protégeait pas davantage des conséquences du sacrilège que la gloire des héros, comme le montre la lapidation à laquelle Ajax échappa de justesse. Aux yeux des habitants de Caphyes, peu importait l'intention, la transgression devait provoquer la vengeance de la déesse. Seule une sanction sévère de la communauté pouvait détourner cette vengeance. Ils tuèrent dans ce but leurs propres enfants, qui furent en outre laissés sans sépulture de façon ignominieuse. La lapidation, comme punition collective, établit un parallèle frappant avec la loi juive. La société grecque la pratiquait pour sanctionner des délits très divers, mais la dualité qui la caractérise est particulièrement visible dans l'exemple du sacrilège religieux : elle symbolise, d'une part, l'exclusion hors de la communauté ; d'autre part, elle constitue une forme d'expiation, par laquelle la collectivité tente de s'absoudre[34].

Toutefois, le récit de Pausanias ne se termine pas par la lapidation. Après les faits, raconte le poète, les femmes de Caphyes ne mirent plus au monde que des enfants morts. La pythie, l'oracle de Delphes, leur ordonna alors d'inhumer les enfants assassinés et de leur apporter tous les ans des offrandes. Ils avaient été tués à tort. À compter de ce jour, termine le poète, et toujours sur les indications de la pythie, la déesse locale s'appela Artémis Apanchomène (« l'étranglée »). Contrairement à ses fidèles, la déesse attaquée sembla prendre en compte, dans cette affaire, l'irresponsabilité infantile. L'épisode remet ainsi en cause l'idée d'un automatisme rituel[35]. Il existait donc toujours une marge de manœuvre et diverses possibilités d'action dans le cas d'un possible manque de respect grave à l'égard des dieux – pour les acteurs concernés, pour leurs semblables, et pour les dieux eux-mêmes.

L'exemple d'Athènes

Le délit d'*asébeia* se précise à Athènes à l'époque troublée de la guerre du Péloponnèse. En 432 av. J.-C., sans doute, le devin Diopeithès proposa

---

33. Sur le récit de Pausanias (*Description de la Grèce* VIII, 23, 6), voir plus en détail Tanja S. Scheer, *Die Gottheit und ihr Bild...*, op. cit., p. 155 *sqq*.
34. Voir l'ouvrage classique de Rudolf Hirzel, *Die Strafe der Steinigung*, Leipzig, B. G. Teubner, 1909, notamment p. 251 *sqq*. Plus récemment, voir par exemple Winfried Schmitz, *Nachbarschaft und Dorfgemeinschaft im archaischen und klassischen Griechenland*, Berlin, Akademie Verlag, 2004, p. 393 *sqq*.
35. Tanja S. Scheer, *Die Gottheit und ihr Bild...*, op. cit., p. 158 *sqq*.

devant l'assemblée du peuple un décret visant à poursuivre « ceux qui ne croyaient pas aux dieux, ou qui enseignaient des doctrines relatives aux phénomènes célestes[36] ». D'après Plutarque, la motion ne visait pas seulement le philosophe Anaxagore mais aussi, indirectement, son disciple Périclès, depuis longtemps le stratège et l'homme le plus important de la *polis*. Au même moment, la femme de ce dernier, Aspasie, fut attaquée pour *asébeia* et immoralité. Anaxagore peut être considéré comme le représentant d'un milieu intellectuel caractérisé par la curiosité, le scepticisme face aux explications traditionnelles et la recherche d'une meilleure compréhension de la nature. Il aurait ainsi été accusé d'impiété car « il disait que le soleil est du métal en feu[37] », en raison, donc, de ses spéculations cosmologiques qui s'opposaient à la doctrine des dieux et pouvaient être considérées comme un non-respect de celle-ci. Selon Plutarque, il s'agissait de toute évidence d'une instrumentalisation d'accusations religieuses à des fins politiques – les adversaires du puissant Périclès pensaient ne pas pouvoir venir à bout de lui d'une autre façon. De fait, il se trouva politiquement sur la défensive : certes, il mit tout en œuvre pour obtenir l'acquittement de sa femme Aspasie, et y parvint, mais il dut conseiller à Anaxagore de s'exiler, peut-être pour éviter une possible condamnation à mort. À l'évidence, il régnait dans la cité au début de la guerre le sentiment d'une menace généralisée, et une peur de se brouiller avec les dieux.

Ce sentiment de vulnérabilité accompagna les Athéniens durant les décennies de guerre. Dès les années 430-429 av. J.-C., ils connurent une épidémie de peste dévastatrice qui emporta près d'un quart de la population attique, et à laquelle succomba Périclès lui-même. Dans ce contexte, le scepticisme ostensible des philosophes de la nature et des sophistes, qui avaient fait d'Athènes le centre intellectuel de l'époque, devait sembler provocant à nombre de leurs contemporains. Il y eut donc de nouvelles accusations d'*asébeia*, sans doute principalement contre des hommes de l'entourage de Périclès et d'Anaxagore, ou qui avaient été influencés par eux. Ainsi, le fait d'avoir affirmé qu'il ne savait pas si les dieux existaient aurait été fatal au célèbre sophiste Protagoras. Il fut accusé d'impiété, fuit probablement la ville avant la fin de la procédure et, d'après les récits, se noya durant sa traversée vers la Sicile[38]. Enfin, le procès le plus connu et le mieux documenté

---

36. Plutarque, *Vies parallèles*, traduit par Anne-Marie Ozanam, Gallimard, Paris, 2001, Périclès 32, 1, p. 350. Sur ce qui suit, voir Eudore Derenne, *Les procès d'impiété...*, *op. cit.*, p. 13 *sqq.* ; Jan Dressler, *Philosophie vs. Religion?...*, *op. cit.*, p. 63 *sqq.*
37. Diogène Laërce, *Vies et doctrines des philosophes illustres*, traduit sous la direction de Marie-Odile Goulet-Cazé, Paris, Le Livre de Poche, 1999, Anaxagore II, 15, p. 223.
38. Eudore Derenne, *Les procès d'impiété...*, *op. cit.*, p. 45 *sqq.* ; Jan Dressler, *Philosophie vs. Religion?...*, *op. cit.*, p. 89 *sqq.*, 137 *sq.* L'auteur de tragédies Euripide ne fut sans doute pas concerné par les accusations d'*asébeia* (contre Leonard W. Levy, *Treason against God: A History of the Offense of Blasphemy*, New York, Schocken Books, 1981, p. 9 *sq.*).

eut lieu en 399 av. J.-C. contre Socrate ; il se termina, comme chacun sait, par une condamnation à mort[39]. Trois chefs d'accusation furent brandis contre lui[40] : le reniement des dieux reconnus par la cité, l'introduction de nouvelles divinités et la corruption de la jeunesse. Les trois reproches étaient assez peu précis et signalent le caractère assez vaste et flexible du délit d'*asébeia*, au sens de la définition donnée par Aristote. Le lien entre accusations religieuses, reproches politiques et préjugés sociaux, visible dans les trois chefs d'accusation, est tout aussi caractéristique.

Si l'on recherche « le » cas paradigmatique du dénigrement du sacré dans l'Antiquité grecque, alors tous ces procès font pâle figure comparés à l'éclatante affaire des Hermocopides, en 415 av. J.-C., « année qui fut un tournant dans l'histoire d'Athènes[41] ». La cité attique venait de déployer la plus grande flotte de son histoire. Sous le commandement d'Alcibiade, un disciple de Socrate, elle s'apprêtait à appareiller pour la Sicile pour intervenir contre Syracuse – l'entreprise devait se terminer de façon catastrophique par un anéantissement presque complet. Peu avant le départ de la flotte, au cours d'une nuit de mai sans lune, la plupart des Hermès de marbre, qui étaient nombreux aux portes des maisons privées et des temples, furent « mutilés au visage[42] » d'après Thucydide (*GP* VI, 27, 1). L'historien raconte la consternation des Athéniens, qui y virent un mauvais présage pour l'expédition. La violence de cet attentat tenait au grand nombre d'objets de culte mutilés : il n'était pas seulement dirigé contre le dieu Hermès, mais frappait aussi personnellement le dieu tutélaire d'une famille ou d'une maison. De plus, Hermès devait justement protéger ceux qui voyageaient sur mer (et sur terre). C'est pourquoi certains virent sans doute là un acte de sabotage contre l'entreprise militaire en cours.

Les soupçons publics se portèrent toutefois assez vite sur le stratège de cette expédition, Alcibiade. On lui prêta l'intention d'établir une tyrannie et de chercher à abolir la démocratie. Là encore, angoisses religieuses et motifs politiques étaient étroitement liés. La question de savoir qui, ou quoi, se cachait réellement derrière le sacrilège des Hermocopides ne fut jamais éclaircie : une facétie adolescente, un bizutage rituel à la fin d'une ripaille d'aristocrates ou même un attentat politique soigneusement

---

39. Parmi une littérature abondante, voir dernièrement Robin Waterfield, *Why Socrates Died: Dispelling the Myths*, Londres, Faber, 2009 ; puis Jan Dressler, *Philosophie vs. Religion?...*, *op. cit.*, p. 113 *sqq.*
40. Diogène Laërce, *Vies et doctrines...*, *op. cit.*, Socrate II, 40, p. 244.
41. Wolfgang Will, *Der Untergang von Melos*, Bonn, R. Habelt, 2006, p. 54 *sqq.*, citation p. 59 ; Tanja S. Scheer, *Die Gottheit und ihr Bild...*, *op. cit.*, p. 234 *sqq.* ; Oswyn Murray, « The Affair of the Mysteries: Democracy and the Drinking Group », in: *id.*, *Sympotica: A Symposium on the Symposion*, Oxford, Clarendon Press, 1994, p. 149-161.
42. Traduction de Louis Bodin et Jacqueline de Romilly (Paris, Les Belles Lettres, 1970) (*N.d.T.*).

préparé. La flotte appareilla dans une atmosphère de peur et de soupçon. Des récompenses furent offertes à Athènes, ce qui entraîna une surenchère de dénonciations douteuses, d'accusations et de condamnations. Des dizaines de personnes furent jugées, dont un nombre inconnu fut exécuté. Alcibiade, le commandant de la flotte, fut soupçonné d'avoir été le meneur et rappelé à Athènes au mois d'août pour comparaître devant un tribunal. Il déserta alors chez les Spartiates et fut jugé à mort par contumace. Les dénonciations qui l'avaient visé portaient moins sur l'affaire des Hermocopides que sur un délit apparenté : on lui attribua la profanation des mystères d'Éleusis. Il s'agissait à l'origine d'un culte panhellénique, qui fut de plus en plus considéré comme officiel à Athènes[43]. D'après Plutarque (Alcibiade 22, 3), le général fut accusé d'avoir commis un sacrilège contre Déméter, en parodiant les mystères. Il aurait rassemblé chez lui des amis pour une représentation au cours de laquelle son entourage et lui auraient endossé différents rôles du culte. Le sacrilège était visiblement d'avoir transgressé le secret des mystères. La question de savoir si le caractère parodique aggravait encore l'outrage à la déesse fait débat[44]. Cependant l'incident, s'il était avéré, avait eu lieu dans la partie privée de la maison, dans un cercle familier. Dans l'atmosphère électrique de l'année 415 av. J.-C., cela n'en suffisait pas moins à justifier une accusation et un jugement publics.

Une autre accusation célèbre d'*asébeia* eut lieu durant cette même année 415. Elle visa un homme qui peut être considéré comme la personnification du sacrilège antique : Diagoras de Mélos, ou, d'après son surnom accusateur, Diagoras l'Athée (*ho atheos*), vit sa tête mise à prix et fuit lui aussi à Sparte[45]. La tradition historique à son sujet est particulièrement pauvre. Ainsi, la thèse selon laquelle cet ancien diplomate, qui avait fait carrière au service d'Athènes, aurait voulu par son sacrilège venger la destruction brutale de sa ville natale de Mélos par l'arrogante puissance hégémonique attique ne s'appuie que sur des conjectures. Son crime aurait été de manquer de respect à l'égard des mystères d'Éleusis, et ce – contrairement à Alcibiade – de façon publique. D'autres récits

---

43. Walter Burkert, *La religion grecque…*, op. cit., p. 377 *sqq*. Sur la profanation des mystères, voir une plus large bibliographie chez Wolfgang Will, *Der Untergang von Melos*, op. cit., p. 48 *sqq*., en particulier p. 138 *sq*., note 87.
44. *A contrario*, voir Oswyn Murray, « The Affair of the Mysteries… », op. cit., p. 155 *sq*.
45. Référence principale Diodore de Sicile, *BH*, XIII, 6, 7. Voir Tanja S. Scheer, *Die Gottheit und ihr Bild…*, op. cit., p. 230 *sqq*. ; également Wolfgang Will, *Der Untergang von Melos*, op. cit., p. 59 *sqq*. Page 71, Will traduit directement l'accusation d'*asébeia* de Diodore par « blasphème », ce qui est peut-être conforme au sens du terme, mais anachronique. Sur les recherches plus récentes concernant Diagoras, voir la recension de Jakub Filonik, « Marek Winiarczyk, *Diagoras of Melos: A contribution to the History of Ancient Atheism*, Berlin, De Gruyter, 2016 », *H-Soz-Kult*, 15 octobre 2018, disponible en ligne sur www.hsozkult.de/publicationreview/id/reb-25925 [consulté le 05/08/2020].

sur son scepticisme et sa façon de tourner les dieux en dérision datent sans doute d'époques ultérieures. Selon l'un d'eux, un ami aurait invoqué face à Diagoras, pour prouver l'existence des dieux, les offrandes votives des hommes sauvés de la noyade par les immortels. Les noyés, aurait sèchement répondu Diagoras, ne laissaient évidemment pas de telles offrandes[46]. Les auteurs de l'Antiquité tardive chrétienne racontent que le philosophe, manquant de combustibles, aurait brûlé sa statue en bois représentant Hercule, et ricané à l'intention du dieu : « Allez, Ô Hercule, accomplis ton treizième travail, viens et fais-moi cuire un repas[47]. » Le sacrilège Diagoras était alors considéré comme la personnification des « athées », cette nouvelle forme d'impiété mise en avant pour stigmatiser le scepticisme théorique des philosophes de la nature, qui semblait indiquer la « suppression totale de la relation avec les dieux[48] ». Le manque d'intérêt ostensible pour toute communication avec les dieux faisait déjà l'effet d'une provocation pour nombre de contemporains, et fut à l'origine d'un foisonnement d'histoires à son sujet mettant en scène des outrages à la religion. Déjà, dans l'Antiquité classique, celui qui insultait les dieux constituait ainsi une figure repoussoir dont l'asociabilité s'opposait à la bonne pratique religieuse. Les différences avec l'univers du monothéisme, où le concept de blasphème trouva sa véritable origine, n'en restaient pas moins importantes.

46. Cicéron, *De natura deorum*, III, 89 (= fr. III, 37).
47. Tanja S. Scheer, *Die Gottheit und ihr Bild…*, op. cit., p. 231 sq.
48. Walter Burkert, *La religion grecque…*, op. cit., p. 365.

3. Le combat des dieux

Il existait bien, au sein du polythéisme antique, de nombreuses manifestations d'un dénigrement du sacré, qui peuvent être considérées comme les ancêtres du blasphème. Pourtant, l'histoire de celui-ci commence réellement au moment où s'impose l'exigence d'exclusivité du monothéisme, telle qu'elle transparaît dans l'Ancien Testament. Les siècles qui précédèrent et qui suivirent le début de notre ère furent marqués par les revendications de divinités concurrentes, dont les fidèles s'affrontèrent avec violence. Dans le contexte de ces conflits, l'insulte à la foi des adversaires constituait une arme aussi éprouvée que l'indignation face au dénigrement de sa propre croyance.

Le judaïsme

Le seul Dieu, le Dieu jaloux qui voulait voir venger tout irrespect à son égard, et les Israélites qui lui étaient fidèles – il y avait là un idéal normatif, non une réalité historique[49]. Pendant longtemps, la foi en Yahvé n'exclut ni la reconnaissance d'autres dieux ni un contact pragmatique avec eux. Dans le récit de l'Ancien Testament, l'adoration du veau d'or par les Israélites, en l'absence de Moïse, devint le symbole d'un culte des idoles contraire à la loi (Ex 32, 1-35). Dans le royaume d'Israël, sous le règne du roi Achab (environ 871 à 852 av. J.-C.), un culte florissant était rendu à Baal, notamment sous l'influence de la reine, la princesse phénicienne Jézabel (voir chap. 1)[50]. L'usurpateur Jéhu, qui tua Jézabel, tira en partie sa légitimité de son combat pour Yahvé et contre Baal. Il fit massacrer les fidèles de ce dernier et démolir son temple dans la capitale pour construire

---

49. De façon générale, sur ce qui suit, voir en particulier l'excellente présentation de Klaus Bringmann, *Geschichte der Juden im Altertum. Vom babylonischen Exil bis zur arabischen Eroberung*, Stuttgart, Klett-Cotta, 2005 ; Peter Schäfer, *Histoire des juifs dans l'Antiquité*, traduit par Pascale Schulte, Paris, Les Éditions du Cerf, 1989 ; sur les premiers temps, voir Manfred Clauss, *Geschichte Israels. Von der Frühzeit bis zur Zerstörung Jerusalems (587 v. Chr.)*, Munich, C. H. Beck, 1986.
50. Manfred Clauss, *Geschichte Israels...*, *op. cit.*, p. 102 *sqq*.

des latrines (2 R 10, 27). On reconnaît dans cet épisode un motif qui revient souvent dans l'histoire juive : la tentative d'union du peuple sous la bannière de la foi exclusive en Yahvé. Récit fondateur, la légendaire sortie d'Égypte derrière Moïse, en dépit de la poursuite par les troupes du pharaon (Ex 15, 21), démontrait la puissance extraordinaire de ce Dieu. À cela s'ajouta plus tard le souvenir du grand royaume des rois guidés par Yahvé, David et Salomon, qui put être élevé au rang de mythe en raison même de son caractère éphémère.

Lorsque le jeune dirigeant du royaume de Juda, le roi Josias (640-609 av. J.-C.), voulut rompre l'ancienne relation de dépendance avec le royaume d'Assur, il mit en place – pour s'opposer à la pénétration des cultes assyriens – un ambitieux programme de restauration religieuse, au cœur duquel allait se trouver le Temple de Jérusalem[51]. Yahvé devait alors faire l'objet d'un culte sans partage et être honoré dans un seul lieu. Non content de faire détruire les lieux de culte concurrents et assassiner les serviteurs des temples et les prostituées, Josias fit aussi démolir les sanctuaires dédiés à Yahvé hors de Jérusalem. Rapidement, cette politique déboucha sur un échec, et même sur la chute du royaume de Juda. La conquête de Jérusalem par les Babyloniens en 587 av. J.-C., la destruction du Temple et la déportation de la population scellèrent cet effondrement.

La chute de l'État n'entraîna toutefois pas la disparition du peuple, contrairement à ce qui avait eu lieu dans le cas du royaume d'Israël, liquidé par les Assyriens dès la fin du VIIIe siècle av. J.-C., et dont la population avait été dispersée aux quatre vents. En effet, les communautés juives autonomes, concentrées en Mésopotamie babylonienne, parvinrent à conserver, et même à renforcer, leur identité religieuse. Sans service sacrificiel, elles continuèrent d'honorer leur Dieu et espérèrent une restauration du Temple de Jérusalem. Dans ce contexte, les attaques verbales des prophètes sur le manque de fidélité du peuple juif à son Dieu, et leur strict rejet des cultes traditionnels, jouèrent un rôle de catalyseur[52]. L'espoir d'une reconstruction du Temple fut exaucé en 538 av. J.-C. par un édit du roi perse Cyrus, qui permit aux juifs de revenir à Jérusalem depuis la diaspora babylonienne. Quatre-vingts ans plus tard, lors d'une deuxième vague de retours, sous le règne du grand roi achéménide Artaxerxès Ier, le prêtre et scribe Esdras combina un vaste ensemble de lois. Il codifia le culte dans le Temple de Jérusalem et imposa la Torah comme droit applicable à tous les juifs. Esdras fit prêter serment au peuple de suivre toutes les prescriptions contenues dans le livre de la Loi. Celles-ci prévoyaient notamment l'exclusion des païens et interdisaient les mariages mixtes. Ainsi étaient établis « les fondements de la particularité juive dans l'Ancien Monde.

---

51. Manfred Clauss, *Geschichte Israels…*, *op. cit.*, p. 137 *sqq*.
52. *Ibid.*, p. 199 *sqq*.

Les juifs, contrairement aux peuples qu'ils côtoyaient au Proche-Orient, n'adoraient qu'un seul Dieu, qu'ils concevaient tout simplement comme le Dieu universel[53] ».

La particularité de ce petit peuple fut mise à l'épreuve par la confrontation avec les puissances hégémoniques de la région. Parallèlement, des tensions se firent jour entre les juifs, en raison de nombreuses divergences internes. Par ailleurs, les échanges avec la civilisation grecque, sous les dynasties ptolémaïque et séleucide, constituèrent un défi. Certains membres du peuple juif s'hellénisèrent, quelques-uns abandonnèrent même leur religion, évolution qui mena, en miroir, à une radicalisation de l'orthodoxie juive. Sous le souverain séleucide Antiochos IV, ces oppositions s'aggravèrent à partir de 175 av. J.-C., bien que le détail des événements soit peu clair et que des débats persistent autour de la frontière entre les faits réels et les interprétations ultérieures[54]. D'après la version courante, une aristocratie laïque favorable à l'hellénisation prépara une révision de la loi fondamentale, qui devait transformer Jérusalem en *polis* grecque. Elle prévoyait notamment la construction d'un gymnase, un lieu d'éducation physique – des athlètes nus se livrant à des jeux de combat sous la protection d'Héraclès et de Hermès, cela dut constituer une provocation insupportable pour la part de la population restée fidèle à la Torah ! D'après le récit de Flavius Josèphe dans ses *Antiquités judaïques* (XII, 5, 1), le parti helléniste voulait « abandonner les lois de ses pères »[55]. Lorsque le grand prêtre Ménélas finit par faire main basse sur le trésor du Temple de Jérusalem pour payer son tribut au roi, il provoqua une insurrection. Durant les troubles qui s'ensuivirent, Antiochos IV, aidé par Ménélas, commit un nouveau sacrilège : il profana le Temple en y entrant pour s'emparer des objets précieux[56] – un délit de culte classique, qui passait aussi pour un outrage religieux dans le contexte des temples grecs ou romains.

Distinction et judéophobie

Les édits religieux du souverain séleucide passent pour avoir porté à leur paroxysme les efforts d'hellénisation : ils ordonnaient à tous les juifs

---

53. Klaus Bringmann, *Geschichte der Juden...*, op. cit., p. 46.
54. Sur l'état de la recherche au moment de sa publication, voir Peter Schäfer, *Histoire des juifs...*, op. cit., p. 53 *sqq.*; plus récemment toutefois, Johannes Christian Bernhardt (*Die jüdische Revolution. Untersuchungen zu Ursachen, Verlauf und Folgen der hasmonäischen Erhebung*, Berlin/Boston, De Gruyter, 2017, ici p. 110 *sqq.* et 217 *sqq.*) tient pour fictifs tant l'hellénisme d'une partie de la classe supérieure juive que les édits religieux d'Antiochos IV.
55. Peter Schäfer, *Histoire des juifs...*, op. cit., p. 55 ; voir aussi le récit d'un sacrifice à Héraclès dans 2 M 4, 18-20.
56. 1 M 1, 21 ; 2 M 5, 15.

de Jérusalem et de Judée, sous peine de condamnation à mort, de renoncer à leurs traditions et à leurs usages comme le shabbat, d'abattre des porcs et d'ériger des lieux de sacrifice pour les dieux étrangers[57]. Ce point fait lui aussi débat : les recherches les plus récentes contestent l'existence d'une persécution religieuse systématique et interprètent ces récits comme le mythe fondateur de la révolte des Maccabées. Toutefois, une manœuvre de politique religieuse d'Antiochos IV fut déterminante pour la suite des événements : le Séleucide, humilié par sa retraite d'Égypte – sous la contrainte des Romains – et aiguillonné par les révoltes, réagit « au déclin de sa légitimité par une plus grande sacralisation de son règne ». Il se mit en scène lors d'une cérémonie « comme un dieu apparu au milieu de tous les dieux connus et imposa [...] d'être honoré comme un dieu, par loyalisme, dans le cadre du culte de la cité[58] ». Ce culte voué à un dieu-roi vivant n'était pas problématique dans le cadre des religions polythéistes ; à Jérusalem, en revanche, il déclencha la révolte des Maccabées et conduisit à l'instauration de la dynastie des Hasmonéens. Pendant le siècle suivant, les Hasmonéens purent régner sur un État en grande partie indépendant, au sein duquel les fractions les plus diverses (par exemple les pharisiens, les saducéens ou les esséniens) étaient peu enclines à s'entendre.

Sous les Hasmonéens, les non-juifs furent expulsés, convertis de force et tués, mesures qui ternirent durablement leur réputation chez leurs voisins. La communauté juive, en s'affirmant, s'isola de façon croissante de son environnement égyptien, grec et, plus tard, romain[59]. Ce fut à cette époque, au plus tard, qu'apparut la forte judéophobie avec de nombreux stéréotypes négatifs, qui devait être désignée ensuite par les termes d'antijudaïsme et d'antisémitisme. Il n'est pas possible ici de décrire de façon satisfaisante les complexes phénomènes politiques, juridiques, économiques et religieux à l'origine de la haine des juifs, mais il faut toutefois observer que cette haine fut le résultat de processus réciproques de distinction et d'exclusion. Cette dynamique fut alimentée par des manifestations mutuelles de dénigrement verbal et symbolique. Elles culminèrent en 38 apr. J.-C. par des massacres dans la métropole égyptienne d'Alexandrie[60], l'un des centres de la diaspora juive. Selon le récit d'un témoin de l'époque, le savant juif Philon, une querelle à propos des droits civiques qui opposait les juifs d'un côté et les Grecs et les Égyptiens de

---

57. Peter Schäfer, *Histoire des juifs...*, *op. cit.*, p. 60 *sqq*.
58. Johannes Christian Bernhardt, *Die jüdische Revolution...*, *op. cit.*, p. 274.
59. *Ibid.*, p. 147 *sqq*. et 174 *sqq*. Voir aussi Peter Schäfer, *Judéophobie. Attitudes à l'égard des juifs dans le monde antique*, traduit par Édouard Gourévitch, Paris, Les Éditions du Cerf, 2003.
60. Klaus Bringmann, *Geschichte der Juden...*, *op. cit.*, p. 218 *sqq*. ; Peter Schäfer, *Judéophobie...*, *op. cit.*, p. 231 *sqq*.

l'autre s'envenima. Le préfet romain, faible, eut aussi une grande part de responsabilité. D'abord, selon Philon, le roi Hérode Agrippa Ier, de passage dans la ville, fut vilipendé par la populace et sa cour fut parodiée. Les synagogues auraient ensuite été profanées par l'installation de portraits de l'empereur. Au paroxysme du conflit, les maisons juives auraient été pillées et leurs occupants massacrés de la façon la plus cruelle. Les meneurs du pogrom furent plus tard punis par l'empereur romain.

Lors de tels pogroms, des stéréotypes et des représentations hostiles, profondément enracinés, étaient mobilisés. Ces images furent mises en mot, notamment, par l'homme de lettres égyptien Apion, qui joua aussi un rôle dans le contexte des massacres d'Alexandrie. Ses écrits perdus peuvent être reconstitués à partir de la défense de Flavius Josèphe, dans le *Contre Apion*[61]. Pourquoi les juifs, s'ils voulaient être citoyens d'Alexandrie, ne vouaient-ils pas un culte aux mêmes dieux que les autres habitants ? demandait Apion par provocation (II, 6, 65). Ailleurs, il affirmait qu'ils vénéraient dans leurs temples une tête d'âne (II, 7, 79-81). La calomnie la plus grave, sans doute, était une légende de meurtre rituel, liée au sacrilège du Séleucide Antiochos IV. Apion justifiait l'irruption profanatrice de ce dernier dans le Temple de Jérusalem en la présentant comme un acte libérateur : le souverain y aurait trouvé un Grec prisonnier, engraissé en vue du sacrifice humain pratiqué annuellement par les juifs. Ce rite cannibale aurait invariablement été conclu par le serment de demeurer pour toujours les ennemis des Grecs (II, 8, 89-97). Chez Apion (comme chez d'autres polémistes antijuifs de l'Antiquité), d'autres dispositions rituelles comme l'interdiction de manger du porc, le shabbat ou la circoncision constituaient des pierres d'achoppement.

Sous les Romains, le ressentiment contre les juifs crut encore, notamment en raison des droits particuliers qui leur furent accordés et dont ne jouissaient pas les Grecs. Les tensions internes s'aggravèrent également car, en 63 av. J.-C., le début de la domination romaine en Palestine, qui mit fin au gouvernement autonome, fut considéré par les juifs fervents comme une punition de Dieu. Le conquérant Pompée n'avait-il pas profané le sanctuaire en y pénétrant, ce qui poussa aussi à interpréter sa mort ignominieuse, en 48 av. J.-C., comme une juste condamnation divine[62] ? Le règne par ailleurs prospère du roi Hérode, qui se montra particulièrement loyal à l'égard de la puissance d'occupation romaine, fit l'objet d'une lecture

---

61. Voir Flavius Josèphe, *Contre Apion*, traduit par Léon Blum, édité par Théodore Reinach, Paris, Les Belles Lettres, 2018, passages indiqués dans le texte. Voir dans l'ensemble les analyses détaillées dans Peter Schäfer, *Judéophobie...*, *op. cit.*, p. 97 *sqq.* (âne, sacrifice humain) et p. 115 *sqq.* (viande de porc, shabbat, circoncision).
62. Psaumes de Salomon 2, 1-8 ; 2, 24-31 ; voir Klaus Bringmann, *Geschichte der Juden...*, *op. cit.*, p. 166 *sq.* Le triumvir Crassus apparut lui aussi plus tard comme un profanateur de temple puni par Dieu (*ibid.*, p. 169).

similaire. Il tenta d'exiger de ses sujets un serment de fidélité à Rome et à sa personne, scandalisant ainsi la population pieuse qui refusait toute forme de serment[63].

Dans une atmosphère de messianisme croissant, d'attente imminente d'un sauveur à la fin des temps, une résistance latente contre la domination romaine se fit jour au fil des décennies. Un conflit faillit éclater lorsque l'empereur Caligula – en réaction à la destruction par les juifs d'une statue impériale dans la province – ordonna au gouverneur de Syrie d'ériger sa statue dans le Temple de Jérusalem. Seuls l'inertie opposée par ce Publius Petronius, qui ne voulait pas provoquer une guerre, et l'assassinat de l'empereur à Rome, enrayèrent alors l'escalade[64]. Pourtant, même la période de détente sous le règne de l'empereur Claude, qui exhorta par exemple les citoyens d'Alexandrie à « ne traîner dans la boue aucun des rituels [juifs] liés au culte de leur Dieu[65] », ne put empêcher l'irrémédiable confrontation en Palestine. Les provocations autour du Temple se multiplièrent, des soldats romains découvrirent ostensiblement leurs parties génitales ou déchirèrent un rouleau de Torah[66]. Le massacre de la garnison romaine, en 66 apr. J.-C., donna le signal du soulèvement des juifs contre Rome. Celui-ci se termina par une défaite sans appel avec la prise de Jérusalem, la destruction du Temple et l'incorporation totale de la Judée comme province romaine. Cette défaite fut notamment précipitée par la division interne des juifs. Comble de l'humiliation religieuse, le vainqueur romain imposa à tous les juifs de continuer à payer la taxe annuelle du Temple, au profit désormais du dieu païen tutélaire de Rome, capitale de l'Empire – Jupiter Capitolin. Il s'ensuivit de nouveaux soulèvements. Entre 132 et 135 apr. J.-C., le dernier et principal acte de résistance juive, la révolte de Bar Kokhba, fut provoqué, d'après le récit de l'historien Dion Cassius, par le souhait de l'empereur Hadrien d'élever un sanctuaire à Jupiter à la place du Temple détruit. Une résistance acharnée fut livrée par les guerriers de Dieu du prétendant à la messianité Bar Kokhba, prêts à mourir. Ce nom peut être traduit par « fils de l'étoile », coïncidant avec une prophétie des Nombres (24, 17), mais dans la tradition rabbinique ultérieure il fut plutôt qualifié de « fils du mensonge » en tant que faux messie. Pour finir, les juifs révoltés furent tous massacrés. La refondation de Jérusalem en tant que colonie romaine *Ælia Capitolina* mit fin à l'histoire de la Judée comme région de peuplement fermée et terre des juifs. L'ascension et la chute de l'État juif s'étaient accompagnées, durant des décennies, du dénigrement mutuel de ce que chacun tenait pour sacré.

---

63. Klaus Bringmann, *Geschichte der Juden…, op. cit.*, p. 186 *sq.*
64. *Ibid.*, p. 225 *sq.*
65. *Ibid.*, p. 231.
66. *Ibid.*, p. 240.

Le culte impérial

Avec son culte du seul Dieu Yahvé, le judaïsme fit sans doute longtemps exception dans l'Antiquité. Pourtant, il existait aussi dans le monde romain, avant l'avènement du christianisme, une forme d'uniformité religieuse qui devait assurer la cohésion de l'univers morcelé des cultes régionaux et sectoriels: le culte du souverain. Le roi macédonien Alexandre le Grand l'avait découvert lors de sa campagne de conquêtes en Asie. Toutefois, le phénomène devint surtout virulent à la fin de la République romaine, dans la transition vers le pouvoir personnel[67]. La découverte par César et ses hommes du culte pharaonique en Égypte, le « pays emblématique de la royauté divine[68] », joua certainement un rôle. Le pharaon y avait été très tôt vénéré comme un dieu, ainsi que dans d'autres parties orientales de l'Empire. À partir de César, la plupart des empereurs furent élevés au rang de « divin » (*divus*). L'empereur était généralement divinisé par un décret du Sénat juste après son décès, puis définitivement dans un acte de consécration par son successeur, qui en tirait aussi une légitimité propre[69]. Ses effigies étaient ensuite particulièrement protégées contre les marques d'irrespect. Ainsi, une décision de Tibère interdit, sous peine de mort, de remplacer par une autre la tête d'une statue d'Auguste, ce qui était courant pour les effigies ordinaires. Il était également interdit de se montrer nu devant une telle statue ou d'emporter avec soi aux latrines ou au bordel un portrait de l'empereur sur une pièce ou un anneau[70].

« De même que les hommes pouvaient faire des divinités, ils pouvaient les écarter. Si la divinité était déjà morte, et qu'on ne pouvait plus la tuer, on s'attaquait à ses attributs divins, son nom et son culte[71]. » Il était possible, tout simplement, d'abandonner les rites et de laisser tomber le *divus* concerné dans l'oubli. On pouvait aussi choisir la solution offensive et démolir les lieux de culte du divin mort, comme cela fut le cas pour Caligula; dans les cas extrêmes, on eut recours à la *damnatio memoriae*, la destruction totale de toutes les traces, comme cela fut tenté pour Domitien. La célèbre satire de l'apothéose (divinisation) de l'empereur

---

67. Manfred Clauss, *Kaiser und Gott. Herrscherkult im römischen Reich*, Munich / Leipzig, K. G. Saur, 2001, p. 46 *sqq*.
68. Elke Blumenthal, « Die Göttlichkeit des Pharao. Sakralität von Herrschaft und Herrschaftslegitimierung im alten Ägypten », *in*: Franz-Reiner Erkens (dir.), *Die Sakralität von Herrschaft*, Berlin, Akademie Verlag, 2002, p. 53.
69. Manfred Clauss, *Kaiser und Gott...*, *op. cit.*, p. 354 *sqq*.
70. Suétone, *Vie des douze Césars*, traduit par Henri Ailloud, Paris, Les Belles Lettres, 1989, t. II, Tibère LVIII, p. 45; et, pour d'autres exemples, Manfred Clauss, *Kaiser und Gott...*, *op. cit.*, p. 335 *sq*.
71. Manfred Clauss, *Kaiser und Gott...*, *op. cit.*, p. 383.

Claude, qui nous est parvenue sous le titre *Transformation de l'empereur Claude en citrouille* (*Apocolocyntosis*), constitue un exemple tout à fait particulier de dénigrement littéraire d'un empereur divinisé. Son contexte d'écriture est aussi flou que son message est clair : l'indigne Claude se voit refuser l'accès au cercle des divinités dans les cieux, il est au contraire banni aux enfers, où il devra se résigner à l'existence d'un esclave au service d'un affranchi[72]. Ainsi, ce qui l'attend après sa mort est bien une dé-divinisation.

Dans l'ensemble, le culte impérial remplissait une importante fonction d'intégration pour un Empire romain immense, issu d'une petite cité-État qui avait peu d'autres possibilités d'identification suprarégionale à offrir. Il devait aussi renforcer la légitimité du souverain terrestre, qui pouvait se parer d'une aura divine. Toutefois, plus le culte officiel devenait obligatoire, plus il devait entrer en concurrence avec les religions qui revendiquaient le monopole de la vérité. Cela concerna d'abord les juifs, dans le Temple desquels, à Jérusalem, l'empereur Caligula avait voulu installer sa statue. D'après le récit de Philon d'Alexandrie, cet empereur aurait réagi de façon brutale au refus d'une délégation des juifs d'Alexandrie : « Êtes-vous ceux qui haïssez les dieux (*hoi theomiseis*) », leur demanda-t-il sans grâce, « et qui ne croyez pas que je suis un dieu, un dieu reconnu parmi toutes les autres nations, mais qui ne doit pas être nommé par vous[73] ? » Sous les auspices d'une telle concurrence cultuelle, le recrutement actif de candidats à la conversion par les juifs pouvait paraître menaçant aux Romains, et plus particulièrement aux empereurs romains. Cela motiva sans doute certaines mesures antijuives de l'époque impériale, notamment l'interdiction de la circoncision pour les hommes qui n'étaient pas d'origine juive[74]. Suétone raconte avoir assisté dans sa jeunesse, sous le règne de Domitien, au contrôle d'un homme de quatre-vingt-dix ans, dans le but de vérifier s'il était circoncis. Le même empereur aurait accusé d'athéisme et fait exécuter un parent, le consul Flavius Clemens, puis envoyé sa femme Flavia Domitilla en exil, probablement parce que le couple était attiré par le judaïsme[75]. Il apparut toutefois de plus en plus clairement qu'une nouvelle religion présentait un défi bien plus important pour le culte officiel : le christianisme.

---

72. Niklas Holzberg, « Racheakt und „negativer Fürstenspiegel" oder literarische Maskerade? », *Gymnasium*, vol. 123, n° 4, 2016, p. 321-339, ici p. 326 *sq*. Voir aussi mon billet de blog : « Verkürbissung eines Kaisers », *Kliotop*, 22 mai 2020, disponible en ligne sur https://kliotop.hypotheses.org/138 [consulté le 05/08/2020].
73. Peter Schäfer, *Judéophobie…, op. cit.*, p. 234.
74. *Ibid.*, p. 196 *sq*.
75. *Ibid.*, p. 200 *sq* et 304.

Le christianisme

L'apparition et la propagation du christianisme, au début de l'époque impériale, montrent l'attrait d'une foi en un Dieu non rattachée à un lieu particulier[76]. En ce sens, le christianisme était similaire à d'autres offres sur le marché des religions, qui connurent alors un certain succès, notamment le culte à mystères de Mithra, un culte secret élitiste devenu populaire dans l'Empire romain à partir du Ier siècle apr. J.-C. Dès ses origines, le christianisme entra en conflit avec les autres communautés religieuses. Dans les premiers temps, des confrontations eurent lieu avec le judaïsme, alors que la nouvelle religion n'était encore qu'un courant parmi d'autres. D'après les Actes des Apôtres, le premier martyr fut le diacre Étienne, lapidé pour blasphème à Jérusalem. De faux témoins avaient d'abord affirmé, devant le Conseil suprême, qu'ils l'avaient entendu proférer des paroles insultantes (*verba blasphemia*) contre Moïse et Dieu (Ac 6, 11). Étienne répondit par un long discours, qui se termina par une vision du Fils de l'homme, au ciel, à la droite du Père. En déclarant ainsi qu'il croyait que Jésus était le Messie attendu, il confirma ouvertement l'accusation contre lui : les juifs poussèrent des cris, se bouchèrent les oreilles, le jetèrent hors de la ville et le lapidèrent à mort (Ac 7, 57-58). Jacques, le « frère du Seigneur », devait connaître un destin similaire en 62 apr. J.-C., et Paul fut lui aussi menacé plusieurs fois de lynchage.

La disjonction poussa certains représentants séculiers et religieux du judaïsme à présenter le christianisme comme hérétique. Ils dénoncèrent les chrétiens auprès des autorités romaines, notamment pour protéger leurs propres privilèges : ils ne voulaient en aucun cas être assimilés à cette nouvelle superstition, aux partisans du fauteur de troubles Jésus de Nazareth, mort ignominieusement sur la croix[77]. D'autre part, les chrétiens prirent rapidement leurs distances avec leurs racines juives, multiplièrent les missions auprès des païens et durcirent peu à peu leurs attaques contre les juifs. Peu après le milieu du IIe siècle, l'apologète et martyr Justin fut le premier à formuler, dans son *Dialogue avec Tryphon*, des accusations lourdes de conséquences, qui furent reprises plus tard par Tertullien et par l'historien de l'Église Eusèbe : selon lui, les juifs n'avaient pas seulement sur les mains le sang de nombreux prophètes, mais aussi celui de Jésus lui-même : « Vous avez tué le Christ et vous n'avez pourtant

---

76. Pour une brève présentation, voir Karen Piepenbrink, *Antike und Christentum*, Darmstadt, WBG, 2007 ; l'ouvrage de Manfred Clauss, *Ein neuer Gott für die alte Welt. Die Geschichte des frühen Christentums* (Berlin, Rowohlt, 2015), est riche, même s'il est controversé en raison de sa partialité.
77. À ce sujet et sur ce qui suit, voir Friedhelm Winkelmann, *Geschichte des frühen Christentums*, 4e éd. actualisée, Munich, C. H. Beck, 2007, p. 34 *sqq*.

aucun remords⁷⁸. » Il ajoutait que le rebelle juif Bar Kokhba avait menacé les chrétiens de graves sanctions s'ils refusaient de « dénigrer et renier Jésus-Christ⁷⁹ ». Pour les polémistes chrétiens, la destruction du Temple de Jérusalem et l'expulsion définitive des juifs de ce lieu étaient une juste punition de Dieu. L'accusation d'avoir tué le Christ fut canonisée au plus tard autour de l'an 400, par Augustin, et constitua un héritage funeste pour les siècles suivants⁸⁰.

L'affrontement avec les païens fut également virulent dès les commencements. Les premières missions, périlleuses, eurent lieu dès l'époque apostolique. Paul faillit subir le martyre à Iconium. Alors qu'il était accompagné de Barnabé, le peuple se mit à les adorer comme des dieux après une guérison miraculeuse, et à leur offrir un sacrifice. Les deux missionnaires déchirèrent leurs habits, affirmèrent qu'ils étaient des êtres mortels et prêchèrent contre les anciens dieux païens. Les juifs réussirent alors, d'après les Actes, à dresser la foule contre Paul. Elle le lapida et le traîna hors de la ville mais il revint à lui (Ac 14, 8-20). À Éphèse, Paul se trouva à nouveau en danger suite à ses prêches contre les idoles (Ac 19, 23-40 : « les dieux fabriqués par des mains humaines ne sont pas des dieux », Ac 19, 26). Un bijoutier nommé Démétrios ameuta ses pairs, qui comme lui gagnaient leur vie en fabriquant des représentations d'Artémis : « Cela risque non seulement de jeter le discrédit sur notre profession, mais encore de ruiner toute estime pour le temple de la grande déesse Artémis, et même de dépouiller de son prestige celle qui est adorée de toute l'Asie et de toute la terre habitée ! » (Ac 19, 27). Le peuple fut empêché, à grand-peine, de faire preuve de violence à l'égard des missionnaires.

Aux yeux de nombre de fidèles des anciens cultes, la nouvelle foi chrétienne sembla suspecte, au mieux extravagante, au pire criminelle. Augustin raconta que chez lui, en Afrique du Nord, autour de l'an 400, un païen qui rencontrait un chrétien le montrait du doigt, se moquait de lui et le traitait d'idiot et de fou⁸¹. Les réticences et les moqueries concernaient en particulier la nature divine du Christ et l'idée de la résurrection. Dans l'Empire romain, les chrétiens firent l'objet de nombreuses théories du complot qui ressemblaient à celles auxquelles étaient déjà confrontés les juifs. Vers 200 apr. J.-C., l'apologète chrétien Minucius Félix dressa la

---

78. Friedhelm Winkelmann, *Geschichte des frühen Christentums...*, op. cit., p. 48 *sqq.*, citation p. 49. Le sort d'Agrippa Iᵉʳ, de la dynastie d'Hérode, frappé par l'ange de Dieu d'une maladie mortelle parce qu'il était vénéré comme un dieu par le peuple, semble logique dans les Actes des Apôtres (12, 23) : il n'avait pas rendu à Dieu les honneurs nécessaires. Peter Schäfer (*Histoire des juifs...*, op. cit., p. 138) parle de son « blasphème ».
79. Peter Schäfer, *Histoire des juifs...*, op. cit., p. 177.
80. Brent D. Shaw, *Sacred Violence: African Christians and Sectarian Hatred in the Age of Augustine*, Cambridge / New York, Cambridge University Press, 2011, p. 287 *sqq.*
81. *Ibid.*, p. 211.

liste des calomnies qui circulaient contre sa foi : rassemblements secrets, orgies sexuelles, adoration d'une tête d'âne, meurtre rituel d'un enfant vivant et consommation de son sang. S'y ajoutaient les accusations de sorcellerie et de magie, car il était courant de considérer Jésus, le guérisseur, comme un magicien[82]. Vers 196-197, Tertullien raconta qu'un homme converti au judaïsme avait transporté à travers les rues de Carthage – sans doute contre rémunération, comme une sorte de support publicitaire – une image montrant une figure en toge, avec des oreilles d'âne et un pied de corne, qui tenait à la main un livre. Sous l'image étaient écrits les mots : « DEUS CHRISTIANORUM – ONOKOITES », que l'on peut traduire par : « le Dieu des chrétiens – race d'âne »[83] (voir fig. 2).

Ces reproches et ces rumeurs sur les juifs et les premiers chrétiens devaient ensuite être étendus à d'autres groupes, comme les hérétiques du Moyen Âge et la secte imaginaire des sorcières[84]. Le récit de Tacite (*Annales* XV, 44) à propos de la première persécution des chrétiens sous le règne de Néron en l'an 64 apr. J.-C., selon lequel les chrétiens avaient été convaincus de haine du genre humain, trouvait peut-être déjà sa source dans ces rumeurs. Naturellement, les réticences et les critiques auxquelles furent confrontés les chrétiens durant les premiers siècles de leur existence furent loin de se réduire à ces sinistres théories du complot[85]. Outre leur participation réduite à la vie publique et leur rigorisme moral, leur langage agressif rebuta également leur entourage[86]. Les écrits des apologètes comme Clément d'Alexandrie et Tertullien sont pleins de railleries et de sarcasmes à l'égard des religions concurrentes. Déjà, l'apôtre Paul s'était déchaîné contre l'impiété des païens, « remplis de toute espèce d'injustice, de méchanceté, d'avidité, de malfaisance ; pleins d'envie, de meurtre, de disputes, de ruses, de vices ; diffamateurs, médisants, ennemis de Dieu, insolents, orgueilleux, fanfarons, ingénieux pour le mal, rebelles envers leurs parents, sans intelligence, sans loyauté, insensibles, sans compassion » (Rm 1, 29-31) – un discours peu engageant !

Les persécutions dispersées et les pogroms locaux qui eurent lieu durant les deux cent cinquante premières années indiquent que les chrétiens étaient perçus comme un groupe étranger, voire hostile. Les persécutions

---

82. Friedhelm Winkelmann, *Geschichte des frühen Christentums*, op. cit., p. 30 *sqq*.
83. Tertullien, *Apologétique*, XVI, 12 ; *id*., *Ad Nationes*, I, 14.
84. Sur la diffusion de ces légendes, voir le classique Norman Cohn, *Demonolâtrie et sorcellerie au Moyen Âge. Fantasmes et réalités*, traduit par Sylvie Laroche et Maurice Angeno, Paris, Payot, 1982.
85. Joseph Walsh et Gunther Gottlieb (« Zur Christenfrage im zweiten Jahrhundert », *in* : Gunther Gottlieb et Pedro Barceló [dir.], *Christen und Heiden in Staat und Gesellschaft des zweiten bis vierten Jahrhunderts*, Munich, E. Vögel, 1992, p. 3-86, ici p. 21 *sqq*.) distinguent au total dix raisons.
86. Sur le langage agressif, voir *ibid.*, p. 38 *sqq*.

Fig. 2 – « Alexamenos adore son dieu ».
Graffiti dans un bâtiment sur le mont Palatin, à Rome, IIe siècle apr. J.-C.

prirent une tournure nouvelle et systématique à partir du bref règne de l'empereur Dèce (249-251) qui voulut, par son édit du sacrifice, conférer au culte impérial un caractère obligatoire dans tout l'Empire. Peut-être cherchait-il ainsi à apaiser les dieux en colère, mais le culte religieux fut surtout employé de façon très ciblée comme un lien politique, pour un Empire distendu et traversé par de graves crises. « Il s'agissait surtout d'obtenir l'adhésion et de produire de la conformité, moins d'exclure des citoyens déloyaux[87]. » Au niveau de l'État, le sacrifice en l'honneur de l'empereur était donc considéré « à la fois comme un acte de religiosité

---

87. Pedro Barceló, « Fundamentalistische Tendenzen in Heidentum und Christentum des 4. Jahrhunderts », in: id. (dir.), Religiöser Fundamentalismus in der römischen Kaiserzeit, Stuttgart, F. Steiner Verlag, 2010, p. 119-134, ici p. 122.

et comme un signe de loyauté[88] ». Tous les habitants de l'Empire romain devaient paraître devant une commission et réaliser un sacrifice ; ils obtenaient ainsi un certificat. Cette mesure n'était pas exclusivement destinée aux chrétiens. Nombre d'entre eux purent éviter des sanctions par une attitude pragmatique – par exemple, en envoyant un esclave païen accomplir le rituel du sacrifice. Pour les puristes comme l'évêque Cyprien de Carthage ou Tertullien, cependant, le compromis était impossible, toute idolâtrie devant être considérée comme « une grave offense » faite à Dieu[89]. Face aux instances officielles, les martyrs comme l'évêque Carpus nièrent l'existence des anciennes divinités, vilipendèrent leur impuissance et leurs représentations qui n'étaient rien que des fabrications humaines. La gloire des martyrs assassinés et le prestige des survivants renforcèrent l'exigence fondamentaliste de vérité de l'Église primitive. Parallèlement, des débats et de premières tensions internes se firent jour autour de la question du traitement des apostats (*lapsi*). La répression politique et religieuse de l'État romain s'intensifia par moments : en 257-258, l'empereur Valérien exigea des évêques, des diacres et des prêtres chrétiens un sacrifice. Les édits de l'empereur Dioclétien représentèrent l'apogée des persécutions contre les chrétiens. Ces derniers avaient obtenu de nombreux succès missionnaires au cours de la période précédente mais étaient considérés comme des fauteurs de troubles potentiels en raison de querelles internes[90]. Les mesures comprenaient la destruction des églises chrétiennes ainsi que la répression de ceux qui refusaient le culte officiel, jusqu'à leur torture et leur exécution. Mais si ces dispositions dépassaient largement, par leur sévérité, toutes celles qui avaient été prises jusqu'alors, le successeur de Dioclétien, Galère, opéra un spectaculaire revirement et reconnut l'échec des tentatives visant à faire revenir les chrétiens aux anciennes lois et à la règle des Romains. Dans son « édit de tolérance » de 311, il leur accorda à nouveau le droit « d'être chrétiens et de rebâtir leurs lieux de réunion ». Dès lors, leur devoir était de prier leur Dieu pour le bien de l'État[91]. Peu après, l'empereur Constantin franchit une nouvelle étape décisive : ayant obtenu le pouvoir autocratique sous les auspices du Dieu des chrétiens, il considéra que ce dernier lui donnait mandat pour départager leurs querelles internes. Il ouvrit ainsi la voie du christianisme comme religion d'État. Le dénigrement des autres religions prit alors une dimension entièrement nouvelle.

---

88. Manfred Clauss, *Ein neuer Gott...*, op. cit., p. 148.
89. *Ibid.*, p. 146.
90. *Ibid.*, p. 293 sq.
91. Karen Piepenbrink, *Antike und Christentum*, op. cit., p. 70.

4. Le christianisme au pouvoir

Au sein de l'Empire romain, le christianisme passa en quelques décennies seulement du statut de confession tolérée à celui de religion officielle dominante[92]. Inversement, le dénigrement et la discrimination des autres cultes ne se firent pas attendre. Alors qu'il régnait seul, Constance II, fils de Constantin, ordonna à partir de 354 de cesser tous les sacrifices et de fermer les temples païens, sous peine de mort. La phase de restauration des anciennes religions, sous son successeur Julien (condamné en conséquence comme « apostat » dans la tradition chrétienne), ne fut qu'un épisode de courte durée entre 361 et 363. À partir de 380, l'empereur Théodose Ier renforça la lutte contre le paganisme et qualifia pour la première fois l'exercice des cultes païens de *crimen* (Code théod. XVI, 10, 12)[93]. Ses successeurs appelèrent même par des édits à la destruction des temples païens, et les tenants obstinés des anciens cultes furent exilés ou subirent des châtiments physiques. Enfin, sous Théodose II, les édits impériaux des époques précédentes furent rassemblés en 436 en un unique *Codex Theodosianus*. Son dernier livre, le seizième, regroupait toutes les dispositions concernant la religion et incarnait ainsi la nouvelle approche de la politique religieuse officielle. Si, auparavant, il s'agissait de respecter les traditions et les usages transmis de génération en génération, désormais la question centrale était celle de la vérité religieuse : il devenait ainsi possible de commettre des « crimes de pensée », qui se manifestaient par des écarts par rapport

---

92. Voir essentiellement Karen Piepenbrink, *Antike und Christentum*, op. cit. ; Jochen Martin, *Spätantike und Völkerwanderung*, 4ᵉ éd., Munich, R. Oldenbourg, 2001 ; Peter Brown, *The Rise of Western Christendom: Triumph and Diversity, A.D. 200-1000*, 2ᵉ éd., Malden, Blackwell, 2003, p. 58 *sqq.* ; l'accent est mis sur le fondamentalisme et la violence surtout par Ramsay MacMullen, *Christianisme et paganisme du IVᵉ au VIIIᵉ siècle*, traduit par Franz Regnot, Paris, Les Belles Lettres, 1998 ; ainsi que par Manfred Clauss, *Ein neuer Gott...*, op. cit., p. 293 *sqq.*
93. Voir l'article de Karl Leo Noethlichs, « Heidenverfolgung », *in* : Theodor Klauser (éd.), *Reallexikon für Antike und Christentum*, Stuttgart, A. Hiersemann, 1986, t. XIII, p. 1149-1190, ici p. 1161.

à cette vérité. Au sein de ce nouvel ordre romain, les hérétiques et les juifs étaient aussi peu légitimes que « les folles erreurs des païens » (Code théod. XV, 5, 5)[94].

La discrimination des autres

Le christianisme s'imposa au cours d'un processus dans lequel le dénigrement systématique des anciens dieux, de leurs lieux de culte et de leurs fidèles, avec l'appui décisif de l'appareil d'État, joua un rôle central. D'autres facteurs, naturellement, furent aussi à l'origine de la réussite de cette religion, comme l'attractivité de son message de salut pour les fidèles potentiels. Toutefois, l'idée que ce pouvoir d'attraction sur les hommes et les femmes de tous les milieux aurait été la raison majeure ou exclusive du succès du christianisme, que celui-ci aurait entamé automatiquement sa marche triomphale après une phase de dures persécutions et d'héroïques martyrs alors que le paganisme serait mort peu à peu, pour ainsi dire de lui-même – cette idée transmise par nombre de récits anciens est depuis longtemps obsolète. La contrainte – verbale et physique – venue d'en haut accompagna l'établissement du christianisme comme religion officielle, sous de nombreuses formes[95]. La logique de cette évolution trouvait son origine dans la distinction mosaïque, consubstantielle au message chrétien dès son origine, et qui le différenciait des nombreuses autres offres sur le marché antique des religions. En effet, si les cultes religieux de l'époque impériale et la nouvelle religion rédemptrice des chrétiens avaient de nombreux points communs[96], une différence fondamentale subsistait : « Le culte païen avait besoin d'adeptes. Le christianisme exigeait des croyants. [...] La foi chrétienne monothéiste signifiait à la fois exclusivité, concentration et sélection. Consciente de connaître la seule voie possible, elle s'opposait aux faux dieux et aux hérésies. » Pour ce faire, les dignitaires

---

94. Peter Brown, *The Rise of Western Christendom...*, *op. cit.*, p. 75. Voir aussi Karen Piepenbrink, *Antike und Christentum*, *op. cit.*, p. 84.
95. Ramsay MacMullen, *Christianisme et paganisme...*, *op. cit.*, p. 26 *sqq.*; Eberhard W. Sauer, *The Archaeology of Religious Hatred: In the Roman and Early Medieval World*, Stroud, Tempus, 2003, p. 114 *sqq*. Récemment, Catherine Nixey (*The Darkening Age: The Christian Destruction of the Classical World*, Londres, Macmillan, 2017) a souligné, dans un ouvrage partial et polémique, le caractère violent de cette marche triomphale. Sur la réception majoritairement critique par les spécialistes, voir par exemple Stefan Rebenich, « Fanatiker im Rausch », *Süddeutsche Zeitung*, 24 juillet 2019, disponible en ligne sur https://www.sueddeutsche.de/kultur/kulturgeschichte-fanatiker-im-rausch-1.4537583 ou https://en.wikipedia.org/w/index.php?title=The_Darkening_Age&oldid=932006207 [consultés le 20/02/2020].
96. Voir par exemple les contributions dans Pedro Barceló (dir.), *Religiöser Fundamentalismus...*, *op. cit.*

chrétiens eurent amplement recours, à partir de la deuxième moitié du IIIe siècle, au pouvoir de l'État, et utilisèrent « les positions de foi comme une arme politique[97] ».

Le dénigrement prit des dimensions et des formes très diverses, qu'il n'est pas possible de décrire de façon exhaustive[98]. Les polémistes chrétiens passèrent maîtres dans l'art d'attaquer leurs contradicteurs païens sur un ton parfois ironique, parfois apocalyptique. « *Pagani* », ce terme désignant les non-chrétiens (et les non-juifs) comme des « paysans » ou des « incultes », était une façon de les rabaisser du point de vue sémantique[99]. Il semble toutefois bien subtil, face à d'autres opérations argumentatives des grands penseurs chrétiens. « Au IVe siècle, des millions de sermons allèrent de pair avec des critiques violentes contre l'"ennemi" », semant une graine qui devait éclore soudainement. « Dans les années quatre-vingt du IVe siècle, les premières attaques contre les temples païens et les églises des "autres" chrétiens eurent un effet boule de neige. Les sermons incitant à la haine et à la violence contre les hérétiques, les païens et les juifs, et les comparaisons assimilant ceux qui pensaient autrement à des serpents, des scorpions ou des cochons, avaient préparé le terrain pendant des siècles[100]. » *L'erreur des religions païennes* (*De errore profanarum religionum*), écrit par le sénateur romain Julius Firmicus Maternus après sa conversion, donne une idée de la fureur chrétienne de vérité. Comme chez d'autres auteurs chrétiens, il s'agissait d'une variation autour de la thèse fondamentale selon laquelle les cultes et les idoles multiples cachaient des démons infernaux, qui voulaient détourner de l'adoration du seul et vrai Dieu. Après une description des cultes païens les plus divers, le texte débouchait sur un puissant appel à fondre leurs objets sacrés et à détruire leurs temples. L'auteur intensifiait encore ses fantasmes répressifs en menaçant d'anéantissement physique non seulement les coupables de sacrilège, mais aussi leur famille entière (*De errore* 28, 6 ; 28, 10). Il n'hésitait pas à exhorter l'empereur lui-même, avec les mots de l'Ancien Testament (Dt 13, 6-18), à punir de mort ceux qui s'adonnaient à l'idolâtrie.

Face à cette arrogance, les apologistes païens se trouvèrent sur la défensive – du moins d'après ce qui peut en être perçu aujourd'hui, car

---

97. Pedro Barceló, « Fundamentalistische Tendenzen… », *op. cit.*, p. 133.
98. Ramsay MacMullen (*Christianisme et paganisme…*, *op. cit.*, p. 28) évoque une « touche de dénigrement » presque systématique. Voir la chronologie des mesures de plus en plus sévères dans Karl Leo Noethlichs, « Heidenverfolgung », *op. cit.*
99. Martin Heimgartner, « Paganus », *in*: Hubert Cancik, Helmuth Schneider et Manfred Landfester (éd.), *Der Neue Pauly*, Stuttgart, J. B. Metzler, 1996, version en ligne : *Brill's New Pauly*, Leyde, Brill, 2006, disponible sur http://dx.doi.org/10.1163/1574-9347_dnp_e903690 [consulté le 20/02/2020]. Voir Peter Brown, *The Rise of Western Christendom…*, *op. cit.*, p. 74.
100. Manfred Clauss, *Ein neuer Gott…*, *op. cit.*, p. 374.

leurs voix ont été pour la plupart ensevelies sous une épaisse couche de propagande chrétienne, ou tout simplement anéanties. Un conflit emblématique opposa paganisme et chrétienté dans la vieille capitale impériale, autour de la statue de Victoria, déesse de la victoire, qui avait été ôtée de la place qui lui revenait au sein du Sénat. Au début des années 380, le *pontifex maximus* Symmaque lutta de toutes ses forces contre cette décision[101]. Porte-parole d'une délégation de l'aristocratie sénatoriale païenne auprès de l'empereur à Milan, il recourut à tous les registres rhétoriques. Il fit même intervenir la personnification de la déesse Roma, exigeant le respect dû à son âge avancé (Sym. *Rel.* III, 9-10). Son argument principal était que le succès de la communauté romaine était étroitement lié au respect témoigné aux dieux de la tradition : d'un point de vue militaire, avec le triomphe contre de nombreux ennemis, mais aussi d'un point de vue juridique puisque le serment sur l'autel garantissait la loyauté des sénateurs. Inversement, le mépris des anciens dieux et le sacrilège (*sacrilegium*) auraient provoqué la sécheresse et les mauvaises récoltes (Sym. *Rel.* III, 16). L'argumentation de Symmaque est remarquable par son aspect défensif. Dans son esprit, le plaidoyer pour l'ancienne religion n'entretenait qu'un lien très indirect avec l'attaque contre la nouvelle – reflet, certainement, du rapport de force qui prévalait alors, mais aussi réflexe issu de la tolérance traditionnelle des cultes polythéistes. La demande de « paix pour les dieux de nos pères » comprenait la reconnaissance d'autres dieux, selon l'idée que de nombreuses voies pouvaient mener à la vérité (Sym. *Rel.* III, 10).

Il en allait tout autrement pour l'évêque de Milan, Ambroise, dont les interventions énergiques auprès du jeune empereur Valentinien réussirent à empêcher la réintégration de la statue dans le Sénat. Selon lui, seul le culte de l'unique et vrai Dieu chrétien assurait le salut, alors que les dieux des païens étaient tous d'horribles démons. Il n'était pas possible de leur ériger un autel sans commettre un sacrilège (*sine sacrilegio*) (*Ambrosii ep.* 17, 10). Avec de terribles sarcasmes, il tourna en ridicule les arguments de Symmaque : Rome n'avait pas été sauvée du siège d'Hannibal par la puissance des dieux mais par sa propre valeur guerrière (*Ambrosii ep.* 18, 4-6). Et les famines ? Il y en avait tout autant sous le règne des dieux païens, elles ne concernaient que certaines régions et surtout : les temples païens avaient été retirés partout depuis de nombreuses années, pourquoi les dieux n'avaient-ils pas eu plus tôt l'idée de se venger (*Ambrosii ep.* 19) ? Alors que la colère de Dieu constituait un motif tout à fait plausible dans la tradition judéo-chrétienne, cela n'empêchait pas de se moquer ouvertement de la prétendue colère des dieux païens.

---

101. Sur ce qui suit, voir les explications et l'édition par Richard Klein (éd.), *Der Streit um den Victoriaaltar. Die dritte Relatio des Symmachus und die Briefe 17, 18 und 57 des Mailänder Bischofs Ambrosius*, Darmstadt, Wissenschaftliche Buchgesellschaft, 1972.

La bataille autour de l'autel de la Victoire ne fut menée qu'avec des mots, mais les affrontements ne s'arrêtèrent pas là. En 392, la destruction ostentatoire du sanctuaire de la divinité gréco-égyptienne Sérapis à Alexandrie, à l'instigation de l'évêque local Théophile, fut le point culminant de conflits de longue date entre chrétiens et païens et symbolisa le triomphe final de la nouvelle foi contre ses adversaires[102]. Théophile fit d'abord transporter à travers la ville, dans une parodie de procession, des objets de culte païens qui avaient été retrouvés lors de travaux d'excavation visant à construire une nouvelle église. Les violentes batailles de rue qui s'ensuivirent entre les différents partis religieux fournirent à Théophile un prétexte pour faire raser le temple de Sérapis – et probablement beaucoup d'autres lieux de culte – par une foule violente, et faire détruire l'idole qui s'y trouvait. Selon les récits des chroniqueurs chrétiens, le colosse de bois se brisa en de nombreux petits morceaux, le torse subsistant fut brûlé dans l'amphithéâtre de la ville[103] – la marque du début d'une christianisation inexorable de la métropole égyptienne. Le lynchage de la philosophe néoplatonicienne et professeure Hypatie en 415, par une foule chrétienne, fut une autre manifestation des conflits religieux dans la ville[104]. Si de nouvelles recherches indiquent qu'Hypatie fut sans doute victime d'une lutte de pouvoir politique, la propagande épiscopale montre l'importance de la caisse de résonance idéologico-religieuse : Hypatie fut montrée du doigt comme une sorcière qui aurait provoqué le prétendu athéisme du préfet impérial en usant de magie noire.

Les fidèles des anciens cultes ne furent pas les seules victimes de la fureur de vérité chrétienne. Les manichéens, par exemple, adeptes d'une religion révélée venue de Perse, furent également dénigrés, menacés et persécutés. Déclassement et discrimination furent aussi le lot des juifs, dont le christianisme s'était depuis longtemps éloigné[105]. Toutefois, pour

---

102. Voir Johannes Hahn, *Gewalt und religiöser Konflikt. Studien zu den Auseinandersetzungen zwischen Christen, Heiden und Juden im Osten des Römischen Reiches*, Berlin, Akademie Verlag, 2004, p. 78 *sqq.*; et *id.*, «„Ausgemerzt werden muss der Irrglaube!" Zur Ideologie und Praxis christlicher Gewalt gegen pagane Kulte in der Spätantike», *in*: Pedro Barceló (dir.), *Religiöser Fundamentalismus...*, *op. cit.*, p. 209-248, ici p. 223 *sqq.*
103. *Ibid.*, p. 87.
104. Almuth Lotz, «Religiöse Intoleranz und Gewalt in der Spätantike», *in*: Pedro Barceló (dir.), *Religiöser Fundamentalismus...*, *op. cit.*, p. 202 *sqq.*; Johannes Hahn, *Gewalt und religiöser Konflikt...*, *op. cit.*, p. 110 *sqq.*
105. Friedhelm Winkelmann, *Geschichte des frühen Christentums*, *op. cit.*, p. 44 *sqq.* Sur la conversion forcée de la communauté juive locale par l'évêque Sévère sur l'île de Minorque, en 418, voir par exemple Severus of Minorca, *Letter on the Conversion of the Jews*, Oxford, Clarendon Press, 1966, p. 4 *sqq.*; voir Manfred Clauss, *Ein neuer Gott...*, *op. cit.*, p. 374 *sq.*; Jochen Martin, *Spätantike und Völkerwanderung*, *op. cit.*, p. 142 *sqq.* et 223 *sq.*

les chrétiens du Vᵉ siècle, le plus urgent restait le combat contre les temples et les idoles des païens. Souvent, les évêques locaux prirent l'initiative. À Gaza, important centre urbain de Palestine, la société païenne s'était d'abord opposée de façon acharnée, avec succès, aux velléités de christianisation au IVᵉ siècle. Lorsque l'évêque Porphyre prit ses fonctions en 395, les chrétiens représentaient sans doute seulement 1 % de la population. Porphyre intervint auprès de la cour impériale, à Constantinople, et obtint finalement un ordre de destruction des infrastructures païennes. La *Vita* de l'évêque décrit en détail la démolition ou l'incendie de l'ensemble des huit temples et la destruction de leurs idoles, qui furent brûlées ou jetées dans des latrines[106]. Dans l'arrière-pays syrien ou égyptien, des moines et des ascètes prêts à en découdre se firent également destructeurs d'idoles. Autour de l'an 400, l'abbé et ermite Shenouté d'Atripe, supérieur d'un grand monastère proche de la ville égyptienne de Panopolis, dirigea de véritables expéditions contre les cultes païens, les temples et les statues des dieux, et contre leurs adeptes. Accompagné d'autres croyants militants, il n'hésitait pas à mener des perquisitions violentes chez les habitants des alentours[107]. Les rapports du rhéteur Libanios à l'empereur Théodose Iᵉʳ sur les hordes de « moines noirs » qui troublaient la Syrie racontent que ceux-ci attaquaient les temples avec des poutres de bois, des pierres et des outils en fer, souvent même à mains nues ; ils détruisaient les toits, abattaient les murs et brisaient autels et statues. Les prêtres de ces sanctuaires en étaient réduits à se taire s'ils ne voulaient pas voir leur vie menacée[108].

Ce ne fut pas un hasard si les mesures contre les païens se concentrèrent sur la destruction des temples et, en particulier, des idoles. Pour leurs fidèles, il s'agissait d'endroits où les dieux pouvaient s'installer ; pour les chrétiens, les temples étaient des lieux d'adoration des démons, comme le prêcha avec insistance Augustin, Père de l'Église : « Lorsque je demande à un païen : "Où est ton dieu ?" Alors il me montre du doigt ses images. [...] Je me moque de la pierre. Je la prends. Je la fais voler en éclats. Je la jette au loin avec mépris[109]. » Les fouilles archéologiques ont mis au jour des preuves saisissantes de la rage chrétienne contre les idoles païennes. Les statues anciennes décapitées, ou privées de nez et de membres, renvoient à l'action d'iconoclastes chrétiens, même si cette attribution n'est pas toujours évidente. On trouve ce type de traces dans l'est de la Gaule (l'Alsace actuelle) ainsi que sur le site des temples de Dendérah, sur le Nil, au nord

---

106. Johannes Hahn, *Gewalt und religiöser Konflikt...*, *op. cit.*, p. 212 *sq*.
107. Johannes Hahn, « „Ausgemerzt werden muss der Irrglaube!"... », *op. cit.*, p. 218, p. 223 *sqq*.
108. Eberhard W. Sauer, *The Archaeology of Religious Hatred...*, *op. cit.*, p. 159.
109. Cité d'après Brent D. Shaw, *Sacred Violence...*, *op. cit.*, p. 209 *sq*. Voir, de façon générale, Manfred Clauss, *Ein neuer Gott...*, *op. cit.*, p. 394 *sqq*.

de Louxor[110]. À Athènes, où l'affaire des Hermocopides avait entraîné une dure répression des siècles plus tôt, la découverte de statues intactes, enterrées, suggère que les derniers païens les avaient mises en sécurité contre les chrétiens[111]. En raison de sa force symbolique, l'iconoclasme demeura durant les siècles suivants un instrument de conversion important des païens situés à la périphérie du monde devenu chrétien. Les missionnaires, comme le pieux diacre Vulfilaïc, dans les Ardennes, taillaient eux-mêmes en pièces les statuettes, ou abattaient les idoles plus grandes à l'aide de cordes. Ils y mettaient le feu ou les jetaient dans l'eau, comme les Irlandais Columban et Gallus, qui les immergèrent respectivement dans les lacs de Zurich et de Constance[112]. De telles méthodes furent pratiquées jusqu'aux missions brutales de Boniface, au début du VIIIe siècle : en 723, il abattit à la hache le chêne de Donar, ou chêne de Jupiter, à Gaesmere en Hesse, et fit construire une église avec son bois[113].

Le clivage interne – orthodoxie et hétérodoxie

La fureur contre les adeptes des anciens cultes et religions ne représentait qu'une facette des efforts d'exclusion et de distinction des chrétiens. La recherche de la vérité unique, indivisible, provoqua des clivages au sein même du christianisme. Les querelles apparurent dès la naissance des premières communautés chrétiennes, avec l'opposition entre « chrétiens juifs » et « chrétiens païens », ou par le conflit avec les courants gnostiques. Elles se poursuivirent avec les controverses sur le traitement à réserver aux « apostats » (*lapsi*) ou aux « traîtres » (*traditores*) pendant les persécutions, ce qui mena au schisme donatiste du IIIe siècle. Durant l'Antiquité tardive, elles culminèrent dans les affrontements sur la véritable nature du Christ, à l'origine de courants hétérodoxes comme l'arianisme, le monophysisme, le nestorianisme, et autres. Au-delà des aspects théologiques complexes, qui ne peuvent être exposés ici plus en détail, le dénigrement du camp adverse et de ses grandes figures constitua un fil rouge, aussi bien du côté majoritaire que minoritaire. Après Constantin, la majorité du moment eut

---

110. Eberhard W. Sauer, *The Archaeology of Religious Hatred...*, *op. cit.*, p. 79 *sqq.*, 89 *sqq.* et 157 *sq.*
111. Hartmut Leppin, *Justinian. Das christliche Experiment*, Stuttgart, Klett-Cotta, 2011, p. 102.
112. Eberhard W. Sauer, *The Archaeology of Religious Hatred...*, *op. cit.*, p. 71 *sq.*, d'après Grégoire de Tours, *Histoire des Francs*, Paris, J.-L.-J. Brière, 1823, Livre VIII, p. 442 ; Eberhard W. Sauer, *The Archaeology of Religious Hatred...*, *op. cit.*, p. 11 *sq.*, d'après Bruno Krusch (éd.), *MGH SS rer. Merov.*, Hanovre, Hahn, 1902, t. IV, p. 259 *sq.* et 289.
113. Wilhelm Levinson (éd.), *MGH SS rer. Germ.*, Hanovre, Hahn, 1905, t. LVII, p. 31 *sq.*

toutefois l'avantage de pouvoir mobiliser les moyens de l'État. La question de savoir si la prétention exclusive à la vérité et le dénigrement féroce des autres points de vue peuvent être considérés comme une forme du fondamentalisme religieux est controversée.[114]. En revanche, il semble incontestable que le christianisme apporta une nouvelle vision dichotomique du monde, qui établit une distinction tranchée entre le « vrai » et le « faux », « nous » et « les autres ». « Qui pourrait croire que l'Église des martyrs et les conventicules des traîtres ne sont qu'une seule et même affaire ? », demandait ainsi l'auteur d'un rapport sur les martyrs qui avaient perdu la vie en 304 à Abitène, en Afrique du Nord, durant la persécution de Dioclétien. « Ces deux entités sont totalement ennemies l'une de l'autre. Elles s'opposent de façon aussi forte que la lumière et l'obscurité, la vie et la mort, l'Esprit-Saint et le diable, ou le Christ et l'Antéchrist[115]. »

Des générations de théologiens se livrèrent à ce qui a été décrit comme l'« *Ars Maledicandi* », l'art de la malédiction de l'Église primitive contre les hérétiques[116]. Ainsi ne croirait-on pas, à la lecture des propos sans appel tenus au milieu du IIIe siècle par l'évêque Cyprien de Carthage dans une lettre au pape Corneille, que ses ennemis n'étaient autres que des frères chrétiens. Dans le cadre des querelles sur le traitement à réserver à ceux qui avaient renié le christianisme durant les persécutions, l'évêque tenta de ranger à son avis, par un véritable torrent de médisances, un pape visiblement hésitant[117]. Il flétrit son adversaire Félicissimus en le présentant comme un grand criminel et un ennemi damné du Christ, qui aurait volé de l'argent, violé des vierges et détruit des mariages. Pour Cyprien, Félicissimus et ses partisans n'étaient que des criminels patentés, des comploteurs, des adultères, des impies, en bref, « des menteurs fils du diable ». Il semble curieux, au sein de ce déluge d'attributs insultants, que Cyprien reproche en particulier au parti adverse de l'avoir outragé et calomnié, lui ainsi que les véritables représentants de l'Église. Selon lui, les menaces et les critiques étaient le signe incontestable de la dépravation de ses ennemis : « Car les païens et les juifs menacent eux aussi, et les hérétiques et tous ceux dont le diable a envahi le cœur et l'esprit font quotidiennement la

---

114. Les contributions dans l'ouvrage collectif de Pedro Barceló (*Religiöser Fundamentalismus…, op. cit.*) montrent des avis divergents sur ce sujet. En revanche, Manfred Clauss (*Ein neuer Gott…, op. cit.*) suit de bout en bout (et, comme certaines recensions en ont fait la critique, en forçant le trait) l'idée d'un absolutisme de la vérité dans le christianisme primitif.
115. Brent D. Shaw, *Sacred Violence…, op. cit.*, p. 73 sq.
116. Norbert Brox, « Häresie », *in*: Theodor Klauser (éd.), *Reallexikon für Antike und Christentum*, t. XIII, *op. cit.*, p. 248-297, ici p. 283.
117. Epistola 59. Toutes les indications et citations suivantes proviennent de la bibliothèque des Pères de l'Église, disponible en ligne sur https://bkv.unifr.ch/fr/works/cpl-50/versions/briefe-bkv-8/divisions/273 [consulté le 05/08/2020].

preuve, par leurs voix furieuses, de leur rage vénéneuse. » De tels individus n'étaient devant Dieu que des meurtriers. Tout cela révélait « l'esprit de l'Antéchrist » qui voulait diviser l'Église. Les auteurs d'invectives ne détruisaient ainsi que leur propre vie, car « celui qu'il faut plaindre n'est pas celui qui entend des insultes, mais celui qui les profère ». Le tort causé aux autres retombait sur le pécheur.

Naturellement, tous les propos n'étaient pas empreints d'une telle ferveur sacrée. Mais l'opposition entre la véritable Église, d'une part, et les dissidents hérétiques avec leurs conceptions et leurs pratiques erronées, d'autre part, constitue un leitmotiv de l'histoire de l'Église primitive. Les adjectifs accablants et les comparaisons avec des bêtes féroces ou des loups abondent. Il s'agit d'une rhétorique non seulement du péché, mais aussi du crime et de l'impiété. « L'image favorite de l'évêque Épiphane de Salamine (v. 315-403), dans sa *Pharmacie contre les hérésies*, est celle des serpents et des scorpions, auxquels il compare les hérétiques[118]. » Le langage méprisant et agressif des premiers chrétiens transparaît dans les nombreux titres qui défendent leur point de vue (*Apologie*) ou s'en prennent aux positions adverses (*Adversus* ou *Contra*). Tel un fil rouge, ce langage se retrouve dans le Nouveau Testament, puis chez les théologiens polémistes comme Irénée et Tertullien, jusqu'aux Pères de l'Église Augustin et Jérôme, et continue d'être employé au Moyen Âge[119]. Souvent, l'agression ne se limita pas au langage : les conflits entre confessions chrétiennes pouvaient déboucher sur de violents pogroms, sur des assassinats d'évêques et d'autres effusions de sang, comme à Alexandrie à la fin du Ve et au début du VIe siècle[120].

Ammien Marcellin, historien à l'époque du Bas-Empire, qui admirait l'empereur Julien, raconta que ce dernier avait appelé à lui les chefs des chrétiens divisés, pour faire appel à leur conscience : ils devaient laisser chacun pratiquer librement sa religion. L'empereur s'inquiétait pour la concorde au sein de son peuple, car il savait par expérience « qu'aucun animal sauvage n'est aussi dangereux pour les hommes que le sont les chrétiens, avec leur haine mortelle les uns envers les autres » (*Res gestae* XXII, 5, 4). Toutefois, dans la vision dualiste du monde des chrétiens, la haine mutuelle était inextricablement liée à la stigmatisation d'autres positions non chrétiennes. Les écrits des polémistes, et les textes de loi, font apparaître une phalange fermée de positions hétérodoxes[121]. Parmi les « autres »

---

118. Manfred Clauss, *Ein neuer Gott...*, *op. cit.*, p. 13 *sqq.*, citation p. 23. Sur l'« animalisation » en détail, Brent D. Shaw, *Sacred Violence...*, *op. cit.*, p. 332 *sqq.*
119. Voir la série de contributions dans Oda Wischmeyer et Lorenzo Scornaienchi (dir.), *Polemik in der frühchristlichen Literatur. Texte und Kontexte*, Berlin, De Gruyter, 2011.
120. Manfred Clauss, *Ein neuer Gott...*, *op. cit.*, p. 447 *sqq.* Pour la période antérieure, voir Brent D. Shaw, *Sacred Violence...*, *op. cit.*
121. Manfred Clauss, *Ein neuer Gott...*, *op. cit.*, p. 375.

damnables, on trouvait non seulement les païens et les juifs, mais aussi, et peut-être surtout, ceux qui avaient dévié dans leur propre religion, les hérétiques. Tous avaient pour fonction, d'une certaine façon, de consolider l'identité des chrétiens, par l'exclusion des autres[122]. « Les hérétiques, les juifs et les païens font cause commune contre l'unité », comme devait le formuler Augustin[123]. Le Père de l'Église instaura ainsi une « géométrie de la haine » qui devait se retrouver plus tard, par exemple, dans la législation romaine d'un Justinien[124].

Cette instauration alla de pair avec une plus grande précision conceptuelle, qui visait à désigner les formes de la déviance avec une plus grande clarté terminologique. « Hérésie » devint le terme privilégié pour stigmatiser les comportements religieux déviants[125]. À l'origine, ce mot signifiait notamment « choix » ou « décision », avant qu'un usage linguistique encore neutre n'évolue vers le sens de « doctrine » ou de « secte ». Dans le christianisme des origines, le terme fut rapidement chargé d'une connotation négative et, au cours du IIe siècle, s'imposa le double sens de « fausse doctrine » et « scission de l'Église ». Un hérétique s'entête de façon opiniâtre, et contre l'orthodoxie. Il se caractérise ainsi tant par sa morgue intellectuelle que par sa corruption morale.

Ce fut, au plus tard, avec les lois de Justinien que la question prit une dimension politique. La définition de l'orthodoxie par l'empereur fit de l'hérésie un crime contre le pouvoir terrestre. En revanche, l'« apostasie », autre mot très utilisé, désigna le reniement total de la foi chrétienne[126]. Les deux termes occupent une place de choix, à différents endroits, dans le Code théodosien de 436 (par exemple XVI, 5 ; XVI, 7). Cela vaut également pour « sacrilège », autre notion renvoyant à la déviance religieuse, et qui désignait déjà, avant l'époque chrétienne, un crime contre des lieux et des objets qui faisaient l'objet d'une vénération. Dans le contexte chrétien, elle fut surtout utilisée pour qualifier le vol dans les églises et la profanation de lieux de culte par des effusions de sang, par exemple[127].

---

122. Oda Wischmeyer et Lorenzo Scornaienchi, « Einführung », *in*: *id.* (dir.), *Polemik in der frühchristlichen Literatur...*, *op. cit.*, p. 9.
123. Augustin, *Œuvres complètes de saint Augustin*, traduites et annotées par Joseph-Maxence Péronne, M. Vincent, Pierre-Félix Écalle, Alfred-Louis Charpentier, Henri Barreau, Paris, L. Vivès, 1869-1878, ici, 1871, t. XVI, sermon 62, p. 467, cité dans Manfred Clauss, *Ein neuer Gott...*, *op. cit.*, p. 20.
124. Brent D. Shaw, *Sacred Violence...*, *op. cit.*, p. 272 *sqq.* et 279.
125. Norbert Brox, « Häresie », *op. cit.*, en particulier p. 264 ; Alfred Schindler, « Häresie II. Kirchengeschichtlich », *in*: Gerhard Müller (éd.), *Theologische Realenzyklopädie*, Berlin / New York, De Gruyter, 1985, t. XIV, p. 318-341, ici p. 320.
126. Pierre de Labriolle, « Apostasie », *in*: Theodor Klauser (éd.), *Reallexikon für Antike und Christentum*, Stuttgart, A. Hiersemann, 1950, t. I, p. 550 *sq.*
127. Spyros N. Troianos, « Sakrileg. I. Byzantinisches Recht », *Lexicon des Mittelalters*, Stuttgart / Weimar, J. B. Metzler, 1995, t. VII, p. 1276 ; Michael Glatthaar, « Sakrileg.

L'idolâtrie, autre grand reproche des polémistes chrétiens à l'encontre de leurs adversaires païens, faisait l'objet de descriptions variées, et l'adoration des idoles n'en constituait qu'une facette. On peut en dire de même de termes comme «impiété[128]». Le mot «blasphème» apparaissait bien plus rarement dans l'arsenal traditionnel du vocabulaire de combat des chrétiens. À cet égard, le VIe siècle constitua un tournant.

Justinien et la naissance d'un délit

L'histoire du crime de blasphème commence dans le monde chrétien avec l'empereur Justinien. Sa novelle 77 interdit la luxure contraire à la nature et le blasphème contre Dieu (*blasphemare in Deum*)[129]. Ces dispositions juridiques avaient un caractère pionnier et connurent une importante diffusion. Elles étaient encore souvent citées au Moyen Âge et à l'époque moderne. Dans le contexte de l'Antiquité tardive, au contraire, elles paraissaient plutôt isolées, aussi singulières et uniques que l'empereur lui-même, dont le long règne de trente-huit ans est aujourd'hui considéré comme une époque historique à part entière[130]. Pendant une brève période, les frontières extérieures de l'Empire romain s'étendirent à nouveau, selon une dynamique véritablement impériale, tandis qu'à l'intérieur avait lieu une forte concentration du pouvoir. Celle-ci concordait avec l'image que Justinien se faisait de lui-même, révélée par l'introduction de la novelle 77. L'empereur y proclamait que tous ses efforts visaient à veiller à ce que les sujets que Dieu lui avait confiés mènent une vie juste et vertueuse, afin d'obtenir la miséricorde divine. Dieu ne souhaitait pas la perdition des hommes mais bien la conversion des pécheurs, et leur accordait son pardon. Le début du texte de loi mettait l'accent sur la sollicitude de l'empereur et l'invocation de la miséricorde divine. La fin, en revanche, montrait la sévérité des pouvoirs publics, puisque les pécheurs qui s'obstinaient étaient menacés de la plus haute sanction, en clair : la peine de mort.

II. Western», *in*: *ibid.*, p. 1276-1277 ; Raoul Naz, «Sacrilège», *in*: *id.* (éd.), *Dictionnaire de droit canonique*, Paris, Letouzey et Ané, 1965, t. VII, p. 830-834.

128. Wolfgang Speyer, «Gottesfeindschaft», *in*: Theodor Klauser (éd.), *Reallexikon für Antike und Christentum*, Stuttgart, A. Hiersemann, 1981, t. IX, p. 996-1043, ici p. 1034 *sqq.* ; Jean-Claude Fredouille, «Götzendienst», *in*: Theodor Klauser (éd.), *Reallexikon...*, 1981, t. XI, *op. cit.*, p. 828-895.

129. Justinien Ier, *Corpus juris civilis*, Novella 77, «Ut non luxurietur contra naturam neque iuretur per capillos aut aliquid huiusmodi neque blasphemetur in deum».

130. Voir Hartmut Leppin, *Justinian...*, *op. cit.* ; de nouvelles orientations importantes de la recherche ont été proposées par Mischa Meier, *Das andere Zeitalter Justinians. Kontingenzerfahrung und Kontingenzbewältigung im 6. Jahrhundert n. Chr*, Göttingen, Vandenhoeck & Ruprecht, 2003.

Justinien : l'ordre par la discrimination

Une plus grande sollicitude et une surveillance étendue furent en effet les pierres angulaires du règne de Justinien, entre 527 et 565[131]. L'œuvre monumentale de systématisation et de codification du droit romain qu'il entreprit en quelques années seulement, entre 529 et 534, est restée célèbre. Entrée dans l'histoire sous le nom de *Codex Iustinianus*, elle fut ensuite complétée par d'autres actes législatifs. L'empereur puisa l'énergie nécessaire à une telle politique dans sa conviction que son pouvoir avait été instauré directement par Dieu[132].

Dans le domaine de la politique religieuse, Justinien fit preuve d'une activité plus intense que tous les gouvernants qui l'avaient précédé. En 527, au début de son règne, un édit cinglant contre les hérétiques donna le ton. Si, durant les premières années de son pouvoir personnel, l'empereur se montra assez souple vis-à-vis des monophysites, le courant hérétique le plus important de l'Empire, il s'attaqua immédiatement aux païens et aux juifs. La mesure la plus spectaculaire contre les philosophes et les astrologues fut la fermeture de l'académie à Athènes. La raison, d'après un chroniqueur, en fut la découverte à Constantinople d'oracles païens « qui s'étaient adonnés à de terribles blasphèmes ». Les coupables, mains coupées, furent conduits à dos de chameau à travers la ville, dans une humiliante procession. « Ce qui eut lieu alors », note un commentateur actuel, « fut manifestement vu par beaucoup comme un régime de terreur. De fait, cela dépassait de loin la plupart des lois antérieures du monde romain contre les païens : il n'était plus seulement question d'éliminer des cultes mais aussi de changer des hommes, de transformer leurs mentalités. Une approche totalisante de la politique religieuse s'esquissait ainsi[133] ». Cette discipline imposée par les autorités concernait aussi la politique de la sexualité ; les homosexuels et les pédérastes furent davantage poursuivis. Ce qui semblait socialement légitime, sous certaines conditions, dans le monde païen de l'Antiquité, devenait dans le contexte chrétien une remise en cause de l'ordre de la création. Justinien fit en particulier poursuivre pénalement les évêques accusés de mauvaise conduite. Ainsi, l'un d'eux fut castré et exhibé sur une civière (peut-être nu), tandis qu'un héraut proclamait : « Vous êtes évêques, ne déshonorez pas le vêtement sacré ! » L'historien Procope, hostile à l'empereur, affirma que la législation contre les homosexuels était pour lui une façon éprouvée de se débarrasser d'opposants importuns[134].

---

131. Voir Mischa Meier, *Das andere Zeitalter Justinians…*, op. cit., p. 118 et sur le motif du souci de ses sujets.
132. Hartmut Leppin, *Justinian…*, op. cit., p. 170 sq. ; Mischa Meier, *Das andere Zeitalter Justinians…*, op. cit., p. 115 sqq.
133. Hartmut Leppin, *Justinian…*, op. cit., p. 100 sq.
134. *Ibid.*, p. 105.

Le règne de Justinien est couramment scindé en deux parties, et la tradition oppose à la première décennie de succès une période ultérieure de crise. Dans cette conception, l'année 536 marque une profonde césure. *A posteriori*, Procope s'attarda avec insistance sur les symptômes de la crise :

« Durant toute cette année-là, en effet, le soleil luisit comme la lune : sans rayonner, et il sembla presque toujours subir une éclipse, car son éclat, terni, n'avait pas son apparence habituelle. Dès qu'apparut ce phénomène, l'humanité ne connut plus que guerres, pestilences ou autres fléaux mortels[135]. »

Ce phénomène naturel spectaculaire pourrait avoir été provoqué par une éruption volcanique ou une chute de météorite, à l'origine d'un refroidissement violent dans l'hémisphère nord, un « petit âge glaciaire » de l'Antiquité tardive[136]. Le froid entraîna de mauvaises récoltes, des famines, et causa – ou favorisa, du moins, par l'affaiblissement des défenses immunitaires – une effroyable épidémie de peste. En 542, elle atteignit la capitale Constantinople et se solda par d'innombrables décès. Les contemporains interprétèrent cela non comme un phénomène naturel, mais comme un signe évident de la colère de Dieu. Par conséquent, les historiens actuels voient nombre d'actes législatifs non seulement comme la traduction cohérente d'une idéologie, mais aussi comme une adaptation de l'empereur face à la catastrophe, une réaction à mi-chemin entre le fondamentalisme religieux et le froid calcul politique consistant à désigner des boucs émissaires.

La novelle 77

Une interprétation plausible fait de la novelle 77 de Justinien le cas d'école d'une telle politique de gestion de la catastrophe[137]. Il s'agissait de l'un des rares textes de loi de l'empereur à faire directement allusion aux crises de l'époque, car elle affirmait que les fautes incriminées étaient

---

135. Procope de Césarée, *La guerre contre les vandales. Guerres de Justinien, Livres III et IV*, traduit par Denis Roques, Paris, Les Belles lettres, 1990, Livre II (= IV), 14, 5.
136. Ulrich Buentgen *et al.*, « Cooling and Societal Change During the Late Antique Little Ice Age from 536 to around 660 AD », *Nature Geoscience*, n° 9, 2016, p. 231-236, disponible en ligne sur https://www.researchgate.net/publication/293640841_Cooling_and_societal_change_during_the_Late_Antique_Little_Ice_Age_from_536_to_around_660_AD et quelques éléments par ailleurs sur https://www.archaeologie-online.de/nachrichten/justinianische-pest-und-voelkerwanderung-folge-einer-kleinen-eiszeit-3043/ [consultés le 05/08/2020] ; Mischa Meier, *Das andere Zeitalter Justinians...*, *op. cit.*, p. 359 *sqq*.
137. Je reprends ici la datation et l'interprétation de Mischa Meier, *ibid.*, p. 587 *sqq*. Sur la novelle 77, voir aussi Siegfried Leutenbauer, *Das Delikt der Gotteslästerung in der bayerischen Gesetzgebung*, Cologne/Vienne, Böhlau, 1984, p. 5 *sqq*.

à l'origine de « famine, de tremblement de terre et de peste ». Ce constat ainsi que d'autres indices invitent à considérer la novelle comme une réaction directe non seulement à l'obscurcissement du soleil, à la catastrophe climatique et aux mauvaises récoltes, mais aussi à l'irruption de la peste à Constantinople. Elle devrait ainsi être datée non de 538, comme cela a été le cas jusqu'à présent, mais de 542. Justinien y associait les péchés de certaines personnes avec la « juste colère » d'un Dieu capable de détruire des villes entières avec leurs habitants. En ce sens, l'objet n'était pas seulement le salut de l'âme des fautifs, invoqué dans le texte, mais aussi l'existence physique de tous les sujets, que le souverain cherchait à assurer par les menaces de poursuites contre les pécheurs.

Quels étaient, précisément, les comportements incriminés ? Le texte visait d'abord l'outrage envers Dieu, qui était ici – et pour la première fois dans un texte de loi – expressément défini sur le plan sémantique. À côté de tournures générales comme « actes impies » (*impios act* ou *asebeĩs práxeis*), le terme d'origine grecque « blasphème » (*blasphema verba*) apparaît plusieurs fois dans le texte latin, parfois encore avec un ajout explicatif, *blasphemare in deum*. Blasphème n'était pas encore un *terminus technicus* désignant l'outrage à Dieu, comme le montre un autre passage du texte : si les outrages contre les hommes (*contra homines factae blasphemiae*) ne restaient pas impunis, celui qui dénigrait Dieu méritait d'autant plus un châtiment (*qui ipsum deum blasphemat*)[138]. Le texte ne se contentait pas d'évoquer des injures de manière générale ; il était plus concret et donnait comme exemple le fait de jurer par Dieu ou – plus précis encore – par ses cheveux et sa tête. Les jurements blasphématoires allaient connaître une grande carrière dans la législation médiévale (voir chap. 8).

Par ailleurs, la novelle 77 se distinguait par le fait que l'outrage envers Dieu était associé, sans plus d'explications, à un autre délit de mœurs. Outre les coupables de blasphème, le texte évoquait ceux qui, poussés par une influence diabolique, se livraient à des débauches supposément contraires à la nature. Cette faute *contra naturam* ne désignait rien d'autre que la sexualité entre personnes de même sexe, déjà proscrite par d'autres lois de Justinien. Pour éclairer ses lecteurs, le juriste Accursius, qui composa au XIIIe siècle une influente glose sur le droit romain, appliqua aux coupables le terme de *sodomiticis*, sodomites. Ainsi étaient désignées à son époque toutes les formes de sexualité illégitimes, c'est-à-dire non tournées vers la reproduction[139]. Le terme est d'autant plus instructif qu'il renvoie à l'exemple classique du châtiment de toute une ville en raison de la colère divine provoquée par les péchés

---

138. « *Si enim impunitae non relinquuntur, multo magis dignus est supplicia sustinere.* »
139. Justinien Ier, *Corpus juris civilis*, vol. V, *Volumen legum parvum* […], glosé par Accursius, s. n., Lugduni, 1589, col. 360g.

de ses habitants : dans la Genèse (19, 24), Dieu détruit par le feu céleste Sodome et Gomorrhe, deux lieux de débauche. Cette colère divine et ses dangers pour la communauté des hommes constituent visiblement un dénominateur commun du blasphème et de la sodomie, ce qui explique leur association dans une novelle.

Le texte précisait également à quelle communauté chrétienne l'empereur s'adressait : Constantinople. De fait, il donnait expressément ses instructions au préfet de la capitale : celui-ci devait arrêter et soumettre au châtiment suprême, c'est-à-dire exécuter, ceux qui persévéreraient dans leur crime après la publication de la loi, afin que la ville et la communauté entière ne souffrent pas à cause de leurs fautes[140]. Dans l'ensemble, la novelle 77 démontrait à la fois la conception générale du pouvoir d'un empereur persuadé d'avoir reçu la grâce de Dieu, et sa capacité à réagir à des crises et à des catastrophes concrètes. Les infractions poursuivies d'office, comme le blasphème et la sodomie, se prêtaient bien à la mise en œuvre d'une politique symbolique. Justinien connaissait et appliquait « le mécanisme de la canalisation des mécontentements et des critiques contre sa personne en direction des minorités » et fut assez habile pour y associer une démonstration publique de sa propre piété[141].

Blasphème – la tradition paléochrétienne

Le terme de blasphème, employé dans la novelle 77, ne vient pas de nulle part[142]. On en trouve déjà de nombreuses occurrences dans le Nouveau Testament : ainsi, « *blasphemia* » figure comme un crime au sein du catalogue des vices (Mc 7, 22) et Saul l'impie, avant sa conversion en Paul, est qualifié de « *blasphemos* » (1 Tm 1, 13). L'Évangile selon Matthieu contient un passage énigmatique, qui a fait l'objet de nombreuses interprétations, sur le caractère impardonnable du blasphème contre l'Esprit-Saint (Mt 12, 31-32)[143]. Et dans l'Apocalypse, la condamnation du blasphème joue un grand rôle (Ap 13, 1, 5 et 6 ; 17, 3). Ainsi, la bête sortie

---

140. *Ibid.*, col. 361e : « *Supplicijs. vltimum supplicium solam mortem interpretamur vt ff. de pe. vltimum.* »
141. Mischa Meier, *Das andere Zeitalter Justinians...*, op. cit., p. 598.
142. Sur ce qui suit, voir en premier lieu Helmut Merkel, « Gotteslästerung », op. cit., p. 1185-1201 ; et pour compléter Daniela Piatelli, « L'offesa alla divinità... », op. cit., p. 429 *sqq*.
143. Augustin, *Œuvres complètes...*, op. cit., t. XVI, p. 498-527 ; à ce sujet, voir Pierre-Patrick Verbraken, « Le sermon LXXI de saint Augustin sur le blasphème contre le Saint-Esprit », *Revue Bénédictine*, n° 75, 1965, p. 54-108 ; sur l'histoire de l'exégèse, Baird Tipson, « A Dark Side of Seventeenth-Century English Protestantism: The Sin against the Holy Spirit », *Harvard Theological Review*, vol. 77, n° 3-4, octobre 1984, p. 301-330.

de la mer porte sur plusieurs têtes des noms blasphématoires et profère des insultes contre Dieu – peut-être s'agit-il d'une pique contre le culte impérial romain[144].

Il a déjà été établi que les outrages, ou les accusations d'outrage, étaient monnaie courante dans l'Antiquité, dans des contextes très divers de dénigrement inter ou intrareligieux. L'apologète païen Celsus reprochait aux chrétiens de calomnier les dieux afin de démontrer leur impuissance[145]. Quant à Tertullien, il faisait figurer le *blasphemia* parmi les sept péchés capitaux païens, aux côtés de l'idolâtrie, de l'homicide, de l'adultère, de la fornication, de la calomnie et du vol (*Adversus Marcionem* IV, 9, 6). Les juifs et les chrétiens s'accusaient mutuellement de blasphème. Ainsi, il semble logique que l'orthodoxie ait qualifié de blasphématoire ce qu'elle considérait comme des hérésies: le gnosticisme, le marcionisme ou encore l'arianisme. Toutefois, le phénomène n'était pas seulement courant entre les différentes confessions, il l'était aussi, et à plus forte raison, au sein d'une même croyance: «Les maîtres et les théologiens de l'Église primitive ne cessent de déplorer le fait que les chrétiens, souvent entraînés par des malheurs personnels, se laissent aller à l'outrage envers Dieu [...] Origène évoque des chrétiens qui font du blasphème une habitude quotidienne[146].»

Même un évêque du nom de Basilide, raconta Cyprien de Carthage (*Epistulae* 67, 6), s'était rendu coupable de ce délit sur son lit de malade. Après avoir reconnu sa faute, il avait renoncé volontairement à sa charge. De tels individus pouvaient être autorisés à faire pénitence s'ils exprimaient un remords suffisant. Ainsi, l'indulgence surprenante de l'intraitable Cyprien, loin d'être atypique si l'on considère le rapport ambivalent au phénomène du blasphème au sein de la communauté chrétienne, était même promise à un bel avenir. Dans un commentaire ultérieur sur l'Épître aux Éphésiens (4, 31), Jérôme, l'un des Pères de l'Église, fit la distinction entre les blasphémateurs qui ne parvenaient pas à tenir leur langue sous le coup de la colère et ceux qui outrageaient Dieu ou les enseignements de l'Église de façon froide et intentionnelle[147].

Avant Justinien, les réflexions sur les sanctions contre les blasphémateurs avaient été rares[148]. Après le pape Gélase Ier, les blasphèmes publics entraînèrent l'excommunication. Vers l'an 400, l'éloquent Jean Chrysostome proposa une forme de réaction plus directe:

---

144. Helmut Merkel, «Gotteslästerung», *op. cit.*, p. 1193.
145. *Ibid.*, p. 1196.
146. *Ibid.*, p. 1197.
147. *PL* 26, p. 516 *sq.*
148. Helmut Merkel, «Gotteslästerung», *op. cit.*, p. 1200 *sq.*

« Si, dans la rue ou sur le marché, tu entends quelqu'un blasphémer Dieu, avance-toi, réprimande-le ; et si tu dois lui donner des coups, ne recule pas ; frappe-le au visage, brise-lui la bouche, sanctifie ta main par ces coups ; et si quelqu'un te traîne devant un tribunal, suis-le ; et si le juge, du haut de son siège, te demande des comptes, réponds avec franchise qu'il a blasphémé contre le roi des anges. Car s'il faut punir ceux qui outragent le roi sur terre, il le faut bien davantage encore pour ceux qui outragent Dieu[149] ! »

Dans l'ensemble, la terminologie restait floue. Le terme *maledicere* (maudire) était lui aussi employé pour désigner de façon générale le fait de dire du mal de Dieu, ou de l'invectiver, conformément à l'usage biblique. C'est seulement petit à petit que s'imposa une conception du blasphème comme « *mala verba de deo dicere* », ainsi que l'exprima Augustin[150]. Il ne s'agissait pas nécessairement de mots offensants pour Dieu, poursuivait ailleurs l'évêque d'Hippone. De même qu'on louait Dieu en accomplissant de bonnes œuvres, on le blasphémait par des œuvres mauvaises[151].

Ainsi, il existait déjà dans l'Antiquité tardive de nombreuses manifestations d'un phénomène que Justinien fut le premier à définir clairement d'un point de vue juridique, et à faire condamner par la loi. Toutefois, quelques siècles devaient encore s'écouler avant que le blasphème ne devienne l'un des thèmes principaux de la théologie chrétienne et des autorités politiques. Les rares dispositions à ce sujet au haut Moyen Âge se comptent sur les doigts d'une main et sont plutôt vagues[152]. Au début du XIe siècle, l'interdiction de jurer sur les cheveux ou sur la tête de Dieu qui se trouve dans le *Corrector Burchardi*, une importante compilation des règles de l'Église, constituait une exception ; elle se retrouvera ensuite dans le droit canon

---

149. Jean Chrysostome, *Ad populum Antiochenum homiliae I-XXI* [*De statuis*], I, 12, disponible en ligne sur https://bkv.unifr.ch/fr/works/cpg-4330/versions/homilien-uber-die-bildsaulen-bkv/divisions/15 [consulté le 05/08/2020].

150. Augustin, « Des mœurs des manichéens », in : *id., Œuvres complètes...*, *op. cit.*, 1873, t. III, p. 559 ; voir Daniela Piatelli, « L'offesa alla divinità... », *op. cit.*, p. 431.

151. Augustin, « Discours sur le psaume 146 », in : *id., Œuvres complètes...*, *op. cit.*, 1873, t. XV, p. 456 : « *Cum enim Deus laudatur de bono opere tuo, tuo laudas Deum ; et cum blasphematur Deus de malo opere tuo, opere tuo blasphemas Deum.* »

152. Voir Gerd Schwerhoff, « Gott und die Welt herausfordern. Theologische Konstruktion, rechtliche Bekämpfung und soziale Praxis der Blasphemie vom 13. bis zum Beginn des 17. Jahrhunderts », mémoire d'habilitation d'histoire et de philosophie, université de Bielefeld, 1996, version revue et corrigée en 2004 disponible en ligne sur https://pub.uni-bielefeld.de/download/2304832/2304835/Zentraldokument.pdf [consulté le 20/02/2020] ; ainsi que de nombreuses précisions et corrections chez Corinne Leveleux, *La parole interdite. Le blasphème dans la France médiévale (XIIIe-XVIe siècles) : du péché au crime*, Paris, De Boccard, 2001, p. 59 *sqq.* et Bettina Lindorfer, *Bestraftes Sprechen. Zur historischen Pragmatik des Mittelalters*, Paderborn, W. Fink, 2009, p. 136 *sqq.* Voir aussi ma contribution de blog : « Ein Frühmittelalter (fast) ohne Blasphemie », *Kliotop*, 23 mai 2020, disponible en ligne sur https://kliotop.hypotheses.org/143 [consulté le 05/08/2020].

(*Decretum Gratiani*, vers 1140). Le compilateur, Burchard de Worms, s'était sans doute contenté de reprendre la novelle 77 de Justinien. La législation sur le blasphème ne devait prendre une importance décisive qu'avec l'émergence des péchés de la langue, vers 1200. Toutefois, l'outrage à Dieu était déjà un sujet majeur, et le resta, dans les relations entre chrétiens et juifs.

Conflits entre les enfants d'Abraham

5. Les juifs – le peuple blasphémateur

L'histoire du christianisme établi n'est pas seulement celle des conflits internes autour de la juste croyance et du bon comportement, c'est aussi celle des affrontements avec d'autres confessions religieuses. L'élément le plus déterminant, de ce point de vue, fut le triangle conflictuel formé par les trois « religions abrahamiques », qui se réclament toutes du patriarche biblique Abraham et ont pour point commun évident leur monothéisme. Cette prétention à la vérité, qui unit les monothéismes, les divise du même coup et justifie même un violent antagonisme qui s'exprime notamment par le blasphème ou l'accusation d'avoir blasphémé. Cela vaut davantage pour la religion juive que pour l'islam. Les accusations de blasphème lancées par les chrétiens à l'encontre de juifs ou de l'ensemble du peuple juif se retrouvent, tel un fil rouge, dans toute l'histoire occidentale. De fait, elles étaient étroitement associées aux récits fondateurs du christianisme.

Jésus, le blasphémateur

Au cœur du conflit entre chrétiens et juifs, on trouve la personne de Jésus-Christ, et sa détermination à se présenter comme le Messie annoncé par les prophètes de l'Ancien Testament. Parce qu'il s'était fait Dieu lui-même alors qu'il était homme, les juifs le menacèrent de lapidation, selon l'Évangile de Jean (10, 31-33). Dans le récit de la Passion, l'accusation de blasphème formulée contre Jésus par le grand-prêtre Caïphe (Mt 26, 65-66 ; de même Mc 14, 63-64) est également centrale[1]. Alors que Jésus, après un peu d'hésitation, reconnaît être le Messie – avec une certaine prudence selon les mots de Matthieu (26, 64 : « C'est toi qui l'as dis ») ou de façon plus offensive d'après Marc (14, 62 : « C'est moi ») –, Caïphe réagit immédiatement par l'expression rituelle du chagrin et de l'horreur :

---

1. Pour ce chapitre, voir aussi, avec quelques documents supplémentaires, Gerd Schwerhoff, « Blasphemie zwischen antijüdischem Stigma und kultureller Praxis. Zum Vorwurf der Gotteslästerung gegen die Juden in Mittelalter und beginnender Frühneuzeit », *Aschkenas*, vol. 10, n° 1, 2000, p. 117-155.

le grand-prêtre déchire ses vêtements et condamne la déclaration de Jésus par un verbe déjà employé parfois dans l'Ancien Testament, pour désigner le mésusage du nom de Dieu. « *Blasphemavit!* – Il a fait insulte à Dieu! », s'écrie-t-il. « Qu'avons-nous encore besoin de témoins? Vous venez d'entendre son blasphème. Qu'en pensez-vous? » Sans attendre, il obtient de l'assistance la réponse souhaitée: « Il est passible de mort. »

En toute logique, le constat de blasphème est associé à la peine de mort, conformément à la loi mosaïque. Toutefois, la suite de l'histoire n'est pas celle à laquelle on pourrait s'attendre: il n'y a pas lapidation collective par la communauté juive. Il s'ensuit plutôt un procès mené par Ponce Pilate, représentant de l'autorité d'occupation romaine. C'est là loin d'être la seule raison de nourrir de sérieux doutes sur la réalité du procès de Jésus[2]. Indépendamment de sa véracité, le récit du Nouveau Testament a pourtant marqué d'une empreinte très réelle, qui ne saurait être sous-estimée, les relations entre juifs et chrétiens. Il y a là un pivot à partir duquel toute l'histoire de la Passion acquiert sa puissance de suggestion: le Christ, prétendu blasphémateur, est lui-même soumis à une longue série d'humiliations.

Celle-ci commence immédiatement après l'accusation de blasphème, car, d'après les récits des Évangiles, les prêtres eux-mêmes crachent au visage de Jésus, le frappent à coups de poing puis l'invitent, railleurs, à « faire le prophète » et à deviner qui l'a frappé (Mt 26, 67-68 ; Mc 14, 65). Les humiliations se poursuivent durant toute la Passion, avec la présentation de Jésus devant la foule juive (« *Ecce Homo* »), la flagellation par les soldats romains qui l'affublent aussi d'une couronne d'épines, le chemin atroce vers le lieu d'exécution avec la lourde croix sur l'épaule et, enfin, avec la crucifixion, d'une cruauté inhabituelle – toutes ces scènes constituent, surtout depuis la fin du Moyen Âge, des références centrales dans les textes et les images de dévotion chrétienne.

Les Évangiles n'utilisent pas explicitement la sémantique du blasphème pour qualifier ces façons de railler le Messie par les mots (« roi des juifs »), par les gestes et les actes violents – l'attention porte bien sur

---

2. Sur ce sujet, du point de vue de la théologie catholique, voir les contributions dans Karl Kertelge (dir.), *Der Prozess gegen Jesus. Historische Rückfrage und theologische Deutung*, Fribourg-en-Brisgau, Herder, 1988 ; ou, sous forme condensée, Thomas Söding, « Der Prozess Jesu – die historischen Umstände », s. d., dactyl., disponible en ligne sur http://www.kath-2-30.de/pdf-archiv/jesuprozess.pdf [consulté le 05/08/2020] ; du point de vue juif, voir Chaim Cohn, *Der Prozeß und Tod Jesu aus jüdischer Sicht*, traduit par Christian Wiese et Hannah Liron Frei, Francfort-sur-le-Main, Insel Verlag, 2001, ainsi que la postface de Christian Wiese qui résume les débats les plus récents (p. 503 *sqq.*) ; http://www.juedisches-recht.de/rec_prozess_jesu.php [consulté le 05/08/2020]. Voir aussi Helmut Merkel, « Gotteslästerung », *in* : Theodor Klauser (éd.), *Reallexikon für Antike und Christentum*, Stuttgart, A. Hiersemann, 1981, t. XI, p. 1191 *sq.*

Fig. 3 – Le grand-prêtre déchire sa robe face au blasphème de Jésus.
Lucas Cranach l'Ancien, gravure sur bois, vers 1509.

Jésus-Christ en tant qu'homme qui souffre[3]. Pourtant, le renversement grotesque de l'ordre juste n'en devient que plus évident : le Fils de Dieu est accusé à tort de blasphème alors qu'il est lui-même rabaissé par ses gardes de la façon la plus brutale. Non seulement le Messie n'est pas reconnu par le peuple élu, mais il est aussi humilié et, finalement, tué. Les bourreaux

---

3. Voir, avec d'autres références bibliographiques, Gerd Schwerhoff, «Invektive Hände. Schmähgesten im Spätmittelalter und in der Frühen Neuzeit», *in*: Robert Jütte et Romedio Schmitz-Esser (dir.), *Handgebrauch. Geschichten von der Hand aus dem Mittelalter und der Frühen Neuzeit*, Munich, W. Fink, 2019, p. 218 *sqq*.

étaient, bien sûr, les soldats romains, mais on pouvait considérer qu'ils avaient agi à l'instigation du peuple juif, qui avait condamné le Christ en répondant au gouverneur romain : « Que son sang soit sur nous et sur nos enfants ! » (Mt 27, 25).

D'après les récits du Nouveau Testament – écrits bien plus tard –, les disciples de Jésus furent aussi menacés de persécutions durant les premiers temps du christianisme, comme nous l'avons vu avec les exemples du diacre Étienne ou de l'apôtre Paul (voir chap. 3). Rapidement, ce qui avait commencé comme des querelles au sein de la communauté juive devint un conflit entre deux systèmes de croyances contradictoires. La montée en puissance de nouvelles identités religieuses, des chrétiens d'une part, et du judaïsme rabbinique d'autre part après la destruction du Temple, eut pour effet d'aggraver le dénigrement mutuel par lequel chacun cherchait à défendre son monopole de la vérité. Les rapports de pouvoir et de majorité causèrent assez rapidement une forte asymétrie entre la chrétienté, dominante sur l'ancien territoire de l'Empire romain, et le judaïsme dispersé et dépourvu d'influence politique. Dans cette situation, les discours antijuifs de distinction et d'exclusion furent déterminants ; ils légitimaient la discrimination et la marginalisation de la communauté juive, jusqu'à la destruction physique. Fait peu surprenant mais moins connu, les juifs s'attaquèrent aussi sur un ton polémique à leurs adversaires.

Contre-récits juifs

On peut suivre les traces des polémiques et des parodies juives au moins jusqu'à la moitié du IIe siècle apr. J.-C.[4]. À cette époque, Justin de Naplouse blâmait son interlocuteur Tryphon de ce que des émissaires juifs, dans le monde entier, s'en prenaient à une prétendue secte impie et nuisible, créée par Jésus le Galiléen. Ce tentateur, selon leurs récits, aurait été crucifié, mais son corps aurait été volé de nuit par ses disciples ; ils auraient ensuite fait croire aux gens qu'il était ressuscité d'entre les morts (Justin, *Dialogus cum Tryphone*, 108, 2). Alors que de telles traces de critiques juives ne nous parviennent, pour quelques siècles, que par les sources chrétiennes, et doivent donc être considérées avec prudence, on trouve « la première manifestation établie d'une véritable polémique juive contre Jésus dans le Talmud de Babylone, dont la rédaction définitive est datée de la fin du VIe ou du début du VIIe siècle apr. J.-C.[5] ».

---

4. Sur ce qui suit, voir en particulier Peter Schäfer, *Jesus im Talmud*, Tübingen, Mohr Siebeck, 2007 ; Peter Schäfer, *Jüdische Polemik gegen Jesus und das Christentum. Die Entstehung eines jüdischen Gegenevangeliums*, Munich, Carl Friedrich von Siemens Stiftung, 2017.
5. Peter Schäfer, *Jüdische Polemik…*, *op. cit.*, p. 14.

Sous l'autorité perse sassanide, les juifs étaient plus libres que leurs coreligionnaires de Palestine christianisée, et les rabbins érudits pouvaient formuler de façon plus percutante leurs contre-discours face aux Testaments chrétiens. Dans cette tradition, Jésus était un enfant illégitime (*mamser*) de Miriam, condamné à mort pour sorcellerie, idolâtrie et blasphème, et lapidé conformément au droit juif. Peter Schäfer a montré à quel point ces histoires faisaient fonction de contre-récit face aux textes chrétiens, qu'ils raillaient et parodiaient, tout en exposant de façon délibérée et offensive leur propre version: «Nous, les juifs», argumentaient les auteurs du Talmud, «[avons] traduit [Jésus] en justice et l'avons jugé pour ce qu'il était: un blasphémateur, qui affirmait être Dieu et méritait donc la mort selon notre droit juif[6].» Un passage du Talmud renseigne aussi sur la punition de Jésus en enfer, condamné à passer l'éternité dans des excréments bouillants[7].

On trouve une version cohérente de la biographie de Jésus d'un point de vue juif sous la forme d'un pamphlet, le *Toledot Yeshou*, établi au plus tard au Xe siècle; toutefois les origines des légendes qui le composent sont bien plus lointaines et remontent peut-être à la Babylone du VIe siècle[8]. Depuis l'Orient, le *Toledot Yeshou* arriva en Occident, comme en attestent plusieurs textes médiévaux en latin ou en hébreu, qui ont été encore étoffés par rapport à la version originale. Il s'agissait alors d'un véritable «contre-évangile» à opposer aux récits chrétiens, émaillé d'éléments parodiques, débutant par la conception de Jésus bâtard d'une femme en pleine menstruation, se poursuivant par les miracles accomplis à l'aide du nom de Dieu usurpé, et se terminant par sa pendaison à un trognon de chou et la dissimulation trompeuse de son cadavre, pour faire croire à une résurrection. Outre le Talmud et le *Toledot Yeshou*, l'Europe de l'Ouest vit se développer tout un arsenal de textes polémiques juifs en tout genre, dialogues modérés et savants entre un chrétien et un juif, commentaire critique de la Bible ou sarcasmes sur les reniements religieux du christianisme. Vers 1170, Jacob ben Reuben reprocha à un moine chrétien sa croyance en l'incarnation de Dieu[9]. Comme de nombreux autres savants juifs, il considérait que ce dogme, contraire à la

---

6. Peter Schäfer, *Jesus im Talmud, op. cit.*, p. 146.
7. *Ibid.*, p. 167 *sqq*.
8. Peter Schäfer, *Jüdische Polemik…, op. cit.*, p. 23 *sqq*. Anders Yaacov Deutsch, «The Second Life of the Life of Jesus: Christian Reception of *Toledot Yeshu*», *in*: Peter Schäfer, Michael Meerson et Yaacov Deutsch (dir.), *"Toledot Yeshu" ("The Life Story of Jesus") Revisited*, Tübingen, Mohr Siebeck, 2011, p. 283-295. Ce qui suit ne peut prétendre épuiser l'histoire de la transmission du *Toledot Yeshou*, complexe et encore trop peu étudiée.
9. Hanne Trautner-Kromann, *Shield and Sword: Jewish Polemics against Christianity and the Christians in France and Spain from 1100-1500*, Tübingen, J. C. B. Mohr (Paul Siebeck), 1993, p. 57; voir aussi sur ce point p. 118 *sqq*.

doctrine conventionnelle de l'immatérialité et de l'infinitude de Dieu, était tout simplement blasphématoire. À ses yeux, cela indiquait que le christianisme – à l'inverse de l'islam – n'était pas une véritable religion monothéiste.

Les polémiques juives contre le message du Nouveau Testament jettent un éclairage intéressant sur les relations entre juifs et chrétiens au Moyen Âge. En 1320, le philosophe juif Isaac Pollegar écrivit à son ancien ami, le converti Abner de Burgos (nom chrétien : Alfonso de Valladolid), une mordante « lettre du blasphème » (*Iggeret ha-Harifot*). Il y déplorait, en référence au Livre des Proverbes (1, 22), que les ignorants parmi les hommes ne cessent de railler et d'insulter les sages[10]. Cette façon de se mettre en scène ne correspondait pas totalement, nous l'avons vu, à la réalité. En dépit, ou à cause des persécutions de plus en plus fortes au sein de la société majoritairement chrétienne, des membres de la communauté juive usaient de dérision et de moqueries pour s'opposer à ce qu'ils considéraient comme les légendes et les absurdités de la foi chrétienne. Les actes du début de l'Inquisition nous apprennent que dans l'Aragon du XIVe siècle le *Toledot Yeshou* était un outil pour les membres de la communauté juive qui voulaient persuader les apostats convertis au christianisme de rentrer dans le droit chemin. Du côté des juifs convertis, bien sûr, la connaissance de ces contre-récits pouvait aussi devenir une arme dangereuse, permettant de se venger de leurs anciens coreligionnaires en les dénonçant à l'Inquisition[11]. Ces écrits moqueurs et polémiques fournirent naturellement un prétexte et une justification aux auteurs chrétiens pour vilipender les juifs. Toutefois, les dégradations chrétiennes pouvaient très bien se produire sans motif concret, souvent même – après les nombreuses expulsions de juifs en Europe à la fin du Moyen Âge et au début de l'époque moderne – sans la présence de juifs du tout.

Juifs blasphémateurs – Talmud blasphématoire

La longue histoire de l'antijudaïsme chrétien est aussi celle d'un riche arsenal de stéréotypes dégradants, qui s'avérèrent particulièrement tenaces[12]. Ils s'étaient déjà en partie imposés durant l'Antiquité mais ils

---

10. Hanne Trautner-Kromann, *Shield and Sword...*, *op. cit.*, p. 143, 147.
11. Paola Tartakoff, « The *Toledot Yeshu* and Jewish-Christian Conflict in the Medieval Crown of Aragon », *in* : Peter Schäfer, Michael Meerson et Yaacov Deutsch (dir.), *"Toledot Yeshu"...*, *op. cit.*, p. 297-309.
12. David Nirenberg, *Anti-Judaismus. Eine andere Geschichte des westlichen Denkens*, traduit par Martin Richter, Munich, C. H. Beck, 2015 ; Stefan Rohrbacher et Michael Schmidt, *Judenbilder. Kulturgeschichte antijüdischer Mythen und antisemitischer Vorurteile*, Reinbek bei Hamburg, Rowohlt, 1991.

devinrent considérablement plus divers et dangereux au Moyen Âge. Profanation d'hosties, meurtre rituel, empoisonnement de puits – ce n'était là que quelques-unes des attaques chrétiennes qui devaient servir de justification idéologique aux pogroms. Par comparaison, l'accusation de blasphème paraît moins spectaculaire. On peut pourtant y voir une sorte de fondement récurrent: plus ou moins constitutive des autres stéréotypes antijuifs, elle les liait également entre eux et les rendait plausibles. Ainsi de nombreux théologiens s'appuyèrent sur le récit de la Passion pour dénoncer comme une pure hypocrisie l'horreur de Caïphe devant les mots du Seigneur, comme Ludolphe le Chartreux dans sa très populaire *Vie de Jésus-Christ*: « Ô toi le plus indigne et le plus misérable », interpellait-il le grand-prêtre, « le Christ n'a point blasphémé, il n'a dit que la vérité; c'est toi-même qui blasphèmes, en regardant le Fils de Dieu comme une simple créature. Et ton blasphème a causé ta perte![13] ». Paul Wann, recteur de l'université de Vienne, s'adressa directement à toute la communauté des croyants dans son sermon sur la Passion en 1460: « Ô vous juifs aveugles ! Vous appelez la vérité, que vous avez pourtant exigé d'entendre, un blasphème ! Parce que vous êtes vous-mêmes faux et impies, votre jugement est lui aussi faux et impie[14]. »

À partir de l'Antiquité, l'accusation de blasphème s'imposa aussi de plus en plus sûrement, au-delà de l'histoire de la Passion, au sein de l'arsenal des anathèmes contre les juifs. Déjà, autour de l'an 400 apr. J.-C., Jean Chrysostome, dont la « Bouche d'or » se répandait en invectives antijuives, ne qualifiait pas seulement les juifs d'impies et de déicides, mais aussi de blasphémateurs[15]. Au XIe siècle, de telles voix se firent plus nombreuses, et l'hostilité plus prégnante, à la suite des premières croisades qui accentuèrent la polarisation religieuse et entraînèrent les premiers grands pogroms à l'encontre des juifs[16]. En 1146, l'abbé de Cluny Pierre le Vénérable, dont la haine pour les juifs était notoire, proposa au roi de France Louis VII de les mettre à contribution pour financer la deuxième croisade. Il plaida qu'on ne pouvait pas se battre au loin contre les ennemis de Dieu sans se préoccuper dans son propre pays des juifs qui insultaient la chrétienté.

---

13. Ludolphus de Saxonia, *Vita Jesu Christi*, édité par Louis-Marie Rigollot, Paris / Rome, V. Palme / Libraria S. Congreg. de Propaganda Fide, 1870, t. IV, p. 500 *sq*.
14. Paul Wann, *Die Passion des Herren (Passauer Passionale). Gepredigt im Passauer Dom im Jahre 1460 von Dr. Paul Wann † 1489*, édité par Franz X. Zacher, Augsbourg, s. n., 1928, p. 55.
15. Jean Chrysostome, « Discours contre les juifs », *in*: *id.*, *Œuvres complètes*, traduites sous la direction de Jean-Baptiste Jeannin, Bar-le-Duc, L. Guérin & Cie, 1864, t. II, p. 279-365; David Nirenberg, *Anti-Judaismus...*, *op. cit.*, p. 122 *sqq*.
16. Friedrich Battenberg, *Das europäische Zeitalter der Juden. Zur Entwicklung einer Minderheit in der nichtjüdischen Umwelt Europas*, t. I, *Von den Anfängen bis 1650*, Darmstadt, Wissenschaftliche Buchgesellschaft, 1990, p. 62.

Du moins les Sarrasins partageaient-ils la croyance que Jésus était né d'une vierge, alors que les juifs dénigraient la conception virginale et le sacrement de la rédemption[17]. L'accusation de blasphème fut consacrée par son traité terminé peu après, *Adversus Iudeorum*[18]. Pour la première fois, le terme «Talmud», utilisé pour désigner l'ensemble de la littérature savante juive de l'époque, prit une place centrale dans les attaques contre les juifs – et ce sans aucune référence directe à des écrits juifs, mais simplement d'après quelques rares passages transmis par des chrétiens[19]. Selon l'abbé, les juifs avaient remplacé l'ancienne loi des prophètes par de nouveaux «livres diaboliques», blasphématoires, sacrilèges, risibles et mensongers[20]. Pierre le Vénérable préparait ainsi une nouvelle étape de la polémique antijuive. Celle-ci devait connaître une percée au XIIIe siècle, peut-être sous l'influence des débats croissants sur le péché de la langue de façon plus générale (voir chap. 7).

Ce fut le juif converti Nicolas Donin qui donna l'impulsion de la condamnation des écrits juifs. En 1236, il transmit une plainte au pape Grégoire IX, accusant les juifs de ne plus s'en tenir à la loi mosaïque ancrée dans la Bible, mais de donner force de loi suprême à une autre tradition, orale, contenant nombre d'excès et d'infamies. En juin 1240, ces reproches furent abordés dans une controverse publique entre les plaignants chrétiens et de grands rabbins[21]. Dans ce cadre, l'accusation de blasphème revêtait une double importance: selon Donin, le Talmud n'outrageait pas seulement le christianisme, à travers Jésus-Christ et sa mère Marie. Nombre d'affirmations et de récits insultants concernaient Dieu tout-puissant lui-même, et constituaient ainsi une violation de la tradition juive bien comprise. Le camp chrétien s'érigeait ici en interprète de l'autre religion[22]!

17. Pierre le Vénérable, *The Letters of Peter the Venerable*, éditées par Giles Constable, Cambridge, Harvard University Press, 1967, n° 130, p. 328. Voir Heinz Schreckenberg, *Die christlichen Adversus-Judaeos-Texte (11.-13. Jh.)*, Francfort-sur-le-Main, P. Lang, 1988, p. 180 *sqq.*; Jeremy Cohen, *The Friars and the Jews: The Evolution of Medieval Anti-Judaism*, Ithaca/Londres, Cornell University Press, 1982, p. 26 *sqq.*
18. Pierre le Vénérable, *Petri Venerabilis Adversus Iudeorum inveteratam duritiem*, édité par Yvonne Friedman, Turnholt, Brepols, 1985, p. 127; voir pour d'autres indications Heinz Schreckenberg, *Die christlichen Adversus-Judaeos-Texte...*, *op. cit.*, p. 184.
19. *Ibid.*, p. 185 *sq.*
20. Pierre le Vénérable, *Petri Venerabilis Adversus Iudeorum...*, *op. cit.*, p. 186.
21. Sur le déroulement, voir Karl H. Rengstorf et Siefried von Kortzfleisch (dir.), *Kirche und Synagoge*, Stuttgart, Klett-Cotta, 1968, t. I, p. 227 *sqq.*; Jeremy Cohen, *The Friars and the Jews...*, *op. cit.*, p. 60 *sqq.*; Alexander Patschovsky, «Der "Talmudjude". Vom mittelalterlichen Ursprung eines neuzeitlichen Themas», *in*: Alfred Haverkamp et Franz-Josef Ziwes (dir.), *Juden in der christlichen Umwelt während des späten Mittelalters*, Berlin, Duncker & Humblot, 1992, p. 13-27, ici p. 16 *sqq.*; Hans Peterse, *Jacobus Hoogstraeten gegen Johannes Reuchlin*, Mayence, P. von Zabern, 1995, p. 112 *sqq.*
22. Sur les sources, voir Hyam Maccoby (dir.), *Judaism on Trial: Jewish-Christian Disputations in the Middle Ages*, Londres/Washington, The Littman library of Jewish civilisation, 1993, p. 153 *sqq.*

Ces accusations furent résolument contestées par les rabbins, ce qui n'empêcha pas leur reprise dans le jugement final de mai 1248. On pouvait y lire que les « livres appelés "Talmud" » contenaient « d'innombrables erreurs, excès, blasphèmes et sacrilèges [...] » ; ils ne pouvaient « être tolérés sans injure à la foi chrétienne[23] ».

En s'appuyant sur cette sentence, de nombreux pays confisquèrent les écrits juifs, qui firent l'objet de premiers autodafés dès 1242. Une décennie après la controverse parisienne de 1240, le théologien scolastique Alexandre de Halès et ses disciples après lui évoquaient déjà tout naturellement dans la *Summa theologica* le caractère blasphématoire des juifs et de leurs livres[24]. L'accusation de blasphème pesa dès lors comme une épée de Damoclès sur les savants juifs. L'Inquisition commença également à s'intéresser aux juifs et à leurs écrits. Ceux-ci s'attirèrent les foudres de l'inquisiteur dominicain Bernard Gui (mort en 1331), qui affirmait y trouver d'insupportables outrages contre le Christ et la foi chrétienne[25]. Gui désignait notamment les prières juives qui louaient Dieu « de ne pas m'avoir fait chrétien ou païen » ; ainsi que celles qui maudissaient la religion chrétienne et ses fidèles et les accusaient d'idolâtrie. Selon lui, les textes juifs décrivaient le Christ comme le fils illégitime d'une putain, et Marie, comme une femme au tempérament enflammé et excessif. D'autres écrits condamnaient Jésus, qui aurait été plus dans l'erreur encore que Mahomet ; il aurait fait basculer la plus grande partie du monde dans de fausses croyances, en remettant en cause l'unicité de Dieu et en détruisant la loi divine. Dans ce contexte, tout chrétien apostat, en se convertissant à la foi juive, devait sembler particulièrement condamnable, coupable même d'un acte blasphématoire[26].

Avec les polémiques contre le Talmud, l'Église romaine construisit un judaïsme nouveau, hérétique, et l'opposa à une foi juive prétendument orthodoxe, « ancienne », légitimée par l'Ancien Testament. En tant que représentant de Dieu sur terre, le pape proclama sa juridiction sur ces nouveaux courants hétérodoxes, afin de les ramener au moins dans le

---

23. Heinrich Denifle et Émile Chatelain (éd.), *Chartularium Universitatis Parisiensis*, Paris, ex typis fratrum Delalain, 1889, t. I, n° 178, p. 209.
24. Shlomo Simonsohn (éd.), *The Apostolic See and the Jews. Documents: 492-1404*, Toronto, Pontifical Institute of Mediaeval Studies, 1988, n° 171, p. 180 ; n° 211, p. 216 ; n° 228, p. 233 ; n° 229, p. 235 *sq.* ; n° 309, p. 321 *sq.* ; Jeremy Cohen, *The Friars and the Jews...*, *op. cit.*, p. 81 et 86, note 27 ; Gerd Schwerhoff, « Blasphemie zwischen antijüdischem Stigma... », *op. cit.*, p. 130 *sq.*
25. Bernard Gui, *Practica Inquisitionis heretice Pravitatis*, édité par Célestin Douais, Paris, A. Picard, 1886, II 48, p. 67 *sq.* ; II 50-54, p. 69 *sqq.* ; V 5.4, p. 290-292 ; Jeremy Cohen, *The Friars and the Jews...*, *op. cit.*, p. 89 *sqq.*
26. Shlomo Simonsohn (éd.), *The Apostolic See and the Jews...*, *op. cit.*, n° 230, p. 236 *sq.* ; n° 236, p. 244 ; voir Heinz Schreckenberg, *Die christlichen Adversus-Judaeos-Texte und ihr literarisches und historisches Umfeld (13.-20. Jh.)*, Francfort-sur-le-Main, P. Lang, 1994, p. 434 *sqq.*

droit chemin de l'Ancien Testament ou, mieux encore, de les pousser à la conversion[27]. Le stéréotype du juif blasphémateur ne resta pas cantonné aux édits du pape ou aux textes de théologie savante. Il fut aussi popularisé par des extraits du Talmud et des aides à la disputation, souvent copiés et parfois traduits du latin dans les langues vernaculaires, qui nous ont été transmis sous des titres semblables (*Pharetra fidei contra Iudeos* ou *Errore Judeorum*) mais dont le contenu variait. Leur point commun était la mise en accusation des juifs pour hérésie et blasphème[28]. Des campagnes de grande envergure furent orchestrées contre la littérature juive, que l'Inquisition dans le sud de l'Europe chercha à retrouver et à détruire. Ainsi, le Talmud devint durant les siècles de la fin du Moyen Âge et du début de l'époque moderne « le livre le plus brûlé de l'histoire[29] ».

Exempla antijuifs

Le principal mode de diffusion de la propagande antijuive à la fin du Moyen Âge fut sans aucun doute la prédication. Les membres des ordres mendiants, en particulier, furent les champions de l'hostilité envers les juifs. Leurs prêches étaient émaillés d'exemples d'actes impies et insultants commis par des juifs, ainsi que de récits sur leur conversion miraculeuse ou leur châtiment. Parmi les histoires emblématiques, celle du chevalier borgne qui avait giflé un juif parce que celui-ci s'était moqué de la Vierge. L'homme frappé avait alors fait appel à la justice pour obtenir réparation. Toutefois, lorsqu'il dut retrouver le chevalier parmi une foule de fidèles, il ne put l'identifier – pour remercier le défenseur de son honneur, Marie avait guéri son œil. Naturellement, le chevalier se signala de lui-même. Tous louèrent alors la Vierge et, au lieu d'une réparation, il fut décidé que tous les ans, le jour anniversaire du miracle, un juif se ferait gifler par l'évêque au nom de tous les autres. Il est certain que de telles histoires contribuèrent grandement à légitimer les brimades antijuives parfois déjà pratiquées[30].

Des récits multiples et variés portaient sur les moqueries et les dommages infligés aux images chrétiennes, qui commençaient ensuite à saigner

---

27. Alexander Patschovsky, « Der "Talmudjude"... », *op. cit.*, p. 23.
28. *Ibid.* ; voir également Carmen Cardelle de Hartmann, « Drei Schriften mit dem Titel *Pharetra fidei* », *Aschkenas*, vol. 11, n° 2, 2001, p. 327-349.
29. Haig A. Bosmajian, *Burning Books*, Jefferson, McFarland, 2006, p. 45 ; voir Henry Kamen, *The Spanish Inquisition: An Historical Revision*, Londres, Weidenfeld & Nicolson, 1997, p. 103 *sqq.* ; Christopher F. Black, *The Italian Inquisition*, New Haven, Yale University Press, 2009, p. 177 *sq*.
30. Joseph Klapper (éd.), *Erzählungen des Mittelalters in deutscher Übersetzung und lateinischem Urtext*, Breslau, M. & H. Marcus, 1914, n° 62, p. 73 *sq*. et 281 *sq*.

de façon régulière, ou autres phénomènes miraculeux. Les juifs étaient alors châtiés ou, honteux et convertis, demandaient le baptême[31]. À la fin du XIIIe siècle, ces récits se concentrèrent autour du stéréotype de la profanation d'hosties, qui sous-entendait que les juifs cherchaient à maltraiter et à crucifier une nouvelle fois le Christ, véritablement présent dans le pain consacré. Utilisée pour la première fois à Paris en 1290, cette accusation eut notamment un large écho dans le Saint-Empire. Elle fut à l'origine de la vague de pogroms du « roi Rintfleisch », qui secouèrent toute la Franconie en 1298 et entraînèrent la mort de milliers de juifs[32]. Deux autres stéréotypes firent le lit de la discrimination, de l'expulsion et du meurtre des communautés juives à la fin du Moyen Âge : la légende des meurtres rituels et le mythe de l'empoisonnement des puits[33]. Néanmoins, ces trois théories du complot furent toujours controversées et sans cesse mises en doute par les plus hautes autorités ecclésiastiques et séculières. L'accusation de blasphème, en revanche, était acceptée par tous. Elle pouvait aussi être utilisée pour actualiser les fantasmes sur le meurtre rituel et la profanation d'hosties, en renvoyant au même comportement juif (supposé) et en s'attachant au même objet, c'est-à-dire le corps supplicié du Fils de Dieu. Les juifs blasphémateurs n'avaient pas voulu reconnaître le Messie historique et l'avaient mis à mort ; tout comme ils le tourmentaient encore dans le présent avec leurs outrages, de même que sa mère et tous les saints. Profanateurs d'hosties, ils martyrisaient à nouveau le corps du Seigneur, réellement présent dans l'Eucharistie. Selon cette logique haineuse et étrange, le meurtre rituel d'un enfant chrétien innocent devait aussi satisfaire le désir pervers de mettre en scène, une nouvelle fois, les supplices et la mise à mort du Messie. L'accusation de crime rituel portée contre les juifs de Trente, en 1475, fut exploitée à des fins de propagande dans toute l'Europe, et le culte du corps miraculeux du petit Simon, la prétendue victime, se répandit en dépit de la résistance initiale de la curie romaine[34].

Les histoires antijuives à sensation du dominicain Rudolf von Schlettstadt avaient déjà montré, bien plus tôt, que les outrages verbaux et les véritables brutalités pouvaient aller de pair. Il racontait que des juifs entrés frauduleusement de nuit dans l'église de Weikersheim avaient jeté les hosties aux alentours, les avaient outragées et lardées à plusieurs reprises de coups de couteau. Ils avaient aussi, ajoutait-il, entonné à plusieurs voix

---

31. *Ibid.*, n° 91, p. 103 et 307.
32. František Graus, *Pest, Geissler, Judenmorde. Das 14. Jahrhundert als Krisenzeit*, Göttingen, Vandenhoek & Ruprecht, 1987, p. 286 *sqq.*
33. Voir *ibid.*, p. 275 *sqq.* ; Joshua Trachtenberg, *The Devil and the Jews*, New Haven, Yale University Press, 1943.
34. Wolfgang Treue, *Der Trienter Judenprozess*, Hanovre, Hahnsche Buchhandlung, 1996.

les paroles du Seigneur sur la croix: « Mon Dieu, pourquoi m'as-tu abandonné ? » (Mt 27, 46)[35]. Ainsi, cette profanation d'hosties était directement attachée à un acte blasphématoire. De même, les histoires sur des représentations de la Vierge déshonorées et dégradées n'étaient pas rares dans la tradition chrétienne[36]. Au début du XVIe siècle, un opuscule avec un tel récit fut largement diffusé : longtemps auparavant, dans l'abbaye cistercienne de Cambron, près de Mons (dans le comté de Hainaut), cinq juifs se seraient amusés à outrager et à attaquer physiquement une statue chrétienne. Selon cette histoire, les juifs, visiblement inspirés par les scènes de la Passion, insultaient et flétrissaient la « maudite et stupide femme » qui avait donné naissance à « l'homme faux » (c'est-à-dire au faux Messie) et d'où venait tout le mal. Ils crachaient sur la statue, découvraient sa partie postérieure et s'adonnaient à d'autres moqueries. Sur la couverture d'un pamphlet, les agresseurs juifs se jetaient sur la Vierge à l'Enfant avec une lance et une hache ; l'un d'eux tendait ostensiblement vers la statue son pouce coincé entre l'index et le majeur, faisant ainsi le geste insultant dit de la « figue ».

Aux yeux des chrétiens dévots, celui qui attaquait sans retenue la chrétienté et ses saints ne méritait aucune pitié. Ainsi, les juifs ne furent pas seulement décrits, par les mots et les images, comme des disciples du diable, ils furent aussi rabaissés de façon obscène. À partir du XIIIe siècle, le motif de la « truie des juifs » apparut en Europe centrale, d'abord seulement sur les murs des églises et des couvents. On y voyait des juifs tétant les mamelles d'une truie tandis que, la plupart du temps, un autre homme juif s'affairait à son arrière-train. L'exemple le plus connu aujourd'hui, daté de la fin du XIIIe ou du début du XIVe siècle, se trouve sur le mur extérieur du chœur de l'église de Wittemberg. Vers la fin du XVe siècle, la tour surplombant le pont très fréquenté de Francfort-sur-le-Main fut elle aussi ornée d'une « *Judensau* », associée à une représentation du prétendu meurtre rituel de Simon de Trente[37]. L'origine et la signification exacte de la « *Judensau* » ne sont pas très bien documentées, mais il n'est pas besoin de connaissances très poussées pour déchiffrer le caractère déshonorant d'une image montrant des juifs dans des positions obscènes avec un animal impur. Dans la tradition chrétienne, le cochon représentait également la démesure, l'avidité et le fait de se vautrer dans la saleté[38].

35. Rudolf von Schlettstadt, *Historiae memorabiles*, édité par Erich Kleinschmidt, Cologne / Vienne, Böhlau, 1974, n° 1, p. 42.
36. Klaus Schreiner, *Maria. Jungfrau, Mutter, Herrscherin*, Munich, Hanser, 1994, p. 450 *sqq.*
37. Isaiah Shachar, *The Judensau: A Medieval Anti-Jewish Motif and its History*, Londres, Warburg Institute, 1974, p. 30 *sq.* (Wittemberg) et 36 *sq.* (Francfort-sur-le-Main) ; Birgit Wiedl, « Laughing at the Beast. The Judensau: Anti-Jewish Propaganda and Humor from the Middle Ages to the Early Modern Period », *in*: Albrecht Classen (dir.), *Laughter in the Middle Ages and Early Modern Times*, Berlin / New York, De Gruyter, 2010, p. 325-364.
38. Birgit Wiedl, « Laughing at the Beast… », *op. cit.*, p. 351.

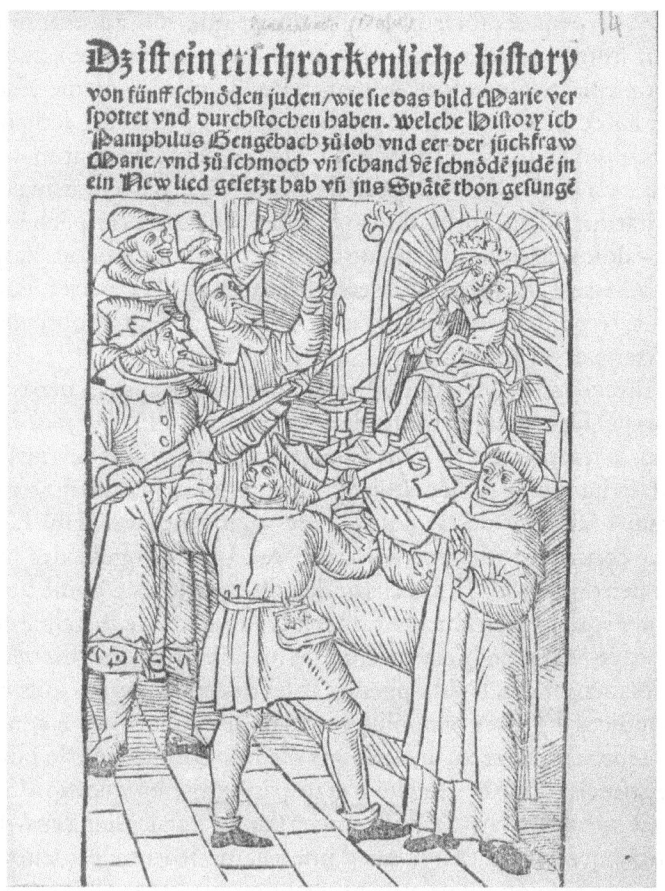

Fig. 4 – Des juifs transpercent une représentation de la Vierge.
Gravure en couverture d'un pamphlet de Pamphilus Gengenbach, Bâle, 1515.

Continuités aux époques moderne et contemporaine

Les stéréotypes antijuifs développés au Moyen Âge marquèrent le monde chrétien jusqu'à l'époque contemporaine, de même que les possibles accusations de blasphème. Il n'est guère étonnant de les retrouver dans la campagne menée par le converti Johannes Pfefferkorn (baptisé à Cologne en 1504) contre ses anciens coreligionnaires. Son texte polémique de 1509, *Der Judenfeind* (« L'ennemi des juifs »), mettait particulièrement l'accent sur la nature répréhensible du Talmud et sur les blasphèmes des juifs[39]. Il peut sembler plus surprenant que son adversaire Johann Reuchlin, humaniste défenseur des juifs, n'ait pas remis en doute leurs dispositions blasphématoires. Au contraire, il avait lui-même placé cette question au cœur d'une argumentation savante, dans un écrit de 1505 (*Tütsch missive*, « Missive allemande »). De la sévérité du châtiment infligé aux juifs, c'est-à-dire une diaspora de treize siècles, l'hébraïste concluait sans hésitation à l'énormité de leur crime. Aucun autre péché ne pouvait leur valoir une punition divine aussi longue que celui du blasphème, commis à l'égard du véritable Messie Jésus-Christ. Le péché, comme le châtiment, se poursuivait encore, et les juifs insultaient et outrageaient le Christ, Marie et les apôtres[40].

Les invectives de Martin Luther montrent elles aussi la persistance de ce stéréotype. Dans son libelle insultant publié en 1543, *Des juifs et de leurs mensonges*, le réformateur de Wittemberg qualifiait les juifs de « peuple bien méchant, irritant et blasphématoire[41] ». Les termes « blasphème » ou « blasphémateur » faisaient partie des mots les plus employés dans l'ouvrage, et Luther consacrait une partie entière aux « mensonges » des juifs « au sujet des personnes »[42] : il les accusait de présenter Jésus comme un sorcier, de profaner son nom en crachant trois fois sur le sol, de le traiter de fils de prostituée, et Marie de prostituée, et de maudire tous les chrétiens. Pour Luther, les mensonges, les blasphèmes et les malédictions des juifs n'étaient que des indices des actes bien plus graves qu'ils se plaisaient à commettre. Le texte reprenait aussi les accusations d'empoisonnement de puits et de meurtres rituels, dont la véracité n'était pas remise en question[43]. Luther s'appuyait sur des récits de juifs convertis, en particulier ceux d'Anton Margaritha, qui étaient empreints d'une « haine ardente que leurs auteurs portaient à la religion qu'ils avaient abandonnée » et tendaient souvent à « mettre en évidence des traits du culte juif particulièrement mystérieux, horribles, dangereux, hostiles au christianisme et blasphématoires »[44]. D'autre part, Luther tenait à souligner le caractère délibéré des blasphèmes et l'entêtement à refuser, depuis mille cinq cents ans, l'impérieux message du Christ. On sait quelles sévères réactions le réformateur exigeait des

---

39. Hans-Martin Kirn, *Das Bild vom Juden im Deutschland des frühen 16. Jahrhunderts. Dargestellt an den Schriften Johannes Pfefferkorns*, Tübingen, J. C. B. Mohr (Paul Siebeck), 1989, p. 8, 203 ; Hans Peterse, *Jacobus Hoogstraeten…, op. cit.*, p. 22 sqq.
40. Winfried Frey, « Gottesmörder und Menschenfeinde. Zum Judenbild in der deutschen Literatur des Mittelalters », *in*: Alfred Ebenbauer et Klaus Zatloukal (dir.), *Die Juden in ihrer mittelalterlichen Umwelt*, Cologne / Vienne, Böhlau, 1991, p. 35-51, ici p. 35 sq.
41. Martin Luther, *Des juifs et de leurs mensonges (1543). Édition critique*, traduit par Johannes Honigmann, édité par Pierre Savy, Paris, H. Champion, 2015, p. 144.
42. *Ibid.*, p. 151-164.
43. *Ibid.*, p. 161.
44. Thomas Kaufmann, *Les juifs de Luther*, traduit par Jean-Marc Tétaz, Genève, Labor et Fides, 2017, p. 25, 123 sq.

autorités chrétiennes : incendie des synagogues, des maisons et des écrits juifs, interdiction de circuler librement, travail obligatoire pour les jeunes « forts », enfin expulsion de tout le peuple juif. La pitié n'avait pas sa place, et celui qui voyait un juif devait en être conscient : « Regarde, la gueule que je vois là, elle a maudit samedi, invectivé et injurié mon cher seigneur Jésus-Christ, qui m'a rédimé avec son précieux sang, et, de plus, elle a prononcé prières et imprécations devant Dieu pour que moi, ma femme, mes enfants et tous les chrétiens nous fussions assassinés et anéantis de la plus lamentable des façons […][45]. »

Le jugement de Luther sur les juifs a eu, jusqu'à l'époque contemporaine, une influence plus grande que celui de tout autre théologien, et fait aujourd'hui encore l'objet de violentes controverses, notamment car l'auteur s'était exprimé de façon bien plus modérée dans des textes antérieurs. La démesure polémique de ses écrits tardifs, qui outrepassait par endroits l'antijudaïsme courant depuis le Moyen Âge et prenait des allures « protoracistes », n'en est que plus frappante[46]. Dans le cadre de notre propos, il convient d'insister sur les parallèles entre les juifs et d'autres « groupes ennemis ». Plus qu'aucun autre, Martin Luther utilisa l'accusation de blasphème pour stigmatiser et diaboliser les adversaires les plus variés – le pape et les papistes, mais aussi les anabaptistes, les spiritualistes ou encore les paysans en révolte (voir chap. 11). Pour Luther, devenu vieux, les juifs faisaient partie d'un monde peuplé de nombreux ennemis chez qui on pouvait identifier ou démasquer les mêmes caractéristiques diaboliques, en dépit d'apparences très différentes. Il l'expliqua dans le pamphlet qu'il écrivit immédiatement après son texte sur les juifs : *Vom Schem Hamphoras und vom Geschlecht Christi* (« Du Schem Hamphoras et de la lignée du Christ ») s'en prenait notamment aux attaques antichrétiennes du *Toledot Yeshou*, dont Luther avait lu des passages dans le livre du chartreux Porchetus Salvagus, datant du XIVe siècle[47]. Le texte se terminait par l'interprétation de la « truie des juifs » sculptée dans la pierre de Wittemberg : celle-ci aurait été voulue par un homme honnête et éclairé, qui voulait démasquer les mensonges des juifs. L'homme derrière la truie, qui lui lève la queue et regarde son anus, représenterait un rabbin, en train de regarder « le Talmud sous le croupion de la truie avec beaucoup d'application, comme s'il voulait… lire quelque chose de particulier ». Ainsi, pour Luther, la sculpture montrait simplement la saleté dont le diable abreuvait ses fidèles et avec laquelle il les forçait à

---

45. Martin Luther, *Des juifs…*, op. cit., p. 170.
46. Voir Thomas Kaufmann, *Les juifs de Luther*, op. cit., p. 193 ; ainsi que David Nirenberg, *Anti-Judaismus…*, op. cit., p. 235 sqq.
47. Thomas Kaufmann, *Les juifs de Luther*, op. cit., p. 150 ; Peter Schäfer, *Jüdische Polemik…*, op. cit., p. 55.

« ridiculiser, couvrir de mensonges, insulter et maudire » Dieu et tout ce qu'il représentait[48].

Par ces lignes de Luther, si ce n'est auparavant, la « truie des juifs » acquit une renommée qui dépassa sa région d'origine. À la fin du siècle, l'hébraïste de Wittemberg Laurentius Fabricius devait consacrer un long chapitre à l'origine et à la signification du relief de l'église paroissiale. On peut ensuite suivre sa trace à travers les brochures et les traités écrits par des savants européens[49]. Toutefois, c'est bien la « truie des juifs » de Francfort qui devait devenir l'emblème antijuif par excellence, gravée sur bois et reproduite – enrichie de vers moqueurs – dans les variations, les combinaisons et les contextes les plus variés, généralement associée à l'image de Simon, le supplicié de Trente[50]. Sans doute la popularité de cette représentation est-elle à l'origine de l'usage encore courant, dans un passé récent, des insultes « *Judensau* » ou « *Saujude* » (« cochon de juif »). Les blasphèmes et autres fautes des juifs furent aussi dénoncés dans un autre genre pamphlétaire, dont témoigne en 1571 *Der Juden Ehrbarkeit* (« La respectabilité des juifs »). L'illustration de couverture montrait trois figures démoniaques, là aussi avec un cochon, et un texte qui faisait inévitablement allusion – en mauvais vers – au blasphème des juifs : « Ici tu vois des juifs la danse / leur blasphème et leurs finances / comme ils conspuent de Dieu le fils / et tous les chrétiens maudissent[51]. »

La Réforme, on l'a bien compris, n'entraîna en aucun cas une rupture avec les anciennes représentations antijuives. Au contraire, le stéréotype des juifs blasphémateurs prospéra et fut diffusé par les moyens les plus divers, tant chez les protestants que chez les catholiques[52]. En témoigne le texte incendiaire du converti originaire de Nördlingen Samuel Friedrich Brentz, publié pour la première fois en 1614 sous le titre révélateur : « Sous la peau de serpent du juif. Soit : révélations détaillées sur tous les blasphèmes et mensonges dont use la vermine juive de serpents et de génération de vipères contre le pieux, l'innocent Christum Jesum[53] ». À l'intention de son public protestant, Brentz dressait une liste systématique des

---

48. Martin Luther, *D. Martin Luthers Werke. Kritische Gesamtausgabe*, Graz, Akademische Druk- und Verlagsanstalt, 1968 [fac-similé de la Weimarer Ausgabe, H. Böhlau Nachfolger, 1920], t. LIII, p. 600 *sq*.
49. Isaiah Shachar, *The Judensau...*, op. cit., p. 43 *sq*. et ill. 39.
50. *Ibid.*, p. 52 *sqq*. et ill. 41-52 ; Wolfgang Treue, *Der Trienter Judenprozess*, op. cit., p. 452 *sqq*.
51. *Der Juden Ehrbarkeit*, s. l., s. n., 1571 (VD16 J 1028).
52. Il suffit de voir à ce sujet Johannes Eck, « Ains Judenbüchlins Verlegung » [1541], *in* : Wolfgang Treue, *Der Trienter Judenprozess*, op. cit., p. 459 *sqq*.
53. Samuel Friedrich Brentz, *Jüdischer abgestreiffter Schlangenbalg. Das ist: Gründtliche entdeckung unnd verwerffung aller Lästerung und Lügen, derer sich das gifftige Judische Schlangenzifer und Otterngezicht, wider den Frömbsten, unschuldigen Juden Christum Jesum,* [...] *zugebrauchen*, Nuremberg, Scherff, 1614.

blasphèmes, des insultes, des affronts et des malédictions rituelles contre le Christ, Marie et les autorités chrétiennes. Le titre semblait visiblement promettre un grand succès, car le texte fut plusieurs fois réédité. Il fut également adapté à l'intention des catholiques, près d'un siècle plus tard, par un auteur anonyme («La peau de serpent des juifs: ou [...] description des blasphèmes juifs qu'ils profèrent chaque jour contre le Seigneur Christ, sa mère très bénie et toute la chrétienté [...][54]»). Toutefois, le contenu de ce texte de 1702 s'appuyait sur une expertise juridique imprimée en 1573 et destinée au conseil réformé de la ville de Bâle, qui constituait, à en croire son titre, un «[r]écit détaillé [...] des actes et cérémonies des juifs, de leurs insultes et malédictions contre notre Seigneur Jésus-Christ et son Église[55]». Il n'est pas facile, dans cet enchevêtrement, d'obtenir une vue d'ensemble des intertextualités, et cela n'est pas nécessaire à notre propos – la fixation sur les blasphèmes juifs constitue la constante principale, sur le long terme et au-delà de toutes les différences confessionnelles. Ces observations – de même que d'autres indices dans le domaine de la loi et du droit – indiquent que le poids relatif de l'accusation de blasphème avait encore augmenté au début de l'époque moderne[56].

On ne le sait que trop: à la fin de l'époque moderne et durant les XIXe et XXe siècles, les stéréotypes antijuifs ne perdirent rien de leur force et formèrent une nouvelle synthèse avec un antisémitisme racial. Il est accablant de constater que l'ancienne accusation de meurtre rituel pouvait encore refaire surface en 1900. Lorsqu'un jeune lycéen fut retrouvé assassiné dans la petite ville allemande de Konitz, les soupçons, alimentés par la rumeur locale et la presse antisémite, se portèrent sur un boucher juif dont ils détruisirent l'existence; il fallut l'intervention de l'armée, appelée sur place, pour faire cesser les violences antisémites[57]. Peu de travaux de recherche ont porté sur la postérité des accusations chrétiennes de blasphème à l'encontre des juifs depuis l'époque moderne. Leur persistance est mise en lumière par l'histoire de la prière du Vendredi saint, dans la liturgie romaine. Depuis le début du Moyen Âge, elle comprenait des

---

54. Anon., *Jüdischer Schlangenbalg: Oder [...] Beschreibung der Jüdischen Lästerungen welche sie täglich wider Christo dem Herrn seiner hochgebenedeiten Mutter und die ganze Christenheit [...] ausstoßen*, s. l., s. n., 1702.
55. Marcus Lombardus, *Gründlicher Bericht [...] von der Juden Handlungen und Zeremonien Schelten und Fluchen wider unseren Herren Jesum Christum und seine Kirche*, Bâle, S. Apiarius, 1573; voir Johannes Eck, «Ains Judenbüchlins Verlegung», *op. cit.*, p. 450 *sq.*
56. Pour aller plus loin, voir Gerd Schwerhoff, «Blasphemie zwischen antijüdischem Stigma...», *op. cit.*, p. 140 *sqq.*
57. Christoph Nonn, *Eine Stadt sucht einen Mörder. Gerücht, Gewalt und Antisemitismus im Kaiserreich*, Göttingen, Vandenhoeck & Ruprecht, 2002; Helmut Walser Smith, *Die Geschichte des Schlachters. Mord und Antisemitismus in einer deutschen Kleinstadt*, Göttingen, Wallstein, 2002.

intercessions pour la conversion des hérétiques, des païens et des juifs eux-mêmes. La forme canonique des prières pour les « juifs infidèles » (*pro perfidis Judaeis*) fut durablement fixée par le missel romain de 1570, qui pérennisait aussi une particularité rituelle déjà en usage depuis longtemps : contrairement aux autres prières d'intercession, celle pour les juifs ne devait pas être accompagnée d'une génuflexion, « afin de ne pas rappeler l'affront des juifs qui, l'heure venue, se moquèrent du Sauveur en s'agenouillant[58] ». De cette façon, durant les siècles qui suivirent, les catholiques se virent sans cesse rappeler le blasphème prétendument archétypique des juifs. En 1928 encore, une intervention au sein de l'Église échoua à adoucir la liturgie, qui resta presque inchangée jusque dans les années 1950. Si la prière officielle du Vendredi saint a aujourd'hui une autre tournure, l'archétype chrétien du juif blasphémateur et infidèle produit encore des effets – notamment à cause de la prolifération des réseaux sociaux.

---

58. Hubert Wolf, « „Pro perfidis Judaeis". Die „Amici Israel" und ihr Antrag auf eine Reform der Karfreitagsfürbitte für die Juden (1928) », *Historische Zeitschrift*, vol. 279, n° 3, 2004, p. 611-658, ici p. 612. Voir https://de.wikipedia.org/w/index.php?title=Karfreitags-f%C3%BCrbitte_f%C3%BCr_die_Juden&oldid=187698544 [consulté le 05/08/2020].

6. Les musulmans – insulter le Prophète

Dès l'origine, le développement de l'islam mêla étroitement religion et pouvoir. Mahomet ne fut pas seulement un prophète mais aussi un chef politique, qui unit les tribus de la péninsule Arabique[59]. L'islam se diffusa très vite au-delà de son berceau, vers l'Afrique du Nord et jusqu'à la péninsule Ibérique, mais surtout vers l'Asie; il devint rapidement la religion dominante de dynasties et d'empires divers. Ce monde islamique était aussi caractérisé par les conflits internes, dus à la division entre les deux grandes orientations religieuses sunnite et chiite, ainsi qu'à l'émergence de nombreuses sectes.

Dans le cadre de l'expansion islamique, il arriva souvent que des califes et des sultans musulmans règnent sur des communautés chrétiennes (et juives). Celles-ci, appartenant aux religions monothéistes du Livre, jouissaient sous la domination islamique d'une certaine reconnaissance: selon la tradition juridique de la *dhimma*, le souverain leur accordait sa protection en échange d'une taxe spéciale. Les croyants pouvaient pratiquer librement leur religion mais des discriminations existaient[60]. L'expression «gens du livre» (*Ahl al-Kitab*), employée pour désigner les chrétiens, n'était pas aussi inoffensive ou même positive qu'on pourrait le croire au premier abord. Elle fut aussi utilisée de façon polémique et donc péjorative. L'idée était alors de stigmatiser les chrétiens, qui auraient dévié du monothéisme originel ancré dans les textes sacrés, pour vénérer (à tort) comme Fils de Dieu Jésus, qui n'était que son messager[61]. Les théologiens musulmans reprochaient aux chrétiens d'avoir dénaturé les écritures révélées par Dieu avec l'idée de l'incarnation et de la trinité. Il n'y a rien de

---

59. Josef van Ess, *Der Eine und das Andere. Beobachtungen an islamischen häresiographischen Texten*, Berlin / New York, De Gruyter, 2011, p. 1310.
60. Jonathan P. Berkey, *The Formation of Islam: Religion and Society in the Near East, 600-1800*, New York, Cambridge University Press, 2003, p. 83 *sqq.*, 130 *sqq.* et 159 *sqq.*; Mathias Rohe, *Das islamische Recht. Geschichte und Gegenwart*, 3ᵉ éd., Munich, C. H. Beck, 2011, p. 153 *sqq.*
61. Voir Pim Valkenburg dans David Thomas (dir.), *Routledge Handbook on Christian-Muslim Relations*, Abingdon / New York, Routledge, 2018, p. 39 *sq.* et 49 *sq.*

plus bizarre au monde, écrivait un auteur anonyme au temps des croisades à Alep, que de voir les chrétiens affirmer que Jésus est Dieu, puis dire que les juifs l'ont arrêté et crucifié. « Comment un Dieu qui ne parvient pas à se défendre lui-même peut-il protéger les autres ? » En outre, celui qui croyait que son Dieu était venu de l'intérieur d'une femme ne pouvait être que fou[62].

Le blasphème dans la conception musulmane

Dans la pensée strictement monothéiste des musulmans, l'outrage envers Dieu ne pouvait qu'apparaître comme un crime capital[63]. Pourtant, le Coran contient relativement peu de passages qui pourraient indiquer des dispositions normatives sur cette question. Les recueils canoniques de hadiths, qui transmettent les paroles et les gestes du prophète Mahomet, sont plus prolixes. Ce n'est qu'au cours du Moyen Âge que les hommes de loi s'intéressèrent plus précisément sur cette base à la question du blasphème, et en tirèrent des positions plus claires. Le dénigrement de Dieu, du Prophète ou d'autres figures vénérées était majoritairement désigné par le terme *sabb*, au sens de « mésusage » ou d'« offense », mais d'autres mots pouvaient être employés. Le plus important n'était pas les désignations particulières mais le fait que le crime concerné était replacé dans le contexte de l'apostasie (*riddah*) ou de l'incroyance (*kufr*). Ainsi l'accusation renvoyait toujours au reniement de la foi véritable (*takfīr*). Depuis la formation de la communauté islamique dans la péninsule Arabique, ce crime était passible de sanctions draconiennes, d'exclusion sociale et de peine de mort[64]. Tout au plus y avait-il des débats quant à une possible atténuation de la peine en fonction du remords du coupable.

---

62. Cité dans David Thomas (dir.), *Routledge Handbook...*, *op. cit.*, p. 169.
63. Sur ce qui suit, voir en premier lieu Lutz Wiederhold, « Blasphemy against the Prophet Muhammad and his Companions (*Sabb Al-Rasūl, Sabb Al-Sahābah*) », *Journal of Semitic Studies*, vol. 42, n° 1, 1997, p. 39-70 ; puis Siraj Khan, « Blasphemy in Islamic Law », *in* : Coeli Fitzpatrick et Adam Hani Walker (dir.), *Muhammad in History, Thought, and Culture: An Encyclopaedia of the Prophet of God*, Santa Barbara (Calif.), ABC-CLIO, 2014, t. I, p. 59-68 ; Mathias Rohe, *Das islamische Recht...*, *op. cit.*, p. 134 sq. ; John Tolan, « Blasphemy and Protection of the Faith: Legal Perspectives from the Middle Ages », *Islam and Christian-Muslim Relations*, vol. 27, n° 1, 2016, p. 38 ; Christian C. Sahner, *Christian Martyrs under Islam: Religious Violence and the Making of the Muslim World*, Princeton, Princeton University Press, 2018, p. 120 sqq. ; Camilla Adang, Hassan Ansari, Maribel Fierro et Sabine Schmidtke (dir.), *Accusations of Unbelief in Islam: A Diachronic Perspective on "Takfīr"*, Leyde, Brill, 2015 (Introduction) ; sur l'anathème (*takfīr*), Josef van Ess, *Der Eine und das Andere...*, *op. cit.*, p. 1284 sqq.
64. Voir les exemples de cas de *takfīr* fondés explicitement sur des déclarations blasphématoires à l'époque de la dynastie Mamlouk à la fin du Moyen Âge dans Amalia Levanoni, « Takfir in Egypt and Syria during the Mamlūk Period », *in* : Camilla Adang, Hassan

La qualification d'apostasie ou d'incroyance pour désigner le blasphème montre clairement qui étaient les accusés : il ne s'agissait pas, à l'origine, de représentants d'une autre confession, mais bien de musulmans qui avaient renié leur foi et ainsi fait outrage à Dieu ou au prophète Mahomet. Par ailleurs, le doute et donc la raillerie blasphématoire florissaient dans le climat multireligieux de la péninsule Ibérique, où cohabitaient étroitement des fidèles de trois religions abrahamiques. Quelques cas intéressants, du moins, nous en sont parvenus. Au milieu du IXe siècle, Abd al-Rahman II, émir de Cordoue, dut juger un homme qui avait dit lors d'une journée nuageuse : « Le cordonnier a commencé à arroser ses peaux. » Certains furent enclins à ne voir dans cette façon de parler de Dieu qu'une mauvaise plaisanterie, tandis que d'autres la considérèrent comme une grave insulte. L'émir prit le parti des intransigeants. Conformément à son jugement, le coupable fut mis en croix et tué à coups de poignard, puis son corps fut exposé en public. « La crainte que nous éveillons dans le cœur de nos ennemis », expliqua le souverain d'après des récits postérieurs, « repose sur le fait que nous exécutons les peines prévues par la loi, que nous renforçons la religion de Dieu et menons la guerre sainte contre ses ennemis, et que nous repoussons ainsi les tendances déviantes et les innovations dangereuses[65] ». Cette justification correspondait tout à fait aux conceptions d'autres souverains musulmans qui luttaient ostensiblement contre les déviances religieuses pour asseoir leur pouvoir politique. Il ne faut pas conclure pour autant à un rigorisme de principe. Peu de temps auparavant, l'émir s'était montré indulgent envers le frère de l'un de ses principaux conseillers, qui s'était lui aussi laissé aller à des paroles désinvoltes, interprétées comme des blasphèmes[66].

Plus d'un siècle après, en 961, le deuxième calife de Cordoue, Al-Hakam II, démontra dès le début de son règne son empressement à défendre la foi juste. Il fit crucifier un éminent dissident religieux, accusé de nombreux outrages envers l'islam – sans lui accorder le droit à une défense. Les reproches à son encontre étaient notamment les suivants : dénigrement du Coran comme livre plein de fables, de bêtises et de superstitions, injure aux trois premiers califes et à Aïcha, la femme de Mahomet, menaces contre la Ka'ba et moqueries à l'égard des rites religieux comme la prière et le pèlerinage (*Hajj*). Il était également accusé d'avoir déclaré que le vin et la sodomie étaient autorisés ; et, enfin, d'avoir demandé à un chrétien de la viande de porc et d'avoir ajouté qu'il ne

---

Ansari, Maribel Fierro et Sabine Schmidtke (dir.), *Accusations of Unbelief in Islam...*, *op. cit.*, p. 155-188, par exemple p. 158-162, 172.
65. Janina M. Safran, *Defining Boundaries in al-Andalus: Muslims, Christians, and Jews in Islamic Iberia*, Ithaca, Cornell University Press, 2013, p. 50 sq.
66. *Ibid.*, p. 46 sqq.

suivait pas la religion de Mahomet et n'y croyait pas[67]. Cent ans après, en 1072, Ibn Hātim, jugé à Tolède pour hérésie, fut exécuté à Cordoue après avoir été poursuivi impitoyablement pendant sept ans par des gardiens de la morale islamique jusque dans les lieux les plus reculés de la péninsule Ibérique. Au cours du procès, 60 témoins l'avaient accusé d'avoir nié les attributs de Dieu, fait preuve de mépris à l'égard du prophète Mahomet et d'autres membres de sa famille, et contesté la nécessité des ablutions en état d'impureté rituelle – chacune de ces accusations était passible de la peine de mort. Le condamné fut crucifié vivant sur le pont du Guadalquivir et tué à coups de lance[68].

Dans le contexte islamique, les blasphèmes visant Dieu lui-même étaient assez inhabituels. La plupart étaient dirigés contre le prophète Mahomet et son entourage. Cette défense anxieuse de l'intégrité du Prophète est difficile à interpréter : n'y a-t-il pas, dans cette élévation de Mahomet au rang d'être presque divin, une tension avec le strict monothéisme des musulmans ? Ou démontre-t-elle, au contraire, l'évidence de ce monothéisme, qui faisait du Dieu créateur un être tellement à part qu'il était presque impossible de l'outrager, ce qui obligeait à trouver un objet de substitution pour les railleries religieuses ? Il est certain que la défense de l'honneur du Prophète contre tout dénigrement prit très tôt des formes remarquables. Ainsi, en 770, un homme fut exécuté pour avoir repris le hadith « je suis le sceau des prophètes ; il n'y aura plus de prophètes après moi », en ajoutant : « si Dieu ne le veut pas autrement »[69]. Mahomet lui-même, de son vivant, semble avoir approuvé le statut sacré, extraordinairement haut placé, qui lui était conféré. Du moins peut-on lire dans le recueil de hadiths d'Abou Dawoud l'histoire d'un homme aveugle qui avait poignardé sa concubine. Il se justifia devant le Prophète, affirmant que cette femme aimée, qui lui avait donné deux enfants merveilleux, ne voulait pas cesser de maudire et d'insulter Mahomet. Celui-ci déclara alors que les parents de la victime n'avaient aucun droit à la traditionnelle compensation (le prix du sang)[70].

Les insultes graves contre la famille ou l'entourage du Prophète ne faisaient pas l'objet d'un tel consensus. En 1354, le juriste Al-Subkī consacra à cette question un traité dont le point de départ fut un incident survenu dans la mosquée des Omeyyades de Damas. Un homme, probablement chiite, n'avait pas voulu prendre part à la prière du midi et avait insulté

---

67. Janina M. Safran, *Defining Boundaries...*, *op. cit.*, p. 73 *sqq.*
68. Christian Müller, *Gerichtspraxis im Stadtstaat Córdoba. Zum Recht der Gesellschaft in einer mālikitisch-islamischen Rechtstradition des 5./11. Jahrhunderts*, Leyde, Brill, 1999, p. 204 *sqq.*
69. Lutz Wiederhold, « Blasphemy against the Prophet Muhammad... », *op. cit.*, p. 43.
70. Siraj Khan, « Blasphemy in Islamic Law », *op. cit.*, p. 62 *sq.*

les trois premiers califes de la succession de Mahomet. Ayant refusé de se rétracter et de se repentir, il avait été jugé quelques jours plus tard et exécuté. Al-Subkī aborda l'affaire en se référant à toutes les sources et à toutes les opinions juridiques : en conclusion, il plaida pour une très large interprétation du blasphème, selon laquelle l'outrage non seulement envers le Prophète mais aussi envers ses compagnons devait être dénoncé comme un grave péché et une mécréance dignes de mort[71].

Pendant plusieurs siècles, semble-t-il, au Moyen Âge et à l'époque moderne, les cas de blasphème au sein de l'islam eurent surtout lieu à la frontière entre sunnisme et chiisme. Cette délimitation était encore visible aux XVIIIe et XIXe siècles, notamment en Perse et en Irak. En 1743, Nader Chah voulut réconcilier les deux confessions sous son égide, lors d'une conférence œcuménique à Nadjaf, afin d'atténuer les tensions politiques. À cette occasion, les représentants du sunnisme dominant firent prévaloir que les malédictions et les invectives des chiites à l'encontre des premiers califes devaient être condamnées comme un signe de mécréance. Peu après, lors d'une prière commune du vendredi, le chef de prière chiite se vit imposer de lire les noms des quatre premiers califes, selon l'ordre correct pour les sunnites. Celui-ci exprima tout de même son véritable ressenti en accentuant mal, à dessein, le nom d'Omar – un signe avant-coureur de l'échec complet de la politique « œcuménique » de Nader Chah[72].

Contre les nouveaux courants religieux, en revanche, les deux fractions ennemies de l'islam étaient capables de s'entendre, comme le montre leur réunion contre le babisme, une nouvelle religion révélée, au milieu du XIXe siècle. En 1846, des hommes de loi sunnites et chiites se rassemblèrent à Bagdad pour juger Ali Bastami, un envoyé du prophète Bāb, et le condamner à mort. Les savants des deux confessions proscrivirent les écrits de Bāb, considérés comme des falsifications blasphématoires du Coran[73].

Chrétiens et musulmans

Si le blasphème était d'abord pour l'islam un problème intrareligieux, les accusations mutuelles marquèrent aussi les relations entre chrétiens et musulmans au Moyen Âge et à l'époque moderne. Pourtant, les chrétiens d'Afrique et du Proche-Orient eurent d'abord des mots tout à fait

---

71. Lutz Wiederhold, « Blasphemy against the Prophet Muhammad... », *op. cit.*, p. 47 *sqq.* et 62 *sq.* ; voir aussi Josef van Ess, *Der Eine und das Andere...*, *op. cit.*, p. 101.
72. Meir Litvak, « Encouters between Shi'i and Sunni "Ulama" in Ottoman Iraq », *in* : Meir Litvak et Ofra Bengio (dir.), *The Sunna and Shi'a in History: Division and Ecumenism in the Muslim Middle East*, Londres, Palgrave Macmillan, 2011, p. 71 *sqq.*
73. *Ibid.*, p. 77 *sqq.*

aimables pour les conquérants musulmans, notamment lorsqu'ils faisaient partie – comme les Coptes – d'une minorité discriminée. Mais dès le début de la conquête, les accents se firent aussi négatifs et apocalyptiques. En 635-636, Sophrone, le patriarche de Jérusalem, remarqua avec horreur que les « Sarrasins » prenaient possession de la Terre sainte comme les Philistins au temps de la Bible. Le pire, selon l'évêque, était leurs atroces blasphèmes contre le Christ, l'Église et Dieu lui-même. L'ecclésiastique ne pouvait s'expliquer la réussite de ces disciples du démon que par la colère de Dieu face aux péchés de la chrétienté[74]. Anastase, moine au mont Sinaï, dressa lui aussi un portrait des plus sombres des Sarrasins démoniaques : ils méprisaient, piétinaient et détruisaient la croix, les reliques et les huiles saintes de la chrétienté, et lorsqu'ils entendaient parler de la naissance de Dieu, ils se mettaient immédiatement à blasphémer parce qu'ils pensaient au mariage, à la fécondation et à l'entremêlement des chairs[75]. À l'inverse, nombre de traités destinés à régler les relations entre les musulmans et leurs protégés contenaient des dispositions selon lesquelles les *dhimmis* devaient se montrer respectueux envers l'islam et notamment se garder de commettre des outrages. Ainsi, sur six éléments contraignants contenus dans un traité typique rédigé au milieu du XIe siècle par le juriste Al-Māwardi, trois règles concernaient la prévention du blasphème : il fallait renoncer à toute attaque ou distorsion du Coran, le Prophète ne devait pas être mis en doute ou diffamé, aucun propos dédaigneux ou calomnieux ne devait être tenu sur la foi musulmane[76].

La possibilité s'offrait alors aux zélateurs fanatiques de la chrétienté d'attaquer la religion « dominante » dans leur environnement, quitte, bien sûr, à payer le prix fort. Pierre de Capitolias fut l'un de ces martyrs dans l'Orient arabe : il fut exécuté en 715 en Transjordanie après avoir qualifié publiquement Mahomet de faux prophète et avoir refusé à plusieurs reprises de se rétracter[77]. Une autre affaire, qui fit couler beaucoup d'encre, eut lieu dans la péninsule Ibérique[78]. Au début du mois de juin 851, un certain Isaac se présenta devant le cadi de Cordoue, capitale de l'émirat du même nom. Peut-être le juge connaissait-il personnellement Isaac,

---

74. Robert G. Hoyland, *Seeing Islam as Others Saw It: A Survey and Evaluation of Christian, Jewish, and Zoroastrian Writings on Early Islam*, Princeton (N.J.), Darwin Press, 1997, p. 72 *sq*.
75. *Ibid.*, p. 100, 94.
76. John Tolan, « Blasphemy and Protection of the Faith… », *op. cit.*, p. 42.
77. Christian C. Sahner, *Christian Martyrs under Islam…*, *op. cit.*, p. 130.
78. Kenneth Baxter Wolf, *Christian Martyrs in Muslim Spain*, Cambridge, Cambridge University Press, 1988 ; Jessica A. Coope, *The Martyrs of Córdoba: Community and Family Conflict in an Age of Mass Conversion*, Lincoln, University of Nebraska Press, 1995 ; Charles L. Tieszen, *Christian Identity Amid Islam in Medieval Spain*, Leyde, Brill, 2013 ; Janina M. Safran, *Defining Boundaries…*, *op. cit.*, p. 91 *sqq*. ; Christian C. Sahner, *Christian Martyrs under Islam…*, *op. cit.*, p. 140 *sqq*.

car cet homme issu d'une famille noble, bien que chrétien, avait autrefois occupé une fonction officielle, possiblement celle de percepteur. Il avait disparu tout à coup trois ans auparavant et était entré au monastère de Tabanos. Il comparut devant le cadi musulman sous le prétexte de rechercher des éclaircissements sur la doctrine de l'islam. Alors que l'homme de loi se lançait dans une explication, Isaac l'interrompit immédiatement et commença, en arabe, à traiter le Prophète de menteur séduit par le diable, qui entraînait ses disciples vers la damnation éternelle. Le cadi fut choqué, se mit à pleurer et frappa le blasphémateur. Lorsqu'il se reprit, il émit la supposition qu'Isaac était malade ou ivre, et ainsi incapable de comprendre la gravité de ses paroles. Mais le chrétien assura obstinément qu'il avait toute sa tête. Il fut emprisonné et décapité peu après, et son corps fut exposé en public. L'émir Abd al-Rahman II proclama par un édit que tout chrétien qui insultait le Prophète subirait le même sort[79].

Les paroles méprisantes d'Isaac à l'égard du Prophète se nourrissaient de conceptions répandues, dans la polémique chrétienne de l'époque, quant à Mahomet et à la religion qu'il avait fondée. Elles furent également défendues par les deux écrivains chrétiens Euloge et Alvare, principales sources sur les « martyrs de Cordoue ». Pour Euloge, Mahomet était un faux prophète abject et libidineux, un précurseur de l'Antéchrist. Le Prophète était notamment attaqué avec virulence par les deux auteurs en raison de sa prétendue immoralité : il avait séduit Zaynab, la femme de son fils adoptif Zayd, et sa polygamie le rendait ainsi coupable d'adultère, de même que ses fidèles[80]. Ce n'était pas la première fois que de tels reproches étaient formulés dans les rues de Cordoue. Un prêtre du nom de Perfectus avait déjà été exécuté plus d'un an avant Isaac. Contrairement à ce dernier, il n'avait pas recherché le martyre. Il avait été mis au défi dans la rue par des musulmans de donner son opinion sur le Prophète. Mahomet, avait-il dit après quelque hésitation, apprenait à ses fidèles, séduits par des démons, de fausses doctrines, et les menait à leur perte. Il avait également commis l'adultère avec Zaynab, dont la beauté l'avait charmé. Il était devenu esclave de la luxure et il était étonnant qu'il puisse être considéré comme un prophète au vu de tant d'infamie[81]. Perfectus avait essayé, en vain, de se prémunir des conséquences de ses paroles, en imposant par avance à ses interlocuteurs un pacte d'amitié. Isaac, au contraire, se présenta de son plein gré devant le cadi. Il fit école, car la menace de l'émir eut

---

79. Jessica A. Coope, *The Martyrs of Córdoba...*, op. cit., p. 19 sq. ; Charles L. Tieszen, *Christian Identity...*, op. cit., p. 39.
80. Jessica A. Coope, *The Martyrs of Córdoba...*, op. cit., p. 47 sq. ; Charles L. Tieszen, *Christian Identity...*, op. cit., p. 56 sq.
81. Jessica A. Coope, *The Martyrs of Córdoba...*, op. cit., p. 17 sq. ; Charles L. Tieszen, *Christian Identity...*, op. cit., p. 57.

pour conséquence paradoxale d'inspirer de nombreux imitateurs. Au total, 48 chrétiens furent exécutés à Cordoue dans les années 850[82]. Il s'agissait souvent de moines ou de nonnes issus d'ordres radicaux et ascétiques installés hors de la ville.

Ces actions étaient l'expression d'une crise identitaire des chrétiens, dans le cadre du processus d'assimilation à Al-Andalus. Il est difficile d'établir des statistiques quant au pourcentage de la population déjà converti à l'islam au milieu du IXe siècle. Toutefois, il est indéniable que le grand rayonnement culturel de la cour somptueuse de l'émir de Cordoue toucha également les sujets chrétiens, qui s'accommodèrent souvent de la domination islamique. Dans ce contexte, les actions blasphématoires suicidaires apparaissent comme l'expression de protestations et d'angoisses individuelles, ou même comme la solution ultime du problème identitaire. Les « martyrs de Cordoue » s'efforçaient, dans un acte ultime de pénitence, de laisser derrière eux leur existence physique et d'obtenir le plus rapidement possible la délivrance céleste[83]. De fait, la provocation blasphématoire s'adressait tout autant aux chrétiens compromis dans leurs propres rangs. Euloge et Alvare évoquent une forte opposition contre les martyrs. Leurs adversaires voyaient en eux, et en leurs partisans, des « fauteurs de troubles, qui dramatisaient les difficultés de la vie sous domination islamique, qui dégradaient la situation économique et sociale des chrétiens de Cordoue et poussaient les musulmans à de grandes persécutions. Les chrétiens radicaux, pour eux, ne réagissaient pas à une situation désespérée, ils la créaient[84] ».

D'autres critiques en ce sens furent formulées en 852 lors d'un synode chrétien réuni par l'émir, et qui vit les martyrs échapper de peu à l'excommunication. Les arguments de leurs adversaires étaient, semble-t-il, devenus très populaires : les martyrs étaient exécutés rapidement et n'étaient pas soumis à des supplices, contrairement à leurs prédécesseurs de l'époque romaine. Leurs actes n'étaient pas accompagnés de miracles. Et, alors que les Romains avaient recherché activement les chrétiens, ceux-ci attiraient aujourd'hui l'attention sur eux-mêmes. Par ailleurs, les musulmans n'étaient pas des païens, car ils n'adoraient aucune idole, mais uniquement le vrai Dieu[85]. À long terme, toutefois, les radicaux zélés eurent gain de cause, dans la mesure du moins où ils créèrent une profonde division entre

---

82. Chronologie dans Jessica A. Coope, *The Martyrs of Córdoba...*, *op. cit.*, p. XV-XVII ; en détail Kenneth Baxter Wolf, *Christian martyrs*, *op. cit.*, p. 23 *sqq.*
83. *Ibid.*, p. 116 ; voir Jessica A. Coope, *The Martyrs of Córdoba...*, *op. cit.*, p. 14 ; Janina M. Safran, *Defining Boundaries...*, *op. cit.*, p. 96.
84. Jessica A. Coope, *The Martyrs of Córdoba...*, *op. cit.*, p. 66.
85. Kenneth Baxter Wolf, *Christian Martyrs in Muslim Spain*, *op. cit.*, p. 77 *sqq.* ; Jessica A. Coope, *The Martyrs of Córdoba...*, *op. cit.*, p. 43 ; Charles L. Tieszen, *Christian Identity...*, *op. cit.*, p. 61 *sq.*

chrétiens et musulmans. De fait, dans les années qui suivirent, les émirs accentuèrent la répression : les chrétiens furent exclus de la cour, radiés des listes de pensions militaires et soumis à de nouvelles taxes. En outre, les souverains ordonnèrent des destructions d'églises[86]. La séparation des chrétiens et des musulmans par le blasphème avait fonctionné.

Au Moyen Âge et à l'époque moderne, le blasphème était donc un sujet brûlant entre chrétiens et musulmans, notamment – pour autant que l'on puisse en juger aujourd'hui – là où les confessions s'affrontaient directement, en Orient dans l'Irak actuel, et en Occident dans la péninsule Ibérique. Bien entendu, des stéréotypes religieux hostiles furent également cultivés à distance – ce n'est pas un hasard si, dans *L'Enfer* de Dante (chant 28), Mahomet et son gendre Ali occupent une place de premier plan parmi les schismatiques. Ils sont assaillis par des démons et soumis à un supplice recherché, qui consiste à être transpercé encore et encore. Toutefois, c'est seulement dans un passé récent que le blasphème est devenu un enjeu politique majeur dans l'affrontement entre chrétiens et musulmans, au-delà des conflits régionaux ponctuels (voir chap. 17)[87].

Cela vaut également pour le rapport aux images et leur prétendue interdiction totale par l'islam[88]. Il est vrai que les religieux musulmans se montrèrent, dès l'origine, sceptiques par rapport aux images – exprimant ainsi le souci de ne pas retomber dans le polythéisme et l'adoration des « idoles ». Les images étaient considérées comme impures et ceux qui les produisaient étaient menacés de damnation éternelle, parce qu'ils avaient la prétention sacrilège de prendre la place du Dieu créateur. Pourtant, une distinction existe au sein des textes sacrés et des discussions théologiques : dans certains lieux, les images peuvent être davantage tolérées qu'ailleurs (à l'intérieur d'une mosquée, par exemple) et, au contraire de la représentation d'êtres vivants, humains ou animaux, celle d'objets inanimés ou de plantes est autorisée. En dépit de la condamnation des religieux, l'art figuratif a existé durant toute l'histoire de l'islam, hors des lieux sacrés, en général dans des espaces privés. Face aux nombreuses images fixes ou animées de la modernité, les religieux musulmans se sont trouvés au défi d'adapter leur interprétation aux nouvelles possibilités techniques. Certains se sont montrés flexibles, en réduisant par exemple la photographie à un simple processus mécanique, et donc autorisé : une photographie fonctionnait comme un miroir et ne supposait pas d'acte créateur. Les fondamentalistes, au contraire, ont défendu des positions

---

86. Janina M. Safran, *Defining Boundaries...*, *op. cit.*, p. 98.
87. Mathias Rohe, *Das islamische Recht...*, *op. cit.*, p. 262.
88. Sur ce qui suit, avec toute la clarté souhaitée, voir Silvia Naef, *Y a-t-il une « question de l'image » en Islam ?*, Paris, Téraèdre, 2004.

strictes. Mais même dans l'Iran de l'ayatollah Khomeini, les fresques murales révolutionnaires (dans la tradition visuelle de la gauche européenne et sud-américaine) ont été justifiées comme relevant d'un « art sacré » avec des objectifs clairs. Et le cinéma est resté autorisé, encadré par des règles morales strictes[89].

---

89. Silvia Naef, *Y a-t-il une « question de l'image » en Islam ?*, op. cit., p. 110 *sq.*

Moyen Âge : l'ère des péchés de la langue

7. Offenser Dieu, un péché et un crime[1]

Durant des siècles, le blasphème resta une ombre discrète, dont les contours émergeaient confusément ici et là. Vers 1200, en revanche, il prit rapidement une forme plus nette. Des lois séculières et canoniques le condamnèrent. Des encyclopédies théologiques (les « Sommes ») tentèrent de définir plus précisément ce que signifiait blasphémer. Et un nombre croissant de sermons et d'œuvres pastorales, destinés à donner aux directeurs de conscience des recommandations pratiques, évoquèrent les origines du comportement blasphématoire et discutèrent de sa nature répréhensible. Les sources de la pratique juridique, pour la période qui suivit, deviennent également plus riches, et donnent un aperçu des réactions face aux agissements incriminés. Ainsi commençait une époque que l'on peut qualifier d'« âge classique » du blasphème[2].

Depuis le début du deuxième millénaire, des processus majeurs étaient à l'œuvre, sources d'évolution dans l'histoire du christianisme. L'« âge chaud » climatique fut propice à un essor de l'agriculture et à une augmentation de la population. De nouvelles villes fleurirent, des universités virent le jour. Au cœur de l'Europe, la mission chrétienne était

---

1. Ce chapitre et le suivant comprennent de nombreuses citations dans divers dialectes de l'allemand ancien. Leur traduction en ancien français, en plus d'être peu intelligible, serait trop complexe – et peu réaliste, puisqu'il ne s'agissait pas de la seule langue parlée en France à l'époque. Le choix a donc été fait de les traduire en français moderne, en évitant le plus possible l'usage de termes anachroniques (*N.d.T.*).
2. Pour l'essentiel de ce chapitre et des suivants, voir Gerd Schwerhoff, *Zungen wie Schwerter. Blasphemie in alteuropäischen Gesellschaften 1200-1650*, Constance, UVK, 2005 ainsi que la version non publiée, en partie plus détaillée, « Gott und die Welt herausfordern. Theologische Konstruktion, rechtliche Bekämpfung und soziale Praxis der Blasphemie vom 13. bis zum Beginn des 17. Jahrhunderts », mémoire d'habilitation d'histoire et de philosophie, université de Bielefeld, 1996, version revue et corrigée en 2004 disponible en ligne sur https://pub.uni-bielefeld.de/download/2304832/2304835/Zentraldokument.pdf [consulté le 20/02/2020]. Ainsi que Corinne Leveleux, *La parole interdite. Le blasphème dans la France médiévale (XIIIe-XVIe siècles) : du péché au crime*, Paris, De Boccard, 2001 ; Bettina Lindorfer, *Bestraftes Sprechen. Zur historischen Pragmatik des Mittelalters*, Paderborn, W. Fink, 2009.

largement terminée. Il fallait alors compléter la christianisation apparente par une réelle transformation des croyances, des pensées et des sentiments. Durant le haut Moyen Âge, le fossé était immense entre un clergé plus ou moins instruit et la masse des laïcs. De petites communautés monastiques, avec leurs virtuoses de la religion, faisaient face à la foule des chrétiens moyens, pour qui la magie et le rite étaient centraux. Pour nombre d'entre eux, « une intériorisation profonde de leur religion n'avait commencé qu'au cours du XIIIe siècle[3] ». Car leur vie intérieure et leurs pensées étaient à présent au centre des efforts de l'Église. Cela ressort par exemple des décisions du quatrième concile du Latran, en 1215, qui imposèrent la confession annuelle aux fidèles des deux sexes et insistèrent sur son secret absolu. Chacun devait dès lors examiner de manière approfondie ses écarts de conduite. Le concile se pencha également sur les hétérodoxies religieuses. Depuis plusieurs décennies, déjà, l'Église romaine était défiée par des mouvements hérétiques : notamment les cathares, fortement éloignés de l'orthodoxie par leurs idées radicales et dualistes, ainsi que les vaudois, un mouvement de prédication laïque tourné vers un idéal de stricte pauvreté. Ces mouvements hérétiques témoignent d'une plus grande assurance des simples chrétiens, qui cherchaient de nouvelles réponses religieuses. L'une des réactions de l'Église romaine fut d'autoriser les nouveaux ordres mendiants franciscain et dominicain à prêcher la bonne foi au cœur des villes devant d'importants auditoires. Parallèlement, à partir de la moitié du XIIIe siècle, ces mendiants furent chargés de poursuivre les hérétiques en tant qu'envoyés spéciaux du pape, ou inquisiteurs, ce qui n'entrait pas en contradiction avec leurs missions pastorales. C'était, pour ainsi dire, l'envers répressif de l'enseignement religieux. Le blasphème doit en grande partie sa postérité au mouvement en tenaille de la prédication et de la répression encadrant la foi et le comportement des chrétiens laïques.

Le blasphème, péché de la langue

Les auteurs antiques s'étaient déjà intéressés à la parole, mais principalement à celle de l'orateur. Dans les premiers temps du christianisme, les discussions portèrent plutôt sur le silence, qui devait permettre de mieux entendre la voix de Dieu. Les règles monastiques codifiaient la

---

3. Peter Dinzelbacher (dir.), *Handbuch der Religionsgeschichte im deutschsprachigen Raum*, t. II, *Hoch- und Spätmittelater*, Paderborn, F. Schöningh, 2000, p. 49 ; pour une vue d'ensemble problématisée de cette question, voir John van Engen, « The Christian Middle Ages as an Historiographical Problem », *The American Historical Review*, vol. 91, n° 3, 1986, p. 519-552, en particulier p. 539 sur la périodisation ; et Jacques Le Goff, *Saint Louis*, Paris, Gallimard, 2013, p. 59 *sqq*.

parole des moines et déterminaient quand ils devaient se taire et comment ils devaient parler. Au tournant du XIIIe siècle, les théologiens commencèrent à se pencher davantage sur la parole et découvrirent un nouveau type de péché, les péchés de la langue. « À partir de 1190 environ, les tentatives d'apporter une méthode à l'inventaire désordonné des paroles condamnables se multiplièrent. Tous les péchés de la langue devaient être recensés, décrits et hiérarchisés, et leurs forces motrices profondes devaient être dévoilées[4]. » Ce travail fut d'abord accompli dans les grandes œuvres encyclopédiques du XIIIe siècle, les « Sommes » scolastiques, qui prétendaient aborder de la façon la plus exhaustive possible tous les domaines de la connaissance philosophico-théologique. De là, le sujet fit son entrée dans le large éventail de littérature catéchistique des deux siècles suivants, dans les séries de sermons ou les recueils d'*exempla*, dans les interprétations du Décalogue et les catalogues de vices.

S'il eut quelques prédécesseurs, le véritable promoteur des péchés de la langue fut le dominicain Guillaume Perault, avec sa grande *Somme des vices et des vertus*. Pour l'essentiel, sa description des actes coupables suivait la doctrine des sept péchés capitaux, développée dès le VIe siècle par Grégoire le Grand. Ce Père de l'Église désignait ainsi l'orgueil (*superbia*), l'envie (*invidia*), la colère (*ira*), la paresse (*acedia*), l'avarice (*avaritia*), la gourmandise (*gula*) et la luxure (*luxuria*). Perault compléta ce schéma classique par une huitième catégorie, celle des péchés de la langue (*peccata linguae*). Leur importance fut ainsi considérablement réévaluée. Ses écrits firent autorité dans les siècles suivants et la plupart de ses successeurs reprirent ainsi l'idée qu'il fallait étudier à part les péchés de la langue, même s'ils développèrent leurs propres catégories et terminologies. Dorénavant, pas un seul catalogue des vices n'omit les péchés de la langue, ou de la bouche, qui firent aussi l'objet d'écrits spécialisés[5]. Les traces de ces travaux se retrouvent jusque dans les traités de la fin du Moyen Âge et de l'époque moderne[6].

Pour le lecteur contemporain, la plongée dans l'univers varié des péchés de la langue peut être fascinante[7]. On y trouve aussi bien la « prolixité » et le « bavardage » que la « fausse taciturnité ». Les écarts verbaux peuvent être furtifs et insidieux, comme les « murmures » des inférieurs

---

4. Bettina Lindorfer, *Bestraftes Sprechen...*, *op. cit.*, p. 53, sur lequel je m'appuie largement.
5. Johannes Geuss, *Tractatus de vicijs lingue*, Nuremberg, Fratres Ordinis Eremitarum S. Augustini, 1479 ; Johannes Geiler von Kaysersberg, *Das Buch der Sünden des Mundes*, Strasbourg, s. n., 1518.
6. Ralf Georg Bogner, *Die Bezähmung der Zunge. Literatur und Disziplinierung der Alltagskommunikation in der frühen Neuzeit*, Tübingen, M. Niemeyer, 1997, p. 117 *sqq*.
7. Voir la présentation générale dans la deuxième partie de Carla Casagrande et Silvana Vecchio, *Les péchés de la langue. Discipline et éthique de la parole dans la culture médiévale*, traduit par Philippe Baillet, Paris, Les Éditions du Cerf, 1991, p. 173 *sqq*.

contre les supérieurs, ou la «calomnie» contre des tiers absents. Ou ils peuvent avoir lieu ouvertement et ostensiblement, ce qui est typique de la «flatterie» et plus encore de la «forfanterie» ou des paroles «vulgaires», voire «obscènes». Cela concerne aussi la raillerie (*derisio*), qui contient déjà une forte violence verbale. Il faut surtout citer ici l'«injure», généralement qualifiée de *contumelia*, mais pour laquelle existent un nombre remarquable de désignations, comme *convicium*, *vituperium* ou *iniuria*. L'injure était faite en public et souvent provoquée par un autre péché capital, la colère. La «malédiction» (*maledictum*) constituait par comparaison une forme d'agression verbale plus forte, lorsqu'elle n'était pas prononcée par Dieu ou ses prophètes eux-mêmes, mais dirigée contre ses créatures ou même contre le Créateur. Elle était étroitement liée au «parjure», qui reposait lui-même sur le «mensonge». Aucun catalogue des vices verbaux ne pouvait omettre une inconduite particulière : le blasphème (*blasphemia*). Dans le sillage de l'importance croissante des péchés de la langue, cette faute prit pour la première fois une forme claire et fit l'objet de développements fouillés.

Dans un premier temps, le sens du terme «blasphème» fut déterminé plus précisément. La définition d'Alexandre de Halès est ici centrale : « *Blasphemare est contumeliam* [...] *inferre in iniuriam Creatoris.* » Cette définition repose donc sur l'injure et l'atteinte à l'honneur du Créateur. Perault, écrivant peu après, considère le blasphème de la même façon, c'est-à-dire comme des mots insultants proférés publiquement contre Dieu, dans un moment de colère et avec l'intention de se venger du Créateur. L'offense publique faite à Dieu devait devenir centrale dans de nombreuses définitions. Les ouvrages en langue vernaculaire élaborés aux XIVe et XVe siècles reprenaient également, dans leurs traductions, cette définition : le «livre des vertus», compilation du début du XIVe siècle, expliquait ainsi que le «*Plasphemia* est souvent évoqué comme une parole infâme contre Dieu» et le livre de droit du frère Berthold (écrit entre 1323 et 1390) donnait une brève définition comparable : «Le blasphème est une atteinte verbale à l'honneur de Dieu»[8]. Il est significatif que le terme latin apparaisse dans un texte en allemand. Un manuel des vices et des

---

8. Toutes les citations précédentes sont issues de Gerd Schwerhoff, *Zungen wie Schwerter...*, *op. cit.*, p. 28 et 31. Elles sont tirées de Klaus Berg et Monika Kasper (éd.), *"Das bůch der tugenden". Ein Compendium des 14. Jahrhundert über Moral und Recht nach der "Summa Theologica" II-II des Thomas von Aquin und anderen Werken der Scholastik und Kanonistik*, Tübingen, M. Niemeyer, 1984, I.1.2.3, p. 39 ; et de Berthold de Fribourg, *Die „Rechtssumme" Bruder Bertholds. Eine deutsche abecedarische Bearbeitung der „Summa Confessorum" des Johannes von Freiburg. Synoptische Edition der Fassungen B, A und C. Wörterbuch*, édité par Georg Steer et Heidemarie Vogl, Tübingen, M. Niemeyer, 1987, t. I, p. 508-510, B 64. Voir également Corinne Leveleux, *La parole interdite...*, *op. cit.*, p. 107 *sqq*.

vertus datant à peu près de la même époque donne explicitement comme traduction « invectiver Dieu » (« Du péché qui est ici invectiver Dieu, et en latin *plasphemia* »)[9]. Il fallut attendre le début de l'époque moderne pour que s'impose en allemand, comme synonyme du terme latin, celui de *Gotslesterung*, par exemple chez Geiler von Kaysersberg en 1518[10].

La nouveauté de ces définitions consistait en un glissement, léger mais important, de l'utilisation du terme. Il n'était plus nécessaire d'affirmer explicitement qu'il s'agissait d'un « blasphème contre Dieu » : le mot ne désignait plus, à présent, que ce type d'outrage. Par ailleurs, l'attaque contre l'honneur de Dieu était comparée aux insultes contre les hommes, ce qui rendait le délit plus plastique – nous y reviendrons. Certains théologiens, comme Antonin de Florence, considéraient comme un blasphème non seulement l'injure, mais aussi la malédiction de Dieu[11].

Au temps de la systématisation de la pensée théologique, le blasphème devait, lui aussi, être défini de façon plus précise. Ainsi, Alexandre de Halès le divisa en trois sortes, qui devaient acquérir un statut presque canonique pour les générations suivantes[12]. Était considéré comme blasphémateur, premièrement celui qui attribuait à Dieu ce qui ne lui incombait pas, deuxièmement celui qui contestait à Dieu ce qui lui incombait et, troisièmement, celui qui s'attribuait ce qui n'incombait qu'à Dieu. En définitive, les faits concernaient, dans les trois cas, une attaque contre des attributs spécifiquement divins comme la toute-puissance et l'omniscience, l'infinitude et l'insaisissabilité, en bref, la perfection de Dieu. Les auteurs qui s'intéressèrent au blasphème par la suite, en se fondant sur ce schéma en apparence assez abstrait, firent appel à des exemples très divers. Souvent, ceux-ci étaient issus de l'univers biblique ou du monde englouti des hérésies de l'Antiquité tardive – un lien s'esquissait déjà entre blasphème et hérésie. Les exemples les plus parlants concernaient les représentations anthropomorphiques de Dieu. Ainsi devait être considéré comme blasphémateur celui qui prêtait à Dieu des attributs corporels comme les mains, les pieds, les yeux ou les oreilles, ou des faiblesses et des passions humaines. Il s'agit là, sans aucun doute, d'une indication sur la variante la plus courante de blasphème, réellement présente dans la vie quotidienne de l'époque, c'est-à-dire le fait de jurer par les membres de Dieu, déjà évoqué par Justinien (voir chap. 8). Il est tout aussi intéressant, soit dit en passant, de noter les points aveugles de ce discours : visiblement, l'idée ne vint à aucun des théologiens de l'époque que la supposition selon laquelle

---

9. Cité d'après Gerd Schwerhoff, *Zungen wie Schwerter...*, *op. cit.*, p. 29, note 76.
10. Johannes Geiler von Kaysersberg, *Das Buch...*, *op. cit.*, p. 19.
11. Antonin de Florence, *Summa theologica*, Vérone, A. Carratonius, 1740, 4 vol., t. II, p. 839.
12. Voir Gerd Schwerhoff, *Zungen wie Schwerter...*, *op. cit.*, p. 32 *sqq*.

Fig. 5 – Un homme colérique en enfer.
Détail d'une fresque du sanctuaire de Montegrazie, en Ligurie, de 1483.

on pouvait atteindre l'honneur de Dieu ou provoquer sa colère par des injures pouvait aussi être considérée comme une remise en cause de la perfection divine – et ainsi comme une forme de blasphème.

Dans la littérature catéchistique de la fin du Moyen Âge, le blasphème était systématiquement abordé dans le cadre des interprétations du Décalogue, à propos du deuxième ou du troisième commandement sur le mauvais usage du nom de Dieu. D'autre part, les traités sur les péchés cardinaux étaient des lieux privilégiés pour les mises en garde contre le blasphème : Grégoire le Grand considérait déjà que les invectives étaient le fruit de la colère, et celle-ci était, dans la tradition d'Albertus Magnus, la mère du blasphème[13]. Ainsi émergeait un motif permettant d'expliquer l'inexplicable, c'est-à-dire le fait que les hommes se retournent contre le

---

13. Gerd Schwerhoff, *Zungen wie Schwerter...*, *op. cit.*, p. 37.

Dieu créateur. Il arrive, pouvait-on lire dans un *Miroir des vices* anonyme, que la colère s'empare du cœur d'un homme au point de le faire insulter Dieu et ses saints, par exemple en raison d'une maladie, de la perte d'un ami ou d'un accident.

Jugements et *exempla*

Pour d'autres auteurs, toutefois, la condamnation morale du blasphème était plus importante que son explication. Ainsi, dans sa *Somme*, Guillaume Perault accumula les arguments visant à faire du blasphème le degré extrême de la dépravation humaine[14]. De nombreux auteurs devaient le suivre. Prenons, par exemple, un sermon de carême du célèbre prédicateur franciscain Bernardin de Sienne, dans la première moitié du XVe siècle. À l'aide de comparaisons rhétoriques variées, l'auteur présentait le blasphème comme une perversion sans égale. Aucun péché n'était aussi terrible que l'insulte envers Dieu, tel était son leitmotiv[15]. Car aucun autre crime ne constituait une attaque directe contre le Créateur. Seul le blasphémateur cherchait à se venger délibérément de ce Dieu qui n'avait pourtant commis aucune faute. Un péché, continuait Bernardin, était d'autant plus grave qu'on peinait à le rattacher à une cause extérieure. Tous les péchés étaient motivés par une raison étrangère à eux-mêmes, à l'exception du blasphème : «*in blasphemia autem nullum est motivum*». Ainsi, le blasphémateur s'en prenait à Dieu par simple volupté du péché. Plus l'offense à Dieu était directe, pouvait-on lire ailleurs, plus le péché était condamnable. Suivait une liste d'attaques par ordre de gravité, d'abord contre les autres hommes (meurtre, vol), puis contre les martyrs, les apôtres et les saints. La dernière était l'outrage contre Dieu, le blasphème, sommet des perversions.

Les passages sur les hérétiques, les juifs ou les païens suivaient aussi la logique consistant à comparer pour mieux juger. Exceptionnellement, ici, les non-chrétiens n'étaient pas condamnés mais convoqués pour dénigrer plus encore le blasphémateur. Alors que les juifs, en entendant un blasphème, déchiraient leurs vêtements de chagrin, alors que Mahomet condamnait tout blasphème dans le Coran, alors même qu'un noble Sarrasin, ainsi que Bernardin l'avait appris d'un autre moine, avait sévèrement puni un subalterne coupable d'avoir insulté la Vierge Marie,

---

14. *Ibid.*, p. 40.
15. Bernardin de Sienne, «De orrendo peccato blasphemiae et de impietatibus eius», *in*: *id.*, *Opera Omnia*, édité par Pacifico Maria Perantoni et Augustin Sépinski, Ad Claras Aquas [Quaracchi, Florence], ex Typographia Collegii S. Bonaventurae, 1950, t. II, sermon 41, p. 5-19.

la souillure sur le christianisme n'en était que plus évidente ! L'intention finale de Bernardin était de dénoncer l'inaction des représentants du pouvoir et de la communauté chrétienne, et d'y mettre un terme : « Ô vous, rois et souverains de la terre, vous seigneurs des villes et recteurs des universités, où est la justice ? Où est la foi ? » Chaque chapitre se terminait par des exclamations emphatiques semblables.

Dans ce type de textes, le lecteur contemporain retrouve un Moyen Âge conforme aux représentations usuelles : empreint de dévotion et même de fanatisme, marqué par les appels à de plus fortes sanctions terrestres et par la menace de sévères punitions dans l'au-delà pour les blasphémateurs. En outre, nombre d'*exempla* montraient que le châtiment divin pouvait déjà toucher ici-bas les pires offenseurs de Dieu, de Marie et des saints[16]. Nobles chevaliers, simples charretiers ou joueurs exubérants : tous ceux qui se rendaient coupables d'invectives blasphématoires étaient menacés, dans la morale de ces histoires, par la lèpre, la paralysie et la mort subite. Selon le principe de la peine miroir, la partie du corps la plus touchée était celle qui avait commis le péché, c'est-à-dire la langue, qui gonflait de façon anormale et étouffait l'insulteur. Marie, la mère de Dieu, figurait souvent en bonne place au cœur de ces histoires, attirant sur elle de nombreuses invectives qui étaient ensuite sévèrement sanctionnées[17].

Des histoires particulièrement violentes, à valeur d'exemple, évoquaient des blasphémateurs qui, ne voulant pas se contenter d'attaques verbales contre Dieu, avaient plutôt recours à d'autres moyens. L'un de ces récits, très efficace, est issu d'un recueil d'*exempla* qui est peut-être le plus important du XIIIe siècle, celui du dominicain et inquisiteur Étienne de Bourbon : un vagabond, joueur invétéré, avait perdu toutes ses possessions à la taverne. Il jura de se venger de Dieu à la prochaine occasion. Ayant à nouveau amassé quelques gains lors du jour de marché suivant, il acquit un arc et une flèche et tira celle-ci vers les cieux, pour offenser Dieu (« *in contumeliam Dei* »). La flèche ne retomba pas, mais il se rendit à la taverne, comme toujours après le marché, pour blasphémer et jouer. Il lui sembla alors que sa flèche, maculée de sang, tombait avec force du ciel, transperçait tout et l'entraînait jusqu'en enfer. Il perdit complètement la tête, cria qu'il devait suivre sa flèche, et on ne le revit jamais[18].

Cette histoire était promise à une longue postérité et à de nombreuses variantes. Son attrait est évident : elle ne se contentait pas de mettre en scène une situation classique où l'on devait s'attendre à un blasphème,

---

16. Gerd Schwerhoff, *Zungen wie Schwerter...*, *op. cit.*, p. 45 *sqq.*
17. Albert Lecoy de La Marche, *Anecdotes historiques, légendes et apologues, tirés du recueil inédit d'Étienne de Bourbon, dominicain du XIIIe siècle*, Paris, H. Loones, 1877, n° 392, p. 343.
18. *Ibid.*, n° 386, p. 341 ; Gerd Schwerhoff, *Zungen wie Schwerter...*, *op. cit.*, p. 49 *sqq.*

dans ce cas précis le jeu. Elle rendait aussi plus tangible un outrage consistant normalement en une parole généralement fugace, qui devenait un acte de violence physique. Il ne s'agissait pas uniquement d'un symbole, comme le montrait la vision de la flèche sanglante, car l'arme avait visiblement atteint sa cible et blessé le Créateur.

Pour la pratique de la direction de conscience et de la prédication, un tel exemple avait l'avantage d'être facile à visualiser. Quelques gravures de la fin du XVe et du XVIe siècle mettent en avant le motif du blasphémateur qui attaque avec des armes le Crucifié ou sa représentation[19]. Mais il n'était pas nécessaire de disposer d'illustrations sur bois ou sur cuivre, et d'armes véritables, pour exprimer l'horreur du blasphème. La langue regorgeait déjà d'images fortes, à même de frapper l'imagination des lecteurs et des auditeurs. Ainsi, le discours avait ancré dans l'esprit du temps la figure des malfaiteurs qui – comme dans le psaume 64 – aiguisaient leur langue comme des épées et tiraient des mots empoisonnés comme des flèches. Et les ecclésiastiques des XIIIe et XIVe siècles se plaignaient qu'en jurant par les membres de Dieu et du Christ on crucifiait ce dernier une nouvelle fois, jusqu'à le dépecer véritablement, ce qu'on ne faisait pas même subir à un cochon dans une boucherie. Il existait là encore un *exemplum* facile à retenir, celui d'un blasphémateur invétéré à qui la Vierge Marie apparaissait en rêve, tenant dans ses bras l'Enfant Jésus sanguinolent avec les membres arrachés, ravagé par les jurements[20].

Tout ceci correspond sans doute à l'image du Moyen Âge qu'a le lecteur contemporain, mais un autre point semble aujourd'hui déconcertant. De fait, nombre de textes théologiques partent du principe que le blasphème est une habitude courante. Même le fervent Bernardin de Sienne révèle que nombre d'individus s'y adonnent « par mauvaise habitude et par habitus impie » – tout en comparant ces pécheurs à la bête de l'Apocalypse[21]. Toutefois, le pieux zélateur ne représentait aucunement, sur ce dernier point, la position majoritaire. Ainsi l'évêque Jacques de Vitry, qui est avec Étienne de Bourbon à l'origine des plus importants récits du XIIIe siècle, rapportait l'événement suivant : une femme fut exhortée, en confession, à s'abstenir à l'avenir de tous jurements superfétatoires, et donc blasphématoires. « Monsieur », répondit-elle au confesseur, « que Dieu me vienne en aide, je ne jurerai plus à l'avenir ». « Tu vois, tu viens de jurer encore ! » se fâcha le prêtre. La femme, alors : « Par Dieu, mais à présent je vais m'abstenir. » « Que votre parole soit "oui, oui", "non,

---

19. Gerd Schwerhoff, « Christus zerstückeln. Das Schwören bei den Gliedern Gottes und die spätmittelalterliche Passionsfrömmigkeit », *in* : Klaus Schreiner (dir.), *Frömmigkeit im Mittelalter*, Munich, W. Fink, 2000, p. 512 *sqq*.
20. Gerd Schwerhoff, *Zungen wie Schwerter…*, *op. cit.*, p. 211.
21. Bernardin de Sienne, « De orrendo peccato… », *op. cit.*, art. 1, cap. 1, p. 7.

non" », revint à la charge le confesseur en référence à Matthieu (5, 37), « ce qu'on y ajoute vient du Mauvais ». « Monsieur, vous dites la vérité », reconnut la femme, « et je vous dis par la Vierge bénie et tous les saints que je ferai comme vous me demandez, et que vous ne m'entendrez plus jurer ! ». Et ainsi, conclut l'évêque quelque peu résigné, cette maudite bonne femme ne cessait de promettre quelque chose tout en agissant de façon opposée[22]. Tout comme le lecteur moderne, l'auditeur médiéval trouvait probablement ce dialogue essentiellement comique. Il souligne le caractère tout à fait habituel et inconscient, pour cette femme, des jurements superflus. *A contrario*, la réflexion morale finale et la condamnation de la pécheresse semblent assez artificielles. Il est évident qu'il s'agissait là, même selon le système de valeur des théologiens, d'un péché véniel et non d'un blasphème sérieux.

Le récit livré par l'humaniste souabe Heinrich Bebel vers 1510 s'inscrit tout à fait dans cette tendance. Le conseil d'une toute petite ville avait décidé en l'absence de son prince que toute personne se livrant à des jurements blasphématoires, faisant affront à Dieu, serait désormais punie. Lorsque la nouvelle fut communiquée au prince à son arrivée, celui-ci fut enthousiasmé : « "Tudieu" (comme on jure chez nous), "cela me plaît". Voyant les conseillers et les maîtres se regarder et rire, il assura par le cœur et le corps de Dieu qu'il voulait châtier sans pitié celui qui était pris à jurer, peu soucieux de faire juste après, et assez souvent, ce qu'il interdisait aux siens[23]. » Il est évident que le prince a ici recours de façon si naturelle à une langue truculente qu'il ne lui vient pas à l'esprit que cette habitude entre en contradiction avec la norme de loi tout juste édictée. Le rire des conseillers montre qu'ils remarquent fort bien l'inconséquence du comportement du souverain mais que, loin de les gêner, elle les amuse.

Dans ces histoires, le blasphème apparaît souvent non comme un péché mortel mais comme un *lapsus linguae*[24]. Bien sûr, cela ne constituait en aucun cas une justification suffisante aux yeux des théologiens. Au contraire, ceux-ci s'indignaient du large éventail d'excuses auquel ils étaient confrontés. Il est bon, prétendaient des pécheurs cités dans un texte anglais de la fin du Moyen Âge, de penser le plus souvent possible à Dieu et d'avoir son nom sur les lèvres. Les jurements fréquents, selon une autre excuse, naissaient de l'habitude et de la grivoiserie de la langue, et non d'une volonté de rabaisser Dieu. Dieu est juste et miséricordieux, disait une troisième, et il ne me punira pas sévèrement pour une faute

---

22. Jacques de Vitry, *The Exempla, or Illustrative Stories from the Sermones Vulgares*, édité par Thomas E. Crane, Londres, D. Nutt, 1890, n° 220, p. 91 *sq*.
23. Heinrich Bebel, *Schwänke*, édité par Albert Wesselski, Munich/Leipzig, G. Müller, 1907, 2 vol., t. I, p. 51.
24. Bettina Lindorfer, *Bestraftes Sprechen...*, *op. cit.*, p. 128.

aussi insignifiante. Le quatrième argument était que, sans les jurements permanents, aucune déclaration ne trouverait de crédit auprès des autres. Au début du XVIe siècle, Thomas Murner mettait en scène un « fou de blasphèmes » plus offensif encore face à son confesseur : « Il faudrait que je prie, peut-être, quand cela va mal ? » Il expliquait ne pouvoir contenir les jurons ordinaires dans les situations de détresse. Et ajoutait n'avoir, par ailleurs, inventé aucun juron aussi extraordinaire que ces impies de Suisses[25]...

Les ecclésiastiques s'évertuèrent à condamner la puissance des habitudes, mais celle-ci n'en eut pas moins une influence sur leurs jugements théologiques. Dans sa *Somme*, Alexandre de Halès commençait par flétrir sans ambages le blasphème comme un péché mortel, qui devait attirer sur le coupable les châtiments terrestres les plus sévères et la damnation éternelle. Toutefois, nuançait-il ensuite, cela n'était valable que dans le cas où un individu insultait volontairement Dieu. S'il blasphémait par négligence, il pouvait tout à fait s'agir – en fonction de la situation et du statut de la personne – d'un péché véniel[26]. Pour déterminer si le blasphème était toujours un péché impardonnable (Mt 12, 31), la motivation du coupable était mise en avant comme un facteur décisif. Si le péché naissait de la contrainte ou de la tromperie, alors le pardon était possible. S'il était commis par méchanceté et avec la pleine conscience qu'il s'agissait d'un blasphème, alors il n'y avait aucune rémission possible[27].

Le célèbre dominicain Thomas d'Aquin suivit sur ce point la *Summa Halensis*. Lui aussi convint que les paroles blasphématoires pouvaient, dans certains cas, constituer un péché véniel – lorsque quelqu'un ne distinguait pas le caractère sacrilège de ses propos, ou laissait soudain échapper des paroles inconsidérées à cause d'un trop-plein émotionnel et ne mesurait pas leur signification. Cette conception, légitimée par la grande autorité de son auteur, s'imposa dans les siècles suivants. Au XIVe siècle, le livre de droit en allemand du frère Berthold retient une formule simple et frappante : si un homme blasphème « l'esprit réfléchi », conscient qu'il porte atteinte par ces mots à l'honneur de Dieu, alors il doit mourir conformément au droit séculier. S'il s'exprime de façon irréfléchie, « par vive humeur et colère », sans penser qu'il s'agit là d'un blasphème, il commet un péché véniel[28]. Il était donc possible, tout en soulignant la malignité de certains blasphémateurs, de minimiser les actes des autres. Il y avait là un point

---

25. Thomas Murner, *Narrenbeschwörung*, édité par Meier Spanier, Halle, M. Niemeyer, 1894, n° 95, p. 445 sq. ; Gerd Schwerhoff, *Zungen wie Schwerter...*, op. cit., p. 216 sq.
26. Alexandre de Halès, *Summa theologica*, t. III, *Secunda Pars, Secundi Libri*, édité par Bonaventura Marrani, Ad Claras Aquas [Quaracchi, Florence], ex Typographia Collegii S. Bonaventurae, 1930, p. 466.
27. Gerd Schwerhoff, *Zungen wie Schwerter...*, op. cit., p. 38.
28. Berthold de Fribourg, *Die „Rechtssumme" Bruder Bertholds. Eine deutsche abecedarische Bearbeitung der „Summa Confessorum" des Johannes von Freiburg. Synoptische Edition der*

d'ancrage essentiel pour la législation séculière, et surtout pour la pratique du droit, qui s'avéra bien plus nuancée que les mots sévères de Bernardin ne pourraient le laisser croire.

Offensives législatives contre le blasphème

Au Moyen Âge, la juridiction épiscopale ne se limitait ni aux affaires de droit ecclésiastique au sens strict ni au clergé. Son champ d'action s'étendait aussi à de nombreuses affaires de droit civil (comme les questions testamentaires) et de droit pénal (notamment l'hérésie ou l'adultère)[29]. À l'ère des péchés de la langue, le blasphème se trouva rapidement dans le viseur de la justice ecclésiastique. Entre 1227 et 1234, dans le cadre de son *Liber Extra*, le pape Grégoire IX (1227-1241) promulgua un recueil de textes de loi pionnier (*X*, V, 26, *De maledicis*) qui allait devenir la pierre angulaire de toutes les dispositions du droit canonique concernant le blasphème. On y trouvait les châtiments ecclésiastiques contre celui qui osait faire publiquement un usage blasphématoire de sa langue contre Dieu, les saints, et en particulier la Vierge Marie. Durant sept dimanches d'affilée, le coupable devait se recueillir devant la porte de l'église pendant la grand-messe. La dernière semaine, il ne devait se nourrir que de pain et d'eau, et le dimanche il devait être présenté devant l'église sans manteau ni chaussures, les lacets noués autour de la gorge. S'il refusait l'exécution du châtiment, il devait se voir refuser durablement l'entrée de l'église, ainsi que l'enterrement chrétien[30]. La pénitence publique et l'exclusion temporaire, ou durable, de la communauté ecclésiale constituent ici deux éléments de sanction typiques, qui se retrouvent souvent ailleurs dans le droit canonique. L'exhibition devant la porte de l'église devait mettre en évidence le profond remords du pécheur, que sa faute excluait temporairement de la vie de la communauté – et qui était exposé aux yeux de tous de façon honteuse, déshonorante. La menace d'excommunication et le refus de la sépulture chrétienne faisaient partie des moyens coercitifs sévères, spécifiquement religieux, dont disposaient les évêques.

Fassungen B, A und C. Wörterbuch, édité par Georg Steer et Heidemarie Vogl, Tübingen, M. Niemeyer, 1987, t. I, p. 508-510, B 64.

29. Voir l'article de Christian Schwab, « Geistliche Gerichtsbarkeit », *Historisches Lexikon Bayerns*, 30 septembre 2011, disponible en ligne sur http://www.historisches-lexikon-bayerns.de/Lexikon/Geistliche_Gerichtsbarkeit [consulté le 05/08/2020].

30. Emil Friedberg, *Corpus iuris canonici*, t. II, *Decretalium collectiones*, Leipzig, B. Tauchnitz, 1879, p. 826 *sq*. Voir Gerd Schwerhoff, « Gott und die Welt herausfordern… », *op. cit.*, p. 95 *sqq.*; Corinne Leveleux, *La parole interdite…*, *op. cit.*, p. 78 *sqq.*; Lotte Kéry, *Gottesfurcht und irdische Strafe. Der Beitrag des mittelalterlichen Kirchenrechts zur Entstehung des öffentlichen Strafrechts*, Cologne/Vienne, Böhlau, 2006, p. 541 *sqq*.

Cependant, la décrétale de Grégoire IX comportait un ajout significatif, selon lequel le blasphémateur devait aussi être frappé par le pouvoir séculier d'une amende dont le montant était à définir en fonction de sa fortune. En impliquant la juridiction séculière, les dispositions papales faisaient du blasphème un crime mixte (*crimen mixtum*), soumis à une double compétence. Dans la pratique, une incertitude subsistait sur la hiérarchisation des deux instances et des conflits eurent parfois lieu, comme celui entre les évêques et le conseil de la ville libre d'Empire de Strasbourg, à la fin du XIVe siècle[31]. Parmi les canonistes eux-mêmes, certains considéraient l'amende comme une sanction plus efficace que les châtiments religieux. Dans l'ensemble, l'activité des tribunaux ecclésiastiques était aussi limitée que la saisine des assemblées ecclésiastiques locales et régionales sur le blasphème[32]. Cela commença à changer au XVIe siècle lorsque plusieurs grandes constitutions apostoliques détaillèrent les règles contre le blasphème, à commencer par le décret *Supernae dispositionis* publié en mai 1514, durant le Ve concile du Latran. Dans la plupart des cas, les lois canoniques ne faisaient toutefois que reprendre ce qui se pratiquait déjà couramment, et depuis longtemps, en droit séculier. Elles instaurèrent notamment un système d'amendes graduées en fonction de la gravité et de la fréquence de la faute – la menace du cachot ou même des travaux forcés dans la chiourme d'une galère planait en cas d'offense particulièrement condamnable[33].

Durant cet âge classique du blasphème, les pouvoirs publics prirent les devants pour sanctionner les coupables. Le pionnier fut certainement l'empereur Frédéric II ; il promulgua en septembre 1213 pour le royaume de Sicile les « constitutions de Melfi », qui passent pour l'une des premières codifications complètes du droit au Moyen Âge. Elles indiquent expressément que celui qui insulte Dieu et la glorieuse Vierge doit être puni par l'ablation de la « langue blasphématoire[34] ». Quelques années plus tard, le roi Alphonse X de Castille et de León publia à son tour une importante codification du droit en langue vernaculaire, les *Siete Partidas*. Elle comprenait des dispositions détaillées concernant ceux qui s'en prenaient verbalement à Dieu sous le coup de la colère. Les articles sur le sujet dévoilaient une liste circonstanciée de sanctions, variant en fonction du statut (haute noblesse, basse noblesse, bourgeois et paysans, misérables) et de la fréquence des paroles condamnables. Ainsi, la haute noblesse devait perdre

---

31. Voir Gerd Schwerhoff, « Gott und die Welt herausfordern… », *op. cit.*, p. 99.
32. Voir *ibid.*, p. 97 ; Corinne Leveleux, *La parole interdite…*, *op. cit.*, p. 88 *sqq*.
33. *Ibid.*, p. 82 *sqq*.
34. Hermann Conrad, Thea von der Lieck-Buyken et Wolfgang Wagner (dir.), *Die Konstitutionen Friedrichs II von Hohenstaufen für sein Königreich Sizilien. Nach einer lateinischen Handschrift des 13. Jahrhunderts*, Cologne/Vienne, Böhlau, 1973, p. 348 ; voir Gerd Schwerhoff, *Zungen wie Schwerter…*, *op. cit.*, p. 119 *sq*.

ses terres pour un an la première fois, pour deux ans la deuxième fois et pour toujours la troisième fois; les chevaliers se voyaient confisquer temporairement ou durablement soit leurs fiefs soit, à défaut, leurs armes, chevaux, attelages ou habits neufs, ou devaient s'acquitter d'une amende. Les bourgeois et les paysans devaient subir la confiscation d'un quart de leurs possessions la première fois, d'un tiers la deuxième fois et de la moitié la troisième fois; s'ils continuaient à blasphémer, ils devaient être bannis. Seuls les misérables devaient être châtiés violemment: la première fois par une bastonnade, la deuxième fois avec l'insertion entre les lèvres d'un fer chaud et la troisième fois par l'ablation de la langue. La procédure était également codifiée: l'accusateur éventuel devait recevoir le tiers de l'amende acquittée par le blasphémateur; toutefois, s'il échouait à prouver les faits, il était considéré comme menteur et devait prendre en charge les frais[35].

À la même époque, un roi français devint le modèle classique du souverain pieux, s'attaquant par ses lois à un large ensemble de comportements non chrétiens: Louis IX. Mort en 1270, il dut sa canonisation seulement vingt-sept ans plus tard à ses nombreuses qualités: *rex iustus*, il entreprit des réformes volontaristes de l'administration et de la justice et, *rex christianissimus*, il s'imposa par des mesures coercitives contre les hérétiques, les juifs et les païens, ainsi que par sa croisade; *rex pius*, il incarna lui-même les principes généraux qu'il défendait concernant la morale et les mœurs. Enfin, il se distingua par son engagement personnel contre les blasphémateurs. L'un de ses biographes raconte qu'il avait ordonné en 1255 de marquer d'un fer rouge les lèvres d'un Parisien coupable de blasphème. Plus encore, il avait défendu cette mesure avec aplomb face à la grogne de son entourage, en déclarant qu'il voulait lui aussi être marqué au fer rouge si cela pouvait faire disparaître de son royaume tous les jurons. « Quand il s'agit du blasphème, une de ses pires bêtes noires, la justice pour Louis se confond avec la sévérité[36]. » Ce comportement était encore considéré à l'époque moderne comme un exemple à suivre. Ainsi, en 1614, une sorte de testament politique de Louis à son fils fut diffusé à Augsbourg sous la forme d'un imprimé, où l'on pouvait lire qu'il ne tolérait pas « que quelqu'un prononce sur Dieu et ses saints bien-aimés des paroles moqueuses et blasphématoires » et qu'on ne pouvait « laisser cela impuni[37] ».

Par la « grande ordonnance » de 1254, au plus tard, Louis IX fit des ordonnances royales l'instrument de sa politique, permettant de développer et de consolider le pouvoir de la monarchie. La « grande ordonnance »,

---

35. Gerd Schwerhoff, *Zungen wie Schwerter...*, *op. cit.*, p. 123 sq.
36. Jacques Le Goff, *Saint Louis*, *op. cit.*, p. 279.
37. *Der heilig König Ludovicus in Franckreich so nach Christi geburt gelebt Da mann zehelet 1210. Jar Ließ vor seinem seligen abscheyden seinen erstgebornen Sohn Philippo disen... underricht zur letze [et]c.*, Augsbourg, Wörle, 1614 (VD17 23:677439H).

qui embrassait les réformes administratives dans le Midi, n'évoquait qu'incidemment le blasphème, dans une suite d'instructions destinées à réglementer le comportement des officiers royaux : outre le blasphème, ceux-ci se voyaient interdire les jeux de dés, les visites à la taverne et au bordel[38]. Ce fut plus tard dans sa vie, peu avant le début de la deuxième croisade, et en signe de purification spirituelle avant cette pieuse entreprise, qu'il promulgua en 1268-1269 une ordonnance spécifique contre le blasphème, sans doute la première loi détaillée du royaume[39]. Elle était dirigée contre ceux qui juraient par les membres de Dieu, de Marie ou des saints, ou les outrageaient par des mots grossiers, des serments ou de toute autre manière, en paroles ou en actes[40]. Cette ordonnance livrait un catalogue de sanctions tout à fait comparable à la liste de Castille, quoique non plus différenciées en fonction des statuts. La distinction ne portait pas sur la fréquence des blasphèmes, mais sur trois degrés de gravité, faisant l'objet d'amendes progressives. Dans les cas les plus graves, les personnes insolvables devaient être mises au pilori (et donc déshonorées) et condamnées à un bref emprisonnement au cachot, au pain et à l'eau. Le texte contenait aussi des mesures incitant à la dénonciation.

L'ordonnance de 1268-1269 fut la première d'une longue série de lois contre le blasphème à laquelle chaque roi français, ou presque, apporta sa contribution jusqu'au XVIIe siècle. Certains plus que d'autres : Charles VI et Charles VII, qui promulguèrent chacun quatre édits[41], suivirent expressément les traces de leur vénérable prédécesseur Louis IX[42]. Toutes ces réglementations avaient en commun la recherche d'une norme flexible et nuancée, adaptée aux vicissitudes de la pratique. Elles se différenciaient toutefois quant aux peines : les amendes dominaient parfois, alors qu'ailleurs les humiliations publiques, ou même les peines corporelles (lèvres brûlées ou transpercées), revenaient au premier plan. La catégorisation des délits différait également : si certaines ordonnances, comme celles de Saint Louis, les classaient par ordre de gravité, d'autres accroissaient les peines en fonction de la fréquence des actes.

En comparaison avec ce foisonnement législatif, une inactivité totale en la matière régna longtemps dans le Saint-Empire romain germanique. Elle ne cessa qu'en 1495, avec le recès d'Empire contre le blasphème, sans

---

38. Jacques Le Goff, *Saint Louis*, *op. cit.*, p. 252 *sqq*.
39. Une ordonnance supposée de Philippe Auguste, datant de 1182, a été perdue. Il s'agit vraisemblablement d'une réécriture postérieure, voir Corinne Leveleux, *La parole interdite…*, *op. cit.*, p. 293 *sqq*.
40. Denis-François Secousse *et al.* (éd.), *Ordonnances des roys de France de la troisième race*, Paris, Imprimerie royale, 1723, t. I, p. 99-102 ; voir Corinne Leveleux, *La parole interdite…*, *op. cit.*, p. 299 *sqq*.
41. *Ibid.*, p. 306 *sqq.*, en particulier p. 312.
42. Gerd Schwerhoff, « Gott und die Welt herausfordern… », *op. cit.*, p. 121.

doute inspiré notamment par la législation française. Il s'agissait toutefois moins du couronnement d'efforts médiévaux que du prélude à une intensification législative au début de l'époque moderne, et nous y reviendrons.

Si le monarque et les princes, dans le Moyen Âge germanique, sévirent peu contre le blasphème, cela ne signifie pas pour autant qu'il resta impuni. Car d'autres acteurs promulguaient des lois : les communautés urbaines. De fait, le premier statut identifiable contre le blasphème ne provint ni du pape ni d'un roi, mais d'une ville. Des dispositions figurèrent peut-être dès 1200 – la date est incertaine – dans les statuts d'Arles, dans le sud de la France. Puisque les injures contre les personnes étaient déjà passibles de peine, pouvait-on lire, alors le blasphème contre Dieu et la Vierge Marie devait l'être d'autant plus. Ainsi, celui qui blasphémait contre Dieu en jouant devait s'acquitter d'une amende de 20 *solidi*, à répartir pour moitié entre l'accusateur et la commune. Celui qui ne pouvait payer devait être frappé d'infamie, battu et chassé hors de la ville[43]. L'interdiction du blasphème dans le droit communal de la ville de Vienne, sous le règne du duc Léopold VI, est datée plus certainement du 18 octobre 1221. Elle disposait que celui qui vitupérait (non pas *blasphemare* mais *vituperare*) contre Dieu ou ses saints devait avoir la langue coupée ; le coupable n'avait pas la possibilité de racheter sa faute par une amende. L'interdiction du blasphème devait demeurer une composante essentielle du droit communal à Vienne, aux côtés d'une disposition similaire concernant le parjure[44].

La ville fut donc pionnière en Europe centrale dans la lutte contre le blasphème ainsi que dans l'introduction d'une peine miroir, l'ablation de la langue[45]. Avant la fin du siècle, d'autres villes suivirent son exemple, comme Brno, Lucerne, Jihlava et Wurtzbourg[46]. De la multiplication des statuts communaux à la fin du Moyen Âge résulta un accroissement des dispositions contre le blasphème – jusqu'au tournant de l'époque moderne, leur inclusion dans les dispositions juridiques des villes devint presque la règle. Le processus fut tout à fait similaire en Italie. Au milieu du XVe siècle, le prédicateur Antonin de Florence partait du principe que toutes les communautés urbaines bien ordonnées avaient promulgué des statuts pour lutter contre le blasphème par des amendes ou d'autres sanctions[47].

---

43. Charles Giraud, *Essai sur l'histoire du droit français au Moyen Âge*, Paris, Videcoq père et fils, 1846, t. II, p. 196.
44. Peter Csendes (dir.), *Die Rechtsquellen der Stadt Wien*, Cologne/Vienne, Böhlau, 1986, n° 4, art. 15, p. 36 ; voir Gerd Schwerhoff, *Zungen wie Schwerter...*, *op. cit.*, p. 124 *sq*.
45. Les indications d'Ashley Montagu (*The Anatomy of Swearing*, New York, Macmillan, 1967, p. 108) sur les châtiments visant la langue, dans la législation écossaise du Xe siècle, n'ont pas pu être vérifiées.
46. Voir le tour d'horizon dans Gerd Schwerhoff, « Gott und die Welt herausfordern... », *op. cit.*, p. 282 ; Gerd Schwerhoff, *Zungen wie Schwerter...*, *op. cit.*, p. 133 *sqq*.
47. Antonin de Florence, *Summa theologica*, *op. cit.*, p. 840 ; voir Emil Friedberg, *Corpus iuris canonici...*, *op. cit.*, p. 827 ; Gerd Schwerhoff, « Gott und die Welt herausfordern... »,

Il est aisé d'obtenir une vue d'ensemble de l'éventail des peines, notamment en ce qui concerne l'Europe centrale. De fait, il semble qu'il existait deux variantes principales : châtiments corporels sévères comme à Vienne et Brno, ou amendes, telles qu'elles étaient prévues dans de nombreux statuts de villes allemandes. Là encore, toutefois, nombre de textes de loi prévoyaient des sanctions plus sévères lorsqu'il s'agissait de faits graves ou pour les récidivistes. De même, celui qui était trop pauvre pour s'acquitter d'une amende était souvent puni plus sévèrement – une évidente justice de classe à laquelle les contemporains ne trouvaient rien à redire, y compris pour d'autres délits. Outre les mutilations de la langue, ces sanctions plus rigoureuses comprenaient les châtiments corporels, ainsi que l'arme favorite des villes de la fin du Moyen Âge et de l'époque moderne, le bannissement temporaire ou définitif. De plus en plus souvent, les blasphémateurs se virent menacés par les textes de loi du carcan, la mise au pilori. Celui qui déshonorait Dieu devait être atteint, de la même manière, dans son honneur[48].

Les dispositions pénales contre le blasphème dans les réglementations juridiques du bas Moyen Âge n'étaient pas, tant s'en faut, des tigres de papier. Les dossiers judiciaires, davantage conservés que pour la période précédente, renferment de nombreuses preuves de poursuites et de véritables condamnations[49]. Dans les villes de Suisse et du sud de l'Allemagne, ainsi qu'en France, l'éventail des peines s'étendait des amendes, fréquentes, aux peines corporelles, jusqu'à quelques rares exécutions. Il n'était pas rare que plusieurs sanctions soient associées : avant d'être expulsés de la ville, les délinquants étaient souvent mis au pilori ou soumis à une bastonnade publique. Il faut noter que les peines les plus dures, réservées aux fautes graves ou en remplacement d'une amende non payée, sont en règle générale mieux parvenues jusqu'à nous que le simple acquittement d'une amende, cependant que les exclusions touchaient souvent les personnes en marge de la société. Dans la criminalité du bas Moyen Âge, pour autant que nous puissions en juger, le blasphème ne joua qu'un rôle modeste ; il représentait entre 1 et 5 % de la criminalité globale. Ainsi, à Constance,

---

op. cit., p. 101 ; Elizabeth Horodowich, *Language and Statecraft in Early Modern Venice*, New York, Cambridge University Press, 2008, p. 59 *sqq*.

48. Gerd Schwerhoff, « Gott und die Welt herausfordern... », *op. cit.*, p. 102 *sq*.

49. *Ibid.*, p. 111 *sqq*. ; voir en détail pour les villes de Bâle, Cologne et Nuremberg, Gerd Schwerhoff, « Blasphemie vor den Schranken der städtischen Justiz. Basel, Köln und Nürnberg im Vergleich (14.-17. Jh.) », *Ius Commune. Zeitschrift für Europäische Rechtsgeschichte*, n° 25, 1998, p. 39-120, ici p. 59 *sqq*. ; pour Zurich, Susanna Burghartz, *Leib, Ehre und Gut. Delinquenz in Zürich Ende des 14. Jahrhunderts*, Zurich, Chronos, 1990, p. 134-137 et 267-269. Pour la France, Corinne Leveleux, *La parole interdite...*, *op. cit.*, p. 373 *sqq*., en particulier p. 394 (tab.), avec toutefois des indications chiffrées pas toujours cohérentes.

ville libre d'Empire, 55 hommes et 2 femmes furent traduits devant le tribunal de basse justice pour des faits de blasphème entre 1430 et 1460, soit environ 3,3 % des délinquants[50]. Il est vrai que les cas étaient particulièrement nombreux certaines années ; pour 1423, on dispose d'une liste contenant environ 20 noms, indice d'une véritable campagne. Par ailleurs, certains cas graves étaient traités par la justice criminelle : en 1443, un homme fut condamné à mort, pour des jurons contre Dieu et sa mère bien-aimée « indécents à écrire ». Et en 1458, le bourgeois Hans Hess jura par « le con » de la mère de Dieu, ce qui lui valut d'être cloué par la langue au pilori et d'y rester jusqu'à ce qu'il réussisse à s'en arracher. Dans l'ensemble, l'impression qui prévaut est que le blasphème était régulièrement présent devant la justice, mais n'était nulle part un délit de masse.

Motifs de persécution et obstacles

La répression des blasphémateurs constituait une opportunité pour les pouvoirs publics à la fin du Moyen Âge. Les monarques pouvaient s'en saisir pour faire preuve de leur empressement à légiférer et de leur piété. Un exemple souvent repris évoque l'édiction en France de règles contre le blasphème, attribuée parfois à Philippe II et parfois à son petit-fils, Saint Louis. Il est question d'un chevalier pieux qui, à peine arrivé à Paris, est le témoin d'un blasphème. Sans hésiter, il corrige le coupable, fils d'un riche bourgeois, en le giflant. Il est emprisonné et amené devant le roi qui, en colère, lui demande de se justifier. Le chevalier répond tranquillement qu'il a agi par loyauté envers le roi suprême et que le souverain lui-même trouverait sans doute déloyal quelqu'un qui fermerait les yeux devant une insulte à son égard, et la laisserait impunie ; quelle vengeance plus sévère encore appellerait alors l'insulte envers le roi suprême ? Le souverain est convaincu et, non content de louer la loyauté du chevalier, il lui ordonne aussi d'infliger une punition similaire partout où cela serait nécessaire dans son royaume[51].

Le passage suggestif du roi terrestre au roi céleste (Jacques de Vitry) devint un argument standard pour illustrer la gravité du blasphème. Le roi français Philippe IV devait plus tard soutenir qu'un crime contre la majesté divine nécessitait l'intervention immédiate de la majesté terrestre, qui devait une bonne partie de son autorité à la grâce de Dieu. Ce parallèle se trouvait

---

50. Peter Schuster, *Eine Stadt vor Gericht. Recht und Alltag im spätmittelalterlichen Konstanz*, Paderborn, F. Schöningh, 2000, p. 71 et 74-76.
51. Albert Lecoy de La Marche, *Anecdotes historiques...*, *op. cit.*, n° 385, p. 340 ; de même, Jacques de Vitry, *The Exempla...*, *op. cit.*, n° 219, p. 91. Pour la partie suivante, voir Gerd Schwerhoff, *Zungen wie Schwerter...*, *op. cit.*, p. 180 *sqq.*

déjà dans l'Ancien Testament: «Tu ne maudiras pas Dieu, et tu ne prononceras pas de malédiction contre un prince de ton peuple» (Ex 22, 27). Il prit de l'importance au tournant de l'époque moderne, à partir du début du XVIe siècle, lorsque les ordonnances royales commencèrent à qualifier le blasphème de «crime de lèse-majesté divine[52]». Le juriste bruxellois Jodocus Damhouder s'empressa de reprendre cette formulation, qui renvoyait au droit romain, dans son manuel de droit criminel paru pour la première fois en 1551. Le blasphème y figure aux côtés de l'apostasie, de l'hérésie, de la simonie et de divers types de magie et de sorcellerie, dans la liste des crimes considérés comme les plus monstrueux de tous, ceux contre la majesté divine. Parmi ces forfaits, le blasphème est particulièrement mis en avant, en étant traité en premier et en étant présenté par son caractère d'attaque directe contre Dieu et de péché du diable[53].

La protection particulière de la majesté divine contre les blasphémateurs impénitents semblait d'autant plus nécessaire aux contemporains qu'ils cherchaient ainsi à se protéger eux-mêmes. Déjà, au début du XVe siècle, le chancelier de l'Université de Paris, Jean Gerson, avait déclaré aux souverains que le péché de blasphème était à l'origine d'épidémies, de guerres, de famines et d'autres tourments qui s'abattaient sur la chrétienté. Cela s'appliquait particulièrement au royaume de France, dont le roi portait le titre de *rex christianissimus*[54]. Il fallut peu de temps aux rois très chrétiens pour réagir: pour la première fois, en 1420, le préambule d'une ordonnance royale indiquait que les méfaits des blasphémateurs pouvaient être la cause de nombreux malheurs et tourments, infligés par le Créateur au royaume. Ainsi apparaissait un motif fondamental, qui connut par la suite de nombreuses variations[55]. Dans l'Empire voisin, il se présenta pour la première fois dans un mandat du roi Maximilien Ier contre le blasphème, en 1495 (publié en 1497). Famine, tremblement de terre, pestilence, fléaux étaient la conséquence des graves insultes au Créateur, c'est-à-dire de la

---

52. Élisabeth Belmas, «La montée des blasphèmes à l'âge moderne du Moyen Âge au XVIIe siècle», *in*: Jean Delumeau (dir.), *Injures et blasphèmes*, Paris, Imago, 1989, p. 23. Toutefois, la majesté divine était déjà mentionnée dans la loi de Saint Louis. Un motif similaire existait dans la canonistique du XIIIe siècle, voir Lotte Kéry, *Gottesfurcht...*, *op. cit.*, p. 542, 545.
53. Jodocus Damhouder, *Praxis rerum criminalium*, Anvers, J. Belleri, 1570, cap. 61, p. 124 *sqq.*, en particulier p. 125. En 1565, les experts juridiques du conseil de Nuremberg évoquent tout naturellement le blasphème comme un «*crimen lese Maiestatis divinae*», sans toutefois y rattacher des exigences pénales particulièrement sévères (StaatsA-N Ratschlagbuch Nr. 17, f° 67 v°-69 v°).
54. Jean Gerson, «Adversus blasphemiae crimen», *in*: *id.*, *Œuvres Complètes*, édité par Palémon Glorieux, Paris, Desclée, 1973, t. IX, p. 168-170, ici p. 169.
55. Corinne Leveleux, *La parole interdite...*, *op. cit.*, p. 332 *sq.* Voir Élisabeth Belmas, «La montée des blasphèmes...», *op. cit.*, p. 13 *sq.*; Françoise Hildesheimer, «La répression du blasphème au XVIIIe siècle», *in*: Jean Delumeau (dir.), *Injures et blasphèmes*, *op. cit.*, p. 67.

juste colère de celui-ci, pouvait-on lire[56]. Cette liste était reprise mot pour mot de la novelle 77 de l'empereur Justinien (voir chap. 4), sur laquelle Maximilien prenait explicitement exemple. Pourtant, avant le XVe siècle, la colère divine ne jouait aucun rôle particulier dans les normes de droit, ni en France ni dans l'Empire. C'est alors, seulement, qu'elle devint un motif interprétatif important, qui devait trouver son apogée à l'époque de la Réforme et de la confessionnalisation, dans la « théologie de la colère » ou « de la vengeance »[57].

Les monarques n'étaient pas, loin de là, les seuls à lutter contre la colère divine. Les autorités des villes se sentaient particulièrement concernées. Dans le cas allemand, il est même possible que les législations communales aient joué un rôle précurseur. Quelques années avant Maximilien, le conseil de Berne avait promulgué une interdiction des jurons et des malédictions, en usant des mêmes justifications que le mandat de l'empereur. Ces messieurs du conseil, pouvait-on lire, avaient sérieusement réfléchi au fait qu'en raison de la transgression des lois divines le Dieu tout-puissant infligeait à l'humanité de nombreux châtiments invisibles et fléaux notoires : guerres, renchérissement, décès, grêle, givre, mauvaises récoltes et autres maux. Le conseil s'était déjà exprimé de façon tout à fait similaire dans un édit à peine quarante ans plus tôt ; ainsi, Berne comptait dans l'espace germanophone parmi les pionniers de l'utilisation d'un motif interprétatif appelé à un grand succès[58]. Peut-être les villes se sentaient-elles particulièrement concernées en raison de la localisation très concrète dans les villes, dans l'Ancien Testament, du syndrome du péché et du châtiment divin dès la Genèse (19) : Dieu, lassé des péchés des habitants de Sodome et Gomorrhe, détruit les deux villes par une pluie de soufre et de feu. Et à présent, affirmaient les autorités de Cologne et de Berne dans leurs ordonnances, la colère de Dieu était en particulier provoquée par les mauvais jurons et les blasphèmes malfaisants[59].

---

56. Heinz Angermeier (dir.), *Deutsche Reichstagsakten unter Maximilian I*, t. V, *Reichstag von Worms 1495*, 2 tomes en 3 vol., t. I-1, Göttingen, Vandenhoeck & Ruprecht, 1981, n° 458, p. 576. Voir dans l'ensemble Gerd Schwerhoff, *Zungen wie Schwerter...*, *op. cit.*, p. 148 *sqq.* sur le mandat et p. 190 *sqq.* sur la théologie de la vengeance.

57. Heinrich R. Schmidt, « Die Ächtung des Fluchens durch reformierte Sittengerichte », *in*: Peter Blickle (dir.), *Der Fluch und der Eid. Die metaphysische Begründung gesellschatlichen Zusammenlebens und politischer Ordnung in der ständischen Gesellschaft*, Berlin, Duncker & Humblot, 1993, p. 73 *sqq.* ; Sebastian Frenzel, « Die Ordnung des Zorns. Der Zorn Gottes in den Policeygesetzen der Reichsstadt Ulm », *in*: Alexander Kästner et Gerd Schwerhoff (dir.), *Göttlicher Zorn und Menschliches Maß. Religiöse Abweichung in frühneuzeitlichen Stadtgemeinschaften*, Constance, UVK, 2013, p. 45-71.

58. Johannes Schnell *et al.* (éd.), *Rechtsquellen von Basel Stadt und Land*, Bâle, Bahnmaier, 1856, t. I-1, n° 185, p. 215. Voir Gerd Schwerhoff, *Zungen wie Schwerter...*, *op. cit.*, p. 192 *sq*.

59. Gerd Schwerhoff, « Blasphemie vor den Schranken... », *op. cit.*, p. 56 ; Hermann Rennefahrt (dir.), *Die Rechtsquellen des Kantons Bern*, Aarau, H. R. Sauerländer, 1960, t. VI-1, p. 109.

Toutefois, la protection contre une menace existentielle n'était pas la seule raison pour laquelle les autorités des villes sanctionnaient le blasphème. Cela leur permettait aussi de souligner de façon symbolique leur souveraineté – loin d'être toujours incontestée – sur les membres de la communauté, et leur rôle d'édiles soucieux du bien commun (*bonum commune*). Les villes jouèrent un rôle pionnier dans la lutte contre le blasphème, du moins en Europe centrale et en Italie[60]. En effet, même si elles étaient souvent de taille modeste selon les critères d'aujourd'hui, elles constituaient à la fin du Moyen Âge un creuset d'immigrants de diverses origines et dispositions, dans un monde plutôt statique et rural. Dans ces conditions, les mécanismes traditionnels de contrôle social des petites communautés fonctionnaient moins bien, la cohabitation étroite de personnes de rang différent et d'origines variées nécessitait de nouvelles règles, notamment du point de vue des mœurs et de la morale. Ainsi, les villes furent à l'avant-garde des règlements de police, qui se multiplièrent par la suite sur de plus grands territoires. En ce sens, la lutte contre le blasphème s'inséra dans le contexte plus large d'une politique d'ordre.

Par ailleurs, le blasphème représentait une catégorie particulière de délits : les délits poursuivis d'office, ceux qui « ne connaissaient, par leur nature même, aucune partie civile » et qui « servaient de voie d'entrée à la procédure inquisitoire »[61]. Autrement dit, dans le cadre de cette procédure, un enquêteur officiel agissait de sa propre initiative contre de potentiels délinquants. Tous les membres d'une communauté pouvaient se sentir menacés par l'acte de blasphème mais personne n'était personnellement atteint au point de se sentir dans l'obligation de se présenter comme plaignant devant un tribunal, comme l'exigeait l'ancien droit. Les autorités devaient donc agir d'office, en quelque sorte, en tant que représentantes de la communauté, et prendre des mesures contre les contrevenants. De cette façon, dans les villes allemandes du bas Moyen Âge, les délits comme le blasphème, mais aussi les infractions contre les interdictions édictées par les autorités concernant les vêtements, le luxe ou le jeu, furent les instruments de l'avènement d'un « droit pénal public », qui permit aussi de renoncer à un plaignant dans le cadre de délits tout à fait traditionnels, comme des actes de violence ou d'atteinte à la propriété. Si archaïque que nous paraisse aujourd'hui le motif de la colère et de la vengeance de Dieu, il est à l'origine d'une remarquable modernisation du droit.

Comment, alors, les représentants des pouvoirs publics pouvaient-ils prendre connaissance d'une transgression, s'il n'y avait plus officiellement

---

60. Sur ce qui suit, voir Gerd Schwerhoff, *Zungen wie Schwerter...*, *op. cit.*, p. 180 *sqq*.
61. Günter Jerouschek, « Die Herausbildung des peinlichen Inquisitionsprozesses im Spätmittelalter und in der frühen Neuzeit », *Zeitschrift für die gesamte Strafrechtswissenschaft*, vol. 104, n° 2, 1992, p. 328-360, ici p. 353, 358.

d'accusateur ? La solution évidente était la délation. Déjà, la première ordonnance de Louis IX, en 1268-1269, évoquait des délateurs, qui devaient toucher un quart de l'amende des blasphémateurs condamnés. Visiblement, la peur des châtiments divins était souvent insuffisante, et des incitations monétaires étaient nécessaires[62]. À la fin du Moyen Âge, les villes allemandes s'engagèrent aussi dans cette voie, selon des modalités très diverses[63]. Ainsi, à Francfort, en 1354, chacun pouvait être tenu par son serment de bourgeoisie de « blâmer » (c'est-à-dire signaler) les blasphèmes et, inversement, être menacé de sanctions s'il ne le faisait pas. D'autres villes, comme Constance, choisirent d'obliger les conseillers et autres officiers de la ville à jouer le rôle d'indicateurs potentiels. Les aubergistes, en particulier, sont souvent cités dans les statuts des villes comme des personnes chargées de surveiller les blasphémateurs. Enfin, quelques conseils communaux firent appel à des agents (secrets) pour confondre les coupables, ou chargèrent de cette tâche des auxiliaires de justice ou de police. En dépit des éventuelles primes, le recours aux délateurs fut rarement couronné de succès, comme le montrent non seulement les plaintes de nombreuses autorités quant à l'absence de respect des lois, mais aussi le fait que nombre de jurons et malédictions blasphématoires consignés dans les actes restèrent tout simplement sans suite[64]. Ainsi, la pratique pénale était elle-même en tension entre dramatisation et minimisation du blasphème.

---

62. Corinne Leveleux, *La parole interdite...*, op. cit., p. 352 sq.
63. *Ibid.*, p. 384 sqq. ; Gerd Schwerhoff, « Blasphemie vor den Schranken... », op. cit., p. 51 sqq. ; Gerd Schwerhoff, *Zungen wie Schwerter...*, op. cit., p. 137 sqq.
64. *Ibid.*, p. 139 ; Susanna Burghartz, *Leib, Ehre und Gut...*, op. cit., p. 137.

8. Le blasphème comme pratique sociale

Paroles médisantes : qu'était le blasphème ?

Blasphème – voilà une étiquette qui a été, et est encore, attribuée aux actes de langage des autres. Personne ou presque, dans le passé, n'aurait décrit ses propres paroles comme blasphématoires. Il est donc difficile de passer d'un propos sur l'outrage à Dieu aux actes de langage blasphématoires eux-mêmes. Souvent, les directeurs de conscience préféraient ne pas redoubler l'outrage par des citations exactes et se contentaient d'exposer les faits par des périphrases abstraites. Ainsi, lors de la condamnation à mort de Konrad von Hennenhoven en 1443, le greffier se contenta de consigner qu'il avait proféré des jurons « contre Dieu et sa mère bien-aimée, qui ne sont convenables ni à écrire ni à entendre[65] ». Un tableau riche et coloré des pratiques blasphématoires ressort néanmoins d'indications éparses. La recherche qui suit allonge encore la période considérée, jusqu'au XVIIe siècle. Les façons de parler et de se comporter étaient – nonobstant toutes les variations et évolutions dans le détail, en particulier dans le sillage de la Réforme – des phénomènes de longue durée. On s'intéressera d'abord aux mots blasphématoires eux-mêmes, avant de considérer le contexte social. C'est ainsi, seulement, que pourra ressortir la véritable signification culturelle du blasphème.

Jurons blasphématoires

Dès le milieu du VIe siècle, la novelle 77 de Justinien citait le fait de jurer par les cheveux et la tête de Dieu comme l'une des modalités concrètes du comportement blasphématoire (voir chap. 4)[66]. Dans les siècles du bas Moyen Âge et de l'époque moderne, ce type de jurons fut

---

65. Peter Schuster, *Eine Stadt vor Gericht...*, op. cit., p. 76.
66. Pour ce qui suit, dans l'ensemble, avec d'autres éléments, voir Gerd Schwerhoff, *Zungen wie Schwerter...*, op. cit., p. 196 *sqq*.

toujours évoqué en premier lieu lorsqu'il s'agit de définir plus précisément le blasphème. Pour comprendre cette forme particulière de déviance, il convient de s'intéresser d'abord à l'usage normal du serment. On ne saurait surestimer son importance dans la tradition européenne, pour créer des liens et aplanir les relations sociales. La recherche en distingue deux formes principales. La première est celle du serment «assertoire», soit une déclaration sur la vérité d'un fait (par exemple devant un tribunal) qui engage le locuteur. L'autre est celle du serment «promissoire», une promesse dirigée vers l'avenir; à une époque, ce serment eut un caractère presque sacramentel, car il était constitutif des relations de domination[67]. Toutefois, une forte réserve religieuse existait quant à ce lien social créé par le serment: Jésus, dans son sermon sur la montagne (Mt 5, 33-37), avait condamné en termes forts le fait de jurer, renforçant ainsi l'interdiction du parjure de l'Ancien Testament. Depuis la fin de l'Antiquité, les théologiens se trouvaient donc au défi de concilier les paroles du Seigneur et les nécessités sociales.

La conception chrétienne du serment prit sa forme classique avec Thomas d'Aquin[68]. Selon sa définition, jurer revenait à prendre Dieu à témoin de la vérité et à rendre ainsi une déclaration particulièrement contraignante. Un serment ne devait en aucun cas être prononcé à la légère, mais uniquement lorsqu'il était absolument nécessaire. De même qu'un médicament ne devait être administré qu'en cas de maladie grave, il fallait avoir recours au serment avec sérieux et prudence. Sur le fond, il était honorable de jurer si le serment reposait sur la foi indéfectible de l'individu dans la vérité et la toute-puissance de Dieu, et avait pour objectif de rétablir le droit et de mettre fin à une dispute. En revanche, les serments irrévérencieux et profanes étaient prohibés[69]. Cette définition devait permettre de distinguer les serments légitimes de ceux qui étaient interdits, ou même blasphématoires.

À quoi correspondaient ces derniers? Les textes citent souvent les serments par la tête (ou le crâne ou, de façon péjorative, la teigne) ou les cheveux de Dieu, ainsi que par son front, son nez et sa barbe. On jurait aussi par les bras ou les jambes, la main ou le pied de Dieu, par son ventre et ses organes internes comme les poumons et le foie. Si ces jurons sont, déjà, désignés comme insolites et interdits dans les sources, nombre d'édits de

---

67. Voir aussi la littérature plus générale sur le sujet: Peter Blickle (dir.), *Der Fluch und der Eid...*, op. cit.; Paolo Prodi, *Il sacramento del potere. Il giuramento politico nella storia costituzionale dell'Occidente*, Bologne, Il Mulino, 1992; Peter Friedrich et Manfred Schneider (dir.), *Fatale Sprachen. Eid und Fluch in Literatur- und Rechtsgeschichte*, Munich, W. Fink, 2009.
68. Thomas d'Aquin, «De juramento», *in*: *id.*, *Summa theologiæ*, édité par Kevin D. O'Rourke, Londres, Blackfriars, 1964, t. XXXIX, quaestio 80, p. 202-235.
69. *Ibid.*, p. 218.

la fin du Moyen Âge indiquent qu'il existait une catégorie d'outrages particulièrement malséants et monstrueux, ceux qui renvoyaient à des parties du corps ou à des activités taboues, à des pratiques sexuelles ou à des excrétions. Ainsi, en 1363, une ordonnance du conseil de Constance imposa une amende particulièrement élevée pour des jurons comme « merde de Dieu » (*bogs schaiss*) ou « puanteur de Dieu » (*bogs stank*). À la même époque, les mandats du conseil de la ville voisine de Zurich désignaient comme une faute particulièrement grave le fait de jurer par la queue de Dieu (*Gotz zers*) ainsi que par sa rosse (jument, concubine) ou par sa putain[70]. Il est remarquable, dans ce dernier exemple, que « Dieu » soit nommé sans détour – et ce dans des déclarations officielles du conseil ! – alors qu'ailleurs, comme à Constance, on écrivait (et jurait sans doute) par euphémisme « *bocks* », « *box* » ou « *kotz* ». La déformation devait masquer, au moins de façon superficielle, le rapport irrévérencieux au Créateur, et ainsi atténuer la rupture du tabou. Le terme a survécu jusqu'à l'époque contemporaine dans l'interjection « *potz* » (*Potzblitz! Potztausend!*), mieux encore : sous l'effet visible des mœurs puritaines et de la bienséance bourgeoise, de tels euphémismes fleurirent en nombre entre le XVIIe et le XIXe siècle[71].

Nombre de jurons blasphématoires se référaient directement à l'histoire de la passion du Christ. On jurait par les blessures de Dieu, par sa sueur, par ses souffrances, son supplice ou son cadavre, par sa force, sa puissance ou son impuissance. Là encore, on pouvait combiner et varier à l'envi. Il y eut visiblement de véritables modes et des conjonctures plus ou moins favorables à certains jurons. Au XVIe siècle se dessina un resserrement linguistique : les serments sur le corps de Dieu devinrent obsolètes et ceux sur la Passion, de plus en plus stéréotypés. Ils furent graduellement remplacés par ceux sur les sacrements : « par mille sacrements », « par des milliers de sacrements » ou même « des centaines de milliers de sacrements » – ils ont subsisté jusqu'à aujourd'hui sous une forme dégradée, dans les interjections comme « *sapperment* » ou « *sapperlot* »[72].

Ce qui est remarquable dans toutes ces formules de serment, c'est qu'elles font toutes plus ou moins clairement allusion à la nature humaine de Dieu, au Christ, mais qu'il est toujours question de Dieu. D'une certaine manière, il s'agit dans les serments des membres d'un jeu avec la Trinité divine, qui s'adresse à la fois au Créateur dans son entité surnaturelle et au Dieu incarné, corporel et mortel. Les ecclésiastiques comme le professeur

---

70. Otto Feger, *Vom Richtebrief zum Roten Buch. Die ältere Konstanzer Ratsgesetzgebung*, Constance, J. Thorbecke, 1955, n° 35, p. 139 *sq.* ; Heinrich Zeller-Werdmüller (éd.), *Die Zürcher Stadtbücher des XIV. und XV. Jahrhunderts*, Leipzig, S. Hirzel, 1899, t. I, n° 340, p. 164 *sq.*
71. Voir Geoffrey Hughes, *Swearing: A Social History of Foul Language, Oaths, and Profanity in English*, Oxford, Blackwell, 1991, p. 13.
72. Gerd Schwerhoff, « Blasphemie vor den Schranken... », *op. cit.*, p. 115 *sq.*

viennois Nikolaus von Dinkelsbühl considéraient cela comme un cas typique de la définition du blasphème : en citant les membres de Dieu, les coupables lui attribuaient un corps incompatible avec son essence divine, détachée de la sphère physique. Au milieu du XIVe siècle, une expertise canonique eut recours à des arguments comparables contre un bourgeois de Brno qui avait juré par le ventre de Dieu : d'après l'enseignement de l'Évangile de Jean, Dieu était Esprit ; un esprit ne possède pas d'os, pas de chair – et donc pas de ventre. Toutefois, un confrère viennois de Nikolaus se sentit tenu de faire une mise au point : naturellement, Jésus-Christ avait eu un corps dans sa forme humaine, mais pas en qualité de vrai Dieu[73].

Au-delà de telles subtilités, les serments sur les membres et la Passion fournirent aux théologiens une image qu'ils utilisèrent pour faire campagne : le Christ était crucifié une nouvelle fois par les langues acérées des pécheurs. Dans un sermon contre les fous blasphémateurs en 1498-1499, le prédicateur strasbourgeois Geiler von Kaysersberg s'en prenait directement au jureur et au blasphémateur. Il l'accusait d'utiliser la fragilité du corps que Dieu avait adopté par amour pour l'humanité pour l'outrager, et de montrer ainsi son ingratitude : « Dis-nous, toi le blasphémateur, quel mal t'a-t-il donc fait, pour que tu médises de la cervelle, de la tête, des yeux, de la gorge, du cœur, de la sueur, du sang et de la chair de notre Seigneur Jésus-Christ ? » Le Christ n'avait-il pas porté sur sa tête la couronne d'épines, ses yeux n'avaient-ils pas pleuré sur la croix et son sang n'avait-il pas été versé aussi pour le blasphémateur, afin qu'il soit sauvé[74] ? Les adjurations de Geiler ne renvoyaient pas seulement aux jurons blasphématoires mais aussi, implicitement, à leur inverse positif, la profonde piété de la Passion de cette époque. Au bas Moyen Âge, le corps du Christ était tout particulièrement au centre de la dévotion religieuse, non seulement sous la forme de l'Eucharistie, mais aussi par l'intense contemplation méditative des blessures et des instruments de torture de la Passion. Ceux-ci devinrent l'objet d'une vénération particulière, sous le nom d'*arma Christi*. Il y eut même une catégorie spécifique de prières, la « salutation des membres du Christ », qui rappelait pieusement chacune des parties du corps du Fils de l'homme[75]. Ce n'est pas le seul cas où les tournures blasphématoires se révèlent être l'envers obscur de pratiques pieuses.

Les jurons malséants n'étaient pas confinés à l'espace germanophone, ils existaient dans nombre d'autres régions européennes. L'Angleterre de la fin du Moyen Âge et de la Renaissance semble avoir été un terrain privilégié – l'interjection « *zounds!* », longtemps utilisée, avait pour origine

---

73. Gerd Schwerhoff, « Christus zerstückeln... », *op. cit.*, p. 520 *sq.*
74. Johannes Geiler von Kaysersberg, *Des hochwirdigen doctor Keiserspergs Narrenschiff*, Strasbourg, J. Grüninger, 1520 (VD16 G 780), f° 173 r°.
75. Gerd Schwerhoff, « Christus zerstückeln... », *op. cit.*, en particulier p. 516 *sqq.*

un juron lié à la Passion (*wounds*). Théologiens et moralistes luttèrent avec acharnement, mais sans succès, contre ce mal. En 1531, Thomas Elyot se plaignit que le corps du Christ était découpé en morceaux et que les enfants jouaient avec ses bras et ses os comme avec des noyaux de cerise. Et dans le poème de William Dunbar *The Sweirers and the Devill* (vers 1520), Satan organisait le concours du juron le plus puissant sur la place du marché – le prêtre remportait la victoire[76]. En France, également, l'interdiction de jurer « par aucuns des membres de Dieu », dans l'ordonnance de Saint Louis en 1268, indique qu'il s'agissait là d'une part majeure des blasphèmes combattus. Les sources judiciaires françaises du bas Moyen Âge renferment de nombreuses occurrences de jurons par le corps, la tête ou la chair de Dieu, par son sang ou par sa mort, par sa couronne d'épines ou par sa croix.

Toutefois, il est plus fréquent de trouver d'autres formules blasphématoires qui expriment un mépris ouvert de Dieu. Les tournures comme « maugré [malgré] Dieu » ou « je renye Dieu » sont courantes dans l'espace francophone[77]. Aux yeux de l'observateur contemporain, elles semblent au premier abord correspondre davantage à la définition du blasphème franc et intentionnel, mais le contexte montre que ce type de tournures se plaçait au même niveau, dans la communication quotidienne, que les serments sur les membres et la Passion dans les territoires germanophones. La situation était semblable dans l'espace méditerranéen. À Venise, les *Esecutori contro la bestemmia* jugeaient des blasphèmes comme « *al cospetto di dio* » (peut-être dans le sens de « devant la face de Dieu ») ou « *al dispetto di dio* » (« malgré Dieu »). En 1646, Giovanni Paolo Sorratini fut accusé d'avoir juré par « la putain de Dieu » (*puttana di Dio*), « la putain du Seigneur, le con de Dieu, le sang de Dieu ». Les jurons évoquant le cul (*culo*) ou le con (*potta*) de Dieu, de Marie ou des saints étaient eux aussi courants dans d'autres régions italiennes[78]. Dans le monde hispanophone, en métropole ou dans les colonies du Nouveau Monde, on pouvait entendre des formules similaires, par exemple « je ne crois pas en Dieu ! » (*descreo de Dios*), « Dieu soit maudit » (*pese a Dios*) ou « je renie Dieu » (*reniendo de Dios*)[79].

---

76. Ashley Montagu, *The Anatomy of Swearing, op. cit.*, p. 115, 128, 130 *sq*. Une fresque dans l'église de Broughton (Buckinghamshire) représente également le motif des mauvais traitements infligés au Christ par deux voyous qui jurent par ses membres, voir Christopher Woodforde, « A Medieval Campaign against Blasphemy », *The Downside Review*, vol. 55, n° 3, 1937, p. 357-362, ici p. 358.
77. Denis-François Secousse *et al.* (éd.), *Ordonnances des roys de France..., op. cit.*, t. I, p. 99 ; Corinne Leveleux, *La parole interdite..., op. cit.*, p. 414 *sqq*.
78. Elizabeth Horodowich, *Language and Statecraft..., op. cit.*, p. 73 ; Christopher F. Black, *The Italian Inquisition*, New Haven, Yale University Press, 2009, p. 137.
79. Javier Villa-Flores, *Dangerous Speech: A Social History of Blasphemy in Colonial Mexico*, Tucson, University of Arizona Press, 2006, p. 196 *sq*. ; Maureen Flynn, « Blasphemy and the Play of Anger in Sixteenth-Century Spain », *Past & Present*, n° 149, 1995, p. 29-56.

Malédictions blasphématoires

Jurements et malédictions sont depuis toujours considérés comme de proches parents, car le serment n'est rien d'autre qu'une malédiction conditionnelle de soi-même. Celui qui le prononce en appelle à Dieu, comme témoin de la vérité et comme vengeur en cas de mensonge[80]. La signification de la *maledictio* était relativement plus simple à élucider que celle d'autres péchés de la langue. Comme l'exposa brièvement Geiler von Kaysersberg vers 1500, maudire quelqu'un revenait à lui souhaiter du mal. Il illustra son propos par des exemples expressifs, comme « que te prenne le haut mal [l'épilepsie] », « que la danse de Saint-Guy te gagne » ou « que la pestilence s'abatte sur toi »[81]. Ces malédictions – en aucun cas blasphématoires – sont peu compatibles avec le commandement chrétien de l'amour du prochain. Pourtant, ces actes de langage n'étaient pas condamnés en bloc. La Genèse montre la malédiction d'Adam et Ève par le Créateur. Par ailleurs, Yahvé, le Dieu de l'Ancien Testament, se laissait volontiers aller aux actes vengeurs contre les ennemis d'Israël. D'autres ne reculèrent pas devant les malédictions : de saints hommes comme Noé, qui maudit son petit-fils Canaan (Gn 9, 24), des prophètes comme Élisée, qui s'en prit aux enfants moqueurs (2R 2, 24), ou l'apôtre Pierre, qui s'opposa ainsi à Simon le Magicien (Ac 8, 20). Pour l'Église médiévale, l'anathème constituait un instrument aussi puissant que légitime pour exclure les indisciplinés au moins temporairement de la communauté du salut, et ainsi les rendre dociles[82]. Les malédictions pouvaient donc être autorisées – et même indiquées ! – lorsqu'elles émanaient de Dieu ou d'une instance légitimée par lui. En revanche, leur emploi par des individus ordinaires, pour satisfaire une soif de vengeance personnelle ou d'autres intentions malveillantes, était strictement interdit.

Ainsi, au bas Moyen Âge et à l'époque de la Réforme, les malédictions blasphématoires apparurent comme une nouvelle variante du blasphème, aux côtés des mauvais serments. Souvent, il n'y eut pas de véritable distinction entre les deux formes : « *fluchen* » (maudire) et « *schwören* » (jurer) furent utilisés comme des synonymes en Allemagne, de même que « *swearing* » et « *cursing* » en Angleterre[83]. À Hambourg, en 1515, un mandat constata que jeunes et vieux avaient malheureusement pris l'habitude

---

80. Voir plus haut, note 66. Pour ce qui suit, Gerd Schwerhoff, *Zungen wie Schwerter...*, *op. cit.*, p. 222 *sqq.*
81. Johannes Geiler von Kaysersberg, *Das Buch...*, en particulier f° 38.
82. Voir Christian Jaser, *Ecclesia maledicens. Rituelle und zeremonielle Exkommunikationsformen im Mittelalter*, Tübingen, Mohr Siebeck, 2013, p. 40 *sqq.*
83. Gerd Schwerhoff, « Blasphemie vor den Schranken... », *op. cit.*, p. 63 ; Otto Feger, *Das Rote Buch*, Constance, Merk & Co, 1949, p. 100 ; Ashley Montagu, *The Anatomy of Swearing*, *op. cit.*, p. 52 *sqq.*

de railler Dieu et ses saints, de jurer, de maudire et de calomnier[84]. À la même époque, à Oberlinghen, quelques affaires montraient à quoi pouvait ressembler l'association entre juron et malédiction. Augustin Bader aurait ainsi juré quotidiennement « que les saintes souffrances de Dieu te déshonorent », « que l'impuissance de Dieu » ou « que le sang de Dieu te déshonore ». Et Hans Salat von Krähenried aurait défié son adversaire par les mots « que le sacrement de Dieu, la croix de Dieu et le supplice de Dieu te déshonorent »[85]. Une malédiction pouvait visiblement gagner en puissance par l'accumulation de divers attributs divins. Si l'on prend au mot ces tournures, on peut aussi y voir quelques piques verbales à l'encontre de la personne invoquée, ainsi lorsqu'il est fait appel à l'impuissance divine (c'est-à-dire l'impuissance de Jésus durant la Passion) pour donner de la puissance à la malédiction.

Si maudire *avec* Dieu était souvent considéré comme répréhensible, maudire *contre* Dieu, sa mère et les saints représentait sans aucun doute une forme plus grave de blasphème, comme le signifiaient déjà les statuts de Cologne de 1437[86]. Le Créateur comme cible des imprécations, dans la position de celui à qui l'on souhaitait du mal – il y avait là trop d'outrecuidance, de rébellion même[87]. Il semble ainsi logique qu'un règlement de Berne, daté de 1481, ait qualifié la malédiction de forme particulièrement grave du blasphème : si, pour des jurons hors de l'ordinaire, il suffisait de s'acquitter d'une amende, celui qui maudissait Dieu devait être mis publiquement au carcan, et ainsi déshonoré[88]. Lors des jeux de cartes ou de dés, en particulier, les participants s'oubliaient parfois jusqu'à souhaiter à Dieu – comme cet homme à Babenhausen en 1403 – « le haut mal sur son siège [dans les cieux] ». Dans ce contexte, l'opposé de Dieu pouvait aussi entrer en jeu. Les malédictions faisant appel au diable (« que le diable t'emporte ») n'avaient rien d'inhabituel, mais elles pouvaient se transformer en terribles blasphèmes, comme en 1435 lorsqu'un bourgeois de Cobourg, Ebirhard Störcher, s'en prit à son adversaire par la malédiction « que le diable et le haut mal vous frappent, toi et notre Seigneur Dieu[89] ».

---

84. Gerd Schwerhoff, *Zungen wie Schwerter...*, op. cit., p. 226.
85. Wilfried Enderle, *Konfessionsbildung und Ratsregiment in der katholischen Reichsstadt Überlingen (1500-1618) im Kontext der Reformationsgeschichte der oberschwäbischen Reichsstädte*, Stuttgart, W. Kohlhammer, 1990, p. 357, note 170.
86. Gerd Schwerhoff, « Blasphemie vor den Schranken... », op. cit., p. 47.
87. Heinrich R. Schmidt, « Die Ächtung des Fluchens... », op. cit., p. 92.
88. Hermann Rennefahrt (dir.), *Die Rechtsquellen des Kantons Bern*, op. cit., p. 105.
89. Gerd Schwerhoff, *Zungen wie Schwerter...*, op. cit., p. 230 *sq.* avec d'autres exemples.

Malédictions et jurons, manifestations quotidiennes d'agressivité

Quel sens donner aux nombreux jurons et malédictions que nous avons rencontrés jusqu'à présent? Les jugements des contemporains à leur égard provoquent déjà ici une forme d'incertitude quant aux effets juridiques encourus – même des théologiens reconnus, comme Geiler von Kaysersberg, semblaient hésiter entre condamnation résolue et indulgence. Certaines interprétations modernes se concentrent sur le contenu possiblement magique des malédictions: elles postulent que leur auteur souhaitait et attendait réellement la réalisation du mal qu'il appelait de ses vœux. Ainsi, par sa prétention à contraindre le Tout-Puissant avec une formule magique de malédiction, il aurait nié l'ordre divin du monde – une grave transgression du premier commandement! Pour utiliser des termes un peu forts, on pourrait ainsi définir les malédictions blasphématoires comme une usurpation magique du pouvoir de Dieu[90]. Cette interprétation me semble excessive. On ne peut nier que les imprécations magiques étaient une réalité sociale puissante dans les anciennes sociétés européennes. Il n'était pas rare que les individus voient dans ces actes de langage des manigances du diable, et se considèrent comme les victimes de sorcières qui jetaient leurs sorts à l'aide de ce type de malédictions. Toutefois, les observateurs de l'époque effectuaient communément une nette distinction entre les imprécations magiques, d'une part, et les malédictions blasphématoires d'usage courant ou nées d'un accès de colère, d'autre part. La différence entre les deux résidait moins dans l'énoncé exact que dans le contexte social.

D'autres interprétations actuelles s'intéressent justement à ces malédictions et jurons quotidiens, presque triviaux: il s'agirait d'un mécanisme humain fondamental de gestion de la frustration ou de réduction de l'agressivité. Des sentiments accumulés comme la douleur, la surprise ou la colère peuvent ainsi être évacués et l'organisme humain, sous le choc de stimuli externes soudains, retrouve son équilibre. Peu importe, alors, que l'explosion verbale prenne pour cible un objet inanimé (par exemple le marteau qui a frappé le pouce plutôt que le clou) ou un adversaire humain[91]. On attribue ainsi aux malédictions d'autrefois le même sens qu'à d'autres formes de grossièreté («crotte!», «merde!»). Cette conception

---

90. Heinrich R. Schmidt, «Die Ächtung des Fluchens...», *op. cit.*, p. 87 *sqq.*, en particulier p. 91 *sqq.* et 98 *sq.* Voir *a contrario* Gerd Schwerhoff, «Gott und die Welt herausfordern...», *op. cit.*, p. 272 *sqq.*, et Francisca Loetz, *Mit Gott handeln. Von den Zürcher Gotteslästerern der Frühen Neuzeit zu einer Kulturgeschichte des Religiösen*, Göttingen, Vandenhoeck & Ruprecht, 2002, p. 301 *sqq.*

91. Ashley Montagu, *The Anatomy of Swearing, op. cit.*, p. 72.

recoupe les nombreuses excuses et banalisations du phénomène par les contemporains qui invoquaient l'habitude, l'étourderie ou l'absence de maîtrise de soi, et ne démontraient aucun sentiment approprié de culpabilité. Mais elle semble bien trop générale pour comprendre la particularité des malédictions et des jurons blasphématoires.

Il est plus fructueux de s'arrêter sur le contexte situationnel de chaque acte. En règle générale, les mots blasphématoires manifestaient une agression contre des personnes concrètes, souvent en lien avec un conflit qui s'envenimait. À Bâle, en 1528, durant les troubles des débuts de la Réforme, le gardien des clés de la ville Claus Harnasch s'en prit aux iconoclastes partisans de la nouvelle foi qui ne respectaient pas les règles du conseil. Non content de les traiter de parjures, de scélérats et de coquins, il ajouta en plusieurs occasions de puissants jurons et autres malédictions. « Voilà nos évangéliques, que les blessures de Dieu les déshonorent », cita par exemple un témoin[92]. Pour nous, les déclarations de Harnasch ne sont pas faciles à comprendre, mais pour les contemporains elles étaient tout à fait courantes. Et elles s'avèrent, *a posteriori*, très instructives. Le gardien des clés, tenant de l'ancienne foi, médisait violemment des évangéliques (absents au moment de la conversation), et renforçait ses injures brutales par un juron. Avec des mots forts, il se présentait ici comme le partisan d'un magistrat qui restait fidèle à l'ancienne foi – pour un temps, car les autorités bâloises modifièrent bientôt leur position sous la pression des circonstances. Les tirades du gardien des clés reflétaient la peur d'une telle évolution. En ce sens, son radicalisme verbal s'adressait aussi, au moins indirectement, aux conseillers de la ville, qu'il exhortait ainsi à exécuter pleinement les sanctions prévues. Il faut aussi garder à l'esprit que Harnasch utilisait des tournures blasphématoires depuis longtemps passibles de peines à Bâle. À ses yeux, visiblement, ses jurons et malédictions répréhensibles n'entraient pas en contradiction avec ses préoccupations religieuses. Son entourage partageait ce point de vue ; en effet, il ne fut pas traduit en justice. Naturellement, cette situation était assez particulière, mais il est possible de généraliser l'observation selon laquelle jurons et malédictions étaient le plus souvent liés à des conflits interpersonnels. Cela ressort non seulement de nombreux dossiers judiciaires, mais aussi d'œuvres littéraires comme le théâtre carnavalesque allemand, dans lequel nombre de paysans simplets ou de fous stupides juraient ou maudissaient sans retenue sur scène, lorsqu'ils se disputaient[93].

---

92. Gerd Schwerhoff, « Blasphemie vor den Schranken… », *op. cit.*, p. 109 *sq.*
93. Voir par exemple Hans Folz, « Ein spil ein hochzeit zu machen », *in*: *id.*, *Auswahl*, édité par Ingeborg Spriewald, Berlin, Akademie Verlag, 1960, p. 32 (v. 31-34) ; p. 33 (v. 55-56) ; p. 36 (v. 33-44).

Actes et mots blasphématoires

Outre les nombreux exemples de jurons et malédictions plus ou moins stéréotypés, il existait toute une gamme de blasphèmes possibles[94]. En dépit, là aussi, d'une certaine ritualisation, ces variantes semblaient souvent plus libres, moins standardisées. En conséquence, il s'agissait pour les contemporains de blasphèmes plus conscients, intentionnels, qui méritaient donc des sanctions plus sévères. Qualifier Dieu de « coquin » ou de « voleur » pouvait être puni de mort, et coûta effectivement la vie au fantassin Georg Koch à Strasbourg, en 1569. En 1507, à Rothenburg ob der Tauber, une lourde sanction frappa une reprise parodique du *Notre Père* : lors d'une beuverie, Max Behr von Wettringen avait lancé : « Pardonne-nous notre dette ou bien donne-nous de l'argent, et nous la paierons nous-mêmes[95]. » Après avoir eu la langue coupée au pilori, il fut marqué au front d'un fer rouge ; il fut ensuite banni à vie de la ville. La littérature catéchistique livre d'autres exemples de parodies de prières (« Notre bon père, mon père saute sur ma mère... »)[96]. On peut supposer que nombre d'outrages « scandaleux », « terribles » et « innommables » évoqués dans les sources appartenaient à cette catégorie des blasphèmes « libres ».

Dans les sociétés traditionnelles, les injures fécales n'avaient pas l'importance qu'elles ont aujourd'hui dans certaines régions du monde, en particulier en Allemagne, toutefois certaines expressions scatologiques y étaient parfois employées pour porter atteinte à l'honneur de Dieu. De façon particulièrement crue et brutale, le soir de la Pentecôte 1463 à Saint-Gall, le compagnon tailleur Mathys Spötge lança ainsi au cours d'une conversation qu'il chiait sur l'Esprit-Saint. D'autres formules blasphématoires semblables, les jours suivants, portèrent la mesure à son comble, et lui valurent la perte de sa langue et le bannissement[97]. La menace de déféquer sur les personnes ou les objets sacrés était l'expression du plus grand mépris, et pouvait aggraver des formes plus courantes de profanation comme les serments ou les malédictions sur les membres. Ainsi, en 1513, à Saint-Gall, un homme se vit reprocher d'avoir proféré des jurons en jouant ; mais surtout, il fut accusé d'avoir redoublé l'outrage avec les mots « je chie dans les blessures de notre Seigneur ». Il fut libéré sur les prières de sa femme enceinte, de ses sœurs et d'un abbé, et se vit simplement interdire le jeu et les auberges[98]. Les blasphèmes scatologiques n'étaient pas

---

94. Pour ce qui suit, voir Gerd Schwerhoff, *Zungen wie Schwerter...*, *op. cit.*, p. 236 *sqq*.
95. Il s'agit en allemand d'un jeu de mot sur « *Schuld* », qui signifie à la fois « dette » et « faute » (*N.d.T.*).
96. Gerd Schwerhoff, *Zungen wie Schwerter...*, *op. cit.*, p. 41.
97. Carl Moser-Nef, *Die Freie Reichsstadt und Republik Sankt Gallen*, t. V, *Geschichte ihres Strafrechts*, Zurich, Orell Füssli Verl, 1951, t. V-1, p. 383.
98. *Ibid.*, p. 385.

inconnus non plus dans l'espace méditerranéen, où l'on pouvait entendre des exclamations comme « je chie sur Dieu » ou des malédictions par « le cul de Dieu »[99].

Les attaques sur l'intégrité sexuelle, omniprésentes dans les conflits sociaux, pouvaient également être employées de façon blasphématoire[100]. Des exemples du sud-ouest de l'Allemagne illustrent la variante blasphématoire de ce que nous connaissons aujourd'hui comme les insultes sur la mère. L'un de ces « juron[s] inhabituel[s] », particulièrement grave, fut prononcé en 1376 par Merckli von Zofingen, banni à jamais de Bâle pour avoir juré : « que Dieu prenne sa mère par le trou du cul[101] ». Par cet acte de langage, Merckli portait triplement atteinte à l'honneur de Dieu : associer Dieu et Marie à une activité sexuelle était déjà, en soi, blasphématoire. Il allait pourtant plus loin, en engageant Dieu à briser le tabou de l'inceste. De telles provocations comptaient parmi les pires moyens verbaux qui pouvaient alors être employés pour déshonorer l'autre. La plupart du temps, après ce type de propos, la querelle verbale se transformait en affrontement violent[102]. En outre, dans le juron de Merckli, l'inceste devait être réalisé dans une position alors considérée comme contre-nature, par-derrière. Au total, l'accumulation de transgressions des tabous montre une agression à la fois débridée et tout à fait calculée contre le Créateur.

Dans les pays latins, en particulier dans le monde méditerranéen, les blasphèmes à connotation sexuelle semblent avoir été plus répandus encore que dans l'espace germanophone. Ils suivaient ainsi le modèle séculier des affaires d'honneur, dans lesquelles les femmes étaient traitées de putains et les hommes de cocus. À Tolède, en 1526, un jeune valet de Naples s'exclama, en substance : « Je renie Dieu et notre putain de dame, la putain du cocu[103]. » En 1586, un blasphémateur sicilien qualifia Dieu de « cocu » (« *cabrón cornudo* ») et Notre Dame de « putain fainéante » (« *puta vagaza* »)[104].

---

99. Jean-Pierre Dedieu, « Le modèle religieux : les disciplines du langage et de l'action », *in* : Bartolomé Bennassar (dir.), *L'Inquisition espagnole, XVe-XIXe siècles*, Paris, Hachette, 1979, p. 241-267, ici p. 245.
100. Gerd Schwerhoff, *Zungen wie Schwerter...*, *op. cit.*, p. 238.
101. StaatsA-BS Ratsbücher A 2, f° 76a.
102. Pour l'appel à l'inceste en général, voir Susanna Burghartz, *Leib, Ehre und Gut...*, *op. cit.*, p. 132 ; Gerd Schwerhoff, *Köln im Kreuzverhör. Kriminalität, Herrschaft und Gesellschaft in einer frühneuzeitlichen Stadt*, Bonn, Bouvier, 1991, p. 316.
103. « *Reniego de Diu e de nuestra dona puta fututa en el culo cornuda* », cité dans Maureen Flynn, « Blasphemy and the Play of Anger... », *op. cit.*, p. 32 et traduit « *I deny God and our Fucking Lady, the whore of the cucolded arse-hole* ».
104. Peter Burke, « Beleidigungen und Gotteslästerung im frühneuzeitlichen Italien », *in* : *id.*, *Städtische Kultur in Italien zwischen Hochrenaissance und Barock. Eine historische Anthropologie*, Berlin, K. Wagenbach, 1986, p. 103 ; d'après le registre de la prison

Certains allaient jusqu'à menacer directement le Tout-Puissant de violence. Ainsi, à la fin du XIVe siècle, à Zurich, un certain Kilchmatter ne se contenta pas d'« appeler le haut mal » sur Dieu, il ajouta que s'il l'avait sous la main sur terre, il lui donnerait des coups dans le ventre – un fascinant fantasme de toute-puissance[105]! À Strasbourg, en 1359, trois blasphémateurs allèrent plus loin encore en assouvissant sur un objet leur violence contre le Créateur : d'après le « livre secret » de la ville, ils frappèrent un fauteuil avec leurs armes, en disant « qu'il s'agissait de Dieu, et qu'ils voulaient lui couper une jambe ». Ils auraient ensuite enfoncé les points de dés en s'écriant « qu'il s'agissait de Dieu, qu'ils voulaient lui enfoncer les yeux ». Si la plupart des blasphémateurs se contentaient d'attribuer à Dieu des membres, ceux-là menaçaient de le blesser physiquement. L'un des hommes aurait été jusqu'à « lancer son couteau dans les cieux et dire qu'il voulait le lancer sur Dieu »[106].

Les représentations du sacré, en pierre ou en bois, pouvaient déclencher chez certains individus des outrages blasphématoires. Dans une édition latine de *La nef des fous* de Sébastien Brant datant de 1494, le fou, un sceptre dans la main gauche, a les pieds dans un trou ou un étang et pointe l'index vers un calvaire sur le bord de la route. Un avant-bras semble sortir de ce calvaire, avec une main qui accomplit le même geste, l'index tendu. La représentation oppose aux jurons condamnables du fou leur antithèse, le serment légitime[107]. L'illustration du délit de blasphème dans le manuel de droit du juriste flamand Jodocus Damhouder, au milieu du XVIe siècle, est moins allégorique. Deux hommes se tournent vers une croix de pierre avec un geste de menace : le premier fait au crucifié, avec les deux mains, le geste insultant de la « figue », que l'on pourrait décrire approximativement comme un équivalent du doigt d'honneur à l'époque moderne ; le second écarte les commissures de ses lèvres avec deux doigts, de façon provocante, et montre les dents[108] (voir fig. 6).

Les attaques contre les représentations du divin ne fournissaient pas seulement matière à des exemples moraux ou à des gravures, elles semblent avoir réellement existé. À Constance, un jeune garçon aurait ainsi interpellé et touché de façon irrespectueuse le Christ en croix d'un calvaire sur le bord du chemin[109]. Ailleurs aussi, par exemple à Malte, nous trouvons

---

parisienne du Châtelet, Jehan Pelart jura en 1391 « par le sanglant foutre de Dieu », voir Corinne Leveleux, *La parole interdite...*, *op. cit.*, p. 416 (A 243).
105. Susanna Burghartz, *Leib, Ehre und Gut...*, *op. cit.*, p. 136 et 269, note 75.
106. Karl Hegel, *Die Chroniken der oberrheinischen Städte, Straßburg*, Leipzig, S. Hirzel, 1871, t. II, p. 1021 *sq.* Voir chap. 7.
107. Gerd Schwerhoff, « Christus zerstückeln... », *op. cit.*, p. 513 *sq.*, 525 (reproduction).
108. Jodocus Damhouder, *Praxis rerum criminalium*, *op. cit.*, cap. 61, p. 129.
109. Philipp Ruppert, *Die Chroniken der Stadt Konstanz*, Constance, L. Mayer, 1891, p. 91 *sq.* et 381 *sq.*

Fig. 6 – Gestes injurieux contre un calvaire.
Illustration du chapitre «blasphème» d'un manuel de droit criminel de l'époque moderne.

des traces de gestes blasphématoires sous la forme du signe des «cornes», et des statuts de la Haute-Italie datant du XVe siècle menaçaient de sanctions celui qui montrait la «figue» à Dieu, à sa mère ou à ses saints[110]. S'il s'agissait bien d'un traitement profanatoire et irrespectueux des représentations matérielles du divin, la question des images suscita des interrogations bien plus profondes à l'époque de la Réforme (voir chap. 11).

110. Gerd Schwerhoff, «Invektive Hände. Schmähgesten im Spätmittelalter und in der Frühen Neuzeit», *in*: Robert Jütte et Romedio Schmitz-Esser (dir.), *Handgebrauch. Geschichten von der Hand aus dem Mittelalter und der Frühen Neuzeit*, Munich, W. Fink, 2019, p. 232.

Enfin, à Vienne, résidence des Habsbourg, certaines manifestations « agressives » de blasphème jouèrent encore un rôle important à la fin de l'Ancien Régime, et se virent sanctionner, les unes après les autres, par la peine de mort. Elles coûtèrent ainsi la vie en 1702 à Anna Rosina, qui avait coupé une hostie consacrée avec un couteau, en 1705 à Maria Francisca Rosenberger, qui avait troué le sacrement « suprême » avec une aiguille, et en 1709 à une certaine Elisabetha, qui avait pris un crucifix sur l'autel et l'avait cassé. Ce dernier geste aurait eu pour origine « sa lassitude de la vie », d'après le *Wienerisches Diarium*. Et de fait, quatre ans plus tard, un mandat de l'empereur Charles VI déplorait que la profanation et la destruction d'images saintes soient en vogue chez les « jeunes orphelins errants des deux sexes », qui avaient déjà été souvent condamnés par la justice et voulaient à présent être délivrés de leur vie par un seul coup d'épée[111]. Il s'agissait en effet la plupart du temps de jeunes détenus des maisons de discipline et de travail, qui cherchaient par l'exécution à échapper à leur triste sort. De tels « homicides de soi par exécution » n'étaient pas totalement inhabituels au XVIIIe siècle. Alors que le suicide, dans l'Europe chrétienne, était considéré comme un grave péché et avait souvent pour conséquence un enterrement déshonorant, les hommes et les femmes condamnés à mort pouvaient faire face spirituellement à leurs actes avant l'exécution et monter sur l'échafaud en pécheurs repentis, avec la perspective du salut éternel. Les attaques blasphématoires contre des objets sacrés répondaient ainsi à une funèbre logique, car les coupables ne se rendaient pas responsables du meurtre d'un enfant ou d'autres personnes, comme cela arrivait dans certains cas[112].

Les cibles du blasphème : Dieu, Marie et les autres

Selon le jugement unanime des commentateurs savants, le blasphème ne comprenait pas seulement l'atteinte à l'honneur de Dieu dans ses trois personnes, mais aussi les moqueries à l'égard de Marie et des saints[113].

---

111. Susanne Hehenberger, « „Die beleidigte Ehre Gottes auf das empfindlichste zu rächen, in allweg gesonnen". Blasphemie und Sakrileg im 18. Jahrhundert », *in*: Martin Scheutz et Vlasta Valeš (dir.), *Wien und seine WienerInnen*, Cologne/Vienne, Böhlau, 2008, p. 190 *sqq*.
112. Evelyne Luef, « Per Hinrichtung ins Himmelreich? », blog *fernetzt*, 16 juin 2017, disponible en ligne sur https://www.univie.ac.at/fernetzt/per-hinrichtung-ins-himmelreich/ [consulté le 20/02/2020].
113. Sur ce qui suit, voir Gerd Schwerhoff, *Zungen wie Schwerter...*, *op. cit.*, p. 246 *sqq*. Sur la déclaration de Jésus, selon laquelle tous les blasphèmes pouvaient être pardonnés sauf ceux contre l'Esprit-Saint (Mc 3, 29), voir Baird Tipson, « A Dark Side of Seventeenth-Century English Protestantism: The Sin against the Holy Spirit », *Harvard Theological Review*, vol. 77, n° 3-4, octobre 1984, p. 301-330.

Dieu réagissait particulièrement mal, semble-t-il, aux blasphèmes contre sa mère, suivant une logique de l'honneur en usage sur terre, selon laquelle l'intégrité sexuelle des femmes semblait particulièrement vulnérable et digne de protection. Étienne de Bourbon évoque ainsi un boutiquier qui jurait de façon blasphématoire par les membres du Christ tout en se livrant à ses affaires. Il resta d'abord impuni ; mais lorsqu'il commença à jurer par la poitrine de Marie, il tomba mort sur le coup, la langue affreusement pendante. Dans une variante bas-allemande de cette histoire, plus tardive, une voix divine s'adresse au coupable lui-même, et commente : « Tu m'as beaucoup insulté. Je l'ai supporté patiemment. Cela ne t'a pas suffi, il te fallait aussi insulter ma mère bien-aimée, et cela je ne pouvais plus l'accepter[114]. »

Le dogme de la virginité de Marie n'avait rien de dérisoire pour les églises chrétiennes. Sa mise en doute aurait pu faire naître un scepticisme quant à la nature divine de Jésus et ainsi ébranler un pilier de la foi. Cela valait pour toutes les confessions : les protestants tenaient aussi au principe du respect dû à Marie en tant que génitrice vierge de Dieu, même s'ils rejetaient son culte indépendant comme intercesseur dans l'au-delà. Il n'y avait donc rien d'étonnant à ce que les mandats des autorités publiques placent Marie sous une protection particulière dans les villes qui s'ouvrirent à la Réforme. Le conseil de Nuremberg, de tendance luthérienne, interdit en 1526 de parler de Marie de façon blasphématoire, comme si elle n'avait pas donné naissance à Jésus en restant pure et vierge. En 1529, l'ordonnance de réforme de Bâle prohibait tout outrage envers « la reine éternelle, pure, élue » : des sanctions étaient prévues contre l'affirmation que la mère de Jésus avait été une femme comme les autres femmes sur cette terre, qu'elle avait eu d'autres enfants que Jésus, et qu'elle ne pouvait être demeurée éternellement vierge avant et après la naissance[115].

Avant la Réforme, déjà, la naissance virginale constituait pour les blasphémateurs potentiels un motif riche de possibilités, auquel ne se raccrochèrent pas seulement des polémistes juifs ou des hérétiques. L'idée que la mère de Jésus avait conservé sa virginité était difficilement conciliable avec le sens pratique quotidien. Selon les règles sociales, la virginité et la pureté étaient des éléments essentiels de l'honneur féminin. Autrement dit : dans la plupart des cas, les injures faites aux femmes étaient aussi des attaques contre leur intégrité sexuelle, consistant par exemple à leur attribuer des comportements obscènes et à les qualifier de « putain[s] ». Ainsi, la virginité de Marie ne constituait pas seulement un talon d'Achille théologique de la

---

114. Albert Lecoy de La Marche, *Anecdotes historiques...*, *op. cit.*, n° 131, p. 112 ; Gerd Schwerhoff, *Zungen wie Schwerter...*, *op. cit.*, p. 246.
115. Gerd Schwerhoff, « Blasphemie vor den Schranken... », *op. cit.*, p. 87 *sq.* et 79, note 152.

religion chrétienne, elle était aussi, selon les règles courantes de communication, un excellent point d'attaque pour les profanateurs. En 1400, à Paris, un sergent du roi défia non seulement Dieu, mais aussi « la putain sanglante, sa mère[116] ». Les jurons blasphématoires particulièrement surveillés par l'Inquisition italienne associaient aussi la mention de la Vierge au verdict de « putain » : « *puttana* » ou « *puttanazza di Dio* » ou « *puttana di Maria Vergine* »[117]. Il n'est pas nécessaire de rechercher toujours un sens profond, possiblement hérétique, à de telles exclamations. Assez souvent, il s'agissait simplement de choquer par des mots grossiers à connotation sexuelle.

L'outrage contre les saints constituait également un blasphème, du moins là où la Réforme n'avait pas délibérément amoindri leur importance[118]. Depuis le début du Moyen Âge, les miracles de saints et de saintes visant à punir ceux qui les injuriaient étaient souvent relatés dans les *Vitae*, et furent repris ensuite dans les livres des miracles et les actes de canonisation. Le prompt châtiment des malheureux qui avaient osé émettre des doutes ou des railleries concernant un saint démontrait la force (*virtus*) de ce dernier, et ainsi sa sainteté. Le compilateur dominicain à l'origine du recueil d'*exempla* bas-allemand du XIIIe siècle, déjà évoqué plus haut, racontait avec une satisfaction furieuse la punition des blasphèmes contre les fondateurs d'ordres : un chevalier, qui avait insulté la mémoire de François tout juste canonisé et avait mis en doute sa puissance lors d'une partie de dés, le paya de sa vie. Une profanatrice du dimanche, qui avait insulté Dominique, s'en tira un peu mieux – par ses remords et ses promesses solennelles de s'amender, elle guérit des vers dans les yeux qui lui avaient été envoyés en punition. En 1340, le dominicain Heinrich von Herford, de Minden, avait assisté en personne à l'événement suivant à Milan : un écuyer de Monce parla avec impertinence des prétendues reliques miraculeuses de Pierre, n'y voyant rien d'autre qu'un « abrutissement du peuple ». Torturé par des démons, il dut exprimer publiquement son regret d'avoir blasphémé, et fut alors guéri.

L'accusation d'« abrutissement du peuple » ne doit pas mener sur une fausse piste. En général, la brutalité de telles paroles exprimait moins le doute ou l'incroyance que la déception très réelle de n'avoir pas été assez soutenu par celui dont on avait sollicité l'aide dans l'au-delà. Cette déception fut peut-être également décisive chez de nombreux blasphémateurs jugés devant des tribunaux séculiers. En 1456, un homme fut noyé dans

---

116. Corinne Leveleux, *La parole interdite...*, *op. cit.*, p. 417, 415.
117. Peter Burke, « Beleidigungen und Gotteslästerung... », *op. cit.*, p. 102 *sq.* ; Christopher F. Black, *The Italian Inquisition*, *op. cit.*, p. 137. Pour le Nouveau Monde, voir Javier Villa-Flores, *Dangerous Speech...*, *op. cit.*, p. 100.
118. Pour ce qui suit, consulter les sources dans Gerd Schwerhoff, *Zungen wie Schwerter...*, *op. cit.*, p. 249 *sqq*.

le Rhin près de Spire parce qu'il avait maudit tous les saints des cieux, et avait en particulier traité «saint Pierre de Milan le boiteux» de tenancier de bordel. À Sélestat, en 1414, le joueur Frentzelin von Heilgenstein avait déclaré que Dieu devait donner à tous ses saints le «haut mal» (en particulier à saint Urbain et saint Gall) et que saint Pierre n'avait qu'à se rompre une cuisse en deux.

Enfin, les reliques et les symboles de la sainteté ici-bas pouvaient aussi être victimes de moqueries blasphématoires. Un soir de carnaval 1441, les rues de Cologne, ville libre d'Empire, furent le théâtre d'une parodie de procession de reliques. Un habitant du nom de Johann von Ghynt avait bricolé, avec l'aide de trois hommes et d'une femme, une châsse qu'il promena publiquement à travers la ville avec un aspersoir et un drapeau. Le conseil de Cologne jugea que cette forme de mascarade avait particulièrement déshonoré et outragé Dieu et ses saints. En conséquence, les coupables furent mis au pilori puis bannis à jamais de la ville[119]. Les processions de la Fête-Dieu, courantes à la fin du Moyen Âge, et durant lesquelles le *Corpus Christi* était porté par les rues, pouvaient en particulier devenir la cible d'attaques blasphématoires. Le danger devint plus grand encore lorsque l'Eucharistie fit l'objet de débats théologiques accrus en raison de la Réforme ; on se querellait pour savoir si le Christ y était réellement présent et, si oui, comment se déroulait la transsubstantiation, ou s'il s'agissait simplement d'un symbole du corps et du sang du Christ. Ce contexte explique certainement en grande partie l'intensification des jurons sur les sacrements au XVIe siècle. Alors que les autorités protestantes sanctionnaient elles aussi la profanation des sacrements, au quotidien, nombreux étaient ceux qui les invoquaient sans cesse, jurant par «cent, mille ou même cent mille sacrements». À Bruxelles, vers 1570, l'habitude était tellement ancrée chez un jureur du nom de Cornelis Vanden Vekene qu'il reçut le surnom «Sacrament»[120].

Le blasphème, négation de Dieu?

Le doute et l'incroyance ne sont pas l'apanage de la modernité[121]. Déjà au Moyen Âge, il est fait état de cas de blasphème qui laissent entrevoir un

---

119. Gerd Schwerhoff, «Blasphemie vor den Schranken...», *op. cit.*, p. 59 ; voir de façon générale Gerd Schwerhoff, «Das Ritual als Kampfplatz. Konflikte um Prozessionen in der spätmittelalterlichen und frühneuzeitlichen Stadt», *in*: Dietrich Boschung, Karl-Joachim Hölkeskamp et Claudia Sode (dir.), *Raum und Performanz. Rituale in Residenzen von der Antike bis 1815*, Stuttgart, F. Steiner Verlag, 2015, p. 309-332.
120. Fernand Vanhemelryck, *De criminaliteit in de ammanie van Brussel van de late middleleeuwen tot het einde van het Ancien régime (1404-1789)*, Bruxelles, AWLSK, 1981, p. 73.
121. Ce qui suit d'après: Gerd Schwerhoff, *Zungen wie Schwerter...*, *op. cit.*, p. 289 *sqq*.

scepticisme radical. Un habitant de la petite ville de Čáslav en Bohême, blasphémateur impénitent connu de tous, du nom de Leo, qui n'allait ni à la confession ni à la communion et, en dépit de nombreuses exhortations, ne renonçait pas à son comportement, fut condamné en août 1336 par l'Inquisition[122]. D'après le jugement, Leo avait gravement injurié Jésus-Christ, la Sainte Vierge et les saints. Il avait notamment affirmé que l'âme n'était rien d'autre qu'un courant d'air, et que les pénitences étaient donc inutiles; il avait aussi nié l'existence de l'enfer. Les témoignages étaient unanimes et l'accusé n'eut donc d'autre choix que d'avouer avec repentir ses propos et compter sur la clémence de l'Inquisition. Il déclara qu'il avait parlé par légèreté et n'avait jamais cru cela. De fait, les juges ecclésiastiques se montrèrent relativement conciliants en le condamnant à plusieurs mois d'emprisonnement au pain et à l'eau, ainsi qu'à la pénitence publique prévue dans le droit canon, qui consistait à se présenter durant sept dimanches devant l'église dans une tenue infamante. Il fut également chargé de faire peindre une madone sur le mur de l'église paroissiale. On le voit, commente malicieusement un observateur contemporain, « les madones du bas Moyen Âge ne sont pas toujours l'expression de la piété populaire[123] ».

En 1470, Thonis von Wesseling, un habitant de Cologne dont la tournure d'esprit était, à bien des égards, similaire, fit l'objet d'une enquête menée par des envoyés du conseil de la ville[124]. Sans détour, il qualifiait nombre d'éléments de la doctrine chrétienne d'histoires à dormir debout : il n'y avait pas de vie après la mort, les hommes passaient comme les bêtes, au-delà de ce monde il n'y avait ni enfer ni royaume des cieux. Le bienheureux avait sur terre son royaume des cieux, le malheureux son enfer. Il se moquait avec une ironie brutale de l'idée de résurrection de la chair : si quelqu'un allait se coucher le soir et se levait le matin, on pouvait alors parler de résurrection de la chair, ou « si un homme a bien envie de s'affairer avec une femme, que sa chair se réveille ». Il était également accusé d'avoir outragé la Sainte Famille et déclaré que Joseph était le géniteur de Jésus; et enfin, d'avoir insulté les damnés curés et le pape qui, avec leurs inventions, prenaient l'argent des croyants. Tout cela reposait sur des témoignages. Contrairement à Leo, Thonis nia résolument et affirma que tous les propos qu'on lui attribuait étaient faux. Sa stratégie de défense sembla fonctionner, car aucune sanction n'est

---

122. Alexander Patschovsky, *Quellen zur böhmischen Inquisition im 14. Jahrhundert*, Weimar, Böhlau, 1979, p. 226 sq.; *id.* (éd.), *Die Anfänge einer ständigen Inquisition in Böhmen. Ein Prager Inquisitoren-Handbuch aus der ersten Hälfte des 14. Jahrhunderts*, Berlin, De Gruyter, 1975, n° 22, p. 130-132.
123. *Ibid.*, p. 14.
124. Analyse détaillée et édition de la source dans Gerd Schwerhoff, « Die alltägliche Auferstehung des Fleisches. Religiöser Spott und radikaler Unglaube um 1500 », *Historische Anthropologie*, vol. 12, n° 3, 2004, p. 309-337.

évoquée. Impossible aujourd'hui de savoir si les éléments déterminants furent ses bons contacts politiques (après tout, il avait siégé au conseil) ou la peur du scandale public.

Les mots de Leo et de Thonis constituaient-ils une provocation situationnelle ou suggéraient-ils une incroyance systématique ? Cette question est au cœur d'un débat ancien et persistant entre les représentants de différentes disciplines pour savoir si l'athéisme existait, ou pouvait exister, avant l'époque contemporaine. La discussion oscille aujourd'hui encore entre deux positions extrêmes : la première était notamment celle de l'historien français Lucien Febvre, qui décrivait encore le début de l'époque moderne comme un siècle « qui veut croire », la seconde est représentée par des chercheurs qui considèrent que l'existence d'un athéisme au Moyen Âge relève de l'évidence[125]. Aujourd'hui, ces deux positions ne semblent plus tenables : l'une, parce qu'elle découle de suppositions peu pertinentes sur « la » mentalité traditionnelle, archaïque, abreuvée de croyances ; l'autre, parce qu'elle assimile hâtivement les « impiétés » diffuses de cette époque à un athéisme systématique. Les cas de blasphèmes décrits ici apportent peu à ce débat. Ils n'en montrent pas moins jusqu'où pouvait aller la raillerie des éléments religieux, et ils permettent d'établir d'étonnantes continuités. Ainsi, les propos tenus par Leo, Thonis et d'autres sur l'âme comme courant d'air fugace renvoient au philosophe antique Épicure, qui était d'ailleurs considéré par les contemporains comme un pernicieux promoteur de l'impiété. La phrase de Thonis sur l'homme qui passe comme les bêtes provenait, en revanche, de l'Ancien Testament (Qo 3, 19) – ce qui explique que des propos similaires se retrouvent en des temps et des lieux très divers[126].

La force de l'incroyance, derrière la moquerie, est aujourd'hui difficile à établir. On sait seulement ce qui poussait les autorités séculières et ecclésiastiques à incriminer ces actes de langage : il s'agissait de blasphèmes, un crime qui était défini de façon assez précise au moins depuis le XIIIe siècle pour pouvoir être contrôlé par les autorités. Cela n'était pas le cas de l'athéisme, de l'incroyance ou du doute : la tendance contemporaine à considérer « l'absence de croyance comme la forme extrême de la déviance religieuse » induit en erreur et n'est pas confirmée par les sources ; il n'y eut longtemps aucune norme précise « sanctionnant la thèse qu'il n'y a pas de Dieu[127] ». Il fallut attendre le XVIe siècle pour que l'« athéisme »

---

125. Lucien Febvre, *Le problème de l'incroyance au XVIe siècle*, Paris, Albin Michel, 1942, p. 419 ; tour d'horizon de la recherche dans Dorothea Weltecke, „*Der Narr spricht: Es ist kein Gott". Atheismus, Unglauben und Glaubenszweifel vom 12. Jahrhundert bis zur Neuzeit*, Francfort-sur-le-Main, Campus Verlag, 2010 ; sur ce qui suit, voir Gerd Schwerhoff, *Zungen wie Schwerter...*, *op. cit.*, p. 294 *sqq*.
126. Gerd Schwerhoff, « Die alltägliche Auferstehung... », *op. cit.*, p. 322 *sq*.
127. Dorothea Weltecke, „*Der Narr spricht: Es ist kein Gott"...*, *op. cit.*, p. 367 *sq*.

devienne un stigmate désignant les critiques radicaux de la religion ou les sceptiques. Toutefois, le blasphème resta à de nombreux égards une étiquette adaptée pour sanctionner les individus concernés.

Scènes sociales : qui étaient les blasphémateurs ?

Le 22 juillet 1520, à Bâle, des témoins à charge furent entendus contre un certain Hans Heintzen, surnommé le fifre d'Appenzell, à propos d'un incident survenu un soir dans l'auberge *Zum Hasen*. Le fifre, qui avait passé quelque temps en compagnie de deux prostituées du bordel municipal, avait ensuite commencé à faire du chahut et reproché à l'aubergiste Jacob de le mépriser. Il avait donné libre cours à sa colère avec force jurons et malédictions. Selon les souvenirs de l'hôte, Hans Heintzen avait d'abord juré par « les cinq plaies, la souffrance et la puissance de Dieu », puis ajouté qu'il aurait voulu s'en prendre à une vache – une allusion claire à la sodomie. Jacob s'était forcé à garder son calme et avait alors répondu au fifre, avec des mots aimables, qu'il ne le méprisait pas du tout, mais qu'il avait bu trop de vin et qu'il jurait de façon malséante. Cela avait augmenté la rage de son interlocuteur qui l'avait traité de menteur, lui infligeant de nouvelles malédictions jusqu'à lancer : « viens, diable, que les cinq croix de Dieu dans le ciel te souillent ». Raccompagné hors de l'auberge, le client ivre avait continué à éructer : « Tu vois, Jacob, tu me méprises. » Pour finir, il avait crié « que le diable vienne le prendre, il est à lui ». Les autres témoins confirmèrent les déclarations de l'aubergiste et donnèrent d'autres exemples d'invectives condamnables lancés par Heintzen (par exemple « que le lait de Dieu (*Pox*) qu'il a tété le déshonore »). Ces jurons furent fidèlement retranscrits par le greffier et l'accusation rédigée peu après montre que ces actes de langage furent considérés comme très graves. On reprochait à Heintzen d'avoir juré par « tempérament sacrilège, malicieux et hardi » et d'avoir ainsi gravement outragé le Créateur. Il fut probablement difficile pour l'accusé, dans ce cas précis, de plaider avec succès la négligence et l'absence d'intention, même s'il lui était possible de se raccrocher à son ivresse. Quoi qu'il en soit, les sources ne contiennent pas de jugement[128].

Une scène à l'auberge, une société d'hommes, beaucoup d'alcool – ce cas correspond, peut-être pas dans les détails mais dans ses traits principaux, à nombre d'autres récits de blasphème. Il montre, encore une

---

128. Gerd Schwerhoff, « Starke Worte. Blasphemie als theatralische Inszenierung von Männlichkeit an der Wende vom Mittelalter zur Neuzeit », *in* : Martin Dinges (dir.), *Hausväter, Priester, Kastraten. Zur Konstruktion von Männlichkeit in Spätmittelalter und Früher Neuzeit*, Göttingen, Vandenhoeck & Ruprecht, 1998, p. 238 *sqq*.

fois, l'importance de chaque contexte social pour une meilleure compréhension des actes de langage blasphématoires. Jurons, malédictions et blasphèmes renvoient certes à des éléments de la religion chrétienne, mais ne peuvent en aucun cas être compris principalement comme l'expression d'une opinion religieuse. Il s'agit bien davantage de scènes sociales, ancrées en particulier dans des situations de dispute et de conflits. Les éléments de ces scènes sont présentés ici de manière condensée, à partir d'un éventail de sources très diverses, d'où ressortent des fragments qui rappellent le cas bâlois[129].

Hommes et femmes

L'agressivité et l'humeur querelleuse qui se manifestaient par les jurons et les malédictions chargés d'affect distinguent ces actes de langage comme un habitus typiquement masculin. Lucrezia Marinella, qui allait à l'encontre de la tradition misogyne des philosophes occidentaux dans son traité *La nobiltà, et l'eccellenza delle donne* (« La noblesse et l'excellence des femmes ») (1600), était persuadée que la piété des femmes les tenait résolument éloignées du mal qu'était le blasphème. L'homme typique, en revanche, qui ne craignait pas Dieu, se répandait souvent en grossiers sacrilèges[130]. Rengel, conquistador du Mexique, avait peu de points communs avec la fille d'un savant vénitien, mais ses déclarations publiques montrent qu'il partageait l'essentiel de son point de vue : « Ventredieu, celui qui ne blasphème pas n'est pas vraiment un homme[131] ! » Dans un tout autre genre, le prudent conseiller de Cologne Hermann von Weinsberg racontait comment, jeune étudiant, il avait une fois juré par les souffrances et les plaies de Dieu « comme je l'avais appris des grossiers compagnons qui avaient coutume de le faire ». Le recteur de son collège lui fit comprendre, de façon très sérieuse, que le blasphème était un acte répréhensible. Des années plus tard, Weinsberg devenu vieux racontait qu'il avait pris ces exhortations tellement à cœur qu'il s'était ensuite abstenu de toute malédiction – du moins « autant qu'il [lui] était possible » et tant qu'il n'y était pas poussé par une grande colère, ajoutait-il avec candeur[132]. Ainsi peut-on comprendre dans cette source que les jeunes gens turbulents étaient coutumiers du blasphème ; et que même des bourgeois plus rangés ne pouvaient tout à fait se retenir de jurer, dans certaines circonstances.

---

129. Sur ce qui suit, voir Gerd Schwerhoff, *Zungen wie Schwerter...*, *op. cit.*, p. 255 *sqq.*
130. Elizabeth Horodowich, *Language and Statecraft...*, *op. cit.*, p. 85.
131. Javier Villa-Flores, *Dangerous Speech...*, *op. cit.*, p. 37.
132. Konstantin Höhlbaum (dir.), *Das Buch Weinsberg, Kölner Denkwürdigkeiten aus dem 16. Jh.*, Leipzig, Dürr, 1886, t. I, p. 158.

Les observateurs d'aujourd'hui et les témoins de l'époque s'accordent à dire que le blasphème était une affaire principalement masculine, et ce en dépit du fait que la tradition chrétienne attribuait plutôt aux femmes la hargne verbale[133].

La mise en série des dossiers judiciaires confirme la nette prépondérance numérique des hommes. Cette surreprésentation était moins marquée devant la basse justice, qui traitait les délits légers pour lesquels la part des femmes pouvait s'élever à un quart, voire un tiers. Dans le domaine des actes criminels graves, en revanche, cette part était plus faible : parmi les 322 personnes accusées de blasphème en France, à la fin du Moyen Âge, dont on connaît le sexe, il ne se trouvait que neuf femmes, soit une part de 2,8 %. Les femmes connues de la justice pour ce type d'affaires étaient visiblement dépourvues de prestige social et avaient mauvaise réputation, comme Jehotte la Noire, coupable en 1453 de terribles jurons comme « la mort Dieu » et autres[134]. Des cas similaires dans l'espace germanophone confirment cette impression. À Zurich, entre 1376 et 1385, on retrouve une seule femme parmi 62 blasphémateurs. Elle compta d'ailleurs parmi les plus sévèrement punis : outre l'amende et l'exclusion de la ville, elle fut aussi condamnée au carcan[135]. Cette femme avait juré de façon particulièrement grossière, « par la queue sanglante de Dieu ». Elle appartenait ainsi à un groupe restreint mais significatif de femmes dont les blasphèmes furent considérés comme particulièrement graves, en raison de la teneur des propos eux-mêmes mais aussi, certainement, parce que leurs mots étaient en contradiction avec le code de conduite féminine. Au XVIIIe siècle encore, moins de 10 % des dénonciations pour blasphème devant le tribunal de l'Inquisition à Malte concernaient des femmes[136].

La pétition du voisinage contre la veuve Agnès à Cologne, en 1576, montre à quel point le blasphème féminin pouvait s'intégrer dans un contexte plus large de comportement déviant. Six témoins évoquèrent dans leur déposition la mauvaise vie de cette femme. Ils affirmèrent sous serment qu'Agnès avait proféré nombre de « terribles mots de blasphème », notamment concernant les souffrances, les plaies, le sang et les sacrements du Christ, et ce pas seulement ivre, mais aussi à l'état sobre. C'était un

---

133. Élisabeth Belmas, « La montée des blasphèmes... », *op. cit.*, p. 21 ; Maureen Flynn, « Blasphemy and the Play of Anger... », *op. cit.*, p. 53 ; Alain Cabantous, *Histoire du blasphème en Occident*, Paris, Albin Michel, 1998, p. 101 ; Francisca Loetz, *Mit Gott handeln...*, *op. cit.*, p. 542. Sur la faconde des femmes, voir dernièrement Javier Villa-Flores, *Dangerous Speech...*, *op. cit.*, p. 106 *sqq*.
134. Corinne Leveleux, *La parole interdite...*, *op. cit.*, p. 407 *sq*. Pour plus de chiffres, Gerd Schwerhoff, *Zungen wie Schwerter...*, *op. cit.*, p. 264.
135. Susanna Burghartz, *Leib, Ehre und Gut...*, *op. cit.*, p. 135 *sq*. et 268, note 64.
136. Frans Ciappara, *Society and the Inquisition in Early Modern Malta*, San Gwann, PEG, 2001, p. 90 *sq*.

miracle, selon eux, que le Tout-Puissant n'ait pas encore châtié pour cela la ville, ou même le monde entier. Agnès tenait sans discontinuer des propos grossiers, mettant ainsi en danger la moralité des jeunes gens et la paix de l'âme des anciens. Outre le blasphème, « la même Agnies faisait des œuvres d'homme » : elle faisait sortir les hommes de leurs maisons avec des lances et des hallebardes, frappait avec dans les portes et traitait voisins et voisines de coquins, d'adultères et de voleurs[137]. Les formules blasphématoires s'accompagnaient non seulement d'insultes, mais aussi d'actes de violence physique. Le comportement d'Agnès semblait particulièrement masculin aux voisins, elle se conduisait mal en faisant « œuvres d'homme ». La haute justice la condamna à une année d'exclusion de la ville, associée à l'obligation de montrer une bonne conduite lors de son éventuel retour.

Statut social

Le blasphème était-il, chez les hommes également, la marque d'une marginalité sociale ? Un cas comme celui de Johann Carpen pourrait écarter ce soupçon. En mai 1572, le conseil de Cologne enquêta sur cet habitant du centre de la ville, qui résidait face à l'église Saint-Laurent. On lui reprochait de s'être rendu au « bordel » alors qu'il n'en avait pas le droit en tant qu'homme marié ; ainsi que de s'être soulagé de la fenêtre du premier étage sur la Schildergasse, lors d'une fête de la Pentecôte à la maison de la corporation, sous les yeux de nombreuses personnes. L'accusation de blasphème revient ici encore : jurons ignobles par les plaies, les sacrements et les éléments, au point que tout le voisinage, disait-on, était menacé par le châtiment du Tout-Puissant. Interrogé, il nia mollement mais avança comme circonstance atténuante la querelle continuelle avec sa femme. De fait, le conseil le relâcha mais l'avertit qu'il devait s'attendre à de graves sanctions en cas de récidive[138].

Il s'agit ici d'un bourgeois bien établi, mais la qualification de blasphème fut également utilisée pour signaler le statut marginal de certaines personnes. Le registre de bannissement de la ville d'Augsbourg, datant de la deuxième moitié du XIVe siècle, contient des listes de « gens nuisibles ». Tous les ans, le jour de la Saint-Gall, ils étaient chassés hors de la ville au son du tocsin et devaient en rester éloignés au moins trois années. Ces expulsions ne reposaient pas sur des comportements concrets, établis par la justice, mais sur la décision du conseil de mettre à la porte les éléments douteux. Parmi les expulsés, on trouve souvent des hommes qui avaient

---

137. HAStk Verf.u.Verw. G 215, f° 190b *sq.* ; Gerd Schwerhoff, « Blasphemie vor den Schranken... », *op. cit.*, p. 113 *sq.*
138. *Ibid.*

la réputation de tenir des propos blasphématoires. En 1349, un relevé des gens nuisibles ne comptait pas moins de douze personnes avec des qualificatifs comme « blasphémateur » ou « idôlatre » ou même « blasphémateur avec des jurons nouveaux », presque toujours accompagnés d'autres termes péjoratifs comme « scélérat » ou « voleur »[139]. Ces dénominations désignent en quelque sorte les individus concernés comme des personnalités entièrement criminelles. Les propos et les comportements blasphématoires étaient là l'étiquette de déviance par excellence – comportement irréligieux et comportement asocial allaient de pair.

Les exemples de blasphémateurs issus des groupes marginaux, mendiants ou criminels, ne manquent pas[140]; toutefois, il serait trompeur de se limiter à ces milieux sociaux. En réalité, le profil social est ici bien moins marqué que la spécificité de genre. Jurons et malédictions étaient proférés dans toutes les couches de la société. L'image construite jusqu'à présent se trouve particulièrement écornée par l'observation que les tournures blasphématoires n'étaient pas moins importantes, loin de là, dans la noblesse et parmi les princes, et même au sein du clergé. Les chevaliers blasphémateurs et les rois jureurs n'apparaissent pas seulement dans les *exempla* des prédicateurs, la petite noblesse junker et les patriciens urbains châtiés pour leurs défaillances verbales figurent aussi dans les registres judiciaires des villes[141]. Dans leur cas, une profonde religiosité et de violents jurons étaient tout à fait compatibles aux yeux de la plupart des contemporains. Au milieu du XVIe siècle, dans la petite ville de Meßkirch, alors que selon la coutume un âne était mené lors des Rameaux par des ecclésiastiques, des étudiants et quelques bourgeois aisés, les comtes von Zimmern, assistaient aussi à cette reconstitution rituelle de l'entrée de Jésus à Jérusalem. L'un des hommes attelés devant l'âne reprocha à son compagnon de ne pas bien tirer. Fâché, celui-ci répondit : « Je le tire ce diable, et toi donc ? » Cela provoqua un rire général, mais le comte Gottfried von Zimmern se mit en colère : « Que Dieu (*Botz*) te déshonore ! Traiteras-tu l'image de notre Seigneur de démon ? Dieu (*Botz*) peut te déshonorer dans le ventre de ta mère[142] ! » Il ne lui vint visiblement pas à l'esprit que ses jurons blasphématoires pouvaient être incompatibles avec sa pieuse indignation.

Gottfried n'était pas un cas isolé : les surnoms de quelques hommes de sa famille les désignent comme des blasphémateurs et des jureurs invétérés. Le comte Jost Niklaus I von Zimmern était justement appelé

---

139. Adolf Buff, « Verbrechen und Verbrecher zu Augsburg in der zweiten Hälfte des 14. Jahrhunderts », *Zeitschrift des Historischen Vereins für Schwaben und Neuburg*, n° 4, 1877, p. 160-231, ici p. 204 et 223 *sqq*.
140. Francisca Loetz, *Mit Gott handeln...*, op. cit., p. 318 *sq*.
141. Gerd Schwerhoff, *Zungen wie Schwerter...*, op. cit., p. 260 *sq*.
142. Paul Herrmann (éd.), *Zimmersche Chronik*, Meersburg/Leipzig, F. W. Hendel, 1932, t. IV-2, p. 96 *sq*.

«le martyr» en raison de ses jurons incessants par les plaies du martyr divin[143]. Sa piété intransigeante n'était pas douteuse, il avait d'ailleurs fait exécuter un valet qui avait tiré sur une représentation de la Passion, en dépit de nombreuses intercessions. Le baron Werner von Zimmern fut quant à lui surnommé «vessie» en raison de son juron préféré (ou plutôt, une malédiction: «que la vessie de Dieu [*botz*] te souille!»). Et comme son voisin Hanns von Weitingen («rate de Dieu [*Potz*]»), le margrave Christoph von Baden lui-même («*Botz veil!*») utilisait couramment des jurons frappants, en dépit de sa propre ordonnance contre le blasphème de 1495[144]. On racontait aussi que les rois français et anglais avaient chacun des jurons favoris. Certains semblent particulièrement blasphématoires, comme l'exclamation de Charles VIII «que le diable m'emporte!»; et le «jarnidieu» d'Henri IV ne dissimulait qu'assez mal le puissant juron «je renie Dieu!»[145]. Comme l'a montré un historien, l'usage public de formules blasphématoires devint, au moins jusqu'au début du XVIIe siècle, «l'un des marqueurs identitaires pour une partie de la noblesse de cour en France et en Espagne[146]».

Les ecclésiastiques n'étaient pas immunisés contre la tentation du blasphème, de même qu'ils ne s'abstenaient pas toujours de jouer et de boire. Au XVe et au début du XVIe siècle, la plus haute autorité romaine en la matière, la Pénitencerie apostolique, fut sans cesse sollicitée par certains d'entre eux qui demandaient l'absolution, pour s'être rendus coupables d'injures et de violences, mais aussi de blasphèmes. Pour les premières générations des pasteurs protestants, le comportement blasphématoire n'avait rien d'extraordinaire. À l'occasion d'une visite pastorale de la région de Nuremberg en 1560-1561, le pasteur de Reichenschwand fut décrit comme ayant «le cœur et la poitrine légers» lorsque quelqu'un jurait abondamment. Et l'on ne sera pas étonné de voir figurer le comportement blasphématoire dans la longue liste des péchés d'un trio de pasteurs particulièrement «impies» qui buvaient, se battaient et se livraient à des plaisanteries grossières[147].

Certains groupes sociaux avaient particulièrement mauvaise réputation dans ce domaine. Dans le Mexique colonial, il s'agissait en premier lieu de ceux qui étaient habitués à la dure vie du travail itinérant: soldats

---

143. *Ibid.*, t. I, p. 450 *sq.*
144. *Ibid.*, t. II, p. 22; t. I, p. 423, 433 et 479. Pour Hanns von Weitingen, *ibid.*, t. III, p. 93, pour Christoph von Baden, *ibid.*, t. II, p. 391 *sq.*
145. Élisabeth Belmas, «La montée des blasphèmes…», *op. cit.*, p. 19; pour l'Angleterre, par exemple Ashley Montagu, *The Anatomy of Swearing*, *op. cit.*, p. 108 et 132.
146. Alain Cabantous, *Histoire du blasphème…*, *op. cit.*, p. 100.
147. Gerhard Hirschmann (éd.), *Die Kirchenvisitation im Landgebiet der Reichsstadt Nürnberg 1560 und 1561. Quellenedition*, Neustadt an der Aisch, Degener, 1994, p. 54, 78, 80.

querelleurs, marins endurcis et muletiers aux délais de livraison courts, qui proféraient des blasphèmes courroucés face à des animaux réfractaires et à des sacs qui craquaient[148]. Il est étonnant de constater que ces observations coïncident tout à fait avec celles sur l'Ancien Monde. Les règlements des vaisseaux de toutes les grandes flottes européennes, de l'Espagne à l'Angleterre, en passant par les Pays-Bas et jusqu'à la Russie, dans le monde catholique mais aussi protestant et orthodoxe, comprenaient tous des dispositions strictes prévoyant le châtiment des dérapages blasphématoires. Ils montrent que les marins avaient la réputation d'être particulièrement sujets à ce type d'actes de langage, mais aussi que les blasphèmes étaient considérés comme un danger sur un bateau dont la fragilité le rendait désespérément dépendant de l'assistance divine[149]. Comme les fantassins étaient eux aussi considérés comme des blasphémateurs notoires, l'interdiction était inscrite dans toutes les lettres d'articles qui fixaient leurs droits et leurs devoirs. L'auteur de la *Chronique de Zimmern* signalait comme digne d'intérêt le fait qu'un colonel issu de la noblesse, à Amsterdam, n'ait pas proféré de jurons « supérieurs » à « bouton d'église », alors que des expressions bien pires étaient en usage parmi les gens de guerre[150]. Le prédicateur protestant Andreas Musculus, engagé contre le blasphème, réservait des railleries amères aux bravaches qui voulaient faire la guerre avec la langue. Les gens de guerre allemands, autrefois renommés pour leur courtoisie, n'étaient plus connus aujourd'hui selon lui que comme des « Jean-jureurs par le supplice » (*Marterhansen*). Sans doute, se moquait-il, pensaient-ils que leurs grossiers blasphèmes suffiraient à repousser les Turcs jusqu'à Constantinople[151].

Enfin, les cochers : leur propension au blasphème transparaît déjà dans les *exempla* médiévaux. Étienne de Bourbon raconte l'histoire d'un conducteur qui, sur la route entre Paris et Saint-Denis, blasphème violemment face à un obstacle et se trouve immédiatement frappé par la foudre alors que les chevaux et les passagers restent indemnes[152]. Une variante du XVIe siècle reprend ce motif pour en faire un récit humoristique. Une jeune fille noble avait un besoin urgent des services d'un cocher. Celui-ci avait coutume de jurer si violemment « que Dieu depuis les cieux pouvait le voir ». Cette habitude était celle des cochers en général : « Quand quelque chose ne va pas tout à fait selon leur volonté, ils jurent tellement que ce ne serait pas étonnant si la terre s'ouvrait pour engloutir de tels

---

148. Javier Villa-Flores, *Dangerous Speech...*, *op. cit.*, p. 58 *sqq*.
149. Alain Cabantous, *Histoire du blasphème...*, *op. cit.*, p. 90 *sq*.
150. Paul Herrmann (éd.), *Zimmersche Chronik*, *op. cit.*, t. II, p. 269.
151. Andreas Musculus, « Der Fluchteufel (Von dem unchristlichen, erschrecklichen und grausamen fluchen und Gottslestern, 1556) », *in* : Ria Stambaugh (éd.), *Teufelsbücher in Auswahl*, Berlin, De Gruyter, 1978, t. IV, p. 62, 71.
152. Albert Lecoy de La Marche, *Anecdotes historiques...*, *op. cit.*, n° 389, p. 342 *sq*.

gens. » La jeune noble demanda instamment à son cocher de renoncer à ses blasphèmes, afin qu'il n'arrive pas malheur. Il consentit mais ses tentatives pour faire avancer les chevaux avec de pieuses expressions (« Hayle au nom de Dieu ! Hue, mon petit ! ») restèrent vaines, les animaux étaient immobilisés en rase campagne. Il fallut que la jeune femme cède et que le cocher se remette à jurer grossièrement pour pouvoir repartir[153].

Qu'avaient en commun les cochers, les fantassins et les bateliers ? Tous devaient s'imposer dans un environnement inconnu, parfois hostile, au besoin par la violence. Dans ces trois groupes professionnels, le principe de l'homosocialité, bien plus important de façon générale dans les sociétés traditionnelles européennes qu'aujourd'hui, était porté à son comble. Les blasphèmes coutumiers jouaient le rôle de rituels communautaires et démontraient la force masculine.

Jeu et boisson

Le blasphème était partout : les jurons et les malédictions résonnaient sur les places et dans les rues des villes, dans l'espace privé, et même dans les églises. Les propos blasphématoires pouvaient retentir aussi bien lors de fêtes de famille que lors de l'assemblée d'une corporation, dans les disputes entre mari et femme, dans les discussions entre voisins devant les portes ou au travail à l'atelier. La recherche de lieux particulièrement propices au blasphème mène aux tables de jeu des auberges : la tension liée aux incertitudes du sort se manifestait par des jurons nerveux et des malédictions, surtout lorsque les langues étaient déliées par une importante consommation d'alcool. Un souffle de violence potentielle planait sur la scène ; les mots grossiers menaçaient en permanence de déboucher sur des affrontements physiques. Les participants qui se retrouvaient dans les tavernes, buvaient, jouaient et enfin blasphémaient pouvaient être des hommes issus de milieux sociaux très divers : bourgeois et paysans, nobles et ecclésiastiques, soldats et marginaux.

L'ivresse était considérée comme l'une des facettes de la gourmandise (*gula*), l'un des comportements critiqués depuis toujours par les théologiens et les moralistes. Le blasphème mais aussi l'adultère et le meurtre faisaient partie des nombreuses conséquences malheureuses de ce vice. À la fin du Moyen Âge, les autorités allemandes réglementèrent la consommation d'alcool de leurs sujets, en interdisant notamment ses formes rituelles qui semblaient encourager les beuveries jusqu'à la perte de conscience.

---

153. Martin Montanus, *Martin Montanus' Schwankbücher (1557-1566)*, édité par Johannes Bolte, Tübingen, Litterarischer Verein, 1899, n° 75, p. 333. Voir également Alain Cabantous, *Histoire du blasphème...*, *op. cit.*, p. 99.

Dans le recès d'Empire de 1512, cette interdiction vient immédiatement après les dispositions sur le blasphème, stipulant que le fait de trinquer entraîne l'ivresse, laquelle à son tour provoque le blasphème, le meurtre et nombre d'autres délits. Ce lien continua à être affirmé durant les décennies suivantes dans la législation impériale, mais aussi dans les ordonnances de police des territoires et des villes[154]. Si le rôle de l'alcool apparaissait nettement dans nombre de faits jugés en justice, l'ivresse en général n'était pas un sujet central dans les discussions sur le blasphème ; elle était plutôt un phénomène tout naturel de second plan. De façon régulière, elle était invoquée dans les procédures afin de minimiser la gravité des propos. En quelque sorte, l'ivresse dégageait le locuteur de la responsabilité de ses actes (de langage), et suggérait que les formules blasphématoires, le juron ou la malédiction avaient été prononcés sans préméditation et sans pleine conscience de leur contenu.

Le lien entre blasphème et jeu, en revanche, était un motif de premier plan dans tous les débats sur le blasphème au sein des sociétés de la vieille Europe, tant au Moyen Âge qu'à l'époque moderne[155]. Les histoires morales qui circulaient concernaient la plupart du temps des joueurs qui juraient, blasphémaient et prononçaient des malédictions. Celui qui voulait dénoncer par une image la mauvaise habitude du blasphème dessinait ou peignait souvent un joueur, jurant les doigts pointés vers le ciel, ou même cherchant – comme les joueurs à Willisau en 1553 – à s'en prendre physiquement au Créateur (voir fig. 7).

Dans nombre de normes législatives, le jeu et le blasphème sont unis presque comme des jumeaux siamois. Déjà, dans les constitutions de Melfi de l'empereur Frédéric II, au XIIIe siècle, la menace de couper la langue aux blasphémateurs était suivie d'une disposition qui déclarait infâmes, c'est-à-dire dépourvus de droits et d'honneur, les joueurs réguliers. Ici, comme dans d'autres cas, le «jeu» désigne les jeux de hasard, au premier rang desquels figuraient les dés, prototype même du jeu de chance depuis toujours, comme l'indiquent les termes de l'ancien français et du moyen haut allemand (*hashart* ou *hasard*). Leur mauvaise réputation tenait notamment au fait que les dés comptaient au Moyen Âge parmi les instruments de la Passion et figuraient dans de nombreuses représentations des *arma Christi* mettant en scène les objets qui avaient joué un rôle dans le martyre du Sauveur.

---

154. Siegfried Leutenbauer, *Das Delikt der Gotteslästerung in der bayerischen Gesetzgebung*, Cologne/Vienne, Böhlau, 1984, p. 29 *sq.*; Sebastian Frenzel, «Die Ordnung des Zorns...», *op. cit.*, p. 58.
155. Gerd Schwerhoff, *Zungen wie Schwerter...*, *op. cit.*, p. 269 *sqq*. De façon générale, sur le jeu, Walter Tauber, *Das Würfelspiel im Mittelalter und in der frühen Neuzeit. Eine kultur- und sprachgeschichtliche Darstellung*, Francfort-sur-le-Main, P. Lang, 1987 ; Jean-Michel Mehl, *Les jeux au royaume de France. Du XIIIe au début du XVIe siècle*, France, Fayard, 1990.

Fig. 7 – Châtiment de trois joueurs coupables de blasphème.
Imprimé, Augsbourg, vers 1620.

L'Évangile selon Jean (19, 23-24) raconte que les soldats se partagèrent les vêtements du Christ crucifié en les tirant au sort. De nombreuses peintures médiévales les montraient jouant aux dés la sainte tunique. Il n'était donc pas étonnant que les théologiens désignent le diable lui-même comme l'inventeur de ces jeux, et que les dés soient élevés au rang de symboles d'une mentalité antichrétienne. Le franciscain Bernardin de Sienne opposait la véritable Église du Christ à la communauté des joueurs, « Église du mal ». Alors qu'au sein de la première on entonnait le *Gloria Dei*, on proférait dans la seconde les blasphèmes les plus affreux, devenus en quelque sorte l'horrible liturgie d'une contre-culture satanique[156].

---

156. Bernardin de Sienne, « Contra alearum ludos », *in*: *id.*, *Opera Omnia, op. cit.*, t. II, p. 20-34, ici p. 23.

Pour les autorités législatives, il pouvait ainsi être jugé opportun d'interdire entièrement le jeu comme source de blasphèmes. Il y eut effectivement de nombreuses tentatives en ce sens, par exemple dans les colonies espagnoles du Nouveau Monde. Dans la pratique, pourtant, la prohibition était difficile à mettre en œuvre, d'autant que des hommes de premier plan comme le capitaine général Hernán Cortés et son entourage continuaient malgré tout à jouer aux cartes dans leurs maisons. Le monopole ibérique de l'impression des cartes à jouer, dont bénéficiaient l'État et l'Inquisition, ne favorisaient pas une trop grande détermination[157]. Même lorsque les autorités interdirent uniquement le jeu de dés, ou tentèrent de limiter les mises, il fut difficile de réguler la pratique, et bien plus encore de la réprimer totalement.

Le théâtre du blasphème

Les mots peuvent blesser, ce qui leur confère une certaine similarité avec la violence physique – même si un homme rabaissé par des mots n'en tire pas de plaies sanglantes. Cela vaut pour les invectives en général comme pour le blasphème. Les exclamations sacrilèges dégagent parfois – malgré la froideur des textes, à des siècles d'intervalle – une brutalité physique, comme un coup ou un choc[158]. En 1478, Haensli Verr fut traduit en justice à Brégence pour des violences domestiques contre sa femme et ses enfants. Parmi les reproches à son encontre figuraient aussi les « nombreux jurons abominables et malséants » avec lesquels il avait outragé Dieu et ses saints. Il avait notamment affirmé vouloir poignarder sa femme, « que cela plaise ou non à Dieu et à tous les saints[159] ». Personne, pas même Dieu dans les cieux, ne peut me détourner de mon projet, signifiaient en substance ces mots.

Ce qui s'observe dans de nombreux cas individuels est aussi confirmé par la statistique. Ainsi, à Nuremberg, dans environ un tiers des affaires de blasphème, on peut démontrer que la condamnation du coupable porta sur plusieurs délits. Parmi eux, le jeu, la sortie d'un couteau et autres violences, et de façon assez peu précise la « fornication » ou la mauvaise réputation. Ce constat « renvoie à un large éventail de comportements, au sein desquels le juron n'est visiblement qu'un élément parmi d'autres »[160].

---

157. Javier Villa-Flores, *Dangerous Speech…*, *op. cit.*, p. 82 *sqq.*
158. Petra Gehring, « Über Körperkraft von Sprache », *in*: Steffen K. Herrmann, Sybille Krämer et Hannes Kuch (dir.), *Verletzende Worte. Die Grammatik sprachlicher Missachtung*, Bielefeld, Transcript Verlag, 2007, p. 211-228, ici p. 213 *sq.*
159. Alois Niederstätter (éd.), *Vorarlberger Urfehdebriefe bis zum Ende des 16. Jahrhunderts*, Dornbirn, Vorarlberger Verlagsanstalt, 1985, n° 38, p. 46.
160. Gerd Schwerhoff, « Blasphemie vor den Schranken… », *op. cit.*, p. 65.

Les procès-verbaux de la basse justice, au début du XVIIe siècle, donnent un aperçu impressionnant, quoique généralement peu spectaculaire, d'un quotidien conflictuel : là, Leonhard Fentzel von Hohenstat chasse fougueusement de chez lui un adversaire et le menace de mort avec force malédictions et blasphèmes ; de leur côté, Hans Schmidt et Michel Singer s'empoignent dans une taverne, et se répandent en insultes et blasphèmes ; ailleurs, le fils de paysan Michel Gülich bouscule les gens dans la rue, pousse une femme à terre et l'attaque avec des malédictions blasphématoires ; ailleurs encore, Barbara Zainerin, une « abjecte sorcière », menace de mort les autres femmes qui lui avaient demandé des comptes pour ses blasphèmes. Pour la seule période entre septembre 1605 et septembre 1606, les archives de Nuremberg permettent de recenser environ 15 affaires concernant 20 personnes, dans lesquelles le blasphème joue un rôle, parfois central, parfois plus marginal[161].

La proximité ou la parenté avec la violence semblent constituer une sorte de fil rouge du comportement blasphématoire. Il est intéressant de comprendre les propos comme des mises en scène de soi, notamment en situation de conflit[162]. L'invocation de puissances supérieures pouvait ainsi transmettre un double message. D'une part, les forces de l'au-delà pouvaient être appelées en renfort – conformément à la signification traditionnelle du juron. Jurons et malédictions pouvaient ainsi servir à mobiliser Dieu et ses saints, qui devaient voler au secours du locuteur, et éventuellement accomplir ses souhaits de vengeance. Toutefois, le second niveau de signification semble avoir dominé, l'acte de langage consistant alors à affronter les puissances supérieures. Par le manque de respect et la profanation, le blasphémateur montrait aux autres sa propre puissance, sa force et son indépendance. De façon provocante, dans une expression obstinée de défi, il s'élevait à la fois contre ses interlocuteurs humains et contre Dieu. Il signalait à ses ennemis qu'il ne craignait pas les adversaires les plus puissants, les faisait paraître impuissants et faibles en se présentant lui-même comme supérieur et omnipotent.

Ce théâtre du blasphème fut joué en de nombreux endroits à la fin du Moyen Âge et à l'époque moderne, dans différentes régions d'Europe aussi bien que dans le Nouveau Monde. De plus, le code communicatif du blasphème pouvait être adapté à des contextes sociaux très divers, prenant ainsi des teintes particulières et peut-être, aussi, des significations différentes :

---

161. *Ibid.*, p. 111 *sq.* Voir de même, pour le duché de Bavière, Siegfried Leutenbauer, *Das Delikt der Gotteslästerung...*, *op. cit.*, p. 111 *sqq.*
162. Ci-dessous d'après Gerd Schwerhoff, *Zungen wie Schwerter...*, *op. cit.*, p. 281 *sqq.* ; Gerd Schwerhoff, « Starke Worte... », *op. cit.*, p. 248. Puis, voir en particulier Francisca Loetz, *Mit Gott handeln...*, *op. cit.*, p. 315 *sqq.* ; Javier Villa-Flores, *Dangerous Speech...*, *op. cit.*

le blasphème pouvait être l'expression d'une provocation consciente, comme d'un doute religieux ou d'une protestation politique[163]. Nombre de manifestations du phénomène peuvent être classées selon trois scénarios, définis principalement par les circonstances, par les rôles sociaux ou par les individus.

Nous l'avons vu, le scénario le plus classique lié aux circonstances, transcendant potentiellement les statuts sociaux et les classes, est sans doute celui du jeu de hasard. Pour quelle raison? D'une part, le jeu était propice aux conflits: il pouvait y avoir une dispute lorsque quelqu'un cherchait à échapper à ses obligations, lorsque des tiers perturbaient le déroulement de la partie ou lorsque les mises n'étaient pas claires. Mais l'atmosphère était aussi chargée de jurons et de malédictions lorsque tout se passait de façon pacifique – la table de jeu était l'arène où de violents sentiments accumulés pouvaient exploser: exaltation de l'ivresse ou attente angoissée et, suivant les cas, satisfaction joyeuse ou profond abattement. Lorsque la chance souriait, plus d'un joueur risquait de devenir trop confiant. Ainsi, en 1414, l'Alsacien Frentzelin von Heilgenstein s'exclama, triomphant: «Maintenant j'ai gagné, que cela plaise ou non à Dieu!» et ajouta à ce blasphème d'autres malédictions contre le Créateur et plusieurs saints[164]. Les parties perdues, en revanche, donnaient libre cours au vice de la colère, provoquaient des explosions de rage et autres manifestations violentes d'affects[165]. Après avoir perdu au jeu à Mexico, en 1526, Pedro de Sosa déclara qu'il reniait celui qui avait provoqué cela et se vouait au diable. D'autres crachaient par terre en signe de mépris[166]. Face au tribunal, nombre d'accusés faisaient valoir qu'ils s'étaient laissés tellement envahir par leurs sentiments durant le jeu qu'ils se trouvaient presque dans un état d'irresponsabilité et ne pouvaient être comptables de leurs blasphèmes[167]. Il n'était pas rare d'avoir gain de cause et de parvenir ainsi à adoucir la peine.

Toutes ces invectives indiquent que, pour les joueurs, ce qui était à l'œuvre n'était pas un sort anonyme ou un hasard aveugle. La table de jeu était le domaine de l'intervention divine ou, du moins, de puissances surnaturelles. Alors qu'il existait depuis longtemps une tradition d'utilisation des dés pour tirer au sort ou sonder l'avenir, cela n'avait rien d'improbable, même si nous devons nous garder de voir dans tous les jeux de hasard des actes religieux ou des expériences mystiques[168]. À l'époque

---

163. Sur le sujet, voir de façon détaillée et précise Francisca Loetz, *Mit Gott handeln...*, *op. cit.*
164. Joseph Gény (éd.), *Schlettstadter Stadtrechte*, Heidelberg, C. Winter, 1902, p. 629.
165. *Ibid.*, p. 604.
166. Javier Villa-Flores, *Dangerous Speech...*, *op. cit.*, p. 89, 94 *sqq*.
167. Maureen Flynn, «Blasphemy and the Play of Anger...», *op. cit.*, p. 50.
168. *Ibid.*, p. 53.

moderne, l'insistance de la théologie sur la providence divine contribua peut-être à faire soupçonner, derrière la chute du dé ou la répartition des cartes, l'intervention de la main de Dieu. Pour le blasphémateur au moins, le jeu prenait à certains moments un caractère de jugement divin au sens littéral, et sa réaction spontanée était une bravade furieuse, qui consistait à accabler ses partenaires, ou plutôt ses adversaires du moment, de violents jurons et malédictions[169].

Toutefois, nombre de blasphèmes ne relevaient sans doute pas d'une intention aussi sérieuse et doivent plutôt être compris comme des phénomènes ludiques – au sens premier du mot. Autour de la table, le défi viril du blasphème était peut-être moins antagonique que dans d'autres situations et pourrait être compris comme une pratique collective. Par son expression commune (on pourrait presque évoquer un «clin d'œil»), l'agressivité perdait tout caractère sérieux. Souvent, les blasphèmes eux-mêmes pouvaient devenir un jeu. Dans cette perspective, le joueur ne s'isolait pas de ses partenaires, il se distinguait au contraire, avec ses compagnons, des non-joueurs – le blasphème comme intégration dans un groupe.

Les scénarios liés aux rôles et aux groupes, deuxième aspect envisagé, forment sans aucun doute la dimension la plus complexe. Sur le fond, il faut d'abord souligner le jeu de langage viril que constituait le blasphème. La compétition et la dispute, ludiques et complices ou franches et sanglantes, sont présentées dans les ouvrages d'ethnologie comme des outils importants de constitution et de préservation de l'identité masculine (*male bonding*). Avec Michael Herzfeld, on peut comprendre l'acte du blasphémateur comme une facette de cette «poétique de la masculinité» orientée vers la compétition, dans l'accomplissement de laquelle le sujet masculin se constitue et se maintient. Ainsi, les jurons et les malédictions énergiques étaient simplement nécessaires pour répondre aux attentes sociales du «*being good at being a man*[170]». Dans les sociétés de la vieille Europe, cela était sans doute vrai pour beaucoup d'hommes, sinon pour la majorité d'entre eux, au-delà des différences de statut social.

Si le blasphème était une pratique qui transcendait les strates de la société, cela n'empêchait pas le code communicatif de prendre des colorations très particulières en fonction des contextes sociaux. L'usage des propos blasphématoires était bien le fait de groupes définis d'hommes, qui s'en servaient également comme un code d'intégration et reproduisaient, dans

---

169. Ainsi que l'exprimait déjà à l'époque le prédicateur alsacien Murner, voir Thomas Murner, *Thomas Murners Narrenbeschwörung*, édité par Meier Spanier, Halle, M. Niemeyer, 1894, cap. 81, p. 398.
170. Voir Michael Herzfeld, *The Poetics of Manhood: Contest and Identity in a Cretan Mountain Village*, Princeton, Princeton University Press, 1985, p. 10 *sqq.*, en particulier p. 11, 16.

leurs pratiques collectives de communication, le rôle de l'homme « dur » et « intrépide ». Chez certains groupes, cela découlait de leurs activités quotidiennes ou professionnelles : on ne s'étonnera pas que les conquistadors, les fantassins et les soldats aient utilisé l'habitus verbal du blasphème pour démontrer leur disposition professionnelle à la violence. La fréquence de la pratique parmi les marins et les cochers possédait aussi – on l'a vu – sa logique. Les différentes colorations du blasphème ressortent particulièrement dans deux configurations sociales opposées, la « noblesse » et les « marginaux ». Johan Huizinga avait déjà démontré que le blasphème pouvait être considéré au XVe siècle comme un véritable sport aristocratique : « Eh quoi », dit le seigneur au paysan dans le récit de Gerson, « tu donnes ton âme au diable, et tu renies Dieu, et pourtant tu n'es pas noble[171] ». Mais pour les hommes comme le comte Gottfried Werner von Zimmern, jurons et malédictions constituaient plus qu'un sport, ils s'intégraient dans l'image générale que la noblesse voulait donner d'elle-même. Chez lui, l'intrépidité affichée, la représentation de la vaillance physique, les passions incontrôlables et, à l'occasion, les gestes de menace formaient les éléments d'un habitus seigneurial de la violence, qui devait incarner et démontrer de façon sans cesse renouvelée sa prétention à la domination, laquelle ne pouvait se reposer encore sur la bureaucratisation et la judiciarisation des siècles suivants[172]. En résumé, le blasphème appartenait aux instruments verbaux de la symbolique du pouvoir. On retrouve ici l'usage des jurons et des malédictions dans d'autres configurations sociales de la domination, des hommes sur les femmes, des maîtres de maison sur les domestiques et les enfants, et même des cochers et des muletiers sur les animaux.

À l'autre extrémité de l'échelle sociale, le blasphème faisait également partie de l'habitus querelleur des mendiants, des exclus et des marginaux. Il s'agissait là encore d'une mise en scène éclatante de sa force, mais dans une situation sociale opposée d'impuissance et de faiblesse. Les mots, qui étaient bien souvent les seules armes, étaient employés de façon particulièrement mordante, l'exaltation de soi était exacerbée face à la situation de marginalité. Nous avons vu que, dans le registre de bannissement d'Augsbourg, les « blasphémateurs » étaient présentés comme une catégorie à part de gens à exclure, dont le comportement semblait devenu si habituel qu'il s'était figé en une étiquette stigmatisante. Il est compréhensible que les voleurs et les escrocs aient entretenu, « par profession », un habitus blasphémateur, afin d'impressionner leurs ennemis et de faire peur à

---

171. Johan Huizinga, *L'automne du Moyen Âge*, traduit par Julia Bastin, Paris, Payot, 1989, p. 168.
172. Norbert Schindler, « Habitus und Herrschaft. Zum Wandel der aristokratischen Herrschaftspraxis im 16. Jahrhundert », *in*: *id.*, *Widerspenstige Leute*, Francfort-sur-le-Main, Fischer Taschenbuch, 1992, p. 47-77, ici p. 59.

leurs victimes. Là encore, l'usage « coutumier » des jurons et des malédictions peut être considéré comme une stratégie pour lier les membres d'un groupe. La rupture du tabou comme outil fondateur d'une communauté subculturelle – ce motif est poussé à l'extrême dans l'histoire de la « horde noire », une sorte d'ordre de voleurs formé en 1572. La règle de l'ordre aurait stipulé qu'au lieu de prier les membres avaient l'obligation de jurer tous les jours[173].

Une fois encore apparaît ici la force de la stigmatisation de l'autre. Car les mises en scène théâtrales de soi ne signifient pas que tous les acteurs s'étaient approprié les rôles types déjà décrits – dans certains cas, il peut s'agir d'attributions extérieures. Si cela est difficile à établir d'un point de vue historique, il n'en est pas moins certain qu'il s'agissait de stéréotypes socialement puissants. Cela est particulièrement vrai pour le troisième aspect de la réalisation contextuelle de ce code du blasphème, celui qui est lié aux personnes : des hommes, des habitants ordinaires des villes, sans cesse cités dans les dossiers criminels comme des ivrognes, des auteurs de violence, des oisifs et des blasphémateurs. Contrairement aux voleurs dont il vient d'être question, ou aux professionnels de la violence, il s'agit là de personnes non intégrées à un groupe, d'asociaux au sens propre du terme : des gens qui vivaient en mésintelligence avec leurs voisins, qui buvaient seuls et non de manière collective, et qui nuisaient à leurs familles par la dilapidation systématique de leurs biens. L'habitude de jurer et de maudire faisait partie de ce comportement asocial. Ces blasphémateurs étaient souvent signalés par des voisins ou même par les membres de la famille eux-mêmes, indisposés, ce qui entraînait leur emprisonnement ou leur comparution en justice. On a parfois l'impression que les habitués du blasphème travaillaient avec grand plaisir à leur propre stigmatisation. Les grossièretés viriles, considérées comme un signe de supériorité et de puissance, pouvaient devenir le signe de la faiblesse masculine. Ainsi les blasphèmes excessifs de Hans Heintzen, le fifre d'Appenzell, ne firent que sceller son exclusion et le mépris des autres à son égard.

Blasphème et représentations sociales de l'honneur

La recherche sur le blasphème comme fait social mène moins dans les arènes de la dispute théologique que dans les tavernes ou les rues du Moyen Âge, dans les lieux où avaient lieu les conflits d'honneur. La notion d'honneur est donc essentielle pour comprendre le blasphème dans les

---

173. Wolfgang Beck, *Protestantische Beispielerzählungen und Illustrationsmaterien. Ein Katalog aufgrund der Erbauungsbücher von Johann Jacob Otho*, Wurtzbourg, Bayerische Blätter für Volkskunde, 1992, n° 583, p. 112.

sociétés traditionnelles. Au-delà de l'atteinte à l'honneur de Dieu, il est de plus en plus évident qu'il s'agissait également de conflits humains, autrement plus violents. Pourtant, il n'est pas si simple de comprendre le sens de cette société de l'honneur[174]. Les hommes du Moyen Âge et de l'époque moderne n'avaient pas davantage que nous une conception nette de l'honneur; la science même a du mal à être plus précise. Il est certain que la fugacité et l'ambiguïté sont précisément caractéristiques de la notion – comme le fait dire Shakespeare à son rude chevalier Falstaff dans *Henri IV* (I, V, 1) : « Qu'est-ce que l'honneur? Un mot. [...] Qu'est-ce que cet honneur? De l'air. » Les historiens contemporains cherchent à appréhender le concept en l'élevant au rang de valeur cardinale de la « société d'ordres », de cet ordre social « traditionnel » qui attribuait à ses membres une place en fonction de leur honneur respectif. Il s'agirait ainsi d'une affaire de rang social, d'un élément existant divisé en portions croissantes. Cependant, l'honneur est surtout évoqué dans les sociétés anciennes lorsqu'il est attaqué et risque d'être compromis : en cas de conflit. De fait, dans la société d'ordres, et contrairement à aujourd'hui, il n'existait pas de séparation claire entre les différents rôles sociaux au travail, dans la famille, à l'église ou même dans le cadre des loisirs : il était toujours question de la personne « entière » et, lorsque son honneur semblait menacé, toute son intégrité était en jeu. Ainsi, le problème n'était pas la mesure de l'honneur, la gradation sociale ou la hiérarchie, mais le gouffre profond qui séparait l'honneur du déshonneur.

C'est pourquoi les conflits dans ce domaine devinrent la marque de la culture traditionnelle. Ils mettaient en jeu des rituels verbaux et gestuels dont on retrouve la trace dans d'innombrables documents judiciaires à travers toute l'Europe. Au quotidien, certes, on défendait son honneur en face à face, contre de potentiels provocateurs, dans des duels ou, s'il le fallait, en en venant aux mains. Mais les conflits pouvaient également aboutir devant les tribunaux qui devaient les traiter avec leurs procédures institutionnelles, les apaiser et le cas échéant sanctionner les adversaires. Les deux niveaux étaient étroitement mêlés, ce qui se manifestait notamment par le recours au vocabulaire de la criminalité ou du droit pénal pour s'injurier dans des duels verbaux : on se traitait de « voleur » ou d'« assassin », de « putain » ou de « sorcière », et on se souhaitait mutuellement la potence ou le bûcher. Les gestes méprisants, moqueurs ou injurieux, ou le fait de tirer ostensiblement son couteau, appartenaient au répertoire des surenchères possibles et pouvaient entraîner une escalade sanglante.

---

174. De façon précise, voir Gerd Schwerhoff, « Early Modern Violence and the Honour Code: From Social Integration to Social Distinction? », *Crime, Histoire & Sociétés*, vol. 17, n° 2, 2013, p. 27-46; succinctement Wolfgang Reinhard, *Lebensformen Europas. Eine historische Kulturanthropologie*, Munich, C. H. Beck, 2004, p. 523 *sq.*

C'est dans ce contexte plus large qu'il faut se représenter le « théâtre du blasphème » décrit plus haut. Dans les conflits d'honneur du quotidien, jurons et malédictions jouaient le même rôle que les autres termes d'injure et de menace. Certes, leurs tournures étaient très stéréotypées, mais elles pouvaient varier en fonction des situations, et être utilisées avec d'autres paroles ou comportements ritualisés. Les formules blasphématoires différaient des grossièretés courantes en ce qu'elles entraînaient Dieu et les saints dans un conflit interpersonnel qui ne les concernait pas. Dans notre esprit, et dans celui des pieux théologiens de l'époque, il y avait là une insupportable profanation du sacré. Dans une autre perspective, cette implication des puissances supérieures dans les conflits ordinaires montre l'importance des représentations chrétiennes dans le quotidien. En ce sens, la sentence vieille d'un siècle de Huizinga sur le rapport familier à Dieu des hommes d'alors, qui débouchait parfois sur l'irrévérence, est encore pertinente aujourd'hui[175].

Toutes les personnes concernées étaient d'accord pour faire de l'honneur le point d'Archimède du procédé blasphématoire. Les coupables cherchaient à ternir celui de leurs adversaires, humains bien sûr, mais aussi sacrés. Les autorités, en revanche, aspiraient à défendre ou à restaurer l'honneur de Dieu et de son entourage. Pour ce faire, la justice répondait souvent à l'agression en déshonorant à son tour le coupable par le biais du pilori, du carcan, du manteau de honte (voir fig. 8, p. 201), ou même en lui tranchant la langue. En définitive, expliquaient de nombreux prédicateurs, Dieu était affecté et offensé par les attaques verbales des blasphémateurs, et ce, le cas échéant, au point où sa juste colère face à la dépravation humaine pouvait toucher collectivement toute la communauté si celle-ci ne prenait pas de contre-mesures vigoureuses. Il fallut attendre encore des siècles pour que cette représentation anthropomorphe de Dieu soit ébranlée.

---

175. Johan Huizinga, *L'automne du Moyen Âge*, op. cit., p. 161.

9. Hérétiques blasphémateurs – blasphémateurs hérétiques

L'année où l'empereur Frédéric II ordonna, dans ses constitutions de Melfi, que les blasphémateurs aient la langue coupée fut aussi celle de la création de l'Inquisition ecclésiastique. En 1231, le pape Grégoire IX nomma un certain nombre de légats apostoliques inquisiteurs spéciaux contre les hérétiques. Quelques années auparavant, en 1224, Frédéric II avait déjà pris fermement position contre l'hérésie, en tant que « défenseur de l'Église ». Par un décret célèbre, il avait imposé que les coupables désignés et jugés par l'évêque soient saisis par les autorités séculières pour être brûlés sous son autorité. Si l'on voulait les laisser en vie afin qu'ils servent d'exemple, alors il fallait au moins leur couper la langue avec laquelle ils avaient outragé les dogmes de l'Église et insulté le nom du Seigneur, selon le principe de la peine miroir[176]. Considérée à cette époque comme un châtiment de substitution, l'ablation de la langue fut peu après intégrée dans la législation contre le blasphème, on l'a vu, comme unique sanction. Il existe, on le voit, des points communs entre blasphème et hérésie, qui étaient peut-être même étroitement liés. Toutefois, il ressort également de cela que les deux phénomènes ne sont pas identiques. En ce sens, la thèse encore défendue aujourd'hui selon laquelle le blasphème n'aurait été, de la fin de l'Antiquité au début de l'époque moderne, qu'une autre façon de désigner l'hérésie est tout simplement fausse[177]. Bien au contraire, nous avons vu comment au XIIIe siècle, au plus tard, avait émergé un discours sur les péchés de la langue et comment, dans ce contexte, le péché de blasphème s'était trouvé plus précisément défini comme des propos portant atteinte à l'honneur de Dieu.

---

176. Kurt-Victor Selge (éd.), *Texte zur Inquisition*, Gütersloh, G. Mohn, 1967, p. 37. Voir Hermann Conrad, Thea von der Lieck-Buyken et Wolfgang Wagner (dir.), *Die Konstitutionen...*, op. cit., p. LXXXIV.
177. Leonard W. Levy, *Blasphemy: Verbal Offense against the Sacred, from Moses to Salman Rushdie*, New York, A. A. Knopf, 1993, p. 46. Voir également David Nash, *Blasphemy in the Christian World: A History*, Oxford / New York, Oxford University Press, 2007, p. 48.

Fausses affirmations – propos blasphématoires

Si longtemps la recherche contemporaine n'a pas accordé à ce discours toute l'attention qu'il méritait, cela tient surtout à la réception limitée de deux grands théologiens. Augustin, docteur de l'Église qui vécut à la fin de l'Antiquité, et Thomas d'Aquin, scolastique médiéval, avaient fortement orienté les réflexions sur le blasphème. Dans son combat contre les « pensées fausses » de son époque, Augustin avait décrit le blasphème comme de « fausses affirmations sur Dieu » et placé ainsi l'accent sur l'erreur intellectuelle[178]. Thomas d'Aquin avait en partie suivi cette voie, en traitant du blasphème non dans le contexte des péchés verbaux, mais en lien avec l'incroyance, l'apostasie et l'hérésie[179]. Lui aussi avait d'abord souligné que les blasphémateurs tenaient des propos faux sur Dieu.

Toutefois, une analyse plus précise montre que Thomas distinguait totalement l'hérésie et le blasphème : le blasphème n'était entier (« *blasphemia perfecta* ») que lorsque le dénigrement de Dieu n'avait pas pour origine seulement une compréhension erronée, mais aussi une mauvaise intention. Le dominicain se rapprochait, pour finir, d'une conception du blasphème comme la tenue de propos volontairement outrageux. Ce fut bien ainsi que cette tradition fut reçue, ensuite, par les autres théologiens. La *Somme des vices et des vertus* compilée vers 1280 par le dominicain parisien Laurent d'Orléans, plus tard transposée en anglais, s'appuyait d'abord sur la définition augustinienne du blasphème comme fausse croyance ou faux propos sur Dieu, mais persistait à faire du mépris verbal (« *to scorn God* ») le cœur du délit[180]. Les érudits du Moyen Âge ont toujours gardé à l'esprit cette différence entre hérésie et blasphème. Comme nombre d'entre eux avant lui, le chanoine viennois Ulrich von Pottenstein compara les deux péchés dans sa glose sur les Dix Commandements au début du XVe siècle. « L'injure envers Dieu » devait, selon lui, être jugée plus sévèrement que « l'hérésie » : un hérétique croyait du moins à la vérité de sa foi, alors que l'auteur d'insultes tenait

---

178. Aurelius Augustinus, *Ad Consentium contra mendacium*, in : *id.*, *Opera*, édité par Joseph Zycha, Prague/Vienne/Leipzig, F. Tempsky/G. Freytag (CSEL ; 41), 1900, V. 8, p. 479 *sqq.* ; XIX. 39, p. 523 *sq*. Voir toutefois sa définition du terme dans Aurelius Augustinus, *De moribus ecclesiae catholicae et de moribus Manichaeorum libri duo*, édité par Johannes B. Bauer, Vienne, Hoelder/Pichler/Tempsky (CSEL ; 90), 1992, lib. 2, cap. 20, p. 106. Helmut Merkel, « Gotteslästerung », *in* : Theodor Klauser (éd.), *Reallexikon für Antike und Christentum*, Stuttgart, A. Hiersemann, 1981, t. XI, p. 1199 *sq*.
179. Thomas d'Aquin, *Somme théologique*, édité par Albert Raulin, traduit par Aimon-Marie Roguet, Paris, Les Éditions du Cerf, 2021, t. II (II-II, 1-16), question 13. Voir l'exposé plus détaillé dans Gerd Schwerhoff, *Zungen wie Schwerter…*, *op. cit.*, p. 74 *sqq.* ; Carla Casagrande et Silvana Vecchio, *Les péchés de la langue…*, *op. cit.*, p. 153 *sqq*.
180. Laurent d'Orléans, *The Book of Vices and Virtues*, édité et traduit par W. Nelson Francis, Oxford, Oxford University Press, 1942, p. 67.

« délibérément contre sa conscience » des propos sur Dieu dont il savait qu'ils n'étaient pas vrais[181].

L'amalgame entre hérétiques et blasphémateurs était loin d'être évident, pour une autre raison encore. Les jurons et les malédictions étaient considérés, on l'a vu, comme les formes principales des propos blasphématoires. Toutefois, les plus importantes communautés hérétiques de l'époque, en particulier les cathares, les vaudois et les lollards, rejetaient toute forme de serment en référence à Matthieu (5, 37 : « Que votre parole soit "oui, oui", "non, non" ; ce qu'on y ajoute vient du Mauvais »). Des théologiens orthodoxes, comme l'évêque de Brandebourg Stephan Bodecker, qui fut confronté au défi vaudois au milieu du XVe siècle dans son environnement immédiat, distinguèrent les jurements légitimes, à la louange de Dieu, et ceux qui outrageaient le Créateur. Néanmoins, les théologiens notèrent avec intérêt (et, parfois, avec une certaine considération) que les hérétiques rejetaient fondamentalement les jurons – de tels parangons de vertu ne pouvaient être mis dans le même sac que les jureurs et les blasphémateurs ordinaires[182]. La mystique anglaise Margery Kempe, souvent attaquée comme hérétique en raison de ses visions, mais jamais jugée, utilisa cet argument de façon offensive dans son autobiographie : un jour, des hommes de la suite de l'archevêque de York l'avaient traitée d'hérétique et l'avaient « assurée, au milieu de jurons effroyables, qu'elle méritait d'être brûlée ». Fortifiée par Jésus, elle avait répondu avec courage aux menaces, affirmant à ces messieurs que c'était eux, et non elle, qui mijoteraient pour l'éternité dans les feux de l'enfer, car ils enfreignaient les commandements de Dieu avec leurs horribles jurons. Sur ce, raconta-t-elle, ses adversaires s'étaient retirés, honteux[183]. On le voit dans cette anecdote, le juron blasphématoire était typique des hommes sûrs d'eux-mêmes, et non des hérétiques déterminés ou simplement soupçonnés.

Ainsi, hérésie et blasphème ne furent jamais confondus, mais il existait un domaine de chevauchement potentiel entre « faux » et « mauvais » propos. En général, les outrages envers Dieu colportaient de « fausses » informations sur lui et, inversement, les affirmations hérétiques semblaient souvent malveillantes et blasphématoires aux croyants. Il est donc peu étonnant que l'accusation de blasphème ait été portée à la fin du Moyen Âge contre de véritables hérésies et hérétiques. Cela ne concernait pas nécessairement des comportements concrets, mais visait plutôt à souligner un trait caractéristique fondamental de leur doctrine. Leur superbe (*superbia*), qui les poussait à s'accrocher obstinément à leur choix erroné, y compris en allant à l'encontre du dogme de l'Église, était considérée

---

181. Citation dans Gerd Schwerhoff, *Zungen wie Schwerter...*, op. cit., p. 78.
182. *Ibid.*, p. 208 sq.
183. Ashley Montagu, *The Anatomy of Swearing*, op. cit., p. 125.

comme un acte de moquerie face à la vraie foi. À de nombreuses reprises, néanmoins, des actes et des propos précis furent reprochés aux hérétiques.

L'une des premières condamnations se trouve dans la célèbre prise de position de l'évêque de Liège Wazon, au XIe siècle. Celui-ci fustigea comme blasphématoire la croyance des manichéens selon laquelle le fondateur de leur religion, Mani, était une incarnation de l'Esprit-Saint[184]. Le même jugement fut souvent émis, plus tard, sur les convictions et les rites des cathares. Dans son dualisme radical – l'idée qu'il y avait un Dieu bon et un Dieu mauvais –, ce courant hérétique avait repris l'héritage des manichéens antiques[185]. Vers 1250, ce fut d'ailleurs ce dualisme qui poussa l'ancien cathare et inquisiteur dominicain Rainier Sacconi à qualifier de blasphématoires les conceptions d'un certain Johann de Lugio, car il en ressortait qu'il ne tenait pas Dieu pour tout-puissant[186]. D'autres affirmations provenant de ce groupe furent également incriminées, comme les remarques moqueuses émises en 1213 contre la présence réelle de Jésus dans l'hostie consacrée : son corps devait déjà avoir été englouti depuis longtemps par les communiants, même s'il était aussi énorme que les Alpes[187]. Enfin, les derniers cathares du sud de la France, évoqués dans le registre d'inquisition de l'évêque Jacques Fournier vers 1320, raillaient avec des propos grivois la soi-disant virginité de Marie[188].

La question du rapport entre hérésie et blasphème pouvait parfois avoir des conséquences très concrètes pour les prévenus. Les affaires d'hérésie étaient traitées par les tribunaux ecclésiastiques ou l'Inquisition, alors que le blasphème, en dépit d'une compétence « mixte », était généralement jugé par les tribunaux séculiers. La possibilité pour un accusé de compter sur une peine plus ou moins clémente devant l'une ou l'autre assemblée dépendait des cas individuels. Les tribunaux ecclésiastiques étaient depuis leurs origines tournés davantage vers la pénitence que vers la sanction, et devaient souvent apparaître comme la meilleure option. Toutefois, en cas de récidive, celui qui paraissait devant l'Inquisition risquait la peine de mort. Ainsi, entre 1335 et 1343, en Bohême, un orfèvre de Brno emprisonné par les inquisiteurs chercha à échapper à une condamnation comme hérétique en affirmant qu'il voyait dans ses affirmations « simplement » un blasphème[189]. Le cas nous est connu uniquement grâce à une contre-expertise, qui ne nie pas le caractère blasphématoire des propos – l'orfèvre avait mis en doute la possibilité de l'absolution des péchés par

---

184. Walter L. Wakefield et Austin P. Evans (dir.), *Heresies of the High Middle Ages*, New York, Columbia University Press, 1969, p. 90.
185. *Ibid.*, p. 198.
186. *Ibid.*, p. 341.
187. *Ibid.*, p. 238 *sq.* ; voir aussi p. 271.
188. Gerd Schwerhoff, *Zungen wie Schwerter...*, *op. cit.*, p. 81.
189. Alexander Patschovsky, *Quellen zur böhmischen Inquisition...*, *op. cit.*, p. 94 *sqq.*

le pèlerinage et comparé le signe de croix avec une vulve –, mais présente l'hérésie comme le délit dominant ; l'hérésie comprendrait toujours des blasphèmes[190]. Avec l'argument qu'il s'agissait surtout d'un blasphème, le délinquant cherchait à démontrer l'incompétence de l'Inquisition, ou du moins à obtenir une peine plus légère.

Blasphème – l'Inquisition

La désignation en 1231 d'envoyés spéciaux du pape pour combattre les hérétiques, déjà évoquée plus haut, constitua une étape essentielle dans la constitution d'une institution de lutte contre l'hérésie : l'« Inquisition » était née[191]. Sa forme réelle différa souvent des clichés courants présentant une agence de contrôle toute-puissante et omniprésente. Elle ne put s'appuyer sur une véritable bureaucratie et de nombreux assistants que dans quelques régions d'Europe. À la fin du Moyen Âge, elle n'était presque plus active dans nombre de territoires, mais elle prit une nouvelle dimension dans la péninsule Ibérique à partir de 1478 (Inquisition « espagnole ») et en Italie à partir de 1542 (Inquisition « romaine »). Le lien entre les Inquisitions médiévale et moderne reposait sur la figure de l'inquisiteur légitimé par le pape, avec ses pouvoirs étendus et sa compétence spéciale, ainsi que sur la particularité de la procédure. En premier lieu, l'Inquisition devait naturellement juger les hérétiques de toutes sortes : vaudois et cathares, lollards et hussites au Moyen Âge ; anciens juifs et musulmans qui, en dépit de leur baptême chrétien, s'accrochaient en secret à leur ancienne confession, au début de l'époque moderne ; et partisans de Luther, Zwingli et Calvin au temps de la Réforme. Dès la fin du Moyen Âge, l'Inquisition commença à s'attaquer non plus seulement aux groupes bien identifiés, mais aussi aux comportements soupçonnés d'être hérétiques. Cette tendance se renforça aux XVIe et XVIIe siècles, alors que les gardiens de la foi considérèrent, de plus en plus, que leur compétence s'étendait à tous les actes potentiellement douteux du point de vue de la morale et des mœurs. Ainsi, sous le regard sévère de l'Inquisition, le délit de bigamie cessa d'être une simple affaire matrimoniale pour devenir une potentielle erreur de foi[192]. Le blasphème fut un autre exemple de cette évolution.

---

190. *Ibid.*, p. 272.
191. Dans l'ensemble, voir Gerd Schwerhoff, *Die Inquisition. Ketzerverfolgung in Mittelalter und Neuzeit*, 4e éd., Munich, C. H. Beck, 2019.
192. Kim Siebenhüner, *Bigamie und Inquisition in Italien 1600-1750*, Paderborn, F. Schöningh, 2006, p. 48.

L'inquisiteur Nicolas Eymerich fut le premier à s'intéresser de façon détaillée au blasphème au sein du christianisme, avec son *Directorium inquisitorum*, terminé vers 1376 et qui resta longtemps une référence[193]. Il établit une différence fondamentale entre deux formes distinctes. Ainsi, maudire Dieu ou sa mère sans se mettre en contradiction avec les articles de la foi constituait un blasphème simple. Le blasphème hérétique (*blasphemia haeretecalia*), en revanche, consistait à s'élever contre des dogmes chrétiens précis, par exemple contre la toute-puissance du Créateur en disant que celui-ci ne pouvait pas faire pleuvoir, ou contre la maternité virginale de Marie en la traitant de putain. Le blasphème simple devait être sanctionné par d'autres juges, mais les blasphémateurs hérétiques devaient être menés devant l'Inquisition et traités comme tels. Eymerich se pencha aussi sur de possibles motifs de pardon ou de clémence. Souvent, les coupables affirmaient être dans leur cœur de bons chrétiens mais l'inquisiteur devait vérifier consciencieusement ce type de déclarations. La colère ou l'ivresse n'excusaient pas tout.

Ici, nous pouvons franchir à nouveau le seuil de la fin du Moyen Âge, car les Inquisitions de l'époque moderne poursuivirent leurs efforts pour étendre leurs compétences, dans la droite ligne de leur devancière. Plusieurs bulles papales du XVIe siècle élargirent de façon systématique les pouvoirs des chasseurs d'hérétiques, qui se virent chargés de l'apostasie, de la magie, de la sorcellerie et de la divination, de la bigamie – et du blasphème[194]. Ainsi, le juriste espagnol Francisco Peña, qui fit paraître à nouveau dans une version commentée le *Directorium inquisitorum* en 1578, insista sur la compétence de l'Inquisition dans les cas de blasphèmes hérétiques[195]. Il désignait de cette façon les déclarations qui exprimaient l'incroyance ou le reniement, ainsi que celles qui étaient dirigées contre la vraie foi. Il citait comme exemple concret – à la suite de l'inquisiteur Juan de Rojas[196] – des tournures comme « je renie Dieu », « je ne crois pas en Dieu » ou « je renie la foi et la croix du Seigneur Jésus-Christ ». Les malédictions ne devaient pas, de manière générale, être considérées comme hérétiques. Toutefois, le caractère plus ou moins répréhensible (et donc punissable) d'un blasphème dépendait de plusieurs facteurs : la qualité des mots et de la personne concernée, ainsi que le moment et le lieu. Selon Peña, il convenait de toujours soupçonner que les mots prononcés renvoyaient à une position profonde (hérétique) et pouvaient donner lieu à

---

193. Nicolas Eymerich, *Directorium inquisitorum cum commentariis Francisci Pegnae*, Venise, S. Vasalini, 1595, pars II, quaestio 41, p. 332 sqq.
194. Kim Siebenhüner, *Bigamie und Inquisition...*, *op. cit.*, p. 41.
195. Nicolas Eymerich, *Directorium inquisitorum...*, *op. cit.*, pars II, comment. 66 [Peña], p. 334 sq.
196. Jean-Pierre Dedieu, *L'administration de la foi. L'Inquisition de Tolède, XVIe-XVIIIe siècle*, Madrid, Casa de Velázquez, 1989, p. 247.

une enquête de l'Inquisition. L'affirmation qu'on aurait, tout simplement, blasphémé « comme cela », par habitude ou sous le coup de l'émotion, ne devait pas nécessairement être crue.

D'autres manuels d'inquisiteurs du XVIIe siècle se placèrent pour l'essentiel dans le sillage d'Eymerich et de Peña, mais firent plus de place encore au problème du blasphème et édifièrent un vaste cadre casuistique visant à fixer les peines de façon juste[197]. Leurs réflexions eurent des retombées pratiques dans l'activité des inquisiteurs, en Espagne ou en Italie, dans l'Ancien ou le Nouveau Monde. Ainsi, des « comparaisons sacrilèges » purent mener à des accusations de blasphème hérétique devant le tribunal de Mexico. En 1564, María de Bustamante fut dénoncée parce qu'elle avait vanté sa fille comme quelqu'un d'« aussi pure et vierge que l'avait été sainte Catherine ». Quelques décennies plus tôt, Mariana de los Reyes avait été plus loin encore. Sur le reproche de son amant, qui l'avait accusée d'être impure et de s'amuser avec des hommes de diverses origines ethniques, elle avait rétorqué non seulement qu'elle était aussi vertueuse que sainte Catherine, mais aussi qu'elle méritait d'être adorée comme Dieu lui-même. Les inquisiteurs virent là un grave blasphème hérétique[198]. À Malte, les expressions de faiblesse individuelle liées à la religion étaient sanctionnées, comme celles d'Elisabetta Camilleri qui, malade, s'exclama : « Dieu a commis un péché mortel en me créant. » Parfois, de telles plaintes sur un destin personnel prenaient une tournure plus générale de critique sociale, comme lorsque Gaetano Pace laissa échapper chez le barbier que Dieu lui-même ne pouvait sortir les journaliers de la pauvreté, ou lorsqu'une femme du nom de Fortunata émit l'avis qu'il aurait mieux valu ne pas créer les uns riches et les autres pauvres. Personne ne s'occupait de ces derniers « même pas toi, mon Dieu[199] » !

Toutefois, on chercherait en vain une mise en pratique cohérente des directives définies dans les manuels. À Malte, des offenses et des jurons graves comme « si j'attrapais Dieu, je le découperais en pièces » ou « je le tuerais ou lui trancherais la gorge » furent considérés comme des blasphèmes hérétiques, alors qu'ils n'étaient pas expressément qualifiés de tels dans les textes[200]. Inversement, lorsque Andrés Gonzáles fut accusé en 1678 devant le tribunal de Tolède d'avoir juré qu'il ne « se souciait pas de Dieu et de la Vierge », qu'il « ne croyait pas en Dieu » et qu'il « croyait en Mahomet », l'affaire semblait à première vue un cas évident d'hérésie.

---

197. Voir par exemple Cesare Carena, *Tractatus de officio Sanctissimae Inquisitionis*, Bologne, Typis I. Montij, 1668, pars II, tit. 7, p. 120 *sqq.*; ainsi que Francesco Albizzi, *De Inconstantia in iure admittenda*, Amsterdam, I. A. Huguetan, 1683, cap. 31, p. 317 *sqq.*; sur les deux auteurs, voir Kim Siebenhüner, *Bigamie und Inquisition...*, *op. cit.*, p. 49.
198. Javier Villa-Flores, *Dangerous Speech...*, *op. cit.*, p. 116 sq.
199. Frans Ciappara, *Society and the Inquisition...*, *op. cit.*, p. 93 sq.
200. *Ibid.*

Les inquisiteurs, d'humeur clémente, retinrent néanmoins comme circonstances atténuantes son ivresse, son triste sort, sa pauvreté, son expulsion précoce du foyer parental et la terreur dans laquelle le faisait vivre la parenté de sa femme : ils le condamnèrent simplement à trois ans de bannissement[201].

Les développements sur le blasphème hérétique par les auteurs de l'Inquisition servaient sans doute surtout à réclamer la compétence la plus étendue possible, en matière de blasphème, pour les chasseurs d'hérétiques. Dans la littérature spécialisée, il semble parfois que l'attention particulière portée au blasphème par l'Inquisition espagnole ait été un moyen de faire perdurer l'activité d'une institution qui courait le risque d'être à court d'hérétiques[202]. De nombreux propos, sinon la plupart, pouvaient être potentiellement hérétiques, et même le reste des « simples » blasphèmes n'échappait pas totalement aux tribunaux de l'Inquisition. Cela constitua le socle de l'intensification de la répression inquisitoriale du blasphème au XVIe siècle (voir chap. 11). L'affaire se compliqua encore vers 1500, lorsque les défenseurs de la foi catholique se virent davantage exposés aux contestations d'autres courants religieux. Certains blasphèmes, en Espagne, ne devaient-ils pas être considérés comme les indices d'une attitude cryptojudaïque suspecte chez les juifs contraints au baptême ? Et les outrages à la Vierge ou aux saints, au nord de l'Italie, provenaient-ils uniquement d'une déception causée par des prières vaines, ou indiquaient-ils une position favorable à la foi protestante[203] ? Au début de l'époque moderne, la fin de l'unité religieuse européenne, jusqu'alors largement préservée en dépit de la confrontation avec les juifs et les musulmans et du défi hérétique, donna une dimension nouvelle au problème du blasphème.

---

201. Henry Kamen, *The Spanish Inquisition: An Historical Revision*, Londres, Weidenfeld & Nicolson, 1997, p. 196.
202. Jean-Pierre Dedieu, « Le modèle religieux… », *op. cit.*, p. 244 *sqq*.
203. Henry Kamen, *The Spanish Inquisition…*, *op. cit.*, p. 40 ; Christopher F. Black, *The Italian Inquisition*, *op. cit.*, p. 132 sq.

ÉPOQUE MODERNE :
LE BLASPHÈME
DANS LES CONTROVERSES RELIGIEUSES

10. Discipliner les siens

Nous avons l'habitude d'identifier, au tournant du Moyen Âge et de l'époque moderne, des césures dans l'histoire du monde : vers 1450, Johannes Gutenberg mit au point l'imprimerie à Mayence ; en 1492, Christophe Colomb ouvrit l'Ancien Monde sur un nouveau continent en cherchant la route maritime des Indes ; et en 1517, les thèses contre les indulgences de Martin Luther marquèrent le début du schisme de la chrétienté. Il semble donc logique que nombre de récits présentent aussi cette époque comme un tournant dans l'histoire du blasphème, évoquant par exemple sa « redécouverte » par le protestantisme[1]. De telles affirmations méritent d'être révisées. Si, à de nombreux égards, le XVIe et le début du XVIIe siècle représentent sans aucun doute l'apogée de « l'âge classique du blasphème », cela est moins dû à l'apparition de nouvelles formes qu'à l'aboutissement d'une évolution observée depuis le XIIIe siècle. Il y eut divers signes annonciateurs et les trois facteurs cités plus haut jouèrent un rôle. À court terme, l'extension au Nouveau Monde de la lutte contre le blasphème eut sans doute les conséquences les moins radicales. La diffusion de ce combat par un nombre important d'imprimés, qui lui offrirent une base médiatique inédite, semble avoir eu davantage d'importance. Bien sûr, les imprimés reprenaient en majorité les développements théoriques et les *exempla* écrits depuis des siècles. Ce fut surtout le schisme qui créa un nouveau contexte pour la compréhension du blasphème, et ce, à la fois dans le rapport entre les cultes et au sein de chacun d'entre eux. D'une part, l'existence de plusieurs confessions, revendiquant chacune la détention de la vérité absolue, comportait un fort potentiel conflictuel, qui se traduisit par des invectives et des accusations mutuelles de blasphèmes. D'autre part, chaque culte se voyait tenu de diffuser de façon intensive sa

---

1. Leonard W. Levy, *Blasphemy: Verbal Offense against the Sacred, from Moses to Salman Rushdie*, New York, A. A. Knopf, 1993, p. 58 ; Corinne Leveleux, *La parole interdite. Le blasphème dans la France médiévale (XIIIe-XVIe siècles) : du péché au crime*, Paris, De Boccard, 2001, p. 429 ; Elizabeth Horodowich, *Language and Statecraft in Early Modern Venice*, New York, Cambridge University Press, 2008, p. 57 *sq.*

doctrine auprès de ses fidèles et de modifier leur vie en conséquence. Ainsi émergèrent des tentatives de mise en place d'une discipline religieuse et morale profonde, qui devait affecter également des comportements traditionnels comme les jurons et les malédictions blasphématoires. C'est de cela qu'il s'agit ici.

Nouveaux médias – vieilles histoires

Deux hommes d'Église de Strasbourg incarnent la continuité déjà évoquée en matière de blasphème entre la fin du Moyen Âge et la Réforme. Nous avons déjà fait connaissance avec Geiler von Kaysersberg, le prédicateur de la cathédrale, à travers ses écrits et ses prêches. À la veille de la Réforme, il n'hésita pas à critiquer durement en chaire les membres du conseil de la ville libre d'Empire alsacienne pour leurs négligences dans la discipline des mœurs. Il mit ses griefs par écrit au début de l'année 1501, condamnant avec une grande clarté les châtiments excessivement cléments réservés au blasphème : les outrages contre le Seigneur Dieu étaient moins sanctionnés que ceux contre les semblables ou le crime de lèse-majesté[2]. Une génération plus tard, Strasbourg s'était ouverte à la Réforme et l'évolution religieuse fut notamment influencée pendant de longues décennies par Martin Bucer. Celui-ci prit aussi position à de multiples reprises – et en référence explicite aux statuts des villes médiévales – contre les blasphémateurs. Il exigea lui aussi, par exemple dans sa démarche pour «l'abolition des grossiers vices et le redressement de l'ordre et de la discipline» du 11 avril 1547, des sanctions plus sévères contre le blasphème, les jurons et les malédictions[3]. Dieu lui-même avait commandé de lapider ceux qui utilisaient son nom sans vergogne. Pourtant, on abusait de son nom, notamment à travers les violents jurons par les souffrances, le martyre, le sacrement, la terre et les cieux du Dieu tout-puissant. Cette «abomination [avait] pris des proportions démesurées chez les jeunes et les vieux, chez les hommes et les femmes, en raison de l'incurie des

---

2. Geiler von Kaysersberg, *Sämtliche Werke, I 1.1*, édité par Gerhard Bauer, Berlin, De Gruyter, 1989, p. 193 *sq.* ; Uwe Israel, *Johannes Geiler von Kaysersberg (1445-1510). Der Straßburger Münsterprediger als Rechtsreformer*, Berlin, Duncker & Humblot, 1997, p. 261 *sq.*
3. Martin Bucer, *Deutsche Schriften*, édité par Robert Stupperich, Gütersloh, G. Mohn, 1981, t. XVII, p. 230 ; Gerd Schwerhoff, «Gott und die Welt herausfordern. Theologische Konstruktion, rechtliche Bekämpfung und soziale Praxis der Blasphemie vom 13. bis zum Beginn des 17. Jahrhunderts», mémoire d'habilitation d'histoire et de philosophie, université de Bielefeld, 1996, version revue et corrigée en 2004 disponible en ligne sur https://pub.uni-bielefeld.de/download/2304832/2304835/Zentraldokument.pdf [consulté le 20/02/2020], p. 86.

condamnations ». Ce n'était pas sans raison que l'on trouvait dans le catéchisme sorti de la plume du réformateur une gravure représentant des hommes qui jetaient de gros fragments de roche sur un coupable accroupi au sol – sans nul doute l'illustration du châtiment mosaïque du blasphème (Lv 24, 10-16). Les panneaux des Dix Commandements peints vers 1527 par Lucas Cranach l'Ancien à la demande de Melanchthon, repris dans divers catéchismes luthériens, servirent sans doute d'inspiration. Cette peinture est considérée comme l'une des rares innovations figuratives de la Réforme, n'ayant aucun modèle direct au Moyen Âge. En montrant le sévère châtiment réservé par la Bible aux blasphémateurs, ce nouveau type de représentation symbolisait la farouche résolution des protestants d'en finir enfin avec le blasphème (voir fig. 1, p. 37)[4].

Par l'alliance entre traditions anciennes et détermination nouvelle, Strasbourg était paradigmatique de la lutte contre le blasphème à l'époque de la Réforme. Le catéchisme de Martin Bucer témoigne de l'utilisation à grande échelle des imprimés par les protagonistes de la nouvelle confession, sans laquelle le succès de la Réforme aurait été presque impensable. Ce médium offrait également de nouvelles possibilités dans le domaine déjà ancien de la mise en scène et du jugement du blasphème comme vice. Les imprimés, en particulier, diffusaient de façon concise et tranchée, sur de vastes territoires, des histoires de prodiges, de catastrophes et de destins frappants. Ils étaient accessibles à un prix abordable à une plus grande partie de la population, capable de lire elle-même ou d'avoir recours à la lecture à haute voix, pratique très répandue. Enfin, ces histoires se prêtaient souvent à de pieuses leçons de morale. Ainsi, l'exemple sans doute le plus connu de blasphème dans l'espace germanophone se propagea en partie grâce à un imprimé[5]. Trois hommes, pouvait-on lire, jouaient aux cartes devant la ville et commencèrent, à la manière des joueurs, à lancer d'horribles jurons. Lorsque l'un d'eux, un dénommé Ulrich Schrötler, eut une

---

4. Gerd Schwerhoff, *Zungen wie Schwerter. Blasphemie in alteuropäischen Gesellschaften 1200-1650*, Constance, UVK, 2005, p. 54 sq.
5. Voir Henirich Wirri, *Ein wunderbarlich ganz wahrhaft Geschicht, so geschehen ist in dem Schweizerland, bei einer Stadt heißt Willisau, drei Meil von Luzern, von dreien Gesellen, die miteinander gespielt haben, da der Teufel den einen, den andern zween Angesicht ihrer Augen genommen und hinweg getragen hat*, Augsbourg, H. Zimmermann, 1553 (VD16 W 3597) ; Henirich Wirri, *Ein Erschreckliche vnd Warhafftige Geschicht Von dreyen Spielern Welcher einer mit Namen Vlrich Schroeter Vom Teuffel sichtbarlich hinweg gefuert. Der ander ist von den Leusen ertoedtet vnd gefressen worden. Der drit ist mit dem Schwert Gerichtet worden Jnn der Stat Willisow*, s. l., s. n., 1554 (VD16 W 3598) ; *Erschreckliche vnd Warhafftige Geschicht Von Dreyen Spilern Welcher einer mit Namen Vlrich Schroetter Vom Teueffel sichbarlich hinweckgefuert. Der ander ist von den Leuesen ertoetet vnnd gefressen worden. Der Drit ist mit dem Schwert gerichtet worden*, Nuremberg, H. Hamsing, 1554 (VD16 W 3599). Gerd Schwerhoff, *Zungen wie Schwerter...*, op. cit., p. 59 sq. (avec d'autres éléments et représentations) doit être corrigé en ce sens.

main si forte qu'il se vit assuré de la victoire, il s'exclama de façon sacrilège : « Si je perds ce jeu, je poignarde Dieu ! » Il perdit et mit sa menace à exécution en jetant son poignard, pointe en avant, vers le haut. L'arme disparut mais cinq gouttes de sang retombèrent. Immédiatement, le diable fendit l'air avec une brusquerie féroce, et emporta avec lui le blasphémateur dans la damnation éternelle. Les deux autres joueurs reçurent eux aussi un juste châtiment, car ils n'avaient pas agi contre leur compagnon mais avaient essayé, en vain, d'essuyer les gouttes de sang sur le plateau de jeu. Des bourgeois, accourus sur place, trouvèrent les gouttes suspectes et emprisonnèrent les joueurs. L'un fut finalement exécuté, alors que l'autre succomba à une horrible maladie et fut littéralement mangé par une armée de poux.

Cette histoire fut reproduite de nombreuses fois grâce à l'imprimerie, d'abord à Augsbourg en 1553, puis à Nuremberg en 1554 (voir fig. 7, p. 167). Elle s'imposa parmi le répertoire bien établi des prédicateurs de l'époque moderne et fut intégrée dans tous les recueils sur le sujet. Fait caractéristique, l'événement était explicitement daté de 1553 et situé dans la ville suisse de Willisau, aux environs de Lucerne. Nombre de protagonistes étaient nommés. L'ordre d'impression avait été donné par un habitant de Soleure, Heinrich Wirri, qui avait appris les faits par un aubergiste alors qu'il passait une nuit sur place. Ses questions posées à l'aubergiste et à d'autres témoins, racontées à la première personne, forment la trame de l'*exemplum*. Elles sont le signe de l'authenticité du récit, notamment lorsque Wirri raconte ses efforts restés vains pour apprendre davantage de détails ou examiner lui-même des indices – personne ne connaissait les noms des deux autres joueurs qui étaient des étrangers ; et il ne put voir le plateau tâché de sang. Il s'agissait d'une histoire certes « miraculeuse » mais aussi entièrement « vraie », comme l'affirmaient non seulement le titre mais aussi, à plusieurs reprises, le texte. Comme dans les « légendes urbaines » d'aujourd'hui, le chroniqueur n'avait pas assisté lui-même à l'événement, mais il l'avait appris de témoins dignes de foi. Et comme dans ces mythes contemporains, le fait qu'il s'agissait d'une variation sur un motif familier éveille la suspicion. En l'occurrence, nous avons déjà rencontré le joueur jetant son couteau au ciel dans le recueil de prêches d'Étienne de Bourbon, au XIIIe siècle. Cela ne nuisit pas à la crédibilité de l'histoire.

On retrouve dans l'histoire de Wirri un élément typique de l'époque de la Réforme, l'intervention directe du diable sous sa propre forme. En son temps, Étienne de Bourbon ne l'avait pas évoquée. L'apparition physique de Satan était bien caractéristique des histoires protestantes de blasphème et on observe même chez les théologiens luthériens une véritable obsession à ce sujet[6]. Ainsi, une exhortation de 1531, qui devait être

---

6. Gerd Schwerhoff, *Zungen wie Schwerter...*, *op. cit.*, p. 61 *sq*. Outre les exemples qui y sont cités, voir Johannes von Oster Hermann, *Warhafftige vnd Erschreckliche Geschicht*

lue en chaire régulièrement sur ordre du prince-électeur de Saxe, présentait le diable comme à l'origine du crime de blasphème contre la majesté divine et son nom[7]. Ennemi déclaré de Dieu, portant en lui une haine immense du Créateur, il s'efforçait sans cesse d'exciter les hommes au blasphème. Les blasphémateurs étaient désignés comme les « enfants du diable » ou comme des membres de son « ordre sacré » – une pique, du reste, contre la confession adverse. Ainsi, celui qui entendait un blasphème n'écoutait pas un homme mais le diable lui-même. Contrairement à une conception encore présente chez Geiler von Kaysersberg, cela ne constituait en aucun cas une consolation pour le pécheur. Pour les Wittembergeois, l'inspiration diabolique n'était plus une circonstance atténuante pour le coupable, mais bien la preuve de la nature profondément répréhensible du blasphème et du caractère infernal de celui qui le proférait. Les « livres du diable » du milieu du XVIe siècle témoignent de l'obsession luthérienne. Écrits par des théologiens, ils dénonçaient le « diable de la culotte » (*Hosenteufel*), le « diable de la boisson » (*Saufteufel*) ou le « diable de la luxure » (*Hurenteufel*) – tels étaient les titres. Naturellement, un « diable du juron » (*Wider den Fluchteufel*) rédigé en 1556 par Andreas Musculus, alors à Francfort-sur-l'Oder, ne pouvait manquer à l'appel. Le texte était empreint d'une tonalité apocalyptique et affirmait que l'époque était marquée, comme aucune autre auparavant, par les propos blasphématoires. Il reprenait de nombreux exemples et comparaisons transmis par la tradition. Ainsi, le motif de la deuxième crucifixion du Christ par les langues acérées des blasphémateurs, déjà connu à la fin du Moyen Âge, était mis en avant de façon particulièrement frappante sur la gravure de titre réalisée par Frantz Friderich : celle-ci montrait un Christ en croix entouré de blasphémateurs de toutes conditions, dont les bouches ouvertes lançaient des flèches ou des lances vers le corps sanglant du supplicié[8].

Dans l'ensemble, en matière de blasphème, la Réforme suivit, tout autant que les défenseurs de l'ancienne foi, le chemin tracé par les docteurs de l'Église médiévale. Les manuels pastoraux et les sermons catholiques reprirent aussi largement, aux XVIe et XVIIe siècles, des éléments déjà connus[9]. Parallèlement, les pieux ecclésiastiques de toutes les confessions

---

welches geschehen ist in einem Dorff Oster [...], s. l., s. n., 1572 (VD16 ZV 23733), qui est un imprimé sur une femme impie, jureuse, emportée par le diable.
7. Gerd Schwerhoff, *Zungen wie Schwerter...*, op. cit., p. 57 sq. ; s. n., *Vormanung aus vnsers gnedigsten herrn des Churfürsten zu Sachssen befelh durch die prediger zuvorlesen widder Gotslesterung vnnd Füllerey*, Wittemberg, A. Rauscher, 1531 (VD16 ZV 24728).
8. Andreas Musculus, « Der Fluchteufel (Von dem unchristlichen, erschrecklichen und grausamen fluchen und Gotteslestern, 1556) », *in* : Ria Stambaugh (éd.), *Teufelsbücher in Auswahl*, Berlin, De Gruyter, 1978, t. IV, p. 35 et 323 *sq.*
9. Gerd Schwerhoff, *Zungen wie Schwerter...*, op. cit., p. 64 ; Alain Cabantous, *Histoire du blasphème en Occident*, Paris, Albin Michel, 1998, p. 15.

étaient aussi confrontés à la conception traditionnelle du blasphème comme une faute assez bénigne plutôt que comme un crime grave. En 1625, le surintendant de Kulmbach Christoph Schleupner cita en détail, dans son prêche contre les jurons, les arguments visant à les banaliser. Tout le monde jurait, objectait-on, y compris les baillis et les pasteurs à qui il incombait pourtant de lutter dans ce domaine – on n'y faisait pas attention. Ou: on était impuissant face aux soudains accès de colère. Particulièrement révélateur: « Pour moi jurer ne vient pas d'une intention si mauvaise qu'on le dit. Je laisse souvent échapper un juron, pas toujours par colère mais aussi pour rire [10]. » Naturellement, Schleupner entreprit une longue réfutation de ces justifications, mais toute son argumentation ne peut cacher le fait qu'on ne pouvait guère lutter contre une telle insouciance. Ces excuses s'appuyaient sur de drôles d'histoires populaires, qui devaient montrer que le quotidien était difficilement supportable sans jurons blasphématoires. Ainsi, dans un récit de Georg Wickram, les paysans parvenaient à convaincre leur seigneur que sans de violents jurons ils ne pouvaient faire travailler leurs domestiques. Le junker, à l'encontre de la stricte interdiction qu'il avait originellement édictée, leur permit de se choisir un juron particulier, qui ne devait toutefois pas concerner les souffrances du Christ. Après une longue délibération, les paysans annoncèrent naïvement: « Messire, nous [...] vous le demandons, par la grâce de Dieu, donnez-nous seulement la pestilence. » « Allez donc », répondit le junker, « et prenez aussi le mal français ». Le maire remercia au nom de la communauté pour ce riche présent et tous rentrèrent joyeusement chez eux. La fin de l'histoire tourne gaiement en ridicule les paysans niais qui se réjouissent de la « peste » et du « mal français » (la syphilis) [11].

Offensives juridiques

Au tournant du Moyen Âge et de l'époque moderne, les législateurs de France et d'Angleterre restèrent fidèles à leurs principes, chacun à leur façon. Au pays des « rois très chrétiens », les ordonnances royales contre le blasphème, produites au XVIe siècle, montrent une continuité évidente avec celles de la fin du Moyen Âge. Cependant, à l'heure du schisme, leur

---

10. Christoph Schleupner, *Nothwendiger und trewhertziger Bericht [...] vom Fluchen. Was Gottslesterung für ein unverantwortliches abschewliches und hochstrräffliches Laster sey*, Leipzig, s. n., 1625 (VD17 23:324916P), p. 75 *sqq*., ici 76 *sq*. Sur les prétextes et des excuses dans le domaine des péchés de la langue, voir Ralf Georg Bogner, *Die Bezähmung der Zunge. Literatur und Disziplinierung der Alltagskommunikation in der frühen Neuzeit*, Tübingen, M. Niemeyer, 1997, p. 94 *sq*.

11. Georg Wickram, *Das Rollwagenbüchlein*, édité par Hans-Gert Roloff, Berlin, De Gruyter, 1973, n° 50, p. 97 *sq*.

caractère répressif et exclusif s'était renforcé, ce qui explique qu'un plus grand nombre d'affaires ayant fait l'objet d'une condamnation nous soit parvenu[12]. En Allemagne et dans l'Empire, au contraire, les décisions de la diète de Worms constituèrent une césure nette : elles furent déterminantes dans le traitement réservé au blasphème. Le 7 août 1495 ne fut pas seulement le jour du recès d'Empire qui contenait des dispositions visant à établir des sanctions[13]. La même date figure officiellement sur le mandement royal plus général contre le blasphème, qui fut en réalité élaboré plus tard et adopté le 1er février 1497 à Lindau[14]. Son effectivité ne saurait être sous-estimée. Les châtiments divins menaçant les autorités et les communautés qui se laisseraient aller à la tolérance face aux insultes envers Dieu étaient évoqués en bonne place. Outre la réception explicite de la novelle 77 de Justinien, et l'influence possible des ordonnances communales, la volonté de conjuration des fléaux divins pouvait s'appuyer sur un élément d'actualité. De fait, le mandement évoquait expressément une nouvelle maladie, « appelée grosse vérole ». Ce nom renvoyait à la syphilis (le « mal français »), qui avait commencé quelques mois auparavant sa terrible conquête de l'Europe du Nord. Il paraît peu probable, au vu de la chronologie, que la nouvelle maladie ait réellement motivé le mandement royal contre le blasphème[15]. Toutefois, les législateurs se sentirent sans doute confortés dans leur intention par cette menace naissante et intégrèrent une référence dans la version finale. De même que les lois françaises, le texte développa une casuistique visant à établir la sévérité de la peine en fonction du statut social du coupable, d'une éventuelle récidive et de la gravité du délit. Il distinguait ainsi les propos injurieux « nés de la brûlante agitation de la colère, de l'ivresse ou autre accès » d'une part et, d'autre part, les blasphèmes « sacrilèges » – d'un côté, donc, ceux qui étaient involontaires ou chargés d'affect, de l'autre ceux qui étaient délibérés. Les négligents se voyaient menacés de fortes amendes, mais les coupables sacrilèges étaient sanctionnés par des châtiments corporels.

À la suite du mandat de 1495, ou plutôt 1497, la législation allemande s'enrichit à différents niveaux, avec pour conséquence un réseau de dispositions contre le blasphème certainement plus dense que partout ailleurs en Europe. À l'échelle de l'Empire, des normes s'y rapportant devinrent parties intégrantes aussi bien du droit pénal – de la *Bambergensis* de 1507 (art. 127) à la *Carolina* de 1532 (art. 106) – que des ordonnances de police

---

12. Corinne Leveleux, *La parole interdite...*, *op. cit.*, p. 289 *sqq.*, 321 *sqq.*
13. Sur ce qui suit, voir Gerd Schwerhoff, *Zungen wie Schwerter...*, *op. cit.*, p. 149 *sqq.*, en particulier p. 150.
14. Heinz Angermeier (dir.), *Deutsche Reichstagsakten unter Maximilian I*, t. V, *Reichstag von Worms 1495*, 2 tomes en 3 vol., t. I-1, Göttingen, Vandenhoeck & Ruprecht, 1981, n° 458, p. 575-577.
15. Gerd Schwerhoff, « Gott und die Welt herausfordern... », *op. cit.*, p. 155.

générales de 1530, 1548 et 1577. Ces dernières énonçaient clairement les sanctions contre les formes plus légères de blasphème. La production de normes au niveau de l'Empire stimula durablement la législation locale sur la « bonne police » (c'est-à-dire le bon ordre), par la reprise à la lettre des lois impériales ou par la promulgation d'ordonnances et d'édits spécifiques[16]. De même, nombre d'édits communaux contre les mauvais jurons et autres blasphèmes furent inspirés par la législation impériale, et des passages à ce sujet furent incorporés dans de multiples chartes corporatives, les lettres d'articles des fantassins, des ordonnances de métiers ou de cour.

Naturellement, ces offensives législatives furent aussi influencées par les affrontements de la Réforme. Toutefois, le cœur du délit de blasphème dans les ordonnances des autorités resta largement inchangé par les conflits religieux[17]. Ainsi, l'ordonnance ecclésiastique d'Ulm élaborée par Martin Bucer en 1531 faisait référence à une « loi des pères ». Ces statuts auraient été jugés « raisonnables, sages et bien réfléchis », ne nécessitant aucune amélioration mais simplement une confirmation[18]. Cette interdiction de jurer, vieille de cent cinquante ans, pouvait ainsi être appliquée de façon conséquente, pour la gloire et l'honneur de Dieu. Ainsi se trouvait exprimé l'accord profond des différentes confessions quant à l'objectif de purification morale de la société chrétienne.

Si ce thème était loin d'être absent avant 1500, la Réforme lui conféra une portée plus décisive et l'Église de Rome s'en empara, au plus tard, au moment du concile de Trente. Cela n'excluait pas de nouveaux accents confessionnels. Ainsi, un article liminaire intitulé « De la parole de Dieu » suffit à marquer d'une empreinte nouvelle, luthérienne, les dispositions contre le blasphème dans l'ordonnance territoriale du Wurtemberg de juin 1536 : il renforçait le commandement du dimanche chrétien, interdisait la fréquentation d'autres cultes ainsi que la danse, la consommation d'alcool et le jeu durant le sermon et disposait enfin que personne ne devait « outrager ou dénigrer le saint Évangile et la Parole de Dieu, telle qu'elle est prêchée selon les Écritures et la Concorde[19] ». Les anciennes formes de blasphème étaient ainsi intégrées dans un vaste horizon de fautes contre les mœurs et la morale. Elles étaient aussi associées à une notion élargie qui permettait potentiellement de dénoncer comme blasphématoires toutes les positions adverses.

---

16. Gerd Schwerhoff, « Gott und die Welt herausfordern... », *op. cit.*, p. 125 *sqq.*
17. Gerd Schwerhoff, *Zungen wie Schwerter...*, *op. cit.*, p. 162.
18. Gerd Schwerhoff, « Gott und die Welt herausfordern... », *op. cit.*, p. 85 *sq.*
19. August Ludwig Reyscher (éd.), *Vollständige, historisch und kritisch bearbeitete Sammlung der württembergischen Gesetze*, Tübingen, L. F. Fues, 1841, t. XII, n° 21, p. 85 *sq.* Voir, pour la ville de Zurich réformée, Francisca Loetz, *Mit Gott handeln. Von den Zürcher Gotteslästerern der Frühen Neuzeit zu einer Kulturgeschichte des Religiösen*, Göttingen, Vandenhoeck & Ruprecht, 2002, p. 113 *sqq.*

Des évolutions similaires eurent lieu, avec un certain retard, dans les territoires catholiques. Si en Bavière, jusqu'à la moitié du XVIᵉ siècle, le blasphème était classé parmi les « lois sur les mœurs », il fut intégré par un mandement d'Albert V dans les affaires religieuses en 1569, et ainsi associé à des comportements comme le non-respect de la sacralité des jours de repos, l'oisiveté, la consommation de viande les jours maigres et autres transgressions de la religion catholique[20]. La législation bavaroise était bien marquée par des positions spécifiques à la foi catholique, dans la mesure où les blasphèmes contre la mère de Dieu occupaient une place tout aussi importante[21]. Toutefois, les autorités protestantes combattaient également les outrages envers la Vierge[22].

Le mouvement durable vers un renforcement de l'ordre moral, impulsé par la Réforme, prit souvent corps sous la forme d'institutions nouvelles. Ainsi, dans la ville de Constance, devenue depuis le milieu des années 1520 un centre du courant réformé sud-allemand, des « censeurs » furent nommés en 1531. Ils devaient lutter contre les délits de mœurs tels que le blasphème, le jeu et l'abus de boisson, en signalant au conseil les cas graves. Pour les transgressions mineures, ils pouvaient prononcer eux-mêmes des amendes dont le montant répondait à des ordres de grandeur établis par l'ordonnance en fonction de la gravité du blasphème. Les censeurs devaient être aidés par des « délateurs » issus de la bourgeoisie et désignés pour une semaine, chargés de dénoncer les contrevenants. Même des personnalités de premier plan ne furent pas épargnées par de telles amendes, comme le bourgmestre Hans Wellberg, qui dut ainsi payer trois fois en 1533 – en janvier, en juin et en novembre. Loin d'être isolée, l'ordonnance de Constance s'inscrivit dans un tissu dense de règlements similaires des villes de Suisse et du sud de l'Allemagne. Là, comme ailleurs, le délit de blasphème fit office de fil conducteur pour tout le domaine de la discipline morale et religieuse[23]. Du reste, la concordance avec l'espace catholique est confirmée par le fait que la ville libre d'Empire voisine d'Oberlinghen, sur la rive du lac de Constance, l'une des rares communautés de la région restée fidèle à la foi catholique, s'appuya fortement sur la législation de Constance pour ses propres dispositions contre le blasphème[24].

---

20. Siegfried Leutenbauer, *Das Delikt der Gotteslästerung in der bayerischen Gesetzgebung*, Cologne / Vienne, Böhlau, 1984, p. 82 *sq.*
21. *Ibid.*, p. 102 *sq.*
22. Gerd Schwerhoff, *Zungen wie Schwerter...*, *op. cit.*, p. 248.
23. Gerd Schwerhoff, « Gott und die Welt herausfordern... », *op. cit.*, p. 131 *sq.* ; Wolfgang Dobras, « Reformierte Sittenzucht in Konstanz, 1531-1534 », *Schriften des Vereins für Geschichte des Bodensees und seiner Umgebung*, n° 106, 1988, p. 59-105, ici p. 87 et 93 ; Wolfgang Dobras, *Ratsregiment, Sittenpolizei und Kirchenzucht in der Reichsstadt Konstanz, 1531-1548*, Gütersloh, G. Mohn, 1993, p. 168 *sqq.*
24. Wilfried Enderle, *Konfessionsbildung und Ratsregiment in der katholischen Reichsstadt Überlingen (1500-1618)* [...], Stuttgart, W. Kohlhammer, 1990, p. 357.

Les convergences entre confessions sont tout aussi évidentes lorsque l'on élargit le regard à l'Europe. La république de Venise était particulièrement engagée contre le blasphème depuis le début du XVIe siècle. En décembre 1537, le Conseil des Dix, la plus haute autorité de police et de justice de la Sérénissime, décida la création des *esecutori contro la bestemmia*, titre que l'on peut traduire librement par « plénipotentiaires contre le blasphème[25] ». Trois membres consciencieux et reconnus de la noblesse devaient condamner tous ceux qui avaient « l'audace d'outrager ou de maudire le nom de Dieu, de notre Seigneur Jésus et de sa glorieuse mère, la Vierge Marie ». Les habitants de la lagune se sentaient peut-être particulièrement vulnérables : la situation précaire au bord de la mer, le grand nombre d'immigrants et d'étrangers et les pertes territoriales au cours de l'offensive ottomane pouvaient donner le sentiment que le Créateur, à cette époque, n'était pas particulièrement favorable aux Vénitiens. Les *esecutori* devaient surtout infliger des amendes, souvent associées à un an d'emprisonnement ou à un bannissement de plusieurs années. Les vagabonds et les insolvables pouvaient être envoyés aux galères, et des peines d'honneur ou des châtiments physiques étaient possibles dans les cas les plus graves. Le délinquant se trouvait alors exposé publiquement des heures durant sur la place Saint-Marc, le centre politique et spirituel de la ville, la langue prise dans un étau. L'activité réelle des *esecutori* ne peut être reconstituée que de façon fragmentaire. Nous pouvons retrouver la trace de plus de 200 personnes condamnées entre 1550 et 1570[26]. Mais ils agissaient aussi de manière préventive : ils firent graver des plaques en pierre destinées à ceux qui fréquentaient, par exemple, le Campo Santo Stefano ou le Campo San Zaccaria, mettant en garde contre les propos blasphématoires ou obscènes, ainsi que contre le jeu ou d'autres pratiques infamantes, et menaçant de sévères sanctions. Et ils firent imprimer leurs proclamations, qui furent affichées sur les murs ou distribuées aux passants[27]. L'avertissement contre les jeux de hasard montre que les *esecutori* élargirent rapidement leurs compétences au-delà du blasphème, dans le domaine de la police des mœurs et des étrangers, ce que l'on observe également pour les censeurs de la petite ville de Constance[28].

---

25. Elizabeth Horodowich, *Language and Statecraft...*, op. cit., p. 56 *sqq.*, en particulier p. 61 *sqq.* ; Gaetano Cozzi, « Religione, moralità e giustizia a Venezia. Vincende della magistratura degli Esecutori contro la bestemmia (secoli XVI-XVII) », *Ateneo Veneto*, vol. 178, n° 29, 1991, p. 7-95.
26. Elizabeth Horodowich, *Language and Statecraft...*, op. cit., p. 72 ; pour des chiffres différents, voir Gaetano Cozzi, « Religione, moralità e giustizia a Venezia... », op. cit., p. 26. Pour le XVIIe siècle, Luca Vettore, « Blasphemy on Trial: Slinters of Deviant Recounts from 17th Century Venice », *in* : Jörg Rogge (dir.), *Recounting Deviance*, Bielefeld, Transcript Verlag, 2016, p. 97-129.
27. Elizabeth Horodowich, *Language and Statecraft...*, op. cit., p. 65 *sqq.*
28. *Ibid.*, p. 63, 80.

Dans le reste de l'Italie et en Espagne, ce furent surtout les tribunaux de l'Inquisition qui revendiquèrent leur compétence en la matière. Ils s'appuyèrent avant tout, pour cela, sur les aspects hétérodoxes du blasphème (voir chap. 9). Dans la pratique pourtant, la différence entre blasphème « simple » et « hérétique » sembla s'effacer, du moins les Inquisitions traquèrent-elles en premier lieu les formules du quotidien qui étaient traitées ailleurs par les tribunaux séculiers[29]. C'est pourquoi les campagnes de contrôle des mœurs menées par l'Inquisition sont tout à fait comparables à celles de la discipline ecclésiastique protestante. Cette remarque s'applique également à l'alternance entre périodes de faible activité et phases plus courtes de campagnes intenses. Ainsi, les annales des archives de l'Inquisition de Tolède ont conservé près de 600 affaires entre 1530 et 1555. Ensuite, les chiffres baissèrent et les peines pour les cas restants, plus graves, se firent plus sévères[30]. À Valence en revanche, la volonté de mettre de l'ordre dans les propos blasphématoires du quotidien mena à une activité plus intense à partir de 1560 ; pour la seule année 1587, 29 cas de blasphème furent traités[31]. En Italie également, on constate d'importantes différences régionales et temporelles[32].

Dans le Nouveau Monde aussi, la lutte contre le blasphème fit partie des missions des inquisiteurs – nous avons gardé la trace de près de 500 personnes, au total, jugées par les tribunaux de l'Inquisition avant 1700. Les débuts de la colonisation au Mexique, en particulier, donnèrent lieu à de véritables campagnes de persécution. Entre 1536 et 1543, sous la direction de l'évêque franciscain et inquisiteur apostolique Juan de Zumárraga, blâmé pour sa rigueur envers les indigènes fraîchement convertis, 56 des 152 cas jugés concernaient le blasphème[33]. Cela peut sembler surprenant au premier abord mais parmi les accusés, à cette époque comme par la suite, on ne trouvait presque aucun représentant de la population indigène. De fait, si les Espagnols, au premier rang desquels Hernán Cortés, qualifiaient de blasphème la prétendue idolâtrie des Aztèques, les missionnaires de plus en plus exaspérés désignèrent rapidement les conquérants eux-mêmes comme le principal problème. Sur place,

---

29. Voir aussi Stephen Haliczer, *Inquisition and Society in the Kingdom of Valencia, 1478-1834*, Berkeley, University of California Press, 1990, p. 297.
30. Jean-Pierre Dedieu, « Le modèle religieux : les disciplines du langage et de l'action », *in* : Bartolomé Bennassar (dir.), *L'Inquisition espagnole, XVe-XIXe siècle*, Paris, Hachette, 1979, p. 244 *sqq*.
31. Stephen Haliczer, *Inquisition and Society...*, op. cit., p. 297.
32. Voir Christopher F. Black, *The Italian Inquisition*, New Haven, Yale University Press, 2009, tab. p. 263 *sq.*, avec p. 48 *sqq.* et p. 136 *sq.*
33. Richard E. Greenleaf, *Zumárraga and the Mexican Inquisition, 1536-1543*, Washington, Academy of American Franciscan History, 1961, p. 11 *sqq.* et 100 *sqq.* ; Javier Villa-Flores, *Dangerous Speech: A Social History of Blasphemy in Colonial Mexico*, Tucson, University of Arizona Press, 2006, p. 5 *sq.*

à la suite de l'éloquent dominicain Bartolomé de las Casas, le franciscain Gerónimo de Mendieta critiqua non seulement la violence et l'oppression exercées par les Espagnols, mais aussi leurs mauvaises mœurs, leur habitude du jeu et du blasphème, qui devaient déteindre sur les Indiens[34]. Il pensait certainement à des hommes comme le conquistador Rodrigo Rengel, âgé de plus de 80 ans, qui comparut devant l'Inquisition dès 1527. Accusé d'avoir utilisé les formules blasphématoires habituelles reniant Dieu ou la foi en Dieu (« *No creo en Dios, Descreo en Dios* »), il l'était également d'avoir affirmé que Dieu n'avait pas le pouvoir de soigner les malades (il était manifestement grabataire). Il mit également en doute la virginité de Marie et la traita de putain. Il s'agissait, bien évidemment, d'un buveur et d'un joueur passionné, au tempérament très irritable. Au terme de longues audiences, il fut condamné au rituel de pénitence ecclésiastique, à cinq mois d'enfermement dans un monastère et à toute une série de pénitences matérielles[35].

Entre sévérité et indulgence

Dans l'ensemble, l'éventail des sanctions, au début de l'époque moderne, demeura aussi large qu'à la fin du Moyen Âge : en fonction de la gravité du délit, de la personne et des circonstances, il s'étendait des simples exhortations et amendes pécuniaires aux châtiments corporels et à la peine de mort, en passant par l'emprisonnement et le bannissement – de nombreuses ordonnances prévoyaient une sévérité croissante en cas de récidive. Les amendes, certainement la sanction la plus fréquente, n'étaient qu'exceptionnellement consignées. Toutefois, deux registres des censeurs de Constance ont été conservés, pour les années 1532 et 1547. Durant ces deux années, jurons et malédictions furent sanctionnés, respectivement, par 93 et 41 amendes, soit 36,3 et 32,3 % de toutes les sanctions monétaires – aucun autre délit, ni la danse, ni le jeu, ni l'ivresse, ni l'absence au sermon ne furent réprimés avec une telle fréquence[36]. À Zurich, on peut retrouver les peines pour des cas plus graves de blasphème. Un sondage parmi les jugements des magistrats permet de retrouver – pour une période d'à peine deux siècles et demi, entre 1510 et 1747 – 314 cas, ce qui ne constitue qu'une « part infime » de l'ensemble de la criminalité. Le bannissement représente environ 15 % des sanctions contre le blasphème, alors que dominent les peines d'honneur et d'argent. Un quart de tous les délinquants, soit 84 personnes, payèrent leur acte de leur vie, ce qui

---

34. Javier Villa-Flores, *Dangerous Speech...*, *op. cit.*, p. 30.
35. Richard E. Greenleaf, *Zumárraga...*, *op. cit.*, p. 102 *sq.*
36. Wolfgang Dobras, *Ratsregiment...*, *op. cit.*, p. 379 (tab. 1).

constitue une exception dont le caractère spectaculaire n'est qu'en partie atténué par le fait que seuls 22 d'entre eux furent jugés uniquement pour blasphème. Les autres exécutés avaient aussi sur la conscience des crimes plus graves comme le meurtre, le vol avec ou sans violence, ou le viol[37]. Dans la plupart des autres villes de l'espace germanophone, les condamnations à mort pour blasphème restèrent des cas isolés, qu'il s'agisse de Bâle la réformée, de Nuremberg la luthérienne ou de Cologne la catholique[38].

En de nombreux endroits, l'ablation ou la meurtrissure de la langue resta en usage comme une sanction spécialement destinée aux blasphémateurs, y compris pour aggraver la peine lors des exécutions[39]. Ce châtiment revêtait notamment un caractère infamant. Les peines humiliantes et déshonorantes, jusqu'alors plutôt envisagées comme des sanctions de substitution en cas d'insolvabilité, devinrent au début de l'époque moderne des instruments spécifiques contre les blasphémateurs. Cela s'explique en partie par l'« infiltration » des rituels ecclésiastiques dans le registre des peines séculières, où la pénitence comme condition à la réintégration dans la communauté des croyants se transforma de plus en plus en un déshonneur public provoquant une marginalisation durable. Le baiser à la terre (*Herdfall*), surtout visible en Alsace et en Suisse, et qui consistait pour le jureur à se mettre à genoux et à embrasser le sol les bras écartés, en signe de repentir, avait également le caractère d'un rituel de pénitence[40]. Mais il semblait surtout évident de répondre à la flétrissure de Dieu par la flétrissure du coupable. Ainsi, dans le duché de Bavière, en 1578, les blasphémateurs furent pour la première fois menacés de peines infamantes publiques, expressément motivées par le fait que l'homme ordinaire ne ressentait plus, devant la peine de prison, « ni horreur, ni inquiétude, ni appréhension, ni effroi ». Outre l'exposition trois dimanches durant à l'entrée de l'église avec un cierge allumé dans une main et une verge dans l'autre (symboles de la pénitence et du châtiment corporel mérité), d'autres sanctions furent introduites, comme la promenade fers aux pieds ou l'immersion, consistant à plonger dans l'eau le délinquant assis dans un panier[41].

L'association entre blasphème et déshonneur public est particulièrement remarquable dans le cas de la ville libre d'Empire de Cologne[42]. Au XVIᵉ siècle, on y inventa une peine d'honneur spécialement pour ce

---

37. Francisca Loetz, *Mit Gott handeln...*, *op. cit.*, p. 181 (tab.) et p. 183, citation p. 219 ; voir dans l'ensemble Gerd Schwerhoff, *Zungen wie Schwerter...*, *op. cit.*, p. 177 *sqq*.
38. Gerd Schwerhoff, « Blasphemie vor den Schranken der städtischen Justiz. Basel, Köln und Nürnberg im Vergleich (14.-17. Jh.) », *Ius Commune. Zeitschrift für Europäische Rechtsgeschichte*, n° 25, 1998, p. 95 (Baumans) et p. 96 *sqq*. (Nuremberg et Bâle).
39. *Ibid.*, p. 97 ; Gerd Schwerhoff, « Gott und die Welt herausfordern... », *op. cit.*, p. 196.
40. Gerd Schwerhoff, *Zungen wie Schwerter...*, *op. cit.*, p. 170, note 652.
41. Siegfried Leutenbauer, *Das Delikt der Gotteslästerung...*, *op. cit.*, p. 94 *sq*.
42. Gerd Schwerhoff, « Blasphemie vor den Schranken... », *op. cit.*, p. 72 *sqq*., 84.

crime, sous la forme d'une « cape de bois ». Il s'agissait, comme le montrent des représentations ultérieures, d'une sorte de gros tonneau dont seuls dépassaient la tête et les pieds du délinquant. Celui-ci devait porter un dimanche le lourd costume sur lequel pouvait être affichée, au besoin, une note donnant des informations sur son forfait. Le caractère public de la peine était assuré par un passage devant ou même dans l'église. La première trace de l'application de cette sanction remonte à 1516, mais sa première évocation dans les peines encourues date de 1544 – ici, comme dans d'autres cas, la pratique devança la norme générale. La résistance tenace de certains délinquants face à l'application de la peine ou l'injure à l'égard d'un blasphémateur traité de « coquin au manteau » indiquent que le déshonneur recherché pouvait tout à fait être atteint. Les malfaiteurs endurcis n'étaient pas très effrayés par cette peine. Un homme du nom de Kneuvel Hensgen, qui avait choqué par ses violents blasphèmes et avait donc dû porter ce manteau de la honte lors de la Pentecôte 1526 place Heumarkt, provoqua les spectateurs en déclarant que, pour un peu de monnaie, il promènerait encore la cape de bois à travers la ville.

Au vu du large éventail de peines possibles, on peut s'interroger sur les critères qui présidaient au choix dans chaque affaire. La distinction entre préméditation et négligence était fondamentale. Plus tard, le juriste d'Iéna Johann Rudolph Engau jugea, en conséquence, que la préméditation devait faire partie intégrante de sa définition du blasphème et en conclut que l'un n'existait pas sans l'autre[43]. Si cette conception représentait une première étape vers l'assouplissement des anciennes notions de blasphème à l'époque des Lumières, elle se situait aussi dans la droite ligne des distinctions traditionnelles qui guidaient l'appréciation des cas individuels. Cela ressort de l'activité des jurisconsultes de Nuremberg, un cercle de théologiens et de juristes qui devaient prodiguer leurs lumières au conseil de la ville et qui durent parfois décider du destin de blasphémateurs. En décembre 1527, par exemple, ils se trouvèrent en désaccord sur le cas d'un bourgeois, Cuntz Aiden : ne fallait-il pas traduire en actes les mises en garde contre la colère de Dieu des derniers mandats et fouetter l'homme publiquement ou « lui retirer un peu la langue » ? Ou était-il excusé par son ivresse et protégé par son statut de bourgeois et de père de famille ? Il fallait aussi reconnaître à sa décharge, argumentèrent les juristes, que les jurons et les malédictions répréhensibles étaient malheureusement très répandus et peu sanctionnés. Ici, comme dans d'autres affaires de blasphème, le statut et la réputation du coupable jouèrent un rôle important[44].

Les experts juridiques des XVIIe et XVIIIe siècles avaient parfois du mal à trouver des éléments à décharge. Les bannissements perpétuels ou la

---

43. Johann Rudolph Engau, *De Blasphemia*, Iéna, Ritter, 1736, § XX *sq.*, p. 10 *sq.*
44. Gerd Schwerhoff, « Blasphemie vor den Schranken... », *op. cit.*, p. 101 *sqq.*

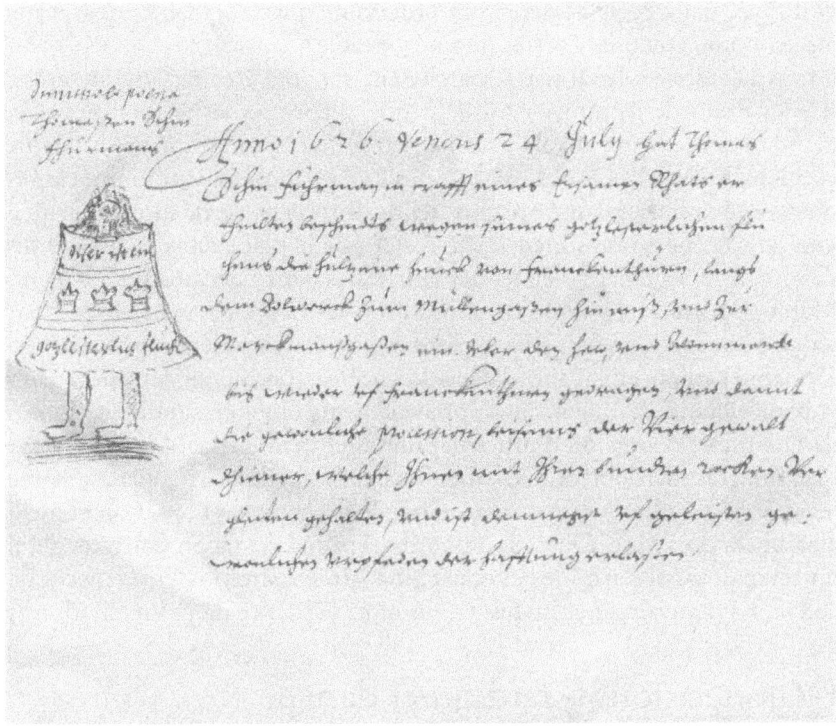

Fig. 8 – Manteau de la honte (« cape de bois »), peine d'honneur spécialement destinée aux blasphémateurs dans la ville libre d'Empire de Cologne.
Dessin à la plume en marge du registre criminel de la ville sur la peine infligée à un charretier. Inscription sur le manteau : « Cet homme est un jureur blasphémateur. » On voit également les trois couronnes qui figurent sur le blason de Cologne.

détention de longue durée étaient loin d'être des peines extravagantes dans les cas graves de blasphème ; alors l'accusé pouvait même considérer qu'il avait de la chance s'il échappait à la condamnation à mort qui le menaçait. Ainsi, le valet Johann Steinzer de Perchtoldsdorf, près de Vienne, comparut en 1763 devant le juge parce qu'il avait outragé durant la nuit une statue de saint Jean Népomucène et lui avait donné trois coups de verge – un acte qui pouvait mériter la peine de mort ! Toutefois, tous les témoins s'accordèrent sur le fait que Steinzer – qui avait une faible tolérance à l'alcool – était ivre mort au moment du délit. Tous certifièrent qu'il était par ailleurs pieux, dévoué et travailleur. En raison de ces témoignages favorables sur sa moralité, les experts purent exclure la préméditation et la conscience de l'acte, et repousser un châtiment public : celui-ci n'était nécessaire que lorsqu'il contribuait à amender le délinquant et/ou à rappeler à l'ordre les spectateurs, ce qui n'était pas le cas ici. Steinzer s'en tira donc avec deux mois de détention provisoire, quatre semaines de travaux forcés et une amende – certes non négligeable[45].

À l'évidence, les juristes marchaient sur une étroite ligne de crête. Il était exclu de minimiser un délit qui, d'après la lettre de nombreux mandats sur le sujet, appelait sur l'ensemble de la communauté humaine la colère de Dieu[46]. D'un autre côté, les juristes mobilisaient tous les arguments concevables pour éviter aux délinquants la peine de mort. Lorsqu'il s'agissait de personnes bien intégrées et à leur place dans la société, ils s'efforçaient également d'éviter des sanctions visant à exclure durablement. Même dans la sévère ville de Zurich, où la marge de manœuvre pour réduire les sanctions était relativement étroite, les considérations sur la personnalité l'emportaient sur les faits. Les accusés pouvaient surtout espérer la bienveillance des juges s'ils s'appuyaient sur l'intercession de membres de la famille, d'amis ou d'officiers publics et démontraient qu'ils étaient bien intégrés socialement. Des situations personnelles particulières comme les charges familiales, l'âge, la santé fragile ou la pauvreté pouvaient aussi être mises en avant. Outre le remords exprimé de façon convaincante, on retenait aussi parmi les circonstances atténuantes l'ivresse, l'accès de colère, les mauvaises habitudes, en un mot: l'absence de préméditation[47].

Dénonciations – fardeau et danger

La question de la «dénonciation» fait ressortir, plus qu'aucune autre, la tension entre dramatisation et banalisation. À l'évidence, la seule menace de la colère divine suffisait rarement à pousser les témoins d'un acte de langage blasphématoire à signaler le coupable aux autorités. Ainsi, les législateurs estimèrent souvent qu'il était nécessaire de menacer de sanction également les témoins défaillants, ce qui fut effectivement appliqué, du moins dans certains cas[48]. D'autres stratégies étaient également à l'œuvre depuis le Moyen Âge: on pouvait ainsi récompenser les délateurs par des primes d'argent ou obliger des conseillers municipaux, des juges ou des

---

45. Andrea Griesebner, *Konkurrierende Wahrheiten. Malefizprozesse vor dem Landgericht Perchtoldsdorf im 18. Jahrhundert*, Cologne/Vienne, Böhlau, 2000, p. 83 *sq.*, 180 *sqq*. – Voir mon post de blog: «Mildernde Umstände? Frühneuzeitliche Rechtsgutachten in Sachen Blasphemie», *Kliotop*, 6 août 2020, disponible en ligne sur https://kliotop.hypotheses.org/278 [consulté le 05/08/2020].
46. De façon exemplaire pour Ulm, voir Sebastian Frenzel, «Die Ordnung des Zorns. Der Zorn Gottes in den Policeygesetzen der Reichsstadt Ulm», *in*: Alexander Kästner et Gerd Schwerhoff (dir.), *Göttlicher Zorn und Menschliches Maß. Religiöse Abweichung in frühneuzeitlichen Stadtgemeinschaften*, Constance, UVK, 2013, p. 45-71.
47. Francisca Loetz, *Mit Gott handeln…, op. cit.*, p. 188.
48. Georg Friedrich Harpprecht, *Decisiones criminales*, Tübingen, C. H. Bergeri, 1746, n° XXXVI, p. 332 *sqq*.

aubergistes à faire des signalements. La désignation d'informateurs secrets fut considérée un temps comme un moyen éprouvé. Il est souvent difficile d'évaluer leur efficacité. À Leonberg, dans le Wurtemberg, les chiffres indiquent un relatif succès des informateurs, par comparaison avec les signalements officiels : sur une période de plus de cent ans (entre 1574 et 1689), le tribunal de justice populaire ne se vit amener que 18 cas de blasphème (1,8 % de l'ensemble des blâmes). En revanche, en un temps bien plus réduit, entre 1644 et 1689, au moins 44 cas (7,2 %) furent traités par l'assemblée ecclésiastique qui travaillait avec des « référents » secrets et peut-être rémunérés pour leurs renseignements[49].

Toutefois, le recours à la dénonciation faisait peser la menace d'un mécontentement social. À Constance, dans les années 1520, les protestations fusèrent manifestement contre les « mouchards » désignés par le conseil. Le devoir de dénonciation entrait en contradiction avec la recherche d'une communauté chrétienne paisible. Les individus concernés étaient traités de « traîtres » et d'« embusqués » et menacés de violences. En 1529, le conseil déplora le mépris de l'honneur divin qui s'exprimait ainsi. Toutefois, la critique visait aussi les censeurs eux-mêmes et leurs sbires, accusés de décisions partiales en faveur des « gros bonnets »[50]. Afin de répartir la charge de la fonction, le conseil décida d'attribuer l'activité de délation à d'autres personnes, selon un rythme hebdomadaire. Ainsi, environ 100 personnes se trouvèrent annuellement soumises à l'obligation de dénonciation, ce qui ne fit peut-être que multiplier le problème[51].

En Europe du Sud, les Inquisitions disposaient avec leurs édits de foi d'un instrument puissant pour contraindre à la dénonciation. De tels édits précédaient les enquêtes régionales des inquisiteurs. Tous les habitants du lieu concerné étaient alors sommés de signaler les fautes dont ils avaient connaissance dans leur famille, parmi leurs amis ou voisins. Les témoins défaillants étaient eux-mêmes menacés de sanction. Ainsi, en 1598, un paysan des environs de Modène fut dénoncé par sa femme pour blasphème, avec sa fille pour témoin. Auparavant, un édit inquisitorial était paru contre le blasphème et le prêtre de la paroisse avait sommé ses ouailles de dénoncer, faute de quoi il refuserait l'absolution. D'un autre côté, l'homme était également accusé de violences domestiques, ce qui soulève la question de savoir dans quelle mesure le blasphème était ici un prétexte permettant de régler d'autres conflits dans le foyer[52].

---

49. Achim Landwehr, *Policey im Alltag. Die Implementation frühneuzeitlicher Policeyordnungen in Leonberg*, Francfort-sur-le-Main, Klostermann, 2000, p. 163 *sq.*, 343 *sqq.* (tab.).
50. Wolfgang Dobras, *Ratsregiment...*, *op. cit.*, p. 171 et 203 *sqq.*
51. *Ibid.*, p. 184 *sq.* et 203.
52. Christopher F. Black, *The Italian Inquisition*, *op. cit.*, p. 230 ; voir Jean-Pierre Dedieu, *L'administration de la foi. L'Inquisition de Tolède, XVIe-XVIIIe siècle*, Madrid, Casa de Velázquez, 1989, p. 137 *sqq.*

On devine ici tout le danger potentiel de la dénonciation du blasphème. Naturellement, il faut se garder des anachronismes : le terme *denunciatio* n'avait pas nécessairement, dans les sociétés traditionnelles européennes, la connotation terrible qu'il prit à l'époque des totalitarismes contemporains. Néanmoins, le danger d'une diffamation visant à satisfaire de vulgaires intérêts personnels était bien réel, comme le montre un exemple transmis par la littérature, sous la plume du poète et juriste de Nuremberg Harsdörffer. En 1656, il retraça le destin d'un marchand français, accusé de blasphème à l'instigation d'un débiteur et condamné à mort par le parlement d'Aix. Toutes les déclarations à décharge sur sa vie exemplaire et sa bonne réputation n'avaient pas suffi à faire réviser le terrible jugement, mais – « Dieu n'abandonne pas les innocents » – l'affaire prit tout de même un tour inattendu. L'un des faux témoins tomba gravement malade, s'expliqua à son confesseur et rédigea avant sa mort un aveu, qui innocenta l'accusé et démasqua les délateurs comme les réels coupables[53].

De fait, il est étonnant que nous n'ayons pas connaissance de davantage de fausses accusations de ce type, comme dans le cas des célèbres procès de sorcières. La raison semble simple : les propos incriminés étaient si banals qu'ils passaient certainement souvent inaperçus, ou que leur qualification comme un comportement « déviant » ne semblait pas opportune aux personnes concernées. En 1557, une ordonnance du tribunal de la ville de Bâle résuma de façon lapidaire le drame de l'affaire. Ainsi, pouvait-on lire, toutes sortes de jurons blasphématoires étaient « éparpillés » dans les actes du tribunal, comme suffisait à l'établir un coup d'œil dans les interrogatoires de témoins. Ces blasphèmes n'étaient pas traduits en justice et n'étaient pas condamnés. En d'autres termes : même dans un cadre très formel comme une audience judiciaire, à laquelle assistaient de nombreux représentants officiels, le conseil ne parvenait pas à imposer son exigence de contrôle en matière de blasphème[54]. Rien d'étonnant à ce qu'un certain Ullin Schnider ait commenté l'ordonnance de réforme de mai 1529 en déclarant que les conseillers se montraient de grands imbéciles en interdisant l'adultère et les jurons. Selon lui, ces pratiques existaient déjà cent ans auparavant – et existeraient encore à l'avenir[55]. Du fait de cette normalité, le signalement d'un blasphème pouvait agir comme un boomerang. Lorsque Hans Peter Hettich fut accusé en 1682 devant l'assemblée ecclésiastique de Leonberg d'avoir juré « 100 sacrements » chez

---

53. Georg Philipp Harsdörffer, *Der große Schauplatz jämmerlicher Mordgeschichte*, Hambourg, J. Nauman Buchhandl., 1656, p. 356-361 (« Das falsche Zeugnis »).
54. Johannes Schnell, *Rechtsquellen von Basel Stadt und Land*, Bâle, Bahnmaier, 1856, t. I, n° 286, p. 415 *sqq.* ; voir Gerd Schwerhoff, « Blasphemie vor den Schranken... », *op. cit.*, p. 91.
55. Gerd Schwerhoff, *Zungen wie Schwerter...*, *op. cit.*, p. 176.

son beau-père, il reconnut les faits mais passa immédiatement à la contre-offensive. Le délateur avait lui aussi juré; l'individu concerné – il s'agissait du sacristain de la paroisse locale – dut finir par avouer[56]. Accusateur et accusé furent finalement logés à la même enseigne. Ainsi, il semble que, dans les sociétés traditionnelles européennes, la dénonciation des blasphémateurs n'ait que rarement atteint le degré socialement explosif que nous lui connaissons dans les conflits interculturels du passé récent (voir chap. 18).

---

56. Achim Landwehr, *Policey im Alltag…*, *op. cit.*, p. 158.

11. La stigmatisation des autres

Au milieu du XVIIe siècle, la situation devint par trop confuse dans une Angleterre en proie à la guerre civile, déchirée par les divisions religieuses. Avec son *Heresiography*, une description des hérésies et des sectes récentes, Ephraim Pagitt entreprit de présenter de façon ordonnée la diversité des mouvements hétérodoxes, et ainsi de mettre en garde contre eux. La couverture montrait des incarnations des grandes communautés hérétiques, au premier rang desquelles un anabaptiste et un jésuite. Outre l'histoire de ces groupes et la question de la sanction appropriée, ce qui intéressait Pagitt était la réfutation de leurs « erreurs et blasphèmes[57] ». L'ouvrage fut suivi par d'autres, notamment *Gangræna* de Thomas Edwards, paru peu après et bien plus célèbre. Organisé comme une encyclopédie, il s'attachait à décrire 176 errements et blasphèmes. Les images stéréotypées en inspirèrent également d'autres, comme dans le *Catalogue of the Several Sects and Opinions*, publié de façon anonyme en 1647. Aux côtés d'anabaptistes et d'un jésuite figuraient notamment un arien, incarnation de l'antitrinitarisme, un adamite nu, un *seeker*, qui représentait un courant religieux en vogue, et même un libertin, un libre penseur, sur le point de briser une table de la Loi avec une pioche[58].

La diversité des courants religieux ne fit que renforcer le besoin général d'univocité et de clarté : jamais sans doute depuis la fin de l'Antiquité la « distinction mosaïque » (Jan Assmann, voir chap. 1) n'avait été si virulente, jamais autant de chrétiens n'avaient étaient contraints de déterminer pour eux-mêmes où se plaçait la limite entre « vraie » et « fausse » foi. Cela ne pouvait que multiplier les blasphèmes. Les courants religieux adverses s'invectivaient avec violence, toujours certains, naturellement,

---

57. Ephraim Pagitt, *Heresiography*, Londres, W. Lee, 1662, disponible en ligne sur https://luna.folger.edu/luna/servlet/detail/FOLGERCM1~6~6~847408~155465:Heresiography,-or-A-description-and [consulté le 20/02/2020].
58. https://commons.wikimedia.org/wiki/File:Catalogue_of_Sects.GIF [consulté le 20/02/2020] ; voir Eric Piltz et Gerd Schwerhoff, « Religiöse Devianz im konfessionellen Zeitalter – Dimensionen eines Forschungsfeldes », *in*: *id.* (dir.), *Gottlosigkeit und Eigensinn*, Berlin, Duncker & Humblot, 2015, p. 30 *sq*.

de leur propre orthodoxie. À l'inverse, les insultes des autres devaient apparaître comme des errements blasphématoires. Ainsi, à l'âge des différends confessionnels, l'accusation de blasphème devint une arme plus puissante encore contre les « autres », ou un instrument qui devait rendre d'abord visible leur « altérité ». Rien n'illustre mieux la virulence du blasphème que le recours au terme pour caractériser les pires groupes humains. Si l'on en croit les descriptions des savants démonologues, le blasphème était pour les sectes démoniaques des sorcières et des sorciers une sorte de contre-liturgie satanique, qu'ils célébraient lors de leurs rassemblements nocturnes[59].

Les adversaires confessionnels comme blasphémateurs

Un regard sur Martin Luther donne une première idée du caractère potentiellement explosif de la notion de blasphème à l'époque de la Réforme. En 1525, dans le cadre d'une glose sur le deuxième commandement, le réformateur distingua deux mésusages du nom de Dieu. Le premier consistait à jurer inutilement, à maudire et à blasphémer. Jusqu'alors, les prêches avaient abordé presque uniquement ce phénomène bien connu. Il existait pourtant une deuxième forme de mésusage, à côté duquel ces « superficialités » n'étaient que des jeux d'enfants. Elle se présentait de façon bien plus subtile car elle prenait l'apparence d'une louange au Créateur et même d'un office religieux, alors qu'en réalité le nom de Dieu était profané. Le réformateur visait les pécheurs qui, sous couvert du nom de Dieu, prêchaient de « vaines doctrines diaboliques et lois humaines » – et ainsi l'Église romaine. Le pape, qui défendait au nom de Dieu une fausse doctrine, était « noyé dans ce blasphème ». Mais loin d'être seul, il se trouvait dans la société des « sectes et esprits séditieux » qui se targuaient de détenir la vraie foi et ne faisaient pourtant rien d'autre que se livrer au blasphème pur et simple. Il fallait leur ajouter les paysans qui s'étaient récemment soulevés au nom de Dieu, outrageant au plus haut point l'honneur divin en prétendant le défendre[60]. Le pape, les tenants radicaux de la Réforme et les paysans révoltés – tous

---

59. Gerd Schwerhoff, « Böse Hexen und fahrlässige Flucher. Frühneuzeitliche Gottlosigkeiten im Vergleich », *in*: Gerd Schwerhoff et Eric Piltz (dir.), *Gottlosigkeit und Eigensinn*, op. cit., p. 187-206. Voir plus en détail mon post de blog « Rituelle Lästerungen. Die imaginäre Hexensekte und der Vorwurf der Blasphemie in der Frühen Neuzeit », *Kliotop*, 6 août 2020, disponible en ligne sur https://kliotop.hypotheses.org/270 [consulté le 05/08/2020].

60. Martin Luther, *D. Martin Luthers Werke. Kritische Gesamtausgabe*, Weimar, H. Böhlau Nachfolger, 1899 (Weimarer Ausgabe), t. XVI, p. 466-473.

étaient gratifiés par Luther de l'épithète « blasphémateur ». Il ne s'agissait pas d'une lubie passagère mais bien d'une figure argumentative centrale chez le réformateur[61].

Pourquoi Martin Luther trouvait-il la notion de blasphème si séduisante ? Pour lui, le message révélé de l'Évangile était au fondement d'une vie conforme à la volonté de Dieu. Toutes les opinions, les attitudes ou tous les actes qui étaient, selon lui, contraires aux Écritures s'opposaient ainsi directement à la révélation divine et pouvaient, en ce sens, être compris comme des blasphèmes. La polarité entre le culte de Dieu, d'un côté, et l'outrage envers lui, de l'autre, était ainsi transposée aux domaines les plus divers de la foi et de la vie. Le terme convenait tout à fait au penchant de Luther pour une pensée dichotomique, en noir et blanc, et pour les propos extrêmes, car, dans le « tumulte guerrier de la fin des temps », il clarifiait les fronts en rassemblant sous un même verdict les bataillons ennemis hétérogènes[62].

Ce ne fut pas par hasard que la notion se fit une place au cœur de l'arsenal sémantique de Luther dans son conflit avec la papauté. Jusqu'alors, dans les querelles sur les fondements de la foi chrétienne, les positions adverses avaient toujours été qualifiées d'hérétiques. Pour l'Église romaine, il s'agissait du principal terme de combat et Luther n'était rien d'autre que l'hérétique par excellence. Au contraire, pour le réformateur, « hérétique » devait paraître moins adapté à la stigmatisation de l'ennemi, puisqu'il était déjà utilisé par les « papistes ». Le « blasphème » permettait de contourner ce problème. Le terme était marquant, possédait une efficacité polémique et s'accordait bien à la pensée théologique de Luther. En outre, le pape, qui faisait de plus en plus figure d'« Antéchrist », offrait une surface de projection : n'était-ce pas la bête de l'Apocalypse vénérée par les hommes à l'instigation de l'Antéchrist, de la bouche de laquelle jaillissaient des paroles insultantes contre Dieu (Ap 13, 5-6) ? Enfin, il ne faut pas sous-estimer la force mobilisatrice de cette accusation pour le pouvoir séculier, un aspect qui prit de l'importance plus tard dans les conflits avec l'aile radicale de la Réforme. La figure argumentative du blasphème rendit compréhensible la criminalisation des convictions déviantes. On ne pouvait douter du devoir des autorités de persécuter de manifestes blasphémateurs.

---

61. Voir les exemples dans Gerd Schwerhoff, *Zungen wie Schwerter...*, op. cit., p. 67 *sqq*. Pour le contexte plus général, Gerd Schwerhoff, « Radicalism and Invectivity: "Hate Speech" in the German Reformation », *in*: Bridget Heal et Anorthe Cremers (dir.), *Radicalism and Dissent in the World of Protestant Reform*, Göttingen, Vandenhoeck & Ruprecht, 2017, p. 36-52.
62. Selon la formule de Heiko A. Oberman, *Luther. Mensch zwischen Gott und Teufel*, Munich, Deutscher Taschenbuch Verlag, 1986, p. 242.

En dépit de l'obsession de Luther, on ne peut affirmer que les protestants «redécouvrirent» le blasphème au début de l'époque moderne[63]. Dans le monde protestant, Luther, avec son usage inflationniste de la notion, demeura plutôt une exception parmi les théologiens. Ainsi les réformateurs zurichois Ulrich Zwingli et Heinrich Bullinger n'accordèrent au problème qu'une attention limitée[64]. S'ils eurent bien recours au terme pour qualifier l'incroyance, le manque de confiance en Dieu et la superstition papiste, ils n'en firent pas un usage particulièrement marquant dans le champ lexical plus vaste de l'«idôlatrie» ou de l'«hérésie».

Au départ, le stigmate du blasphème fut d'abord utilisé contre les luthériens eux-mêmes. En France, le roi très chrétien avait relégué à la marge les tribunaux ecclésiastiques et s'était lancé lui-même dans une lutte déterminée contre l'hérésie. Certains cas particuliers firent grand bruit: ainsi, en août 1523, l'ermite Jean Vallière fut brûlé vivant sur le marché aux pourceaux parisien, après avoir eu la langue coupée en raison de ses infâmes blasphèmes contre Jésus-Christ et sa mère Marie. Il était accusé d'avoir été séduit par le diable et d'avoir pris le parti de Luther, prêchant dans de nombreux villages aux alentours de Paris que la mère de Dieu avait conçu le Seigneur Jésus avec Joseph, à la façon des autres femmes. On lui reprocha d'avoir été incité à cette opinion par les livres de Luther, qui furent brûlés avec lui. En réalité, Luther ne défendait en aucun cas une thèse semblable, mais son nom fut utilisé dans cette affaire, ainsi que dans les décennies suivantes, comme un terme générique pour les hérésies de toutes sortes[65].

L'«affaire des Placards» du 18 octobre 1534 envenima nettement l'atmosphère en France. À Paris et dans d'autres villes, des affiches qui constituaient des attaques directes contre la messe papiste et la conception catholique du sacrement furent placardées un peu partout; l'Église de Rome était accusée, entre autres, de blasphème[66]. La réaction à cette provocation anonyme fut une vague de répression, qui se traduisit aussi bien par de nouvelles lois que par des centaines de procédures judiciaires. Blasphème et hérésie furent étroitement liés en une même accusation, comme en 1549 lorsqu'un certain François Bec comparut devant le tribunal à Paris en raison «de ses blasphèmes et de ses errements luthériens». Là où les hérétiques

---

63. Ce qu'affirme à tort un titre de chapitre dans Leonard W. Levy, *Blasphemy...*, *op. cit.*, p. 58.
64. Francisca Loetz, *Mit Gott handeln...*, *op. cit.*, p. 123 *sqq.*, en particulier p. 127.
65. Corinne Leveleux, *La parole interdite...*, *op. cit.*, p. 435 *sq.* La même année, le jeune homme de loi Guillaume Jobert fut exécuté publiquement en raison d'accusations similaires de blasphème, voir *ibid.*, p. 445. Voir E. William Monter, *Judging the French Reformation: Heresy Trials by Sixteenth-Century Parlements*, Cambridge, Harvard University Press, 1999, p. 62 *sq.*
66. Le texte figure dans Gabrielle Berthoud, *Antoine Marcourt. Réformateur et pamphlétaire du "Livre des marchans" aux Placards de 1534*, Genève, Droz, 1973, p. 287-289, ici p. 287.

ou les luthériens ne furent pas directement mis en cause, on invoqua aussi les outrages « contre l'honneur de Dieu »[67]. Durant le deuxième tiers du XVIe siècle, le parlement de Paris traita à lui seul des centaines de cas, près de 80 blasphémateurs furent brûlés ou pendus, de nombreux autres se virent frappés de châtiments corporels ou de déshonneur public[68]. Il est naturellement difficile de déterminer au cas par cas dans quelle mesure hérésie et blasphème coïncidaient. Les juristes français de l'époque distinguaient fort bien les blasphèmes « infâmes » des faits d'hérésie, mais les plaçaient ensemble dans la catégorie des crimes de lèse-majesté divine, qui représentait elle-même un sous-groupe des « cas énormes », auxquels appartenaient également le meurtre, l'inceste, l'infanticide, la sorcellerie ou la sodomie[69]. Lorsqu'en 1535 Jean Lamoignan, condamné à être pendu, déclara après la communion qu'il avait « mangé le bonhomme », cette phrase funeste « ressemblait plus à du Rabelais qu'à du Zwingli[70] ». Cet autre jeune homme, soupçonné d'hérésie et emprisonné à Rouen en 1553, qui faillit courir à sa perte en déblatérant en prison (Dieu n'avait pas plus de pouvoir qu'un chien, sa mère n'était qu'une vieille putain), ne prenait manifestement pas exemple sur les articles de foi protestants[71].

L'association entre accusations de blasphème et d'hérésie prépara sans aucun doute le terrain pour la persécution des huguenots dans la deuxième moitié du siècle. Déjà en 1560, deux ans avant le début des guerres de Religion françaises, le théologien de la controverse catholique Antoine de Mouchy s'appuyait sur le blasphème pour condamner radicalement les hérétiques protestants. Selon le texte des Écritures, plaidait-il, celui qui insultait le nom du Créateur méritait la mort. Or les hérétiques, non contents d'insulter son nom, s'en prenaient à Dieu lui-même et devaient donc être condamnés à la peine capitale[72]. Le principal reproche des catholiques français envers les huguenots portait bien sur l'hérésie, l'apostasie et la rébellion ; pourtant, le blasphème s'y ajoutait souvent, comme une justification supplémentaire. Les hérétiques protestants furent parfois lapidés par les partisans de la foi catholique – une réactualisation du châtiment réservé dans l'Ancien Testament aux blasphémateurs[73].

---

67. Corinne Leveleux, *La parole interdite...*, *op. cit.*, p. 461, 468 *sq.* Voir aussi Barbara B. Diefendorf, *The Saint Bartholomew's Day Massacre: A Brief History with Documents*, Boston, Bedford / St. Martin's, 2009, p. 58.
68. Corinne Leveleux, *La parole interdite...*, *op. cit.*, p. 448.
69. E. William Monter, *Judging the French Reformation...*, *op. cit.*, p. 4, 10, 18.
70. *Ibid.*, p. 74.
71. *Ibid.*, p. 200 *sq.*
72. Denis Crouzet, *La nuit de la Saint-Barthélemy. Un rêve perdu de la Renaissance*, Paris, Fayard, 1994, p. 497.
73. Denis Crouzet, *Les guerriers de Dieu. La violence au temps des troubles de religion (vers 1525-vers 1610)*, Seyssel, Champ Vallon, 1990, t. II, p. 270 *sqq.* (sur les lapidations) ; voir aussi p. 237, 341.

Anabaptistes

Dans le Saint-Empire romain germanique, d'importants pouvoirs territoriaux comme l'électorat de Saxe et le landgraviat de Hesse s'étaient très tôt ouverts à la Réforme et avaient durablement remis en question la prétention à l'autorité de l'Église papiste. Ainsi, la législation impériale ne pouvait servir d'instrument pour s'attaquer à l'une ou l'autre des deux grandes confessions. Il en allait autrement avec les courants radicaux de la Réforme : ils étaient combattus aussi bien par les catholiques que par les protestants. À partir de la guerre des Paysans de 1525, au plus tard, l'ennemi fut notamment incarné par des groupes hétérogènes dénoncés comme «anabaptistes» parce qu'ils refusaient le baptême des enfants[74]. Le soulèvement des paysans et, davantage encore, dix ans plus tard, la tyrannie anabaptiste teintée de millénarisme à Münster firent craindre que ces groupes ne remettent radicalement en question l'ordre politique et ecclésiastique. Si, au moins depuis la Confession de Schleitheim en 1527, la plupart des «frères et sœurs chrétiens», comme ils se nommaient eux-mêmes, souhaitaient seulement se retirer pacifiquement du monde, cela ne tranquillisa pas les autorités ainsi défiées. Au contraire, leur strict isolement, leur refus de prêter serment et du service militaire et le fait qu'ils ne baptisaient que les adultes furent considérés comme des remises en cause de principes de l'ordre fondamentaux et provoquèrent de violentes réactions.

Les reproches les plus graves à leur encontre – par exemple dans le recès d'Empire de 1529, pionnier en la matière – furent d'abord ceux d'hérésie et de sédition[75]. Toutefois, notamment du côté protestant, il y eut des incertitudes, voire des contradictions. Ainsi le prédicateur strasbourgeois Wolfgang Capiton protesta en 1527 contre la condamnation à mort et l'exécution à Horb, dans le Wurtemberg, de l'anabaptiste Michael Sattler[76]. Selon la loi mosaïque, arguait-il, les autorités séculières ne devaient juger que les blasphèmes manifestes, et en aucun cas les convictions personnelles, même erronées. Ainsi, Sattler et ses partisans ne pouvaient être qualifiés de blasphémateurs, à moins de considérer comme

---

74. Sur ce qui suit, voir absolument Astrid von Schlachta, «Erzählungen von Devianz. Die „wiedertauffer" zwischen interner Absonderung und äußerer Exklusion», *in* : Eric Piltz et Gerd Schwerhoff (dir.), *Gottlosigkeit und Eigensinn, op. cit.*, p. 311-332 ; Päivi Räisänen, *Ketzer im Dorf. Visitationsverfahren, Täuferbekämpfung und lokale Handlungsmuster im frühneuzeitlichen Württemberg*, Constance, UVK, 2011.
75. Sur ce qui suit, voir Horst W. Schraepler, *Die rechtliche Behandlung der Täufer in der deutschen Schweiz, Südwestdeutschland und Hessen, 1525-1618*, Tübingen, Fabian, 1957, p. 24 *sqq.* ; avec d'autres références bibliographiques, Gerd Schwerhoff, *Zungen wie Schwerter…, op. cit.*, p. 89 *sqq.*
76. Manfred Krebs et Hans Georg Rott (éd.), *Elsass. Stadt Strassburg, 1522-1552*, t. I, *1522-1532*, Gütersloh, G. Mohn (Quellen zur Geschichte der Täufer ; 7), 1959, n° 83.

un outrage envers Dieu le fait d'aspirer à éviter le jeu, la boisson, l'abus de nourriture, l'adultère, la guerre, l'assassinat, la médisance et surtout l'ensemble des plaisirs de la chair. La vie des anabaptistes, conforme à la volonté de Dieu, était ici présentée comme le contraire absolu d'un comportement blasphématoire, en particulier en raison de leur refus des jurements superflus, qui étaient alors l'expression la plus banale du blasphème. En ce sens, l'exécution d'anabaptistes dans des territoires protestants, telle qu'elle eut lieu dans l'électorat de Saxe à la suite de la législation impériale, troubla sans doute nombre de fidèles de la nouvelle foi.

Dans cette situation, le prince-électeur prit des précautions en demandant une expertise aux théologiens de Wittemberg. Ce fut probablement en octobre 1531 que Philipp Melanchthon rendit son avis. Il y divisait les anabaptistes en trois groupes : les instigateurs, les partisans obstinés et les naïfs susceptibles de s'amender. Si ces derniers pouvaient compter sur une pénitence publique et des peines indulgentes, les autres devaient être punis de mort. L'exécution des instigateurs était inévitable, car quiconque considérait les autorités comme non chrétiennes, refusait le serment et l'impôt, voulait la communauté des biens et la mort des impies se rendait coupable de sédition. Les partisans obstinés devaient eux aussi être sanctionnés durement. Le refus du ministère était une fronde contre l'ordre ecclésiastique et représentait ainsi un blasphème que le prince pouvait, et même devait, condamner à mort en toute bonne conscience, car il était « responsable devant Dieu de la lutte contre le *blasphemia* et la sédition[77] ». Il est évident que l'argument du blasphème était ici utilisé pour légitimer le recours à de graves sanctions face à des anabaptistes moins radicaux mais résolus : la *seditio* contre les autorités séculières était associée au *blasphemia*, la révolte contre les autorités spirituelles.

La « théorie wittembergeoise du blasphème », certes écrite par Melanchthon mais préparée et ouvertement soutenue par Martin Luther, devait devenir déterminante dans l'attitude des pouvoirs protestants face aux anabaptistes. Ainsi, le duc évangélique Christophe de Wurtemberg fustigea en 1558 « les sectes insensées, tentatrices, blasphématrices des anabaptistes, des partisans de Schwenckfeld et des sacramentistes », stigmatisant ainsi aux côtés des anabaptistes d'autres groupes hétérodoxes. Les termes « sectes » et « blasphèmes » étaient utilisés presque comme des synonymes dans les mesures d'application de la grande ordonnance ecclésiastique de 1559[78]. L'idée rayonna au-delà des frontières de l'Empire. Dans

---

77. Philipp Melanchthon, « De Anabaptistis. Bedenken der Theologen zu Wittenberg : ob man die Wiedertäufer mit dem Schwert strafen möge », in : *id.*, *Opera quae supersunt omnia*, édité par Karl Gottlieb Bretschneider, Halle, C. A. Schwetschke, 1837, t. IV, p. 737-740, ici p. 738 *sq.*, 740.
78. Ordonnance ecclésiastique de 1559 : Christophe de Wurtemberg, *Summarischer und einfältiger Begriff, wie es mit der Lehre und Ceremonien in den Kirchen unsers Fürstentums*

les Pays-Bas espagnols sous influence catholique, environ 1 300 anabaptistes furent condamnés à mort comme hérétiques entre 1525 et 1564[79] ; sur les îles britanniques, la théorie wittembergeoise reçut un accueil favorable. Plusieurs anabaptistes devaient être exécutés, sur cette base, sous le règne d'Élisabeth I[re 80].

Dissidents radicaux dans l'Angleterre du XVIIe siècle

En Angleterre, les groupes séparatistes comme les anabaptistes gagnèrent surtout en importance à partir du milieu du XVIIe siècle, dans une période de bouleversements liés à la guerre civile, au règne de Cromwell et à la Restauration sous le roi Charles II[81]. À cette époque, leurs membres – comme John Bunyan, qui passa douze années en prison à partir de 1661 – ne furent généralement pas accusés de blasphème, mais plutôt condamnés pour la transgression des normes de l'Église officielle d'Angleterre. En revanche, le blasphème fut au cœur de la lutte contre d'autres sectes religieuses : il en fut ainsi des mouvements populaires radicaux, comme les *diggers* ou les *levellers* qui défendaient des positions religieuses extrêmes, les *seekers* et les *ranters*, les *sweet singers of Israel*, les *muggletonians* et une partie des quakers. Dans le cas des *ranters* (« râleurs »), ce qui était en cause était leur conviction « antinomiste » : nombre d'entre eux étaient d'avis que le véritable croyant était entièrement juste et ne pouvait ainsi être en infraction avec la loi (*nomos*). Cette vie pure ne pouvait être menacée par des transgressions morales ou sexuelles. Revenant sur sa vie de « *Captain of the Rant* », vers 1650, Laurence Clarkson écrivit qu'il avait alors enfreint presque toutes les lois, parce qu'il était convaincu que tout ce qui avait été créé par Dieu était bon ; le mal n'existait que dans le jugement humain[82].

De fait, durant sa période de *ranter*, il avait rejeté de nombreux points essentiels de la foi chrétienne comme le ciel, l'enfer ou la résurrection.

[...] *gehalten und vollzogen werden sole*, Tübingen, U. Morhart, 1559 (VD16 W 4527), fol. 194b ; Päivi Räisänen, *Ketzer im Dorf...*, *op. cit.*, p. 121 *sq*.

79. E. William Monter, *Judging the French Reformation...*, *op. cit.*
80. Leonard W. Levy, *Blasphemy...*, *op. cit.*, p. 87 *sq*. et 89 *sq*.
81. Voir Kaspar von Greyerz, *Religion et culture. Europe, 1500-1800*, traduit par Éliane Kaufholz-Messmer, Paris, Les Éditions du Cerf, 2006, p. 243 *sqq*. ; un classique sur ces mouvements : Christopher Hill, *Le monde à l'envers. Les idées radicales au cours de la Révolution anglaise*, traduit par Simone Chambon et Rachel Ertel, Paris, Payot, 1977 ; avec une bibliographie plus récente, voir Lionel Laborie, « Sex, Drugs and Rock n'Roll : Religiöse Devianz im England des späten 17. Jahrhunderts », *in* : Gerd Schwerhoff et Eric Piltz (dir.), *Gottlosigkeit und Eigensinn*, *op. cit.*, p. 413-433.
82. Leonard W. Levy, *Blasphemy...*, *op. cit.*, p. 136.

En revanche, il avait défendu l'idée qu'il n'existait en Dieu ni ivresse, ni adultère, ni vol. Clarkson était un représentant prototypique de ces petites sectes qui, sous le signe d'un bouleversement radical aussi bien social que religieux, prônaient de façon délibérément provocatrice le renversement de toutes les valeurs et cherchaient à révolutionner la relation entre « sacré » et « profane ». Ainsi, il appelait la taverne la « maison de Dieu ». Les pillages étaient pour lui des offices religieux – rien d'étonnant, donc, à ce que les adversaires des *ranters* les aient accusés de chanter des chants blasphématoires dans les auberges et d'y déguster bifteck et bière en parodiant la réception du sacrement[83].

Ces groupes pratiquèrent la profanation ostentatoire du sacré comme une stratégie performative, à un niveau rarement atteint auparavant dans l'histoire européenne. Ainsi le penseur religieux Abiezer Coppe critiqua avec violence le clergé traditionnel et lui dénia le droit de juger « ce qui est péché et ce qui ne l'est pas, ce qui est mal et ce qui ne l'est pas, ce qui est un blasphème et ce qui ne l'est pas ». Il proclama sa conviction que ce qui était qualifié de bon était mal ; la lumière était obscurité et l'obscurité lumière ; la vérité était blasphème et le blasphème vérité. Toutes choses étaient pures pour celui qui était pur, les malédictions des uns étaient plus glorieuses que les prières des autres[84]. On racontait qu'en une occasion il avait proféré des jurons et des malédictions en chaire sans discontinuer pendant une heure entière. La défense agressive et l'usage des propos blasphématoires devenaient l'expression ostensible de la libération de tous les liens moraux traditionnels[85]. Le *Blasphemy Act* du Parlement anglais daté du 9 août 1650 – et relativement modéré, par comparaison avec la loi contre les unitariens édictée deux ans plus tôt – s'éleva précisément contre de telles convictions. Sur cette base, Clarkson et Coppe furent arrêtés et se rétractèrent publiquement : une condamnation au bannissement ne fut pas exécutée[86].

Les déclarations de James Taylor à Guildford, dans le Surrey, en avril 1675, sonnèrent comme un écho tardif des *ranters*, dont l'importance avait rapidement diminué dans les années 1650. Taylor affirma que le Christ était un proxénète et un bâtard et que la religion était une imposture. Il ne craignait ni Dieu, ni le diable, ni les hommes. Contradiction notable avec ces propos critiques, il tenta de se présenter comme « le frère cadet du Christ » ou l'« ange de Dieu » : il prétendait être le fils d'un roi envoyé par son père. Une fois Taylor déclaré responsable de ses actes, son cas fut jugé par la plus haute juridiction londonienne (King's Bench). Il fut condamné à une triple peine de pilori, associée à l'obligation de porter un avis avec

---

83. Christopher Hill, *Le monde à l'envers...*, *op. cit.*, p. 159.
84. Leonard W. Levy, *Blasphemy...*, *op. cit.*, p. 141.
85. Christopher Hill, *Le monde à l'envers...*, *op. cit.*, p. 160.
86. *Ibid.*, p. 168, 171 ; Leonard W. Levy, *Blasphemy...*, *op. cit.*, p. 156.

l'inscription « pour des mots blasphématoires entraînant à la subversion de tout gouvernement ». Par ailleurs, il se vit imposer une énorme amende qui, dans la pratique, signifiait un emprisonnement à vie. L'importance juridique du verdict de culpabilité résidait surtout dans le fait que, pour la première fois, un tribunal séculier de *common law* traitait un cas éminent de blasphème (voir chap. 14)[87].

À partir du milieu du XVIIe siècle, le mouvement de réveil des quakers (les « trembleurs », à l'origine une qualification moqueuse, qui fait allusion à leurs exhortations à trembler devant la grandeur de Dieu) fut touché par des accusations de blasphème. Les quakers accordaient davantage d'importance à l'illumination intérieure de chacun par la lumière de Dieu qu'à la révélation divine, et se trouvaient ainsi en opposition avec l'Église officielle. Ils tenaient à se démarquer des *ranters* mais se trouvaient souvent associés à eux par leurs adversaires et se livraient aussi, de leur côté, à des transgressions provocatrices. Leurs deux plus grandes figures, James Nayler et George Fox, furent sans cesse accusées de blasphème à partir de 1650[88]. L'activité de Nayler atteignit son paroxysme de façon spectaculaire en octobre 1656, lors de son entrée solennelle à cheval dans la ville de Bristol, sous les « Hosanna » de ses partisans. Le prophète d'un mouvement eschatologique se mettait-il en scène comme un nouveau Messie ? De tels soupçons furent alimentés, après l'incarcération de Nayler et de ses partisans, par ses déclarations et celles de ses adorateurs. À la question « Es-tu le seul fils de Dieu ? », il répondit de façon ambiguë : « Je suis le Fils de Dieu, mais j'ai de nombreux frères. » Et lorsqu'on lui demanda s'il était, ou non, un prophète, il rétorqua : « Tu l'as dit, je suis un prophète », une allusion à l'interrogatoire de Jésus par Caïphe (Mt 26, 64). Une adoratrice qui s'obstinait à affirmer que Nayler l'avait ressuscitée d'entre les morts postulait que le prophète serait un jour assis à la droite du Père[89].

La municipalité de Bristol transmit l'affaire à Londres pour décision et un débat intense eut lieu au Parlement sur le sort du quaker. Des voix bienveillantes affirmèrent qu'il n'y avait pas blasphème, les intransigeants plaidèrent pour l'exécution. Lors d'une audition au Parlement, Nayler récusa toute adoration de sa personne et affirma qu'il était un être humain. Le jugement, qui tomba enfin après plus de deux mois, fut pourtant d'une sévérité exceptionnelle : dans le cadre d'un spectaculaire châtiment public en plusieurs étapes, il fut d'abord mis au pilori deux heures devant le Parlement de Westminster ; ensuite, le bourreau le roua de coups à travers

---

87. Leonard W. Levy, *Blasphemy...*, *op. cit.*, p. 219 *sq.* ; Elliott Visconti, « The Invention of Criminal Blasphemy : *Rex v. Taylor* (1676) », *Representations*, n° 103, 2008, p. 30-52.
88. Leonard W. Levy, *Blasphemy...*, *op. cit.*, p. 176 *sqq.*, sur Nayler, p. 184 *sqq.* ; voir Christopher Hill, *Le monde à l'envers...*, *op. cit.*, p. 194 *sqq.*
89. Leonard W. Levy, *Blasphemy...*, *op. cit.*, p. 185, 186 *sq.*

les rues de Londres, jusqu'à l'ancienne Bourse. Là – un autre jour –, il subit à nouveau le pilori durant deux heures, sa langue fut percée au fer rouge et son front fut marqué d'un « B » (pour « blasphémateur »). Le jour de marché suivant, il fut également roué de coups dans les rues de Bristol, où il entra à nouveau sur le dos d'un cheval, mais cette fois de façon humiliante, assis à l'envers. Enfin, il purgea dans la prison londonienne de Bridewell une longue peine de travaux forcés jusqu'à ce que le Parlement le libère près de trois ans plus tard. Les tentatives d'obtenir pour le prophète malheureux une grâce, au moins partielle, échouèrent – on craignait la perte d'autorité du pouvoir séculier en matière religieuse. Plus d'un an après sa libération, Nayler, alors tout juste âgé de 44 ans, mourut des suites de sa lourde peine[90].

Antitrinitaires

Dans la cellule des condamnés à mort, en 1555, John Philpot trouva encore la force de gifler un codétenu en raison de ses opinions religieuses : lui-même condamné comme hérétique durant la restauration catholique, il fut si scandalisé par l'avis que « Dieu n'était pas en Christ » qu'il ne trouva pas d'autre moyen de défendre l'honneur du Christ face à cet « arien » et exprima ainsi, sur le modèle biblique, son horreur face à ce blasphème[91]. Si Philpot voyait d'un œil critique d'autres doctrines traditionnelles de l'Église de Rome, comme la nécessité du baptême des enfants ou la présence réelle du Christ dans la communion, il tenait farouchement à la Trinité, l'unité de Dieu dans les trois personnes du Père, de Jésus-Christ et de l'Esprit-Saint. Pourtant, certains érudits du XVIe siècle remirent également en question ce dogme fixé au IVe siècle et furent alors frappés du terme anachronique d'« arianisme ». Selon eux, la doctrine de la Trinité n'était pas compatible avec une conception stricte du monothéisme. Par ailleurs, dans le détail, les positions des antitrinitaires étaient aussi diverses que leurs appellations, choisies par eux-mêmes ou imposées, par exemple celle d'unitarien. Au départ, leurs partisans ne bâtirent des structures ecclésiastiques qu'en Europe de l'Est, dans la République polono-lituanienne longtemps marquée par le pluralisme religieux, et dans la principauté de Transylvanie, communauté chrétienne sous domination ottomane. Aux XVIIe et XVIIIe siècles, les conceptions unitariennes se diffusèrent aussi largement en Angleterre et aux États-Unis. Ailleurs, elles furent surtout représentées par quelques savants. Toutefois, les grandes confessions se sentirent spécialement défiées par ces grandes personnalités intellectuelles

---

90. *Ibid.*, p. 201 *sqq.*
91. *Ibid.*, p. 87 *sq.*

et n'hésitèrent pas à lancer contre elles, en particulier, des accusations de blasphème – parfois, semble-t-il, avec une véritable rage[92].

Cette verve blasphématoire était particulièrement manifeste chez l'un des dissidents religieux les plus célèbres du XVIe siècle, le juriste et médecin espagnol Michel Servet[93]. Sa vie vagabonde prit fin à Genève, où il fut emprisonné, jugé et condamné à mort à l'instigation de Jean Calvin lui-même. Concrètement, les accusations contre lui portaient sur ses convictions antitrinitaires et son opposition au baptême des enfants. Le jugement, sévère, fut toutefois justifié par le fait que Servet avait décrit les partisans de la Trinité comme des « athées », qu'il avait traité la Trinité de monstre à trois têtes et dénigré le baptême des enfants comme une invention diabolique et une sorcellerie – dans l'ensemble, d'effroyables blasphèmes qui bafouaient grossièrement l'honneur de la majesté divine, de son Fils et de l'Esprit-Saint[94]. Le savant mourut en hérétique, il fut brûlé vivant avec ses livres le 27 octobre 1553. Sa fin violente poussa Sébastien Castellion, un humaniste installé à Bâle, à publier contre Calvin une prise de position théologique contre la mise à mort des hérétiques, un plaidoyer précoce pour la tolérance religieuse.

L'affaire des antitrinitaires de Heidelberg se déroula elle aussi au cœur du protestantisme réformé[95]. Dans les années 1560, la ville de résidence du prince-électeur palatin était devenue le théâtre d'un violent affrontement entre deux fractions protestantes. Dans le camp des vaincus se trouvaient les deux pasteurs Adam Neuser et Johannes Sylvanus, qui se radicalisèrent dans l'opposition et s'ouvrirent aux conceptions antitrinitaires. En 1570, Sylvanus prit position dans un traité contre la « fausse déité à trois têtes et l'idole à double nature de l'Antéchrist »[96]. Neuser, de son côté, écrivit dans une lettre (jamais envoyée) au sultan turc qu'il reconnaissait la supériorité du message (monothéiste) du prophète Mahomet, car les chrétiens avaient dénaturé les Saintes Écritures avec la doctrine présentant

---

92. Kęstudis Daugirdas, « Unitarier », *in*: Friedrich Jaeger (éd.), *Enzyklopädie der Neuzeit*, Stuttgart, J. B. Metzler, 2011, t. XIII, p. 995-1000.
93. Sur ce qui suit, voir la démonstration détaillée dans Gerd Schwerhoff, *Zungen wie Schwerter...*, *op. cit.*, p. 91 *sqq*.
94. Jugement dans Jean Calvin, *Opera quae supersunt omnia*, Brunswick, C. A. Schwetschke, 1870, t. VIII, 827 *sqq*.
95. Voir Christopher J. Burchill (éd.), *The Heidelberg Antitrinitarians: Johann Sylvan, Adam Neuser, Matthias Vehe, Jacob Suter, Johann Hasler*, Baden-Baden, V. Koerner, 1989; Thomas Maissen, « Thomas Erastus und der Erastianismus. Der innerreformierte Streit um die Kirchendisziplin in der Kurpfalz », *in*: Christoph Strohm et Jan Stievermann (dir.), *Profil und Wirkung des Heidelberger Katechismus*, Gütersloh, Gütersloher Verlagshaus, 2015, p. 189-206; Martin Mulsow, « Fluchträume und Konversionsräume zwischen Heidelberg und Istanbul. Der Fall Adam Neuser », *in*: *id.* (dir.), *Kriminelle – Freidenker – Alchemisten. Räume des Untergrunds in der Frühen Neuzeit*, Cologne/Vienne, Böhlau, 2014, p. 33-59.
96. Christopher J. Burchill (éd.), *The Heidelberg Antitrinitarians...*, *op. cit.*, p. 72.

Jésus comme le Fils de Dieu. Les deux hommes prévoyaient de se rendre en Transylvanie, sous domination ottomane, où les idées antitrinitaires étaient très répandues ; ils furent toutefois emprisonnés avant d'avoir mis leur projet à exécution.

Si Neuser réussit à fuir et parvint après de nombreuses étapes à Istanbul, où il mourut dans la pauvreté en 1576, Sylvanus fut traduit en justice à Heidelberg. Ses adversaires réclamaient son exécution, en renvoyant parfois explicitement à la lapidation des blasphémateurs (Lv 24)[97]. En dépit de sa rétractation et des demandes de grâce, Sylvanus fut décapité à l'épée en décembre 1572, en tant que blasphémateur et traître. On ne lui reprocha pas seulement d'avoir conspiré avec l'ennemi, le sultan ottoman, mais aussi d'avoir blasphémé : Sylvanus, écrivit un chroniqueur, s'était « abaissé honteusement aux abominables blasphèmes ariens » et avait « ouvert grand la porte à l'arianisme et au mahométisme ». Mais il avait surtout « proféré des blasphèmes terribles, inouïs, atroces, contre le Fils éternel de Dieu, notre fidèle Seigneur et Sauveur Jésus-Christ[98] ». De fait, ce reproche renvoyait au fait que Sylvanus et ses compagnons critiquaient la Trinité comme un « dogme horriblement blasphématoire », à travers lequel le diable avait réussi à corrompre les enseignements du Christ[99]. Jugé comme blasphémateur, Sylvanus considérait de son côté le dogme dominant comme un blasphème.

Dans l'Angleterre du XVIIe siècle, les unitariens devaient devenir l'une des principales cibles des accusations, avant même les groupes radicaux des *ranters* et des quakers. En 1612, le marchand Bartholomew Legate, qui niait la divinité du Christ, fut désigné comme un hérétique blasphémateur et brûlé sur le bûcher à Smithfield[100]. Paul Best et John Biddle, figures centrales de la diffusion des idées unitariennes durant la guerre civile anglaise, furent tous deux accablés de procédures judiciaires pour blasphème. En mai 1648, le Parlement dominé par de stricts puritains adopta même une loi cinglante sur la répression des hérésies et des blasphèmes, qui menaçait de mort les négateurs de la Trinité ou les athées. Lorsque Biddle, entouré à Londres par une kyrielle croissante de partisans, fut à nouveau traduit en justice, il fut inculpé en référence à cette loi, mais Cromwell lui-même le mit à l'abri en l'exilant pour plusieurs années[101].

---

97. Curt Horn, « Johann Sylvan und die Anfänge des Heidelberger Antitrinitarismus », *Neue Heidelberger Jahrbücher*, n° 17, 1973, p. 277 *sq.*
98. Hans Rott, « Neue Quellen für eine Aktenrevision des Prozesses gegen Sylvan und seine Genossen », *Neues Archiv für die Geschichte der Stadt Heidelberg und der rheinischen Pfalz*, n° 8, 1910, p. 248 *sq.*
99. Christopher J. Burchill (éd.), *The Heidelberg Antitrinitarians...*, *op. cit.*, p. 161.
100. Leonard W. Levy, *Blasphemy...*, *op. cit.*, p. 97.
101. *Ibid.*, p. 112 *sqq.*, 120 *sq.*, 125 *sqq.*

Sceptiques, incroyants, athées

Catholiques, protestants, anabaptistes, antitrinitaires – ces désignations correspondant aux positions évoquées jusqu'ici, qu'elles soient représentées par des groupes ou par des individus, renvoient à des formes dogmatiques nettes. Tout n'est pourtant pas si clair, car souvent les prétendus blasphèmes ne peuvent être circonscrits aussi facilement. Ils évoluaient, se recoupaient ou étaient si personnels qu'il est difficile de leur attribuer une origine précise. Ainsi, Servet l'« antitrinitaire » fut jugé non seulement pour son rejet de la Trinité, mais aussi pour son refus du baptême des enfants. Dans d'autres cas, il est plus complexe encore de définir la position dogmatique – l'accusation de blasphème était alors pour les représentants de l'orthodoxie un moyen de fortune, car l'accent était mis davantage sur les propos répréhensibles et scandaleux que sur la preuve précise de la déviance dogmatique. On peut se demander, encore aujourd'hui, si certaines plaisanteries indélicates sur les dogmes centraux du christianisme, ou même leur rejet net, constituaient les premiers signes d'une incroyance profonde ou même d'un athéisme systématique. Cela ne concerne pas, naturellement, les jurons situationnels qui ne sont radicaux qu'en apparence, comme « Dieu n'est rien » ou « je renie Dieu ! ». Au-delà de ces formules toutes faites, pourtant, on a vu qu'à partir du Moyen Âge les sources portaient les traces de quelques blasphémateurs « virtuoses » dont les propos laissaient peut-être transparaître des doutes profonds (voir chap. 8).

Il y eut, dès les premiers temps de la Réforme, des cas énigmatiques : on ne peut établir clairement dans quelle mesure il s'agissait d'une radicalisation de la pensée réformatrice ou d'un doute plus fondamental. Ainsi, d'après le jugement de théologiens contemporains, trois jeunes hommes emprisonnés et interrogés à Nuremberg en janvier 1525 s'étaient rendus coupables du « pire blasphème ». Les déclarations des frères Sebald et Bartel Behaim et de leur ami Georg Pencz les firent entrer dans l'histoire comme les trois « peintres impies »[102]. De fait, leurs aveux laconiques au cours de l'enquête semblent d'une incroyable radicalité : ainsi, non contents d'exprimer des doutes sur la communion, le baptême et les Saintes Écritures, ils déclarèrent ne faire « aucun cas » du Christ. Fallait-il voir là l'influence de réformateurs radicaux comme Thomas Müntzer ou Hans Denck, ou s'agissait-il déjà d'un scepticisme plus profond ? Ou, peut-être, du simple plaisir juvénile de provoquer ? Dans cette situation, le conseil de Nuremberg craignait surtout que ces points de vue religieux ne s'accompagnent d'une

---

102. À ce sujet, en détail, voir Gerd Schwerhoff, « Wie gottlos waren die „Gottlosen Maler"? Zur Rekonstruktion des Verfahrens von 1525 und seiner Hintergründe [mit einer Aktenedition] », *in* : Jürgen Müller et Thomas Schauerte (dir.), *Die gottlosen Maler von Nürnberg*, Nuremberg, Museen der Stadt Nürnberg, 2011, p. 33-48.

dangereuse tendance factieuse. Il expulsa de la ville les frères Behaim et Pencz mais, sur l'intercession de personnalités haut placées, il permit leur retour au bout de dix mois. Leur carrière n'en souffrit pas durablement et Pencz devint même en 1532 le peintre officiel de la ville.

Au cours du XVIe siècle toutefois, dans le sillage du schisme, le débat autour de l'incroyance et de l'impiété grandit. Les accusations contre les athées et l'«athéisme» devinrent monnaie courante. On ne peut en conclure automatiquement que l'existence de Dieu était niée sur des bases philosophiques. L'histoire de la philosophie ne trouve pas de telles argumentations avant la moitié du XVIIe siècle, par exemple dans le texte anonyme *Theophrastus redivivus*[103]. Néanmoins, il est évident que les penseurs hétérodoxes et les libres penseurs se firent plus nombreux, ce qu'indique également la représentation déjà évoquée du libertin, avec sa pioche, dans le catalogue anglais des sectes en 1647. Nombre d'entre eux, aux croyances et au degré d'influence très variables, furent confrontés à l'accusation de blasphème; pour certains, elle fut fatale. En 1546, l'humaniste et imprimeur Étienne Dolet fut pendu place Maubert, à Paris, avant que son corps ne soit brûlé avec ses livres. Son humilité à l'approche de l'exécution lui évita de se faire arracher la langue et d'être brûlé vivant. Il avait été jugé en particulier pour blasphème, sédition et vente de livres interdits. S'il fut, plus tard, honoré comme un athée avant l'heure et un martyr de la liberté de pensée, les dessous de sa condamnation sont loin d'être clairs. L'accusation de blasphème semblait reposer en particulier sur le fait qu'il aurait, en lien avec une traduction de Platon, nié l'immortalité de l'âme[104].

Un an après ce châtiment spectaculaire au cœur du Paris catholique, Jacques Gruet mourut sous l'épée du bourreau dans la Genève réformée, pour avoir blasphémé et s'être rebellé contre l'autorité municipale[105]. Si le destin de l'antitrinitaire Servet, exécuté six ans plus tard au même endroit, attira davantage l'attention, l'affaire Gruet n'était pas moins dramatique. Il était manifestement soupçonné depuis longtemps de faire partie de l'opposition des libres penseurs contre le régime ecclésiastique rigide de Calvin, notamment en raison de son style de vie «immoral», de ses vêtements extravagants et de sa pratique de la danse, interdite. Il fut emprisonné à cause d'un libelle trouvé dans la cathédrale Saint-Pierre, qui attaquait violemment le clergé de la ville. Il nia l'avoir rédigé, de même qu'il affirma ne pas être l'auteur d'une lettre qui avait été trouvée lors

---

103. Winfried Schröder, *Ursprünge des Atheismus. Untersuchungen zur Metaphysik- und Religionskritik des 17. und 18. Jahrhunderts*, Stuttgart, Frommann-Holzboog, 1998, p. 404 *sqq*.
104. Richard C. Christie, *Étienne Dolet, le martyr de la Renaissance. Sa vie et sa mort*, traduit par Casimir Stryienski, Genève, Slatkine, 1969, p. 453 *sqq*.
105. François Berriot, «Un procès d'athéisme à Genève: l'affaire Gruet (1547-1550)», *Bulletin de la Société de l'histoire du protestantisme français*, n° 125, 1979, p. 577-592.

d'une fouille dans ses papiers. Celle-ci contenait, selon Théodore de Bèze, d'«intollerables blasphemes» contre Moïse et le Christ. De l'avis de Calvin, également, l'auteur se moquait des Saintes Écritures et du Sauveur. À l'évidence, les témoignages et les documents confisqués allaient trop dans le même sens pour que Gruet puisse s'en tirer par la négation : Calvin et ses compagnons y étaient vilipendés comme les fondateurs d'une nouvelle religion, Moïse recevait le surnom moqueur et ambigu de «Cornutus» (le cornu), la croyance en l'immortalité de l'âme était écartée sans détour comme une «folie», et il était affirmé nettement que «toutes les lois, tant divines qu'humaines, [avaient] été faites au plaisir des hommes»[106].

Les juges se virent confirmés dans leur condamnation lorsque, fin 1549, un manuscrit qui contenait de nouvelles impiétés fut trouvé dans la maison de Gruet. En mai 1550, le livre fut brûlé publiquement en raison de ses «enormes, damnables, detestables, abominables blasphemes contre Dieu, son fils Nostre Sauveur Jesus Christ, et le Sainct Esprit, les Saincts patriarches, les prophetes, disciples, appostres, evangelistes, la glorieuse Vierge Marie, contre toutes les Sainctes Escriptures, contre toute divinité et contre la religion chrestienne» – un verdict qui, par son extraordinaire énumération, exprimait tout le fossé qui séparait l'orthodoxie du libertinage de Gruet[107]. Le texte lui-même a été perdu mais le contenu peut être en partie reconstitué grâce aux documents judiciaires : ils renvoient en effet à des attaques étonnantes, par leur ampleur et leur agressivité, contre les piliers de la religion chrétienne. Moïse et les prophètes de l'Ancien Testament, de même que les évangélistes, étaient traités d'imposteurs, de coquins, d'apostats, de lourdauds, etc., mais pas seulement ; la pureté de la Vierge Marie et la nature divine de Jésus étaient mises en cause, de même que la Passion et la Résurrection ; Jésus avec ses miracles était présenté comme un sorcier, et plus généralement comme un séducteur des foules. C'est pourquoi le livre de Gruet fut identifié par certains au légendaire traité des trois imposteurs, entouré depuis des siècles d'un halo de rumeurs[108].

Dans les décennies suivantes, Gruet et Dolet furent rejoints dans la mort par de nombreux compagnons d'infortune, condamnés en raison de leurs opinions religieuses peu conventionnelles ou libertaires : en 1574, à Paris, Geoffroy Vallée, dont le livre *La béatitude des chrestiens ou le fléo de la foy* fut brûlé avec lui sur le bûcher ; en 1582, à Metz, Noël Journet, qui avait écrit sur les contradictions internes de l'Ancien Testament ainsi que sur le fait de vouloir fonder une meilleure religion que Jésus ; en 1619,

---

106. François Berriot, «Un procès d'athéisme à Genève...», p. 485 *sq.*
107. *Ibid.*, p. 582.
108. *Ibid.*, p. 587 *sq.* ; Winfried Schröder (éd.), *Traktat über die drei Betrüger*, Hambourg, F. Meiner, 1992, p. xv.

à Toulouse, le moine carmélite apostat Giulio Cesare Vanini, un Italien qui reconnaissait certes l'éternité de la matière, mais niait son engendrement par un créateur de même que l'existence d'une âme immortelle ; et enfin en 1622, à Bologne, Costantino Saccardino, qui – avec trois de ses partisans – fut d'abord pendu puis brûlé. Il avait notamment défendu l'idée que l'enfer était une mystification inventée par les autorités pour dissuader les hommes de commettre des actes répréhensibles[109]. Aux Pays-Bas, en 1627, des témoins attribuèrent au mystérieux peintre Johannes Torrentius des propos semblables, tout aussi irrespectueux, sur la religion comme instrument de domination pour les princes et les seigneurs. Lors de son procès à Haarlem, il fut jugé coupable d'impiété, d'hérésie et d'« abominable » blasphème. Condamné à vingt ans d'emprisonnement, il fut toutefois libéré au bout de deux ans grâce à l'intervention d'admirateurs haut placés[110].

Un vagabond du nom d'Alexander Agnew (« *Jock of Broad Scotland* »), pendu en 1656 dans le comté du Dumfriesshire, au sud de l'Écosse, est considéré dans les recherches sur le sujet comme le représentant d'un « rationalisme populaire ». Il avait nié la divinité du Christ, l'existence de l'Esprit-Saint, de l'enfer et du paradis, le fait que les hommes aient une âme et que les Saintes Écritures soient la parole de Dieu. Il déclara n'avoir rien à voir avec Dieu et avoir tout reçu de la nature[111].

Le 8 janvier 1697, Thomas Aikenhead devint la dernière personne exécutée pour blasphème dans l'histoire des îles britanniques. Plus tard, des observateurs firent de lui un unitarien ou un déiste, ou tentèrent d'extraire à partir de ses remarques éparses un système cohérent d'idées antichrétiennes, par exemple la négation de l'éternité[112]. Pourtant, tout porte à croire que ce qui lui fut fatal ne fut pas le substrat théorique de ses déclarations mais leur forme cinglante. Ainsi, l'acte d'accusation stipulait

---

109. Sur ces affaires, voir Alain Mothu, « Deux "jeunes éventés" : Geoffroy Vallée et Noël Journet », *Les Dossiers du Grihl*, hors-série n° 3, 2009, disponible en ligne sur https://journals.openedition.org/dossiersgrihl/2083 [consulté le 20/02/2020] ; Frédéric Lachèvre, *Mélanges sur le libertinage au XVIIe siècle*, Genève, Slatkine, 1968 [1920], p. 6 *sqq.* ; David Wootton, « New Histories of Atheism », *in* : David Wootton et Michael Hunter (dir.), *Atheism from the Reformation to the Enlightenment*, Oxford, Clarendon Press, 1992, p. 13-53, ici p. 13 *sqq.* ; Nicholas Davidson, « Unbelief and Atheism in Italy, 1500-1700 », *in* : David Wootton et Michael Hunter (dir.), *Atheism...*, *op. cit.*, p. 55-86, ici p. 73 *sq.*, 80 *sq.* ; Winfried Schröder, *Ursprünge des Atheismus...*, *op. cit.*, p. 382 *sqq.*, 478 *sqq.*
110. Robert Baelde, *Studiën over godsdienstdelicten*, La Haye, M. Nijhoff, 1935, p. 123 *sqq.*, en particulier p. 127 ; voir Maaike Dirkx, « The Remarkable Case of Johannes Torrentius », 10 février 2014, disponible en ligne sur https://arthistoriesroom.wordpress.com/2014/02/10/johannes-torrentius-1-life/ [consulté le 20/02/2020].
111. Christopher Hill, *Le monde à l'envers...*, *op. cit.*, p. 165 ; ainsi que Leonard W. Levy, *Blasphemy...*, *op. cit.*, p. 167.
112. Par exemple Michael Hunter, « "Aikenhead the Atheist": The Context and Consequences of Articulate Irreligion in the Late Seventeenth Century », *in* : David Wootton et Michael Hunter (dir.), *Atheism...*, *op. cit.*, p. 221-254, ici p. 253.

qu'il avait qualifié la théologie de « rhapsodie de sottises mal inventées ». Il considérait que les Saintes Écritures étaient pétries d'un mélange si impudent de folies, de bêtises et de contradictions qu'il s'interrogeait sur le degré de stupidité d'un monde qui s'était laissé guider si longtemps par elles. Dans le détail, il avait traité l'Ancien Testament de « fables d'Ezra » et placé les docteurs de la Loi sur un pied d'égalité avec le poète païen Ésope. Pour lui, le Christ était un imposteur qui avait appris ses tours de magie en Égypte et les avait ensuite fait passer pour des miracles. Il en allait de même de Moïse, qui avait été toutefois un plus fin politique. Dans l'ensemble, il préférait Mahomet. La foi en la Trinité ne valait pas la peine d'être réfutée, elle était aussi absurde que la croyance en un hircocerf, un animal mi-bouc mi-cerf. Au total, il s'attendait à la disparition de la chrétienté dans un délai très court[113].

---

113. Michael F. Graham, *The Blasphemies of Thomas Aikenhead: Boundaries of Belief on the Eve of the Enlightenment*, Édimbourg, Edinburgh University Press, 2013 [2008], p. 103.

12. Image et blasphème

Durant l'été 1520, Uly Anders von Kennelbach fut jugé à Zurich pour blasphème. Il s'était déjà fait remarquer en se moquant de façon grivoise du domestique d'un cardinal – avec des allusions à une relation sexuelle. Comme si cela ne suffisait pas, il avait rehaussé cette raillerie de grossiers jurons par les cinq blessures de Dieu. Toutefois, ce qui lui fut fatal fut un blasphème violent d'une tout autre nature. Dans une auberge à Uznach, il s'en était pris à un vitrail qui représentait le Christ en croix, avec la Vierge Marie et l'apôtre Jean. Uly donna d'abord un coup d'épée à travers la fenêtre avant de la briser complètement, en proférant les mots suivants : « Les idoles ne servent à rien et ne sont d'aucune aide ! » Il fut condamné à mort et décapité[114].

Puissance et impuissance des images

Il n'y avait rien d'extraordinaire à ce qu'une attaque contre une image soit considérée comme un blasphème. Depuis des siècles, on l'a vu, le délit ne désignait pas seulement les mots mais aussi les actes impies (voir chap. 8). Les représentations du blasphème montrent en général des attaques contre des sculptures sacrées ou des peintures murales. Vers 1500, le fou qui s'attaquait avec son tricorne à un calvaire sur le bord du chemin en devint un symbole. Et les crimes des juifs, qui étaient pour les chrétiens le peuple blasphémateur par excellence, étaient souvent figurés comme des agressions contre les images de dévotions chrétiennes (voir fig. 4, p. 99)[115].

---

114. Lee Palmer Wandel, *Voracious Idols and Violent Hands: Iconoclasm in Reformation Zurich, Strasbourg, and Basel*, Cambridge, Cambridge University Press, 1999, p. 53 ; le présent chapitre reprend pour certains aspects Gerd Schwerhoff, « Bildersturm und Blasphemie. Zum Spannungsfeld von Transzendenz und Gemeinsinn in der Reformationszeit », *in* : Hans Vorländer (dir.), *Transzendenz und die Konstitution von Ordnungen*, Berlin, De Gruyter, 2013, p. 186-206.
115. À ce sujet, voir Norbert Schnitzler, *Ikonoklasmus – Bildersturm. Theologischer Bilderstreit und ikonoklastisches Handeln während des 15. und 16. Jahrhunderts*, Munich, W. Fink, 1996, p. 123 *sqq.*, 131 *sqq.* et 140 *sqq.*

Les actes iconoclastes, consistant à s'attaquer à des représentations ou à les dégrader, étaient souvent définis simplement comme « blasphématoires ».

À qui, ou à quoi, s'attaquaient au juste ceux qui, au Moyen Âge, s'en prenaient aux représentations de la mère de Dieu ou d'un saint ? Il est certain qu'ils ne pensaient pas simplement à un symbole au sens moderne du terme, un signe qui renvoyait à l'existence d'un saint absent, résidant dans l'au-delà ; ni à une œuvre d'art telle que nous la concevons aujourd'hui. Les calvaires chrétiens, les statues de saints ou les peintures étaient bien plus des personnifications, dans lesquelles le sacré ou le saint était réellement présent – d'une façon assez analogue aux images sacrées antiques, où résidaient les dieux païens. Dans la chrétienté, il s'agissait d'abord des restes des saints intercesseurs, les reliques, dont la localisation dans les autels et les églises assurait la présence physique du saint. À partir du début du Moyen Âge, nombre de représentations commencèrent également à accomplir des miracles et, à compter du XIIe siècle, au plus tard, elles furent vénérées comme des reliques. « On priait devant elles, elles étaient menées en procession, encensées, embrassées et ointes ; on les habillait, on les érigeait en parrains ou marraines, on jurait sur elles ; elles guérissaient les malades, chassaient les démons, rendaient fertile, donnaient la victoire et pouvaient même réveiller les morts [116]. » On attribuait aux représentations une force particulière (*virtus*), qui grandissait grâce à la pieuse attention des croyants et à leurs hommages rituels. La vénération ne s'adressait pas (seulement) à la mère de Dieu ou à un saint de l'au-delà, d'une façon générale, mais aussi à une effigie particulièrement puissante capable d'accomplir des miracles, comme la Vierge d'Einsiedeln dans le canton de Schwyz. En retour, les délinquants dégradaient bien des représentations particulières, qui pouvaient aussi les châtier : ainsi (comme le rapporte Giraud de Barri au début du XIIIe siècle), une statue descendit de l'autel de l'église Sainte-Marie, à Canterbury, s'arma d'un candélabre et roua de coups un clerc criminel qui s'apprêtait à violer une jeune fille [117].

Le revers de la puissance attribuée aux représentations pouvait être leur impuissance et leur rabaissement : dans sa « réification », le sacré

---

116. Arnold Angenendt, *Geschichte der Religiosität im Mittelalter*, Darmstadt, Wissenschaftliche Buchgesellschaft, 1997, p. 371 *sq.* ; Guy P. Marchal, « Das vieldeutige Heiligenbild. Bildersturm im Mittelalter », *in* : Peter Blickle, André Holenstein et Jean Wirth (dir.), *Macht und Ohnmacht der Bilder*, Munich, R. Oldenbourg, 2002, p. 307-332, ici p. 308 *sqq*. Et un classique sur le sujet, Hans Belting, *Image et culte. Une histoire de l'image avant l'époque de l'art*, traduit par Frank Muller, Paris, Les Éditions du Cerf, 1998.
117. Guy P. Marchal, « Das vieldeutige Heiligenbild… », *op. cit.*, p. 312 *sq*. Voir, pour un autre exemple, Albert Lecoy de La Marche, *Anecdotes historiques, légendes et apologues, tirés du recueil inédit d'Étienne de Bourbon, dominicain du XIIIe siècle*, Paris, H. Loones, 1877, n° 130, p. 111.

pouvait être à la fois « disponible » et « à la merci des hommes »[118]. Ainsi certaines communautés monastiques, au début du Moyen Âge, avaient parfois dénigré par des rituels les reliques de leur saint patron, les avaient insultées ou frappées – pour les contraindre à mieux soutenir leurs protégés ; des conciles ultérieurs condamnèrent cette pratique. Au début du XVIIe siècle, encore, un mandement bavarois critiqua la coutume des défilés corporatifs, consistant à jeter à l'eau les statues qu'ils transportaient en cas de mauvais temps ; il y avait là un grave irrespect des « bien-aimés saints de Dieu[119] ».

Longtemps avant la Réforme, déjà, les affrontements guerriers étaient le contexte privilégié des profanations d'images. Ainsi, le chroniqueur Laurent de Březová accusa les taborites tchèques d'être des blasphémateurs : ils avaient placé un Christ monté sur un âne sur les créneaux de la chapelle impériale de Prague et l'avaient interpellé : « Si tu es le Christ, alors bénis Meißen. » Puis ils avaient jeté la statue du haut du mur[120]. Si ce blasphème avait eu lieu sur fond de conflit religieux, la guerre particulièrement brutale qui opposa Zurich aux autres cantons de la confédération, au milieu du XVe siècle, était un affrontement purement politique. En 1444, d'après un témoignage, des fantassins, non contents de piller le trésor d'une église de Horgen, renversèrent des statues de saints avec des hallebardes et transpercèrent avec des piques un Christ en croix. Ils sortirent une statue de Marie du lieu consacré, la placèrent à la porte et la saluèrent de façon moqueuse en l'appelant « Madame Metz », comme la portière d'un bordel. En même temps, pour justifier ces railleries, ils commirent dans la même église « leurs impuretés avec des femmes » et « chièrent » même sur l'autel[121].

Injures, débauche sexuelle, salissures scatologiques et, enfin, mutilations violentes – le niveau d'agressivité est surprenant. Pourtant, de même que pour les jurons et les imprécations, il serait ici précipité de faire des actes des iconoclastes l'expression de l'irréligiosité et de l'incroyance. À Horgen, les fantassins n'attaquaient pas le Crucifié ou la mère de Dieu eux-mêmes, mais des représentations sacrées bien précises, considérées comme les protectrices des ennemis zurichois. Ils défiaient leur force par leurs outrages violents, et montraient ainsi l'impuissance du camp adverse. Les mêmes hommes, de retour de campagne, se rendirent auprès de « leur » Dame d'Einsiedeln, pour la remercier de son aide et de sa protection. Les acteurs ne voyaient là aucune contradiction avec la profanation de la

---

118. Guy P. Marchal, « Das vieldeutige Heiligenbild... », *op. cit.*, p. 316.
119. Voir, avec des références, Gerd Schwerhoff, « Bildersturm und Blasphemie... », *op. cit.*, p. 191.
120. Norbert Schnitzler, *Ikonoklasmus – Bildersturm...*, *op. cit.*, p. 90.
121. Voir l'extrait et les explications de Guy P. Marchal dans Cécile Dupeux, Peter Jezler et Jean Wirth (dir.), *Bildersturm. Wahnsinn oder Gottes Wille?*, Munich, W. Fink, 2000, p. 108 *sq.* et *ibid.*, p. 320 *sq.*

Vierge de Horgen. Ce qui est valable pour certains actes de langage blasphématoires l'est aussi dans cette affaire : ce qui semble, à première vue, un outrage à l'au-delà était surtout une agression contre un adversaire tout à fait terrestre.

Toutes les attaques contre les images, durant l'époque qui précéda la Réforme, ne s'inscrivaient pas dans une telle logique collective. Il existait aussi des outrages individuels contre les représentations sacrées. À Florence, une affaire fit sensation en juillet 1501[122]. Antonio Rinaldeschi, membre d'une puissante famille, avait perdu aux dés de l'argent et des vêtements, dans la taverne « Le figuier ». Ivre et furieux, il quitta les lieux en proférant des blasphèmes contre la Vierge. Arrivé sur la place de l'église Santa Maria de' Ricci, il ramassa une poignée de crottin de cheval séché et la lança contre la fresque située au-dessus du portail de l'église, qui représentait l'Annonciation. Une partie des excréments resta collée sur l'image et attira l'attention. Rinaldeschi fut arrêté, avoua et fut condamné à mort au terme d'un procès expéditif. Il fut pendu de façon inhabituelle, dans le plus grand secret, à la croisée d'une fenêtre du palais du Bargello, sans doute par peur d'un lynchage. La forte résonance de cet acte profanateur s'explique au moins en partie par l'atmosphère religieuse électrique qui régna durant les années qui suivirent la mort du prédicateur dominicain radical Savonarole ; ses partisans dominaient encore la politique locale. Il ne fallut sans doute pas plus d'un an pour que soit réalisé un panneau peint illustrant le crime de l'homme inspiré par le diable, son arrestation, son procès et son châtiment, et se terminant par la bataille entre les anges et les démons pour l'âme du pécheur repentant. Il était sans doute destiné à un oratoire, qui devait fournir un cadre digne de la vénération de l'image sacrée. Le blasphème de Rinaldeschi servit manifestement de véritable déclencheur au culte local des images.

Contre le culte des images

Avec la Réforme, toutefois, les repères des actions iconoclastes furent totalement bouleversés, comme le montre l'exemple du Zurichois Uly Anders qui déclara que « les » idoles, sans exception, étaient inutiles. Il énonçait ainsi une position critique face aux images, qui gagnait en importance depuis le début des années 1520 et devait diviser durablement le mouvement réformateur. Ce ne fut ni la première ni la dernière fois

---

122. William J. Connell et Giles Constable, « Sacrilege and Redemption in Renaissance Florence: The Case of Antonio Rinaldeschi », *Journal of the Warburg and Courtauld Institutes*, n° 61, 1998, p. 53-92 ; reproduction en couleurs dans Cécile Dupeux, Peter Jezler et Jean Wirth (dir.), *Bildersturm...*, *op. cit.*, p. 113.

que la question causa la discorde au sein de la chrétienté[123]. Uly Anders voyait dans la représentation du Christ en croix une « idole » qui poussait les croyants à l'idolâtrie. Ainsi, il renvoyait aux adorateurs d'images le reproche de blasphème qui lui était adressé. En 1526, un certain Fridlin Yberger piétina le crucifix d'une chapelle et déclara, catégorique, « qu'il s'agissait d'un blasphème[124] ».

Dès 1522, l'un des premiers compagnons de Luther, devenu ensuite son contradicteur, Andreas Bodenstein von Karlstadt, avait formulé en détail cette position. En s'appuyant sur la parole divine, le prédicateur de Wittemberg exigeait énergiquement, dès le titre de son imprimé programmatique, un « rejet des images ». Le culte dans les églises de représentations fabriquées par l'homme (« idoles », « fétiches peints ») était en contradiction avec les premier et deuxième commandements du Décalogue[125]. Karlstadt s'opposait à tous les efforts visant à défendre les images au moins comme des soutiens pour ceux dont la foi était hésitante, les qualifiant de « repaires papistes ». L'adoration des représentations de Dieu et des saints (dont Karlstadt refusait d'ailleurs le culte) débouchait nécessairement sur la vénération des images elles-mêmes, qui menait à des superstitions magiques et à des abus. Provocateur, Karlstadt comparait le rapport des impies aux images à celui des prostituées avec leurs clients[126]. Luther, en revanche, classait la question des images parmi les objets théologiques plutôt neutres et n'excluait pas la possibilité d'un usage légitime. Et un théologien de la foi catholique comme Emser défendit avec obstination, face à Karlstadt, la différence entre les idolâtres païens de l'Ancien Testament et l'Église de Rome. Certes, les images ne devaient pas être vénérées pour elles-mêmes, mais elles représentaient des puissances supérieures dont l'adoration était tout à fait légitime[127].

123. Sur la querelle entre iconoclastes et partisans des images à Byzance aux VIIIe et IXe siècles, voir Patricia Karlin-Hayter, « Iconoclasm », *in*: Cyril Mango (dir.), *The Oxford History of Byzantium*, Oxford, Oxford University Press, 2002, p. 153-168 ; Hans Belting, *Image et culte...*, *op. cit.*, p. 193 *sqq.* ; sur l'iconoclasme aux Pays-Bas et en France dans les années 1560, voir Olivier Christin, « Frankreich und die Niederlande – Der zweite Bildersturm », *in*: Cécile Dupeux, Peter Jezler et Jean Wirth (dir.), *Bildersturm...*, *op. cit.*, p. 57-66.
124. Emil Dürr et Paul Roth (éd.), *Aktensammlung zur Geschichte der Basler Reformation in den Jahren 1519 bis Anfang 1534*, Bâle, Verlag der Historischen und antiquarischen Gesellschaft, 1921, t. I, n° 439, p. 357.
125. Andreas Bodenstein von Karlstadt, « Von Abtuung der Bilder und dass kein Bettler unter den Christen sein soll » [1522], *in*: Adolf Laube *et al.* (éd.), *Flugschriften der frühen Reformationsbewegung, 1518-1524*, Vaduz/Berlin, Topos/Academie Verlag, 1983, t. I, p. 105-127 ; sur les différentes positions, voir Jean Wirth dans Cécile Dupeux, Peter Jezler et Jean Wirth (dir.), *Bildersturm...*, *op. cit.*, p. 28-37.
126. Andreas Bodenstein von Karlstadt, « Von Abtuung der Bilder... », *op. cit.*, p. 118.
127. Hieronymus Emser, « Antwort auf Karlstadts Buch von der Abtuung der Bilder », *in*: Adolf Laube (éd.), *Flugschriften gegen die Reformation, 1518-1524*, Berlin, Akademie Verlag, 1997, t. I, p. 305-343, ici p. 324.

Blasphème ou non – à l'époque de la Réforme, face à la question de l'image, il s'agissait surtout d'une question de perspectives. Le camp de la foi catholique s'en tenait au point de vue traditionnel selon lequel la profanation des images devait être punie non seulement comme un sacrilège, mais aussi comme un blasphème et un crime contre la majesté divine[128]. Ainsi, le célèbre iconoclaste zurichois Klaus Hottinger fut exécuté pour blasphème en 1524 à Lucerne, alors que dans les territoires réformés il fut rapidement élevé au rang de premier martyr protestant de Suisse[129]. Il en alla de même du prédicateur laïque Siegmund Steinschneider, condamné à mort comme hérétique en 1526 à Ensisheim, siège du gouvernement autrichien : pour le chroniqueur bâlois Fridolin Ryff, il s'agissait d'un témoin de la foi, alors qu'une chronique chartreuse remarque sèchement que l'homme fut écartelé en raison de ses blasphèmes contre le saint sacrement et la Vierge Marie[130].

Ainsi, les châtiments des autorités contre l'iconoclasme et le blasphème furent particulièrement sévères lorsqu'ils furent conçus comme des armes dans le combat pour la vraie foi, comme le montre le cas de Jean Pointet, condamné à mort à Paris en 1533 pour hérésie luthérienne : d'après le premier jugement, il devait être étranglé puis brûlé ; comme il refusa de se confesser et de se prosterner devant une statue, sa peine fut considérablement aggravée. Il eut la langue coupée avant d'être brûlé vivant[131]. Dans le camp iconoclaste, les images elles-mêmes furent souvent soumises à des rituels punitifs. Ainsi, le grand bailli d'Aadorf, en Thurgovie, raconta avec horreur que le crucifix et d'autres images avaient été traînés hors de l'église, à Noël, écartelés et jetés dans les fossés « comme s'il s'agissait de malfaiteurs[132] ». Le châtiment des images devait leur ôter définitivement toute légitimité et démontrer leur impuissance.

D'une façon générale, l'étude des formes rituelles de l'iconoclasme est révélatrice. Il faut tenir compte du fait que le terme désigne un large éventail de gestes difficiles à ramener à un dénominateur commun. Il y eut des « enlèvements d'images » sous la forme d'actions décrétées par les autorités, qui devaient se dérouler de la façon la plus ordonnée possible. Le véritable « iconoclasme » s'en distingue par la destruction et la raillerie violente, exubérante, à l'égard des images, mettant en jeu des foules importantes. La « profanation d'images », c'est-à-dire l'attaque d'objets concrets, par des

---

128. Olivier Christin, « L'iconoclaste et le blasphémateur au début du XVIe siècle », in : Jean Delumeau (dir.), *Injures et blasphèmes*, Paris, Imago, 1989, p. 35-47, ici p. 43 *sqq.*
129. Lee Palmer Wandel, *Voracious Idols...*, *op. cit.*, p. 72 *sqq.*, 197 *sq.* ; Norbert Schnitzler, *Ikonoklasmus – Bildersturm...*, *op. cit.*, p. 131 *sqq.*
130. Wilhelm Vischer et Alfred Stern (éd.), *Basler Chroniken*, Leipzig, S. Hirzel, 1872, t. I, p. 36 *sq.* et 383 *sq.*
131. Olivier Christin, « L'iconoclaste... », *op. cit.*, p. 45.
132. Cécile Dupeux, Peter Jezler et Jean Wirth (dir.), *Bildersturm...*, *op. cit.*, p. 118.

Fig. 9 – En 1523, Klaus Hottinger abat un calvaire à Stadelhofen, aux portes de Zurich. Illustration tirée de la *Reformationschronik* de Heinrich Bullinger, copie du début du XVIIe siècle.

individus ou de petits groupes, en constituait plutôt une sous-catégorie[133]. Ces termes peuvent être utiles pour nous aujourd'hui, mais en réalité les chevauchements étaient nombreux. De violents outrages eurent lieu, y compris dans les enlèvements décrétés « d'en haut », comme à la cathédrale Saint-Guy de Prague, à Noël 1619. Abraham Scultetus, prédicateur à la cour du prince-électeur Frédéric V, qui venait d'être élu roi de Bohême, entreprit avec l'accord du « roi d'un hiver » un nettoyage de la maison de Dieu, consistant à retirer images et reliques. Un récit critique des « abominations infâmes et épouvantables des ravages blasphématoires » nota scrupuleusement les crucifix brisés, les épitaphes anéanties et les œuvres d'art détruites, comme le célèbre retable de la Vierge de Lucas Cranach. Le récit signala explicitement que « nombre de terribles blasphèmes » avaient été proférés « contre Dieu et ses saints bien-aimés ». Ainsi, des représentations de la Vierge et de l'apôtre Jean avaient été mises l'une sur l'autre, avec les « propos blasphématoires : vous vous êtes aimés l'un l'autre dans la vie / aimez-vous encore l'un l'autre[134] ».

133. Sergiusz Michalski, « Das Phänomen Bildersturm. Versuch einer Übersicht », *in* : Bob Scribner (dir.), *Bilder und Bildersturm im Spätmittelalter und in der frühen Neuzeit*, Wiesbaden, O. Harrassowitz, 1990, p. 69-125, ici p. 69.
134. *Extract eines schreibens welches auß Prag einem bekandten freundt* [...], Prague, s. n, 1620 (VD17 14:006949B), disponible en ligne sur https://de.wikisource.org/w/index.php?title=Extract_eines_schreibens_au%C3%9F_Prag_wegen_zerstoerung_der_Thumbkirchen&oldid=3167722 [consulté le 05/08/2020].

Au début de la Réforme, des fantasmes de violence tout aussi sexuels avaient déjà joué un rôle, comme lors des destructions « spontanées » d'images dans le village suisse de Weiningen, en novembre 1523. Manifestement, la Réforme était déjà bien installée : le curé avait marié quelques ecclésiastiques à leurs concubines, il ne consacrait plus l'eau et n'accomplissait plus certains des rituels de l'ancienne Église. Dans cette situation, les dirigeants de la communauté décidèrent d'enfermer le précieux retable dans une pièce au-dessus de l'ossuaire – certainement un acte d'enlèvement des images décidé par les autorités pour prévenir d'autres troubles. Ils ne réussirent pas, car des partisans radicaux de la Réforme forcèrent la porte et emportèrent à la taverne le retable qui représentait saint Jean et sainte Catherine. Là, ils couchèrent sainte Catherine sur la table, saint Jean « au-dessus d'elle, dans l'idée qu'ils devaient faire des petits ». L'un des iconoclastes déclara, moqueur, qu'il voulait attraper Catherine par le « con » mais n'arrivait pas à pénétrer sous sa jupe. Après s'être encore amusés aux dépens des images, les iconoclastes brûlèrent tout. Ils s'emparèrent ensuite d'une représentation du Christ en croix (« comme on le montre le Vendredi saint »), poussèrent le sacrilège jusqu'à lui attraper la barbe en s'exclamant : « Ô toi, voleur d'œufs, comme tu nous as escroqués sur les œufs si longtemps. » Sur ces mots, ils tirèrent une épée et décapitèrent l'objet[135]. Les effigies sont ici profanées de façon paradigmatique, dans la mesure où elles font l'objet d'allusions et d'attaques sexuelles, qui vont jusqu'au fantasme du viol concernant sainte Catherine. L'outrage au Crucifié, traité de voleur, suit la logique des injures profanes. En même temps, il fait le lien avec le carême, durant lequel il était interdit de consommer des œufs, et fait allusion à l'impôt prélevé par les hommes d'Église et les monastères, qui devait être payé à Pâques sous forme d'œufs. Enfin, la décapitation peut être comprise comme une référence explicite aux rituels punitifs déjà évoqués. Fait remarquable, les iconoclastes mirent autant d'application à déshonorer le Fils de Dieu que les saints Jean et Catherine.

De même que la symbolique sexuelle, les comportements scatologiques exprimaient le mépris des blasphémateurs[136]. Dans nombre d'autres cas, les railleries ne visaient pas seulement à rabaisser, mais aussi à défier directement les images. On connaît l'histoire des iconoclastes bâlois du carnaval 1529 qui, selon le récit d'un chartreux, brisèrent les images saintes « avec force railleries » : de jeunes garçons avaient attaché un crucifix à une corde, l'avaient traîné au marché aux grains en chantant le célèbre air

---

135. Cécile Dupeux, Peter Jezler et Jean Wirth (dir.), *Bildersturm...*, *op. cit.*, p. 116 ; voir d'autres références dans Gerd Schwerhoff, « Bildersturm und Blasphemie... », *op. cit.*, p. 200.
136. *Ibid.*, p. 199 ; Cécile Dupeux, Peter Jezler et Jean Wirth (dir.), *Bildersturm...*, *op. cit.*, p. 120.

moqueur «Ah toi, pauvre Judas». Ils l'avaient ensuite brûlé avec les mots: «Si tu es Dieu, défends-toi, si tu es homme, saigne[137].»

Les manifestations de l'iconoclasme durant la Réforme, on peut le résumer ainsi, étaient remarquablement similaires à celles des siècles précédents. Mais en ce qui concerne leurs objectifs et intentions, les repères interprétatifs avaient été transformés de façon décisive par la Réforme. Le profanateur d'images, au sens traditionnel, s'attaquait avec ses mots et ses actes à une représentation concrète de Jésus, de Marie ou d'un saint. Ses moqueries et ses invectives étaient dirigées – par déception, colère ou autres sentiments généralement personnels – contre la personnalité sainte en question, qui était pour lui «réellement présente» dans les représentations[138]. L'intention était ainsi, conformément à la définition classique du blasphème, de déshonorer le sacré. Il en allait tout autrement de l'iconoclaste de la Réforme: pour lui, le culte des images n'était rien d'autre que de l'idolâtrie, il s'agissait d'une violation fondamentale du premier commandement, incompatible avec la centralité de la Bible et du Verbe chez les protestants. C'était donc l'*adoratio* des images qui déshonorait Dieu, et non les moqueries à leur égard. Le dénigrement devait, au contraire, faire la démonstration publique et définitive de l'absence de valeur des images visées et ainsi restaurer l'honneur de Dieu. La moquerie devenait ainsi un office religieux bien compris. Elle montrait de façon éclatante l'impuissance fondamentale de l'image concernée (ou d'un type de représentation, de toutes les images ou même des saints en général)[139] – tel était le résultat attendu de la «mise à l'épreuve». La preuve de l'impuissance des représentations devait, en même temps, opérer une transformation vers la vraie religion – un processus rituel au terme duquel avait lieu le châtiment déjà évoqué des images, analogue aux sanctions judiciaires terrestres. Ce n'était pas un hasard si, parfois, le bourreau entrait en jeu lors du châtiment des images, et si les sculptures de bois brûlées rappelaient le bûcher sur lequel étaient mis à mort les hérétiques[140].

Ce qui semble plausible en tant qu'idéal-type pose pourtant nombre de problèmes dans les cas particuliers. Tous les iconoclastes de la Réforme ne peuvent pas être considérés comme les agents d'une nouvelle théologie des images. Derrière nombre d'actes – souvent accomplis par des enfants ou des jeunes – transparaissait encore une conception ancienne de la profanation. Il pouvait y avoir une tension entre l'identité réformatrice et les

---

137. *Ibid.*, p. 128; sur l'air de Judas, *ibid.*, p. 125.
138. Concernant la recherche sur ces sujets, liée aux noms de Dinzelbacher et Scribner, voir Gerd Schwerhoff, «Bildersturm und Blasphemie...», *op. cit.*, p. 190.
139. Sur cette distinction importante, Sergius Michalski, «Das Phänomen Bildersturm...», *op. cit.*, p. 97.
140. *Ibid.*, p. 104 *sq.*; Gerd Schwerhoff, «Bildersturm und Blasphemie...», *op. cit.*

actes concrets. À l'inverse, les fidèles de la foi catholique, qui voyaient dans les iconoclastes violents des blasphémateurs, pouvaient employer des mots tout aussi blasphématoires. Ainsi, en février 1528, à Berne, Hans Schnyder fut si révolté par l'ordre du conseil de retirer de la cathédrale l'autel offert par sa corporation qu'il fit face aux adversaires des images le couteau à la main. Il jura « par les plaies et les souffrances » et maudit les « vils curés et tous ceux qui ont aidé à retirer les images »[141].

Les adorateurs, les profanateurs et les iconoclastes avaient en commun leur conception cultuelle du rapport à l'image : la vénération ou le rejet du sacré présent dans ou avec l'image. Si l'on pousse le raisonnement plus loin et que l'on considère les images comme les représentantes de systèmes de croyance et de domination, alors leur destruction semble constituer jusque dans la période la plus contemporaine, qu'il s'agisse du terrorisme islamiste ou du fait de renverser des statues de dirigeants, « un phénomène de substitution[142] ». Ce qui n'entrait pas en jeu, dans un premier temps, était le plaisir artistique distancié. Celui-ci ne devint possible – si l'on suit la thèse influente de Hans Belting – qu'à l'ère de l'art, qui suivit l'ère de l'image (sacrée)[143]. Tout au plus les propos de regret ou même d'horreur prononcés en réaction à la destruction pouvaient-ils exprimer, à mots couverts, une appréciation esthétique. Ainsi l'observateur de l'iconoclasme calviniste dans la cathédrale Saint-Guy de Prague déplora en 1620 la perte d'un objet aussi superbe que le retable de la Vierge de l'atelier Cranach et considéra qu'il s'agissait d'un acte de barbarie lorsque les ouvriers de la cathédrale se virent contraints – contrairement à leur intention – de laisser la somptueuse croix du transept se briser au sol[144].

Toutefois, le temps était encore lointain où certaines œuvres ou leurs créateurs seraient accusés de blasphème.

---

141. Cécile Dupeux, Peter Jezler et Jean Wirth (dir.), *Bildersturm...*, op. cit., p. 128. Pour un exemple similaire à Bâle, voir Emil Dürr et Paul Roth (éd.), *Aktensammlung...*, op. cit., n° 155, p. 128 ; de façon générale, Lee Palmer Wandel, *Voracious Idols...*, op. cit.
142. Peter Blickle *et al.* (dir.), *Macht und Ohnmacht der Bilder. Reformatorischer Bildersturm im Kontext der europäischen Geschichte*, Munich, R. Oldenbourg, 2002, p. 2.
143. Hans Belting, *Image et culte...*, op. cit.
144. Voir plus haut, note 135.

13. Obscénité et blasphème

Au début du XVIIe siècle apparut un aspect nouveau, l'association entre obscénité et blasphème dans la grande littérature[145]. Ce rapprochement marquait le fond du propos comme sa dimension médiatique. Il peut être considéré, en lui-même, comme l'indice de l'essor de courants libertaires et libres penseurs, ou même athées. La valorisation des plaisirs érotiques et de la chair entrait de prime abord en conflit avec une morale chrétienne qui accordait tout au plus à la sexualité un espace de légitimité très réduit au sein du mariage, où devait être engendrée une descendance. Lorsque cette sexualité était louée, voire exaltée pour elle-même dans des romans et des poèmes, cette « religion de la chair » devait sembler blasphématoire. Ces mêmes romans et poèmes devenaient les supports médiatiques de ces blasphèmes particuliers. Jusqu'alors, on incriminait des expressions et des comportements du quotidien, ainsi bien sûr que des textes théologiques et philosophiques. Le domaine de la « grande » littérature et des beaux-arts, en revanche, avait assez peu donné lieu à des reproches en ce sens. Cela était sur le point de changer. Le nombre de procédures judiciaires resta limité mais leur importance pour l'avenir ne doit pas être sous-estimée.

Si l'on excepte les précurseurs possibles comme les *Ragionamenti* d'Arétin (1536), c'est dans la France du XVIIe siècle que se noua l'association entre blasphème et obscénité. La procédure contre l'homme de lettres Théophile de Viau et son recueil de poèmes le *Parnasse des poètes satyriques*, en 1622-1623, fut à cet égard une cause célèbre[146]. Manifestement, ni l'auteur, dont le nom figurait en toutes lettres sur la

---

145. Encore trop peu prise en compte de façon systématique dans la recherche. Voir Leonard W. Levy, *Blasphemy...*, *op. cit.*, p. 304.
146. Documentation chez Frédéric Lachèvre, *Le procès du poète Théophile de Viau*, Genève, Slatkine, 1968 [1909], t. I; ainsi que Joan E. DeJean, *The Reinvention of Obscenity: Sex, Lies, and Tabloids in Early Modern France*, Chicago, University of Chicago Press, 2002, p. 29 *sqq.*; Michel Jeanneret, *Éros rebelle. Littérature et dissidence à l'âge classique*, Paris, Éditions du Seuil, 2003, p. 123 *sqq.*; dans l'ensemble, pour ce qui suit, Robert Muchembled, *L'orgasme et l'Occident. Une histoire du plaisir du XVIe siècle à nos jours*, Paris, Éditions du Seuil, 2005, p. 147 *sqq.*

couverture, ni l'imprimeur ne craignaient une grande répression contre l'ouvrage. Pourtant celui-ci tomba rapidement dans le collimateur d'une censure étatique de plus en plus sévère, l'auteur fut inculpé et condamné par le parlement de Paris à mourir sur le bûcher. La sentence ne fut exécutée que symboliquement, en son absence, alors qu'il avait réussi à fuir. Lors d'une révision ultérieure du procès, le poète vit sa peine commuée en emprisonnement de longue durée et en bannissement perpétuel. Brisé, il mourut peu après.

Son œuvre fut incriminée en premier lieu en raison de la vulgarité de la langue. Viau utilisait souvent dans ses poèmes des expressions familières liées à la sexualité, comme « foutre », « vit » et « con », même si ces mots étaient généralement désignés uniquement par leur première lettre. Au cœur de l'accusation figurait un sonnet à une certaine Phylis dans lequel Sieur Théophile se lamentait sur sa déchéance physique. Il ne laissait ignorer au lecteur ni sa nature ni sa cause : il s'agissait de la syphilis, qu'il avait attrapée suite à ses relations sexuelles avec cette femme (« Phylis, le mal me vient de vous avoir ...tue »). La dernière strophe du poème commençait par l'interpellation directe de Dieu et le prétendu remords du poète sur sa mauvaise vie (« Mon Dieu, je me repens d'avoir si mal vécu »). Pourtant, dans un renversement inattendu, il assurait – toujours en s'adressant à Dieu : « Et si votre courroux à ce coup ne me tue, / Je fais vœu désormais de ne ...tre qu'en cul. »

La recherche contemporaine souligne surtout l'aspect moral et sexuel du crime poétique, plutôt que la justification religieuse du jugement des « blasphèmes, sacrilèges, impiétés et abominations » contenus dans le *Parnasse satyrique*[147]. Pourtant, un ouvrage monumental, paru peu après la première condamnation de Viau, indique clairement la voie à suivre. *La doctrine curieuse* du jésuite François Garasse se fixait l'objectif général de balayer tous les esprits libres et s'en prit particulièrement au poète du *Parnasse* et à son sonnet sur Phylis[148]. Pour lui, c'était bien l'intrication de l'impiété et de la dépravation morale qui rendait l'ouvrage si condamnable, et son auteur n'était autre que le diable. À cause du dernier vers, compris littéralement, il accusait Viau d'être sodomite. Dans les sociétés traditionnelles, la « sodomie » désignait toutes les formes de déviance sexuelle, soit concrètement toutes les pratiques qui ne pouvaient aboutir à la conception : les relations entre personnes de même sexe, celles avec les animaux, et les rapports anaux. Le jugement de Garasse est peu étonnant, car sodomie et blasphème figuraient déjà côte à côte dans la novelle 77 de l'empereur romain Justinien.

---

147. Frédéric Lachèvre, *Le procès du poète...*, *op. cit.*, p. 142.
148. Voir des extraits dans *ibid.*, p. 175 *sqq.*; Joan E. DeJean, *The Reinvention of Obscenity...*, *op. cit.*, p. 44 *sqq.*

Toutefois, affirmer que Viau aurait simplement été victime d'une lecture hostile reviendrait à taire une partie de la vérité. Son poème jouait de façon manifeste avec les motifs chrétiens traditionnels pour mieux les renverser. La colère de Dieu et son invocation pleine de remords contrastaient de façon saisissante avec le revirement final, le jurement (un acte de langage déjà considéré en lui-même comme blasphématoire) de choisir à l'avenir une pratique sexuelle proscrite mais moins risquée, plutôt que de changer de vie – une raillerie à peine dissimulée de la colère divine.

En dépit de l'avertissement que constituait son destin, Théophile de Viau ne devait pas rester l'unique auteur de littérature osée, érotique ou pornographique – la différence fait l'objet de virulentes controverses – relevée d'une pointe de blasphème. Dans *L'escole des filles ou la philosophie des dames*, roman publié pour la première fois en 1655, deux jeunes filles parlaient très ouvertement de la sexualité[149]. La première édition fut en grande partie confisquée et détruite, et les éditeurs furent poursuivis en justice. Il y eut pourtant bien d'autres impressions, d'abord à Amsterdam puis en Angleterre et, plus tard, en Allemagne (*Die Jungfrauen-Schule*, paru pour la première fois en 1733), ce qui conféra au texte une certaine notoriété. En 1668, le diariste maniaque Samuel Pepys acquit un exemplaire français auprès de son libraire (selon ses mots : « le livre le plus paillard et le plus obscène que j'aie jamais lu »). Il confia de façon codée à son journal l'avoir brûlé après s'être masturbé. L'auteur présumé, le percepteur Michel Millot, put se cacher, mais il fut exécuté publiquement par contumace, comme Viau. Le jugement concluait que le livre était dirigé contre l'honneur de Dieu et les mœurs chrétiennes[150]. On trouvait bien, dans le livre, au moins une parodie des affaires religieuses. Là où figurait, dans d'autres ouvrages, une approbation du pape, on pouvait lire que le « Saint-Père Priapus » fulminerait anathème contre tous les hommes et les femmes qui liraient ou écouteraient cette leçon sur l'art de l'amour « sans spermatiser ou être stimulés de quelque émotion spirituelle ou corporelle »[151].

Le nom du jeune avocat Claude Le Petit apparut également au cours de l'enquête contre les responsables de *L'escole des filles*. Des années plus tard, en 1662, cet homme d'à peine 23 ans eut la main coupée et fut étranglé avant d'être brûlé place de Grève ; Théophile le Jeune, tel était son pseudonyme, s'était clairement placé dans la lignée de Théophile

---

149. Frédéric Lachèvre, *Mélanges sur le libertinage...*, op. cit., p. 82 sqq. ; Joan E. DeJean, *The Reinvention of Obscenity...*, op. cit., p. 56 sqq. ; Michel Jeanneret, *Éros rebelle...*, op. cit., p. 201 sqq.
150. Samuel Pepys, *Journal II, 1665-1669*, édité sous la direction de Robert Latham et William Matthews, traduit par Pierre Arnaud *et al.*, Paris, R. Laffont, 1994, p. 1141, 1168 sq. ; Frédéric Lachèvre, *Mélanges sur le libertinage...*, op. cit., p. 96, 120 ; Joan E. DeJean, *The Reinvention of Obscenity...*, op. cit., p. 63.
151. *Ibid.*, p. 64 et 153, note 19 ; Michel Jeanneret, *Éros rebelle...*, op. cit., p. 203.

de Viau[152]. Seuls des fragments ont été conservés de son *Bordel des muses*, parti en fumée avec son auteur. Toutefois, les parties connues suffisent à comprendre pourquoi Le Petit fut condamné pour crime de lèse-majesté divine et humaine[153]. Ses caprices satiriques comprenaient des sonnets hauts en couleur, essentiellement une série de miniatures sur des capitales européennes «ridicules», sur Rome comme sur Venise, Vienne, Londres et Madrid. C'était surtout le Paris «ridicule», la «cité de merde» qui était injuriée, avec ses monuments religieux et séculiers. La Vierge Marie était une cible récurrente de ses impertinences. Les jésuites, ainsi que le cardinal Mazarin tout juste décédé, avec son palais de style «italien», étaient accusés à mots couverts de sodomie, dans des vers désobligeants. Il semble presque prophétique que Le Petit ait dédié à la place de Grève des lignes émouvantes, ce «malheureux espace de terre» sur lequel était érigée la potence et où l'on avait tué «cent fois plus d'hommes qu'à la guerre». On cite souvent le «Sonnet foutatif» du début de son œuvre, dont chaque vers commençait par «foutre», comme la première strophe: «Foutre du cul, foutre du con, / Foutre du Ciel et de la Terre, / Foutre du diable et du tonnerre, / Et du Louvre et de Montfaucon.» Ce court poème se terminait de façon ironique: «Foutre de tout le monde ensemble, / Foutre du Livre et du Lecteur, / Foutre du sonnet, que t'en semble?» Pourtant, ce ne furent pas seulement la langue grossière, profane, et les pratiques sexuelles qui choquèrent les contemporains pieux et fidèles au pouvoir, mais aussi le manque de respect envers toutes les puissances supérieures – «foutre» le palais du Louvre et le gibet royal de Montfaucon, à côté de Paris, était une marque de mépris. La langue obscène était dirigée, d'une façon presque nihiliste, contre les autorités ecclésiastiques et séculières[154].

La France fut le point de départ d'une évolution qui gagna bien sûr d'autres parties de l'Europe, en particulier l'Angleterre. Ainsi, en 1724, un éditeur et libraire à la réputation sulfureuse, Edmund Curll, fit paraître un livre obscène, *Venus in the Cloister, or the Nun in Her Smock*, opuscule anticatholique sur la vie sexuelle des nonnes qui fut perçu comme une attaque générale contre le sentiment religieux. Bien qu'il se fût agi d'une simple réédition d'un livre d'abord édité en France en 1683 et déjà paru dans une traduction anglaise, Curll se retrouva devant les tribunaux. Le représentant de l'accusation, Lord Hardwicke, voyait dans l'ouvrage un danger pour la morale et la paix. «Proférer des mots blasphématoires revient à subvertir l'Église et l'État[155]!» Toutefois, les procédures de ce type

---

152. Voir encore Frédéric Lachèvre (éd.), *Les œuvres libertines de Claude Le Petit*, Genève, Slatkine, 1968; Michel Jeanneret, *Éros rebelle...*, *op. cit.*, p. 216 *sqq.*
153. Frédéric Lachèvre (éd.), *Les œuvres libertines...*, *op. cit.*, p. XLVIII.
154. *Ibid.*, p. 153, XXX *sq.*, 162 *sq.*, 122, 143, 107.
155. Leonard W. Levy, *Blasphemy...*, *op. cit.*, p. 306 *sq.*; pour des corrections, Paul Baines et Pat Rogers, *Edmund Curll, Bookseller*, Oxford, Clarendon Press, 2007, p. 155 *sqq.*

demeurèrent plutôt rares. Au XVIIIe siècle, le cas de John Wilkes montra l'usage qui pouvait être fait par les puissants des accusations de blasphème comme une arme contre ceux qui les critiquaient. Sa déification parodique du phallus fut un cas spectaculaire, quoique non destiné à un large public, d'obscénité blasphématoire (voir chap. 14).

Dans l'ensemble, au XVIIIe siècle, l'époque des Lumières fut celle d'un premier apogée de la littérature obscène et pornographique, y compris et surtout hors de France. En 1751, Lessing déplora avec un tranchant pour lui inhabituel l'importation d'ouvrages français « qui nuisent à la religion et qui, sous les images affriolantes, font naître dans le cœur une infamante volupté[156] ». De fait, il existait sur le marché allemand du livre un segment certes relativement réduit, mais très particulier, de littérature érotico-pornographique. D'après l'inventaire de sa *bibliotheca erotica*, un connaisseur comme le duc de Weimar Charles-Auguste privilégiait les classiques dans leur version française originale, comme *Thérèse philosophe* (1748) ou *Histoire de Dom B**** (1741). Toutefois, sa bibliothèque comprenait aussi des originaux allemands, comme le texte *Der Mönch in seinen Lüsten* (« Le moine en ses voluptés », 1786)[157]. Ces trois ouvrages associaient aux descriptions érotico-pornographiques un fort anticléricalisme. Ainsi, *Thérèse philosophe* commence par la ruse d'un curé, la brutale séduction d'une jeune élève par son confesseur jésuite[158]. L'obsession sexuelle du clergé affiche au grand jour sa duplicité morale, puisqu'en tant que représentant des valeurs chrétiennes il devrait défendre une conception désincarnée de l'amour.

Les libertins du XVIIIe siècle, en revanche, s'adonnaient aux plaisirs de la chair. Avec leur « optimisme pulsionnel », ils portaient à son apogée la sanctification de la sexualité, jusque dans le langage imprégné de terminologie chrétienne : « Le libertinage célèbre dans un langage sacral perverti son office séculier – une liturgie du Verbe dans le salon, une liturgie du sacrifice dans le boudoir », explique un auteur contemporain sur les mots et les pratiques du libertinage érotique[159]. Alors que l'abbé Grécourt célébrait dans les relations sexuelles les « plaisirs des Dieux », son aversion était pour cette religion qui faisait obstacle au bonheur de l'homme en

---

156. Cité d'après Dirk Sangmeister et Martin Mulsow (dir.), *Deutsche Pornographie in der Aufklärung*, Göttingen, Wallstein Verlag, 2018, p. 359 *sq.*
157. *Ibid.*, p. 104 *sqq.*, 723 *sqq.*
158. Robert Darnton, « Denkende Wollust oder Die sexuelle Aufklärung der Aufklärung », *in* : Robert Darnton, Jean-Charles Gervaise de Latouche et Jean-Baptiste d'Argens, *Denkende Wollust. Zwei Romane aus dem 18. und ein Essay aus dem 20. Jahrhundert*, traduit par Eva Moldenhauer et Jens Hagestedt, Francfort-sur-le-Main, Eichborn Verlag, 1996, p. 5-44, ici p. 13 *sqq.*
159. Peter Prange, *Das Paradies im Boudoir. Glanz und Elend der erotischen Libertinage im Zeitalter der Aufklärung*, Marbourg, Hitzeroth, 1990, p. 77.

le privant des plaisirs sensuels – par conséquent, il louait Adam, Ève et le serpent de nous avoir offert la volupté grâce à la chute originelle[160]. Naturellement, la censure – en France, dans l'Empire et ailleurs – tenta de sévir contre une telle licence des mœurs. Toutefois, le blasphème ne sembla plus avoir été un argument de poids dans ces cas-là, aussi fatale qu'ait pu être cette accusation au début de la carrière de la littérature obscène, chez Théophile de Viau ou Claude Le Petit.

---

160. Jean-Baptiste Willart de Grécourt, « Les joies du Paradis », *in*: *id.*, *Œuvres complètes de Grécourt*, nouvelle éd., Luxembourg, s. n., 1802, t. III, p. 22; Peter Prange, *Das Paradies im Boudoir...*, *op. cit.*, p. 17, 21 *sqq.*

Vives controverses autour du blasphème

14. Formes nouvelles à l'époque des Lumières

En 1717, à Freistadt (Haute-Autriche), le marchand bourgeois Johann Georg Pilberger fut exécuté par l'épée pour blasphème. En état d'ébriété avancée, auprès du lit d'accouchement de sa femme, il avait juré violemment : leur nourrisson venait de mourir. Non content d'accuser de meurtre sa femme et la sage-femme, il avait surtout traité Dieu de « sale chienne » pour avoir permis la mort sans baptême de son deuxième enfant, le livrant ainsi au diable[1]. Le châtiment, sévère, n'était pas inhabituel pour l'époque. Les statistiques des exécutions spectaculaires qui eurent lieu entre 1703 et 1750 à Vienne, résidence des Habsbourg, montrent que le blasphème avait une place de choix[2]. La France, à cette époque, poursuivit également sa tradition de mise à mort publique des blasphémateurs. Ainsi de l'exécution, en 1724, du nourrisseur de bestiaux Charles Lherbe ; il avait injurié à maintes occasions Dieu et la Vierge Marie et avait dit, d'après un témoin : « Que Dieu étoit un bougre de chien et que, s'il le tenoit, il le jetteroit dans le feu[3]. »

Ces exemples le montrent, au XVIIIe siècle, la peine capitale était loin d'appartenir au passé. Toutefois, il serait précipité d'en conclure à une continuité sans heurts dans l'histoire du blasphème. D'autres indices montrent que les jurons, les imprécations et les blasphèmes étaient alors poursuivis et châtiés avec moins de diligence. En Suisse, dans les communautés réformées de Zurich et de Berne, la répression diminua de façon nette après 1690, pour s'arrêter presque entièrement après 1720. Du côté des régions catholiques, il semble que l'Inquisition ait peu à peu cessé les poursuites en Italie au XVIIIe siècle, même si elle recevait encore de nombreuses dénonciations de blasphèmes[4].

---

1. Gerd Schwerhoff, *Zungen wie Schwerter. Blasphemie in alteuropäischen Gesellschaften 1200-1650*, Constance, UVK, 2005, p. 312.
2. Susanne Hehenberger, « „Die beleidigte Ehre Gottes auf das empfindlichste zu rächen, in allweg gesonnen". Blasphemie und Sakrileg im 18. Jahrhundert », *in* : Martin Scheutz et Vlasta Valeš (dir.), *Wien und seine WienerInnen*, Cologne / Vienne, Böhlau, 2008, p. 197.
3. Françoise Hildesheimer, « La répression du blasphème au XVIIIe siècle », *in* : Jean Delumeau (dir.), *Injures et blasphèmes*, Paris, Imago, 1989, p. 74 *sq.*
4. *Ibid.*, p. 70 *sq.* ; Francisca Loetz, *Mit Gott handeln. Von den Zürcher Gotteslästerern der Frühen Neuzeit zu einer Kulturgeschichte des Religiösen*, Göttingen, Vandenhoeck

Lorsque l'on cherche les forces motrices de certaines transformations, il est courant de renvoyer aux Lumières. Celles-ci auraient ainsi profondément transformé le visage du blasphème en remplaçant le « droit théocratique » par un « droit éclairé », orienté vers les principes de rationalité et d'humanité. La pratique aurait ensuite suivi la théorie avec une rapidité étonnante[5]. Cela n'est pas entièrement faux: de fait, la pensée et les actes en lien avec le blasphème se transformèrent à l'époque des Lumières. Pourtant il ne s'agit pas, d'une part, d'une césure nette, mais d'un processus lent qui s'étala de la fin du XVIIe au début du XIXe siècle[6]. D'autre part, cette transformation ne mena pas, à long terme, à une abolition, mais plutôt à une nouvelle conception du blasphème, un processus qui contribue à expliquer sa force étonnante dans le présent.

Religion, raison et droit

Essentielles pour appréhender les évolutions de l'époque, les transformations du rapport à la religion s'amorcèrent en Europe au plus tard à la fin du XVIIe siècle et influencèrent pour longtemps les attitudes face au blasphème[7]. Il y eut d'abord des modifications, graduelles mais durables, de la politique religieuse des États. À long terme, la contrainte exercée par les autorités ne s'était pas avérée un instrument particulièrement efficace pour produire l'unité religieuse. En 1685, il est vrai, Louis XIV révoqua l'édit de Nantes, posant ainsi les fondements pour faire du catholicisme, un siècle durant, la seule religion d'État; pourtant, une tolérance pragmatique prévalut de plus en plus en Europe face aux différentes confessions. Elle s'imposa particulièrement tôt dans la république des Pays-Bas et en Angleterre (*Toleration Act*, 1689). Dans le Saint-Empire romain germanique, mosaïque confessionnelle, la paix de Westphalie avait déjà strictement limité la contrainte pour les sujets à adopter la religion de leur prince.

& Ruprecht, 2002, p. 505; Christopher F. Black, *The Italian Inquisition*, New Haven, Yale University Press, 2009, p. 263 *sqq*. Voir d'autres indications dans Gerd Schwerhoff, *Zungen wie Schwerter...*, *op. cit.*, p. 312 *sq*.

5. Dietrich Forrer, *Der Einfluss von Naturrecht und Aufklärung auf die Bestrafung der Gotteslästerung*, Zurich, Juris Verlag, 1973, p. 11 et 128.

6. C'est ce qu'établit notamment Alain Cabantous (*Histoire du blasphème en Occident*, Paris, Albin Michel, 1998, p. 137 *sqq.*), qui évite toutefois les affirmations claires concernant la chronologie.

7. Des éléments chez Barbara Stollberg-Rilinger, *Europa im Jahrhundert der Aufklärung*, Stuttgart, Reclam, 2000, p. 94 *sqq.*; Winfried Schröder, « Religion bzw. Theologie, natürliche bzw. vernünftige », *in*: Joachim Ritter et Karlfried Gründer (éd.), *Historisches Wörterbuch der Philosophie*, Bâle, Schwabe, 1992, t. VIII, p. 713-727.

La politique de tolérance, dont les motifs premiers étaient très pragmatiques, trouva de plus en plus un soutien théorique dans la pensée éclairée sur les rapports entre croyance et savoir. De vieilles certitudes religieuses furent remises en cause, mais – il faut le rappeler avec insistance – sans que la religion dans son ensemble soit rejetée[8]. Ainsi le célèbre philosophe anglais John Locke ne postulait pas une opposition entre raison et religion, mais affirmait que le christianisme et la tradition biblique étaient «raisonnables». Il refusait néanmoins toute contrainte des autorités dans les affaires religieuses – d'après sa *Lettre sur la tolérance*, publiée pour la première fois en 1689, l'important n'était pas le conformisme extérieur mais la conviction intérieure, qui ne pouvait être forcée. Du reste, l'État avait le devoir de protéger les libertés naturelles et l'intégrité personnelle de ses citoyens.

Alors que la religiosité de Locke resta toute sa vie marquée de l'empreinte conventionnelle et protestante, d'autres courants des Lumières façonnèrent le profil d'une religion de la raison, destinée à libérer le noyau naturel de toute religion des mythes et des récits de chacune des confessions. Selon cette conception, la révélation chrétienne elle-même, plus encore que toute autre, devait être soumise à une critique guidée par la raison, à laquelle elle résistait rarement. Les précurseurs de cette évolution étaient les mouvements antitrinitaires des XVIe et XVIIe siècles (unitarisme, socinianisme) qui niaient la nature divine du Christ et que nous avons déjà évoqués comme les victimes de procès pour blasphème. Dans le déisme – principalement anglais –, ces courants débouchèrent sur une critique religieuse éclairée et la diffusion d'une religion «naturelle» ou «raisonnable». En 1645, le baron Herbert de Cherbury avait déjà formulé son essence à travers cinq vérités générales : un être suprême existe ; il doit être vénéré ; cette vénération repose en grande partie sur une vie vertueuse ; il faut faire pénitence pour ses fautes ; il y aura après cette vie châtiment et récompense[9].

Christian Wolff, qui était avec Thomasius l'un des deux plus grands noms des Lumières allemandes, liait lui aussi étroitement religion et raison. Dieu avait agencé la nature de la façon la plus raisonnable et ce qu'il avait offert de plus formidable à l'homme était sa raison. Chez le philosophe de Halle, la preuve de l'existence de Dieu, justifiée en détail, et la vision de Dieu sont également d'une grande rationalité. Tout ce qui est doit avoir un «motif suffisant», une cause, et ainsi le monde entier ne peut être compris autrement que comme l'œuvre d'un être éternel, parfait et tout-puissant, «que nous avons coutume d'appeler Dieu»[10]. Cet être

---

8. David Sorkin, *The Religious Enlightenment: Protestants, Jews, and Catholics from London to Vienna*, Princeton, Princeton University Press, 2008.
9. Winfried Schröder, «Religion bzw. Theologie...», *op. cit.*, p. 719.
10. Christian Wolff, *Vernünfftige Gedancken von Gott, der Welt und der Seele des Menschen, auch allen Dingen überhaupt*, Halle, Renger, 1720, § 945, p. 515 *sq*.

posséderait lui-même une raison, mais une raison si élevée qu'elle parviendrait à saisir ensemble l'immensité de l'espace et de l'éternité. Cette perfection de Dieu se traduirait notamment par le fait qu'on ne trouverait chez lui, à la différence des hommes, « aucun affect », tout au plus un certain « plaisir » serein du créateur face au bonheur de ses créatures, que les hommes désigneraient comme de l'« amour »[11].

Même si les Lumières n'étaient en aucun cas antireligieuses en elles-mêmes, il devenait possible de formuler des conceptions irréligieuses. Au cours de la seconde moitié du XVIIe siècle, le « spectre athée[12] » de l'époque précédente prit une forme matérielle. Durant des siècles, les informations sur un opuscule légendaire intitulé *De tribus impostoribus* avaient hanté les notes des érudits ; on prétendait qu'il décrivait l'imposture des trois fondateurs de religions, Moïse, Jésus et Mahomet. Déjà, au XIIIe siècle, on avait attribué à l'empereur Frédéric II de tels blasphèmes. À présent, deux auteurs livraient en même temps au public ce qui avait été si longtemps recherché : un texte latin avec le titre à la réputation si sulfureuse fut rédigé avant 1688, selon toute probabilité, par le juriste de Hambourg Johann Joachim Müller ; le *Traité des trois imposteurs*, une version en français – nettement plus approfondie – s'appuyant fortement sur l'éthique de Spinoza, apparut également avant la fin du siècle. Son auteur demeure inconnu[13].

Les deux textes furent publiés de façon anonyme et ne se firent connaître d'un large public que progressivement. Il en fut de même du plus ancien document philosophique attestant d'un « athéisme pur », l'anonyme *Theophrastus redivivus* ou, plus tard, du *Testament* du curé de campagne français Jean Meslier (1729)[14]. De même que l'empereur Hohenstaufen, au Moyen Âge, avait été traité de blasphémateur, les athées modernes firent parfois l'objet de telles accusations. En 1784, année où Kant livra sa célèbre définition des Lumières comme la sortie d'un état de tutelle dont l'homme « est lui-même responsable », un commentateur allemand du *Traité des trois imposteurs* écrivit que le cœur le plus vaillant ne pouvait que reculer d'effroi face à ces blasphèmes dirigés contre Jésus[15]. En dépit de tels accents, l'athéisme naissant n'exerça qu'une influence marginale sur les débats liés au blasphème.

---

11. Christian Wolff, *Vernünfftige Gedancken von Gott...*, op. cit., § 1070, p. 567.
12. Martin Mulsow, *Moderne aus dem Untergrund. Radikale Frühaufklärung in Deutschland 1680-1720*, Hambourg, F. Meiner, 2002, p. 118.
13. Winfried Schröder, *Ursprünge des Atheismus. Untersuchungen zur Metaphysik- und Religionskritik des 17. und 18. Jahrhunderts*, Stuttgart, Frommann-Holzboog, 1998, p. 424 *sqq.*, 452 ; Anon., *Traktat über die drei Betrüger*, édité par Winfried Schröder, Hambourg, F. Meiner, 1992.
14. Winfried Schröder, *Ursprünge des Atheismus...*, op. cit., p. 404 *sqq.* et 493 *sq.*
15. Anon., *Traktat über die drei Betrüger*, op. cit., p. XXXVIII.

La revendication d'une transformation pratique de tous les domaines de la vie était un autre thème central des Lumières qui concernait aussi, et surtout, le droit. Les philosophes ne voulaient pas seulement juger la religion à l'aune de la raison, ils souhaitaient aussi organiser de façon rationnelle le droit pénal. Cesare Beccaria, auteur du célèbre ouvrage réformateur sur les délits et les peines (*Dei delitti e delle pene*, 1764), est particulièrement représentatif de cette tendance. Les peines, postulait Beccaria, ne devaient être prononcées que lorsqu'elles étaient utiles au maintien de l'ordre ; par ailleurs, pour les fixer, la question de la proportionnalité entre la gravité du délit et la sanction devait être déterminante. Beccaria suivait ainsi l'*Esprit des lois* de Montesquieu. Des décennies auparavant, Christian Wolff avait déjà présenté une argumentation similaire, sans toutefois revendiquer de façon aussi radicale que Beccaria l'abolition totale de la peine de mort et de la torture[16].

Allemagne : le débat éclairé

« Que la divinité soit injuriée, c'est impossible ; qu'elle se venge sur les hommes à cause de son honneur blessé, impensable ; qu'il faille l'apaiser en châtiant son offenseur, une folie. »

Par ces mots puissants, figurant dans son manuel de 1801, le célèbre juriste Anselm von Feuerbach faisait litière de vérités multiséculaires et affichait, aussi clairement que possible, la rupture avec l'âge classique du blasphème[17]. Son verdict, considéré comme l'essence même du débat des Lumières, ne manque jamais dans les évocations du sujet. Pourtant, il n'en traduit qu'une part très réduite, comme le montre un examen plus attentif. Il s'agit ici de la discussion entre les juristes et les philosophes de langue allemande, qui représente l'ensemble de l'histoire européenne des idées car on ne pensait et ne débattait pas, à Iéna ou à Halle, sans référence à Paris ou à Londres. La différence était qu'on s'y référait moins à des précédents ou à des cas scandaleux issus de la pratique, ce qui tenait sans doute au morcellement politique et juridique du Saint-Empire romain germanique.

Si les discussions sur le blasphème étaient animées dans l'espace savant, il faut bien constater qu'elles n'occupaient pas une place centrale

---

16. Christian Wolff, *Vernünfftige Gedancken von dem Gesellschafftlichen Leben der Menschen und insonderheit dem gemeinen Wesen*, Francfort/Leipzig, Renger, 1740, Livre II, chap. 3, § 341 *sqq.*, p. 287 *sqq.* Voir Montesquieu, *De l'Esprit des lois I*, édité par Laurent Versini, Paris, Gallimard, 1995, Livre VI, chap. 6, p. 207.
17. Paul Johann Anselm von Feuerbach, *Lehrbuch des gemeinen in Deutschland geltenden Peinlichen Rechts*, Gießen, G. F. Heyer, 1801, § 344, p. 265.

ou paradigmatique dans la pensée des philosophes des Lumières[18]. La réalité de la « magie » ou de la « sorcellerie » donnait lieu à bien davantage de débats, ainsi que la question de savoir dans quelle mesure la déviance religieuse, c'est-à-dire l'hérésie, pouvait constituer un crime. Déjà Christian Thomasius, la grande figure du début des Lumières allemandes, souleva la question en 1697 et y répondit par la négative[19]. Il reprocha ainsi aux juristes protestants traditionnels d'agir en « papistes », c'est-à-dire d'importer dans le droit séculier protestant, sans réflexion, la doctrine catholique sur l'hérésie. Ils balayaient la contrainte religieuse d'un revers de la main pour la défendre de l'autre. Une longue série de philosophes reprirent cet avis. Ils défendaient une conception « raisonnable » de la religion au-delà des querelles confessionnelles et l'idée d'une communauté orientée vers le bien-être et la sécurité de tous. Ces idées ne justifiaient pas l'exclusion des fidèles d'autres religions. Seule l'Église pouvait éventuellement, en tant qu'association civile, décider d'ostraciser ses membres. Ainsi, en 1782, le baron von Soden pouvait constater, à la fois serein et enthousiaste, en référence à l'édit de tolérance de l'empereur Joseph II : « L'hérésie [...] cesse, à la fin du dix-huitième siècle, d'être un crime. Tolérance ! protégée par le meilleur des empereurs, elle lève sa tête bienfaisante. Fanatisme et esprit de persécution sont renvoyés dans leur patrie, l'enfer[20]. »

De la protection de Dieu...

Thomasius n'aborda le problème du blasphème qu'à la fin de son ouvrage sur l'hérésie, d'une façon brève et plutôt fuyante. Il critiqua tout de même le fait que les accusations de soulèvement ou de blasphème aient si souvent été utilisées par les tyrans comme un prétexte pour contraindre les consciences – cela était déjà le cas chez les premiers chrétiens, puis plus tard dans l'histoire : « Qui peut dire combien de fois les nôtres ont été accusés de blasphème par les papistes, ou les réformés par nos faiseurs d'hérétiques[21] ? » En 1700, le disciple de Thomasius Gerhard Titius devait

---

18. Il en alla autrement en France, voir Alain Cabantous (*Histoire du blasphème...*, op. cit., p. 136), qui fait référence à Bayle.
19. Christian Thomasius, *An Haeresis sit Crimen?*, Halle, C. Salfeldius, 1697 ; ainsi que *id.*, *Ausserlesene und in Deutsch noch nie gedruckte Schriften*, Halle, Renger, 1705, p. 211 *sqq.* ; Matthias J. Fritsch, *Religiöse Toleranz im Zeitalter der Aufklärung. Naturrechtliche Begründung – konfessionelle Differenzen*, Hambourg, F. Meiner, 2004, p. 48 *sqq.* et dernièrement Ian Hunter, « Thomasius on the Toleration of Heresy », *in* : Ian Hunter, John C. Laursen et Cary J. Nederman (dir.), *Heresy in Transition: Transforming Ideas of Heresy in Medieval and Early Modern Europe*, Abingdon / New York, Routledge, 2016 [2005], p. 155-167.
20. Julius von Soden, *Geist der teutschen Criminal-Gesetze*, Hof, s. n., 1787 [1782], t. I, § 86, p. 19.
21. Christian Thomasius, *Ausserlesene und in Deutsch noch nie gedruckte Schriften*, op. cit., p. 292 ; ainsi que *id.*, *An Haeresis...*, op. cit., p. 38 sq.

se pencher sur le blasphème de façon plus systématique. Son exposé[22] commençait par une restriction : le blasphème ne pouvait être châtié que lorsqu'il provenait d'une « mauvaise intention » et lorsqu'il concernait un dieu auquel le coupable croyait vraiment. Celui qui « dans une juste ferveur » (c'est-à-dire colère) ou dans une situation d'urgence laissait échapper un blasphème n'agissait pas dans la préméditation et était donc excusé.

Le deuxième argument était plus original : celui qui se moquait délibérément d'une autre religion, qu'il tenait pour fausse, ne pouvait lui non plus être condamné pour blasphème. Cela valait également lorsqu'il se trompait et outrageait le vrai Dieu, car il agissait alors non par méchanceté mais par amour de la vérité. Il était, tout au plus, coupable d'injure. L'auteur développait davantage encore la spiritualisation du concept de blasphème ébauchée par ces réflexions : même dans les cas où tous les critères d'un blasphème pouvaient être remplis, il se prononçait contre un châtiment corporel sévère et contre la peine de mort. Le véritable blasphème, selon lui, avait lieu dans l'esprit du coupable et les mots ne faisaient que l'exprimer face aux autres. Sanctionner cette expression par « une certaine correction », c'est-à-dire par une peine légère, n'avait rien d'inique. Toutefois, devant le Dieu omniscient et tout-puissant, les mots n'aggravaient pas de façon déterminante le mal de l'acte d'esprit (que nous appellerions aujourd'hui le crime de pensée).

Quel sens pouvait avoir le châtiment sévère des blasphémateurs face à cette réalité ? Il ne pouvait être question de la protection de Dieu, « car Dieu est bien assez protégé contre de tels gens ». On ne pouvait attendre une correction par la peine, qui n'était pas à même de changer l'esprit des hommes. Mais si le châtiment ne remplissait aucune fonction, quel sens pouvait-il avoir ? En définitive, de telles peines étaient manifestement injustes. Car si l'un se contentait de nourrir dans son cœur d'infâmes blasphèmes et que l'autre les articulait en public, alors les deux crimes étaient d'une même gravité aux yeux de Dieu ; les autorités, en revanche, punissaient sévèrement le deuxième et pas du tout le premier. Si les hommes « s'érigent en vengeurs et protecteurs de l'honneur divin / alors ils doivent châtier tous les blasphèmes / ce qu'ils ne peuvent faire / ou les laisser tous impunis / sous peine de se rendre coupables d'une injuste cruauté ». Conclusion de Titius : la sévère législation contre le blasphème portait en elle beaucoup de « déraison humaine / de superstition / d'hypocrisie / et même de malveillance ». Par ailleurs, elle imitait un mauvais exemple juif (c'est-à-dire vétérotestamentaire) – les philosophes des Lumières eux-mêmes ne reculaient pas devant le recours à la longue tradition antijuive pour étayer leur argumentation.

---

22. Gottlieb Gerhard Titius, *Eine Probe des Deutschen Geistlichen Rechts* [...], 2ᵉ éd., Leipzig, Lanckisch, 1709, Livre III, chap. 5, § 23-32, p. 495-499.

Les réflexions de Titius étaient novatrices. La formulation – glissée au détour d'une phrase – selon laquelle Dieu était « bien assez protégé » contre les injures des hommes constituait un levier efficace pour révolutionner la conception traditionnelle du blasphème. Au milieu du siècle, elle prit sa forme classique au plus tard avec Montesquieu, qui connut également en Allemagne une réception fervente. La philosophie traditionnelle des peines, expliquait le penseur français, s'appuyait sur l'idée qu'il fallait venger la divinité : « En effet, si l'on se conduisait par cette dernière idée, quelle serait la fin des supplices ? Si les lois des hommes ont à venger un être infini, elles se régleront sur son infinité, et non pas sur les ignorances et les caprices de la nature humaine[23]. »

Les auteurs germanophones du XVIIIe siècle déclinèrent et étoffèrent cet argument. L'injure à Dieu, expliqua le baron von Soden, ne pouvait être sanctionnée que par le tribunal divin. « Comment d'impuissants législateurs humains peuvent-ils oser venger les injures contre la divinité ? Si celle-ci, face au ver misérable et ingrat qui, aveugle à ses bienfaits, se recroqueville dans la poussière et l'invective, si Elle, la divinité toute-puissante, retient son regard vengeur ou remet la vengeance à plus tard – comment le législateur humain peut-il oser la devancer[24] ? » Peu après, Ernst Karl Wieland abondait dans son sens, en affirmant que le blasphème ne pouvait être un crime terrestre « car aucun crime ne peut être commis contre Dieu. Si cela était : alors Dieu serait offensé par des êtres finis, par ses propres créatures, et sa perfection pourrait ainsi être restreinte par les actes de ces créatures », ce qui était impossible. « L'homme est donc bien trop impuissant pour se rendre coupable d'un crime contre la majesté divine car cela supposerait une injure faite à Dieu, une atteinte à son honneur, qui est pourtant aussi inaltérable que son essence et ne dépend pas, comme l'honneur des hommes, de jugements humains[25]. »

Si l'Être suprême et parfait, dont la véritable connaissance était inaccessible à l'homme, s'était vu attribuer aux temps sombres et ténébreux de la superstition des caractéristiques humaines, cela ne reposait que sur des analogies erronées, observa le juriste Adam Voigt[26]. Et Karl Ferdinand Hommel vilipenda avec des mots cinglants les « théologiens de la colère » dont les prêches ne faisaient que reproduire les récits superstitieux des nourrices. Les hommes, pour la plupart, avaient tendance à façonner Dieu à leur image. Ceux « dont le pied trépigne à la plus petite injure, dont la

---

23. Montesquieu, *De l'Esprit des lois I*, Paris, Garnier, 1973, Livre XII, chap. 4, p. 204.
24. Julius von Soden, *Geist der teutschen Criminal-Gesetze*, op. cit., § 80, p. 7 *sq.*
25. Ernst Carl Wieland, *Geist der peinlichen Gesetze*, Leipzig, P. G. Kummer, 1784, t. II, § 400, p. 85.
26. Adam Friedrich Christian Voigt, « Prüfung der Lehre des peinlichen Rechts von der Gotteslästerung, nach neuren Begriffen », *Neues Juristisches Journal*, vol. 1, n° 1, 1799, p. 435-501, ici p. 445 *sq.*

bouche écume, dont les veines gonflent et dont les yeux étincellent, se le représentent comme un terrible forcené. Tout chez eux devient colère». Naturellement, il était question dans la révélation de la colère de Dieu, mais il ne s'agissait que d'une parabole. Tout le reste n'était qu'anthropomorphisme grossier[27]! Vers 1800, à quelques exceptions près[28], cette personnification de Dieu était bel et bien écartée d'un point de vue intellectuel.

... à la protection de l'homme

Le rejet de la définition classique du blasphème par les philosophes des Lumières ne signa pas pour autant l'arrêt de mort du délit criminel associé. Les évolutions déterminantes concernèrent plutôt sa finalité. La «protection de l'homme», c'est-à-dire de la religion, de l'État et de la société, remplaça la «protection de Dieu»[29]. Christian Wolff donna le ton en défendant résolument l'opinion que la religion était nécessaire à la communauté: «Un homme qui reconnaît Dieu est assuré qu'il châtie le mal, et le craint.» La crainte de Dieu devait prévenir les actes répréhensibles, y compris ceux accomplis en secret, qui ne pouvaient être poursuivis par des juristes faute d'être rendus publics – en ce sens, la religion s'avérait supérieure au droit pénal. Elle possédait un atout unique, celui de favoriser «la discipline et la justice». Églises et écoles devaient ainsi être encouragées, tandis qu'il fallait châtier, de façon légitime, les «contempteurs de la religion». Pour des raisons analogues, il ne fallait pas tolérer les athées – un plaidoyer surprenant chez un philosophe renvoyé des services de l'État prussien pour avoir encouru ce même reproche. Sans doute était-ce la raison pour laquelle il prenait aussitôt après position contre les «inventeurs d'athées malfaisants» qui accusaient d'athéisme, de façon hâtive, les savants[30].

Parallèlement, Wolff ne se faisait guère d'illusions sur la portée des sanctions. «Point de douane» pour les pensées, disait l'adage, et les simples erreurs ne pouvaient faire l'objet d'une peine. En revanche, celui qui diffusait les erreurs susceptibles de nuire à la communauté était responsable au sens pénal. Une autorité pouvait également contraindre ses sujets à

---

27. Karl Ferdinand Hommel, *Philosophische Gedanken über das Criminalrecht*, Korn, Breslau, 1784, § 39, p. 71; Siegfried Leutenbauer, *Das Delikt der Gotteslästerung in der bayerischen Gesetzgebung*, Cologne/Vienne, Böhlau, 1984, p. 208 *sq.* avec une autre longue citation.
28. Sur le sujet, voir Michael Pawlik, «Der strafrechtliche Schutz des Heiligen», *in*: Josef Isensee (dir.), *Religionsbeschimpfung. Der rechtliche Schutz des Heiligen*, Berlin, Duncker & Humblot, 2007, p. 31-61, ici p. 33, note 13.
29. Ainsi, en 1902, Woldemar von Rohland, cité d'après *ibid.*, p. 34.
30. Christian Wolff, *Vernünfftige Gedancken...*, *op. cit.*, § 366 *sqq.*, p. 322 *sqq.*

l'observance des cérémonies religieuses, par exemple la fréquentation de la messe. Leur opinion pouvait être différente, mais c'était un fait que, « dans la vie en commun, l'hypocrisie vaut mieux que l'impiété manifeste[31] ».

Ainsi, on ne s'étonnera pas que Wolff ait affirmé de façon laconique, dans le seul et bref passage d'un écrit ultérieur où il abordait directement le blasphème, que « le noircissement de l'honneur de Dieu » était prohibé par la loi de la nature qui exigeait sa glorification. En conséquence, le blasphème – « tout propos, ou acte, qui revient à mépriser ou injurier Dieu » – était strictement interdit[32]. En 1756, Regnerus Engelhard suivait les traces de son professeur d'université Christian Wolff. L'existence de crimes contre Dieu lui semblait évidente : « La religion ou doctrine de la foi est absolument nécessaire dans une communauté ou dans un État. En conséquence, ce qui fait litière de la religion va à l'encontre du meilleur de la communauté, et donc du bien-être, de la tranquillité et de la sécurité de tous[33]. » La religion, les philosophes étaient d'accord sur ce point jusqu'aux derniers écrits de Kant, était un « instrument du pouvoir de l'État (politique)[34] » et, ainsi, les crimes religieux étaient des crimes contre l'État.

Toutefois, les réflexions de l'essayiste Julius von Soden illustrent à quel point le ton pouvait varier au sein de ce cadre général d'interprétation. Pour l'essentiel, il suivait entièrement l'argumentation déjà ébauchée, car il considérait la vénération d'un être supérieur, la religion, comme « le fondement du gouvernement » : « Sans elle, les lois sont un barrage trop faible contre les passions des citoyens ; le législateur seul, par la menace de châtiments temporels, ne peut agir avec assez de puissance sur l'âme de l'homme qui ne croit pas à l'avenir et ne craint rien au-delà de la durée subie de sa vie. La religion doit donc soutenir le législateur ; elle marque du sceau de l'outrage tout ce qui porte atteinte à la paix de l'État et au bonheur de la société. » Par comparaison, il est vrai, son jugement concret du blasphème semblait clément : il s'agissait pour lui d'un crime civil (= séculier) uniquement s'il perturbait la « paix de l'État »[35]. D'une promotion active de la religion, la finalité protectrice passait à une garantie plutôt passive de l'ordre étatique (ou public).

---

31. Christian Wolff, *Vernünfftige Gedancken...*, op. cit., § 359 sq., p. 307 sq. et § 421 (241), p. 437.
32. Christian Wolff, *Grundsätze des Natur- und Völckerrechts* [...], Halle, Renger, 1754, § 165 sq., p. 104 sq.
33. Regnerus Engelhard, *Versuch eines allgemeinen peinlichen Rechts aus den Grundsätzen der Weltweisheit*, Francfort/Leipzig, s. n., 1756, § 221 sq., p. 282 sq.
34. Emmanuel Kant, *Anthropologie du point de vue pragmatique*, 2ᵉ éd., traduit par Michel Foucault, Paris, J. Vrin, 1970, p. 169 : « Voici un trait qui appartient à la constitution des républiques : elles ont besoin d'une discipline qui leur vienne de la religion, afin que ce qui ne peut être atteint par la contrainte *extérieure* soit réalisé par la contrainte *intérieure* (celle de la conscience) [...] c'est là une tendance qui appartient à l'espèce. »
35. Julius von Soden, *Geist der teutschen Criminal-Gesetze*, op. cit., § 74, p. 2 et § 80, p. 7.

En 1784, Ernst Karl Wieland imagina quelle menace concrète les propos blasphématoires pouvaient faire peser sur la paix publique. Le blasphème, qu'il définissait comme « un mépris ou une moquerie intentionnels, exprimés par des mots ou des actes, contre les fondements religieux principaux d'une Église tolérée dans l'État », pouvait avoir diverses conséquences négatives : « Il peut induire en erreur certains membres de la société quant à leurs principes et les pousser à délaisser leurs devoirs sociaux ; il peut en entraîner d'autres, incapables de freiner leur zèle religieux, à perturber l'ordre public et nourrir la haine religieuse ; enfin, il peut être funeste tant pour l'Église que pour l'État[36]. » Ainsi, il ne fallait pas seulement se garder du pouvoir de séduction des contempteurs de la religion, mais aussi prévenir les réactions fanatiques des plus zélés – nous dirions aujourd'hui : des fondamentalistes.

Par la suite, d'autres auteurs déplacèrent encore l'attention. En 1799, l'avocat Adam Voigt refusa expressément de considérer le blasphème comme un crime contre l'État, à l'égal par exemple de la haute trahison, en dépit de toute l'utilité de la religion pour l'État. En conséquence, il se concentra sur les communautés religieuses comme les entités véritablement concernées par le blasphème : certes, de telles « sociétés religieuses » étaient volontaires, personne ne pouvait être contraint d'y adhérer, et leurs convictions et coutumes changeaient. Toutefois, elles pouvaient revendiquer un droit de contrainte entre elles et contre les étrangers : « Ne perturbe et n'insulte pas, directement ou indirectement, nos finalités religieuses autorisées ! » Ainsi fallait-il renoncer à tout ce qui pouvait être considéré comme un outrage. « De cette façon, le blasphémateur n'insulte pas Dieu […] mais la société religieuse autorisée. » Le blasphème était ainsi une injure à la religion, expression que Voigt utilise également par la suite[37]. Sa définition recoupe pour l'essentiel l'opinion d'Anselm von Feuerbach, qui tenait pour inutile la protection de l'honneur du Créateur mais accordait à l'Église un « droit à l'honneur ». Celui qui outrageait la religion au fondement de l'Église insultait cette dernière. Ainsi, le blasphème devait être défini comme « une injure à la société de l'Église[38] ».

Ces définitions soulèvent, d'ailleurs, une question intéressante – quelles communautés fallait-il placer concrètement sous la protection de l'interdit du blasphème ? Il semble évident que celle-ci ne devait pas se limiter à une (et encore moins à *la*) communauté religieuse privilégiée, comme à l'époque de l'État confessionnel. La loi sur le blasphème du futur avait une vocation interconfessionnelle et toutes les communautés religieuses tolérées dans l'État, au moins, devaient y avoir leur part. Soden,

---

36. Ernst Carl Wieland, *Geist der peinlichen Gesetze*, op. cit., § 401 sq., p. 85 sq.
37. Adam Friedrich Christian Voigt, « Prüfung der Lehre… », op. cit., p. 449, 451 sq.
38. Paul Johann Anselm von Feuerbach, *Lehrbuch des gemeinen…*, op. cit., § 344, p. 265.

en particulier, voulait étendre très largement son domaine d'application et portait le regard au-delà de l'espace chrétien : la différence des cultes et des noms sous lesquels Dieu était vénéré ne devait jouer aucun rôle. « Le sage législateur chrétien inculquera donc à ses citoyens un même respect des religions de toutes les nations. » Et ce, indépendamment du degré d'absurdité dont semblaient relever les usages de chacun. « Comment pouvons-nous attendre d'autres nations le respect pour notre religion si nous n'hésitons pas à profaner, moquer et fouler aux pieds tous les usages de la leur ? Comment avons-nous le front de condamner des étrangers pour une offense envers notre religion, alors que nous nous permettons impunément toute sorte d'offenses envers la leur[39] ? »

Ainsi se trouvait effleurée, en principe, la question de savoir si le dénigrement de la religion juive devait être punissable. Aussi évident et actuel que ce problème puisse nous paraître aujourd'hui, les penseurs des Lumières évitèrent visiblement de se pencher dessus de façon concrète. Il en alla de même des lois ultérieures qui sanctionnaient les outrages envers « les communautés religieuses reconnues » : on pouvait tout à fait comprendre que les injures contre le judaïsme seraient réprimées ; elles n'eurent pourtant longtemps aucun effet dans la pratique, alors qu'inversement il était tout à fait admis que les propos des juifs contre la chrétienté devaient être incriminés[40].

Deux nouveaux modèles idéaux-typiques de justification de la pénalisation se dessinent : d'une part, le blasphème nuit à l'État et à la société, dont l'existence serait presque impossible sans de solides fondations religieuses. D'autre part, les propos blasphématoires attaquent une communauté religieuse particulière et l'injurient collectivement ; cela constitue une grave menace pour la paix publique. Deux types de personnes peuvent ainsi se plaindre des supposés blasphémateurs, ou les accuser : ceux qui élèvent la voix au nom de l'ordre étatique et social ; et ceux qui agissent au nom de communautés religieuses particulières, contre un tel dénigrement. On retrouve ces deux catégories jusque tard dans le XXe siècle. Elles pouvaient, et peuvent encore, se présenter sous des associations et des imbrications diverses.

Une philosophie pénale plus clémente

La nouvelle définition du délit de blasphème ne fut pas sans conséquences pour le quantum de la peine. Seul Engelhard, qui se référait

---

39. Julius von Soden, *Geist der teutschen Criminal-Gesetze*, op. cit., § 78, p. 6.
40. Voir [Carl Ernst] von Preuschen, « Beiträge zu dem Verbrechen der Blasphemie, durch Rechtsfälle erläutert », *in* : J. F. H. Abegg *et al.* (éd.), *Archiv des Criminalrechts* (N.F.), Halle, C. A. Schwetschke, 1841, p. 292-309 et 1842, p. 188-198, ici p. 306 *sqq*.

à Wolff, n'hésitait pas à préconiser des peines dont il jugeait la sévérité adaptée, parce qu'elles étaient dissuasives, comme le fait de transpercer ou de couper la langue, ou même, à l'extrême, la peine de mort[41]. Habituellement, la balance des peines était tout autre, les auteurs ne réalisant peut-être pas que nombre de leurs arguments n'étaient pas véritablement nouveaux. Leur apport consistait davantage à transposer dans un autre contexte les circonstances atténuantes issues du canon de la casuistique traditionnelle[42]. Soden critiqua l'évaluation jusqu'alors bien trop sévère du délit : « Et pourtant ce délit mérite si souvent l'indulgence ! Il est si souvent la conséquence d'un seul instant d'humeur et de malaise ! Il est si souvent un simple délit de langue, qui suit le premier choc de la passion ! – Il est si éloigné du danger, qui ne suppose pas une parole précipitée mais une action réelle ! » Pour les auteurs du XVIIIe siècle finissant, la préméditation et la malveillance étaient constitutives du blasphème, qui n'existait pas sans elles ; l'étourderie et la colère excluaient une telle préméditation. Le « zèle religieux », donc une certaine conviction théologique ou philosophique, ne devait pas non plus être confondu avec le blasphème. Si, selon Voigt, certains fondements religieux essentiels étaient contestés, contredits ou ébranlés, il ne s'agissait pas de blasphème, car l'intention n'était pas d'injurier ou de moquer. Les écrivains des Lumières étaient profondément convaincus que les controverses et la critique objectives devaient être autorisées, alors que la polémique personnelle et les injures étaient à éviter de façon impérative. Dans la pratique, une telle distinction n'était pas plus tenable à l'époque qu'aujourd'hui[43]. Le plus important, pour notre propos, est que ce débat plaça au centre la tension entre la répression juridique de la diffamation (ou la protection juridique contre la diffamation) d'une part, et l'exigence de la liberté d'opinion d'autre part. Ainsi s'élargit, sans aucun doute, l'espace du dicible légitime et non réprimé.

Cette nouvelle doctrine conduisit par ailleurs à restreindre de plus en plus la définition du délit – laissant parfois le lecteur s'interroger, perplexe, sur les actions qui pouvaient bien être encore qualifiées de blasphème. Les manifestations classiques, par exemple jurements et imprécations, n'étaient plus évoquées qu'incidemment – ces mauvais usages du nom divin ne

---

41. Regnerus Engelhard, *Versuch eines allgemeinen peinlichen Rechts...*, op. cit., § 222, p. 284 *sqq*.
42. Sur ce qui suit, voir Julius von Soden, *Geist der teutschen Criminal-Gesetze*, op. cit., § 80 *sqq*., p. 7 *sqq*. ; Ernst Carl Wieland, *Geist der peinlichen Gesetze*, op. cit., § 402, p. 86 *sq*. ; Adam Friedrich Christian Voigt, « Prüfung der Lehre... », op. cit., p. 487 *sqq*.
43. Günter Oesterle, « Das „Unmanierliche" der Streitschrift. Zum Verhältnis von Polemik und Kritik in Aufklärung und Romantik », *in*: Franz Josef Worstbrock et Helmut Koopmann (dir.), *Formen und Formgeschichte des Streitens. Der Literaturstreit*, Tübingen, M. Niemeyer, 1986, p. 107-120.

constituaient qu'une simple « atteinte aux bonnes mœurs » relevant des tribunaux de police[44].

En définitive, la peine de mort et les châtiments corporels étaient rejetés par presque tous les auteurs. Hommel, en particulier, chercha à prouver à l'aide de grandes digressions historiques que les peines cruelles dans leur ensemble, mais plus précisément celles qui devaient venger l'honneur injurié d'une divinité, étaient l'expression de mœurs archaïques et barbares. Dans la pratique – outre l'exclusion de la communauté religieuse concernée, dont celle-ci devait se charger elle-même –, les sanctions séculières envisagées étaient de préférence de courtes peines d'emprisonnement. La nécessité de l'instruction religieuse était aussi affirmée. Adam Voigt cita, comme une sorte d'exemple de bonne pratique, un cas issu de son activité de défenseur. Une femme avait été condamnée à un an de maison de discipline par la faculté de droit de Leipzig en raison des vigoureux propos blasphématoires prononcés dans un groupe de femmes (« elle chiait sur Dieu, il ne pouvait pas l'aider, et elle chiait sur le huitième commandement »). Sur sa requête, le gouvernement collégial « éclairé et philanthrope » de Zeitz avait commué la peine en douze semaines de prison[45].

Législation de la fin du XVIIIe et du début du XIXe siècle

Quels effets pratiques eut le discours des Lumières ? On considère généralement qu'il eut une forte influence sur une ambitieuse réforme pénale hors de l'Empire, la *Legge criminale* du grand-duché de Toscane sous le règne du habsbourgeois Pierre Léopold (1747-1792), le futur empereur Léopold II. Le fleuron du projet de réforme éclairée du grand-duc entra en vigueur en 1786 au terme de près de cinq années de travail, mais fut appliqué seulement quatre ans avant d'être remodelé et en grande partie vidé de sa substance. Dans sa forme originelle, il prévoyait l'abolition de la peine de mort et d'autres châtiments corporels ; son droit de la procédure, cartésien, ne laissait plus aucune place à la torture. Les délits religieux étaient également concernés par cette transformation. « À l'encontre du droit pénal ancien, fondé et déterminé par la théocratie, ce groupe de délit est décriminalisé », juge un observateur contemporain[46]. Le vol dans les églises, par exemple, n'était plus considéré comme un sacrilège mais

---

44. Adam Friedrich Christian Voigt, « Prüfung der Lehre... », *op. cit.*, p. 479 ; Ernst Carl Wieland, *Geist der peinlichen Gesetze, op. cit.*, § 405, p. 91 *sq.*
45. Adam Friedrich Christian Voigt, « Prüfung der Lehre... », *op. cit.*, p. 495.
46. Hans Schlosser, *Die „Leopoldina". Toskanisches Strafgesetzbuch vom 30. November 1786. Originaltext, deutsche Übersetzung und Kommentierung*, Berlin, De Gruyter, 2010, p. 33.

comme un vol qualifié. Le blasphème était traité comme un trouble à l'ordre public et n'appartenait ainsi plus aux *delitti* mais aux *contravvenzioni*, des infractions qui devaient faire l'objet de procédures sommaires et être sanctionnées par des peines légères, selon l'article 61 du Code pénal toscan[47]. Seules les hérésies blasphématoires étaient traitées différemment : celui qui troublait l'office ou commettait d'autres impiétés à la vue de tous pouvait être condamné aux travaux forcés publics, de même que celui qui « enseignait publiquement des principes contraires à Notre Sainte Religion Catholique ». Contre ces ennemis de la société, une sévérité exemplaire devait être exercée. De fait, les travaux forcés publics étaient la plus haute sanction prévue par le Code pénal toscan. En dépit de son inspiration par les Lumières, la « décriminalisation » des délits religieux dans la Leopoldina avait d'évidentes limites.

En revanche, le Code civil prussien unifié de 1794, qui constituait sur bien d'autres questions un compromis peu satisfaisant entre les traditions féodales et les normes des Lumières, mit magistralement en pratique les maximes discutées dans le domaine de la législation religieuse (PrALR II-20, 6, § 214 *sq.*). Sous le titre programmatique « De l'injure envers les sociétés religieuses », on pouvait lire que « celui qui injurie les sociétés religieuses accueillies dans l'État, par des outrages contenus dans des propos ou des écrits publics, ou par des actes et gestes déshonorants » devait subir une condamnation de quatre semaines à six mois d'emprisonnement. Ici, la victime désignée du blasphème était clairement la communauté religieuse, et non la divinité ou l'État. Les réglementations complémentaires indiquaient qu'il était également important de protéger l'ordre public, ou la paix publique. Ainsi, le Code sanctionnait l'excitation du « ressentiment des partis religieux les uns contre les autres » par le biais des prêches, par exemple, et mettait en garde contre le zèle religieux excessif entre les époux (§ 227 *sq.*). La répression des « blasphèmes grossiers proférés en public » donnant « lieu à un scandale général » faisait l'objet d'une réglementation spécifique, prévoyant deux à six mois de prison (§ 217).

Il serait toutefois erroné de voir dans de telles réglementations le point de départ d'un chemin direct vers la modernité, emprunté durant le siècle suivant par la plupart des États allemands. Après la dissolution du Saint-Empire romain germanique en 1806, la situation juridique en Allemagne demeura confuse. Un fort pluralisme régnait toujours dans le domaine du droit en général, et notamment pour les affaires de blasphème[48]. Parmi les territoires allemands, le royaume de Bavière constituait une exception, due

---

47. *Ibid.*, p. 115 (texte original italien p. 70) ; p. 23 (p. 34).
48. Gerhard Webersinn, *Die geschichtliche Entwicklung des Gotteslästerungsdelikts*, Breslau, H. Eschenhagen, 1928, p. 54 *sqq*.

en grande partie à l'œuvre du réformateur juridique Feuerbach. Le Code pénal de 1813 ne contenait aucun article dédié au blasphème, seuls le trouble des offices et les rassemblements religieux, ainsi que les agressions contre les «ministres du culte», étaient sanctionnés[49]. Mais la Bavière ne fit pas école, sauf peut-être dans le grand-duché d'Oldenbourg (Code pénal de 1814)[50].

La très grande majorité des codifications pénales disponibles jusqu'au milieu du XIXe siècle protégeait les lieux et les ministres du culte et comprenait en outre des dispositions plus ou moins nourries sur le blasphème. Dans certains États, la loi se concentrait sur la défense des doctrines et des usages d'une « société religieuse » (royaume du Wurtemberg, 1839) ou d'un « parti religieux reconnu ou toléré par l'État » (grand-duché de Hesse, 1841) contre les railleries, le dénigrement, les actes injurieux, le mépris public et le « manquement au respect qui leur est dû » (royaume de Hanovre, 1840)[51]. Dans la plupart des codifications pénales de l'époque, le blasphème contre Dieu était toujours condamné expressément (sans qualification plus précise). Même le Code pénal du royaume de Prusse, en 1851, menaçait (encore) d'un emprisonnement qui pouvait durer jusqu'à trois ans celui qui « outrageait publiquement Dieu par des mots, des écrits ou autres manifestations[52] ».

À ce sujet, la littérature évoque souvent un retour réactionnaire à des normes antérieures aux débats des Lumières. Pourtant, au vu des observations présentées plus haut, il semble qu'il se soit agi davantage de porter l'accent, de façon univoque, sur l'idée que le blasphème était un crime contre l'État. À l'ère post-révolutionnaire du Biedermeier et du Vormärz[53], les autorités croyaient justement avoir besoin du soutien de la religion « contre les citoyens agités ou préoccupés ». La religion et le droit pénal devaient faire autorité face à la « fermentation politique et sociale » afin de « tenir la bride aux citoyens[54] ». Car, comme le formulait, lapidaire, le baron von Preuschen en 1841 : « La foi religieuse est le pivot de l'État[55]. »

---

49. Melchior Stenglein (éd.), *Sammlung der deutschen Strafgesetzbücher*, 3 vol., Munich, C. Kaiser, 1858, t. I, § 336, p. 128 [I] ; sur les évolutions ultérieures, voir le détaillé Siegfried Leutenbauer, *Das Delikt der Gotteslästerung...*, *op. cit.*, p. 227.
50. Melchior Stenglein (éd.), *Sammlung der deutschen Strafgesetzbücher*, t. I, § 330, p. 137 [II].
51. *Ibid.*, t. I, § 192, p. 80 [IV] ; t. II, § 195, p. 92 [VII] ; t. II, § 193, p. 97 [VI].
52. *Ibid.*, t. III, § 135, p. 86 [XI]. Voir de même le Code pénal de Brunswick de 1840 (*ibid.*, t. I, § 177, p. 95 [V]) et nombre d'autres.
53. C'est-à-dire la période qui s'étend de 1815 à 1848 (*N.d.T.*).
54. Eduard Kohlrausch, *Die Beschimpfung von Religionsgesellschaften*, Tübingen, J. C. B. Mohr (Paul Siebeck), 1908, p. 33 *sqq.*
55. [Carl Ernst] von Preuschen, « Beiträge zu dem Verbrechen der Blasphemie... », p. 300.

Grande-Bretagne : des frontières mouvantes

Un parlement puissant depuis la fin du Moyen Âge et une élite orientée relativement tôt vers le commerce et les affaires, au sein de laquelle la frontière entre noblesse et bourgeoisie était plus poreuse qu'ailleurs – la place de l'Angleterre comme première société moderne d'Europe est presque proverbiale. Cela n'empêcha pas les îles britanniques de connaître par moments des luttes politiques et des conflits religieux violents. Ceux-ci jouèrent un rôle notable parmi les catalyseurs d'une sphère publique qui – en particulier dans la métropole londonienne naissante – se caractérisait par un vaste paysage médiatique commercial et de vifs conflits d'opinion. Cet espace public commença à prendre forme dès le XVIe siècle, après la Réforme, et son importance alla croissant durant la guerre civile autour de 1640, jusqu'à ce qu'il s'impose comme une force déterminante de la vie politique sous la monarchie constitutionnelle, à la suite de la Glorieuse Révolution de 1689[56]. Dans ce climat public agité, le sujet du blasphème fut sans cesse ramené sur le devant de la scène[57], donnant lieu parfois à de vives controverses, ce qui explique une transformation du délit plus précoce que sur le continent.

Jusqu'à une époque avancée du XVIIe siècle, les plaidoyers en faveur d'un châtiment sévère constituaient la norme en matière de traitement du blasphème. Le réformateur écossais John Knox en 1560, le roi Jacques Ier au début du XVIIe siècle, ou William Laud, archevêque de Canterbury à partir de 1633 – tous étaient favorables à la peine de mort. Pourtant celle-ci fut peu prononcée, notamment en raison de fondements juridiques incertains. À l'inverse, une large tolérance dans les questions religieuses fut demandée très tôt, par de grandes figures de l'anabaptisme par exemple. En 1615, dans son livre *Objections: Answered by Way of Dialogue*, John Murton affirmait bien que le blasphème était le pire péché imaginable

---

56. Sur la forme de la sphère publique en Angleterre à la suite de Jürgen Habermas, voir T. C. W. Blanning, *Das Alte Europa 1660-1789. Kultur der Macht und Macht der Kultur*, traduit par Monika Carbe, Darmstadt, Wissenschaftliche Buchgesellschaft, 2006, p. 248 *sqq.* et *passim*. Sur la chronologie, Peter Lake et Steven Pincus, « Rethinking the Public Sphere in Early Modern England », *in*: *id.* (dir.), *The Politics of the Public Sphere in Early Modern England*, Manchester, Manchester University Press, 2007, p. 1-31 ; Dagmar Freist, « „The Staple of newes". Räume, Medien und die Verfügbarkeit von Wissen im frühneuzeitlichen London », *in*: Gerd Schwerhoff (dir.), *Stadt und Öffentlichkeit in der Frühen Neuzeit*, Cologne/Vienne, Böhlau, 2011, p. 97-123.
57. Inégalé par sa richesse documentaire, voir Leonard W. Levy, *Blasphemy: Verbal Offense against the Sacred, from Moses to Salman Rushdie*, New York, A. A. Knopf, 1993, sur lequel s'appuient par exemple, pour les époques plus anciennes, David Lawton, *Blasphemy*, New York, Harvester Wheatsheaf, 1993 ou David Nash, *Blasphemy in the Christian World: A History*, Oxford/New York, Oxford University Press, 2007 ; voir aussi Gerald D. Nokes, *A History of the Crime of Blasphemy*, Londres, Sweet & Maxwell, 1928.

contre Dieu : l'athée se contentait de nier l'existence du Créateur, tandis que le blasphémateur l'injuriait. Mais le commandement mosaïque qui le condamnait à mort avait été remplacé par celui de l'amour du Christ. Il refusait même l'excommunication car elle excluait le coupable de la béatitude éternelle. Il appartenait à Dieu de décider d'une peine éventuelle[58]. Nous l'avons vu, au milieu du XVIIe siècle, les unitariens et les *dissenters* radicaux étaient particulièrement visés par la critique et la persécution : en 1648 et 1650, le Parlement édicta même plusieurs lois contre leurs « blasphèmes ». En 1657, la cruelle punition du quaker James Nayler fut un signal important, lui aussi sujet à controverse : après le premier acte du châtiment public, plus d'une centaine de pétitions de Londoniens – qui ne faisaient pas partie des quakers – demandèrent de renoncer au reste de la peine. Ces requêtes n'étaient pas seulement justifiées par la faiblesse physique du délinquant, mais aussi par la revendication d'une liberté de conscience fondamentale ; le blasphème, lui non plus, ne devait pas être sanctionné par des châtiments corporels[59].

Matthew Hale

L'affaire « *Rex v. Taylor* », en 1675, peut être considérée comme un événement clé dans l'histoire du blasphème, et ce moins en raison des déclarations spectaculaires de James Taylor (voir chap. 11) qu'à cause de ses implications pour l'ordre juridique. D'une part, elle mit fin aux incertitudes sur les fondements du droit permettant de juger le blasphème, et sur les juridictions compétentes. En Angleterre, le droit séculier (*common law*) ne reposait pas sur une codification générale, mais sur des statuts particuliers et, surtout, sur la jurisprudence. « *Rex v. Taylor* » servit de modèle pour considérer le blasphème comme une infraction à la *common law*, qui devait donc être sanctionnée par les tribunaux royaux comme le King's Bench ou l'Old Bailey[60]. D'autre part, les attendus du jugement furent plus importants encore que cette question de compétence, car ils furent le point de départ d'une nouvelle façon de considérer le blasphème, promise à un grand avenir. Dans son avis, Matthew Hale, alors *Lord Chief Justice* du King's Bench, défendit l'idée que les propos blasphématoires malfaisants n'étaient pas un crime seulement contre Dieu et la religion, mais aussi « contre les lois, contre l'État et le gouvernement ».

---

58. Leonard W. Levy, *Blasphemy...*, *op. cit.*, p. 104 *sqq.*
59. *Ibid.*, p. 202.
60. Une affaire de 1617 est généralement considérée comme le précédent juridique sur la compétence du King's Bench, voir Gerald D. Nokes, *A History of the Crime of Blasphemy*, *op. cit.*, p. 21 *sqq.* ; Leonard W. Levy, *Blasphemy...*, *op. cit.*, p. 108.

La chrétienté, selon sa formule souvent citée, était « une part des lois de l'Angleterre » (« *a parcel of the Laws of England* »). Celui qui dénonçait la religion comme une imposture détruisait toutes les obligations qui faisaient tenir la société civile. Ainsi, l'injure envers Dieu devait être sanctionnée par les tribunaux royaux[61]. La sentence de Hale eut une influence durable pendant plusieurs siècles, jusqu'à la dernière affaire de blasphème qui fit sensation en Angleterre en 1976 (voir chap. 16). Les commentateurs libéraux et laïques des époques ultérieures ont jeté l'anathème sur le *Lord Chief Justice*, dépeint comme l'avocat d'une conception théocratique de l'État, qui avait assujetti la communauté au christianisme. Aujourd'hui, et sans doute de façon plus juste, il est considéré comme le représentant d'un ordre juridique qui a lutté pour l'unité de la *common law* séculaire durant des temps troublés. Les véritables défenseurs d'un modèle théocratique plaidaient pour le recours automatique à la norme mosaïque et pour la condamnation à mort du blasphémateur, conformément à la loi « éternelle » du Lévitique (24, 16). Sarcastique, le juriste Bulstrode Whitelocke leur opposa que, si la loi de l'Ancien Testament n'avait rien perdu de sa validité, alors Taylor ne devait pas être seulement condamné à mort, mais aussi lapidé – et, avec lui, tous les hommes désobéissants qui ne respectaient pas le commandement du sabbat[62]. En matière de sanctions, le plaidoyer de Hale pour la compétence des tribunaux séculiers dans les affaires de blasphème portait plutôt à la modération face au rigorisme biblique.

Trop peu d'attention a été accordée, jusqu'à aujourd'hui, au fait que sa sentence anticipait sur un acquis central du débat des Lumières, que nous avons déjà évoqué dans l'exemple allemand : il ne s'agissait plus de la défense de l'honneur de Dieu mais du bien de l'État, car le christianisme ou la religion étaient indispensables à sa préservation. Il faut le souligner, il n'était plus question d'expressions spécifiques du christianisme, ou du protestantisme, mais de la religion en elle-même. L'affirmation de l'utilité de la religion pour l'ordre séculier n'était en aucun cas une nouveauté. Nicolas Machiavel l'avait déjà soulignée près de deux siècles auparavant, avec toute la clarté souhaitable, dans ses *Discorsi*. En référence à l'ancienne Rome, il avait loué le rôle positif de la religion pour la cohésion de la communauté. Fait capital, il ne s'intéressait pas à la vérité de la croyance mais aux services qu'elle rendait à l'État. Ainsi, chez Machiavel, « la religion,

---

61. Voir Gerald D. Nokes, *A History of the Crime of Blasphemy*, op. cit., p. 48 *sq.* ; Leonard W. Levy, *Blasphemy…*, op. cit., p. 220 *sqq.* ; David Nash, *Blasphemy in Modern Britain: 1789 to the Present*, Aldershot / Brookfield, Ashgate, 1999, p. 32 *sqq.* ; et, référence à présent fondamentale, Elliott Visconti, « The Invention of Criminal Blasphemy: *Rex v. Taylor* (1676) », *Representations*, n° 103, 2008, p. 30-52.
62. *Ibid.*, p. 38.

de norme de la politique, devenait son instrument[63] ». Les attendus de Hale utilisaient – certainement pour la première fois – ce schéma de pensée pour justifier la sanction d'un blasphémateur. Ce que celui-ci mettait en péril n'était pas le salut de l'âme de l'individu ou la communauté éprouvée par le châtiment divin, mais le bon fonctionnement de l'État.

Tolérance ou persécution ?

À peine une décennie et demie après le jugement de Hale, et dans la droite ligne de celui-ci, le Parlement anglais s'accorda sur un assainissement du paysage confessionnel avec l'acte de tolérance de 1689. Les parlementaires venaient de destituer le roi Jacques Ier au cours de la Glorieuse Révolution, pour introniser comme couple régnant Guillaume d'Orange et sa femme Marie. Ils les forcèrent à concéder quelques textes constitutionnels, parmi lesquels figurait, aux côtés du *Bill of Rights*, le *Toleration Act*. Avec cette loi, les membres d'un certain nombre de mouvements non conformistes – dont les baptistes et les quakers – se voyaient accorder une liberté de religion limitée, à condition de prêter un serment de fidélité. Il ne s'agissait pas encore d'une véritable tolérance, au sens de l'ouvrage publié par John Locke la même année, mais plutôt d'une concession conjoncturelle des anglicans à de potentiels alliés contre les catholiques. Les partisans de Rome en restèrent exclus pendant de nombreuses années, de même que les antitrinitaires et les unitariens, et devaient s'attendre à la poursuite des persécutions juridiques.

Quelques années plus tard, les frontières de la tolérance contre les blasphémateurs, en Grande-Bretagne, s'avérèrent d'une double plasticité : pratique d'une part, avec la mort à Édimbourg de Thomas Aikenhead en janvier 1697, le dernier blasphémateur exécuté dans les îles britanniques ; normative d'autre part, avec l'adoption par le Parlement, en 1698, du *Blasphemy Act*. Aikenhead, jeune étudiant en médecine, fut loin d'être le seul à passer en jugement en vertu de la très sévère loi écossaise sur le blasphème de 1661, confirmée et nuancée en 1695[64]. La condamnation à mort et, surtout, son exécution en dépit de toutes les manifestations de contrition et demandes en grâce de l'accusé étaient plus inhabituelles. L'exceptionnalité de ce cas ne s'explique pas seulement par le mordant de

---

63. Alexander Rapolter et Karl-Reinhart Trauner, « Die politische Philosophie des Niccolò Machiavelli », *in* : Brigitte Sob et Edwin Micewski (dir.), *Brennpunkte politischer und militärischer Ethik – Eine Einführung*, Vienne, Landesverteidigungsakademie, 2007, p. 163-178, ici p. 164, probablement en référence à Herfried Münkler.

64. Sur ce qui suit, voir de façon générale Michael F. Graham, *The Blasphemies of Thomas Aikenhead : Boundaries of Belief on the Eve of the Enlightenment*, Édimbourg, Edinburgh University Press, 2013 [2008].

ses propos (voir chap. 11). Il faut y ajouter des circonstances particulières et un moment défavorable à Aikenhead. Il comptait parmi ses camarades étudiants un délateur zélé, Mungo Craig, qui l'accabla et l'attaqua publiquement devant le tribunal. Les raisons de nature structurelle étaient la situation politique difficile – car le pays était régi par une union personnelle avec l'Angleterre –, les luttes religieuses entre partis et une famine dramatique. Quoi de plus évident pour les autorités qu'une campagne morale contre les comportements non chrétiens, qui trouva son apogée dans l'exécution publique du blasphémateur Aikenhead? De fait, il est frappant que, peu de temps après, des accusations de sorcellerie longtemps disparues aient ressurgi en Écosse. Sept personnes en furent finalement victimes – peut-être leur exécution constituait-elle aussi une tentative désespérée de maintenir un ancien ordre religieux[65].

Le sort d'Aikenhead trouva un écho dans l'Angleterre voisine; certes, la mort de l'étudiant ne devint pas, dans le débat public, une «affaire» scandaleuse, contrairement à l'histoire du chevalier de La Barre en France environ soixante-dix ans plus tard. Il fallut attendre le milieu du XIXe siècle pour que l'historien Macaulay dénonce l'exécution d'Aikenhead comme un meurtre judiciaire[66]. Toutefois, les nouvelles en provenance d'Écosse rencontrèrent en Angleterre une opinion publique échauffée, car les questions de non-conformisme religieux et de tolérance donnaient déjà lieu, alors, à de vifs débats. John Toland venait de publier en 1696 son ouvrage *Christianity not Mysterious*, dans lequel il expliquait que les dogmes chrétiens de la Bible étaient en accord avec la raison naturelle et ne nécessitaient en aucun cas une révélation mystérieuse. Son texte est considéré comme un manifeste du déisme, un courant de pensée non conformiste qui ajouta au XVIIIe siècle une nouvelle dimension à l'unitarisme, comme ennemi de la chrétienté orthodoxe. Bien que Toland ait cherché à se différencier non seulement de l'orthodoxie, mais aussi de l'athéisme, le livre et l'auteur furent menacés de répression en Angleterre et en Irlande. Toland était un disciple de John Locke, le hardi défenseur de la tolérance religieuse; Locke, de son côté, s'informa en détail de l'affaire Aikenhead auprès d'un ami écossais et rassembla sur le sujet toute la matière disponible.

Les dévots fanatiques, de leur côté, ne gardèrent pas le silence. Dans les années 1690, des sociétés de réforme des mœurs (*Reformation of the Manners*) étaient particulièrement actives en Angleterre. Elles se préoccupaient de mettre de l'ordre dans les péchés du quotidien, comme l'ivresse, les jurements et les malédictions, mais s'inquiétaient aussi beaucoup de l'essor du scepticisme religieux. Jean Gailhard, un huguenot calviniste

65. *Ibid.*, p. 130.
66. *Ibid.*, p. 157.

exilé, loua la sévère loi écossaise contre le blasphème et avertit, avec des accents de prophète vétérotestamentaire, que l'ennemi n'était plus aux portes mais se promenait ouvertement dans les rues. L'athéisme, le déisme, la profanation, l'amoralité et l'idolâtrie s'étaient ajoutés au « socinianisme blasphématoire » : « À quoi bon avoir chassé les papistes et les idolâtres, si l'on admet les sociniens ou les blasphémateurs ? » Gailhard exigeait explicitement pour eux la peine capitale, conformément à la loi mosaïque[67]. Le roi Guillaume III, qui jugeait opportun de se présenter en protecteur de la morale publique, encourageait ces initiatives. Le résultat fut le *Blasphemy Act* du printemps 1698, dirigé contre les « opinions impies et blasphématoires » exprimées en public, par exemple la dénégation de la Sainte-Trinité ou la contestation de l'autorité divine des Saintes Écritures. Le catalogue des peines, progressives, prévoyait la perte de fonctions publiques, puis celle des droits civiques en cas de récidive, ainsi que plusieurs années d'emprisonnement[68].

Le *Blasphemy Act* de 1698 est caractérisé par un double paradoxe. S'il resta formellement en vigueur jusqu'à notre millénaire, son effectivité fut faible, sans doute en partie parce que les affaires de blasphème étaient plutôt jugées selon la *common law* que selon la *statuary law*. D'autre part, la loi était très éloignée de la pratique, car elle traitait le blasphème comme une déviance religieuse ordinaire : il s'agissait d'une « opinion », et non de l'expression d'une opinion, de mots répréhensibles. En conséquence, des savants renommés et leurs publications furent pris pour cibles à partir de 1700, comme le mathématicien William Whiston. Il avait exprimé publiquement la conviction que l'arianisme était la vraie foi de l'ancienne Église. Samuel Clark, avec sa théologie de la raison (il faisait, comme Whiston, partie de l'entourage d'Isaac Newton) ou, plus tard, Bernard Mandeville, avec sa mise au défi provocatrice de la morale chrétienne dans sa *Fable des abeilles* (1714), furent eux aussi attaqués[69] ; aucun d'eux, toutefois, ne fut jugé.

Il en alla autrement du théologien londonien Thomas Woolston, condamné en 1729 à une forte amende et à un long emprisonnement. Faute de pouvoir réunir l'importante caution, il dut purger sa peine et mourut après quatre années de détention. Dans une série d'opuscules à grand tirage, en langue vernaculaire, Woolston s'était intéressé à certains miracles de Jésus, notamment (déjà depuis sa prison) à la résurrection de Lazare et à celle du Christ. S'il voyait là un plaidoyer contre une lecture littérale de la Bible, et en faveur de son interprétation allégorique,

---

67. Michael F. Graham, *The Blasphemies of Thomas Aikenhead...*, op. cit., p. 143.
68. *Ibid.*, p. 145 ; Gerald D. Nokes, *A History of the Crime of Blasphemy*, op. cit., p. 131 *sq.* ; Leonard W. Levy, *Blasphemy...*, op. cit., p. 235 *sqq.*
69. *Ibid.*, p. 288 *sqq.*, 302.

ses adversaires jugèrent qu'il s'agissait d'un horrible blasphème. Ainsi, le représentant de l'accusation vit dans ses *Discourses on the Miracles of Our Saviour* « le livre le plus blasphématoire jamais publié en aucune époque, qui assimile notre Sauveur à un enchanteur, un magicien et un imposteur, et transforme les Saintes Écritures en une farce ridicule et grotesque[70] ».

Aux yeux des adversaires de Woolston, ce qui le différenciait d'autres libres penseurs de son temps était moins l'audace de sa pensée que la forme provocatrice et polémique de ses publications. L'instruction du jury par le *Lord Chief Justice* Raymond suivit tout à fait cette ligne : selon lui, l'affirmation par l'accusé qu'il avait voulu montrer la véritable base du christianisme ne le protégeait pas de la sanction, car il avait ridiculisé les Saintes Écritures. Le juge renvoya explicitement à la sentence de Hale sur le christianisme comme une part des lois du pays. Certes, le tribunal ne voulait en aucun cas s'immiscer dans des disputes savantes sur des points litigieux de la théologie. Mais lorsque la hache s'abattait sur les racines de la chrétienté, cela contribuait à l'évidence à l'effondrement du pouvoir séculier[71]. Alors que le *Blasphemy Act*, en grande partie inefficient, était axé sur le contenu de la croyance, dans le domaine de la *common law* se dessinait une différence déterminante entre le fond et la forme, entre *matter* et *manner* : cela réaffirmait, une fois encore, le caractère du blasphème comme dénigrement inconvenant du sacré. À l'époque d'une tolérance croissante, la forme d'une déclaration devenait plus importante que son contenu : si les autorités et la « bonne » société avaient cessé de condamner les idées religieuses non conventionnelles, le traitement railleur, injurieux ou même méprisant des affaires religieuses devait, en revanche, rester durablement proscrit.

D'un autre côté, celui qui justifiait le blasphème en attirant l'attention non sur des questions véritablement religieuses, mais sur le rôle de la religion pour le maintien de l'État et de la société, comme Lord Hale, devait être préparé à une contradiction publique. Celle-ci prit de l'ampleur après 1700. Le délinquant Woolston, lui-même, tenait le mot de « blasphème » pour un « spectre » agité afin de faire peur aux gens. Il fallait l'abolir complètement, écrivait sous le pseudonyme de John Wickliff un auteur qui formulait en 1729 d'importantes revendications. Il voulait une séparation complète de l'Église et de l'État et rejetait en conséquence la

---

70. *Ibid.*, p. 308 *sqq.*, citation p. 313. Sur le continent, où les œuvres de Woolston furent rapidement connues, sa méthode lui valut des critiques similaires. Il était accusé d'avoir, avec ses livres, « tourné le Sauveur en ridicule, bafoué la religion évangélique, moqué de la façon la plus sacrilège les Saintes Écritures, fait de l'Évangile une fable et un conte », voir Christopher Voigt, *Der englische Deismus in Deutschland. Eine Studie zur Rezeption englisch-deistischer Literatur in deutschen Zeitschriften und Kompendien des 18. Jahrhunderts*, Tübingen, Mohr Siebeck, 2003, p. 63.
71. Leonard W. Levy, *Blasphemy...*, *op. cit.*, p. 313 ; Elliott Visconti, « The Invention of Criminal Blasphemy... », *op. cit.*, p. 43.

prétention étatique à criminaliser les déviances religieuses. Selon lui, même les positions extrêmes comme l'arianisme, l'antitrinitarisme, le déisme ou l'incroyance totale ne devaient pas faire l'objet de poursuites judiciaires. La religion avait toujours survécu sans dommage aux violentes attaques contre ses dogmes et son clergé. Et inversement, les rois, les Lords et les Communes pouvaient très bien continuer à exister, le commerce à florir et les tribunaux à fonctionner, que l'establishment soit arien, juif ou même incroyant[72]. Cette position ne représentait, bien sûr, qu'une opinion extrêmement minoritaire, mais elle montre ce qui était pensable et dicible dans l'horizon anglais après la sentence de Hale.

Le XVIIIe siècle resta ambivalent. Il se trouva encore longtemps des juristes et des essayistes pour défendre le rigorisme traditionnel face au blasphème. Dans son célèbre commentaire de la *common law*, en 1765-1769, Sir William Blackstone traita en profondeur des fautes contre Dieu et la religion. Il ne s'intéressa pas seulement au non-conformisme, mais inséra aussi un passage sur le blasphème, dans lequel il rangeait indifféremment la dénégation de l'existence de Dieu, les invectives contre le Sauveur ou encore la moquerie profanatoire des Saintes Écritures[73]. Alors que le juriste défendait la tradition, un ecclésiastique lui opposa des arguments de principe en faveur de la tolérance. En 1770, Philip Furneaux publia une série de lettres ouvertes à Blackstone dans lesquelles il rejetait la criminalisation du non-conformisme religieux. Même la raillerie et l'injure à l'égard du christianisme ne lui semblaient pas des motifs légitimes de sanction, le châtiment éventuel devait être réservé au Jugement dernier[74]. Progressivement, et cette prise de position n'était pas seule à le montrer, le non-conformisme religieux avait gagné une large marge de manœuvre depuis le *Toleration Act* de 1689. Le problème du blasphème était débattu avec plus de passion que jamais, mais dans les faits les blasphémateurs étaient rarement poursuivis en justice.

John Wilkes – le blasphème comme politique

Il y eut pourtant en Angleterre, au milieu du XVIIIe siècle, un scandale public dans lequel le blasphème joua un rôle important. Au centre de cette affaire se trouvait John Wilkes, une grande figure du combat pour

---

72. Leonard W. Levy, *Blasphemy…*, *op. cit.*, p. 318.
73. William Blackstone, *Commentaries on the Laws of England in Four Books*, 2 vol., Philadelphie, J. B. Lippincott, 1893 [1765-1769], t. II, Livre IV, chap. 4, p. 59.
74. Philip Furneaux, *Letters To The Honourable Mr. Justice Blackstone, Concerning His Exposition of the Act of Toleration* […], Londres, T. Cadell, 1770, Letter III, p. 62 ; de manière générale, voir Leonard W. Levy, *Blasphemy…*, *op. cit.*, p. 326 *sqq*.

le pouvoir de la presse et la liberté d'expression[75]. Homme politique de la chambre basse, il exerçait surtout en tant que journaliste radical et ses publications lui valurent de nombreux procès, des peines d'emprisonnement et des années d'exil. Il était célèbre parmi ses contemporains pour sa laideur, ses propos acérés et sa vie provocante. L'historien Edward Gibbon remarqua, à propos d'une rencontre avec Wilkes en avril 1762, qu'il avait rarement eut un meilleur compagnon de tablée: spirituel, cultivé et particulièrement drôle, mais aussi d'un manque total de retenue, un personnage douteux dont la vie était chargée de tous les vices imaginables, et la conversation, hérissée de blasphèmes et de grivoiseries[76]. Un an après sa rencontre avec Gibbon, ce mufle intelligent provoqua le plus important scandale de la presse de l'époque, l'affaire du *North Briton*, du nom du journal qu'il dirigeait. Wilkes, adversaire acharné du gouvernement conservateur de Lord Bute, avait pris pour cible dans son journal le discours du roi George III lors de l'ouverture du Parlement, et qualifié de mensonge sa présentation positive des négociations de paix qui se tenaient sur le continent. Il fut emprisonné pour diffamation mais rapidement relâché en raison de son immunité parlementaire. Ses ennemis recoururent alors au blasphème comme chef d'accusation.

À bien des égards, l'accusation était curieuse. Elle s'appuyait sur l'*Essay on Woman*, une parodie du célèbre *Essay on Man* de l'écrivain Alexander Pope. Ce texte, considéré comme le plus connu de Pope, était une méditation philosophique sous forme de poème sur la relation de Dieu aux hommes[77]. La cible de la parodie était William Warburton, exécuteur testamentaire et éditeur de Pope, futur évêque de Gloucester, cité comme prétendu éditeur de l'*Essay on Woman*. L'auteur original, en réalité, n'était pas John Wilkes mais Thomas Potter, alors amant de Gertrude, la femme de Warburton. Potter mourut en 1759 et légua le manuscrit à son ami Wilkes, qui l'enrichit et le prépara à l'impression.

Le texte est un curieux mélange d'allusions savantes et d'obscénités éhontées[78]. La couverture donnait le ton: on y lisait que l'*Essay on Woman* était l'œuvre de Pego Borewell, Esq. (traduction libre: l'honorable Queue Bonforeur), agrémentée de notes de Rogerus Cunaeus (Roger Fouteurdecon) et Vigerus Mutoniatus (le fort avec la grosse queue).

---

75. Comme livre essentiel, voir Arthur H. Cash, *John Wilkes: The Scandalous Father of Civil Liberty*, New Haven, Yale University Press, 2006; ainsi que Leonard W. Levy, *Blasphemy...*, *op. cit.*, p. 322 *sqq.*
76. Arthur H. Cash, *John Wilkes...*, *op. cit.*, p. 63.
77. John Wilkes et Thomas Potter, *An Essay on Woman: A Reconstruction of a Lost Book*, édité par Arthur H. Cash, New York, AMS Press, 2000.
78. Sur ce qui suit, voir Arthur H. Cash, *John Wilkes...*, *op. cit.*, p. 29 *sqq.*, 151 *sq.*; John Wilkes et Thomas Potter, *An Essay on Woman...*, *op. cit.*, p. 85 *sqq.* avec les explications p. 128 *sqq.*

Fig. 10 – Couverture de l'*Essay on Woman* de Thomas Potter et John Wilkes (reconstitution par Arthur H. Cash).

L'ensemble était dédié par son éditeur fictif Warburton à Miss Fanny Murry, à l'évidence une célèbre courtisane londonienne. La vignette[79] représentait un pénis en érection, cerclé de feuillage et flanqué d'un mètre montrant qu'il atteignait la taille remarquable de 10 pouces. Sous l'image, il était célébré en lettres grecques comme le « *soter kosmos* », c'est-à-dire le « sauveur » ou « gardien du cosmos ». La sentence placée en dessous, « *In Recto Decus* », est à double sens : elle peut signifier aussi bien « la beauté est dans la probité » que « la beauté est dans le rectum ». La suite était du

---

79. John Wilkes et Thomas Potter, *An Essay on Woman...*, *op. cit.*, p. 181 *sqq*.

même style. Alors que Pope commençait par une apostrophe pathétique à saint Jean (« *Awake, my St. John!* »), le texte s'adressait à la courtisane déjà évoquée (« *Awake, my Fanny!* ») ; et là où Pope appelait à laisser de côté les choses ordinaires car la vie n'avait pas grand-chose d'autre à offrir qu'une réflexion sur les hommes, suivie de la mort (« *since life can little more supply / Than just to look about us and to die* »), Potter et Wilkes voyaient autrement le sens de l'existence : « *since life can little more supply / Than just a few good Fucks and then we die* ». Le texte continuait dans la même veine, toujours fortement modelé sur l'original dont parfois quelques mots seulement étaient changés, ce qui suffisait à obtenir un effet considérable : alors que Pope s'en prenait à l'outrecuidance de l'espèce humaine dans toute sa faiblesse, sa petitesse et son aveuglement, son « *Presumptuous Man!* » devenait simplement chez Potter et Wilkes « *Presumptuous Prick!* ». Courtoisie de la plume de Wilkes, la parodie de Pope était suivie de celle de l'un des hymnes chrétiens les plus célèbres du Moyen Âge, *Veni Creator Spiritus*, qui reprenait le même modèle pour en appeler au « *Creator Pego* » à la place du Saint-Esprit[80].

Tout cela, il est vrai, était un peu fort, mais n'était pas destiné à un large public. Il s'agissait d'une petite édition adressée à un cercle restreint de connaisseurs, douze gentlemen qui appartenaient – comme Potter d'abord, puis Wilkes – à l'ordre des Chevaliers de saint François, aussi connu sous le nom de Hellfire Club. Il semble qu'il existait déjà en 1720 un tel club « du feu de l'enfer » pour la haute noblesse, dénoncé dans une proclamation royale pour son caractère « blasphématoire » et qui fut à l'origine d'un débat parlementaire – resté sans suite – sur un possible durcissement de la loi contre le blasphème[81]. Par un malheureux concours de circonstances, une page de l'*Essay* arriva dans les mains des ennemis de Wilkes, qui parvinrent à se procurer une version complète du texte. En outre, l'un des adversaires de Wilkes ajouta au *Veni Creator* de ce dernier une ligne qui apparentait l'ensemble à un blasphème direct contre la Trinité[82].

Ironie de la chose, en soutien à la plainte contre Wilkes on imprima davantage d'exemplaires de sa parodie, en quelque sorte une deuxième « édition du gouvernement ». Car la possession de textes obscènes sous forme manuscrite n'était pas passible de poursuites, au contraire de sa diffusion sous forme imprimée. Alors que l'affaire du *North Briton* était traitée dans la chambre basse lors de l'ouverture du Parlement le 15 novembre 1763, l'évêque Warburton se plaignit dans la chambre haute de la propagation de la diatribe parodique à son encontre. Sans grand débat,

---

80. *Ibid.*, p. 189 *sq.*
81. Leonard W. Levy, *Blasphemy...*, *op. cit.*, p. 299 *sq.*
82. Arthur H. Cash, *John Wilkes...*, *op. cit.*, p. 148 ; John Wilkes et Thomas Potter, *An Essay on Woman...*, *op. cit.*, p. 173 *sqq*.

l'assemblée établit qu'il ne s'agissait pas seulement d'une atteinte aux droits de l'évêque, mais également d'un « libelle tout à fait scandaleux, obscène et irrespectueux, d'une grossière profanation de nombreux passages des Saintes Écritures et d'une tentative impie et blasphématoire de moquer et de vilipender la personne de notre Sauveur bien-aimé[83] ».

Wilkes, de son côté, se sentit également insulté – l'un de ses adversaires l'avait traité, dans la chambre basse, de lâche. Le journaliste le provoqua donc en duel. Grièvement blessé au ventre, Wilkes dut quitter précipitamment Londres pour Paris. Pire encore, ou presque, son allié de longue date William Pitt prit ses distances avec lui dans la chambre basse en affirmant que l'auteur, rebelle contre le roi et blasphémateur contre Dieu, ne méritait pas de compter parmi le genre humain[84]. Déjà exilé, Wilkes fut exclu des Communes à la mi-janvier 1764. Un mois plus tard, deux procès traitèrent respectivement de l'affaire du *North Briton* et de l'*Essay on Woman*, et conclurent tous deux à sa culpabilité. Il rentra en 1768, fut emprisonné et traîné en personne devant la justice. Face au tribunal, il insista dans un discours sur le fait qu'il avait bien écrit l'*Essay on Woman* mais sans aucune intention de le publier; le texte lui avait été volé. Le juge Sir Joseph Yates, de son côté, décrivit le texte comme une attaque blasphématoire contre le cœur de la religion et les mœurs fondamentales des hommes, sur lesquelles reposait tout gouvernement. Wilkes fut jugé pour écrits injurieux à l'égard du roi (*North Briton*) et de l'évêque Warburton, et non expressément pour blasphème[85]. Tout cela n'interrompit pas sa carrière politique et le fit peut-être même gagner en notoriété au sein de l'opinion publique britannique. Toutefois, son exemple montre comment les accusations de blasphème pouvaient être utilisées comme une redoutable arme politique contre un esprit critique qui ne craignait pas d'exprimer ses opinions.

France : une affaire qui fait scandale

Le 1er juillet 1766, Abbeville, petite ville du nord de la France, fut le théâtre de l'exécution d'un jeune noble d'à peine 20 ans, le chevalier de La Barre[86]. À 17 heures, après avoir été soumis à la question préalable

---

83. Arthur H. Cash, *John Wilkes...*, op. cit., p. 153.
84. *Ibid.*, p. 158.
85. *Ibid.*, p. 225-227 ; John Wilkes et Thomas Potter, *An Essay on Woman...*, op. cit., p. 66, note 122 ; autrement Leonard W. Levy, *Blasphemy...*, op. cit., p. 324.
86. L'affaire est évoquée dans nombre d'études sur le sujet, comportant souvent des variations dans les détails, voir par exemple Robert Baelde, *Studiën over godsdienstdelicten*, La Haye, M. Nijhoff, 1935, p. 153 *sqq.* ; Alain Cabantous, *Histoire du blasphème...*, op. cit., p. 131 *sqq.* ; Jacques de Saint-Victor, *Blasphème. Brève histoire d'un crime imaginaire*, Paris, Gallimard, 2016, p. 52 *sqq.* Récit détaillé, s'appuyant surtout sur l'ancienne étude de Marc

(un interrogatoire accompagné de tortures) visant à lui faire dénoncer de possibles complices, La Barre fut promené à travers la ville dans une humiliante procession d'amende honorable jusqu'au parvis de la collégiale Saint-Vulfran. Il portait dans le dos et sur la poitrine des pancartes avec l'inscription «Impie, blasphémateur et sacrilège exécrable». Le chevalier se rendit à la mort avec calme et sang-froid, allant jusqu'à faire des plaisanteries face au confesseur. Il devait avoir la langue coupée au préalable, une peine que le bourreau, clément, se contenta de simuler avant que le délinquant ne pose sa tête sur le billot. Une fois décapité, le corps fut brûlé publiquement avec l'exemplaire du *Dictionnaire philosophique portatif* de Voltaire qu'on avait trouvé chez lui[87].

L'exécution du jugement mit un point final à une procédure qui avait commencé le 9 août de l'année précédente. Ce jour-là, on découvrit qu'un crucifix placé sur le pont au-dessus de la Somme avait été frappé à coups de couteau. On retrouva sur le corps du Crucifié trois marques de «mutilation» ainsi que l'écrivirent dans le procès-verbal les enquêteurs – un choix de mots qui montre l'importance de l'anthropomorphisme dans la compréhension de l'acte[88]. Par ailleurs, une autre croix fut retrouvée barbouillée d'excréments dans le cimetière. L'indignation s'empara de la petite ville française. Un mois plus tard, l'évêque d'Amiens et la population se rendirent en procession devant les deux crucifix pour faire amende honorable et demander le pardon. Rapidement, l'enquête s'orienta vers quelques jeunes gens de la haute société sur lesquels furent rassemblés des dénonciations et des témoignages. Les principaux accusés, aux côtés du chevalier François-Jean Lefebvre de La Barre (né en 1745), étaient Gaillard d'Etallonde (né en 1750), qui fuit à temps pour échapper à la procédure et fut jugé plus tard par contumace, et Charles-François Moisnel (né en 1749). On racontait que les jeunes gens avaient entonné des chansons moqueuses sur la sainte mère de Dieu et d'autres saints. En outre, La Barre et ses amis ne s'étaient pas découverts devant le saint sacrement sur le passage de la procession de la Fête-Dieu. Une jeune femme raconta que le chevalier, à la question de savoir pourquoi il ne retirait pas son chapeau, avait répondu qu'il voyait dans le saint sacrement un simple «morceau de cire[89]». Peut-être cette tournure signifiait-elle seulement que La Barre considérait l'hostie comme un objet inerte et non comme le corps vivant

---

Chassaigne (1920), chez René Pomeau, *"Écraser l'infâme", 1759-1770*, Oxford, Voltaire Foundation, 1994, p. 293 *sqq*. Aujourd'hui, surtout Élisabeth Claverie, «La naissance d'une forme politique: l'affaire du Chevalier de La Barre», *in*: Philippe Roussin (dir.), *Critique et affaires de blasphème à l'époque des Lumières*, Paris, H. Champion, 1998, p. 185-260 et le numéro thématique de la *Revue Voltaire* (n° 17, 2017).
87. René Pomeau, *"Écraser l'infâme"...*, *op. cit.*, p. 301.
88. Élisabeth Claverie, «La naissance d'une forme politique...», *op. cit.*, p. 206.
89. *Ibid.*, p. 211.

de Dieu; mais peut-être fallait-il y voir également une allusion à l'exemple de la cire des *Méditations métaphysiques* (II, § 11-13) par lequel René Descartes, en 1641, voulait illustrer le primat de l'entendement sur la perception extérieure. Toujours est-il que les témoins donnèrent des indications claires, qui montraient que les propos méprisants du jeune homme avaient au moins en partie pour origine sa lecture des Lumières. Une fouille de sa chambre, début octobre, mit au jour – outre d'autres livres «exécrables» – un exemplaire du *Dictionnaire philosophique portatif* de Voltaire.

Ces indices suffisaient à emprisonner La Barre et Moisnel et à leur faire subir de premiers interrogatoires. Le second, qui venait d'avoir 16 ans, chargea lourdement son codétenu sous la pression. Il lui attribua une série de sacrilèges, par exemple d'avoir craché sur des hosties et des statues de saints, ou d'avoir entonné des chants blasphématoires. À ce stade, déjà, il était question dans des lettres échangées entre Abbeville et Paris des sanctions sévères qu'appelaient des blasphèmes d'une telle énormité. Autant dire que le destin de La Barre était déjà fixé, alors même que Moisnel revint plus tard sur ses déclarations et que la procédure ne parvint jamais à prouver véritablement que l'accusé avait profané les deux crucifix. Le 28 février 1766, le tribunal local d'Abbeville rendit son verdict, condamnant à mort La Barre et d'Etallonde; Moisnel s'en tira avec une pénitence publique. Le chevalier interjeta appel devant le parlement de Paris et fut transféré dans la capitale pour y être détenu trois mois à la Conciergerie. L'audience, devant une cour d'appel clairsemée, n'aboutit qu'à une confirmation de la peine de mort[90].

Le spectacle public et ostentatoire du châtiment, par lequel se termina l'affaire du jeune blasphémateur dans la province française, rappelle des processus similaires à Paris ou à Genève aux siècles précédents. Il montre que, même à l'apogée des Lumières, des peines draconiennes étaient appliquées. Elles ne constituaient toutefois pas la normalité, ni aux époques antérieures ni au milieu du XVIIIe siècle. Il fallut un concours particulier de circonstances pour sceller le destin d'un délinquant aussi malchanceux que La Barre. Tout porte à croire que le chevalier fut justement victime de l'affrontement entre l'intransigeance religieuse et les Lumières. Son procès aurait pu, à tout moment, prendre un tour différent si les arguments de ses défenseurs, parmi lesquels sa tante et éducatrice l'abbesse de Willancourt, avaient prévalu: la référence à sa jeunesse, l'absence d'intention, le caractère non public ou la tentative de rejeter l'essentiel de la faute sur d'Etallonde, qui s'était enfui. Les voix qui intervinrent en sa faveur purent notamment rappeler que la procédure n'avait pu prouver sa culpabilité dans la profanation des crucifix.

90. Élisabeth Claverie, «La naissance d'une forme politique...», *op. cit.*, p. 222.

Si l'abbesse, pas plus que les autres intercesseurs, ne put faire prévaloir ses arguments, cela s'explique par la constellation sociale et religieuse concrète de cette époque, par des circonstances locales et par la situation politique générale. On ne s'attardera pas ici sur une possible corruption ou d'éventuelles motivations personnelles, souvent attribuées aux accusateurs et dénonciateurs d'Abbeville[91]. De même, il ne fait aucun doute que l'opinion locale fut agitée par la profanation des crucifix et que les deux jeunes nobles étaient des libertins qui avaient choqué les dévots provinciaux par leurs aphorismes, peut-être délibérément. Le climat intellectuel et religieux du pays était marqué par l'antagonisme entre les représentants des Lumières – le dernier volume de l'*Encyclopédie* parut en 1765 – et la faction influente des jansénistes dans les parlements, des extrémistes religieux qui imposèrent à partir de 1764 l'interdiction des jésuites en France. Il n'est pas étonnant que le *Dictionnaire philosophique portatif* de Voltaire, paru la même année, ait joué un rôle central dans cette affaire comme symbole de cet antagonisme. Dans ces circonstances, les particularités individuelles et concrètes du cas La Barre disparurent derrière la dimension symbolique de l'affaire – le jeune noble devint l'incarnation de l'impiété des Temps modernes. Enfin, le roi Louis XV refusa sa grâce. Quelques années auparavant, il avait laissé exécuter de façon particulièrement cruelle Damiens, auteur d'un attentat contre lui ; il s'agissait à présent de ne pas donner l'impression qu'il accordait moins d'importance à une atteinte à la majesté divine qu'à une attaque contre la majesté royale. Dans l'ensemble, La Barre eut simplement la malchance d'être pris dans l'engrenage de la justice au mauvais endroit et au mauvais moment. À Rome, selon un nonce du pape cité par Voltaire, il n'aurait pas été poursuivi pour ses déclarations ; et même l'Inquisition espagnole ou portugaise se serait contentée d'une pénitence de plusieurs années[92].

Du « cas » à l'« affaire »

Si La Barre personnifiait pour les uns l'impiété, aux yeux des autres la réaction pénale représentait l'inhumanité pure et la tyrannie. L'affaire retint l'attention de l'opinion intellectuelle à Paris, au plus tard lors des audiences devant la cour d'appel de la capitale. Autrement dit : Voltaire, figure de

---

91. Voir Éric Wetzel, « Les juges, les témoignages et les aveux forcés : l'affaire du chevalier de La Barre au prisme de la procédure criminelle de l'Ancien Régime », *Revue Voltaire*, n° 17, 2017, p. 17-28.
92. [Voltaire], *Relation de la mort du chevalier de La Barre, par Monsieur Cass***, avocat au Conseil du Roi, à Mr. le Marquis De Beccaria, écrit en 1766*, nouvelle édition, Amsterdam, s. n., 1768, p. 26.

proue des Lumières françaises, s'en mêla. En tant qu'auteur du *Dictionnaire philosophique portatif* tout juste publié, il se sentit personnellement attaqué. Il venait justement de dénoncer avec succès un scandale judiciaire et d'obtenir une révision, s'élevant ainsi définitivement au rang d'archétype de l'intellectuel engagé[93]. En 1761, le commerçant Jean Calas avait été incarcéré à Toulouse avec sa famille pour le meurtre de son fils. Celui-ci s'était manifestement suicidé. Pourtant, le tribunal et l'opinion publique locale créèrent de toutes pièces, à partir de ce fait divers, une conspiration protestante: le fils, rejeton d'une famille protestante, aurait voulu se convertir au catholicisme et aurait alors été assassiné par les siens. La victime fut exaltée comme un martyr catholique alors que son père, après un jugement rendu contre toute évidence, fut exécuté publiquement le 10 mars 1762.

Peu après, Voltaire eut vent de l'affaire. Il y vit le symbole des « ravages du fanatisme ». Calas, qui était mort en martyr d'après le témoignage du confesseur catholique qui l'avait accompagné, devint pour les Lumières l'incarnation du persécuté[94]. Le philosophe joua sur tous les registres pour mobiliser l'opinion publique et obtenir une révision de la procédure: il activa ses réseaux à la cour et dans le monde savant, oralement et par lettres, fit imprimer des documents par des personnes impliquées dans l'affaire, incita des avocats renommés à rédiger des mémorandums contre l'erreur judiciaire de Toulouse et composa lui-même un pamphlet critique de la justice. Enfin, il invita à Paris la veuve Calas, restée sans ressources, et l'introduisit dans les salons de la capitale. Quelques jours avant la réhabilitation définitive de Calas le 9 mars 1765, il écrivit dans une lettre imprimée et diffusée: « Je sais avec quelle fureur le fanatisme s'élève contre la philosophie. Elle a deux filles qu'il voudrait faire périr comme Calas, ce sont la *Vérité* et la *Tolérance*. » Et après la réhabilitation, il se félicita, euphorique: l'opinion était « la reine du monde » – et les philosophes des Lumières régnaient sur l'opinion[95].

L'histoire de Calas est un exemple paradigmatique du potentiel de l'opinion publique et du savant engagé, devenu un intellectuel, dont l'intervention pouvait transformer le cours des choses: le «cas» d'un criminel condamné était devenu une «affaire», dans laquelle l'appareil judiciaire lui-même s'était retrouvé mis en accusation de façon publique.

L'affaire Calas servit de modèle pour dénoncer d'autres scandales judiciaires, en particulier l'affaire La Barre. À partir de la mi-juin 1766, Voltaire observa surtout son évolution depuis son domaine de Ferney, à côté de Genève. Cela ne l'empêcha pas d'être bien informé, grâce à son

---

93. Ce qui suit s'appuie sur Voltaire, *Die Affäre Calas. Über die Toleranz*, édité par Ingrid Gilcher-Holtey, Berlin, Insel Verlag, 2020.
94. Voltaire, *Die Affäre Calas…*, *op. cit.*, p. 14, 85.
95. Lettres du 1er mars à M. Damilaville et du 8 juillet 1765 à M. D'Alembert.

réseau dense de correspondants. Le 23 juin, dans une lettre, il exprimait encore l'espoir que le roi accorde sa grâce aux « jeunes fous » et les remette à la garde de leurs parents[96]. Les choses ne se déroulèrent pas ainsi et l'exécution eut bien lieu, ce qui nourrit chez Voltaire et ses alliés l'inquiétude que cette affaire soit le début d'une campagne menée par les autorités contre les représentants des Lumières et leurs écrits.

Deux semaines après l'exécution du jugement, le philosophe passa à la contre-attaque publique et fit du procès une affaire publique et scandaleuse[97]. Il publia, sous pseudonyme, sa *Relation de la mort du chevalier de La Barre*. Il s'agissait d'une sorte de lettre ouverte à Cesare Beccaria, le célèbre réformateur du droit pénal, devenu l'auteur d'un best-seller grâce à sa vision d'une justice pénale strictement guidée par les lignes directrices de l'humanité et de la raison. Il refusait la torture comme moyen de découvrir la vérité et demandait des peines proportionnées au crime et à l'objectif de la sanction. Dans l'affaire La Barre, Voltaire reprochait justement à la justice de ne pas avoir respecté ces principes. Les actes des jeunes gens n'avaient entraîné aucun dommage physique, il s'agissait uniquement d'un délit contre l'opinion dominante. Cela ne devait en aucun cas être puni aussi sévèrement qu'un assassinat, par exemple.

Voltaire exprima par de nombreuses formules son horreur de la procédure de la justice française, de sa tyrannie et de sa barbarie. La sentence, selon lui, indignait la France entière, et même l'Europe – sans hésitation, le patriarche des Lumières françaises se faisait le porte-parole de toute l'opinion éclairée. Contrairement à l'affaire Calas, ce qui était en jeu n'était pas la preuve de la culpabilité mais la nature de l'acte. Voltaire ne mettait pas en doute sa réalité et il était loin de le justifier. Il relativisait surtout son importance, qui ne méritait en aucun cas la peine capitale. De façon encore prudente, il remettait en question le caractère criminel du blasphème. On pourrait affirmer avec une touche de pathos – tout à fait dans le style des Lumières elles-mêmes – que, pour la première fois, le procès de l'accusation de blasphème avait lieu devant le tribunal de l'opinion publique européenne.

Quelques années plus tard, Voltaire ne se priva pas d'insérer dans la nouvelle édition du *Dictionnaire philosophique* une entrée « blasphème[98] ».

---

96. Lettre du 23 juin 1766 à M. Damilaville.
97. Élisabeth Claverie, « La naissance d'une forme politique... », *op. cit.*; voir Éric Walter, « L'affaire La Barre et le concept d'opinion publique », *in*: Pierre Rétat (dir.), *Le journalisme d'Ancien Régime*, Lyon, Presses universitaires de Lyon, 1982, p. 361-392; pour une vue d'ensemble de toutes les interventions de Voltaire sur le sujet, Laetitia Saintes, « De la barbarie des robes noires. L'affaire La Barre vue sous l'angle des discours voltariens », *Revue Voltaire*, n° 17, 2017, p. 29-43.
98. Voltaire, *Œuvres complètes. Dictionnaire philosophique II*, nouvelle édition, édité par Adrien-Jean-Quentin Beuchot, Paris, Garnier Frères, 1878, p. 1-5.

Il expliquait que dans le châtiment des blasphémateurs, la clémence et la compassion étaient de mise ; il était absurde de punir un tel acte avec autant de sévérité qu'un parricide ou un empoisonnement : « Une sentence de mort pour un délit qui ne mérite qu'une correction n'est qu'un assassinat commis avec le glaive de la justice. » Dans la suite de l'article, Voltaire en venait à un autre argument fondamental contre l'accusation de blasphème, le problème des différentes perspectives : n'était-il pas vrai qu'un homme considéré en un lieu comme un blasphémateur était ailleurs tenu pour un pieux personnage ? Sa parabole antique sur un marchand étrusque exécuté en Égypte pour n'avoir pas respecté les coutumes religieuses locales était une allusion évidente à l'affaire La Barre. Les autres exemples pointaient dans la même direction : les premiers chrétiens n'avaient-ils pas été mis en accusation comme des blasphémateurs par les païens, bien avant que les premiers ne renversent les rôles et n'accusent à leur tour les seconds ? Et les jésuites n'avaient-ils pas longtemps pourchassé leurs adversaires au sein de la religion catholique, les jansénistes, qui de leur côté avaient tenté de prouver par des milliers de volumes savants que les véritables blasphémateurs étaient les jésuites eux-mêmes ? Avec cet argument relativiste, Voltaire détruisait les fondements du concept de blasphème.

Le philosophe devait revenir à la charge plus tard. En juin 1775, il tenta de convaincre le nouveau monarque Louis XVI de faire réviser le procès de La Barre[99]. Cette fois pourtant, il n'obtint pas le même succès personnel que dans l'affaire Calas. La Barre ne fut pas réhabilité à cette époque mais il devait rester le dernier blasphémateur condamné à la peine capitale en France. Il fallut attendre la Révolution française pour que la position de Voltaire s'impose au niveau des principes. L'article 10 de la Déclaration des droits de l'homme d'août 1789 stipulait que nul ne devait être poursuivi en raison de ses opinions religieuses, tant que leur manifestation ne troublait pas l'ordre public protégé par la loi. En septembre 1791, la France fut la première nation d'Europe à supprimer le blasphème dans son nouveau Code pénal. Le texte, ainsi que l'affirma Michel Lepeletier de Saint-Fargeau, membre de la Constituante, laissait de côté la masse des « crimes imaginaires » dont étaient remplis les anciens recueils de lois. Ainsi, on n'y trouvait plus « les crimes capitaux comme l'hérésie, l'injure envers Dieu, la sorcellerie et la magie [...] pour lesquels, au nom du ciel, tant de sang a souillé la terre[100] ». Le 25 brumaire an II (15 novembre 1793), la Convention mit un point final à l'affaire La Barre en réhabilitant de façon posthume le chevalier, « victime de la superstition et de l'ignorance[101] ».

99. Jacques de Saint-Victor, *Blasphème...*, op. cit., p. 58.
100. *Ibid.*, p. 58, 59 ; Alain Cabantous, *Histoire du blasphème...*, op. cit., p. 170.
101. Jacques de Saint-Victor, *Blasphème...*, op. cit., p. 59.

15. Répression et scandale à l'époque contemporaine

Le XIXe siècle peut-il être qualifié d'ère de la modernité ? Il y aurait, sur le sujet, matière à discussion, mais dans la perspective d'une histoire du blasphème cela semble tout à fait cohérent. Cela ne signifie en aucun cas que le délit de blasphème était devenu obsolète – son abolition, comme en France sous la Révolution, demeura rare. Et même dans ce pays, les outrages à la morale religieuse continuèrent à être criminalisées. Cela ne signifie pas non plus qu'il n'était plus possible de recourir aux lois sur le blasphème pour sévir contre l'opposition et la dissidence. Bien au contraire, la possibilité de répression apparaissait désormais clairement à mesure que le blasphème devenait un crime d'État.

Parallèlement, il devint aussi possible de critiquer cette répression. Tant le concept de blasphème lui-même que les cas particuliers furent régulièrement au centre de violentes batailles publiques. Une sphère de critique publique légitime, qui n'existait pas durant les siècles précédents, s'était constituée, dans laquelle devait régner une certaine liberté d'opinion. La frontière entre critique légitime et blasphème illégitime devint l'objet de luttes permanentes, aussi bien dans un espace public médiatique en plein développement que devant les tribunaux. Dans ce contexte, il n'était pas acquis que les gardiens de la morale traditionnelle et les représentants du pouvoir politique conservateur obtiennent toujours la victoire. Le blasphème avait un fort potentiel lorsqu'il s'agissait de faire scandale et les activistes politiques et les artistes avant-gardistes surent parfois l'utiliser à leur avantage.

France : un anticléricalisme radical

Avec le premier Code pénal du 25 septembre 1791, la France révolutionnaire avait explicitement aboli le blasphème[102]. D'une manière

---

102. *Ibid.*, p. 58. Plus généralement, voir Jacqueline Lalouette, *La séparation des Églises et de l'État. Genèse et développement d'une idée, 1789-1905*, Paris, Éditions du Seuil, 2005.

générale, la Révolution mena une politique résolument anticléricale. La constitution civile du clergé, très controversée, qui faisait des ecclésiastiques des employés de l'État, fut imposée avec une violence croissante. Les tentatives jacobines de déchristianiser le pays atteignirent leur apogée avec la fête de la Raison et le culte de l'Être suprême dans les années 1793-1794. Pourtant, le catholicisme resta enraciné en France de façon plus profonde, durant et après la Révolution, que cette brutale modernisation « par le haut » ne pourrait le laisser supposer. Le concordat du 15 juillet 1801, négocié entre le pape Pie VII et Napoléon Bonaparte, mit fin pour un temps au conflit avec l'Église. La curie reconnut formellement la République, la constitution civile du clergé et la pluralité des confessions, tandis que le préambule, à l'inverse, désignait le catholicisme comme la religion « de la grande majorité des Français ».

Protection de la morale publique

Avec la Restauration qui suivit la défaite de Napoléon, à partir de 1815, la protection de la religion catholique majoritaire revint à l'ordre du jour de l'agenda politique. Son instrument fut la répression des outrages à la morale publique[103]. Déjà, l'article 287 du Code pénal napoléonien de 1810 sanctionnait la diffusion de textes et d'images contraires aux bonnes mœurs. Au printemps 1819, la Chambre des députés débattit du paquet législatif du ministre libéral de la Justice, Hercule de Serre. L'objectif était d'assouplir le contrôle et la censure de la presse, tout en établissant fermement les limites de la liberté d'opinion. Le projet de loi prévoyait de punir les outrages à la morale publique et aux bonnes mœurs par des amendes ou des peines d'emprisonnement allant jusqu'à une année. Les députés conservateurs plaidèrent pour élargir les sanctions aux outrages contre la morale religieuse.

Ce fut en vain que les opposants libéraux comme Benjamin Constant mirent en garde contre la transformation des tribunaux en champs de bataille métaphysique[104] et, naturellement, la proposition beaucoup plus ambitieuse de renoncer à toute limitation de la liberté d'opinion ne trouva pas de majorité. Au contraire, le délit d'outrage à la morale publique et religieuse fut inscrit dans la loi de Serre. On a parlé, à ce sujet, d'un « véritable rétablissement détourné du délit de "blasphème"[105] ».

---

103. Sur ce qui suit, voir Jacques de Saint-Victor, *Blasphème...*, *op. cit.*, p. 61 *sqq.*, qui s'appuie largement sur Jean Gaultier, *Un délit d'opinion. L'outrage à la morale publique et religieuse, 1819-1881*, Paris, Rousseau, 1923.
104. Jean Gaultier, *Un délit d'opinion...*, *op. cit.*, p. 25.
105. Jacques de Saint-Victor, *Blasphème...*, *op. cit.*, p. 65.

Mais les temps avaient changé, la religion était aussi peu sacro-sainte que la morale et n'échappait pas davantage aux débats publics. Comme le souligna Constant dans l'un de ses écrits de l'époque sur la politique religieuse, c'était justement le fait de « dénature[r] la religion » par l'État, la stricte réglementation de sentiments religieux véritablement intimes par la puissance publique, qui poussait à manifester publiquement des opinions contraires[106].

La « loi sur le sacrilège » du 20 avril 1825 incarna la quintessence des normes de la Restauration dans les années 1820[107]. Elle sanctionnait, outre le vol dans les églises, la profanation et l'avilissement des hosties consacrées et d'autres objets sacrés ; en plus de longues peines d'emprisonnement, la peine de mort était possible. Une tentative de déicide, déclara au cours des débats le comte de Breteuil, justifiait des sanctions aussi drastiques. Le marquis de Lally-Tollendal cita Beccaria pour lui porter la contradiction : il était « impossible de proportionner le supplice d'un homme à la grandeur de Dieu ». La loi fut adoptée mais abolie dès la révolution de 1830, sans jamais avoir été appliquée. Les véritables conflits religieux avaient lieu ailleurs, par exemple lorsque dans la province française des protestants isolés étaient condamnés à des amendes en raison de leur manque de respect face aux processions de la Fête-Dieu.

La loi sur la morale publique fut appliquée de façon plus stricte sous le Second Empire, après le coup d'État de 1851. En effet, le régime autoritaire de Napoléon III s'appuyait en particulier sur les élites conservatrices et la population rurale traditionaliste. Les représentants du pouvoir utilisèrent notamment la loi dans leur combat contre un réalisme considéré comme corrupteur[108]. À quelques mois d'intervalle seulement, deux écrivains durent comparaître devant la justice en raison de leur style, nouveau et réaliste. Gustave Flaubert se vit reprocher l'inconvenance de l'histoire d'adultère du roman *Madame Bovary*, ainsi que le mélange entre images sensuelles et choses sacrées. Il fut toutefois relaxé par le tribunal correctionnel. Charles Baudelaire, plus radical, ne s'en tira pas à si bon compte, et fut condamné à une forte amende. Selon les juges, son recueil de poèmes *Les Fleurs du mal* portait atteinte à la morale publique par ses représentations sensuelles, quoiqu'il n'ait pas eu d'intention blasphématoire.

---

106. Benjamin Constant, *De la religion considérée dans sa source, ses formes et ses développements*, Paris, Bossange père *et al.*, 1824, t. I, p. 10.
107. Jacqueline Lalouette, *La séparation des Églises et de l'État...*, *op. cit.*, p. 98 *sqq*.
108. Jean Gaultier, *Un délit d'opinion...*, *op. cit.*, p. 152 *sqq.* ; Yvan Leclerc, *Crimes écrits. La littérature en procès au XIXᵉ siècle*, Paris, Plon, 1991 ; Jacques de Saint-Victor, *Blasphème...*, *op. cit.*, p. 67 *sqq*.

D'autres figures publiques furent poursuivies en référence à la morale religieuse, comme Pierre-Joseph Proudhon, critique radical de la société. Il fut condamné à trois ans d'emprisonnement pour avoir réglé ses comptes avec le christianisme dans un livre de 1858. Les outrages à la morale religieuse ne furent pas reprochés seulement aux artistes ; les actes de langage du quotidien n'étaient pas à l'abri des poursuites. Lors d'un rassemblement public, un certain Brisson avait décrit l'invention du Bon Dieu comme un vieux virus qu'il s'agissait de détruire. Certes, la formulation de principes athées ou matérialistes n'était pas délictueuse en elle-même, mais, avec sa métaphore du virus, Brisson avait clairement porté atteinte à la morale religieuse, conclut un tribunal – les conséquences furent deux mois de prison et 200 francs d'amende[109].

Au même moment, un anticléricalisme radical s'imposait au sein de l'opposition républicaine. Il s'ancrait dans des traditions qui remontaient à l'époque de la Révolution (et peut-être plus loin encore), mais la répression accrue sous le signe des bonnes mœurs et de la morale religieuse joua aussi un rôle, en cristallisant contre elle une résistance. Dans les premières années de la Troisième République conservatrice, cette répression ne disparut pas, mais après la consolidation du régime les libertés civiles et politiques furent étendues. Les lois de l'été 1881 sur la liberté de réunion et la liberté de la presse, en particulier, constituèrent un tournant important en mettant fin au délit d'outrage à la morale et aux bonnes mœurs. Auparavant, le radical-socialiste Georges Clemenceau avait dénoncé le délit d'outrage à la morale religieuse comme une loi arbitraire, monarchique, indigne d'une république. À un député qui exigeait, avec pathos, la protection des valeurs et des points de vue catholiques, Clemenceau, placide, rétorqua – en paraphrasant le vieil argument des Lumières – que Dieu n'avait pas besoin de l'Assemblée pour se défendre[110]. Quelques mois plus tard, l'article sur la protection de la religion fut abrogé.

La vie publique, du moins à Paris, était déjà bien éloignée d'une craintive bigoterie. L'œuvre du dessinateur belge Félicien Rops, qui connut un immense succès à partir des années 1860 dans la capitale, témoigne de la grande liberté de l'expression artistique. Son travail incarne mieux que tout autre, aujourd'hui encore, le lien entre religion et sexualité. Il associait des motifs chrétiens traditionnels à une ouverture et une modernité radicales, par exemple dans la *Tentation de saint Antoine*, en 1878. L'homme pieux y était confronté à une femme en croix lascive, plantureuse, tandis qu'un Satan espiègle écartait le Christ souffrant. À son tour, la gravure provocante intitulée *Thérèse philosophe* ou *Vocation religieuse* montrait une femme nue étroitement enlacée au Crucifié – le titre était une référence

---

109. Jean Gaultier, *Un délit d'opinion…*, *op. cit.*, p. 202.
110. *Ibid.*, p. 243 *sqq.* ; Jacques de Saint-Victor, *Blasphème…*, *op. cit.*, p. 76 *sq.*

évidente aussi bien à la sainte mystique qu'à *Thérèse philosophe*, roman à clé libertin du XVIIIe siècle. À n'en pas douter, ses œuvres firent à nombre de ses contemporains l'effet d'un blasphème. Rops lui-même et une grande part de ses admirateurs y voyaient une lutte profonde avec les abîmes des pulsions humaines. À l'époque, son travail ne fut pas véritablement incriminé en France, même si des livres illustrés par lui furent confisqués en 1888. Au même moment, il avait pourtant reçu la Légion d'honneur, symbole de l'estime publique dont il jouissait[111].

Propagande sous le signe de la laïcité

Dans l'ensemble, sous la Troisième République, la religion fut moins attaquée dans l'art que dans la propagande politique. Cela s'explique notamment par l'image qu'avait d'elle-même l'élite politique de cette époque. Ce milieu se plaçait dans la tradition de la Révolution, qui devait libérer les hommes des forces obscures de l'Ancien Régime et favoriser l'avènement du progrès. La popularité du républicanisme reposait en grande partie sur un programme d'avenir optimiste, dans lequel l'ère de la lumière brisait les ténèbres des temps anciens[112]. Le combat culturel contre l'Église catholique et la lutte pour la laïcité étaient au cœur de cette idéologie. Après de violents affrontements politiques, la séparation de l'Église et de l'État devint réalité avec la loi de 1905. Dans un contexte où l'on évoquait souvent les « deux France », la loi marqua la victoire de la bourgeoisie urbaine sur une France antimoderne, traditionnelle, rurale et catholique[113]. L'Église perdit sa position privilégiée et fut reléguée au niveau des associations de droit privé. Les ecclésiastiques furent licenciés par l'État, la foi devenait une affaire strictement privée.

Cette rupture avait été précédée de féroces combats publics. Au tournant du siècle, l'État avait été secoué par des conflits parfois violents, qui débouchèrent sur des attentats spectaculaires et des tentatives de coup d'État. Au cours de la célèbre affaire Dreyfus, à partir de 1894, le problème n'était rien de moins que « la hiérarchie des valeurs entre l'État de droit et la justice individuelle, d'un côté, et la préservation d'une autorité sociale, le nationalisme et l'identité catholique

---

111. Friederike Hassauer et Peter Roos, *Félicien Rops. Der weibliche Körper, der männliche Blick*, Zurich, Haffmans Verlag, 1984, p. 20.
112. Jens Ivo Engels, *Kleine Geschichte der Dritten französischen Republik (1870-1940)*, Cologne/Vienne, Böhlau, 2007, p. 46 *sq.* ; voir Daniela Kneissl, *Die Republik im Zwielicht. Zur Metaphorik von Licht und Finsternis in der französischen Bildpublizistik, 1871-1914*, Munich, R. Oldenbourg, 2010, p. 141 *sqq.*
113. *Ibid.*, p. 63 ; dans l'ensemble, voir Jacqueline Lalouette, *La séparation des Églises et de l'État..., op. cit.*

de la France, de l'autre[114] ». Dans cette bataille rangée, l'Église catholique dans sa grande majorité prit position de façon offensive contre la République et pour un régime monarchique et autoritaire. Elle soutint le parti antidreyfusard par des mots d'ordre antisémites et nationalistes.

Ainsi, le rassemblement républicain sous la bannière de l'anticléricalisme reposait sur un fondement de *Realpolitik*, suivant le célèbre cri de bataille du politicien Léon Gambetta : « Le cléricalisme, voilà l'ennemi[115] ! » Le phénomène n'était pas uniquement français, loin de là, mais s'étendait à l'ensemble de l'Europe. Il était aussi très présent, par exemple, dans l'Espagne catholique, même s'il y resta bien plus longtemps dans l'opposition[116]. Quoiqu'il en soit, le dénigrement de l'Église catholique et de ses représentants dépassa en France, avant et après 1905, tout ce qui avait existé jusqu'alors[117]. La propagande fut portée par de nombreux journaux anticléricaux publiés par des sociétés de laïcs et de libres penseurs, créées dans le sillage de la liberté d'opinion et de la presse instaurée en 1881. L'époque de la loi de 1905 vit une nouvelle vague de créations. L'hebdomadaire anticlérical *La Calotte*, qui parut à partir de 1906 et dont le nom faisait référence au petit chapeau des clercs, faisait partie des titres pamphlétaires les plus célèbres. « À bas la calotte ! » était l'un des cris de ralliement du mouvement.

Le journal libre penseur *Les Corbeaux*, fondé d'abord à Bruxelles en 1904, mais rapidement diffusé aussi à Paris, se montra plus radical encore. Ses caricatures brutales ne faisaient pas l'unanimité, y compris dans le camp de la libre pensée, où certains auraient préféré miser sur une éducation rationnelle plutôt que sur une propagande agressive. On leur opposa que le combat anticlérical ne pouvait renoncer à l'instrument efficace que constituaient les images percutantes. À dire vrai, on peut douter que les produits de la libre pensée aient atteint, ou surtout convaincu, une cible hors de leur propre camp. Ils ont sans doute davantage contribué à agrandir le fossé entre les « deux France ». De même que les textes, les plaisanteries et les poèmes qui les accompagnaient, les caricatures étaient plutôt une sorte de prédication des libres penseurs à l'intention de leurs propres

---

114. Jens Ivo Engels, *Kleine Geschichte...*, *op. cit.*, p. 31 *sq*.
115. Jacqueline Lalouette, *La séparation des Églises et de l'État...*, *op. cit.*, p. 335.
116. À ce sujet, voir Lisa Dittrich, *Antiklerikalismus in Europa. Öffentlichkeit und Säkularisierung in Frankreich, Spanien und Deutschland, 1848-1914*, Göttingen, Vandenhoeck & Ruprecht, 2014.
117. Pour ce qui suit, voir la documentation regroupée dans Guillaume Doizy et Jean-Bernard Lalaux, *À bas la calotte ! La caricature anticléricale et la séparation des Églises et de l'État*, Paris, Alternatives, 2005 ; Guillaume Doizy, *"Les Corbeaux" contre la calotte. La lutte anticléricale par l'image à la "Belle Époque"*, Saint-Georges d'Oléron, Éditions libertaires, 2007 – je renonce à en préciser ici des références particulières ; pour l'analyse, Lisa Dittrich, *Antiklerikalismus in Europa...*, *op. cit.*, p. 431 *sqq*.

partisans. Ainsi, en avril 1907, *Les Corbeaux* publiaient un appel enflammé («Aux libres penseurs! Aux anticléricaux!»), envisageant la séparation entre l'Église et l'État comme un simple petit pas sur la voie d'un objectif bien plus large: le combat continuerait jusqu'à ce que le monstre vorace de la religion soit banni de la surface de la Terre et que toute idée religieuse soit entièrement anéantie[118].

Vue d'aujourd'hui, la presse anticléricale semble un mélange difficilement supportable de stéréotypes, de théories du complot aussi grossières qu'inconsistantes et d'injures personnelles de mauvais goût. Ses métaphores simplificatrices et souvent violentes s'appuyaient sur des préjugés qui montraient une évidente parenté avec le dénigrement d'autres groupes de population, y compris les caricatures antisémites. Les armes des caricaturistes étaient très variées, comprenant par exemple les déformations physiques: les clercs stéréotypés avaient tous des corps informes et gras, des rictus démoniaques ou de longs nez. Cette caractérisation pouvait être accentuée par la transformation en animaux: insectes parasites, cloportes, cafards et araignées, ânes stupides ou, image très appréciée, cochons. Tous ces portraits parodiques devaient renvoyer au comportement supposément blâmable des ecclésiastiques: promiscuité sexuelle, de préférence bien sûr avec des nonnes lubriques ou de jeunes filles innocentes, goinfrerie et ivrognerie, et toujours un rapport avide à l'argent, extorqué de préférence aux pauvres gens.

Cette liste des péchés cléricaux était contrebalancée par des fantasmes punitifs, visant à provoquer une joie sans retenue chez les partisans du journal: ainsi, Marianne était représentée comme l'incarnation de la nation française triomphant sur des prêtres impuissants, ou laissant même les clercs pendouiller au gibet. Les sujets scatologiques, montrant par exemple le pape aux toilettes, ou des clercs qui se faisaient péter dans l'oreille ou déféquer dans la bouche, étaient également appréciés. Une autre veine de la propagande anticléricale s'attaquait à la domination secrète de l'Église sur le monde: un jésuite patibulaire, démoniaque, enserrait le monde dans ses bras ou faisait ses besoins sur le globe («bienfaits cléricaux»). Ou encore, l'Église était représentée comme un boucher assoiffé de sang, transformant en morceaux de viande et charcuterie tous ses opposants – hérétiques ou athées, républicains ou socialistes (voir fig. 11).

Il est évident que ces caricatures, dans d'autres circonstances juridiques, auraient donné lieu à de nombreuses plaintes pour blasphème, même si leurs cibles principales n'étaient «que» les représentants terrestres de l'Église, qui étaient déjà devenus l'objet d'un anticléricalisme virulent au Moyen Âge, dans le contexte de la domination de l'idéologie

---

118. Guillaume Doizy et Jean-Bernard Lalaux, *À bas la calotte!...*, *op. cit.*, p. 143.

Fig. 11 – Le clergé transforme ses ennemis en viande fraîche.
Caricature, *Les Corbeaux*, n° 125, août 1907.

chrétienne[119]. Encore faut-il ajouter que les caricaturistes républicains ne reculaient pas devant l'au-delà. Certaines images montraient que le clergé utilisait le diable comme un croque-mitaine pour soutirer de l'argent aux crédules, ou qu'il n'y avait d'autre voie pour les ecclésiastiques, après la mort, que la porte vers l'enfer destinée aux « escrocs » et aux « voleurs ». Ces représentations permettaient encore une distinction entre « bonne nouvelle céleste » et « mauvais personnel au sol ». Distinction visible, toujours, dans l'image du clerc bien gras qui clouait à nouveau le Christ à la croix en affirmant qu'il n'était, au fond, rien d'autre qu'un sale socialiste.

119. Hans-Jürgen Goertz, *Antiklerikalismus und Reformation. Sozialgeschichtliche Untersuchungen*, Göttingen, Vandenhoeck & Ruprecht, 1995.

Mais le programme de désenchantement des Lumières prévoyait d'attaquer jusqu'aux fondements de la religion, dénoncée comme une superstition, et d'en révéler le ridicule. Ainsi, Dieu lui-même était souvent montré comme un vieillard parfois gâteux, parfois cynique, qui jouait avec sa création. Les dessinateurs se moquaient aussi de l'idée que Jésus était son fils. Dans les représentations de la Sainte Famille, Joseph était souvent portraituré avec une énorme ramure sur la tête, une façon d'illustrer que la conception virginale ne pouvait cacher les cornes que Marie avait fait porter à son époux. En résumé, on peinerait à trouver en un autre lieu ou en un autre temps un programme pictural aussi ouvertement blasphématoire que dans la France de la Belle Époque. Son influence se retrouve jusque dans la France très contemporaine, comme le montrent les caricatures de *Charlie Hebdo*. Toutefois, avec la mondialisation, le contexte politique et culturel a profondément changé.

Grande-Bretagne : le blasphème comme arme politique

> Persécuter les rares intelligences, sur ordre des nombreux ignorants – voilà le blasphème.
> Forger des chaînes, construire des donjons pour ses honnêtes semblables – voilà le blasphème.
> Polluer les âmes des enfants avec le dogme de la souffrance éternelle – voilà le blasphème.
>
> Robert G. INGERSOLL, 1887[120]

L'histoire du blasphème dans l'Angleterre contemporaine commence avec Thomas Paine, pont entre l'histoire anglaise et française[121], ou plus exactement : par la condamnation en 1797, à Londres, de son éditeur Thomas Williams à une peine sévère d'un an d'emprisonnement et à une forte amende, pour avoir publié *Le siècle de la raison*. À cette époque, l'auteur était déjà un personnage célèbre. Il comptait parmi les pères fondateurs des États-Unis et avait promu l'indépendance, les droits de l'homme et la démocratie. Sympathisant de la Révolution française, il avait défendu ses principes en 1791 dans un ouvrage polémique à succès, *Droits de l'homme*. Poursuivi pour des écrits séditieux en Angleterre,

---

120. Procès de C. B. Reynolds pour blasphème à Morristown (N. J.), mai 1887. Défense par Robert G. Ingersoll, disponible en ligne sur https://www.gutenberg.org/files/38103/38103-h/38103-h.htm [consulté le 20/02/2020].
121. Référence essentielle, Leonard W. Levy, *Blasphemy...*, op. cit., p. 331 *sqq.* ; David Nash, *Blasphemy in Modern Britain...*, op. cit., p. 76 *sqq.*

il se rendit en France où il fut d'abord député à l'Assemblée nationale puis emprisonné dans le contexte de la radicalisation politique, et faillit être victime de la Terreur. Après l'exécution de Robespierre, il fut libéré et termina l'ouvrage qui valut plus tard à Williams d'être emprisonné à Londres.

Religion et contestation sociale

Paine, postula au procès le défenseur de Williams, était un homme honorable, il n'avait pas écrit son livre dans une intention blasphématoire et parlait avec respect de Dieu. Cela était visible puisque l'auteur, dans une confession personnelle au début de l'ouvrage, avait écrit qu'il croyait en Dieu et espérait après cette vie la félicité éternelle. Par ailleurs, il n'avait nullement l'intention de jeter l'anathème sur ceux qui croyaient autre chose. D'un autre côté, il affirmait clairement, dès le début, qu'il n'appartenait à aucune Église existante : « Je ne crois point à ce que professent l'Église juive, ni l'Église romaine, ni celle des Grecs, ni celle des Turcs, ni celle des protestants, ni celle d'aucune Église que je connaisse. Ma propre conscience est ma seule Église. » Voilà qui était un peu fort, mais plus choquante encore apparut sa froide analyse, selon laquelle toutes ces institutions n'étaient, pour lui, que des « inventions humaines conçues pour asservir les hommes par la terreur et pour s'approprier pouvoirs et richesses ».

Les religions, institutions d'oppression de l'humanité – on entend déjà, dans cette thèse, l'« opium du peuple » de Marx. L'équivalence entre toutes les religions, y compris le christianisme, devait avoir pour leurs représentants quelque chose de fondamentalement dévalorisant. Si les affirmations de Paine sur les objets de croyance étaient dépassionnées, elles étaient sans équivoque : certes, Jésus était sans aucun doute un homme « vertueux et aimable », mais les récits de sa résurrection portaient tous les marques de « la supercherie et de l'imposture ». La « fable » de Jésus et de son origine, de la jeune femme mariée, séduite par un esprit sous le prétexte impie que l'Esprit-Saint descendrait sur elle – tout cela n'était que des « blasphèmes qui appel[aient] l'indignation »[122]. En retournant l'accusation de blasphème contre le christianisme lui-même, Paine poussait à l'extrême son analyse froide et distanciée.

Thomas Paine n'écrivait pas uniquement pour le monde savant, ses ouvrages étaient destinés à une large diffusion. Avocat des classes inférieures, il défendait leur égalité politique et leur droit au bien-être social.

---

122. Thomas Paine, *Le siècle de la raison*, traduit par Bernard Vincent, Nancy, Presses universitaires de Nancy, 1989, p. 26, 30 *sq.*, 35 ; Leonard W. Levy, *Blasphemy…*, *op. cit.*, p. 333 *sq.*

Par sa dénonciation de la religion comme instrument aux mains des dominants, il associait les questions sociales et religieuses et renversait le postulat de Lord Hale, selon lequel l'ordre du pays reposait sur la bonne religion. Pour celui qui remettait en cause de façon fondamentale les principes de l'État, la mise en question parallèle de la religion était une évidence. Ce discours démasquait – et permettait donc d'attaquer – l'accusation de blasphème comme une technique du pouvoir visant à défendre les rapports dominants.

Paradoxalement, les premiers à souligner cela en toute clarté furent les défenseurs de l'ordre. Thomas Erskine, l'accusateur de l'éditeur londonien de Thomas Paine, qui avait défendu auparavant la liberté de la presse, martela dans son plaidoyer que l'ouvrage de Paine retirait au petit peuple pauvre les consolations du christianisme. Il décrivit longuement l'homme ordinaire, père de nombreux enfants, dépourvu d'argent, écrasé par le poids d'un travail difficile. *Le siècle de la raison* l'avait privé de son dernier espoir, celui d'une vie heureuse après la mort. La liberté de la presse et de la parole, selon Erskine, ne signifiait en aucun cas l'absence de punition pour les négateurs de la religion sur laquelle était fondé le gouvernement. La liberté illimitée n'était rien d'autre qu'une façon d'inviter les classes inférieures à cesser d'obéir[123].

De façon comparable, Thomas Starkie devait souligner en 1812 dans un commentaire juridique que l'objet de la répression du blasphème n'était pas les injures à l'égard du Créateur. Sa condamnation protégeait surtout «la paix et le bon ordre de la société civile». Il affirma que le blasphème était un «acte de révolte et de violence», une «injure grossière contre les croyants» et un «abus débridé et ignominieux» qui annulait le droit fondamental à la critique et à la discussion[124]. La même année, un autre éditeur du livre de Paine, Daniel Isaac Eaton, fut condamné pour blasphème; bien qu'âgé de plus de 60 ans, il dut subir dix-huit mois d'emprisonnement à Newgate ainsi qu'une mise au pilori. À la même époque, la légalisation de l'unitarisme par le *Trinity Act*, c'est-à-dire son exclusion des dispositions du *Blasphemy Act*, ne changea rien au principe de la répression des blasphémateurs.

La crainte des gouvernants face à un esprit critique comme Thomas Paine doit être comprise dans le contexte de la situation générale de la Grande-Bretagne après les guerres napoléoniennes. À la dépression économique de l'ère post-napoléonienne s'ajouta un facteur à plus long terme, la crise sociale de l'industrialisation. Les classes inférieures exigeaient davantage de participation politique et une meilleure protection sociale.

---

123. Leonard W. Levy, *Blasphemy...*, *op. cit.*, p. 336 *sq.*
124. Joss Marsh, *Word Crimes: Blasphemy, Culture, and Literature in Nineteenth-Century England*, Chicago, University of Chicago Press, 1998, p. 19.

Les *Tories* conservateurs réagirent par des mesures répressives, qui atteignirent leur apogée symbolique en 1819 dans un bain de sang provoqué par les forces de l'ordre parmi les participants à une grande manifestation sur St Peter's Field, à côté de Manchester, entré dans l'histoire sous le nom de massacre de Peterloo. Après 1815, l'arsenal de la politique conservatrice comprenait aussi la répression de la presse dans l'objectif d'empêcher la publication de pamphlets et de journaux bon marché, ou de les retirer de la circulation[125]. Parmi les tristement célèbres *Six Acts* qui suivirent le massacre de Peterloo, le *Blasphemous and Seditious Libels Act* faisait peser sur tous les produits de presse bon marché le soupçon du blasphème et de la sédition. Jamais réellement appliqué, il n'en eut pas moins une certaine importance symbolique. Dans la pratique, l'introduction ou l'augmentation de taxes prohibitives (droits de timbre) sur la presse eut sans doute plus d'effet, en la rendant inabordable pour les plus pauvres.

À partir de 1817, le nombre d'accusations de blasphème augmenta fortement, donnant lieu à un total d'environ 150 procédures dans les deux décennies qui suivirent[126]. Certaines visaient des personnalités de premier plan. William Hone ouvrit le bal des procès spectaculaires[127]. Avec lui, la controverse sur les déclarations et les textes blasphématoires prit une dimension littéraire jusqu'alors inédite. Hone était un réformateur social, un écrivain et un journaliste qui se servait surtout de moyens satirico-parodiques pour faire passer ses messages politiques. Ainsi, il publia en 1817 une série de trois parodies. Les trois textes reprenaient des formes liturgiques comme celle du Credo (d'Athanase) ou du catéchisme pour critiquer des dysfonctionnements de la société. Ainsi, le Credo commençait par exhorter quiconque voulait être sauvé de rester fidèle à la foi catholique. Hone, lui, commençait sa profession de foi du bénéficiaire de sinécure ecclésiastique par la consigne de trouver une place assurant des revenus sans charge de travail. Et sa litanie politique s'ouvrait sur une invocation ironique au souverain, aux membres du Parlement et aux nobles par leurs sujets pauvres, écrasés par les taxes et les redevances[128].

En dépit du caractère véritablement politique de ces écrits, les accusateurs de Hone le poursuivirent en justice pour diffamation blasphématoire (*blasphemous libel*) et ouvrirent pour chacun des trois textes une procédure séparée *ex officio*, réservée aux crimes capitaux. Ce procédé eut toutefois l'effet d'un boomerang car durant les procès, qui eurent lieu trois jours d'affilée, Hone se défendit avec beaucoup d'habileté et d'énergie.

---

125. Joss Marsh, *Word Crimes...*, *op. cit.*, p. 79 *sq.* ; Leonard W. Levy, *Blasphemy...*, *op. cit.*, p. 345.
126. Joss Marsh, *Word Crimes...*, *op. cit.*, p. 55.
127. *Ibid.*, p. 24 *sqq.* ; Leonard W. Levy, *Blasphemy...*, *op. cit.*, p. 348 *sqq.*
128. Les textes de Hone sont disponibles sur http://honearchive.org/.

Il transforma ainsi la salle d'audience en tribune politique et des milliers de personnes suivirent l'événement depuis les rues de Londres. Il contesta longuement avoir dénigré la religion chrétienne par ses parodies liturgiques et lut devant le tribunal des textes parodiques plus anciens, notamment ceux de Martin Luther et du martyr anglican Hugh Latimer. Ainsi, il mit les rieurs de son côté. À la fin, les trois jurys déclarèrent l'accusé innocent de l'accusation de blasphème et, pour un temps, Hone devint le plus populaire des pourfendeurs du gouvernement.

Le cas de Richard Carlile fut très différent[129]. Ses propres expériences avaient fait de cet éditeur d'origine modeste un critique radical de la société. Il comptait parmi les orateurs à la manifestation sur St Peter's Field et avait été témoin du massacre de Peterloo, qu'il contribua à dénoncer. Dans sa petite maison d'édition, il réédita à bas coût *Le siècle de la raison* de Paine. En quelques mois, il vendit des milliers d'exemplaires. Ce qu'il avait annoncé lui-même dans sa préface inédite ne manqua pas d'arriver : il se vit confronté à de multiples plaintes pour blasphème émanant de l'État comme de personnes privées, notamment de la Vice Society, une organisation conservatrice qui s'était donné pour mission la suppression des péchés et la préservation de la morale publique[130]. À l'évidence, le procès pour blasphème n'était qu'une forme de répression cachée contre les activités politiques de Carlile ; une plainte pour sédition étant plus difficile à mettre à œuvre. Face au tribunal, Carlile ne fit pas grande impression ; il n'était pas comme Hone un orateur charismatique et enflammé. Il fut facile d'obtenir sa condamnation à une peine d'emprisonnement de plusieurs années, associée à une forte amende et à une caution plus élevée encore, qui devait garantir la correction de son comportement à l'avenir.

En raison de son incapacité à payer, ou de son refus, il passa au total près de dix ans en prison. Mais c'est là que se déployèrent ses véritables qualités. Son inflexibilité et les campagnes de presse obstinées qu'il mena depuis sa prison firent de lui le symbole, le martyr même, de la cause radicale – peut-être était-il le premier « prisonnier politique » de l'histoire à exploiter son rôle de façon systématique face à l'opinion publique[131]. Sa maison d'édition fut reprise d'abord par sa femme, puis par sa sœur, emprisonnées l'une après l'autre. Plusieurs employés marchèrent sur leurs traces, vendirent le livre de Paine et le journal de Carlile, *The Republican*. Eux aussi furent peu à peu arrêtés et condamnés à des peines de prison. Cela aboutit à un total de plus de deux cents années d'emprisonnement – une victoire à la Pyrrhus du gouvernement conservateur, qui ne put

---

129. David Nash, *Blasphemy in Modern Britain...*, op. cit., p. 83 sqq. ; Joss Marsh, *Word Crimes...*, op. cit., p. 60 sqq.
130. *Ibid.*, p. 67 ; Leonard W. Levy, *Blasphemy...*, op. cit., p. 358.
131. David Nash, *Blasphemy in Modern Britain...*, op. cit., p. 86.

empêcher ni la diffusion des idées radicales ni la sympathie croissante pour la « *Carlile's army* » dans l'opinion publique.

Une deuxième vague de procès pour blasphème commença dans les années 1840. Henry Hetherington fut le premier à être traduit en justice en 1840[132]. Avec son journal *The Poor Man's Guardian* – paraissant de façon provocatrice sans timbre –, il s'était depuis longtemps fait un nom comme combattant de la liberté de la presse. Son procès pour blasphème, à la suite de sa publication d'un traité radicalement anticlérical de Charles Haslam, suivit d'abord le modèle établi par les autres procédures. Le juge qui présidait, Denman, observa que le livre de Haslam traitait avec mépris l'Ancien Testament et invita le jury à vérifier si « le ton, le style et l'esprit » du livre restaient « modérés et vertueux » ou si l'ouvrage comprenait des injures et des railleries[133]. Le jury condamna l'éditeur à quatre mois de prison.

Hetherington, de son côté, était déterminé à mettre au jour les principes d'un droit à deux vitesses, qui s'en prenait surtout aux imprimés moins chers et, ainsi, plus « populaires ». Dans cet objectif, sa stratégie, paradoxale, fut de lancer lui-même une accusation de blasphème[134]. La cible était un éditeur respectable, Edward Moxon. Celui-ci avait notamment publié, parmi d'autres ouvrages de la grande littérature, les œuvres complètes du poète Shelley, mort en 1822 et admirateur de Paine, dont le long poème *Queen Mab* qui comprenait des passages ouvertement athées. Il circulait depuis longtemps sous forme d'éditions pirates comme un texte fondateur parmi les libres penseurs radicaux, dans le milieu d'où était issu Hetherington lui-même. Avec sa plainte contre le poème, celui-ci voulait démontrer l'existence d'une disparité de traitement dans les décisions de justice, et comptait certainement sur un acquittement.

De fait, le juge Denman se montra favorable à Moxon et à l'effort persuasif et nuancé de contextualisation de son éloquent avocat. À la surprise générale, pourtant, le jury rendit un verdict de culpabilité, qui eut toutefois peu de conséquences pratiques pour l'accusé. Ce procès devait rester pendant longtemps le seul où il fût question de grande littérature et d'art. Son résultat confirma l'existence d'une justice à deux vitesses dans les questions de blasphème. Comme le constata peu après Holyoake, laconique, la loi autorisait le blasphème dans la littérature coûteuse mais en manifestait toute sa sainte horreur lorsqu'il était diffusé dans des pamphlets bon marché (« *penny pamphlets* »)[135].

---

132. David Nash, *Blasphemy in Modern Britain...*, op. cit., p. 90 *sqq.*; Leonard W. Levy, *Blasphemy...*, op. cit., p. 443 *sqq.*
133. *Ibid.*, p. 445.
134. Joss Marsh, *Word Crimes...*, op. cit., p. 90 *sqq.*; Nicolas Walter, *Blasphemy Ancient & Modern*, Londres, Rationalist Press Association, 1990, p. 40 *sqq.*
135. Leonard W. Levy, *Blasphemy...*, op. cit., p. 455.

De nombreuses procédures pour blasphème, dans les années 1840, visèrent des éditeurs et des collaborateurs de l'*Oracle of Reason*, publié depuis 1841, comme Charles Southwell, George Jacob Holyoake ou Thomas Paterson[136]. Southwell, socialiste de la première heure et athée revendiqué, était le fondateur de ce périodique. Son tempérament polémiste et son radicalisme verbal lui valurent rapidement d'être accusé de blasphème. Il n'y avait là rien d'étonnant, car il expliquait que Dieu devait être un monstre, un diable ou un démon, comparait Jésus au baron de Münchhausen et dénigrait avec un fiel antisémite la Bible, qu'il considérait comme un livre juif plein de sodomie, de violence et de perversité. Il fut condamné à un an de prison et à une amende de 100 livres, puis émigra en Australie.

Son successeur Holyoake, considéré aujourd'hui encore comme une figure fondatrice du mouvement des libres penseurs, n'était pas fait du même bois : il préférait la médiation à la confrontation et changea le ton de l'*Oracle*. Ainsi, ce qui donna lieu à une plainte contre lui ne fut pas un article de journal, mais des propos tenus oralement dans le cadre d'une conférence qu'il donna à Cheltenham en mai 1842. Un prédicateur local demanda quel rôle aurait Dieu dans le nouvel ordre socialiste. Holyoake répondit, en référence à la pauvreté très répandue et au coût élevé des institutions religieuses, qu'il était temps de mettre Dieu à la demi-solde, comme les soldats démobilisés[137]. Ce bon mot entraîna une campagne furieuse contre lui et une accusation de blasphème, qui lui valut six mois de prison. Son affaire se mua rapidement en scandale sur la liberté d'expression et de la presse, qui fit grand bruit dans tout le pays et déboucha sur la création de l'Anti-Persecution Union. Holyoake devint le porte-flambeau de la libre pensée et forgea dans les années 1850 le mot « sécularisme ».

Ainsi, son procès, de même que les nombreux autres qui suivirent, fut certes la preuve de la volonté continue de répression des gouvernants, mais il fut également de nature à motiver l'opinion publique à se mobiliser en faveur d'une plus grande liberté de la presse et d'opinion. Les procès pour blasphème et les débats publics les concernant jouèrent certainement un rôle dans la déréglementation progressive de la presse et l'élargissement de la participation démocratique, même s'il ne faut pas surestimer leur importance. Les positions athées ou de libres penseurs qui transparaissaient derrière les déclarations « blasphématoires » n'étaient guère majoritaires à l'époque victorienne, qui vit le développement des mouvements évangélistes.

---

136. David Nash, *Blasphemy in Modern Britain...*, *op. cit.*, p. 92 *sqq.* ; Leonard W. Levy, *Blasphemy...*, *op. cit.*, p. 449 *sqq.* ; Joss Marsh, *Word Crimes...*, *op. cit.*, p. 109 *sqq.*
137. *Ibid.*, p. 115 *sq.*

Libres penseurs et chercheurs de vérité

À partir du milieu du XIXᵉ siècle, le dogme chrétien fut confronté à une remise en question croissante en raison de critiques scientifiques fondamentales largement diffusées, comme la démythologisation historique et critique d'un David Friedrich Strauß et la théorie de l'évolution d'un Charles Darwin. Même un juriste on ne peut plus conservateur comme Sir James Fitzjames Stephen plaida en 1875 pour une abolition de l'« arme vieille et rouillée » qu'était la loi contre le blasphème. À une époque où l'existence de Dieu et l'autorité de la Bible étaient de plus en plus contestées, les plaintes pour blasphème, selon lui, n'éveillaient que compassion pour les accusés et ne donnaient que davantage de publicité aux affaires[138]. Des sociétés de libres penseurs combatives, formées dans le dernier tiers du XIXᵉ siècle, donnèrent de la voix et travaillèrent à l'abrogation de la loi. Héritier de Holyoake, Charles Bradlaugh fonda en 1866 la National Secular Society, encore en activité aujourd'hui. L'organe radical du mouvement devint le magazine *The Freethinker*, publié à partir de 1881 (et jusqu'à un passé très récent) et fondé par George W. Foote[139]. Dans un texte programmatique, dans le premier numéro du *Freethinker* en mai 1881, il prôna l'usage de matériel blasphématoire comme moyen de lutte pour l'opinion publique : « Le *Freethinker* est un organe antichrétien et donc avant tout agressif. Il mènera une guerre impitoyable contre la superstition en général et la superstition du christianisme en particulier [...] en déployant contre la Bible les armes de la science, de l'érudition et de la philosophie ; et il n'aura pas de scrupules à utiliser, dans le même objectif, les armes de la moquerie ou du sarcasme[140]. » La raillerie et le dénigrement présentés ouvertement comme des armes dans la bataille de l'opinion – personne n'avait encore été aussi direct. Si l'on prend comme point de comparaison l'évolution dans la France voisine, il semble que se profilait avec cet aplomb une nouvelle qualité du blasphème.

The Freethinker était un hebdomadaire populaire de bonne facture, vendu un penny ; il lui arriva d'atteindre un excellent tirage dépassant dix mille exemplaires. La plus grande innovation médiatique était l'intégration systématique d'illustrations, qui devaient bientôt devenir un élément essentiel du magazine. Une publication française, *La Bible amusante*, issue de la plume d'un anticatholique acharné, Léo Taxil, avait inspiré à Foote l'usage des caricatures[141]. Toutefois, les « *Comic Bible Sketches* » publiés par

---

138. Leonard W. Levy, *Blasphemy...*, *op. cit.*, p. 476 *sq.*
139. Joss Marsh, *Word Crimes...*, *op. cit.*, p. 128 *sqq.* ; David Nash, *Blasphemy in Modern Britain...*, *op. cit.*, p. 107 *sqq.*
140. Cité d'après Nicolas Walter, *Blasphemy Ancient & Modern*, *op. cit.*, p. 51.
141. Joss Marsh, *Word Crimes...*, *op. cit.*, p. 140.

la suite dans le magazine, qui faisaient enrager ses adversaires, étaient tout à fait singuliers : Dieu en vieil homme qui, sur les mots de la Genèse (1, 3) « Qu'il y ait de la lumière ! », allume sa pipe ; Noé sur son arche narguant les hommes en train de se noyer dans les eaux du déluge que Dieu a déversé sur eux ; Jésus marchant sur l'eau, avec un gros canoë en bois à chaque pied ; et bien sûr Jésus emmené par deux soldats, « incarcéré pour blasphème »[142].

Foote, le libre penseur radical, semble avoir intégré d'emblée les confrontations judiciaires dans sa campagne journalistique. Certes, expliqua-t-il, il ne souhaitait pas jouer volontairement les martyrs, mais il n'hésiterait pas si nécessaire à « traîner au grand jour le monstre de la persécution », même au prix de quelques éraflures et égratignures personnelles. Il trouvait réjouissant d'attirer sur soi l'inimitié de ses adversaires et de les combattre. Au même moment, il se moquait de la pusillanimité de certains amis politiques qui voulaient faire une omelette sans casser d'œufs[143]. Le sarcasme visait entre autres le vieux pionnier de la lutte pour le sécularisme George Jacob Holyoake, qui voyait menacés par Foote ses efforts pour donner à la libre pensée un visage respectable[144].

Le 16 juillet 1882, *The Freethinker* parut arborant sur l'en-tête le fier label « poursuivi pour blasphème ! »[145]. Manifestement, Foote intégrait les poursuites judiciaires à sa stratégie, même si nombre de procès intentés contre lui ne débouchèrent pas sur une condamnation. Une année de prison augmenta encore sa réputation de « *Prisoner for Blasphemy* » (le titre de son autobiographie en 1886). Il reprit ensuite son activité médiatique et prit la succession de Bradlaugh à la présidence de la National Secular Society en 1890. La cause de Foote divisait l'opinion publique de l'époque. Si nombre de représentants de la classe moyenne respectable bombardaient de lettres le ministère de l'Intérieur, se montrant horrifiés par les affreux blasphèmes du magazine et demandant des mesures énergiques, il y eut également de nombreuses lettres et pétitions en faveur du condamné. « Je ne trouve pas les mots pour exprimer mon indignation et ma honte qu'un tel incident soit possible au XIXe siècle », écrivit un habitant de Manchester, qui se décrivait lui-même comme un chrétien libéral. Il considérait que le jugement était un scandale national[146].

Les juges eux-mêmes furent aux prises avec la question de l'application, à leur époque, de l'ancienne loi sur le blasphème. L'un d'eux, Lord

---

142. Voir les reproductions dans David Nash, *Blasphemy in Modern Britain...*, op. cit., p. 116 *sqq.* ; Joss Marsh, *Word Crimes...*, op. cit., p. 145.
143. David Nash, *Blasphemy in Modern Britain...*, op. cit., p. 125.
144. Joss Marsh, *Word Crimes...*, op. cit., p. 153.
145. *Ibid.*, p. 146.
146. *Ibid.*, p. 147 *sq.* ; David Nash, *Blasphemy in Modern Britain...*, op. cit., p. 147.

Fig. 12 – « Poursuivi pour blasphème », manchette du *Freethinker*, 28 octobre 1883.

Coleridge, souligna plus nettement que jamais la différence entre contenu et forme d'un propos antireligieux. Selon lui, à une époque où le christianisme n'était plus au fondement de la loi, Foote ne pouvait réellement être condamné en raison de son opinion. Mais les « *decencies of controversy* », les limites de la bienséance, devaient tout de même être respectées. Le crime résidait dans les comportements non civilisés ou la volonté de blesser, et non dans le fond d'un propos. La recherche historique présente la distinction de Coleridge comme pleine d'avenir, quoique assez inopportune sur le fond[147]. Il est tout à fait possible qu'à l'ère de la liberté de croyance la différence entre le contenu (*matter*) et la forme (*manner*) ait eu davantage d'importance que dans le passé, mais dans la pratique cette décision ne marqua en aucun cas une rupture. Qu'il y ait eu ou non dénigrement intentionnel (comme dans le cas de Holyoake), il était toujours au moins présumé et servait de ligne directrice au jugement.

La dernière grande série de procédures pour blasphème en Grande-Bretagne visa, au début du XXe siècle, John William Gott, Thomas Steward et quelques autres libres penseurs socialistes[148]. Elles eurent en partie pour objet des déclarations orales mais concernèrent aussi des publications, comme le mensuel radical de Gott, *The Truth Seeker*, qui contenait des illustrations antireligieuses et anticléricales semblables à celles du *Freethinker*. En dépit de sa mauvaise santé, Gott fut condamné en 1921 à neuf mois de travaux forcés et mourut l'année suivante des conséquences de ce traitement. Il entra dans l'histoire comme le dernier homme de Grande-Bretagne incarcéré pour blasphème[149]. La sévérité exemplaire de la justice contre Gott et ses camarades de combat était manifestement liée au fait qu'ils se considéraient de façon explicite comme des socialistes – autour de la Freethought Socialist League – et luttaient avec une grande agressivité contre la « religion des esclaves[150] ». Ainsi, une caricature tout à fait typique montrait « comment l'humanité fut crucifiée entre deux voleurs » : on y voyait un homme crucifié, à sa gauche un ecclésiastique et à sa droite une tête couronnée, qui lui volaient son argent dans ses poches[151]. Face à une telle attaque combinée contre l'ordre dominant, ou plutôt contre la religion et l'Église comme piliers de cet ordre, les autorités se montrèrent susceptibles.

À cette époque, l'opinion publique avait pris une importance jamais égalée auparavant, et de nombreux protagonistes se présentèrent comme victimes et martyrs. « Poursuivi pour blasphème ! » titra également le *Truth Seeker* ; et Harry Boulter, qui dut purger un mois de prison en 1908 pour propos blasphématoires, publia plus tard un récit intitulé *How I fell among thieves* (« Comment je me suis retrouvé parmi les voleurs »). Il y racontait que l'administration de la prison avait refusé de lui laisser parvenir des livres laïques et que l'aumônier l'avait injurié[152]. Ernest Pack,

---

147. Leonard W. Levy, *Blasphemy...*, op. cit., p. 487 sq. ; en particulier Joss Marsh, *Word Crimes...*, op. cit., p. 158.
148. Leonard W. Levy, *Blasphemy...*, op. cit., p. 495 sqq. ; David Nash, *Blasphemy in Modern Britain...*, op. cit., p. 167 sqq.
149. *Ibid.*, p. 189 sq.
150. *Ibid.*, p. 168 sq.
151. Reproduction dans *ibid.*, p. 178 ; voir Nicolas Walter, *Blasphemy Ancient & Modern*, op. cit., p. 60.
152. David Nash, *Blasphemy in Modern Britain...*, op. cit., p. 170 sq. et 181 sq.

qui était du même bord politique, reprit dans un pamphlet de 1904 (*A Blasphemer on Blasphemy*) les lignes citées ici en introduction de la litanie du libre penseur américain Rogert G. Ingersoll sur la véritable essence du blasphème[153].

Ce qui compta davantage que la façon dont se mit en scène une poignée remuante, mais minoritaire, de radicaux fut l'engagement d'une sphère publique critique, qui protesta contre les procès et les condamnations pour blasphème. Une pétition en faveur de Steward et de Gott fut signée par de nombreux intellectuels et figures publiques, notamment Arthur Conan Doyle, Gilbert K. Chesterton, Havelock Ellis et George Bernard Shaw. Les journaux comme le *Times* de Londres ou le *Manchester Guardian* lancèrent des campagnes en faveur de la liberté d'expression. Et l'évêque de Londres lui-même se déclara favorable à l'abrogation de la loi sur le blasphème, avec l'argument que le christianisme pouvait supporter les mauvais traitements et leur survivre, mais qu'il cessait d'être lorsque la vengeance était exercée en son nom[154]. Toutes ces voix ne s'imposèrent pas à court terme, mais elles contribuèrent sans doute à long terme à créer un climat dans lequel le blasphème n'était plus considéré comme un sujet relevant du droit pénal. John William Gott ne fut pas seulement le dernier blasphémateur condamné à la prison en Angleterre, il fut aussi le dernier à être poursuivi en justice par le ministère public.

Dans les décennies qui suivirent, la question du blasphème fit sans cesse l'objet de débats publics et de controverses politiques[155]. L'abrogation de la loi sembla parfois imminente. D'un autre côté, à la veille de la Seconde Guerre mondiale, des chrétiens fondamentalistes et des groupes antisémites d'extrême droite tentèrent d'obtenir une extension du délit de blasphème, agitant le spectre d'un noyautage des libres penseurs par des forces étrangères et communistes, qu'ils prétendaient ainsi empêcher. Le statu quo se maintint concernant les lois, qui ne furent pas appliquées. En 1949, le juge Lord Denning exprima certainement l'opinion majoritaire en déclarant que le délit de blasphème était lettre morte, « *a dead letter* »[156].

Allemagne I : l'art et la politique dans l'Empire

On a longtemps considéré que la culture politique de l'Allemagne du XIXe siècle était marquée par le climat de restauration et de répression,

---

153. David Nash, *Blasphemy in Modern Britain...*, *op. cit.*, p. 181.
154. Leonard W. Levy, *Blasphemy...*, *op. cit.*, p. 496 *sq.*, 498.
155. Voir David Nash, *Blasphemy in Modern Britain...*, *op. cit.*, p. 196 *sqq*.
156. Nicolas Walter, *Blasphemy Ancient & Modern*, *op. cit.*, p. 61.

qui n'avait été écarté que brièvement par les réformes et les révolutions. Sans doute le parlementarisme et l'opinion publique critique jouèrent-ils un rôle moindre que dans la Grande-Bretagne de la même époque. C'est peut-être dans ce contexte qu'il faut comprendre la politisation relativement faible de la question du blasphème. Toutefois, même l'État autoritaire et réactionnaire ne put étouffer la controverse publique sur le blasphème, qui se déploya surtout dans les domaines de l'art et de la culture.

Avant la fondation de l'Empire

La place du blasphème dans les territoires allemands du début de l'époque contemporaine nécessite des recherches plus poussées. La disparition du vieil Empire, en 1806, n'éclaircit pas la situation juridique (voir chap. 14). Nous ne disposons que d'informations parcellaires sur l'application des normes. Sur le territoire de Prusse, entre 1854 et 1878, il y eut en moyenne tout juste une centaine d'informations judiciaires visant des délits religieux. C'est assez peu, sur une population totale de 17 à 22 millions d'habitants, surtout si l'on considère que cette catégorie de délits comprenait, outre les faits de blasphèmes et d'injures à la religion, la perturbation de l'office religieux ou la profanation des tombes[157]. Il est difficile de faire la lumière sur le détail des délits cachés derrière les chiffres. Toutefois, les quelques cas de l'époque du Vormärz qui ont trouvé leur place dans la littérature spécialisée montrent qu'il ne s'agissait pas, le plus souvent, d'affaires spectaculaires, mais plutôt – comme dans les époques précédentes – de disputes du quotidien.

Ainsi, en 1832, en Saxe, l'ancien propriétaire ruiné d'un domaine seigneurial qui habitait avec sa femme une pièce de la maison de charité se retrouva devant les tribunaux[158]. Onze ans auparavant, il s'était converti à la foi catholique. À travers les murs fins, deux voisines l'avaient entendu dire à sa femme que l'ecclésiastique parlait de l'hostie comme du corps du Christ mais qu'il ne s'agissait que de pâte de farine. Il n'en avait pas davantage besoin que du « purin aigre » qu'il avait bu, autrefois, comme vin de messe luthérien. L'accusé ne nia pas ces mots, mais tenta de les justifier par son propre catholicisme. Son défenseur étaya son propos en affirmant qu'il s'agissait là surtout d'un zèle exagéré envers la confession catholique, car, selon celle-ci, l'hostie ne se transforme en corps du Christ qu'après sa consécration par le prêtre catholique. Il argua de l'appauvrissement et

---

157. Wilhelm Starke, *Verbrechen und Verbrecher in Preußen, 1854-1878*, Berlin, T. C. F. Enslin, 1884, p. 160 *sqq*.
158. Julius Eduard Hitzig (éd.), *Annalen der deutschen und ausländischen Criminal-Rechtspflege*, 3. Folge, Altenbourg, H. A. Pierer, 1837, t. III, p. 102-112.

du désarroi moral de son client. Le tribunal échevinal de Leipzig rejeta cette justification sans détour et condamna l'accusé, pour sa déclaration entre quatre murs, à six mois de maison de discipline. Le roi de Saxe Antoine et le prince co-régent Frédéric refusèrent la grâce, « bien que catholiques eux-mêmes, par respect pour les coutumes religieuses de leurs sujets protestants ». La peine relativement sévère, ainsi que l'ensemble de la procédure, respirait l'esprit de l'Ancien Régime.

Quelques années plus tard, en 1835, le maître maréchal-ferrant Hauer, de Wechselburg, fut également poursuivi à Leipzig pour blasphème[159]. Il était accusé d'avoir déclaré chez lui, en présence de quelques autres artisans : « Jésus est un fils de putain, et Jean était une fille déguisée avec qui Jésus faisait son affaire. » Le défenseur se lança dans une distinction théologique de haute volée : ce n'était pas Dieu lui-même mais seulement le Christ, la Vierge Marie et l'apôtre Jean qui avaient été dénigrés et moqués, ce qui était certes blâmable mais compréhensible compte tenu de l'époque. « Alors que [...] le nationalisme a prévalu sur la théorie de la foi découlant des livres symboliques, et que les professeurs de religion les plus éclairés et les plus sages ne reconnaissent plus depuis longtemps la trinité de la divinité », alors que Dieu seul s'imposait comme l'Être suprême et que le Sauveur n'était plus qu'un homme exemplaire, les propos contre lui ne pouvaient plus être considérés comme des blasphèmes.

Le tribunal de Leipzig ne fut pas ébranlé et prononça une peine d'un an de maison de discipline, qui fut réduite à trois mois par la cour d'appel de Dresde. Ce qui entrait en ligne de compte, expliqua le tribunal, n'était pas tant l'immoralité évidente de l'acte que « l'aspect politique ». La sanction n'avait d'intérêt pour l'État que lorsque « l'impertinence antireligieuse créait un scandale général » et que le respect dû à ce qui constituait le fondement du « calme et de l'ordre dans l'État » était menacé. Le tribunal considérait que ce danger n'existait pas, certainement en raison de l'absence de caractère public du délit et de la bonne conduite qu'avait eue, jusqu'alors, l'accusé – au final, une peine plutôt légère pour des propos particulièrement crus.

Ces conflits du quotidien représentèrent sans doute une grande part des procès pour blasphème dans l'ensemble du XIXe et au début du XXe siècle[160]. En revanche, dans l'état actuel de la recherche, il est difficile d'évaluer l'importance de l'accusation de blasphème dans l'espace politique avant 1871. La plainte contre le culte « blasphématoire » de la personnalité dédié à Ferdinand Lassalle, grande figure du mouvement ouvrier tuée en

---

159. Julius Eduard Hitzig (éd.), *Annalen der deutschen und ausländischen Criminal-Rechtspflege*, 3. Folge, Altenbourg, H. A. Pierer, 1838, t. V, p. 279-284.
160. Voir par exemple *Juristische Wochenschrift*, n° 16, 1887, p. 181 ; n° 19, 1890, p. 4, 394.

duel en 1864, paraît plutôt bizarre. Dans les luttes intestines qui eurent lieu au sein de l'Association générale des travailleurs allemands (*Allgemeiner Deutscher Arbeiterverein*) après la mort de Lassalle, certains protagonistes exaltèrent religieusement le défunt, ce qui fit monter au créneau les pouvoirs publics. D'après les souvenirs d'August Bebel, qui critiqua rétrospectivement ces « idées qui frisaient peu à peu la bêtise », le thème « le Christ et Lassalle » fut à l'ordre du jour de nombreuses réunions publiques. Selon lui, le poète et homme politique social-démocrate Friedrich Wilhelm Fritzsche avait été poursuivi à Berlin en 1868 pour un de ces exposés, « dans lequel le procureur vit un blasphème ». Il avait dû sa relaxe uniquement au fait qu'on n'avait pu prouver de mauvaise intention[161]. À Chemnitz, le mandataire d'une organisation ouvrière, Bochmann, fut inculpé pour la diffusion d'une « profession de foi lassallienne » :

> « Je crois en Ferdinand Lassalle,
> Le Messie du dix-neuvième siècle ;
> À une renaissance sociale et politique
> De mon peuple languissant dans la misère.
> Aux dogmes irrévocables de la classe ouvrière,
> Enseignés par Ferdinand Lassalle,
> Né d'un nom méprisé,
> Qui a vécu dans le cœur du peuple,
> A souffert par la bourgeoisie et la réaction,
> Est mort par une main traîtresse,
> Est ressuscité dans la poitrine des jeunes fidèles,
> Est monté dans l'esprit du peuple ouvrier,
> D'où il viendra juger
> Tous les ennemis de son enseignement ! »

Face à l'accusation, Bochmann se montra combatif : de telles « épreuves » ne faisaient que renforcer la « foi » en Lassalle et l'enracinaient définitivement, comme cela s'était déjà produit pour les premiers chrétiens[162].

L'art et la littérature de l'époque étaient également confrontés à des mesures de censure aux justifications comparables. Outre le reproche de trahison politique et le verdict d'immoralité, l'accusation de dénigrement de la religion était un outil classique des censeurs[163]. Le ministre prussien Graf zu Sayn-Wittgenstein-Hohenstein était tout à fait sur cette

---

161. August Bebel, *Souvenirs de ma vie*, traduit par Monique Tesseyre et Dominique Petitjean, Pantin, Les Bons caractères, 2022, p. 235.
162. Dieter Fricke, *Handbuch zur Geschichte der deutschen Arbeiterbewegung, 1869 bis 1917*, Berlin, Dietz, 1987, t. I, p. 128 *sq.*
163. Dieter Breuer, *Geschichte der literarischen Zensur in Deutschland*, Heidelberg, Quelle & Meyer, 1982, p. 19. Voir plus en détail mon post de blog : « Der Teufel gehört nicht auf die Bühne! Zensoren gegen Gotteslästerung in Literatur und Theater

ligne lorsqu'il déclara en mai 1819 que la censure policière devait refuser l'autorisation d'impression à tous les textes qui offensaient les gouvernements, étaient inconvenants, immoraux ou indécents ou « dérogeaient au respect dû à la religion[164] ». Sur la base de telles instructions, le Collège supérieur de censure de Berlin interdit à l'été 1835 le roman *Wally, die Zweiflerin* (« Wally, la sceptique ») du journaliste Karl Gutzkow, une figure du mouvement libéral des jeunes gens de lettres : d'après la justification, le livre, qui n'avait « aucune valeur », cherchait à « se faire remarquer par la diffamation la plus insolente à l'égard du christianisme, par les outrages les plus détestables contre les divins fondateurs du christianisme et surtout par la raillerie la plus effrénée de toute croyance religieuse ». Le roi de Prusse Frédéric-Guillaume III se plaignit personnellement de *Wally* auprès du grand-duc de Bade ; à la suite de cela, les invendus furent saisis à Mannheim et des actions en justice furent intentées contre l'auteur et l'éditeur. L'écrivain subit six semaines de détention préventive et fut plus tard condamné à quatre semaines d'emprisonnement supplémentaires ; parmi les nombreux chefs d'accusation, seule avait été maintenue la « représentation méprisante de la foi des sociétés religieuses chrétiennes[165] ». Les mesures de censure ne concernèrent pas seulement la littérature, mais aussi le théâtre – il fallait éviter autant que possible, sur scène, une profanation du religieux. Même le *Faust* de Goethe fit ainsi l'objet de tentatives de censure souvent mesquines. « Le diable n'a rien à faire sur scène ! » déclara, catégorique, le consistoire de Leipzig en 1829 – et la même chose valait naturellement pour Dieu lui-même (qui apparaît dans le « Prologue dans le ciel »)[166].

Sous le signe de l'article 166 du Code pénal de l'Empire

L'Empire fondé en 1871, un État fédéral allemand sous hégémonie prussienne, produisit notamment un Code pénal impérial unifié (RStGB)[167]. Son article 166, qui définissait les faits de blasphème, devait rester en vigueur pendant près de cent ans :

(18./19. Jahrhundert) », *Kliotop*, 6 août 2020, disponible en ligne sur https://kliotop.hypotheses.org/281 [consulté le 05/08/2020].
164. Hans H. Houben, *Der ewige Zensor*, Kronberg im Taunus, Athenäum Verlag, 1978 [1926], p. 157. Dans le même sens, voir un ordre du cabinet prussien de janvier 1843, *ibid*, p. 186.
165. Hans H. Houben, *Verbotene Literatur von der klassischen Zeit bis zur Gegenwart*, Berlin / Brême, E. Rowohlt / K. Schünemann, 1924, 2 vol., t. I, p. 263, 268.
166. Hans H. Houben, *Der ewige Zensor, op. cit.*, p. 73 *sqq.*, citation p. 74.
167. Sur les précurseurs, voir Siegfried Leutenbauer, *Das Delikt der Gotteslästerung...*, *op. cit.*, p. 266 *sqq*.

« Celui qui aura causé un scandale en blasphémant publiquement contre Dieu par des propos outrageants, ou aura publiquement outragé un des cultes chrétiens ou une communauté religieuse établie sur le territoire de la Confédération et reconnue comme corporation, ou les institutions ou cérémonies de ces cultes, ou qui, dans une église, [...] aura commis des actes injurieux et scandaleux, sera puni d'un emprisonnement de trois ans au plus. »

D'un point de vue statistique, le nombre des enquêtes basées sur cet article resta limité dans l'Empire. Vers la fin du XIXe siècle, entre 300 et 500 délits religieux étaient traités annuellement ; au tournant du siècle, le nombre chuta même autour de 200 procédures, à rapporter à une population d'environ 50 millions de personnes[168]. Cela ne signifie pas pour autant que l'importance qualitative du délit, par exemple dans la limitation de la liberté d'opinion, était réduite.

L'Empire a, aujourd'hui encore, la réputation d'un état autoritaire répressif, et ce non sans raison. Sa popularité reposait notamment sur la diabolisation d'ennemis bien identifiés, quoique changeants : durant le Kulturkampf (« combat pour la civilisation ») des années 1870, il s'agissait surtout des catholiques fidèles à Rome ; dans les années 1880, marquées par les lois antisocialistes, le combat fut mené principalement contre les sociaux-démocrates, accusés d'être révolutionnaires. Les reproches contre ces ennemis de l'État étaient familiers : sédition, immoralité et offense à la religion. L'article 166 du Code pénal put être utilisé comme une arme contre le prétendu noyautage de l'ordre politique, social et moral[169]. La tristement célèbre *Lex Heinze* de 1892, véritable massue contre les « écrits obscènes », fut un autre instrument qui servit plus tard à combattre des auteurs critiques de la société comme Frank Wedekind. En outre, les différentes accusations pouvaient aller de pair. Le poème *Venus consolatrix* du poète impressionniste Richard Dehmel fut jugé à la fois obscène et blasphématoire par la censure en 1897, et interdit[170]. Et en 1891, un tribunal condamna le rédacteur d'un journal pour blasphème et lèse-majesté, parce qu'il avait reproduit *Les tisserands de Silésie* de Heinrich Heine. Les trois malédictions contre les autorités suprêmes que, selon le texte de Heine de 1844, les Silésiens tissaient dans le linceul qu'ils confectionnaient pour l'Allemagne furent considérées comme « une

---

168. Gary D. Stark, *Banned in Berlin: Literary Censorship in Imperial Germany, 1871-1918*, New York, Berghahn Books, 2012 [2009], p. 154.
169. Pour un regard nuancé sur l'ensemble de l'arsenal, *ibid.* ; voir également Dieter Breuer, *Geschichte der literarischen Zensur...*, *op. cit.*, p. 188 *sqq.* ; Wolfgang Hütt (éd.), *Hintergrund. Mit den Unzüchtigkeits- und Gotteslästerungsparagraphen des Strafgesetzbuches gegen Kunst und Künstler, 1900-1933*, Berlin, Henschelverlag, 1990, p. 15 *sqq.*
170. Gary D. Stark, *Banned in Berlin...*, *op. cit.*, p. 160.

injure contre Dieu, le roi et la patrie[171] ». Toutefois, il faut le souligner aussi pour l'Allemagne : l'accusation de blasphème ne fut pas toujours une épée tranchante contre les idées et les mouvements indésirables. Dans une certaine mesure, l'Empire fonctionnait aussi comme un État de droit, et les décisions de ses tribunaux étaient loin de suivre toujours les puissants ou le sens moral moyen. Par ailleurs, dans les dernières décennies du XIXe siècle, une sphère publique de plus en plus moderne se développa avec une presse variée, dans laquelle les affaires de blasphème firent l'objet de discussions critiques et de débats.

Certains éléments laissent penser que, durant les années de fortes tensions religieuses qui suivirent l'euphorie de la fondation de l'Empire, davantage de délits religieux furent traités par les tribunaux[172]. Il n'y a rien d'étonnant à ce que les conflits entre les confessions aient aussi rejailli au niveau du droit durant le Kulturkampf des années 1870. Il est plus intéressant de constater que les plaintes pour blasphème recommencèrent à augmenter après 1890, alors que le « combat pour la civilisation » était terminé depuis plusieurs années. Dans l'esprit d'une stratégie de pacification sociale, les institutions juridiques se montrèrent disposées, aussi bien en Bavière qu'en Prusse, à attaquer les propos et les écrits anticatholiques, et à souligner ainsi leur importance pour l'ordre politique et moral. Les propos antiprotestants furent bien plus rarement poursuivis en justice, pour ne rien dire des offenses contre la confession juive, qui tombaient pourtant également en principe sous le coup de l'article 166[173]. Il n'y eut une petite évolution qu'à partir de 1896, en raison de l'intervention d'organisations juives : les accusations de meurtre rituel pouvaient à présent être considérées comme des attaques contre la religion juive. Toutefois, lorsque cela arrivait, cela provoquait un tollé public. Ainsi, en 1903, l'Église catholique critiqua violemment un procureur bavarois qui avait fait saisir, après la plainte d'un rabbin de Munich, une carte postale reproduisant une gravure du XVIIe siècle sur le prétendu meurtre rituel de Simon de Trente. D'un autre côté, la censure interdit des pièces philosémites sur la persécution historique des juifs, au motif que la représentation de la haine religieuse pouvait heurter les spectateurs chrétiens.

La censure des œuvres dramatiques qui traitaient de sujets bibliques fut également guidée par de tels scrupules quant aux sensibilités offensées.

---

171. *Juristische Wochenschrift*, n° 20, 1891, p. 499.
172. Wilhelm Starke, *Verbrechen und Verbrecher...*, *op. cit.*, p. 160 *sqq.* ainsi que le tableau principal, colonne 11 ; Gary D. Stark, *Banned in Berlin...*, *op. cit.*, p. 154.
173. Sur ce qui suit, voir Gary D. Stark, *Banned in Berlin...*, *op. cit.*, p. 164 *sqq.* Sur la question de savoir si l'insulte de Luther doit être considérée comme un blasphème, voir *Juristische Wochenschrift*, n° 13, 1884, p. 24.

En 1897, cela concerna Hermann Sudermann, l'un des dramaturges les plus populaires de l'époque, qui avait pris pour objet le récit biblique autour de Jean le Baptiste[174]. Le futur prix Nobel Paul Heyse fut touché plus durement encore lorsque sa pièce *Maria von Magdala* fut interdite en 1902 par la censure berlinoise. Le drame mettait en scène Marie de Magdala, vénérée tant par Judas Iscariote que par le romain Flavius, mais qui vouait de son côté une adoration mystique au Messie. Le chef de la police de Berlin justifia l'interdiction de la pièce par le fait qu'elle était susceptible « de blesser le sentiment religieux de la population chrétienne, car la crucifixion du Christ y dépend[ait] de la décision d'une femme galante[175] ». La procédure judiciaire qui s'ensuivit dut examiner la question de savoir si une représentation pouvait heurter les sentiments du public. La première instance ne se contenta pas de répondre par la négative, elle vanta la pièce de Heyse comme une exaltation du récit de la Passion. En appel, le tribunal administratif supérieur jugea que le récit des souffrances du Christ n'était pas seulement encombré d'inventions poétiques, mais aussi « étroitement associé aux instincts humains les plus bas et les plus condamnables ». En conséquence, la pièce devait être considérée « comme une attaque contre la religion chrétienne[176] ».

L'affaire Heyse conforta le Goethe-Bund, fondé en 1900 par des artistes et des intellectuels, dans sa lutte contre la censure du théâtre. La pièce particulièrement encombrante de Heyse bénéficia aussi de l'interdiction publique. Aussitôt après l'« étrange » décision, l'éditeur Cotta exprima l'espoir que cela contribuerait à « vivifier véritablement [...] les ventes de l'édition[177] ». De fait, les ventes de l'ouvrage augmentèrent et les lectures scéniques furent fréquentes bien au-delà de la Prusse. Au bout de quelques mois seulement, l'écrivain Heinrich Hart se moquait des griffes émoussées d'une censure impuissante, incapable de mordre – contrairement à la Sainte Inquisition autrefois – et qui ne pouvait plus que grogner[178].

L'affaire Panizza

En octobre 1894 parut à Zurich un livre qui allait se trouver au centre du plus grand scandale littéraire des années 1890 : *Le concile d'amour*,

---

174. *Ibid.*, p. 175 *sq.* ; Hans H. Houben, *Verbotene Literatur...*, *op. cit.*, p. 581 *sqq.*
175. Andreas Pöllinger, *Der Zensurprozess um Paul Heyses Drama „Maria von Magdala" (1901-1903). Ein Beispiel für die Theaterzensur im Wilhelminischen Preussen*, Francfort-sur-le-Main, P. Lang, 1989, p. 50 ; Gary D. Stark, *Banned in Berlin...*, *op. cit.*, p. 177 *sqq.*
176. Andreas Pöllinger, *Der Zensurprozess...*, *op. cit.*, p. 55 *sqq.*, documentation p. 196 *sqq.*, en particulier p. 204 et 208.
177. *Ibid.*, p. 150.
178. *Ibid.*, p. 150 *sq.*

de l'écrivain et médecin Oskar Panizza[179]. En Allemagne, l'œuvre, à peine parue, fut immédiatement saisie par le procureur de Munich, après avoir fait l'objet d'une critique positive dans un journal social-démocrate. Du fait qu'aucun exemplaire, ou presque, n'avait encore été vendu, le ministère public eut du mal à trouver une personne dont les sentiments religieux avaient été blessés par la lecture de Panizza. En conséquence, le procureur, le baron von Sartor, fit parvenir à Leipzig une demande d'assistance administrative : on demandait « la désignation immédiate d'un fonctionnaire de police pouvant être entendu comme témoin dans l'affaire susmentionnée ». À la suite de cela, un policier du nom de Müller se manifesta depuis la Saxe, remarquant « le plus humblement [...] avoir été choqué par l'imprimé de Panizza ». Müller avait signé la lettre « *i. A.* », c'est-à-dire « sur ordre » (*im Auftrag*), ce qui n'est peut-être pas loin de la vérité[180]. Ainsi, le plus grand procès pour blasphème de l'Empire pouvait suivre son cours. L'acte d'accusation reprochait à Panizza d'avoir blasphémé contre Dieu à plus de 90 reprises et d'avoir ainsi blessé les sentiments religieux de ses semblables.

Sans aucun doute, *Le concile d'amour* frappait fort – en 1965 encore, le président conservateur du Comité général des étudiants munichois, Kurt Faltlhauser, interdit la lecture scénique de la pièce dans l'enceinte de l'université. Elle fut alors déplacée dans le quartier voisin de Schwabing[181]. La pièce se déroule au paradis et en enfer. Sur la scène figurent non seulement le diable mais aussi un Dieu sénile et apathique, sur un trône branlant, un Jésus faible et une Marie lascive – cette dernière comme une « gourgandine coquette et impudique, liée à Lucifer par une relation intime », observa en 1895 le procureur indigné[182]. Le spectacle traite de la découverte de la syphilis en 1495. Écœuré par les excès du pape Borgia Alexandre VI, Dieu négocie avec le diable pour qu'il trouve un châtiment terrible contre la débauche sexuelle, qui ne compromette pas la capacité de rédemption des hommes – la syphilis est née. Panizza, influencé par le piétisme, avait déjà attaqué l'Église catholique dans ses œuvres antérieures, notamment dans la satire *L'immaculée conception des papes* (1893), camouflée comme une traduction de l'espagnol. Karl Kraus l'avait alors décrit comme l'un des « plus aventureux coqs de combat » du domaine littéraire allemand[183]. *Le concile d'amour* se plaçait dans la tradition de nombre

---

179. La référence principale est Michael Bauer, *Oskar Panizza. Ein literarisches Porträt*, Munich, C. Hanser, 1984 ; Gary D. Stark, *Banned in Berlin...*, *op. cit.*, p. 157 sqq.
180. Michael Bauer, *Oskar Panizza...*, *op. cit.*, p. 154.
181. Stefan Hemler, « Protest-Inszenierungen. Die 68-er Bewegung und das Theater in München », *in* : Hans-Michael Körner et Jürgen Schläder (dir.), *Münchner Theatergeschichtliches Symposium 2000*, Munich, Utz, 2000, p. 276-318, ici p. 293 sq.
182. Michael Bauer, *Oskar Panizza...*, *op. cit.*, p. 152.
183. *Ibid.*, p. 16.

d'œuvres plus anciennes qui mettaient en scène les habitants des cieux comme *dramatis personae*, au premier rang desquelles le *Faust* de Goethe ; il n'en demeurait pas moins une violente provocation pour ceux qui se revendiquaient de la religion chrétienne, en particulier de la foi catholique. Cela n'empêcha pas Theodor Fontane de juger qu'il s'agissait d'un «livre très important», tandis que Thomas Mann défendait «d'un point de vue artistique» la condamnation de Panizza et certifiait que l'ouvrage – qu'il n'avait sans doute pas lu – constituait une atteinte au bon goût[184].

Dans le procès d'assises munichois, le combat de l'écrivain était sans doute perdu d'avance. D'une part, le «coq de combat» refusa toute concession tactique, en reconnaissant ouvertement son athéisme et sa détermination à diffuser le livre également dans l'Empire. Il nia toute intention blasphématoire. Ses discours subtils sur l'histoire de la littérature ne trouvèrent aucun écho chez les jurés, tous recrutés plutôt dans les classes populaires[185]. L'opinion publique, mobilisée par le camp conservateur, était également contre lui. Les comptes rendus de presse à Munich et ailleurs décrivaient un homme pour qui rien n'était sacré, et qui voulait avec son livre «bafouer la religiosité de l'homme simple[186]». Le procureur von Sartor fit du procès une mise en accusation non du seul Panizza, mais de l'ensemble de la bohème artistique de Schwabing. «Je ne vous le demande pas», lança-t-il à l'intention des jurés dans son plaidoyer final, «j'exige de vous que vous montriez par un prompt jugement à messieurs les modernes que nous avons encore des lois en Allemagne qui interdisent de traiter ainsi la religion et les sentiments les plus sacrés […][187]» Le résultat fut la condamnation la plus dure jamais prononcée contre un écrivain dans l'Empire – un an d'isolement carcéral, que Panizza dut purger entièrement à Amberg. Radicalisé par la prison, mais aussi éprouvé psychiquement, il émigra ensuite en Suisse, fut expulsé vers la France en 1898, puis – appauvri et complètement isolé – définitivement mis sous tutelle à l'instigation de sa famille en 1904. Il passa les seize dernières années de sa vie dans un asile.

Cette sévère condamnation arriva au cœur d'un vif débat sur la liberté de création et d'opinion. Une proposition de loi, présentée devant le Reichstag en décembre 1884, était discutée publiquement. Cette loi contre les menées subversives (*Umsturzvorlage*) émanait d'un gouvernement berlinois qui craignait une montée de la violence anarchiste[188]. Le parti catholique du Zentrum tenta de l'utiliser pour obtenir une

---

184. *Ibid.*, p. 20 *sq.*
185. *Ibid.*, p. 153.
186. *Ibid.*, p. 157.
187. *Ibid.*, p. 155.
188. Gary D. Stark, *Banned in Berlin…, op. cit.*, p. 168 *sqq.*

extension de l'article 166. Il plaida pour une protection de tous les fondements moraux de l'État et de la société dans lesquels entraient, outre la monarchie, le mariage, la famille, la propriété et la religion. Dans cette perspective, anarchisme et révolution n'étaient que les symptômes d'une crise morale plus profonde de tout le «sécularisme». Il ressort très clairement des débats au Reichstag que les ultra-conservateurs religieux voulaient aussi sanctionner les attaques savantes contre les dogmes religieux. À l'avenir, même une kyrielle de notes de bas de page ne devaient plus protéger les professeurs d'une condamnation pour atteinte publique au christianisme ou pour incroyance.

Alors qu'en France les violentes attaques anticléricales inauguraient la dernière étape sur la voie d'une séparation entre l'Église et l'État, l'Allemagne semblait à la même époque effectuer un retour vers l'Ancien Régime qui alarma l'opinion publique libérale, en particulier protestante. Les journalistes mirent en garde contre une «cléricalisation» de l'article 166, contre une persécution brutale à la manière de l'Inquisition ou contre une nouvelle Contre-Réforme. Au paroxysme du débat, la condamnation de Panizza sonna comme un avertissement. Dans un écrit de défense de l'auteur, le jeune Theodor Lessing vit se lever un État policier. Les initiateurs de la loi contre les menées subversives, notamment le chancelier Hohenlohe, pensèrent aussi que leur intention initiale avait été pervertie. Ainsi, lors de sa deuxième lecture au Reichstag, la loi élargie dut faire face à une large phalange d'adversaires et elle fut repoussée le 11 mai 1895 – moins de deux semaines après la condamnation de Panizza à Munich.

D'autres affaires de la même époque montrent à quel point l'utilisation juridique et journalistique de l'accusation de blasphème constituait un exercice à l'issue incertaine. Ainsi, le procès dit de Tolstoï à Leipzig, en 1902, secoua notamment l'opinion de culture protestante[189]. Il fit suite à la plainte d'un auxiliaire de justice catholique d'Oberlahnstein contre les éditeurs allemands d'un pamphlet de l'écrivain Léon Tolstoï contre les dogmes de l'Église russe orthodoxe de son pays. Le tribunal ne constata aucune injure à la religion chrétienne, attesta le grand sérieux moral de l'auteur et relaxa les accusés. Les grandes figures du camp culturel protestant saluèrent le jugement et plaidèrent pour la retenue dans l'usage de la législation sur le blasphème. L'article 166 pouvait même, selon eux,

---

189. Sur le procès de Tolstoï, voir Edith Hanke, «„Wo ist der Ausweg?" – Die Tolstoi-Gesamtausgabe im Eugen Diederichs Verlag», *in*: Justus H. Ulbricht et Meike G. Werner (dir.), *Romantik, Revolution und Reform*, Göttingen, Wallstein Verlag, 1999, p. 135-155, ici p. 146 *sqq.*; Egon Johan De Roo, *Godslastering. Rechtsvergelijkende studie over blasfemie en andere religiedelicten*, Deventer, Kluwer, 1970, p. 60 *sqq.* Voir par ailleurs mon billet de blog «Der Leipziger Tolstoi-Prozess 1901», *Kliotop*, 28 juin 2020, disponible en ligne sur https://kliotop.hypotheses.org/203 [consulté le 05/08/2020].

constituer un danger réel pour l'Église. Celle-ci devait en effet mener le combat contre ses détracteurs principalement avec des armes spirituelles et en aucun cas donner l'impression qu'elle faisait de la justice étatique son sbire contre les sceptiques. Les catholiques, des rangs desquels émanait la plainte, étaient moqués : « Le Moyen Âge est irrémédiablement terminé ; vous ne pouvez pas le faire renaître[190]. »

En 1904, l'écrivain bavarois Ludwig Thoma eut moins de succès lorsqu'il chercha à se défendre de l'accusation de blasphème en lien avec ses articles parus dans le journal satirique *Simplicissimus*. Dans un « sermon de carême », il avait comparé le pouvoir politique du Zentrum avec « le règne des curés avant la Réforme ». Le numéro du journal fut saisi mais une plainte au titre de l'article 166 fut rapidement écartée par le tribunal et la mesure de censure fut levée. Il en alla autrement, peu après, d'un article qui tonnait avec des mots puissants contre l'hypocrisie des religieux protestants, qui avaient fait la promotion des organisations de défense des mœurs. Thoma leur reprocha d'arroser la sphère publique de leurs « fumiers bibliques ». Cette formule, qui était pourtant loin de constituer l'invective la plus violente de son texte, fournit le motif de la plainte de l'Église évangélique de Prusse contre le poète. La défense de l'auteur, précisant qu'il ne visait en aucun cas le contenu de la Bible mais bien ce qu'y lisaient les « apôtres de la moralité », ne fut d'aucune aide et il fut condamné à une peine d'emprisonnement de six semaines à Stadelheim[191].

Dans l'ensemble on peut observer, à travers les accusations fondées sur l'article 166, les fluctuations de la conjoncture entre libéralisme et répression dans l'histoire de l'Empire wilhelminien. D'un point de vue général, de nombreux éléments sont en faveur du jugement émis *a posteriori* par Victor Klemperer sur l'« Ancien Régime » sous Guillaume II : il régnait bien, sous le dernier des Hohenzollern, « une rigueur absolutiste et morale » ; « il y avait des procès occasionnels pour crime de lèse-majesté, blasphème ou atteinte aux bonnes mœurs ». Toutefois, les véritables maîtres de l'opinion publique étaient *Simplicissimus* et d'autres titres de presse, ainsi que le théâtre, qui critiquaient de façon acerbe l'ordre établi. La censure elle-même était si libérale que « les très rares atteintes à la liberté d'expression [faisaient] figure d'exception[192] ». Concernant le blasphème, il faut bien constater que toutes les accusations furent débattues dans la sphère médiatique de façon critique et polémique. Ainsi, en Allemagne

---

190. Voir le commentaire d'un théologien (Georg Liebster) dans *Die Christliche Welt*, t. XVI, n° 31, 1902, p. 731 *sqq.*, citation p. 733 ; ainsi que « Thesen zum Leipziger Tolstoiprozeß », *ibid.*, n° 40, p. 947 *sq.*
191. Gary D. Stark, *Banned in Berlin...*, op. cit., p. 161 ; Dieter Breuer, *Geschichte der literarischen Zensur...*, op. cit., p. 204 *sqq.*
192. Victor Klemperer, *LTI. La langue du IIIe Reich*, traduit et édité par Élisabeth Guillot, Paris, Albin Michel, 1996.

aussi, le blasphème devint potentiellement douteux, au sens littéral du terme, et apparut de plus en plus comme un prétexte à la répression politique et à un moralisme discutable.

Allemagne II : des sentiments sacrés à Weimar

La Constitution weimarienne de 1919 avait ancré dans le droit la liberté d'expression, aboli la censure (§ 118) et proclamé la liberté de l'art et de la science (§ 142). Ainsi, la Première République allemande s'était dotée d'un régime constitutionnel et juridique libéral. Pourtant, dès ses débuts, elle fut menacée par le positionnement antilibéral d'une majorité de juges qui refusaient l'ordre nouveau, comme d'autres membres de l'élite dirigeante. Le résultat fut une « corruption par l'attitude politique des juges d'un ordre juridique formellement intact ». La résistance à cette tendance de la part d'une minorité de juristes organisés au sein de l'Union républicaine des juges resta souvent vaine[193]. Dans l'arsenal des ennemis de la République, l'article 166 toujours en vigueur constituait une arme utile, de même que les dispositions contre l'attentat à la pudeur (§ 184), l'homosexualité (§ 175) ou l'interdiction de l'avortement (§ 218). La justice aspirait, avec leur aide et l'appui du « bon sens populaire », à réglementer la vie des citoyens, et en particulier à discipliner le milieu des artistes. Comme sous l'Empire, il était aussi possible d'associer les accusations les plus opportunes. Ainsi, en 1925, l'écrivain communiste Johannes R. Becher ne fut pas accusé seulement de blasphème, mais aussi de menées antinationales et de haute trahison[194]. En 1930, le député du Zentrum Joseph Joos imputa les appels à l'abolition de l'article 166 – ainsi que ceux à la séparation de l'Église et de l'État, au droit à la crémation, à la facilitation du retrait de l'Église et à la réforme de la loi sur le divorce – aux exigences d'un « bolchevisme culturel » qui avait pour objectif « la décomposition et la dissolution d'une tradition morale profondément ancrée dans le mariage et la famille, l'État et l'Église[195] ».

Il est difficile d'estimer, sur la base de statistiques abstraites, l'importance de l'aspect « politique » de la justice en matière de blasphème sous la république de Weimar. Le nombre de plaintes était d'environ 200 au début des années 1920 et augmenta jusqu'à atteindre plus de 450 en

---

193. Klaus Petersen, *Literatur und Justiz in der Weimarer Republik*, Stuttgart, J. B. Metzler, 1988, p. 30 ; Dieter Breuer, *Geschichte der literarischen Zensur...*, *op. cit.*, p. 219 *sqq*.
194. Voir le petit corpus documentaire édité par Ludwig Geisenberg, *Der literarische Hochverrat von Joh. R. Becher*, Berlin, Mopr Verlag, 1928, disponible en ligne sur https://portal.dnb.de/bookviewer/view/1016480601#page/n0/mode/1up [consulté le 05/08/2020].
195. Klaus Petersen, *Literatur und Justiz...*, *op. cit.*, p. 171 et 98.

1925, pour diminuer ensuite à nouveau. En 1927-1928, les délits religieux comptaient pour 0,06 et 0,04 % dans les statistiques criminelles[196]. L'affirmation d'un pamphlet communiste de 1930, selon laquelle « près de 95 % des accusés » étaient « des prolétaires libres penseurs organisés[197] » était peut-être exagérée par un parti pris idéologique, et donc douteuse. Toutefois, les nombreux exemples tirés du quotidien et évoqués dans le texte sont instructifs. Une plainte en ce sens pouvait viser le rédacteur d'un journal qui avait assorti l'image d'une procession de la légende « une statue en bois pourrait davantage que tous les médecins ». Des amendes ou des peines de prison pouvaient frapper les auteurs qui avaient qualifié l'Église d'« institution abêtissante » et appelaient au retrait[198]. La description de Jésus-Christ comme un « criminel d'État » coûtait un mois de prison. L'évêché (et non l'ecclésiastique concerné) porta plainte contre le rédacteur de l'*Arbeiterzeitung* de Mannheim, qui avait qualifié de diffamation les propos du curé selon lesquels Lénine était juif. Le tribunal tint certes les affirmations du religieux pour difficilement démontrables mais n'en condamna pas moins le journaliste à une amende, parce que ces déclarations entraient dans un cadre pastoral et étaient donc protégées par la loi. Un invalide, qui faisait campagne contre les « curés de guerre » et reprochait aux ecclésiastiques de « blasphémer contre leur propre Dieu », fut également visé par une plainte sur la base de l'article 166. Selon l'acte d'accusation, il avait « porté atteinte à l'honneur et à la sacralité de Dieu ». L'injure à l'ensemble du clergé était une généralisation inadmissible, qui faisait offense au sentiment religieux. « L'effet » produit « par l'image sur les fidèles convaincus de l'Église » était décisif. Ainsi, il n'y eut rien d'étonnant à l'interdiction à titre préventif des rassemblements des libres penseurs en Bavière, sur la base de la législation sur la protection des religions.

Les procédures contre les gens de lettres et les artistes étaient plus spectaculaires. Le coup d'envoi fut donné dans les années 1920 par le scandale autour de la pièce *Die schlimme Botschaft* (« La mauvaise nouvelle ») de Carl Einstein[199]. Avec sa réécriture de la passion du Christ, Einstein formulait une critique facilement identifiable de la société bourgeoise de son époque. L'œuvre reçut d'abord peu d'écho, mais après une

---

196. Peter Maslowski, *Gotteslästerung. Religion und Strafrecht: zu den Religionsdelikten (§ 181-183) im Entwurf zum neuen Strafgesetzbuch*, Berlin, Mopr Verlag, 1930, p. 16 ; Kaiserlichen statistischen Amt (éd.), *Kriminalstatistik für das Jahr 1928*, Berlin, P. Schmidt (Statistik des Deutschen Reichs N.F. ; 384), 1931, p. 8.
197. Peter Maslowski, *Gotteslästerung...*, op. cit., p. 17 et suivantes pour les exemples présentés ici.
198. L'appartenance à une confession devait être déclarée et entraînait notamment une obligation fiscale. Le « retrait » consistait ainsi à se faire rayer des membres d'une confession donnée (*N.d.T.*).
199. Dieter Breuer, *Geschichte der literarischen Zensur...*, op. cit., p. 222 *sqq*.

campagne de la presse conservatrice une plainte fut déposée contre le poète et son éditeur Ernst Rowohlt. Les deux plaignants, un industriel de Reutlingen et le surintendant de Nordhausen, s'étaient rencontrés par le biais d'une annonce dans le *Kreuzzeitung*. En dépit de l'intercession de nombreux experts éminents, notamment Thomas Mann et le théologien Paul Tillich, qui soulignèrent la qualité littéraire de l'œuvre, le tribunal de Berlin condamna les deux accusés à de lourdes amendes: même s'il s'agissait d'une œuvre d'art sérieuse, son contenu pouvait être en infraction avec l'article 166. En 1928, l'affrontement juridique autour de la comédie *Ehen werden im Himmel geschlossen* («C'est au ciel que se concluent les mariages»), de Walter Hasenclever, tourna davantage en faveur de l'artiste concerné. Celui-ci avait fait le portrait d'un bon Dieu âgé et fatigué, qui voulait abdiquer selon l'exemple de l'empereur Guillaume. À Berlin, Francfort et Weimar, la pièce donna lieu à des désordres et à des accusations de blasphème, qui furent toutefois rejetées par les tribunaux. Dans le *Weltbühne*, le dramaturge remercia ironiquement son Créateur pour la grâce de sa naissance tardive, qui lui avait épargné le douloureux interrogatoire de l'Inquisition, auquel il n'aurait pu échapper auparavant pour sa «personnification» du divin[200].

Le Christ au masque à gaz

Le plus grand scandale public lié au blasphème était encore à venir pour la république de Weimar. Le procès, qui dura de 1928 à 1931, contre l'artiste George Grosz et son éditeur Wieland Herzfelde peut être considéré comme «le plus spectaculaire, à ce jour, contre un artiste dans l'époque contemporaine[201]». Grosz, avant-gardiste et militant politique, s'était déjà attiré des procédures judiciaires pour offense à l'armée ou diffusion d'écrits impudiques. Les objets de la nouvelle plainte furent quelques planches d'un portfolio intitulé *Hintergrund* («Arrière-plan»), publié par les éditions Malik de Herzfelde. À l'origine, Grosz avait réalisé les images pour les décors d'une mise en scène du roman *Le brave soldat Chvéïk*, de Jaroslav Hašek, au théâtre d'Erwin Piscator. En avril 1928, tous les exemplaires disponibles de trois des planches du portfolio furent saisis sur ordre du

---

200. Dieter Breuer, *Geschichte der literarischen Zensur…*, op. cit., p. 225 sq.
201. Rosa von der Schulenburg, «Was will, kann und darf Satire? Der Gotteslästerungs-Prozess gegen George Grosz», *in*: Sandra Frimmel et Mara Traumane (dir.), *Kunst vor Gericht. Ästhetische Debatten im Gerichtssaal*, Berlin, Matthes & Seitz, 2018, p. 249-265, p. 249. Sur ce qui suit, voir aussi Wolfgang Hütt (éd.), *Hintergrund…*, op. cit., p. 60-67 et 230-266 (documents); Rosa[munde] Neugebauer [= von der Schulenburg], *George Grosz. Macht und Ohnmacht satirischer Kunst*, Berlin, G. Mann, 1993.

procureur général du tribunal du district de Charlottenbourg, qui inculpa l'artiste un mois plus tard sur la base de l'article 166 du Code pénal.

Lors du procès, les débats se concentrèrent pour l'essentiel sur l'une des trois images incriminées, généralement appelée «Le Christ au masque à gaz». Le dessin montre le Crucifié avec ses attributs traditionnels (plaies, pagne, auréole, inscription INRI), des bottes militaires aux pieds et un masque à gaz sur le visage, et «armé» d'une petite croix dans la main gauche. L'œuvre porte la légende: «Ferme-la et continue de servir»[202]. En décembre 1928, le tribunal de Berlin-Charlottenbourg condamna les deux accusés, en raison de ce dessin, à 2 000 marks d'amende chacun. Par ailleurs, le jugement stipulait que les plaques d'impression devaient être mises hors d'usage. Un procès en appel devant la 2ᵉ chambre correctionnelle du tribunal de grande instance de Berlin-Moabit, sous la présidence d'un juge considéré comme très conservateur, Julius Siegert, se termina de façon inattendue en avril 1929 par une relaxe, contre laquelle le ministère public se pourvut en cassation – avec succès, car la 2ᵉ chambre correctionnelle du tribunal impérial de Leipzig annula la relaxe et renvoya l'affaire devant l'instance précédente. Après de longs atermoiements, elle fut à nouveau traitée par la chambre correctionnelle du juge Siegert, qui avait auparavant tenté, en vain, de se récuser. Cette fois, en raison du grand nombre d'experts prévus, les débats s'étendirent sur deux jours – dans la presse, on parla avec une moquerie mêlée de respect du «concile de Moabit[203]». L'issue fut, une fois encore, la relaxe. Le dernier mot revint finalement au tribunal impérial de Leipzig lors d'une deuxième audience en révision. Il confirma certes formellement la relaxe mais en limita la portée en ordonnant la saisie de tous les exemplaires disponibles du «Christ au masque à gaz» et la destruction des plaques d'impression (qui n'eut finalement pas lieu)[204].

Ce résumé du processus judiciaire ne donne qu'une idée insuffisante de la violence de la controverse dans la sphère publique politique, de l'énorme écho rencontré dans la presse, avec des centaines d'articles non seulement dans les journaux allemands, mais aussi dans les titres internationaux, et des prises de position d'organisations et de personnalités. Durant le seul mois d'avril 1929, après la première relaxe, six représentants

---

202. Rosa Neugebauer, *George Grosz...*, op. cit., p. 137 et 265, fig. 65. Sur la chronologie des événements, p. 148 *sqq*. Voir aussi mon billet de blog: «Achtung, heilige Gefühle! Ludwig Marcuse zu Grosz' „Christus mit der Gasmaske" (1930)», *Kliotop*, 19 juillet 2020, disponible en ligne sur https://kliotop.hypotheses.org/260 [consulté le 05/08/2020] avec un lien vers l'image.
203. Wolfgang Hütt (éd.), *Hintergrund...*, op. cit., p. 246.
204. Sur le «procès des libres penseurs» comme prolongement de la controverse juridique autour du «Christ au masque à gaz», voir Peter Maslowski, *Gotteslästerung...*, op. cit.; Wolfgang Hütt (éd.), *Hintergrund...*, op. cit., p. 67 *sqq*. et 263 *sqq*.; Rosa Neugebauer, *George Grosz...*, op. cit., p. 171 *sqq*.

de divers partis prirent la parole au Parlement de Prusse durant six journées différentes. La longueur de la procédure joua un rôle non négligeable en alimentant sans cesse le débat public. Le procès de Grosz et Herzfelde pour blasphème eut une importance paradigmatique dans la culture politique de la fin de la république de Weimar. Naturellement, on peut trouver ici aussi de nombreux indices prouvant la pratique répressive de la justice et les tendances explosives au sein de la sphère publique à Weimar. Dans l'ensemble, pourtant, si l'on tient compte du large éventail des opinions et en particulier des relaxes effectives, l'image s'avère très différente. Moritz Goldstein estima en décembre 1930 dans le *Vossischen Zeitung* que l'événement était le signe qu'au cœur d'une époque bouillonnante des êtres courageux avaient préparé un avenir meilleur[205] – une vision hélas bien trop optimiste au regard de la suite de l'histoire.

L'une des questions au cœur de la procédure elle-même était de savoir si l'image pouvait constituer un blasphème. La réponse avait été négative lors de la première relaxe, mais en février 1930 le tribunal impérial considéra qu'il s'agissait d'une conception erronée du droit. Il jugea que les « expressions » visées par la législation pouvaient être exprimées par la parole et par l'écrit, mais aussi par l'image. On pouvait bien « porter atteinte à l'honneur et à la sacralité de Dieu par des représentations visuelles insultantes, une image [pouvait] précisément, par son caractère on ne peut plus explicite, s'avérer particulièrement choquante[206] ».

Toutefois, du point de vue des contemporains, la discussion autour des intentions de l'artiste et des effets potentiels de son œuvre était plus pertinente. À plusieurs reprises, Grosz témoigna devant la justice de ses motivations et de ses objectifs. Son Christ devait être compris, selon lui, comme « une prise de position contre les représentants belliqueux de l'Église ». « Je ne peux que m'opposer avec détermination à l'idée que je bafouerais le Christ en le montrant avec un masque à gaz. Je ne fais que montrer l'affreuse brutalité d'une époque capable de tels actes. » Les anciens maîtres, selon Grosz, avaient représenté les souffrances du Christ de façon bien plus acérée, et tous auraient ainsi dû être jugés pour blasphème[207]. Il déclara par ailleurs que les mots sous l'image étaient adressés au Christ, qui, s'il était redescendu pour proclamer l'Évangile pendant la guerre, n'aurait reçu en écho qu'un cri terrible : « Ferme-la et continue de servir ! » Il n'avait ainsi voulu viser que certains excès, ou certains représentants de la foi chrétienne, et non la religion dans son ensemble.

Dans son premier jugement, le tribunal de Berlin-Charlottenbourg laissa transparaître sa défiance quant à la noblesse des motivations de

---

205. Rosa Neugebauer, *George Grosz...*, *op. cit.*, p. 168 sq.
206. Rosa von der Schulenburg, « Was will, kann und darf Satire?... », *op. cit.*, p. 258.
207. Rosa Neugebauer, *George Grosz...*, *op. cit.*, p. 154 sq.

l'artiste. Après une exégèse de l'image aussi détaillée que douteuse, il estima que l'illustration donnait plutôt l'impression au spectateur que c'était le Christ qui criait à l'humanité les mots figurant sous l'image. En conséquence, le tribunal décrypta le sens de l'ensemble de l'œuvre (donc tout le portfolio *Hintergrund*) comme illustrant l'« échec du christianisme » provoqué par la guerre – et ainsi les juges considérèrent que les éléments constitutifs de l'article 166 étaient réunis. Les considérations plus générales sur l'essence et les limites possibles de la satire furent expressément rejetées par le tribunal[208]. Une majorité des témoins experts voyait les choses autrement. Ainsi le « protecteur des arts », Edwin Redslob, le plus haut responsable culturel de la République, souligna qu'il ne voyait dans l'image « aucun blasphème, bien plutôt un choc provoqué par des motivations éthiques ». Il s'agissait selon lui d'une actualisation du christianisme, une façon de donner « une nouvelle vie au sacrifice du Christ ». D'autres se montrèrent plus incisifs encore, comme le pasteur protestant August Bleiler qui estima qu'une révolte contre la guerre, en tant que péché, était justifiée même avec des moyens offensants, le journaliste catholique de gauche Walter Dirks, qui dénonça vivement les « hérétiques militaristes », et Hans Albrecht, représentant de la communauté des quakers[209].

Au cours des différentes procédures judiciaires, deux critères de jugement très différents se cristallisèrent de plus en plus. Sous la présidence de Julius Siegert, les lignes directrices furent les intentions éthiques de l'accusé et la complexité de son programme iconographique. Si une méprise était naturellement possible, elle ne pouvait constituer le fondement d'un jugement. À l'inverse, dans son mémoire en cassation, le ministère public tenait pour déterminant « le sentiment moyen de l'ensemble de la population ». De même, le tribunal impérial prit pour critère « l'humble sentiment des hommes simples et religieux[210] ».

Quant à savoir ce que ressentaient ces « hommes simples », pour la droite, cela ne faisait pas de doute. Dans les débats du parlement régional, des députés ultra-conservateurs comme Rohr (Parti populaire national allemand) qualifièrent la relaxe d'« offense sans limites à tous les êtres de sentiment chrétien en Allemagne » et furent prompts à faire le lien avec la haute trahison. De même, le député national-conservateur Ponfick vit dans le jugement « le signe d'une époque malade » et mit en garde contre un soulèvement révolutionnaire[211]. Il était révélateur que les sentiments de l'homme ordinaire ne soient pas traités comme l'affaire d'un groupe (même très large), mais confondus avec les nécessités fonctionnelles supposées de

---

208. Wolfgang Hütt (éd.), *Hintergrund...*, *op. cit.*, p. 233, 235.
209. Rosa Neugebauer, *George Grosz...*, *op. cit.*, p. 158, 165.
210. *Ibid.*, p. 156.
211. Wolfgang Hütt (éd.), *Hintergrund...*, *op. cit.*, p. 236 sq.

l'État. En miroir – et de façon tout à fait pertinente –, on attribuait à la critique de Grosz une dimension politique. Ainsi, en tant qu'expert, le professeur de théologie de Breslau Friedrich Wagner déclara, sur le sujet des sentiments offensés «des» chrétiens, que Jésus était «ici rendu objectivement ridicule et ravalé au niveau d'un moyen de propagande contre la guerre». Dans le même rôle, le pasteur protestant et futur professeur Helmuth Schreiner désigna le portfolio comme un ouvrage anarchiste tournant en dérision tout ce qui avait trait à l'ordre et à l'autorité, et nuisant ainsi à la communauté du peuple. Certains juges furent du même avis. Ainsi, le défenseur de Grosz se rappela plus tard qu'un juge au tribunal régional, Tölke, considérait la guerre comme une sorte de baptême du feu – dans une telle perspective, toute critique devenait effectivement blasphématoire[212].

La guerre comme blasphème

D'un autre côté, le débat médiatique contribua à historiciser, à relativiser et ainsi à remettre fondamentalement en question la notion et le délit de blasphème. Le député Theodor Bohner, du Parti démocrate, président de l'Association de protection des écrivains allemands, rappela que l'homme ordinaire côtoyait autrefois le sacré non seulement dans la peur et le respect, mais aussi par la «plaisanterie familière». Cela montrait la vivacité du sentiment religieux – peut-être avait-il lu *L'automne du Moyen Âge*, de Johan Huizinga, où figuraient des réflexions semblables. Le dessin de Grosz portait les traits d'une forme de satire «telle qu'elle était pratiquée par tout le peuple allemand à l'époque de la Réforme[213]». Le théologien et pédagogue protestant Walter Nithack-Stahn écrivit de même dans le *Berliner Tageblatt* du 14 novembre 1928: «Tous les grands prophètes, réformateurs, en un mot tous les innovateurs en religion n'ont-ils pas été accusés de blasphème, frappés d'anathème, crucifiés et brûlés[214]?» En août 1930, le *Berliner Tageblatt* renvoyait par ailleurs au pasteur suisse Bolliger, qui avait appelé les chrétiens aux armes en pleine guerre, en 1915 – en se réclamant du devoir d'amour! Il avait alors fait surgir l'image de Jésus derrière une mitrailleuse – n'était-ce pas pire qu'un Christ au masque à gaz[215]?

D'autres voix argumentèrent davantage d'un point de vue subjectif, pour expliciter le caractère problématique de l'accusation de blasphème.

---

212. Rosa Neugebauer, *George Grosz…, op. cit.*, p. 155, 164; Wolfgang Hütt (éd.), *Hintergrund…, op. cit.*, p. 250.
213. *Ibid.*, p. 236.
214. Rosa Neugebauer, *George Grosz…, op. cit.*, p. 166.
215. Wolfgang Hütt (éd.), *Hintergrund…, op. cit.*, p. 242.

Dans une cinglante attaque journalistique contre « la chrétienté de guerre proprette, dévote et guillerette », Walter Dirks affirma sans détour que le blasphème était là où la chrétienté était mise au service de l'État et de la nation[216]. Ce fut le quaker Albrecht, expert devant le tribunal, qui opéra avec le plus de force le renversement complet de l'accusation de blasphème : « C'est la guerre qui blesse le plus profondément mon sentiment religieux. Comment le protège-t-on ? La guerre elle-même est pour moi un blasphème. » Son exégèse l'entraîna rapidement vers un prêche antimilitariste dans le prétoire. Il n'y avait pour lui, dans l'idée de l'image, aucune trace de blasphème. Elle exprimait bien plutôt l'inverse : une terrible accusation de Dieu contre les actes blasphématoires des hommes[217]. La caricature la plus percutante de la situation fut publiée en décembre 1928 par Rudolf Schlichter, artiste de la même génération que Grosz, qui partageait ses idées. On y voyait Dieu le Père lui-même comparaître devant le tribunal où, selon la légende, un juge sévère lui faisait la leçon : « Si le témoin affirme qu'il ne se sent pas insulté, c'est qu'il est si visiblement dépourvu de sentiment religieux que ses déclarations n'ont plus aucune valeur[218] ! »

Dans le camp conservateur, au contraire, on déplora que les sentiments religieux puissent être offensés en toute impunité, tandis que les menées antirépublicaines étaient sévèrement poursuivies. Il fallait faire preuve des plus grands égards pour les idées politiques différentes, tant que celles-ci étaient « recouvertes uniquement du drapeau noir-rouge-or », se lamenta le journal ultra-conservateur *Kreuzzeitung* à propos de ce qu'il percevait comme du politiquement correct. Ici, comme durant d'autres débats, l'article 166 sur le blasphème fut comparé à la loi de protection de la République, qui sanctionnait les associations et les violences antirépublicaines, mais aussi l'exaltation de la violence et le dénigrement verbal. Ce qui valait pour la protection de l'État devait être appliqué également à la religion, telle était la conclusion explicite ou implicite. Le journal libéral *Vossische Zeitung* rejeta avec indignation une telle comparaison entre les « mauvaises habitudes de combat politique » et le grand art d'un George Grosz[219].

Sous le titre « Attention, sentiments sacrés », le philosophe et écrivain Ludwig Marcuse offrit le commentaire le plus lucide sur l'affaire, dans les colonnes du *Weltbühne*[220]. Il ne laissait aucun doute sur sa sympathie pour

---

216. Benedikt Brunner, « Das Blasphemieverbot in Deutschland – Zentrale Debatten im 20. Jahrhundert », *in*: Gérard Bökenkamp (dir.), *Meinungsfreiheit und Religion*, Berlin, Universum Kommunikation und Medien, 2013, p. 148 *sq.*
217. Wolfgang Hütt (éd.), *Hintergrund...*, *op. cit.*, p. 253, 255.
218. Rosa Neugebauer, *George Grosz...*, *op. cit.*, p. 264.
219. Wolfgang Hütt (éd.), *Hintergrund...*, *op. cit.*, p. 259, 261.
220. Ludwig Marcuse, « Achtung, heilige Gefühle! », *Die Weltbühne*, n° 26, 1930, p. 914-916.

Grosz et son travail, mais le problème était, selon lui, plus profond : même les meilleures intentions de l'artiste ne pouvaient éradiquer la possibilité que certaines personnes se sentent blessées dans leurs sentiments les plus sacrés. Ainsi, la question était la suivante : « Le citoyen peut-il seulement exiger le droit à la susceptibilité ? Peut-il raisonnablement exister quelque chose comme une protection étatique d'un sentiment quelconque ? Et [...] quels idées et sentiments faut-il, ou ne faut-il pas protéger ? » Naturellement, une large tolérance et l'acceptation d'autres points de vue étaient souhaitables. Mais les hommes et les groupes, justement, qui brandissaient en permanence la pancarte « Attention, sentiments sacrés ! » n'avaient qu'une empathie très fruste pour les sentiments sacrés de leurs voisins. Les pacifistes n'étaient-ils pas blessés par la guerre, et les athées « dans leurs sentiments impies les plus sacrés » lorsqu'il était fait appel à Dieu contre eux ? Et si l'Église se sentait offensée par le Christ au masque à gaz, Grosz n'avait-il pas le droit d'être choqué par la fabrication des gaz toxiques ? « Les privilèges de la susceptibilité doivent enfin cesser ! »

Tout le monde subissait chaque jour des offenses, par les actes ou même la simple existence des autres. « Ne pas offenser – c'est malheureusement impossible. Ne pas être offensé – c'est malheureusement impossible. Mais voilà ce qui, du moins, est possible : ne pas être susceptible. La tolérance ne peut signifier qu'une chose : discipline dans la réaction à l'offense. » Ainsi, il n'était pas juste de permettre à un groupe de limiter les propos des autres, en faisant de ses sentiments les plus sacrés (et des siens seulement !) un tabou, « pour tout sentiment particulier soutenu par le pouvoir ». « La tolérance signifie : ne pas profaner ses sentiments sacrés en les transformant en instrument de tutelle sur son prochain. On se prend à douter de la sacralité de sentiments qui s'expriment moins par une foi qui élève que par une haine contre les manifestations des non-croyants. »

Ces mots presque prophétiques, qui peuvent se lire presque comme un commentaire de la situation actuelle, ne sont pas seuls à montrer le caractère paradigmatique des procès pour blasphème de Weimar. Les camps ennemis s'y affrontèrent plus durement que jamais : d'un côté, les conservateurs religieux, qui mobilisèrent tout l'arsenal des arguments connus pour la protection de la religion car celle-ci constituait à leurs yeux le fondement de l'État ; de l'autre, les républicains convaincus, qui ne se contentèrent pas de faire ressortir les motivations honorables du dessinateur, mais défendirent aussi de façon offensive le droit à la critique artistique de la société, y compris par des moyens satiriques. Le débat mit en évidence la relativité du « blasphème ». Ainsi, pour certains chrétiens très croyants, celui-ci résidait non dans la représentation du Christ avec un masque à gaz, mais dans les attaques au gaz justifiées par la religion.

Pour la première fois se trouvait ainsi problématisé pour un large public le concept moderne, post-Lumières, du blasphème, avec des questions fondamentales – par exemple celle des « sentiments sacrés » – qui nous préoccupent aujourd'hui plus que jamais. *A posteriori*, on s'étonnera notamment du fait que, pour la première fois (et cela n'allait pas de soi !), la pierre d'achoppement ait été non un texte, mais une image. En ce sens, le cas de Grosz semble constituer une sorte de précédent national de l'affaire des caricatures de Mahomet, qui eut lieu près de soixante-quinze ans plus tard, dans un contexte international et interculturel tout à fait différent.

16. Avant 1989 : un combat désespéré contre l'esprit du temps ?

L'année 1968 incarne les puissants bouleversements socioculturels de la deuxième moitié du XXe siècle – symbole d'une culture jeune qui avait porté en étendard la contestation politique radicale et imposa de nouvelles normes culturelles avec des styles vestimentaires, musicaux et comportementaux inédits. *A posteriori*, la césure de 1968 apparaît comme l'indice d'un processus de transformation profond et de longue durée dans les sociétés occidentales, qui alla de pair avec la prospérité économique, l'augmentation de la consommation et l'ascension sociale. Dans ce contexte, les anciennes certitudes morales furent ébranlées, les mœurs sexuelles se relâchèrent et la religion fut de plus en plus sommée de se justifier ; une déchristianisation durable s'esquissa. Les structures ecclésiastiques, les interprétations religieuses et les valeurs morales chrétiennes furent soumises à une critique plus radicale que jamais. Un peu partout, des groupes religieux et des Églises tentèrent d'organiser le combat contre ces tendances, en pourfendant de grands ou de petits blasphèmes. Peut-être n'étaient-ils pas convaincus eux-mêmes de l'efficacité d'un tel combat. Le plus probable semblait plutôt la liquidation, à court ou à long terme, de la question du « blasphème ».

Situations juridiques

Dans le domaine du blasphème, le droit était à cette époque toujours aussi hétéroclite. Certains pays, en particulier la France qui avait une tradition séculière, ne disposaient d'aucune loi religieuse s'y rapportant. Aux États-Unis[221], des lois sur le blasphème existaient au niveau de certains États fédéraux, comme le Massachusetts, et leurs origines remontaient à l'époque coloniale. Les jurons et les imprécations profanatoires pouvaient, au quotidien, faire l'objet de peines légères. Mais le premier amendement

---

221. Leonard W. Levy, *Blasphemy...*, *op. cit.*, p. 401 *sqq.* et 507 *sqq.*

de la Constitution, avec son interdiction de toute restriction de la liberté d'expression, de la presse ou de réunion, constituait un puissant pare-feu contre les procédures pour blasphème. Les accusations d'immoralité et de déchéance des mœurs, formulées par des activistes chrétiens, se concentraient donc sur les représentations considérées comme obscènes ou pornographiques, affaires dans lesquelles les critères étaient aussi flous que, dans d'autres pays, ceux qui servaient à établir le blasphème[222].

Dans d'autres pays occidentaux, d'anciennes lois religieuses existaient toujours, parfois réformées, parfois même réintroduites – il est impossible d'identifier une tendance générale. Les Pays-Bas libéraux n'avaient plus aucune disposition pénale contre le blasphème depuis la mise en œuvre du Code pénal en 1810[223]. Cela évolua avec l'introduction en 1932 de l'article 147, qui faisait tomber sous le coup de la loi celui qui « offensait publiquement les sentiments religieux par des blasphèmes injurieux, oralement, par écrit ou par une image ». L'article s'inscrivait dans le contexte d'une violente agitation des groupes athées et communistes contre la religion chrétienne. Ainsi, les athées avaient placardé des affiches (« Dieu est le mal ! ») et les communistes avaient fait campagne pour l'abolition de la fête de Noël. L'apogée en fut une caricature sur laquelle deux ouvriers abattaient leur hache contre la croix du Christ. Le ministre de la Justice démocrate-chrétien, Jan Donner, réagit à cette provocation par l'introduction du nouvel article sur le blasphème.

La situation de l'Europe centrale germanophone était similaire. Selon l'article 261 du Code pénal suisse qui existait en substance depuis 1937, était passible (seulement) d'une amende celui qui « publiquement et de façon vile, aura offensé ou bafoué les convictions d'autrui en matière de croyance, en particulier de croyance en Dieu, ou aura profané les objets de la vénération religieuse[224] ». Depuis la réforme pénale autrichienne de 1975, l'article 188 menace d'une peine celui qui « dénigre ou raille » un objet de vénération religieuse, « dans des circonstances où son comportement est susceptible de faire naître une indignation justifiée[225] ».

---

222. Marjorie Heins, *Sex, Sin, and Blasphemy: A Guide to America's Censorship Wars*, New York, New Press, 1993, p. 168. Ainsi, un arrêt de référence sur la littérature obscène définissait celle-ci comme « sans valeur littéraire, artistique, politique ou scientifique sérieuse ». Par ailleurs, elle devait « faire appel à la lubricité du point de vue d'un individu moyen, selon les normes de la communauté, et décrire des comportements sexuels ou des fonctions excrétoires de façon choquante » (*Miller v. California* [1973], disponible en ligne sur https://supreme.justia.com/cases/federal/us/413/15/ [consulté le 05/08/2020]) ; voir *ibid.*, p. 18 *sqq.*
223. Robert Baelde, *Studiën over godsdienstdelicten, op. cit.*, p. 199 *sqq.* Egon Johan de Roo, *Godslastering…, op. cit.*, p. 95 *sqq.*
224. *Ibid.*, p. 132 *sqq.*
225. https://www.ris.bka.gv.at/Dokumente/Bundesnormen/NOR12029737/NOR12029737.pdf [consulté le 05/08/2020].

En République fédérale d'Allemagne, en revanche, ce fut l'article 166 du Code pénal impérial de 1871 qui resta en vigueur jusqu'à la fin des années 1960. Des modifications – constitutives d'une révision bien plus large – furent décidées le 25 juin 1969 dans le cadre de la « grande réforme pénale »[226]. Elles devaient adapter les dispositions existantes aux « modes de vie libéraux de la société industrielle occidentale » (selon le président de la Cour fédérale de justice). L'attention portait moins sur l'article 166 que sur le droit pénal en matière de sexualité, l'avortement et la réclusion criminelle[227]. Toutefois, le blasphème fit également l'objet de discussions soutenues. Ainsi, une commission pénale catholique de la CDU/CSU (Christlich Demokratische Union/Sozialdemokratische Partei Deutschlands) fit valoir en 1963 que « l'honneur de Dieu » devait être protégé comme une « valeur objective[228] ». Un an plus tard, Otto Dibelius, évêque de l'Église évangélique de Berlin, se prononça également pour le maintien de la pénalisation du blasphème, sous le titre « À l'État, ce qui est à l'État ». Certes, les désaccords – même vifs – devaient être possibles. « Mais l'État ne devrait pas accepter que soit bafoué avec malveillance ce qu'il a embrassé solennellement dans sa Constitution[229]. » D'autres représentants de l'Église évangélique, en revanche, se montrèrent sceptiques quant à l'opportunité, à cette époque, de l'article sur le blasphème.

Enfin, le « projet alternatif » de réforme pénale, rédigé par de grands professeurs allemands comme Claus Roxin et Werner Maihofer, conseilla la suppression complète du délit de blasphème. La protection des sentiments religieux de tous par la répression du blasphème n'était pas possible, et nuisait même au sentiment religieux « parce que les représailles de l'État ne peuvent que rabaisser la grandeur de Dieu aux yeux des croyants » – la sanction du blasphème tendait ici à être présentée comme blasphématoire. Selon les rédacteurs, un article sur le blasphème n'avait que peu d'intérêt pour la paix sociale ; au contraire, ces dispositions pouvaient entraîner « une foule de procédures inappropriées ». Il fallait rejeter fondamentalement la protection générale « de la pensée idéologique et religieuse d'autrui », qui portait atteinte à la liberté du débat intellectuel et

---

226. Sebastian Koch, *Die strafbare Beschimpfung von Bekenntnissen, Religionsgesellschaften und Weltanschauungsvereinigungen*, Hambourg, Dr. Kovač, 2009, p. 37 sq. Voir en particulier Siegfried Leutenbauer, *Das Delikt der Gotteslästerung...*, op. cit., p. 284 sqq. ; Benedikt Brunner, « Das Blasphemieverbot in Deutschland... », op. cit., p. 152 sqq. et, pour une réflexion contemporaine, Werner Schilling, *Gotteslästerung strafbar? Religionswissenschaftliche, theologische und juridische Studie zum Begriff der Gotteslästerung und zur Würdigung von Religionsschutznormen im Strafgesetz*, Munich, Claudius, 1966, p. 93 sqq.
227. Tim Busch, *Die deutsche Strafrechtsreform. Ein Rückblick auf die sechs Reformen des deutschen Strafrechts (1969-1998)*, Baden-Baden, Nomos, 2005, p. 53 sq.
228. Werner Schilling, *Gotteslästerung strafbar?...*, op. cit., p. 100.
229. Benedikt Brunner, « Das Blasphemieverbot in Deutschland... », op. cit., p. 156.

outrepassait les fonctions du droit pénal. Les dispositions contre les injures visant les croyants de façon individuelle ou collective étaient suffisantes[230].

Sur ce point comme sur beaucoup d'autres, les « professeurs de l'alternative » ne réussirent pas à s'imposer. Toutefois, ce fut sans doute sous leur influence que la protection offerte par l'article définitif sur le blasphème s'éloigna de ce qui était prévu dans la plupart des projets. Dans ceux-ci, il était toujours question de l'offense au « sentiment religieux » par l'injure publique faite à Dieu (ou d'injures qui pouvaient blesser « le sentiment religieux général »). La loi stipula finalement qu'était passible d'une peine celui qui faisait « injure au contenu des croyances religieuses ou laïques d'autrui, d'une façon susceptible de troubler l'ordre public[231] ». Il n'y avait plus, dans un premier temps, de référence explicite aux sentiments religieux.

Dans la pratique pénale, l'importance du délit diminua encore. Cela ne préjuge en rien, naturellement, du poids des cas particuliers, qui pouvaient avoir un effet symbolique dissuasif – souhaité ou redouté – ou déclencher des controverses publiques, comme le procès de 1962 contre le groupe d'artistes situationnistes SPUR et ses propos blasphématoires[232]. Les attendus des jugements, qui devaient, à l'époque, prouver le trouble à l'ordre public, restaient subjectifs et en partie contradictoires. Ainsi, en 1985, une activiste avait désigné l'Église comme « l'une des plus grandes organisations criminelles au monde » et représenté Jésus en croix avec la légende « le masochisme, ça se soigne ». S'agissait-il d'un propos brutal et blessant susceptible de troubler l'ordre public ? Le tribunal de Göttingen en jugea ainsi et considéra que la condamnation à 20 jours-amende à 20 marks était justifiée : le dénigrement simpliste des contenus de la foi n'offrait aucun point de départ intellectuel pour une discussion objective et même les adversaires de l'Église, s'ils avaient un certain niveau intellectuel, ne pouvaient qu'être rebutés par son manque de sérieux[233]. En 1982, un article paru dans un magazine pour la jeunesse (« Charlatanerie en poncho ») qualifiant le prêtre de « gourou », la communauté des croyants de « secte dangereuse » et le sacrifice de la messe de « rite cannibale immémorial » fit l'objet d'évaluations judiciaires dissemblables : si la chambre des mineurs considéra que le texte était une satire,

---

230. Cité d'après Siegfried Leutenbauer, *Das Delikt der Gotteslästerung...*, *op. cit.*, p. 286 *sq.*
231. Voir les différentes versions dans *ibid.*, p. 305 *sq.* ; voir Tim Busch, *Die deutsche Strafrechtsreform...*, *op. cit.*, p. 66 *sq.*
232. À ce sujet, voir Ilonka Czerny, *Die Gruppe SPUR (1957-1965). Ein Künstlerphänomen zwischen Münchner Kunstszene und internationalem Anspruch*, Berlin, LIT Verlag, 2008, p. 125 *sqq.* ; Aribert Reimann, Dieter Kunzelmann. Avantgardist, Protestler, Radikaler, Göttingen, Vandenhoeck & Ruprecht, 2009, p. 82 *sqq.*
233. *Neue Juristische Wochenschrift*, n° 28, 1985, p. 1652.

le tribunal régional supérieur de Düsseldorf rejeta cet avis[234]. En 1997 encore, le tribunal administratif supérieur de Coblence estima que l'interdiction de la représentation de la pièce *Le syndrome de Marie*, qui attaquait la conception virginale et d'autres éléments de la foi chrétienne, était conforme au droit[235].

The Gay News Case

En Angleterre, le Parlement enterra silencieusement en 1967 le *Blasphemy Act* de 1698, avec d'autres normes législatives « obsolètes[236] ». La plainte pour « *blasphemous libel* » resta certes possible dans la *common law* mais fut généralement considérée comme une réglementation anachronique – « *a dead letter* », comme le juge Lord Denning l'avait déjà remarqué avec dédain en 1949[237]. Un quart de siècle plus tard, il fut contredit par la polémique autour d'un poème. *The Love That Dares to Speak Its Name*, un texte de 66 vers du poète James Kirkup, fut publié le 3 juin 1976 dans *Gay News*, une revue du mouvement homosexuel. Le poème reprenait le motif de la passion du Christ : il était écrit du point de vue du centurion romain qui avait supervisé la crucifixion et veillait ensuite, seul, le corps du supplicié. Il décrivait très concrètement ses actes sexuels avec le mort (« *I laid my lips around the tip / of that great cock, the instrument / of our salvation, our eternal joy* […] ») et ne faisait pas mystère de ce qu'il savait de la trépidante vie amoureuse de Jésus avec Ponce Pilate, Jean le Baptiste, Paul de Tarse, Judas et d'autres apôtres (« *He loved all men, body, soul and spirit – even me* »). Le titre était une référence à un poème de Lord Alfred Douglas de 1894. Le vers en question (« *The love that dare not speak its name* ») est généralement compris comme une allusion à l'amour alors interdit entre deux personnes de même sexe – l'amour qui n'ose pas dire son nom. Oscar Wilde l'avait cité en 1895 lors du procès qui lui avait été intenté pour « indécence choquante ».

---

234. *Neue Juristische Wochenschrift*, n° 21, 1983, p. 1211.
235. *Neue Juristische Wochenschrift*, n° 17, 1997, p. 1174. D'autres exemples dans Josef Isensee, « Blasphemie im Koordinatensystem des säkularen Staates », *in* : Arnold Angenendt, Michael Pawlik et Andreas von Arnauld de la Perrière, *Religionsbeschimpfung. Der rechtliche Schutz des Heiligen*, édité par Josef Isensee, Berlin, Duncker & Humblot, 2007, p. 105-139, p. 128.
236. Leonard W. Levy, *Blasphemy…*, *op. cit.*, p. 536.
237. Sur le *Gay News Case*, voir Nicolas Walter, *Blasphemy Ancient & Modern*, *op. cit.*, p. 70 *sqq.* ; Leonard W. Levy, *Blasphemy…*, *op. cit.*, p. 551 *sqq.* ; David Nash, *Blasphemy in Modern Britain…*, *op. cit.*, p. 239 *sqq.* Citation dans David Nash, « Blasphemy on Trial », *History Today*, 15 novembre 2017, disponible en ligne sur https://www.historytoday.com/david-nash/blasphemy-trial [consulté le 05/08/2020].

L'auteur du poème paru dans *Gay News*, James Kirkup, était un écrivain renommé, professeur à Kyoto[238]. Comme il l'expliqua plus tard, les vers du poème reflétaient sa nature profondément religieuse. Il s'était toujours senti lié de façon intense au Christ et avait voulu exprimer cet amour passionnel. Il ne s'agissait pas spécifiquement d'amour homosexuel, mais de l'amour brûlant pour un individu supérieur et extraordinaire, rejeté et assassiné par une société prisonnière des conventions. Ainsi, il avait entrepris de donner du Christ une interprétation moderne, à la lumière de la libération sexuelle – une œuvre d'art, et non de blasphème. Concernant cette accusation, le poète n'hésita pas à renvoyer la balle, évoquant son enfance dans la communauté méthodiste, pleine d'histoires terrifiantes de crucifixion sanglante, de feu de l'enfer et de tourments des damnés. La simple idée de la communion, au cours de laquelle on mangeait un morceau de la chair du Christ et buvait son sang dans une coupe, le rendait malade. Aucun enfant à l'imagination facilement impressionnable n'aurait dû, selon lui, être soumis à « des obscénités aussi brutales, sadiques et violentes ». En ce sens, il savait naturellement que son poème choquerait certaines personnes – mais n'avait-il pas lui-même été choqué et blessé par leurs versions répugnantes de la Crucifixion ?

De fait, le texte soulève de vastes questions sur le lien entre allégorie et réalisme, des questions qui jouèrent plus tard un rôle important dans la discussion autour des *Versets sataniques* de Rushdie. Dans les deux cas, les subtiles considérations littéraires n'eurent aucune pertinence aux yeux des opposants. Ils n'interprétèrent pas le poème dans un sens métaphorique, mais de la façon la plus littérale possible. Il avait fallu quelques mois avant qu'ils n'en prennent connaissance – au sein du lectorat du journal, il avait provoqué quelques débats, mais guère d'indignation. Plus tard, le texte arriva entre les mains de Mary Whitehouse, l'une des figures de proue du mouvement conservateur contre l'assouplissement des règles traditionnelles dans la société moderne – elle prétendit qu'il avait été déposé de façon anonyme sur son paillasson. Ce fut elle qui porta plainte pour « *blasphemous libel* » parce que le texte représentait une nouvelle crucifixion du Christ avec les armes du XXe siècle[239]. Sa plainte ne visait pas, d'ailleurs, le poète lui-même, mais le journal et son éditeur, Denis Lemon, en tant que responsables de la diffusion du poème.

Si la plainte « *Whitehouse v. Lemon* » fut autorisée, il n'y avait là rien d'évident. Il s'agissait d'un délit pénal traité par l'Old Bailey et susceptible d'entraîner une peine d'emprisonnement même si, dans ce cas précis – ce qui rendait l'affaire encore plus inhabituelle –, la plainte était d'origine privée et devait recevoir l'autorisation préalable d'un juge. Depuis

---

238. Nicolas Walter, *Blasphemy Ancient & Modern*, op. cit., p. 71 *sqq*.
239. David Nash, *Blasphemy in Modern Britain...*, op. cit., p. 243.

John William Gott, en 1921, aucune peine n'avait été prononcée sur cette base en Grande-Bretagne[240]. Ainsi, le juge qui présidait, King-Hamilton, se vit tenu de rappeler au jury, lors du début du procès en juillet 1977, qu'une loi restait une loi, qu'elle ait été ou non utilisée de façon récente[241]. L'improbable se produisit : les accusés furent jugés coupables. Lemon fut condamné à neuf mois de sursis et à une amende de 500 livres, le journal à une amende de 100 livres. Ce jugement (à l'exception de la peine d'emprisonnement) fut confirmé en appel. Lors du dernier appel devant la Chambre des lords, une courte majorité (3 voix contre 2) maintint la première condamnation pour blasphème depuis cinquante-cinq ans. Enfin, la tentative d'amener la Cour européenne des droits de l'homme à prendre position contre la procédure échoua elle aussi[242].

Pourquoi avait-on abouti à une condamnation? Aucun des arguments de la défense n'avait abouti, ni les remarques sur l'anachronisme de la législation sur le blasphème, ni les références à la qualité artistique ou au contenu métaphorique du texte. Le tribunal s'assigna pour tâche de statuer sur l'existence d'une attaque injurieuse envers la religion chrétienne, son dogme ou des choses ou des personnes sacrées. D'après le juge King-Hamilton, la simple négation du contenu de la foi n'était en aucun cas passible d'une peine, du moment qu'elle était formulée avec retenue. En revanche, on pouvait toujours considérer comme un blasphème « le manque de respect, le grotesque, la profanation, la diffamation ou les abus débridés contre la religion chrétienne, une personne sainte ou un objet sacré[243] ». Le représentant de l'accusation affirma aussi que le plus important était de savoir si la langue et le ton d'une publication étaient de nature à provoquer l'indignation des fidèles. Il y avait blasphème lorsque « les limites d'un débat décent » étaient franchies[244]. En revanche, l'intention d'un auteur – et ainsi, dans cette affaire, ses protestations quant à son absence de volonté de blasphémer – n'était pas déterminante, l'aspect décisif était l'effet obtenu, c'est-à-dire l'agitation publique.

On ne s'étonnera pas que le jugement ait été considéré par l'opinion progressiste comme un recul, voire un dangereux retour à l'époque du Moyen Âge. En revanche, on peut fortement douter qu'à travers ce succès au tribunal Mary Whitehouse se soit approchée de son objectif, qui était de mettre un terme au déclin de l'ordre chrétien. En effet, elle contribua

---

240. Leonard W. Levy, *Blasphemy...*, *op. cit.*, p. 536.
241. Robert Hewison, *Monty Python: The Case Against*, Londres, Eyre Methuen, 1981, p. 61.
242. http://hudoc.echr.coe.int/eng?i=001-74315 [consulté le 05/08/2020].
243. Robert Hewison, *Monty Python...*, *op. cit.*, p. 61 ; Elliott Visconti, « The Invention of Criminal Blasphemy... », *op. cit.*, p. 45.
244. Darl Larsen, *A Book about the Film Monty Python's Life of Brian*, Lanham, Rowman & Littlefield, 2018, p. 77.

involontairement à une plus grande notoriété du poème et le jugement mobilisa les forces adverses. Un comité de soutien, créé immédiatement, recueillit de nombreux dons pour l'accusé Denis Lemon et son journal. Le Gay Liberation Movement ne fut pas le seul à connaître un élan public en Grande-Bretagne. Le fait qu'une plainte pour blasphème se soit avérée possible dans le cadre de la *common law* déclencha un nouveau débat sur l'abolition définitive du délit. En août 1977 se constitua ainsi un Committee Against Blasphemy Law. Une proposition d'abolition devant la Chambre des communes fut retirée après la deuxième lecture en 1978, alors que s'étaient fait entendre des voix qui plaidaient au contraire pour un durcissement[245]. Au lieu de cela, une commission d'experts fut instituée et son rapport intermédiaire de 1981 suscita à nouveau une violente controverse publique[246]. Le rapport final présenté en 1985 devant la chambre basse recommandait l'abolition du délit de blasphème dans la *common law*; une majorité vota pour la suppression pure et simple, et une minorité pour une refonte[247].

Des Monty Python à Madonna

La troupe comique anglaise des Monty Python comptait aussi parmi les nombreux soutiens du *Gay News*. Alors que la plainte contre la revue était traitée devant les tribunaux, ils préparaient leur nouveau projet cinématographique, encouragés par le succès de leur premier long métrage – une parodie de la légende arthurienne[248]. Ils voulaient cette fois s'en prendre à la Bible. Le sujet avait une longue tradition depuis l'époque du cinéma muet, ce qui n'avait jamais donné lieu à de grandes controverses sur la possibilité de représenter le sacré[249]. Mais presque personne n'avait osé jusqu'alors mettre en scène une parodie. Avant même la production, la plainte « *Whitehouse v. Lemon* » causa une inquiétude considérable parmi les créateurs. La puissante major EMI était prête à financer le film mais, après la lecture du scénario, les patrons prirent peur et retirèrent

---

245. Nicolas Walter, *Blasphemy Ancient & Modern*, op. cit., p. 79.
246. Voir The Law Commission, « Working Paper No. 79: Offences against Religion and Public Worship », disponible en ligne sur https://lawcom.gov.uk/project/offences-against-religion-and-public-worship/ [consulté le 05/08/2020].
247. Voir The Law Commission « No. 145. Criminal Law: Offences against Religion and Public Worship », disponible en ligne sur https://lawcom.gov.uk/project/offences-against-religion-and-public-worship/ [consulté le 05/08/2020].
248. Pour ce qui suit, voir de façon essentielle Robert Hewison, *Monty Python…*, op. cit.; pour le film et sa contextualisation, Darl Larsen, *A Book about the Film…*, op. cit.; ainsi que David Nash, *Blasphemy in Modern Britain…*, op. cit., p. 211 sqq.
249. Voir cependant Charles Lyons, *The New Censors: Movies and the Culture Wars*, Philadelphie, Temple University Press, 1997, p. 155 sqq.

leur accord. L'ancien Beatles George Harrison vint à la rescousse avec son patrimoine personnel et créa une société de production *ad hoc* pour le film.

Le résultat, certainement le plus grand succès cinématographique des Monty Python, ne donna pas lieu à une confrontation judiciaire. Il n'en fut pas moins fortement controversé. Avant sa sortie, Mary Whitehouse reçut des extraits du script et fit pression en Angleterre contre le « film blasphématoire[250] ». La première mondiale eut lieu le 17 août 1979 à New York et les protestations se déroulèrent surtout, d'abord, aux États-Unis[251]. Des figures conservatrices de différentes confessions protestèrent à l'unisson, comme le rabbin ultra-orthodoxe Benjamin Hecht (« *sacrilege and blasphemy, produced in Hell* »), le commentateur radio luthérien Robert Lee (« *distateful assault on religious sensitivity* »), et le père Jadoff, de l'archidiocèse de New York (« *the most blasphemous film I have ever seen* »). Partout aux États-Unis, en particulier dans la célèbre Bible Belt du sud-est, il y eut des contestations qui conduisirent souvent les propriétaires de cinéma à ne pas programmer le film, ou à ne pas oser le programmer. Mais il y eut aussi des voix pour dédramatiser, et le film *La vie de Brian* reçut un large soutien.

Avant la première anglaise, le Festival of Light Movement de Whitehouse se modéra et mit en garde contre les réactions excessives : le film était certes limite, mais pas blasphématoire au sens plein du terme. Il ne fallait pas compter sur une condamnation juridique, ainsi la réprobation publique ne faisait qu'offrir à l'œuvre une publicité gratuite[252]. Cependant, un certain nombre de comités locaux de censure en Angleterre et au Pays de Galles bannirent temporairement le film des salles. Il y eut aussi des problèmes dans d'autres pays : en Norvège, les censeurs prononcèrent une interdiction provisoire, dont les retombées furent immédiates sur la publicité en Suède voisine (« Ce film est si drôle qu'il a été interdit en Norvège »). En République d'Irlande, *La vie de Brian* ne parvint pas, des années durant, à passer entre les mailles d'une censure drastique[253].

Dans l'ensemble, le contenu du film n'avait pas le potentiel scandaleux du poème de Kirkup, moins en raison d'une possible autocensure qu'à cause du style général de l'humour des Monty Python. Ils ne reculaient devant aucune absurdité, mais le mordant satirique leur était étranger. Pour éviter la moquerie à l'égard de Jésus, le film montrait une figure parallèle en la personne de Brian, qui se défendait en vain d'être adoré comme le Messie. Pour marquer cette différence, Jésus lui-même faisait dans le film une apparition brève et convenable, dans une scène qui

---

250. Robert Hewison, *Monty Python...*, *op. cit.*, p. 67.
251. Sur ce qui suit, voir *ibid.*, p. 69 *sqq.*
252. *Ibid.*, p. 84.
253. *Ibid.*, p. 91 *sqq.*

reprenait mot pour mot des parties du Sermon sur la montagne[254]. Outre les références bibliques, le film comprenait de nombreuses allusions au présent, par exemple les multiples mouvements de libération sectaires, qui s'entre-déchiraient au lieu de s'en prendre à l'occupant romain. À la fin des années 1970, le spectateur bien informé voyait immédiatement derrière le « front populaire de Judée » ou le « Front populaire judéen » les différents groupuscules maoïstes[255]. Peut-être la scène abstruse de la lapidation, dans laquelle apparaissent exclusivement des femmes furibondes, affublées de fausses barbes, doit-elle aussi être comprise comme une référence au débat sur le blasphème qui faisait à nouveau rage en Grande-Bretagne[256].

Même si Jésus en personne n'était pas persiflé, les chrétiens du monde entier n'apprécièrent pas l'orientation générale du film. C'était compréhensible, car une parodie vit toujours des références au modèle qu'elle imite – de façon déformée, exagérée, moqueuse. Ou, comme l'expliqua Mervyn Stockwood, alors évêque anglican de Southwark : sans Jésus, le film sur Brian n'aurait jamais existé[257]. Son passage au *Friday Night, Saturday Morning* de la BBC, le 9 novembre 1979, marqua en quelque sorte le point culminant du débat public en Grande-Bretagne[258]. L'évêque bénéficia du soutien de l'excentrique Malcolm Muggeridge, un journaliste récemment converti au catholicisme et admirateur de mère Teresa. En face, les deux Monty Python, Michael Palin et John Cleese, firent tous les efforts possibles pour rejeter l'accusation de blasphème. Selon Cleese, l'œuvre ne moquait pas Jésus, mais prenait parti de façon critique contre les visions étriquées du monde, afin de pousser à réfléchir. De son côté, Stockwood joua sur tous les registres pour condamner le film, railla son « humour potache », demanda de façon suggestive ce que mère Teresa aurait ressenti en le regardant, et termina par le verdict que les deux auteurs recevraient certainement leurs 30 deniers : leur salaire de Judas pour avoir dénigré Jésus. Son allié, Muggeridge, prit lui aussi des accents pathétiques en invoquant les œuvres les plus importantes de l'art chrétien, et même de toute la civilisation occidentale, qui reposaient sur la scène finale de la Crucifixion – en comparaison, qu'était le film ? De toute évidence, la confrontation mettait en jeu non seulement des visions du monde éloignées, mais aussi des générations et des milieux très différents, entre lesquels la communication était presque impossible. À en croire ses réactions, le public du studio

---

254. Darl Larsen, *A Book about the Film...*, *op. cit.*, p. 40 *sqq*.
255. *Ibid.*, p. 151.
256. *Ibid.*, p. 63 *sqq*.
257. Sur ce point, voir James G. Crossley, « Life of Brian or Life of Jesus ? Uses of Critical Biblical Scholarship and Non-orthodox Views of Jesus in Monty Python's' *Life of Brian* », *Relegere: Studies in Religion and Reception*, vol. 1, n° 1, 2011, p. 93-114.
258. https://www.youtube.com/watch?v=1ni559bHXDg [consulté le 05/08/2020] ; voir Robert Hewison, *Monty Python...*, *op. cit.*, p. 86 *sqq*.

se rangea clairement du côté des Monty Python. Sur un point précis, Malcolm Muggeridge se montra tout à fait visionnaire. Si l'on avait tourné un tel film sur Mahomet, dit-il, cela aurait suscité un grand émoi ; tous les antiracistes qui applaudissaient en ce moment même auraient trouvé cela absolument scandaleux[259].

Dans un premier temps, l'agitation et les plaintes sur de prétendus blasphèmes restèrent cantonnées aux milieux chrétiens. Comme dans l'affaire du *Gay News*, l'association dans une œuvre d'art du sexe et de la religion s'avérait particulièrement explosive. Dans les années 1980, les protestations touchèrent surtout le monde du cinéma, comme dans le cas des Monty Python. En 1984, le film *Ave Maria*, réalisé en France par Jacques Richard, fit sensation[260]. Il racontait la révolte d'une jeune fille contre le régime autoritaire d'un couple de bigots, dans un village français. Le scandale ne vint pas du film mais de l'affiche, sur laquelle l'interprète Isabelle Pasco était seins nus, attachée à une croix. Elle avait été réalisée par la photographe Bettina Rheims, déjà célèbre à l'époque pour ses mises en scène de nus. Au tournant du millénaire, elle devait faire fureur à Berlin avec son exposition au Musée historique allemand, « I.N.R.I. », dans laquelle elle cherchait, avec l'écrivain Serge Bramly, à traduire le récit biblique dans la langue iconographique du présent. Là encore, des procès pour blasphème lui furent intentés devant les tribunaux français[261]. Dans l'affaire de l'affiche, du moins, les associations catholiques gagnèrent leur procès : un tribunal parisien interdit son affichage public, parce qu'elle constituait une agression contre les convictions les plus intimes des chrétiens. Même dans un pays qui n'avait plus de loi contre le blasphème depuis près de deux cents ans, il n'était pas totalement vain pour les croyants de chercher à obtenir des restrictions.

Un film du réalisateur allemand Werner Schroeter subit le même sort en 1985 dans le Tyrol autrichien, trois ans après sa sortie[262]. Le scénario était inspiré du *Concile d'amour*, la pièce presque centenaire qui avait autrefois détruit la vie de son auteur, Oskar Panizza, et lui avait valu une peine de prison. Schroeter filma la pièce mais fit également du procès de Panizza un récit-cadre, au sein duquel des scènes de théâtre étaient présentées comme des preuves. Trois ans après la première à Berlin, l'institut audiovisuel Otto-Preminger, à Innsbruck, annonça la projection de ce film

---

259. https://www.youtube.com/watch?v=SGI9UevrzGc, 2 min 55 [consulté le 05/08/2020].
260. Jean Boulègue, *Le blasphème en procès, 1984-2009. L'Église et la Mosquée contre les libertés*, Paris, Nova Éditions, 2010, p. 56 *sqq.*
261. *Ibid.*, p. 64. Voir la documentation de l'exposition sur https://www.dhm.de/archiv/ausstellungen/inri/inhalt.htm [consulté le 05/08/2020].
262. Barbara Rox, *Schutz religiöser Gefühle im freiheitlichen Verfassungsstaat?*, Tübingen, Mohr Siebeck, 2012, p. 272 *sqq.*

à petit budget, qui avait peu enthousiasmé la critique et n'avait pas trouvé son public. Le diocèse catholique d'Innsbruck déposa alors plainte contre le dirigeant de l'association pour dénigrement des doctrines religieuses. Si la procédure pénale fut abandonnée, le tribunal ordonna la confiscation du film. En présentant Dieu le Père comme un imbécile sénile et impotent, et la mère de Dieu comme une prostituée lascive, il constituait bien une infraction au titre de l'article 188 du Code pénal autrichien.

D'une certaine façon, le refus en 1989 du British Board of Film Classification (ancien British Board of Film Censors) d'accorder un certificat au court métrage *Visions of Ecstasy* de Nigel Wingrove, empêchant ainsi son exploitation, ne fut que la conclusion logique de la décennie[263]. Les visions évoquées dans le titre étaient celles de sainte Thérèse d'Avila, qui imaginait les baisers et les étreintes du Christ. Cela sembla blasphématoire aux censeurs. Il fallut attendre l'abolition de la loi britannique sur le blasphème, en 2008, pour que le DVD soit autorisé aux plus de 18 ans. Les deux affaires, l'interdiction du film de Schroeter en Autriche et celle du film de Wingrove en Angleterre, terminèrent devant la Cour européenne des droits de l'homme et constituèrent ainsi des précédents très remarqués (voir chap. 19)[264].

Au sein du monde occidental, les dernières controverses des années 1980 sur le blasphème concernèrent en 1989 un film de Martin Scorsese et un clip de la chanteuse Madonna. Avec *La dernière tentation du Christ*, un réalisateur mondialement connu avait entrepris de reprendre le matériau biblique pour en faire une superproduction hollywoodienne, avec un casting de premier plan[265]. Le film de Scorsese montre un Christ crucifié qui – guidé par un ange sauveur – descend de la croix, fonde une famille avec Marie Madeleine et abandonne son ancienne identité. À la fin de sa vie, seulement, il devient manifeste que l'ange prétendu n'était autre que Satan, qui voulait détourner Jésus de sa destinée. Le Christ se décide alors à mener le martyre à son terme et se retrouve à nouveau sur la croix – sa vie comme simple père de famille se révèle une simple vision diabolique, sa « dernière tentation ». Ce n'était pas un canular comme chez les Monty Python, mais un travail ambitieux autour du récit biblique, et le réalisateur fit montre dans ses explications d'un sérieux ostensible. Scorsese déclara qu'il s'agissait d'un « film religieux » qui prenait pour thème la souffrance et la lutte pour trouver Dieu[266].

---

263. David Nash, *Blasphemy in Modern Britain...*, op. cit., p. 226 *sqq.*
264. Burkhard Josef Berkmann, *Von der Blasphemie zur „hate speech"? Die Wiederkehr der Religionsdelikte in einer religiös pluralen Welt*, Berlin, Frank & Timme, 2009, p. 36 *sqq.*
265. Jean Boulègue, *Le blasphème en procès...*, op. cit., p. 60 *sqq.* ; David Nash, *Blasphemy in Modern Britain...*, op. cit., p. 219 *sqq.* ; Marjorie Heins, *Sex, Sin, and Blasphemy...*, op. cit., p. 166 *sqq.*
266. Marjorie Heins, *Sex, Sin, and Blasphemy...*, op. cit., p. 167.

Ce sérieux, pourtant, sembla provoquer la colère de nombreux adversaires du film. Un attentat à la bombe dans un cinéma parisien blessa treize personnes et dévasta la salle. Aux États-Unis, d'après une observatrice de l'époque, l'œuvre déchaîna la plus grande éruption de haine religieuse de l'histoire américaine récente[267]. À Los Angeles, le prédicateur baptiste fondamentaliste Robert L. Hymers Jr. prit la tête de nombreuses manifestations qui endommagèrent les écrans de cinéma, saccagèrent les salles et menacèrent les bâtiments de la société de distribution MCA. Les attaques visèrent parfois personnellement le dirigeant de la MCA, Lew Wasserman, issu d'une famille juive; les accents antisémites ne pouvaient être ignorés. Des photographies de Wasserman furent brûlées et, durant une manifestation publique, un homme représentant le Christ fut apparemment cloué à une croix par un double de Wasserman. Les interdictions locales se multiplièrent, ainsi que les renoncements « volontaires » des distributeurs et propriétaires de salles à projeter le film. Dans le camp chrétien, il y eut une surenchère de prises de parole hystériques. La palme revint à mère Angelica, une nonne catholique star du petit écran. Elle déclara que le film était « la satire de l'Eucharistie la plus blasphématoire jamais commise en ce monde » et ajouta, dramatique: « Ce film holocauste a la force de détruire les âmes pour l'éternité[268]. »

Enfin, au sortir de la décennie, le clip de Madonna sur sa chanson jusqu'alors la plus ambitieuse, *Like a Prayer*, causa un scandale international[269]. Le clip – un format artistique et publicitaire qui avait alors atteint le sommet de sa gloire avec la chaîne MTV – racontait en un peu plus de cinq minutes une histoire complexe et équivoque: dans une église, la protagoniste légèrement vêtue trouve une statue de saint noire, qui commence d'abord à pleurer, puis se transforme en un homme en chair et en os, l'embrasse et quitte temporairement l'église, pour reprendre ensuite sa place – encore une fois une vision, comme le comprend Madonna en se réveillant. Un autre fil narratif du clip montre cet homme noir arrêté pour le meurtre d'une jeune femme blanche, commis en réalité – comme la chanteuse et le spectateur l'ont vu auparavant – par un gang blanc. Cette mise en accusation du racisme est articulée au motif religieux par

---

267. *Ibid.*, p. 166; Charles Lyons, *The New Censors...*, *op. cit.*, p. 165.
268. Charles Lyons, *The New Censors...*, *op. cit.*, p. 172.
269. Sur ce qui suit, voir Andreas Mertin, « Iconoclash. Der Skandal um Madonnas „Like a prayer" als Streit um Zeichen und Bilder », 2004, disponible en ligne sur https://www.amertin.de/aufsatz/2004/madonna.htm [consulté le 20/02/2020]; Marie Louise Herzfeld-Schild, « *Like a Prayer* (Madonna) », *Songlexikon. Encyclopedia of Songs*, avril 2017, disponible en ligne sur http://www.songlexikon.de/songs/likeaprayer [consulté le 20/02/2020] (avec d'autres indications bibliographiques); Marjorie Heins, *Sex, Sin, and Blasphemy...*, *op. cit.*, p. 165; https://madonnainpopculture.weebly.com/like-a-prayer.html [consulté le 20/02/2020].

une séquence durant laquelle Madonna danse devant des croix en feu, le symbole du Ku Klux Klan.

Ces croix enflammées furent l'un des points de départ des violentes critiques dans l'opinion états-unienne. La gauche reprocha à la chanteuse son utilisation positive d'un symbole raciste, ainsi que la réduction de la femme à un objet sexuel. Pour le camp chrétien conservateur, toute charge érotique du religieux était suspecte. Ces protestations dépassèrent rapidement les frontières américaines et s'étendirent notamment à l'Italie, pays d'origine de la famille de Madonna. Le premier procès y fut intenté dès le lendemain de la sortie du clip et lorsque la chanteuse voulut s'y produire en concert un an plus tard, le pape Jean-Paul II fit pression pour que le territoire lui soit interdit. Pepsi-Cola, principal sponsor de Madonna, se retrouva particulièrement sous le feu des critiques, et réagit à un appel au boycott par le retrait de toutes ses publicités avec la chanteuse. Cependant, la controverse ne nuisit pas au succès de Madonna. Les accusations de blasphème ne représentaient plus, depuis longtemps, un courant dominant dans la société.

À L'ÈRE MONDIALE DU BLASPHÈME

17. Conflits mondiaux sous le signe du blasphème

1989 : *Les versets sataniques*

Le jour de la Saint-Valentin 1989, la menace de mort du dirigeant de la révolution iranienne, l'ayatollah Khomeini, à l'encontre de l'écrivain Salman Rushdie signa le commencement de la nouvelle ère mondiale du blasphème. L'appel lancé sur les ondes de Téhéran retint vite l'attention du monde entier. Quelques heures plus tard seulement, Rushdie avait une première journaliste au téléphone. « Quel effet cela fait-il », lui demanda-t-elle, « d'apprendre que l'on vient d'être condamné à mort par l'ayatollah Khomeini ? » « Ce n'est pas agréable », répondit-il avec un euphémisme tout britannique. Au fond de lui-même, il se demanda combien de jours ou de semaines il lui restait à vivre. Rushdie ferma la porte, baissa les stores et quitta peu après sa maison, dans laquelle il ne devait jamais revenir. À l'époque, ni lui ni son entourage ne devaient être conscients que ce jour ne constituait pas seulement une césure personnelle, mais aussi une grande rupture historique.

L'écrivain et son livre

L'affaire Rushdie est bien documentée, en particulier dans l'autobiographie captivante de l'auteur, *Joseph Anton* (son nom d'emprunt dans la clandestinité), parue en 2012[1]. Son histoire familiale était à l'origine

---

[1]. Salman Rushdie, *Joseph Anton. Une autobiographie*, traduit par Gérard Meudal, Paris, Plon, 2012. Des documents essentiels sur la première phase du conflit figurent dans Lisa Appignanesi et Sara Maitland (éd.), *The Rushdie File*, Syracuse, Syracuse University Press, 1990 ; un documentaire de Janice Sutherland pour la BBC en 2009 contient des enregistrements intéressants, voir https://www.youtube.com/watch?v=tEHcaqcr-uM [consulté le 05/08/2020].

d'une fascination distanciée pour les traditions religieuses, d'où devait naître plus tard ce réalisme « magique » ou « fantastique » qui rendit célèbre son premier roman *Les enfants de minuit*, en 1981[2]. Rushdie, né en 1947 à Bombay et envoyé par son père dans une école privée anglaise renommée à l'âge de 13 ans, avait ensuite étudié l'histoire au King's College de Cambridge. L'histoire familiale ancrée sur deux continents le poussa à s'intéresser aux processus de migration, aux fractures culturelles et aux identités hybrides. « L'émigration », écrivait-il dans ses premiers brouillons des *Versets sataniques*, « bouleverse tout chez l'individu ou le groupe qui émigre, tout ce qui concerne l'identité, la personnalité, la culture et la croyance. Puisqu'il s'agit d'un roman sur l'immigration, il doit être cet acte même de remise en question. Il doit accomplir la crise qu'il décrit[3] ». Il ne pressentait pas, alors, qu'il allait se trouver lui-même au cœur d'une telle crise. Ironie amère, Rushdie, l'immigrant à l'identité double, l'écrivain ambitieux qui portait un intérêt croissant aux problèmes sociaux et culturels des musulmans britanniques, devait lui-même devenir le symbole du choc des cultures.

Les versets sataniques – le livre au cœur de la querelle – racontent à leur façon l'histoire des conflits culturels et des identités hybrides[4]. Les deux protagonistes, Saladin et Gibreel, sont d'origine indienne. Saladin renie ses racines et s'identifie totalement à la culture britannique, alors que Gibreel emménage à Londres chez sa compagne anglaise, plutôt à contrecœur. L'intrigue foisonnante du roman est difficile à relater de façon concise : au début du livre, Saladin et Gibreel se retrouvent tous deux dans un avion qu'un terroriste fait exploser ; de façon extraordinaire, ils échouent indemnes en Angleterre. Des cornes poussent temporairement à Saladin, il se métamorphose en être diabolique semblable à un bouc, alors que Gibreel commence à se sentir comme un ange. Au total, environ un tiers du livre décrit, sous forme de digressions au sein de l'intrigue principale, les rêves de Gibreel. Les accusations de blasphème portèrent sur ces séquences, en particulier sur le fil narratif évoquant le marchand Mahound. Ses révélations prophétiques ne trouvent d'abord que peu de partisans à Jahilia, ville du désert. Il fuit pour fonder un nouveau régime religieux, rigide et oppressif, dans l'oasis de Yathrib. Il retourne à Jahilia au bout de vingt-cinq ans et parvient à conquérir la ville divisée. Le poète Baal, qui avait déjà combattu le Prophète, parvient d'abord à se cacher

---

2. Gereon Vogel, *Blasphemie. Die Affäre Rushdie in religionswissenschaftlicher Sicht: zugleich ein Beitrag zum Begriff der Religion*, Francfort-sur-le-Main, P. Lang, 1998, p. 104 *sq*.
3. Salman Rushdie, *Joseph Anton...*, *op. cit.*, p. 92 ; dans le même esprit, voir une première critique du roman dans Lisa Appignanesi et Sara Maitland (éd.), *The Rushdie File*, *op. cit.*, p. 16.
4. Sur le fond, voir Gereon Vogel, *Blasphemie...*, *op. cit.*, p. 127 *sqq*.

dans une luxueuse maison close. Là, il persuade les prostituées de se livrer à un jeu de rôle dans lequel elles incarnent, pour leurs clients, les douze femmes de Mahound ; il est lui-même poussé à endosser le rôle du marchand et épouse les douze. Enfin, la maison close est fermée, les femmes et Baal sont emprisonnés et condamnés à mort.

Nombre de détails de cette histoire provoquèrent la colère des musulmans pieux, à commencer par les noms : Mahound, un sobriquet injurieux utilisé par les chrétiens du Moyen Âge pour désigner Mahomet comme un démon ; Jahilia (« ignorance »), comme pseudonyme de la Mecque ; et « soumission », comme nom de la nouvelle religion qui fait allusion à « islam » (soumission ou abandon à Dieu). Les scènes de maison close, notamment, trouvèrent un violent écho public, souvent dans une affirmation déformée selon laquelle les femmes de Mahomet y étaient représentées comme des prostituées[5]. L'écrivain Rushdie s'obstina à affirmer qu'il avait écrit une séquence de rêve, et non l'histoire de Mahomet et de l'islam. Les critiques musulmans, bien sûr, furent loin d'être convaincus par de tels arguments. Au fond, le problème ne portait pas tant sur tel ou tel propos offensant ; à leurs yeux, une libre réécriture littéraire de la vie du Prophète constituait, en elle-même, un blasphème.

De l'œuvre littéraire au blasphème

La « vie ordinaire » du roman avant qu'il ne soit réduit dans la perception du public à une simple injure contre l'islam[6] fut assez courte. Peu après sa parution fin septembre 1988 en Grande-Bretagne, sa réception par les critiques littéraires fut hétérogène. Pour certains, il s'agissait d'une épopée contemporaine hors du commun, pour d'autres – comme la critique de l'*Observer* – d'un roman « aux ailes fondues qui plonge tout droit vers l'illisible ». Par autodérision, Rushdie se demandait combien de membres compterait le « club de la page 15 », cette communauté de lecteurs qui ne réussit pas à dépasser le début d'un gros livre. Il s'avéra bientôt qu'à des fins d'indignation publique, la lecture était superflue[7]. Sur le sous-continent indien, un article paru dans *India Today* accompagné d'un entretien avec l'auteur alluma la mèche avant même la parution du livre. La journaliste y décrivait le livre comme une attaque contre le fondamentalisme religieux, et s'attendait à ce qu'il déclenche une avalanche de protestations[8].

---

5. *Ibid.*, p. 145.
6. Pour cette image et ce qui suit, voir Salman Rushdie, *Joseph Anton...*, *op. cit.*, p. 128, 138 *sq.*
7. Sur la chronologie de la première phase de la contestation, voir Daniel Pipes, *The Rushdie Affair: The Novel, the Ayatollah, and the West*, 2ᵉ éd., New Brunswick, Transaction Publishers, 2003, p. 19 *sqq*.
8. Lisa Appignanesi et Sara Maitland (éd.), *The Rushdie File*, *op. cit.*, p. 28 *sqq*.

Le député indien Syed Shahabuddin attaqua immédiatement Rushdie dans une lettre ouverte et lui prêta une « intention satanique ». Il réclama l'interdiction du livre, tout en avouant qu'il ne l'avait pas lu – arguant qu'il n'avait pas besoin de « patauger dans un égout fangeux pour savoir ce qu'est la fange[9] ».

Dès le 6 octobre 1988, l'Inde prononça une interdiction officielle d'importer les *Versets sataniques*. L'Afrique du Sud lui emboîta le pas peu après, ainsi qu'un certain nombre d'autres pays dans les mois qui suivirent. Rushdie avait été invité à se rendre à Johannesburg à l'automne de cette année-là comme orateur principal dans un congrès anti-apartheid, mais les protestations des musulmans se firent de plus en plus bruyantes contre les *Versets sataniques* – la venue de l'écrivain aurait entraîné la division du mouvement anti-apartheid, et il resta en Angleterre. Rushdie, figure de la gauche anticoloniale, était devenu un représentant du vieil ordre oppressif mondial. Fatima Meer, une célèbre professeure d'université sud-africaine, porte-parole des musulmans d'origine indienne, déclara qu'en fin de compte, avec son livre blasphématoire, Rushdie s'attaquait au « tiers monde »[10].

Le 22 novembre 1988, le grand cheikh d'Al-Azhar, au Caire, exigea que les musulmans britanniques se défendent juridiquement contre le livre blasphématoire, qui présentait comme des faits des mensonges et des éléments imaginaires. Auparavant, des voix s'étaient déjà élevées en nombre croissant au Royaume-Uni pour demander des sanctions contre l'auteur et le roman. En décembre, de premières manifestations de musulmans eurent lieu en Angleterre. Bradford, en particulier, « capitale du curry » dans le West Yorkshire, avec un fort taux d'habitants issus de l'immigration depuis le sous-continent indien, fut le théâtre de manifestations spectaculaires, comme l'autodafé public qui eut lieu le 14 janvier 1989. Un porte-parole de la communauté musulmane objecta aux critiques que lorsqu'un homme comme Rushdie saisissait son droit d'exprimer librement son opinion pour offenser des millions de musulmans, alors ces derniers devaient aussi pouvoir exprimer leur sentiment d'outrage de façon démocratique[11]. Bientôt, pourtant, des menaces de mort contre l'auteur furent scandées lors des manifestations, et des effigies de Rushdie furent maltraitées ou brûlées[12]. Le 28 janvier, le mouvement atteignit la capitale britannique ; 8 000 musulmans marchèrent vers Hyde Park.

---

9. Salman Rushdie, *Joseph Anton...*, op. cit., p. 141.
10. *Ibid.*, p. 146 *sq*. Voir aussi la chronologie dans Lisa Appignanesi et Sara Maitland (éd.), *The Rushdie File*, op. cit., p. XIII *sq*., ainsi que https://en.wikipedia.org/wiki/The_Satanic_Verses_controversy [consulté le 05/08/2020].
11. Lisa Appignanesi et Sara Maitland (éd.), *The Rushdie File*, op. cit., p. 56.
12. Salman Rushdie, *Joseph Anton...*, op. cit., p. 214.

Fig. 13 – Autodafé public des *Versets sataniques* lors d'une manifestation à Bradford, janvier 1989.

Par comparaison, la foule de 2 000 manifestants qui protesta le 12 février face à l'US Information Center, dans la capitale pakistanaise Islamabad, semble peu importante. Mais sa radicalité était incomparable : elle ne s'en tint pas aux slogans contre les « chiens américains (!) » et aux appels comme « pendez Salman Rushdie ! ». La police ouvrit le feu mais ne put empêcher l'invasion du bâtiment qui se termina par la prise sur le toit du drapeau américain, finalement brûlé avec des effigies de Rushdie. Cinq ou six manifestants furent tués, des dizaines furent blessés[13].

Deux jours plus tard, l'ayatollah Khomeini lança sa fatwa. Il annonça que l'auteur des *Versets sataniques* ainsi que son éditeur et ses autres soutiens avaient été « condamnés à mort ». « J'appelle tous les musulmans fervents à les exécuter sans délai, où qu'ils soient, afin qu'à l'avenir personne n'ose plus injurier la foi sacrée des musulmans. Celui qui sera tué pour cette cause sera considéré comme un martyr[14]. » Le lendemain, un jour de deuil fut célébré avec ostentation en Iran et culmina dans une grande manifestation devant l'ambassade britannique. Durant six mois, les *Versets sataniques* avaient été en vente libre ; d'un seul coup, tous les livres de la maison d'édition de Rushdie furent frappés d'une interdiction d'importation, et la tête

13. Lisa Appignanesi et Sara Maitland (éd.), *The Rushdie File, op. cit.*, p. 66.
14. Voir *ibid.*, p. 68, ainsi que, pour ce qui suit, p. 71 *sqq.*

de l'auteur fut mise à prix pour plusieurs millions. Dès le départ, la propagande iranienne suggéra qu'il ne s'agissait en aucun cas de l'acte isolé d'un individu mais d'un complot occidental organisé. Les services secrets britanniques auraient ainsi enrôlé Rushdie pour lui faire rédiger cette œuvre de propagande injurieuse. Dans un message plus détaillé, l'ayatollah expliqua que le roman de Rushdie était une attaque planifiée de longue date par les forces colonialistes et sionistes, qui cherchaient à éradiquer l'islam et son clergé. « Dieu a voulu que le livre blasphématoire *Les versets sataniques* soit publié, afin que le monde de la vanité, de l'arrogance et de la barbarie montre le vrai visage de sa longue hostilité envers l'islam[15]. »

Dix années de clandestinité

Dans les premiers jours qui suivirent la menace, un admirateur anonyme envoya à Salman Rushdie un tee-shirt portant l'inscription « *Blasphemy is a victimless crime* », le blasphème est un crime sans victime[16]. Cette phrase ne s'appliquait certainement pas au blasphémateur présumé, pour qui le 14 février 1989 marqua le début d'un long et tortueux calvaire, qui ne devait se terminer qu'une décennie plus tard. Du jour au lendemain, sa vie « normale » prit fin et il fut contraint à la clandestinité, avec une forte protection policière, des changements de domicile, une limitation drastique des contacts humains et à plus forte raison des apparitions publiques. Pour l'écrivain et son entourage, la peur devint une compagne permanente. Il fallut ajouter à cela une opinion publique qui, par moments, était loin de lui être favorable, et commentait avec une plume au vitriol ses prétendus « privilèges » ainsi que les coûts élevés de sa protection.

En Grande-Bretagne, les remontrances publiques d'intellectuels ou de personnalités politiques accompagnèrent avec une telle constance les années clandestines de Rushdie qu'il donna aux déversements de la presse à sensation le nom générique de « *Daily Insult*[17] ». Tout le monde ne voyait pas les choses comme Ian McEwan, qui déclara devant des journalistes espagnols que la protection du prince Charles coûtait bien plus cher que celle de Rushdie, alors qu'il n'avait rien écrit d'intéressant[18]. Les écrivains Roald Dahl et John le Carré traitèrent leur collègue de vilain opportuniste et l'historien Lord Dacre, anciennement Hugh Trevor-Roper, se laissa même aller à déclarer qu'il ne verrait aucun inconvénient à ce que quelques musulmans attendent leur proie dans une ruelle obscure la

---

15. Lisa Appignanesi et Sara Maitland (éd.), *The Rushdie File, op. cit.*, p. 75.
16. Salman Rushdie, *Joseph Anton…, op. cit.*, p. 156.
17. *Ibid.*, p. 559.
18. *Ibid.*, p. 454.

nuit pour lui apprendre un peu les bonnes manières[19]. Les gouvernements conservateurs dirigés par Margaret Thatcher (qui apparaît dans les *Versets sataniques* sous le nom de «Ms. Torture») et John Major, qui n'avaient jamais compté Rushdie parmi leurs sympathisants, se tinrent sur la réserve. Norman Tebbit, un homme de confiance de la Première ministre, catalogua Rushdie comme un «véritable félon», dont la «vie publique avait été une suite de méprisables actes de trahison de son enfance, de sa religion, de son pays d'adoption, de sa nationalité[20]». Une partie même de l'opposition travailliste prit ses distances.

Par ailleurs, il n'était pas nécessaire d'avoir accès à des rapports réguliers des services secrets sur les commandos de tueurs iraniens pour comprendre que la vie de Rushdie était réellement en danger. Après tout, de grands noms de la politique iranienne en exil avaient déjà été victimes d'assassinats pilotés depuis Téhéran. Immédiatement après la sortie des *Versets sataniques*, des attentats à la bombe avaient visé des librairies. En août 1991, un terroriste potentiel se fit sauter à Londres. À la même époque, deux traducteurs du roman furent victimes de tentatives d'assassinat, causant la mort du Japonais Hitoshi Igarashi et blessant grièvement l'Italien Ettore Capriolo. L'attaque jamais élucidée qui visa l'éditeur norvégien William Nygaard en octobre 1993 était elle aussi manifestement motivée par la fatwa de Khomeini. Toutefois, les premières victimes de la condamnation à mort furent deux musulmans : le grand imam belge Abdullah al-Ahdal et son bibliothécaire Salem el-Beher, assassinés le 29 mars 1989. Al-Ahdal avait critiqué une fatwa qu'il jugeait illégitime. Enfin, l'incendie nocturne d'un hôtel dans la ville turque de Sivas début juillet 1993 coûta la vie à 37 artistes alévites. L'attaque visait surtout Aziz Nesin, qui avait auparavant publié illégalement (et contre la volonté de Rushdie) une partie des *Versets sataniques* en Turquie[21].

Les efforts de l'auteur pour faire des concessions permettant de mettre fin à sa vie clandestine restèrent vains. Quelques jours après la fatwa, Rushdie exprima ses regrets quant au chagrin causé par ses écrits aux fidèles musulmans. Dans un monde caractérisé par la diversité des confessions, tous devaient être conscients de la sensibilité des autres. La réponse de Téhéran fut immédiate : même si Rushdie se mettait à regretter et devenait l'homme le plus pieux de tous les temps, chaque musulman devait faire tout ce qui était en son pouvoir pour l'envoyer en enfer[22].

---

19. Lisa Appignanesi et Sara Maitland (éd.), *The Rushdie File*, op. cit., p. 200 ; Salman Rushdie, *Joseph Anton...*, op. cit., p. 181, 304, 607 *sqq*.
20. Salman Rushdie, *Joseph Anton...*, op. cit., p. 304.
21. *Ibid.*, p. 451 *sqq*.
22. Lisa Appignanesi et Sara Maitland (éd.), *The Rushdie File*, op. cit., p. 97 *sq.*, 99 ; Salman Rushdie, *Joseph Anton...*, op. cit., p. 172.

La fatwa demeura en vigueur après la mort du vieil ayatollah, le 3 juin 1989. Fin 1990, lorsque Rushdie, épuisé après un an et demi d'un combat pénible, se décida sous la pression de musulmans britanniques modérés à signer une profession de foi musulmane et se déclara prêt à renoncer à toute nouvelle édition ou traduction du roman, rien ne changea[23]. Des conflits éclatèrent entre des dirigeants musulmans concurrents d'Arabie Saoudite, d'Égypte et d'Iran. Dans ces circonstances, ses « cocontractants » ne voulurent ou ne purent pas mettre fin à la fatwa. Elle est toujours en vigueur aujourd'hui et des organisations iraniennes annoncent régulièrement le renouvellement de la prime. Toutefois, la pression publique et diplomatique croissante ainsi qu'une attitude plus déterminée du gouvernement britannique poussèrent les autorités iraniennes à déclarer en août 1998 que la fatwa n'était plus activement poursuivie. La protection personnelle de Rushdie fut progressivement allégée, puis levée en mars 2002. Depuis, le quotidien de l'écrivain est redevenu normal. « Ce nuage a passé sur ma vie », jugeait-il quinze ans plus tard[24].

Médias, politique et société

Des années avant que les smartphones et les réseaux sociaux ne rendent possible une communication de masse presque en temps réel, la dynamique de l'indignation médiatique et de la montée en puissance de la protestation dans le monde entier, à l'heure des médias de masse modernes, fut impressionnante et annonça l'avenir. Déjà les journaux, les radios et surtout la télévision jouèrent le rôle de gigantesques caisses de résonnance médiatique pour les manifestations musulmanes à travers le monde. De façon évidente, la protestation était à même de créer un sentiment d'appartenance : elle fut apparemment un moyen efficace pour dépasser les nombreuses frictions au sein de l'islam – après tout, si le dirigeant spirituel d'Iran s'exprimait au nom de fidèles, cela ne concernait que les chiites, qui ne constituaient dans l'absolu qu'une minorité des musulmans.

La communauté musulmane britannique joua un rôle central dans l'extension de la contestation, dans un pays où la société devait faire face à l'héritage multiculturel de l'Empire. À la fin du XXe siècle, la situation des musulmans en Angleterre était surtout marquée par la discrimination

---

23. Salman Rushdie, *Joseph Anton...*, *op. cit.*, p. 313 *sqq*.
24. *Märkische Allgemeine*, 15 décembre 2017, disponible en ligne sur https://www.maz-online.de/promis/wie-beeinflusst-die-fatwa-ihren-alltag-TJMLZLMT7SREAPV6MLNKAGY7EI.html [consulté le 05/08/2020]. Ce livre ayant paru en Allemagne en 2021, il ne peut tenir compte de l'attentat qui a visé Salman Rushdie en août 2022 (*N.d.T.*).

sociale et l'exclusion culturelle. Ainsi, la colère des musulmans britanniques à propos des *Versets sataniques* se nourrit de diverses expériences d'humiliation, alors que les manifestations créaient un nouveau sentiment de communauté. Lorsque Salman Rushdie vit à la télévision l'autodafé de Bradford en janvier 1989, il regarda «ces visages heureux de leur colère, s'en réjouissant, croyant que leur identité provenait de leur rage[25]». Cette action prouve d'ailleurs l'importance des médias de masse : un premier autodafé rituel avait eu lieu à Bolton, près de Manchester, début décembre 1988, mais il avait été presque entièrement ignoré par la presse en dépit d'un nombre plus important de participants. À Bradford, au contraire, le reporter photographe local envoyé sur place encouragea les manifestants à mettre le feu à un exemplaire du roman cloué au bout d'un bâton, juste avant le bouclage du journal, et réalisa une photo largement diffusée par la suite[26].

Par ailleurs, il convient naturellement de ne pas oublier que la contestation avait été provoquée de façon ciblée par des dirigeants religieux et politiques sur le sous-continent indien, en Iran et en Grande-Bretagne. Ainsi, la fatwa de Khomeini est souvent présentée comme une manœuvre dans le bras de fer qui opposait en Iran les radicaux et les modérés ; les extrémistes auraient pu, de cette façon, torpiller un rapprochement du pays avec l'Occident. En outre, après une guerre usante et coûteuse contre l'Irak, l'Iran avait besoin d'un nouvel ennemi pour masquer ses faiblesses internes. À l'inverse, certains observateurs pensent que la victoire de la fraction modérée, qui se manifesta en mai 1997 par l'élection à la présidence de Mohammad Chatami, permit la résolution de l'affaire Rushdie.

Naturellement, ces considérations sur les événements politiques ne peuvent expliquer de façon satisfaisante les causes profondes de la fureur autour de l'affaire Rushdie durant l'année 1989. Il semble peut-être évident que l'écrivain d'origine indienne avait entrepris de jouer avec les traditions religieuses dans une intention critique et provocatrice. Toutefois, il est tout aussi évident qu'aucun auteur avant lui ne s'était heurté à un rejet aussi fort en raison de textes tout aussi libres ou provocants sur l'islam[27]. Rushdie fut l'une des premières victimes de la tendance à la radicalisation et à la politisation de l'islam à travers le monde, incarnée de façon précoce et frappante dès 1979 par l'Iran de Khomeini[28]. S'il n'est pas possible de revenir ici sur les causes et les motifs profonds de cette évolution, il faut néanmoins observer que l'islam politique et le fondamentalisme n'étaient

---

25. Salman Rushdie, *Joseph Anton...*, *op. cit.*, p. 155 ; voir Haig A. Bosmajian, *Burning Books*, Jefferson, McFarland, 2006, p. 137.
26. Daniel Pipes, *The Rushdie Affair...*, *op. cit.*, p. 23.
27. *Ibid.*, p. 70 *sqq.*
28. Frank Bösch, *Zeitenwende 1979. Als die Welt von heute begann*, Munich, C. H. Beck, 2019, p. 18 *sqq.*

pas un simple retour à l'islam « ancien », bien que les salafistes radicaux et les sauveurs autoproclamés de l'Occident l'affirment aujourd'hui avec une rare unanimité. D'après le diagnostic de l'islamologue Thomas Bauer, il s'agit bien davantage d'une perte du centre religieux et d'une disparition de la tolérance de l'ambiguïté, c'est-à-dire de la capacité à supporter l'ambivalence et la contradiction. Bauer interprète ces évolutions comme des processus de modernisation au sein du monde musulman[29].

Des positions opposées

Les porte-parole de l'islam politique n'hésitèrent pas à justifier la fatwa de Khomeini. Kalim Siddiqui, qui avait fondé à Londres en 1972 un Muslim Institute, demanda haut et fort à tous les participants à un rassemblement de soutenir la condamnation à mort de Rushdie en levant la main. Parmi les nombreux musulmans britanniques qui adoptèrent la même attitude, on compta aussi le chanteur Cat Stevens, converti à l'islam. Peu après le lancement de la fatwa, il avait déjà déclaré que Rushdie devait être tué, et il le répéta lors d'un entretien à la télévision deux mois plus tard[30]. Durant l'été 1989, le Dr Shabbir Akhtar, membre du Bradford's Council for Mosques, tenta d'apporter une justification écrite dans un pamphlet intitulé « Attention avec Mahomet[31] ! ». Comme le suggère le titre, il s'agissait de faire comprendre aux lecteurs occidentaux la sensibilité particulière des musulmans face aux outrages envers le Prophète et sa famille. Avec sa « calomnie délibérée et son dénigrement du Prophète de l'islam », Salman Rushdie, ce terroriste à la plume, était accusé d'avoir volontairement ignoré ces avertissements. Mais il était du devoir de tous les musulmans de protéger l'honneur du Prophète : « Tout musulman qui ne se sent pas offensé par le livre de Rushdie cesse, par ce simple fait, d'être musulman. Les *Versets sataniques* sont devenus un test déterminant pour distinguer la foi de l'apostasie[32]. »

Akhtar reprochait au parti adverse, qu'il nommait « l'Inquisition libérale », une pensée manichéenne et une hypocrisie morale. Si les autodafés publics avaient d'abord servi à attirer l'attention des médias de masse sur les préoccupations des musulmans, les destructions de livres avaient ensuite été retournées contre ces derniers, accusés d'utiliser des

---

29. Thomas Bauer, *Die Vereindeutigung der Welt. Über den Verlust an Mehrdeutigkeit und Vielfalt*, Dietzingen, Reclam, 2018, p. 31 sqq.
30. https://en.wikipedia.org/wiki/Cat_Stevens%27_comments_about_Salman_Rushdie [consulté le 05/08/2020].
31. Shabbir Akhtar, *Be Careful with Muhammad! The Salman Rushdie Affair*, Londres, Bellew Publishing, 1989, p. 1 sq.
32. *Ibid.*, p. 35.

méthodes nazies. Pourtant, jusqu'à la fin du XIXe siècle, des textes séditieux ou blasphématoires avaient été publiquement brûlés en Angleterre par les bourreaux. Plus récemment, des manifestants britanniques n'avaient-ils pas brûlé leur déclaration de revenus en signe de protestation[33] ? La fatwa de Khomeini était présentée comme une mesure de légitime défense contre « le terrorisme littéraire de Rushdie », après des mois de patience et de vaines protestations[34].

À l'inverse, nombre de représentants des organisations musulmanes et d'intellectuels musulmans firent entendre une position modérée ; ils prirent leurs distances avec la fatwa, affirmant le caractère pacifique de leur religion et leur soutien de principe à la liberté d'expression. Sur le fond, nombreux étaient ceux qui partageaient bien sûr le jugement des extrémistes, à savoir que le livre était un concentré d'injures, de sacrilèges, de blasphèmes et d'obscénités, et que l'auteur, né musulman en Inde, était un apostat. À leurs yeux, la réécriture de l'histoire du Prophète et de ses compagnons était trop évidente pour que le renvoi au caractère fantastique et fictif du roman, ou du rêve dans le roman, constitue une défense valable[35]. Pour la plupart des musulmans, selon le journaliste iranien Amir Taheri, la simple idée qu'il était possible d'utiliser le prophète Mahomet comme un personnage de roman était odieuse. La réécriture artistique de révélations religieuses brisait un tabou fondamental. « Je préférerais être mort plutôt que voir l'islam outragé », avait dit l'ayatollah Majlisi au siècle dernier. Un proverbe arabe dit : « Tue-moi, mais ne moque pas ma foi[36]. » Le jeu avec la mythologie sacrée autour de Mahomet et du Coran fut très souvent compris comme une attaque contre le cœur de l'identité des musulmans[37]. Pour une confession qui – contrairement au christianisme – était rapidement devenue dominante et majoritaire, la critique contre la religion était considérée comme un trouble à l'ordre de la communauté. Dans ce contexte, l'« apostasie » de Rushdie avait un petit goût de trahison de ses origines[38].

L'opposition à Rushdie rassembla aussi nombre de non-musulmans, en particulier les représentants d'autres communautés religieuses[39]. C'était tout à fait ce que recherchait l'Iran, qui fit appel au pape Jean-Paul II en lui demandant d'intervenir contre les *Versets sataniques*, immédiatement

---

33. *Ibid.*, p. 43.
34. *Ibid.*, p. 67.
35. Voir notamment Lisa Appignanesi et Sara Maitland (éd.), *The Rushdie File*, *op. cit.*, p. 85 *sq.*, 87, 174 *sqq.*, 177 *sq.*
36. *Ibid.*, p. 88 *sq.* Voir la systématisation de l'argument chez Gereon Vogel, *Blasphemie...*, *op. cit.*, p. 221 *sqq.* ; Daniel Pipes, *The Rushdie Affair...*, *op. cit.*, p. 106 *sqq.*
37. Malise Ruthven dans Lisa Appignanesi et Sara Maitland (éd.), *The Rushdie File*, *op. cit.*, p. 190.
38. John Allemang dans *ibid.*, p. 215 *sqq.*
39. Daniel Pipes, *The Rushdie Affair...*, *op. cit.*, p. 163 *sqq.*

après l'annonce de la fatwa. Quelques semaines plus tard, lors d'un entretien au Saint-Siège, l'ambassadeur d'Iran se vit demander par un journaliste s'il pensait sérieusement que les catholiques pouvaient lancer une chasse à l'homme au nom de Dieu. Il répondit en renvoyant à la peine capitale qui menaçait de nombreux pécheurs dans les Saintes Écritures des religions monothéistes. Lui-même serait prêt à exécuter la condamnation de Rushdie sans aucune hésitation s'il en avait la possibilité. Enfin, il laissa entendre qu'il existait une sorte de « sainte alliance » entre l'islam et le christianisme, qui devraient laisser de côté toutes leurs querelles pour combattre ensemble l'incroyance[40].

Si une telle alliance ne se concrétisa pas au niveau international, le Vatican condamna les *Versets sataniques*, de même que d'autres représentants de l'Église catholique. Ainsi l'archevêque de Lyon, le cardinal Decourtray, dressa un parallèle entre les offenses envers les fois chrétienne et musulmane : « Une fois encore des croyants sont offensés dans leur foi. Hier les chrétiens dans un film défigurant le visage du Christ. Aujourd'hui les musulmans dans un livre sur le Prophète. » Il rejeta certes explicitement les réactions fanatiques comme la fatwa, qui étaient elles aussi des offenses à Dieu, mais exprima sa solidarité avec tous ceux qui vivaient « dans la dignité et la prière cette blessure[41] ». Chez l'ancien président américain Jimmy Carter, dont la foi baptiste profonde était notoire, l'offense faite aux musulmans par les *Versets sataniques* fit remonter le souvenir du chagrin ressenti face aux scènes sacrilèges de *La dernière tentation du Christ* de Scorsese. Il déplora les « blessures interculturelles » difficiles à guérir[42]. Des voix semblables se firent entendre en Grande-Bretagne. Quelques semaines seulement après la fatwa, les représentants de différentes confessions, notamment chrétienne, juive, musulmane et hindoue, récriminèrent contre le déséquilibre des lois en vigueur sur le blasphème et demandèrent leur extension[43].

Dans le camp adverse, le Committee Against Blasphemy Law avait été remis sur pied dès février 1989[44]. Les défenseurs de Rushdie se rassemblèrent sous la bannière de l'article 19 de la Déclaration universelle des droits de l'homme de l'ONU qui affirme le droit à la liberté d'opinion et d'expression, et aux États-Unis, bien sûr, sous celle du premier amendement (« *freedom of speech* »). Avec un pathos calculé, une journaliste américaine déclara, à propos des débats avec les représentants des musulmans, que ces derniers devaient comprendre « que le premier amendement

---

40. Lisa Appignanesi et Sara Maitland (éd.), *The Rushdie File*, op. cit., p. 82 sq.
41. *Ibid.*, p. 130 sq., et p. 116 sq. sur la réaction du Vatican.
42. *Ibid.*, p. 237.
43. *Ibid.*, p. 197 sq., ainsi que 101 sq. et 125 sqq. ; Salman Rushdie, *Joseph Anton...*, op. cit., p. 219 sq. et 247 sq.
44. Nicolas Walter, *Blasphemy Ancient & Modern*, Londres, Rationalist Press Association, 1990, p. 87.

est notre religion[45] ». L'organisation britannique de défense des droits humains Article 19, fondée en 1987, devint l'International Committee for the Defence of Salman Rushdie and his Publishers, soutenu par de nombreuses sections du PEN, l'association d'écrivains internationale. Le comité de défense s'engagea notamment pour l'abolition totale des articles de loi concernant le blasphème au Royaume-Uni[46].

L'écrivain anglais Tony Harrison poussa plus loin encore sa réponse personnelle à la fatwa, dans un poème filmé intitulé *The Blasphemers' Banquet* (juillet 1989). Il y invitait de grandes figures de l'histoire mondiale à un banquet dans le restaurant Omar Khayyám, à Bradford, un lieu autrefois dédié à la prière chrétienne. Outre la figure tutélaire du lieu, un mathématicien persan du Moyen Âge aux opinions religieuses peu conventionnelles, les invités comprenaient Voltaire, Molière et Lord Byron, ainsi que Salman Rushdie. Seule la chaise de ce dernier reste vide, son absence empêchant finalement la fête. Dans la vie réelle, Harrison et Rushdie se rencontrèrent autour d'un repas chez le travailliste Michael Foot ; ils « parlèrent du blasphème comme étant véritablement à la source même de la culture occidentale. Le procès de Socrate, celui de Jésus ou de Galilée avaient tous été intentés pour blasphème, et pourtant l'histoire de la philosophie, du christianisme et de la science leur était largement redevable[47] ». Le journaliste Leon Wieseltier, qui était du même avis, salua Salman Rushdie comme le « Voltaire anglo-indien » et rappela que l'Europe avait aussi été une société théocratique dans laquelle on brûlait les livres et les personnes. « C'est le blasphème qui nous a libérés. Deux fois hourra pour le blasphème[48] ! » Une telle glorification du blasphème aurait été presque impensable quelques années plus tôt. Les débats sur le sujet tendent, semblent-ils, à produire des logiques binaires et à faire disparaître la nuance.

Les *Versets sataniques* provoquèrent des débats dans de nombreux pays. En Allemagne, en mai 1995, la controverse connut un rebondissement digne d'attention, bien que tardif, autour de la lauréate du Prix de la paix des libraires. Annemarie Schimmel, grande dame de l'islamologie allemande, était jusqu'alors connue uniquement des spécialistes[49].

---

45. Lisa Appignanesi et Sara Maitland (éd.), *The Rushdie File, op. cit.*, p. 239. Voir la parole critique de Hesham El-Essawy sur une fétichisation et une sacralisation de la liberté d'expression semblant elles-mêmes fondamentalistes, *ibid.*, p. 124 *sq*.
46. https://en.wikipedia.org/wiki/Article_19 ; www.article19.org/data/files/pdfs/publications/crime-of-blasphemy.pdf [consultés le 20/02/2020].
47. Salman Rushdie, *Joseph Anton...*, *op. cit.*, p. 213 ; voir https://en.wikipedia.org/wiki/The_Blasphemers%27_Banquet [consulté le 20/02/2020].
48. Lisa Appignanesi et Sara Maitland (éd.), *The Rushdie File, op. cit.*, p. 167.
49. Pour la chronologie détaillée des débats, voir Anne Hoffmann, *Islam in den Medien. Der publizistische Konflikt um Annemarie Schimmel*, Münster, Lit, 2004, p. 15 *sqq*. ; plus

Dans un entretien télévisé, à la question de savoir si les menaces de mort contre Rushdie et Taslima Nasreen avaient changé sa vision de l'islam, elle répondit par la négative et ajouta qu'elle savait bien pour quelles raisons ces écrivains avaient été attaqués : « Bien sûr, une menace de mort est toujours quelque chose d'atroce. Mais je crois, là aussi, qu'il y a beaucoup d'exagération quand on connaît la mentalité. J'ai vu des hommes adultes pleurer en apprenant ce que contenaient les *Versets sataniques*. Et à mon avis, c'est là aussi une façon terrible d'offenser les sentiments d'un grand nombre de croyants. »

Une part importante de l'élite intellectuelle allemande prit part au débat public qui s'ensuivit, d'« une virulence proche du choc des civilisations[50] ». Il donna lieu à des alliances improbables – le tabloïd *Bild*, le quotidien de gauche *taz* et le magazine féminin *Emma* s'illustrèrent par leur violente critique de Schimmel – et à des outrances polémiques : ses déclarations, dans lesquelles on pouvait percevoir une équivalence douteuse entre appel au meurtre et offense religieuse, étaient naturellement tout à fait critiquables. Mais les tentatives de décrire Schimmel comme une musulmane convertie, ou même comme une fondamentaliste religieuse, allaient trop loin. Une lettre de protestation signée par de nombreuses personnalités demanda à l'association de ne pas lui remettre le prix. L'un des signataires n'était autre que Günter Wallraff, représentant allemand au sein du comité de soutien à Salman Rushdie. Ce dernier critiqua à distance, de façon aussi mordante qu'inexacte, « le soutien enthousiaste » de Schimmel à la fatwa et son appartenance au « Parti Stupide de Cat Stevens »[51]. La remise du prix eut pourtant bien lieu à Francfort le 15 octobre 1995. Les prises de parole évoquèrent explicitement le débat, qui (d'après le président de la République fédérale Roman Herzog) avait « contribué à bien des égards à une compréhension plus profonde » après des débuts peu glorieux. Grâce aux prises de position contre la condamnation prononcée par Khomeini et pour la liberté d'expression, mais aussi pour le dialogue interculturel, l'événement se conclut sur une réconciliation en demi-teinte[52].

Oppositions interculturelles

Les intellectuels de gauche furent visiblement mal à l'aise quant au positionnement à adopter dans l'affaire Rushdie : n'étaient-ils pas du côté

---

concis mais avec des analyses pertinentes, Stefan Wild, « Der Friedenspreis und Annemarie Schimmel. Eine Nachlese », *Die Welt des Islams*, vol. 36, n° 1, 1996, p. 107-122.
50. *Ibid.*, p. 112.
51. Salman Rushdie, *Joseph Anton…, op. cit.*, p. 522.
52. Voir l'éloge de Roman Herzog et les remerciements de la lauréate sur https://www.friedenspreis-des-deutschen-buchhandels.de/sixcms/media.php/1290/1995_schimmel.pdf [consulté le 20/02/2020].

des musulmans discriminés socialement et culturellement dans le berceau de l'ancien Empire colonial britannique ? Ne voulaient-ils pas absolument éviter et condamner les stéréotypes antimusulmans ? Ils ne souhaitaient à aucun prix adopter eux-mêmes une attitude colonialiste – ironie du sort, ce fut précisément le reproche formulé plus tard par le très british John le Carré à l'encontre du camp de Rushdie, l'écrivain d'origine indienne. Les protestations contre Rushdie furent interprétées, encore et encore, comme des réactions au racisme et aux préjugés antimusulmans[53]. L'article écrit par la journaliste Yasmin Alibhai-Brown, née en Ouganda et élevée dans la foi chiite, pour le cinquième anniversaire de la fatwa, est paradigmatique de cette vision. L'autrice, qui se décrivait comme une musulmane de gauche progressiste, antiraciste et féministe, n'y évoquait que brièvement le destin de l'auteur menacé de mort. Elle s'attardait en revanche sur la discrimination du million de musulmans britanniques, caricaturés par l'élite progressiste comme des barbares violents. Cela avait, selon elle, donné lieu à une mentalité d'assiégés qui menaçait de renforcer le fondamentalisme. Elle n'en identifiait pas moins des raisons d'être optimiste, car la communauté musulmane se diversifiait et débattait de plus en plus. L'article se terminait par des questions sur la relation entre liberté d'expression et responsabilité, mais aussi sur la possibilité d'une vie spirituelle au-delà de la société civile et de l'individualisme. Avec une forme d'euphémisme, la journaliste faisait du funeste 14 février le catalyseur productif d'un débat – sans ces défis, écrivait-elle de façon polémique, la vie se serait réduite au droit inaliénable de porter des jeans ou de manger des hamburgers chez McDonald's[54]. Salman Rushdie ne put que commenter ces réflexions par une raillerie amère – comme c'était merveilleux de la part de Khomeini d'avoir suscité un débat sur les valeurs, « cela valait bien la peine de transformer quelques écrivains en hamburgers ». Dans une rétrospective à l'occasion du vingtième anniversaire de la fatwa, l'autrice elle-même concéda qu'elle avait sous-estimé la force terrible de l'islamisme militant en faisant de cette affaire un épisode d'un combat colonial sans fin[55].

Dès le début du mois de mars 1989, l'une des « voix noires en défense de Salman Rushdie », le théoricien postcolonial Homi Bhabha, qui n'était pas encore célèbre, décrivit la situation difficile dans laquelle il se trouvait :

---

53. Lisa Appignanesi et Sara Maitland (éd.), *The Rushdie File, op. cit.*, p. 121 *sqq*.
54. https://www.independent.co.uk/voices/a-new-islam-for-the-west-five-years-on-yasmin-alibhai-brown-considers-the-impact-of-the-rushdie-1394121.html [consulté le 20/02/2020].
55. Salman Rushdie, *Joseph Anton…, op. cit.*, p. 485. Voir https://www.independent.co.uk/voices/commentators/yasmin-alibhai-brown/yasmin-alibhai-brown-lsquosatanic-versesrsquo-forced-me-to-declare-myself-a-muslim-1604607.html [consulté le 20/02/2020].

il se sentait coincé entre les impératifs culturels du libéralisme occidental d'une part, et l'interprétation absolutiste et fondamentaliste de l'islam d'autre part. Où devaient se tourner ceux qui voyaient les limites du libéralisme tout en craignant l'intolérance du fondamentalisme ? Pour les communautés noires engagées en faveur des droits des migrants, des réfugiés et des minorités ethniques, pour une société multiethnique et contre les discriminations raciales ou culturelles, aucun des deux pôles n'était acceptable. De ce point de vue, les déclarations antimusulmanes primaires ou les insinuations contre le « tiers monde » ne pouvaient qu'être rejetées. Bhabha ne trouvait pas de réponse à la question qu'il posait, mais il soutenait simplement que les *Versets sataniques* étaient une véritable « œuvre postcoloniale » dirigée contre l'eurocentrisme et l'ethnocentrisme[56].

La journaliste américaine Loretta Cottin Pogrebin ressentit une autre sorte de malaise en lien avec l'affaire Rushdie. Dans son magazine féministe *Ms.*, elle raconta durant l'été 1989 ses expériences de rencontres entre écrivains américains et représentants de la communauté musulmane. Ces derniers voulaient mettre en avant le caractère intolérable du livre blasphématoire, alors que les premiers souhaitaient au contraire convaincre les musulmans de l'intangibilité de la liberté d'expression garantie par le *First Amendment*. Si Pogrebin ne changea pas fondamentalement d'avis durant la discussion, son « moi féminin » ressentit l'impression d'une expérience partagée avec le camp adverse, celle de « voir ses propres griefs minimisés et écartés ». Elle compara les débats sur la pornographie à ceux sur le blasphème. « De même que les musulmans souffrent de voir des écrivains défendre les *Versets sataniques*, de nombreuses femmes sont heurtées par l'enthousiasme avec lequel de grands auteurs soutiennent le *Hustler* contre la plainte de Jerry Falwell [un prédicateur conservateur parodié par le magazine pornographique]. La défense des droits des pornographes est une épreuve de vérité pour les militantes féministes. [...] Dans l'affaire du *Hustler*, les féministes veulent – je le crois – la même chose que ce que souhaitent ici les musulmans : la reconnaissance d'une douleur provoquée par certains propos[57]. »

Quoi que l'on pense de cette comparaison, elle fait clairement ressortir la transformation du contexte des débats mondiaux sur le blasphème par rapport à la configuration traditionnelle au sein de la culture occidentale. Longtemps, dans ce conflit, les partis avaient semblé facilement identifiables : d'un côté, le système de croyances dominant représenté par l'État et l'Église, main dans la main ; de l'autre, les hétérodoxes et les défavorisés, qui défiaient le système dominant ou en subissaient la répression.

---

56. Lisa Appignanesi et Sara Maitland (éd.), *The Rushdie File, op. cit.*, p. 112-114. Voir aussi la prise de position du célèbre Edward Saïd, *ibid.*, p. 164-166.
57. *Ibid.*, p. 238 *sqq*.

À présent ces lignes de front se brouillaient, les marginaux railleurs se voyaient tout à coup accusés de représenter l'opinion dominante. On ne savait plus si leurs moqueries visaient les mollahs fondamentalistes ou les immigrants discriminés venus du « tiers monde » ; et si le roman de Rushdie était une parabole anticoloniale née de la plume d'un migrant ou une appropriation culturelle de l'histoire de la religion musulmane par un affairiste laïque sans scrupules[58].

2004 : meurtre aux Pays-Bas

Entre 1989, année de la fatwa, et le conflit mondial suivant autour du blasphème à propos des caricatures de 2005, il s'écoula une décennie et demie d'un *clash of cultures* de plus en plus dur. L'attaque traumatisante contre les tours du World Trade Center, le 11 septembre 2001, marqua une rupture. Trois ans plus tard, avec l'attentat qui coûta la vie à Theo van Gogh le 2 novembre 2004, la question du blasphème revint sur la scène publique. Le metteur en scène néerlandais se déplaçait à vélo dans le centre d'Amsterdam lorsqu'il fut rattrapé par un autre cycliste qui lui tira dessus[59]. Mohammed Bouyeri, un Néerlandais d'origine marocaine, trancha la gorge de sa victime gravement blessée et lui planta ensuite dans la poitrine avec un couteau de boucher une revendication de cinq pages qui appelait à la guerre sainte contre les incroyants et à l'assassinat d'autres personnes désignées par leur nom. Après cette exécution en pleine rue, il se livra à une fusillade avec la police, sans doute dans le but de mourir en martyr. Toutefois, il put être arrêté et fut ensuite traduit en justice. Avant d'être condamné à la prison à vie, il fit savoir dans sa déclaration finale qu'il ne regrettait rien et serait prêt à recommencer. En tant que musulman, il avait le devoir « de couper la tête de tous ceux qui insultent Allah et son prophète[60] ».

D'une certaine façon, Theo van Gogh était une cible toute désignée pour la haine des extrémistes. Il avait attiré l'attention moins par ses films que par ses violentes invectives. Sa victime était en particulier Leon de Winter, écrivain d'origine juive qu'il accusait d'utiliser sa judéité à des fins de promotion personnelle. Il ne reculait pas devant les injures les plus nauséabondes : selon lui, Winter « ne pouvait satisfaire

---

58. Sur le reproche d'appropriation culturelle, voir *ibid.*, p. 225.
59. Sur ce qui suit, voir Geert Mak, *Der Mord an Theo van Gogh. Geschichte einer moralischen Panik*, Francfort-sur-le-Main, Suhrkamp, 2005 ; Ian Buruma, *On a tué Theo Van Gogh. Enquête sur la fin de l'Europe des Lumières*, traduit par Jean Vaché, Paris, Flammarion, 2006.
60. *Ibid.*, p. 201.

sa femme qu'en enroulant du barbelé autour de son pénis et en criant "Auschwitz!" lorsqu'il jouissait». Evelien Gans, une historienne juive qui critiqua ces déclarations, devint rapidement sa nouvelle victime. Il écrivit qu'elle «mouill[ait] dans ses rêves à l'idée de baiser avec le Dr Mengele», le médecin d'Auschwitz. Van Gogh avait aussi été poursuivi en justice par des chrétiens furieux lorsqu'il avait décrit Jésus comme «ce poisson pourri de Nazareth[61]». Les musulmans, qu'il traita maintes fois de «baiseurs de chèvres», n'étaient donc pas les seules cibles de ses injures. Van Gogh lui-même se voyait comme l'héritier des grands écrivains néerlandais d'après-guerre Willem Frederik Hermans et Gerard Reve, tous deux jugés pour des déclarations radicales sur des éléments religieux. Dans son roman paru en 1951, Hermans avait fait tenir à un personnage des propos injurieux sur les catholiques («la part la plus crasseuse, servile, aveugle, sournoise de notre peuple»). Reve, fervent partisan de l'Église catholique romaine en dépit de son homosexualité et critique véhément de la gauche, fut poursuivi pour blasphème en 1966 parce qu'il avait décrit dans un roman son union sexuelle avec Dieu incarné par un âne. Le procès passa par toutes les instances avant que la Cour suprême ne rejette finalement la plainte[62].

Ainsi, l'assassinat de Theo van Gogh était bien plus que la rencontre tragique entre un guerrier de la foi égaré et un excentrique hollandais ; cela explique également pourquoi cette affaire bouleversa la société néerlandaise comme jamais auparavant. Déjà, en mai 2002, l'assassinat du populiste de droite Pim Fortuyn par un militant radical de la cause animale avait ébranlé la République. Mais ce deuxième attentat fut vu de tous côtés comme la manifestation d'un «choc des cultures». De fait, selon la lettre de revendication, la véritable cible de l'attaque était la députée néerlandaise Ayaan Hirsi Ali, née en Somalie. Son expérience de petite fille et de jeune femme dans divers pays où l'influence de l'islam était importante l'avait d'abord entraînée dans les eaux de l'orthodoxie musulmane, avant de déclencher un processus d'émancipation intérieure. Peu avant un mariage forcé, elle avait fui aux Pays-Bas. Là, elle était rapidement devenue l'une des principales voix critiquant l'islam, en particulier sa morale

---

61. Citations dans Ian Buruma, *On a tué Theo Van Gogh...*, *op. cit.*, p. 100 *sq.* ; Geert Mak, *Der Mord...*, *op. cit.*, p. 9 ; voir également la prise de position *a posteriori* de Leon de Winter, dix ans plus tard, sur https://www.welt.de/debatte/kommentare/article133890086/Ich-habe-dem-Grossmaul-Theo-Van-Gogh-verziehen.html [consulté le 20/02/2020].
62. Ian Buruma, *On a tué Theo Van Gogh...*, *op. cit.*, p. 108 ; sur le «procès de l'âne», voir Egon Johan De Roo, *Godslastering. Rechtsvergelijkende studie over blasfemie en andere religiedelicten*, Deventer, Kluwer, 1970, p. 113 *sqq.* ; Inge van der Bijl, «Het ezelsproces», *Blind*, n° 13, 2007, disponible en ligne sur https://www.ziedaar.nl/article.php?id=288 [consulté le 20/02/2020].

sexuelle et l'oppression des femmes. Ce dernier sujet était aussi celui d'un film de Theo van Gogh, tourné d'après un scénario d'Ali : *Submission I*, un court métrage de onze minutes, avait été diffusé à la télévision néerlandaise en août 2004. Le récit, agrémenté de coups de fouet, retraçait le destin de différentes femmes, mariées de force ou violées. Dans le film, les versets du Coran qui justifiaient ces mauvais traitements étaient projetés sur le corps nu d'une femme voilée. L'œuvre était loin de l'exposé objectif, elle était conçue pour provoquer. Ali se justifia en renvoyant à l'histoire de la critique religieuse occidentale, qui ne s'était pas limitée à une analyse factuelle. Tout devait être autorisé dans l'affrontement avec l'islam, en dehors de la violence[63].

À la suite de l'assassinat de Theo van Gogh, le débat se radicalisa encore davantage. Mohammed Bouyeri, qui avait agi seul, devint une incarnation de l'islam tout entier, et son acte attisa de violents réflexes antimusulmans. Des personnalités politiques évoquèrent la menace d'une guerre civile, Pim Fortuyn vit à l'œuvre des extrémistes « qui crachent sur notre culture. Ils ne parlent même pas notre langue et s'habillent de drôles de robes[64] ». Ainsi, la religion fut confondue avec l'origine ethnique : sur le télétexte de la télévision publique, peu après l'attentat, on pouvait lire que le criminel était « d'apparence musulmane[65] ». Une forte polarisation s'esquissa, consistant à faire une différence systématique entre « Néerlandais » et « musulmans », alors que ces derniers étaient des hommes nés à Zwolle ou à Leyde, qui parlaient avec l'accent local[66]. Cela raviva les problèmes de la société néerlandaise d'immigration. Alors que les immigrés du Suriname et des anciennes Indes orientales avaient été acceptés comme partie intégrante, quoique « exotique », de la culture nationale, en raison du passé colonial des Pays-Bas, cela n'était plus le cas des travailleurs immigrés venus du Maroc ou de Turquie[67]. À l'inverse, les polémistes et les provocateurs comme Ali et van Gogh se virent reprocher de propager l'islamophobie et de favoriser le racisme. Même un observateur réfléchi comme l'écrivain Geert Mak compara la composition de *Submission I* au film violemment antisémite *Le juif éternel* de 1940. Dans les deux cas, des images abjectes et des excès étaient associés à des textes sacrés, ce qui suggérait que le comportement dénoncé était celui de tous les fidèles de la religion concernée[68].

---

63. Ian Buruma, *On a tué Theo Van Gogh…*, op. cit., p. 189 sqq.
64. *Ibid.*, p. 14.
65. Geert Mak, *Der Mord…*, op. cit., p. 78.
66. *Ibid.*, p. 94.
67. Ian Buruma, *On a tué Theo Van Gogh…*, op. cit., p. 27 sqq.
68. Geert Mak, *Der Mord…*, op. cit., p. 74 ; Ian Buruma (*On a tué Theo Van Gogh…*, op. cit., p. 251) exprime son désaccord.

2005 : images du Prophète

A posteriori, le conflit autour des caricatures de Mahomet en 2005 semble presque une forme de répétition de l'affaire Rushdie. Pourtant, certaines différences sont importantes. Au lieu d'un épais roman dont le message blasphématoire devait d'abord être présenté de façon outrancière par ses adversaires, il s'agissait désormais de caricatures dont l'intention agressive, ou du moins polémique, était évidente. Par ailleurs, la dynamique de la contestation fut alimentée par un nouveau média, Internet, qui permettait la communication en temps réel dans le monde entier[69]. Enfin, depuis 1989, les susceptibilités collectives étaient devenues plus importantes et la perception d'une polarisation culturelle s'était accrue.

Conjonctures d'une contestation mondiale

L'affaire des caricatures prit sa source au Danemark, un pays relativement petit avec un passé colonial, comme les Pays-Bas[70]. Le 30 septembre 2005, les dessins à l'origine du scandale parurent dans le quotidien à grand tirage *Jyllands-Posten*, basé à Aarhus. Le journal avait invité divers dessinateurs à « dessiner Mahomet tel que vous le voyez ». Le rédacteur en chef des pages culturelles, Flemming Rose, considérait l'appel comme une expérience sur l'état de la liberté d'expression et de l'autocensure au Danemark. L'écrivain Kåre Bluitgen ne s'était-il pas justement plaint qu'aucun dessinateur n'osait illustrer son livre pour enfants sur le prophète Mahomet ? Sur les 42 artistes contactés par le *Jyllands-Posten*, douze envoyèrent une contribution ; toutes furent publiées sur la page « KulturWeekend ».

---

69. Voir Lydia Haustein, Bernd Michael Scherer et Martin Hager (dir.), *Feindbilder. Ideologien und visuelle Strategien der Kulturen*, Göttingen, Wallstein, 2007 ; Ursula Baatz *et al.*, *Bilderstreit 2006: Pressefreiheit? Blasphemie? Globale Politik?*, Vienne, Picus Verlag, 2007.

70. Essentiel ici, Jytte Klausen, *The Cartoons that Shook the World*, New Haven, Yale University Press, 2009, p. 13 *sqq.*, et la chronologie p. 185 *sqq.* ; Jana Sinram, *Pressefreiheit oder Fremdenfeindlichkeit? Der Streit um die Mohammed-Karikaturen und die dänische Einwanderungspolitik*, Francfort-sur-le-Main, Campus Verlag, 2015, p. 245 *sqq.* ; pour un condensé, Sabine Schiffer et Xenia Gleissner, « Das Bild des Propheten. Der Streit um die Mohammed-Karikaturen », *in*: Gerhard Paul (dir.), *Das Jahrhundert der Bilder. 1949 bis heute*, Göttingen, Vandenhoeck & Ruprecht, 2008, p. 751-759 ; Jennifer Elisa Veninga, *Secularism, Theology and Islam: The Danish Social Imaginary and the Cartoon Crisis of 2005-2006*, Londres, Bloomsbury Academic, 2014, p. 9 *sqq.* ; Flemming Rose (*The Tyranny of Silence*, Washington [DC], CATO Institute Press, 2014) décrit les événements du point de vue d'un acteur. Voir également les contributions dans Lydia Haustein, Bernd Michael Scherer et Martin Hager (dir.), *Feindbilder, op. cit.*, et Bernhard Debatin (dir.), *Der Karikaturenstreit und die Pressefreiheit: Wert- und Normenkonflikte in der globalen Medienkultur*, Münster, LIT Verlag, 2007.

Les caricaturistes s'acquittèrent de leur tâche de façons très différentes, certains avec une distance autoréflexive, d'autres avec des représentations hostiles et stéréotypées.

Celui qui fit le plus sensation, plus tard, fut le dessin de Mahomet réalisé par Kurt Westergaard. Au lieu d'un turban, le Prophète portait une bombe dont la mèche était allumée et sur laquelle figurait la profession de foi musulmane. Rose accompagna les caricatures d'un texte qui précisait les raisons de la publication : dans les États totalitaires, écrivait-il, les critiques du régime qui faisaient des plaisanteries sur les dictateurs étaient emprisonnés au prétexte qu'ils heurtaient les sentiments du peuple. Les choses n'en étaient pas là au Danemark, mais des signes menaçants indiquaient une autocensure croissante. Certains musulmans refusaient la société laïque moderne et exigeaient que leurs sentiments religieux fassent l'objet d'une considération particulière. « Voilà qui est incompatible avec la démocratie laïque. En son sein, l'individu doit être prêt à supporter la moquerie, les sarcasmes et le ridicule[71]. » Un éditorial du rédacteur en chef Carsten Juste enfonçait le clou. Selon lui, les musulmans qui représentaient l'islam contemporain se caractérisaient par une « hypersensibilité maladive » à la critique ; la moindre provocation contre les imams bouffis d'orgueil et les mollahs fous était immédiatement interprétée comme une provocation contre l'islam et le Coran.

La contestation démarra plutôt lentement. Début octobre, quelques religieux musulmans protestèrent auprès du journal ; un imam danois, cheikh Raed Hlayhel, se plaignit sur la chaîne arabe Al Jazeera des caricatures et du traitement général des musulmans au Danemark. Mi-octobre, une première manifestation à Copenhague attira 3 500 personnes. Parallèlement, des interventions eurent lieu aux niveaux politique et juridique. Des ambassadeurs et des représentants de onze pays de culture musulmane sollicitèrent un entretien avec le Premier ministre danois, Fogh Rasmussen. Le chef du gouvernement danois reçut également des lettres de l'Organisation de la coopération islamique et de la Ligue arabe. Certains pays comme l'Égypte, le Bangladesh, le Pakistan ou la Turquie formulèrent également des critiques. Fogh Rasmussen se montra inflexible et refusa toute rencontre ou intervention politique, renvoyant aux valeurs fondamentales de la démocratie et au droit à la liberté d'expression. Des organisations musulmanes tentèrent alors de poursuivre en justice le *Jyllands-Posten* en invoquant l'article 140 du Code pénal danois, plus tard supprimé, ainsi que l'article 266b (offense à un groupe de personnes en raison de son origine ethnique ou de sa foi). Ils échouèrent devant toutes les instances.

---

71. Flemming Rose, *The Tyranny of Silence*, op. cit., p. 32 ; Jana Sinram, *Pressefreiheit…*, op. cit., p. 256.

Début décembre, une délégation de cinq imams danois rencontra au Caire le secrétaire général de la Ligue arabe, Amr Moussa. Ils lui présentèrent un dossier contenant les douze caricatures, auxquelles ils avaient ajouté trois autres reproductions. Deux d'entre elles étaient d'ignobles images de propagande d'origine obscure (Mahomet représenté en violeur pédophile, et un homme penché en avant pour la prière se faisant chevaucher par un chien). La troisième, qui montrait prétendument un musulman déguisé en cochon, s'avéra plus tard provenir d'un concours français stupide sans aucun rapport avec l'islam. Plus tard, lorsqu'ils furent accusés d'avoir contribué à provoquer les agressions par cet usage de faux, les imams prétendirent que les images étaient des exemples des lettres haineuses qu'ils avaient reçues. Pourtant, les images supplémentaires furent communément considérées comme une partie des caricatures du *Jyllands-Posten*[72]. Quelques jours plus tard, lors de la conférence de l'Organisation de la coopération islamique, à La Mecque, le dossier fit sensation. Les participants adoptèrent une résolution condamnant aussi bien l'offense au Prophète que la référence à la liberté d'expression comme prétexte à l'insulte envers les religions.

Au Danemark, fin 2005, le Premier ministre Rasmussen se trouva de plus en plus sur la défensive et fit quelques démarches prudentes en faveur d'une désescalade. Durant l'année suivante, pourtant, le conflit prit rapidement de l'ampleur. De premiers États musulmans rappelèrent leurs diplomates ou fermèrent leurs ambassades. Dès le mois de janvier, un appel au boycott se fit entendre en Arabie Saoudite contre les produits danois mais aussi norvégiens, car un petit magazine chrétien avait publié les caricatures en Norvège. L'appel se propagea rapidement dans une grande partie du monde musulman, ce qui menaça d'infliger des dommages sensibles à l'économie danoise – six mois après le début du boycott, la chambre de commerce danoise évalua les pertes à 180 millions de dollars[73]. Il concerna tous les pays scandinaves, voire, plus largement, tous les États de l'Union européenne ou même l'Occident dans son ensemble, perçu comme un camp hostile unifié. Ce camp « occidental » se montra de plus en plus divisé au sujet des caricatures. En particulier, la question de savoir si leur reproduction en signe de solidarité était opportune donna lieu à un débat houleux. De nombreux organes de presse européens publièrent les dessins, en y associant souvent une critique des caricatures. Aux États-Unis, en revanche, des journaux comme le *New York Times* ou le *Washington Post* refusèrent de les imprimer.

L'énorme contestation mondiale atteignit son apogée en février 2006. À Londres, des manifestations pacifiques réunirent 10 000 participants,

---

72. Jytte Klausen, *The Cartoons...*, op. cit., p. 91.
73. *Ibid.*, p. 150.

tandis qu'ailleurs la situation dégénéra. Les ambassades danoises en Syrie, au Liban, en Indonésie et en Iran furent en grande partie détruites par des incendies. Le personnel diplomatique danois dans les pays musulmans fut rapatrié et les ressortissants à l'étranger furent encouragés à rentrer. Lors de certaines manifestations après la prière musulmane du vendredi, dans les pays du Proche et du Moyen-Orient, ainsi qu'en Afrique, l'indignation se traduisit en partie par des violences massives, qui firent plusieurs fois des morts. Au total, les manifestations de masse auraient coûté la vie à environ 250 personnes, la majorité au Nigeria[74]. Lorsqu'elles diminuèrent, la menace terroriste subsista. Le réseau Al-Qaïda et son dirigeant, Oussama ben Laden, avaient rapidement intégré la question des caricatures à leur propagande. Comme dans l'affaire Rushdie, les protagonistes firent face à de nombreuses menaces de mort. Les islamistes mirent leur tête à prix et les journalistes du *Jyllands-Posten*, ainsi que les caricaturistes, furent placés sous protection policière. Kurt Westergaard, le dessinateur de la « tête de bombe », se trouva particulièrement en danger. En février 2008, la police d'Aarhus annonça l'arrestation de trois terroristes potentiels. Et le 1er janvier 2010, un homme armé s'introduisit avec violence dans la maison du dessinateur. Celui-ci réussit à se mettre en sécurité et à alerter la police.

Dans les domaines de la politique et de la diplomatie internationales, l'affaire des caricatures donna lieu, par moments, à une activité frénétique. Au pic de la crise, peu d'organisations et réseaux internationaux étaient restés en retrait ; l'Organisation de la coopération islamique et la Ligue arabe se montrèrent aussi actives que l'Union européenne et les Nations unies. En avril 2009, l'élection au secrétariat général de l'OTAN de Fogh Rasmussen, qui avait auparavant balayé les doutes de la Turquie dus à son attitude dans le conflit des caricatures, mit fin à l'affaire du point de vue de la « grande politique ».

Images du Prophète

L'escalade du conflit et l'indignation mondiale étaient en partie directement imputables aux dessins. Toutefois, la qualité et la force d'expression des douze caricatures étaient très diverses et elles ne furent pas interprétées de manière univoque[75]. Ainsi, Lars Refn représentait un élève de collège

---

74. Voir l'état des lieux dans *ibid.*, p. 107.
75. Voir *ibid.*, p. 21 *sqq.* ; Sabine Schiffer et Xenia Gleissner, « Das Bild des Propheten... », *op. cit.*, p. 752 *sq.* ; Jennifer Elisa Veninga, *Secularism...*, *op. cit.*, p. 12 *sq.* ; Andreas Platthaus, *Das geht ins Auge. Geschichten der Karikatur*, Berlin, AB – Die Andere Bibliothek, 2016, p. 415 *sqq.* ; Flemming Rose, *The Tyranny of Silence*, *op. cit.*, p. 40 *sqq.* ; Jana Sinram,

nommé Mahomet : debout devant un tableau, il montrait un texte en persan (farsi), dont la traduction pourrait être : « Les rédacteurs du *Jyllands-Posten* sont un tas de provocateurs réactionnaires. » Il critiquait ainsi explicitement l'intention des rédacteurs du journal. D'autres illustrations, au contraire, se virent reprocher leur orientalisme et leur racisme, mais aussi leur antisémitisme larvé. Ainsi, l'un des dessins montrait un barbu féroce muni d'un cimeterre, les yeux dissimulés par une bande noire. Il était flanqué de deux femmes en burqa, dont les fentes qui laissaient voir les yeux avaient exactement la même forme que la bande : s'agissait-il là, vraiment, d'un « jeu réussi avec les clichés de la disposition musulmane à la violence, de la polygamie et de l'oppression des femmes[76] », ou plutôt d'une reproduction, voire d'un renforcement, desdits clichés ?

La même question se pose pour la bombe dans le turban de l'homme de l'ombre dessinée par Westergaard, la caricature généralement utilisée pour représenter toutes les autres. Montre-t-elle le Prophète lui-même, ou un mécréant dévoyé ? La question fut discutée plus tard au cours d'un procès en France, durant lequel un expert jugea qu'il s'agissait d'une image raciste : pour lui, les traits du personnage étaient similaires à ceux des caricatures antisémites du début du XXe siècle. D'autres contestèrent toute assimilation de l'islam à la violence par l'illustration. D'après certaines indications, Westergaard lui-même aurait voulu montrer que les musulmans radicaux utilisaient le Prophète comme prétexte pour l'usage de la violence. De nombreux musulmans, au contraire, jugèrent que le dessin visait à dénoncer en bloc l'islam comme cause de violence et de terrorisme[77]. Une telle interprétation aurait été justifiée par le fait que la « tête de bombe » s'inscrivait dans une certaine tradition d'images stéréotypées contre l'islam – l'ayatollah Khomeini avait déjà été caricaturé sous les traits d'une bombe en 1981[78]. Quel que fût le message qu'un observateur pouvait en tirer, l'image possédait un pouvoir de suggestion et marquait fortement les esprits, ce qui contribua à en faire l'une des caricatures les plus reproduites de l'époque contemporaine. En dépit de son ambivalence, un tel dessin était bien plus facile à utiliser à des fins de propagande qu'un épais roman comme les *Versets sataniques*.

Au-delà de leur interprétation, les caricatures, par leur seule existence, constituaient pour de nombreux musulmans une offense, car elles enfreignaient l'interdit de la représentation dans l'islam. On remarque souvent que cet interdit n'a en aucun cas été strictement appliqué dans le passé (voir

---

Pressefreiheit…, *op. cit.*, p. 260 *sqq.* ; les caricatures à l'adresse http://multimedia.jp.dk/archive/00080/Avisside_Muhammed-te_80003a.pdf [consulté le 20/02/2020].
76. Andreas Platthaus, *Das geht ins Auge*…, *op. cit.*, p. 418.
77. Jytte Klausen, *The Cartoons*…, *op. cit.*, p. 24.
78. Sabine Schiffer et Xenia Gleissner, « Das Bild des Propheten… », *op. cit.*, p. 753.

chap. 6) – ce qui serait la preuve que le fondamentalisme islamiste qui se présente comme « traditionnel » est en réalité un phénomène de modernisation. Ainsi, d'anciens films représentant les premiers temps de l'islam avaient provoqué chez les musulmans moins d'indignation qu'au début du XXIe siècle. Ahmed Abu Laban, membre de la délégation des imams danois au Caire, se référa plus tard par exemple à des productions hollywoodiennes comme le film *Le message* (1976), dans lequel Anthony Quinn jouait le personnage principal Hamza ibn ʿAbd al-Muttalib, pour montrer qu'on avait tout à fait toléré, du côté des musulmans, des formes de représentation par l'image. Toutefois, dans ce film, le Prophète n'apparaissait pas en personne, par respect pour la tradition musulmane ; à l'époque, il avait déjà donné lieu à des contestations, quoique très limitées.

Il n'était d'ailleurs pas nécessaire d'avoir recours à de grandes subtilités interprétatives pour comprendre l'action du *Jyllands-Posten* comme une provocation et une injure envers l'islam. Les deux textes de Juste et de Rose, qui encadraient les dessins, étaient tout à fait clairs. L'objectif explicite était de tester la susceptibilité des musulmans. Il n'y avait pas là d'intention claire de blasphémer, comme chez Theo van Gogh qui brisait volontairement les tabous aux Pays-Bas, mais le journal fit très ostensiblement le calcul que les dessins pourraient être compris comme blasphématoires. L'information selon laquelle les rédacteurs avaient envoyé les caricatures à des religieux musulmans pour pouvoir rapporter leurs réactions indignées[79] est peut-être fausse, mais la publication suffisait à elle seule à mettre en mouvement un processus prévisible. Au-delà des intentions possibles de l'équipe du journal, d'autres acteurs alimentèrent l'indignation. Par exemple, les cinq imams qui se rendirent en délégation au Caire jouèrent un rôle clé. L'un d'eux, cheikh Raed Hlayhel, avait déjà été la cible d'un reportage critique du *Jyllands-Posten* lorsqu'il avait décrit les femmes lors d'un prêche du vendredi comme des « œuvres du diable » et les avait rendues responsables de la corruption des hommes[80]. Pourtant, il n'y eut pas de front musulman uni contre les supposés outrages occidentaux. Ainsi, au Danemark, un mouvement de musulmans démocrates créé en février 2006 chercha à se distinguer des contestations radicales[81].

De nombreux observateurs virent aussi dans l'attitude intransigeante de Rasmussen et de son gouvernement, interprétée comme un manque de respect envers les musulmans, un accélérateur décisif du conflit[82].

---

79. Andreas Knigge, « Satanische Zeichnungen, oder: Kampf der Karikaturen. Chronik und Hintergründe einer Eskalation », *Comixene*, n° 93, avril 2006, disponible en ligne sur https://acknigge.de/a26-karikaturenstreit1-2006/ [consulté le 20/02/2020].
80. Jytte Klausen, *The Cartoons…, op. cit.*, p. 27 *sqq.*, 87 *sqq.*
81. *Ibid.*, p. 95.
82. Sur ce qui suit, voir *ibid.*, p. 147 *sqq.*

Longtemps, le chef du gouvernement danois était resté aux abonnés absents face aux demandes de contact diplomatique venant d'Égypte et des organisations islamiques. Lorsqu'il commença à basculer vers une attitude plus conciliante, début 2006, il était trop tard. Le Premier ministre avait visiblement sous-estimé le caractère explosif de l'affaire mais sa réaction reflétait aussi des réalités de politique intérieure. Son gouvernement minoritaire, composé de son parti libéral Venstre et des conservateurs, dépendait du bon vouloir du parti populiste de droite Dansk Folkspartei, qui prenait fermement position contre l'immigration et, surtout, contre les musulmans. Quelques mois avant l'affaire des caricatures, il avait accédé au rang de troisième force politique danoise, avec 13 % des voix. Alors que la part des immigrés dans la population était relativement réduite (en 2005 : 7,2 %, dont environ 60 % issus de pays non occidentaux), le sujet prit une place de premier plan dans le discours politique. La structure traditionnellement homogène de la population favorisait un climat social dans lequel l'étranger était surtout désigné comme une menace[83].

Durant l'été 2005, une station de radio nationaliste (Radio Holger) expliqua qu'il existait deux réponses possibles pour mettre fin au « terrorisme à la bombe », soit expulser tous les musulmans hors d'Europe occidentale, soit exterminer les musulmans fanatiques – c'est-à-dire tuer une part importante de la population musulmane immigrée. La chaîne se vit retirer sa licence[84]. Peu après, un ministre conservateur du gouvernement Rasmussen se fit remarquer par un discours dans lequel il prônait « la guerre contre l'idéologie multiculturelle ». Ainsi, au Danemark, le « choc des civilisations » (*kulturkampen*) devint un slogan politique. Dans l'ensemble, l'opinion publique danoise était dominée en 2005 par une forte polarisation entre « nous » (les Danois, ou les Occidentaux) et « eux » (les musulmans). Les caricatures exprimaient, tout en l'amplifiant, ce climat social[85].

La plupart des musulmans – et un nombre croissant de critiques occidentaux – soupçonnèrent que la lutte prétendue pour la liberté d'expression dissimulait un programme raciste et xénophobe. L'hypocrisie des combattants autoproclamés contre la censure, à commencer par le *Jyllands-Posten*, devint un argument récurrent. Comme on l'apprit plus tard, quelques années avant l'affaire, ils avaient refusé de publier une caricature de Jésus-Christ. Un collègue de Rose et de Juste avait justifié cette décision au dessinateur en affirmant que les lecteurs du journal n'aimaient

---

83. https://de.wikipedia.org/wiki/Einwanderung_und_Einwanderungspolitik_in_D%C3%A4nemark_seit_1945 [consulté le 20/02/2020]. Sur l'imaginaire social, voir Jennifer Elisa Veninga, *Secularism...*, *op. cit.*, p. 91 *sqq.*
84. Jytte Klausen, *The Cartoons...*, *op. cit.*, p. 156 *sq.*
85. Jana Sinram, *Pressefreiheit...*, *op. cit.*, p. 338.

pas de telles caricatures et qu'une publication pourrait provoquer des protestations[86]. Visiblement, au *Jyllands-Posten*, la liberté d'expression n'était pas aussi illimitée qu'on voulait bien le dire. Ce deux poids, deux mesures fut rapidement reproché à la presse occidentale dans son ensemble. Même Mirza Masroor Ahmad, à la tête de l'ahmadisme, mouvement musulman dissident, s'exprima en ce sens, tout en exhortant ses fidèles à réagir aux dessins provocateurs avec amour et miséricorde[87].

Les débats renvoyèrent souvent à une réalité assez triviale, à savoir que les rédactions des journaux devaient sans cesse faire des choix entre différents contenus. Ainsi, nombre d'images ou de textes n'étaient pas publiés parce qu'ils n'étaient pas assez pertinents et actuels, parce qu'ils étaient dégradants ou contraires à l'éthique pour toute autre raison[88]. L'antisémitisme devint un paramètre de comparaison important, car certaines caricatures furent accusées d'y faire des références cachées. Début février 2006, la conférence des rabbins européens se montra préoccupée par les caricatures de Mahomet parce qu'elles offensaient les musulmans, et établit un parallèle avec les dessins antisémites. Ces inquiétudes furent instrumentalisées, en Iran, par une action de propagande radicale : un journal lança, en février 2006, un concours international de caricatures de l'Holocauste. L'objectif explicite était de déterminer où s'arrêtait la liberté d'expression dans le monde occidental. Sur CNN, Flemming Rose annonça – pour se montrer conséquent – que son journal publierait les caricatures. Cela lui valut de sévères critiques publiques et une suspension temporaire[89]. Le journal renonça plus tard à reproduire les dessins qui montraient des tendances particulièrement antisémites.

Sur la construction d'un conflit entre cultures

Au Danemark, le débat se cristallisa également sur la législation en vigueur concernant le blasphème. À l'époque de l'affaire des caricatures, l'article 140 du Code pénal danois (*Straffeloven*) stipulait que celui qui raillait ou dénigrait publiquement la foi des communautés religieuses reconnues pouvait être condamné à une amende ou à une peine d'emprisonnement de plusieurs mois. Toutefois, la loi n'avait pas été appliquée depuis longtemps. Même en 1973, lorsque le réalisateur danois Thorsen

---

86. Jytte Klausen, *The Cartoons…*, *op. cit.*, p. 30.
87. Mirza Masroor Ahmad, *Der Prophet Muhammad und der Karikaturenstreit*, Francfort-sur-le-Main, Verlag Der Islam, 2012, p. 78 *sq.*
88. Voir les contributions dans Bernhard Debatin (dir.), *Der Karikaturenstreit…*, *op. cit.*
89. *Ibid.* ; https://de.wikipedia.org/wiki/Internationaler_Holocaust-Karikaturen-Wettbewerb [consulté le 20/02/2020].

représenta le Crucifié avec une érection, dans un film sur la vie sexuelle de Jésus, l'émoi n'entraîna pas de plaintes mais simplement le retrait des subventions publiques. Il en alla de même pour les caricatures de Mahomet. En première instance comme en appel, le procureur refusa de mener l'affaire devant les tribunaux, arguant qu'une condamnation était extrêmement improbable. Le 2 juin 2017, le Parlement danois tira les conséquences de la non-utilisation systématique du texte. Il abolit le vénérable article peu avant qu'il puisse être utilisé dans l'affaire d'un homme qui s'était filmé en 2015 en train de brûler un coran et avait diffusé la vidéo sur Facebook[90].

Si les lois en vigueur restèrent sans effet d'un point de vue juridique, leur arrière-plan historique fantasmé fournissait une grille d'interprétation puissante. Dans son éditorial sur les dessins, Carsten Juste décrivit les imams comme des figures tout droit sorties d'un Moyen Âge sombre et violent. Plus tard, Flemming Rose replaça son combat pour la liberté d'expression dans le sillage de Michel Servet, antitrinitaire brûlé à Genève comme hérétique et blasphémateur à l'instigation de Calvin, et de son défenseur Sébastien Castellion (voir chap. 11)[91]. D'une façon révélatrice, leur jugement se construisait uniquement en référence à leur propre histoire, celle du monde occidental. Ainsi, les auteurs Christopher Hitchens et Martin Amis, deux figures centrales de la campagne pour défendre Salman Rushdie, attribuèrent à l'islam un caractère moyenâgeux. Ils invoquèrent le danger d'une nouvelle Inquisition, qui pourrait arriver au pouvoir dans le sillage des imams en robe noire[92]. L'imbrication des motifs musulmans avec des traits chrétiens familiers était également visible sur l'une des caricatures. En montrant un Mahomet sympathique, qui éconduit les kamikazes à la porte des cieux en expliquant qu'il n'y a plus de vierges disponibles, Jens Julius Hansen mélangeait la figure du Prophète de l'islam avec celle, chrétienne, de Pierre.

De même que le retour à l'histoire, le nouveau cadre médiatique qui commençait alors à se développer fut caractéristique de la crise des caricatures. Le Web 2.0 et les réseaux sociaux en étaient encore à leurs balbutiements. Pourtant, les protestations massives dans le monde entier firent partie de la première génération d'événements dans lesquels les « micromédias » comme les mails, les forums en ligne et les SMS jouèrent un rôle fondamental[93]. Ces médias à diffusion très large, rapides et interactifs,

---

90. https://www.theguardian.com/world/2017/jun/02/denmark-scraps-334-year-old-blasphemy-law [consulté le 20/02/2020].
91. Flemming Rose, *The Tyranny of Silence*, op. cit., p. 169 sqq.
92. Jytte Klausen, *The Cartoons…*, op. cit., p. 59.
93. Bernhard Debatin (dir.), *Der Karikaturenstreit…*, op. cit., p. 14 sq. ; Henner Kirchner, « Micromedien in der arabischen Welt. Die Mobilisierung der Proteste

utilisés surtout par les jeunes, permirent une prompte mobilisation de masse. Par ailleurs, ils firent voler en éclats les mécanismes de tri des médias imprimés et électroniques traditionnels et contribuèrent à propager sans filtre des rumeurs et des émotions violentes. En particulier, les caricatures du *Jyllands-Posten* et les textes qui les accompagnaient furent un temps accessibles à tout moment dans le monde entier. Sans cela, peut-être l'agitation serait-elle retombée plus vite[94].

Ainsi, durant de longs mois, l'affaire des caricatures fut à la fois le cœur et le vecteur d'une nouvelle aggravation d'un conflit culturel dans lequel généralisations et stéréotypisations ne connurent pas de limites. Au sommet de la crise, les deux tiers des personnes interrogées en Arabie Saoudite, au Pakistan et en Turquie, et plus de la moitié des habitants des Émirats et des territoires palestiniens pensaient que les dessins reflétaient l'antagonisme occidental contre l'ensemble de l'islam[95]. La confrontation de l'Occident avec l'islam était à la mesure de la dureté des mots qui faisaient office d'armes dans le conflit verbal : ici l'islamophobie, à la fois un reproche adressé aux défenseurs occidentaux de la liberté d'expression et un concept scientifique analytique ; là, la charge brute de l'islamofascisme[96].

Cette polarisation fut aussi le résultat d'un processus d'escalade dans le cadre de l'affaire des caricatures. Le catalyseur fut le problème de la réimpression des dessins par d'autres organes de presse, et la question « publier ou non ? » fit elle-même l'objet d'articles[97]. Les doutes ou même le refus d'imprimer furent stigmatisés comme une lâche autocensure, accusations qui se firent d'autant plus vives que la contestation était forte et les menaces violentes. À l'inverse, l'impression des dessins dans un journal ne manquait jamais de déclencher une forte protestation régionale des musulmans. Le lendemain du jour où le projet d'attentat contre Kurt Westergaard fut connu, en février 2008, 17 journaux danois publièrent en signe de solidarité le dessin de la « tête de bombe ». Cela déclencha une nouvelle vague d'accusations et d'appels au boycott au Proche et au Moyen-Orient[98].

---

durch personalisierte Informations- und Kommunikationstechnologien », *in*: Bernhard Debatin (dir.), *Der Karikaturenstreit...*, *op. cit.*, p. 97-102.
94. Jytte Klausen, *The Cartoons...*, *op. cit.*, p. 5.
95. *Ibid.*, p. 125.
96. Voir Christopher Allen, *Islamophobia*, Farnham, Ashgate, 2010 ; Christopher Hitchens, « Defending Islamofascism », *Slate*, 22 octobre 2007, disponible en ligne sur https://slate.com/news-and-politics/2007/10/defending-the-term-islamofascism.html [consulté le 20/02/2020] ; voir aussi Salman Rushdie, *Joseph Anton...*, *op. cit.*, p. 400 *sq.*, à qui le terme rappelle la « novlangue » d'Orwell.
97. Jytte Klausen, *The Cartoons...*, *op. cit.*, p. 47 *sqq.*
98. *Ibid.*, p. 33.

Dans l'ensemble, l'affaire des caricatures de 2005 doit être envisagée comme un événement médiatique complexe et transnational, perçu, interprété, commenté et amplifié de manières très différentes dans chaque segment médiatique national ou régional[99]. Les caricatures, point de départ de l'expérience, reposaient déjà sur une forte polarisation entre « nous » – le monde occidental et libéral – et « eux » – le monde oriental et musulman – que les mécanismes médiatiques tendirent à renforcer. Les voix nuancées et modérées de l'« autre » bord furent peu écoutées, mais chaque camp critiqua d'autant plus la perception indifférenciée que l'« autre » avait de lui. La dynamique de l'escalade des invectives tendait de toute façon à niveler ces différences. Ainsi, dans les travaux analytiques, la perception stéréotypée « du » musulman est critiquée comme une forme de racisme et d'orientalisme, tout en étant reproduite par exemple par le renvoi à « l'interdiction » de l'image chez les musulmans.

2015 : caricatures mortelles

Parmi les titres de presse qui avaient reproduit les caricatures de Mahomet en février 2006, on comptait notamment *Charlie Hebdo*, aux côtés d'autres journaux français[100]. Pugnace, le magazine satirique ne se contenta pas de publier les douze dessins à l'intérieur du numéro, mais sortit une édition spéciale avec sa propre caricature en couverture. Elle était réalisée par le dessinateur Cabu, dont le mordant rejetait dans l'ombre ses prédécesseurs danois : « C'est dur d'être aimé par des cons… », s'écriait avec désespoir un homme barbu et enturbanné, les mains devant le visage. « Mahomet débordé par les intégristes », expliquait la légende. Peu après, on put lire dans *Charlie Hebdo* un manifeste contre « une nouvelle menace globale de type totalitaire : l'islamisme » signé par le rédacteur en chef Philippe Val, Bernard-Henri Lévy et des auteurs et autrices qui avaient des attaches personnelles dans la sphère culturelle musulmane, comme Salman Rushdie, Ayaan Hirsi Ali, Chahla Chafiq et Taslima Nasreen. La peur d'alimenter « l'islamophobie », expliquait le texte, ne devait pas mener à limiter la liberté d'expression[101].

---

99. Risto Kunelius *et al.* (dir.), *Reading the Mohammed Cartoons Controversy: An International Analysis of Press Discourses on Free Speech and Political Spin*, Bochum, Projekt Verlag, 2007 ; Elisabeth Eide, Risto Kunelius et Angela Phillips (dir.), *Transnational Media Events: The Mohammed Cartoons and the Imagined Clash of Civilizations*, Göteborg, Nordicom, 2008.
100. Jean Boulègue, *Le blasphème en procès, 1984-2009. L'Église et la Mosquée contre les libertés*, Paris, Nova Éditions, 2010, p. 154 *sqq*.
101. « Le manifeste des douze. Ensemble contre le nouveau totalitarisme », *Charlie Hebdo*, 1er mars 2006.

Le contexte

En réaction, le Conseil français du culte musulman (CFCM), allié à d'autres organisations, déposa une plainte contre le magazine satirique[102]. Il reprochait au journal de stigmatiser de façon collective les musulmans en raison de leur appartenance religieuse. En l'absence d'un texte législatif spécifique sur le blasphème, le fondement juridique était la loi sur la liberté de la presse du 29 juillet 1881. Si cette loi établissait une large liberté d'expression dans le domaine des idées, elle condamnait toujours l'injure et le dénigrement des personnes sous certaines conditions[103]. Elle interdisait ainsi la diffamation de personnes ou de groupes en raison de leur apparence, de leur origine, de leur appartenance ethnique ou nationale, de leur race ou de leur religion.

Le procès qui s'ouvrit le 7 février 2007 trouva un écho important dans l'espace public français. En 2008, Daniel Leconte présenta un film documentaire sur le sujet. Nombre de personnalités intellectuelles et politiques apportèrent leur soutien au magazine. La philosophe Élisabeth Badinter expliqua aux journalistes postés devant le tribunal que, si *Charlie Hebdo* était condamné, un silence de mort s'abattrait sur le pays. François Bayrou, président de l'UDF, se proposa comme témoin ainsi que le secrétaire général du Parti socialiste François Hollande. Ségolène Royal et Nicolas Sarkozy signèrent des lettres de soutien.

Devant le tribunal, il fut surtout question de déterminer si les caricatures et les textes qui les accompagnaient faisaient une distinction suffisante entre l'islam et le terrorisme islamique. S'agissait-il de la critique légitime d'une idée (ou d'une «idéologie», d'une religion) ou de la stigmatisation, condamnable, d'un groupe de personnes? Le terme «intégristes» figurant en couverture de *Charlie Hebdo* fit aussi l'objet de débats : il avait été forgé au début du XXe siècle pour dénoncer les forces ecclésiastiques qui menaient un combat réactionnaire. Il était à présent étendu aux fondamentalistes islamistes et menaçait même, selon les avocats des organisations musulmanes, de jeter le discrédit sur tout l'islam.

Dans son verdict, qui tomba au bout d'un mois et demi, la cour n'éluda pas les difficultés. Elle établit que l'image de Cabu faisait une différence nette entre la communauté musulmane d'une part et les islamistes radicaux d'autre part. En revanche, la «tête de bombe» pouvait être comprise comme une injure à portée générale, même s'il était clair, en raison du contexte, que l'action visait les radicaux. Si les caricatures étaient

---

102. Jean Boulègue, *Le blasphème en procès...*, op. cit., p. 181 *sqq.*; Charb, *Lettre aux escrocs de l'islamophobie qui font le jeu des racistes*, Paris, Les Échappés, 2015, p. 41 *sqq.*
103. Jacques de Saint-Victor, *Blasphème. Brève histoire d'un «crime imaginaire»*, Paris, Gallimard, 2016, p. 78 *sqq.*

choquantes et blessantes pour les musulmans, il n'y avait pas eu d'intention délibérée d'offenser. Le magazine fut relaxé. L'appel des organisations musulmanes fut vain et le jugement fut confirmé en deuxième instance le 12 mars 2008.

Il n'y avait rien d'étonnant à ce que *Charlie Hebdo* se trouve au centre de la variante française de l'affaire des caricatures. Depuis les années 1970, l'hebdomadaire satirique ne s'en prenait pas seulement aux personnalités politiques, il s'était aussi sans cesse attiré l'ire des dirigeants religieux par sa ligne résolument laïque et anticléricale. Avant comme après 2006, les attaques visaient en priorité l'Église catholique et ses représentants[104]. La couverture était souvent ornée de dessins peu flatteurs sur le pape et avait régulièrement fait l'objet de plaintes et d'agitation de la part d'une organisation intégriste, l'AGRIF (Alliance générale contre le racisme et pour le respect de l'identité française et chrétienne). D'une certaine façon, le magazine incarnait l'image laïque que la France se faisait d'elle-même ; en mars 2007, la couverture montrant un rabbin, un évêque et un imam bras dessus, bras dessous, qui exigeaient de façon unanime que l'on «voile» *Charlie Hebdo*, était marquée par une certaine fierté – beaucoup d'ennemis, beaucoup d'honneur. La rédaction n'avait aucun doute sur sa place du côté gauche de l'échiquier politique traditionnel, où un projet émancipateur et laïque permettait de lutter aux côtés des défavorisés et des réprimés contre les élites dominantes, dont les instruments répressifs comprenaient notamment la religion. Elle se défendit de façon véhémente, et avec une irritation visible, contre le fait d'être perçue comme la représentante d'une pensée coloniale et raciste.

Les rédacteurs de *Charlie Hebdo* restèrent résolument fidèles à la mission qu'ils s'étaient assignée, au-delà de l'affaire des caricatures[105]. Début novembre 2011, le journal réagit au succès des islamistes lors des premières élections libres en Tunisie par un numéro spécial intitulé *Charia Hebdo*. Sur la couverture, Mahomet, souriant à nouveau au lecteur, était présenté comme le rédacteur en chef et faisait la promotion du numéro par les mots : « 100 coups de fouet si vous n'êtes pas morts de rire ! » Avant même la publication, un incendie détruisit entièrement les locaux du journal, et les rédacteurs durent chercher temporairement refuge auprès de *Libération*. Le site Internet fut également piraté. Pendant quelques heures, il afficha une image de la mosquée de La Mecque et des malédictions contre la rédaction. *Charlie* resta combatif. La couverture du numéro

---

104. Jean Boulègue, *Le blasphème en procès...*, *op. cit.*, p. 70 *sqq.* ; Charb, *Lettre aux escrocs...*, *op. cit.*, p. 67 *sqq.*

105. La plupart des éléments qui suivent ont été trouvés sur Internet (par exemple dans les entrées allemandes, anglaises et françaises de l'encyclopédie Wikipedia, souvent de grande qualité) et ne sont pas référencés en détail ici.

suivant montrait un dessinateur du journal et un musulman s'embrassant avec la langue – légende : « l'amour plus fort que la haine ».

Début 2012, le film de propagande antimusulmane *L'innocence des musulmans*, réalisé par des fondamentalistes chrétiens, suscita une grande indignation. Plusieurs personnes furent tuées lors d'une attaque armée contre la représentation diplomatique américaine à Benghazi, en Libye, dont l'ambassadeur J. Christopher Stevens. D'autres ambassades occidentales furent la cible de protestations violentes, notamment la représentation allemande à Khartoum, au Soudan. Dans ce contexte, le magazine satirique français sortit un numéro avec un dessin représentant un musulman en fauteuil roulant, poussé par un rabbin – la légende, « Intouchables 2 », renvoyait au film *Intouchables*, qui connaissait alors un grand succès. « Faut pas se moquer ! » prévenaient ensemble les deux personnages. Il ne fallait pas voir là seulement une référence à la comparaison récurrente, durant les débats de ces années-là, entre antisémitisme et islamophobie, mais aussi la preuve de la tragique détermination de *Charlie Hebdo* à combattre les susceptibilités religieuses de tous bords. L'éditorial du numéro (« Rire, bordel de dieu ! ») ainsi que nombre de dessins à l'intérieur étaient également consacrés à Mahomet. La police se vit de nouveau contrainte de protéger les locaux du journal, ainsi que nombre d'institutions françaises sur le territoire et à l'étranger. Avec sa publication, la rédaction avait jeté de l'huile sur le feu dans une situation hautement inflammable, et la critique politique prit de l'ampleur, en France et à l'étranger. Inébranlable, le rédacteur en chef Stéphane Charbonnier défendit le droit de son journal de se moquer de toutes les religions : « Nous publions des caricatures sur tout et tout le monde toutes les semaines. Mais quand il s'agit du Prophète, c'est qualifié de provocation. D'abord on n'a pas le droit de dessiner Mahomet, ensuite on n'a plus le droit de dessiner un musulman radical, et chaque fois on dit : c'est une provocation pour un musulman[106] ». Ainsi, le magazine n'évita pas le sujet et publia régulièrement des caricatures qui entraînèrent à nouveau protestations et actions en justice[107].

L'attentat et ses conséquences

Dans cette perspective, l'attentat contre la rédaction qui eut lieu le 7 janvier 2015 semble presque une action logique des terroristes fondamentalistes. En réalité, il marque le franchissement d'un nouveau seuil. Si auparavant les morts dues aux manifestations contre le blasphème

---

106. http://www.spiegel.de/politik/ausland/mohammed-karikaturen-frankreich-sichert-seine-botschaften-a-856683.html [consulté le 20/02/2020].
107. Charb, *Lettre aux escrocs...*, *op. cit.*, p. 45.

étaient à mettre sur le compte des troubles publics et de la contestation, il s'agissait là d'un attentat ciblé contre les locaux d'une rédaction. Il fit au total douze victimes, dont le rédacteur en chef Stéphane Charbonnier («Charb») et Jean Cabut («Cabu») qui avaient tous deux dessiné des couvertures représentant Mahomet; bien d'autres furent blessés. «On a vengé le prophète Mohammed, on a tué *Charlie Hebdo*!» crièrent les terroristes en fuite. Les frères Saïd et Chérif Kouachi, des Français de naissance issus de l'immigration algérienne, s'étaient radicalisés dans le milieu islamiste parisien et, plus tard, en prison. En 2011, ils avaient fréquenté un camp d'entraînement d'Al-Qaïda au Yémen, l'organisation terroriste qui revendiqua plus tard l'attentat. Après l'attaque, leur cavale dura deux jours. La situation devint plus grave encore avec une prise d'otages dans un supermarché juif; son auteur exigeait la liberté pour les deux terroristes. Amedy Coulibaly était lui aussi né français et issu de l'immigration (sa famille venait du Mali). En prison, il avait sympathisé avec Chérif Kouachi et était ainsi entré en contact avec l'islamisme radical. Il affirma que la prise d'otages était en lien avec l'attaque des deux frères mais il s'agissait plus probablement d'une opération spontanée, non préparée. Le lendemain de l'attentat, il avait déjà tué une policière et blessé gravement deux personnes au sud de Paris. Lors de la prise d'otages, il exécuta quatre clients et employés juifs. L'après-midi du 9 janvier, les frères Kouachi et Amedy Coulibaly furent tués à quelques minutes d'intervalle par des commandos spéciaux de la police.

Les attentats suscitèrent une vague de solidarité. Salman Rushdie déclara rapidement qu'il était aux côtés de *Charlie Hebdo* contre le «totalitarisme religieux» pour défendre l'art de la satire: «"Le respect de la religion" est devenue une formule codée qui signifie "peur de la religion". Les religions, comme toutes les autres idées, méritent la critique, la satire et, oui, que nous leur manquions de respect sans crainte[108].» Il ne fut pas le seul. À Paris et dans d'autres villes françaises, puis dans de nombreuses métropoles du globe (y compris dans des pays musulmans), des marches de deuil furent organisées dans les jours qui suivirent. «Je suis Charlie» devint rapidement le symbole d'une solidarité internationale[109]. Le point d'orgue fut les marches républicaines en l'honneur des victimes des deux attaques, qui virent défiler les 10 et 11 janvier des millions de Français, entre 1,5 et 2 millions rien qu'à Paris. En tête du cortège, le président français et la chancelière allemande étaient accompagnés de chefs d'État et de gouvernement venus du monde entier.

---

108. https://www.englishpen.org/campaigns/salman-rushdie-condemns-attack-on-charlie-hebdo/ [consulté le 20/02/2020].
109. Quinze ans auparavant, aux États-Unis, il y avait déjà eu des badges «Je suis Salman Rushdie»: Salman Rushdie, *Joseph Anton…*, *op. cit.*, p. 209.

Mais dans l'autre camp, aussi, des voix se firent entendre. Le comique Dieudonné, connu pour son antisémitisme virulent et ses liens avec les négationnistes, et plusieurs fois condamné, fit part dans un post Facebook de son admiration pour le preneur d'otages de l'Hypercacher : « En ce qui me concerne, je me sens Charlie Coulibaly. » En France, des dizaines d'autres personnes furent arrêtées pour leur soutien public aux attentats, et certaines furent condamnées à des peines de prison pour « apologie du terrorisme ». Dans les écoles, de jeunes musulmans refusèrent de prendre part à la minute de silence imposée par l'État. Dans d'autres pays également, certains firent entendre leur voix sous le hashtag #JeNeSuisPasCharlie.

Le désaccord n'en resta pas aux mots. Dans la Belgique voisine, le 15 janvier, deux suspects furent tués dans un échange de tirs, alors que la police enquêtait dans les milieux islamistes radicaux ; des attaques y étaient en préparation contre des commerces qui vendaient *Charlie Hebdo*. Un mois plus tard, une forme de répétition effrayante des événements de Paris eut lieu à Copenhague mais attira beaucoup moins l'attention internationale. Omar el-Hussein, un Danois de 22 ans d'origine palestinienne, attaqua un centre culturel qui accueillait un débat dont le thème « Art, blasphème et liberté d'expression » devait aussi être une réflexion sur les attentats de Paris. La cible principale était certainement le dessinateur Lars Vilks, également connu depuis 2007 pour avoir caricaturé Mahomet. Vilks ne fut pas blessé, mais le réalisateur Finn Nørgaard fut assassiné, ainsi que le gardien juif d'une synagogue, avant que le coupable ne soit retrouvé et tué le jour suivant. Début mai, deux terroristes furent tués à Garland, au Texas, alors qu'ils essayaient de prendre d'assaut, lourdement armés, une exposition qui montrait le résultat d'un concours de caricatures de Mahomet.

Sur la couverture du premier numéro de *Charlie Hebdo* après les attentats, réalisé par les « rescapés » dans les locaux de *Libération*, figurait à nouveau Mahomet, arborant cette fois un air triste. Il tenait un panneau « Je suis Charlie ». La légende, énigmatique, affirmait : « Tout est pardonné ». Quelle qu'ait été sa signification, elle ne contribua pas à apaiser la situation. Au contraire, la plupart des actions de contestation et de violence furent à nouveau justifiées comme une réaction à ce numéro. Ainsi le débat sur le blasphème et la liberté d'expression, avant et après les attentats de Paris, révéla de profondes divergences au sein même du monde occidental.

Outre celle des musulmans radicaux, une autre voix critique se fit entendre, celle du sociologue français Emmanuel Todd. Dans son essai *Qui est Charlie?*, il critiqua les marches républicaines comme un « moment d'hystérie collective ». Dans la « sanctification » nationale de *Charlie Hebdo* et des caricatures de Mahomet, il vit un « flash totalitaire » rappelant l'Inquisition chrétienne. Il diagnostiqua une sorte de pulsion du blasphème étendue à toute la France : « [Ê]tre français, c'était, non pas avoir le *droit*, mais le *devoir* de blasphémer. Voltaire *dixit*. » Il décrivit la couverture de *Charlie Hebdo* représentant Mahomet comme du racisme subventionné par l'État (« le visage long comme un pénis, surmonté d'un turban recouvrant deux masses rondes évoquant des testicules[110] »). Sans manquer de condamner les attaques, il critiqua durement la ligne satirique du magazine. Il ne fallait pas confondre « le droit au blasphème *sur sa propre religion* » et celui « *sur la religion d'autrui* » : « [B]lasphémer de manière répétitive, systématique, sur Mahomet, personnage central de la religion d'un groupe faible et discriminé, devrait être, quoi qu'en disent les tribunaux, qualifié d'incitation à la haine religieuse, ethnique ou raciale. » En ce sens, les manifestants érigeant *Charlie Hebdo* en symbole de liberté « insultaient l'histoire ». Ils auraient dû se souvenir que, « dans la séquence antisémite et nazie, les caricatures de juifs à la peau sombre et au nez crochu avaient précédé la violence physique[111] ».

La majeure partie de l'exposé de Todd était truffée de séries de données historiques et de statistiques par lesquelles l'auteur tentait de percer la structure sociale profonde de la laïcité, au-delà de tous les postulats républicains d'égalité. Sa conclusion était qu'il s'agissait d'une idéologie de justification des classes moyennes privilégiées, qui prenaient ainsi position contre les travailleurs malmenés des banlieues. L'actuel goût du blasphème menaçait même d'ouvrir la voie à un nouvel antisémitisme[112]. Avec son mélange excentrique de statistiques et de théories du complot, Todd s'attira de violentes contradictions, sans doute méritées. Pourtant, en affirmant que les musulmans indignés et les terroristes eux-mêmes ne représentaient en aucun cas l'étranger, mais qu'il s'agissait de Français, produits d'une société française qui avait refoulé pendant des décennies son problème postcolonial, il touchait à une question essentielle.

Dans l'autre camp, les représentants de la laïcité républicaine de gauche se montrèrent déterminés à ne pas se laisser phagocyter par le populisme de droite antimusulman et le racisme, incarnés en France de façon paradigmatique par le Front national. Stéphane Charbonnier, assassiné dans l'attentat, avait lui-même rédigé un manifeste de la laïcité : la *Lettre aux escrocs de l'islamophobie qui font le jeu des racistes* avait été terminée peu avant les attaques, mais ne fut publiée qu'après. Pour Charb, le terme d'« islamophobie » lui-même était une forme de racisme déguisé, car il limitait la diffamation de l'autre à la question de la religion, et même à une religion en particulier, l'islam. Si une femme voilée était agressée,

---

110. Emmanuel Todd, *Qui est Charlie ? Sociologie d'une crise religieuse*, Paris, Éditions du Seuil, 2015, p. 13 *sq*.
111. Emmanuel Todd, *Qui est Charlie ?...*, *op. cit.*, p. 15.
112. *Ibid.*, p. 107.

on voyait en elle, à tort, une représentante de l'islam, et non, comme il l'aurait fallu, une citoyenne attaquée par des fascistes. Sarcastique, il observait que les victimes de racisme « d'origine indienne, asiatique, rom, noire africaine » ou venant d'autres contrées exotiques auraient « bientôt intérêt à se trouver une religion si elles [voulaient] être défendues[113] ». Il martelait que la raillerie et la satire de son magazine ne visaient pas de façon indifférenciée tous les musulmans, mais uniquement les terroristes qui se réclamaient de l'islam ; toutefois, en principe, toutes les orientations idéologiques et toutes les religions devaient affronter la critique (et la satire). Faire une exception en ce domaine et affirmer « qu'on peut rire de tout, sauf de certains aspects de l'islam parce que les musulmans sont beaucoup plus susceptibles que le reste de la population », n'était rien d'autre qu'une discrimination et une infantilisation de la deuxième religion mondiale[114].

---

113. Charb, *Lettre aux escrocs...*, *op. cit.*, p. 9 *sq.*
114. *Ibid.*, p. 38.

18. Intolérance religieuse et répression politique

Les accusations de blasphème, instruments d'oppression

En 2016, 71 pays dans le monde disposaient de lois contre l'offense aux sentiments religieux ou l'injure aux objets sacrés. Cela représente plus d'un tiers de tous les États, répartis de façon à peu près équitable dans toutes les régions du monde[115]. Ces lois poursuivent des objectifs très divers et leur impact varie également beaucoup. Dans les États fortement sécularisés, elles servent surtout à protéger l'ordre public. La possibilité qu'une telle loi aboutisse à limiter la liberté d'expression a conduit à une application très prudente, qui a eu pour effet une diminution des plaintes et, plus encore, des condamnations pour blasphème. Dans d'autres pays, au contraire, les lois sont conçues pour protéger contre tout dénigrement une religion en particulier, ses symboles et ses objets sacrés. En règle générale, ces normes menacent non seulement la liberté d'expression et de religion, mais aussi l'ensemble des droits humains, car elles peuvent être utilisées pour diffamer des minorités religieuses et criminaliser des personnes indésirables[116]. Alors que les pays évoqués jusqu'ici étaient plutôt sécularisés, cette fonction manifeste des accusations de blasphème

---

115. Sur l'étude de l'United States Commission on International Religious Freedom, voir Joelle Fiss et Jocelyn Getgen Kestenbaum, «Respecting Rights? Measuring the World's Blasphemy Laws. US Commission on International Religious Freedom Special Report 2017», juillet 2017, disponible en ligne sur https://www.uscirf.gov/sites/default/files/Blasphemy%20Laws%20Report.pdf, avec, en annexe, un relevé des lois actuelles. Une étude du Pew Research Center de 2012 dénombrait 94 États, sur 197, disposant de lois contre le blasphème; une autre, de l'année 2014, n'en comptait que 57 (Neil Hicks, «The Public Disorder of Blasphemy Laws: A Comparative Perspective», *The Review of Faith & International Affairs*, vol. 13, n° 1, 2015, p. 51-58, ici p. 51).
116. Neil Hicks, «The Public Disorder of Blasphemy Laws...», *op. cit.*, p. 53 *sqq*.

comme instruments d'oppression religieuse et politique sera détaillée dans les pages qui suivent, au Moyen-Orient, en Afrique et dans le Sud-Est asiatique.

Le blasphème sur trois continents

Il n'est pas toujours facile de classer un pays dans l'une des deux catégories définies ci-dessus. La United States Commission on International Religious Freedom a développé un système de notation par points, précis et gradué, pour déterminer dans quelle mesure chacune des lois contre le blasphème portait atteinte aux principes de droit reconnus au niveau international. Elle a ainsi produit un classement à la tête duquel figurent le Pakistan et l'Iran, alors que l'Irlande, l'Espagne et les Philippines, à la fin de la liste, disposent des réglementations les plus conformes au droit. Toutefois, les différents contextes mériteraient que l'on s'y arrête. Ainsi, la situation juridique en Turquie est évaluée de façon relativement positive dans le rapport. L'article 216/3 du Code pénal turc sur le blasphème, en vigueur depuis 2005, a largement été inspiré de l'article 166 allemand. Toutefois, la pratique juridique accorde un privilège considérable à l'islam et discrimine les croyants d'autres confessions[117]. Au-delà de cette difficulté à évaluer les cas particuliers, la liste montre de façon très claire que les lois contre le blasphème sont surtout menaçantes, actuellement, dans des pays où l'islam est la religion dominante. Naturellement, cela ne vaut pas pour tous – ainsi, selon la commission, la Tunisie compte parmi les dix pays qui ont la législation religieuse la plus compatible avec le droit international. Mais cela ne reflète en aucun cas le tableau général.

L'Iran figure à la tête de la liste des États dont les normes floues, à la portée large, invitent à la discrimination et à l'oppression des opinions différentes et des minorités religieuses[118]. Selon l'article 513 du Code pénal, toute personne qui insulte les sanctuaires de l'islam, les imams ou le Prophète doit être condamnée à mort ou, dans des cas moins graves, à une peine d'emprisonnement d'un à cinq ans. L'accusation de blasphème est l'un des nombreux instruments utilisés contre les croyants d'autres confessions (en Iran, cela concerne en particulier les baha'is) ou contre l'opposition politique; parmi les autres, on trouve notamment l'apostasie.

---

117. Rağip Barış Erman, « The Offence of Blasphemy in Turkish Law », *in*: Joseph Marko (dir.), *Staat und Religion. 9. Fakultätstag der Rechtswissenschaftlichen Fakultät der Karl-Franzens-Universität Graz*, Graz, Leykam, 2014, p. 133-140.

118. Sauf mention contraire, tous les éléments qui suivent proviennent de la riche documentation de Paul Marshall et Nina Shea, *Silenced: How Apostasy and Blasphemy Codes are Choking Freedom Worldwide*, Oxford, Oxford University Press, 2011, qui comprend de nombreux cas issus de la jurisprudence.

Il en va de même en Arabie Saoudite, en concurrence avec l'Iran pour la position de puissance dominante au Moyen-Orient. L'islam d'obédience sunnite y est la religion officielle mais le fondamentalisme religieux donne le ton, sous la forme du salafisme. Les chiites, qui représentent environ 15 % de la population, sont discriminés, et le libre exercice du culte est interdit à toutes les autres confessions. Toute apostasie supposée est rigoureusement sanctionnée, les accusations pour malédictions ou blasphème contre Dieu ou le Prophète peuvent déboucher sur une condamnation à mort. Le cas du jeune intellectuel Raif Badawi, qui dirigeait un réseau libéral et tenait un blog, fit grand bruit au niveau international. Emprisonné en 2012, d'abord accusé d'apostasie, il fut ensuite condamné pour « atteinte à l'ordre public, aux valeurs religieuses et à la morale » et pour avoir « permis des agressions et des offenses contre des sanctuaires musulmans et avoir ridiculisé des figures religieuses de l'islam[119] ». La sentence prévoyait dix ans de prison, 1 000 coups de fouet et une forte amende. Elle déclencha l'indignation et des déclarations de solidarité dans le monde entier, pourtant une première séance de 50 coups de fouet eut lieu, causant à Badawi de graves blessures. En 2020, il était toujours derrière les barreaux, de même que l'avocat qui l'a défendu au tribunal[120].

Dans d'autres pays, l'islam, quoique majoritaire, n'est pas la religion officielle. Ainsi, en Égypte, les religions chrétienne et juive sont également reconnues en théorie. Toutefois, la législation est fondée sur la charia, le droit islamique, ce qui conduit souvent en pratique à une discrimination des non-musulmans. En principe, les croyants d'autres confessions peuvent en appeler à l'article 98 du Code pénal qui interdit d'offenser et de ridiculiser les religions. En réalité, seules les offenses à l'égard de l'islam font l'objet de poursuites. Plus violente encore que la discrimination de l'État, l'exclusion sociale a pris de l'ampleur durant les dernières décennies, jusqu'à déclencher des pogroms. Les coptes, en particulier, ont été particulièrement attaqués après le tournant du millénaire pour « offense envers l'islam », alors que les réformistes musulmans ont plutôt été poursuivis en justice pour apostasie.

Au Nigeria, pays le plus peuplé d'Afrique, les rapports entre les religions sont plutôt équilibrés – du point de vue statistique. Il abrite une part comparable de musulmans et de chrétiens, qui se concentrent toutefois dans des régions différentes : le Sud est chrétien, le Nord est musulman. Si, *de jure*, la liberté religieuse règne, les tribunaux islamiques se multiplient dans les États du Nord, discriminant et condamnant les chrétiens.

---

119. Elham Manea, « In the Name of Culture and Religion: The Political Function of Blasphemy in Islamic States », *Islam and Christian-Muslim Relations*, vol. 27, n° 1, 2016, p. 117-127, citations p. 120.
120. Il a été libéré en 2022, après avoir purgé les dix années de prison (*N.d.T.*).

Il est au moins tout aussi inquiétant de constater que des accusations de blasphème peuvent déboucher sur des explosions de violence semblables à des pogroms. Ainsi, en septembre 2006, une couturière chrétienne fut entraînée dans une dispute religieuse par une cliente musulmane. Celle-ci aurait dit que Jésus était un ivrogne, parce qu'il avait transformé l'eau en vin. Selon ces critères, la polygamie de Mahomet aurait fait de lui un coureur de jupons, rétorqua la chrétienne. Les témoins l'accusèrent de blasphème et la traînèrent devant un tribunal, qui lui ordonna de s'exiler dans les deux jours, faute de quoi elle serait exécutée. Par la suite, en particulier dans l'État de Kano, au nord du pays, des éruptions de violence et des destructions d'églises eurent lieu de façon répétée, en raison de prétendus blasphèmes contre le Prophète proférés par des chrétiens.

Les pays du Sud-Est asiatique comme l'Indonésie, le Bangladesh et la Malaisie se distinguaient traditionnellement par une version plus modérée de l'islam. Toutefois, dans les dernières décennies, on a pu observer des processus de radicalisation à l'œuvre, notamment la multiplication et l'instrumentalisation des dénonciations de prétendus blasphémateurs. L'Indonésie est un exemple révélateur[121]. Cet État réunit la plus importante population de musulmans au monde, majoritairement des sunnites mais aussi des chiites. Le pays abrite aussi une grande pluralité religieuse avec des chrétiens protestants et catholiques, des hindous, des bouddhistes et des populations qui pratiquent des religions de la nature. La constitution garantit le libre exercice du culte aux grandes religions monothéistes. En revanche, les autres minorités ne peuvent revendiquer que des droits limités. Elles sont parfois durement discriminées, comme les baha'is ou les membres de la communauté musulmane ahmadie, considérée par la plupart des autres musulmans comme « non islamique ». Depuis 1965, l'Indonésie dispose d'une loi de prévention du blasphème. Ainsi, ceux qui incitent à la haine contre une religion reconnue, ou la diffament, risquent jusqu'à cinq ans de prison. La diffusion d'informations susceptibles de contribuer à la haine religieuse, ethnique ou raciale, est également interdite. Alors qu'à l'origine la loi était formulée de façon neutre, ces dispositions ont mené jusqu'à présent à des poursuites presque uniquement dans des affaires de blasphème contre l'islam[122].

C'est notamment pour cela qu'elle fut combattue devant la Cour suprême du pays, en avril 2010, par diverses organisations de défense

---

121. Sur ce qui suit, voir Dicky Sofjan, « Religious Diversity and Politico-Religious Intolerance in Indonesia and Malaysia », *The Review of Faith & International Affairs*, vol. 14, n° 4, 2016, p. 53-64 ; et surtout Paul Marshall, « Exporting Blasphemy Restrictions: The Organization of the Islamic Conference and the United Nations », *The Review of Faith & International Affairs*, vol. 9, n° 2, 2011, p. 57-63.

122. Paul Marshall, « The Ambiguities of Religious Freedom in Indonesia », *The Review of Faith & International Affairs*, vol. 16, n° 1, 2018, p. 85-96, ici p. 89.

des droits humains. Dans le cadre de la procédure, le célèbre journaliste Atmowiloto raconta comment il avait été condamné à cinq ans d'emprisonnement pour blasphème en 1990. Sa faute semblait assez étrange : il avait appelé les lecteurs d'un journal à désigner leurs héros. À la tête du classement établi sur la base des réponses figurait le président de l'époque, Suharto ; Atmowiloto lui-même occupait la dixième place et le prophète Mahomet ne venait qu'ensuite – une raison suffisante pour l'inculpation et la condamnation du journaliste. La Cour suprême indonésienne vota à une large majorité contre l'action en nullité et pour la légalité de la loi sur le blasphème. Les années suivantes virent d'autres condamnations, ainsi que des pogroms locaux contre de prétendus blasphémateurs.

Tous ces événements furent éclipsés, au printemps 2017, par la campagne contre le gouverneur de Jakarta Basuki Tjahaja Purnama, surnommé « Ahok », chrétien d'origine chinoise. Il était arrivé à son poste en 2014 en tant que suppléant et successeur de Joko Widodo, élu président d'Indonésie. Lors des élections trois ans plus tard, cet homme politique compétent et populaire fit d'abord figure de favori. Durant la campagne, il critiqua les religieux musulmans qui avaient faussement affirmé que, en vertu de la sourate 51 du Coran, les musulmans ne pouvaient élire que d'autres musulmans. Un comité de religieux musulmans l'accusa alors de blasphème dans une fatwa ; des associations radicales organisèrent d'immenses manifestations et exigèrent l'arrestation d'Ahok. En avril 2019, il perdit l'élection avec 42 % des voix contre 58 % ; le procès eut lieu début mai. Alors que le ministère public requérait une peine légère avec sursis, le tribunal condamna l'accusé à deux ans de prison ferme. Cette victoire de l'islam politique mena à une polarisation sans précédent de l'opinion publique, divisant les familles et les cercles amicaux[123].

L'exemple du Pakistan

Le Pakistan peut être considéré comme le pays qui fait le plus souvent les gros titres de la presse internationale en raison d'affaires de blasphème[124]. Dans cet État fondé en 1947 à partir des régions majoritairement

---

123. *Ibid.*, p. 92.
124. Voir en particulier Linda Walbridge, *The Christians of Pakistan: The Passion of Bishop John Joseph*, Londres, Routledge, 2003 ; Peter Jacob, *Blasphemie – Vorwürfe und Missbrauch. Die pakistanischen Blasphemiegesetze und ihre Folgen*, Aix-la-Chapelle, Missio Fachstelle Menschenrechte (Menschenrechte ; 50), 2012 ; Amjad Mahmood Khan, « Pakistan's Anti-Blasphemy Laws and the Illegitimate Use of the "Law, Public Order, and Morality" Limitation on Constitutional Rights », *The Review of Faith & International Affairs*, vol. 13, n° 1, 2015, p. 13-22 ; Lisa Curtis, « Religious Freedom in Pakistan: Glimmers of Light on a Darkening Horizon », *The Review of Faith & International Affairs*, vol. 14, n° 2,

musulmanes des Indes britanniques, l'islam est la religion officielle et ses fidèles constituent plus de 90 % de la population. Les décennies passant, l'intolérance religieuse s'est faite plus prégnante envers les autres religions, mais aussi au sein de l'islam envers les chiites et d'autres courants éloignés du sunnisme dominant. Rapidement, le pays évolua « dans le sens d'une démocratie théocratique[125] ». Ce processus fut favorisé par une instabilité politique notoire et en particulier par des dirigeants autoritaires, prompts à faire des courbettes aux extrémistes religieux pour s'assurer leur fidélité. Il déboucha sur une série de lois tristement célèbres sur le blasphème, introduites à partir de 1980 sous le règne du général Zia-ul-Haq, dictateur militaire, et qui étaient aussi vagues que détaillées – un dangereux mélange[126].

Le premier texte, l'article 295, était une adaptation de l'époque coloniale et prévoyait jusqu'à deux ans de prison pour toute détérioration des lieux sacrés ou offense aux sentiments religieux. Sa portée fut considérablement étendue. La détérioration ou profanation du coran devint passible d'une peine d'emprisonnement à vie, la diffamation du nom sacré du prophète Mahomet pouvant même être punie de mort. Selon les termes de l'article 295-C, le dénigrement pouvait prendre la forme « de paroles écrites ou prononcées, de représentations visuelles ou d'accusations, insinuations ou allégations directes ou indirectes » – une formulation remarquablement vague, sur la base de laquelle « absolument n'importe qui peut, au Pakistan, lancer contre n'importe qui d'autre une accusation susceptible d'entraîner la peine de mort »[127]. L'outrage envers les « califes bien guidés » ou les compagnons du Prophète devint également passible de condamnations. D'autres clauses de la loi menacèrent particulièrement de sanctions les membres de la communauté ahmadie.

Au cours des vingt-cinq années qui suivirent, il n'y eut pas moins de 1 250 inculpations pour blasphème, dont 469 concernèrent les seuls ahmadis et 150, les chrétiens ; parmi les 562 musulmans figuraient sans doute une grande part de chiites[128]. Les procédures débouchèrent souvent sur des relaxes, prononcées toutefois surtout par des instances supérieures alors que l'accusé avait déjà passé des années en prison. La première condamnation à mort pour blasphème fut infligée par un tribunal régional à un chrétien en 1992, sur la seule foi du témoignage de l'accusateur :

2016, p. 23-30 ; Qaiser Julius, « The Experience of Minorities under Pakistan's Blasphemy Laws », *Islam and Christian-Muslim Relations*, vol. 27, n° 1, 2016, p. 95-115.
125. Peter Jacob, *Blasphemie…*, *op. cit.*, p. 13.
126. Vue d'ensemble chez Qaiser Julius, « The Experience of Minorities… », *op. cit.*, p. 96 ; Peter Jacob, *Blasphemie…*, *op. cit.*, p. 17 sqq.
127. Amjad Mahmood Khan, « Pakistan's Anti-Blasphemy Laws… », *op. cit.*, p. 17.
128. Qaiser Julius, « The Experience of Minorities… », *op. cit.*, p. 97 ; Peter Jacob, *Blasphemie…*, *op. cit.*, p. 27 sq.

d'après le tribunal, celui-ci avait l'apparence (la barbe) d'un véritable musulman et ses déclarations ne pouvaient donc être mises en doute[129]. Dans d'autres affaires, on n'attendit même pas l'issue de la procédure. En 1993, trois hommes furent condamnés en première instance en vertu de l'article 295-C pour avoir écrit sur le mur d'une mosquée des remarques injurieuses. Alors qu'ils allaient entrer dans le palais de justice à Lahore pour le procès en appel, ils se firent tirer dessus, l'un d'eux fut tué et les autres blessés. L'enquête établit plus tard qu'ils étaient tous trois analphabètes. Une accusation semblable contre un homme qui ne savait pas écrire déboucha en 1997 sur la destruction d'églises, de maisons et de commerces chrétiens, qui laissa des milliers de personnes sans abri.

Un an plus tôt, le chrétien Ayub Masih avait été emprisonné et poursuivi pour blasphème sur la foi du témoignage de son voisin Muhammed Akram[130]. Il était accusé d'avoir recommandé la lecture des *Versets sataniques* et affirmé que le christianisme était la seule religion vraie. Par la suite, toutes les familles chrétiennes furent contraintes de partir. Akram reçut des autorités le terrain de son voisin emprisonné. En novembre 1997, il tira sur Masih dans le palais de justice et le blessa. L'accusé subit aussi des sévices physiques en prison. Il n'y eut aucune mesure officielle contre ses agresseurs – au lieu de cela, Masih fut condamné à mort en avril 1998. La plus haute instance de Lahore confirma ce verdict en juillet 2001. Ce fut la Cour suprême du Pakistan qui annula les jugements des instances précédentes et conclut qu'Akram avait dénoncé l'accusé à des fins d'enrichissement personnel. Ayub Masih obtint l'asile politique aux États-Unis. Comme dans nombre d'autres affaires, son acquittement ne lui permettait pas de vivre en sécurité au Pakistan. Quelques semaines après la condamnation à mort de Masih, en avril 1998, l'évêque catholique de Faisalabad, John Joseph, s'était tiré une balle dans la tête devant un tribunal à Sahiwal. Cet acte particulièrement inhabituel pour un prêtre était une protestation contre la loi sur le blasphème en général et le sort de Masih en particulier. Déjà, lors de l'enterrement de l'homme assassiné à Lahore en 1993, on avait rapporté que l'évêque avait embrassé les pieds du mort et juré que le prochain sang versé à cause de la loi sur le blasphème serait le sien[131].

L'effusion de sang ne prit pas fin avec le dernier millénaire. Le calvaire d'Asia Bibi, la première femme condamnée à mort pour blasphème, en 2010, dura près de dix ans[132]. Il fallut attendre 2018 pour que la Cour

---

129. Pour cette affaire et d'autres, voir *ibid.*, p. 28 *sqq*.
130. Linda Walbridge, *The Christians of Pakistan...*, *op. cit.*, p. 89 *sqq*.
131. *Ibid.*, p. 93 *sq*.
132. Asma T. Uddin, « Blasphemy Laws in Muslim-Majority Countries », *The Review of Faith & International Affairs*, vol. 9, n° 2, 2011, p. 47-55, ici p. 47.

suprême annule la condamnation ; elle put partir en exil au Canada en 2019. En 2009, cette chrétienne s'était disputée avec des femmes musulmanes qui refusaient d'accepter l'eau qu'elles jugeaient contaminée par une croyante d'une autre confession. Le contenu exact de l'échange est controversé, mais par la suite Bibi fut menacée et arrêtée par la police. La mesure initialement présentée comme une protection se transforma en une accusation qui risquait de lui coûter la vie. Elle échappa finalement de peu à la mort ; mais deux hommes politiques qui l'avaient ouvertement soutenue furent assassinés. Le gouverneur du Pendjab, le progressiste Salman Taseer, avait rendu visite à Asia Bibi en prison et demandé au Premier ministre de la gracier car elle n'avait pas eu un procès équitable. Le 4 janvier 2011, il fut abattu par son garde du corps, qui se rendit aux autorités. Il expliqua son geste par l'attitude de Taseer à l'égard de Bibi et de la question du blasphème. Célébré comme un héros par de nombreux partisans, il fut plus tard condamné à mort et pendu. Deux mois après l'assassinat de Taseer, un autre homme politique, ministre des Minorités religieuses et seul chrétien du gouvernement de l'époque, mourut dans une attaque menée par des talibans. Shahbaz Bhatti s'était engagé, lui aussi, en faveur d'Asia Bibi.

Débats internationaux

Ce tour d'horizon – très incomplet – des accusations de blasphème et des lois dans différents pays démontre de façon impressionnante leur potentiel dévastateur[133]. Dans les mains des puissants qui peuvent s'appuyer sur une religion officielle privilégiée, elles constituent des instruments malléables d'oppression contre les minorités religieuses et la liberté d'expression. Même dans des pays plus ouverts, où l'islam ne dispose pas d'une position aussi dominante, où les mécanismes juridiques prévalent au moins formellement et où des personnalités politiques élues s'engagent pour les minorités, les accusations de blasphème sont explosives : elles constituent des armes puissantes pour mettre en branle des manifestations massives et souvent violentes. Là où les procédures juridiques contre des blasphémateurs présumés tournent court, apparaissent souvent des menaces informelles et de purs lynchages qui ne laissent pour seule possibilité aux personnes concernées, lorsqu'elles survivent, que la fuite à l'étranger. Les accusations de blasphème sont souvent utilisées pour régler des conflits privés entre voisins, associés ou adversaires politiques – en ce sens, les lois en question invitent souvent aux abus systématiques.

---

133. Neil Hicks, « The Public Disorder… », *op. cit.*, p. 55 *sqq.*

En dépit de ces problèmes, les États musulmans s'efforcent également d'établir des normes internationales contre le dénigrement des religions[134]. L'élément moteur de ces tentatives fut longtemps l'Organisation de la coopération islamique (OCI), qui rassemble 57 pays et prétend représenter les musulmans au niveau transnational. À partir de sa fondation en 1969, il fut évident à de nombreuses reprises que son idée des droits humains et des politiques de lutte contre la discrimination ne recouvrait pas toujours la conception occidentale et universaliste, comme en 1990 lors de l'adoption de la Déclaration des droits de l'homme en islam, au Caire. La charia, législation légitimée par la religion, y était érigée en référence, ce qui constituait une nette remise en question du caractère contraignant de la Déclaration des droits de l'homme de l'ONU de 1948. Depuis les années 1990, des efforts coordonnés de l'OCI ont visé à établir des normes internationales contre le blasphème, ce dernier étant généralement désigné comme « racisme antimusulman » ou « islamophobie ». En 2005, la polémique mondiale autour des caricatures de Mahomet fournit l'occasion de réunir une conférence spéciale de l'organisation à La Mecque.

En mars 2007, l'OCI enregistra un grand succès lorsque le Conseil des droits de l'homme des Nations unies, à Genève, adopta à sa demande une résolution pour l'interdiction mondiale de la diffamation publique des religions. Le texte se référait explicitement à la conférence de La Mecque et à ses conclusions : s'il était bien question des systèmes de valeurs de toutes les religions, seule était évoquée en termes concrets la situation des musulmans et des Arabes. La critique ne portait pas seulement sur l'assimilation de l'islam au terrorisme, mais aussi sur les nombreuses « déclarations dans lesquelles les religions – l'islam et les musulmans en particulier – [étaient] attaquées […] dans les enceintes de défense des droits humains ». Le document engageait à offrir une protection juridique adéquate « contre les actes de haine, de discrimination, d'intimidation et de coercition résultant de la diffamation des religions ». Certes, le droit à la liberté d'expression était expressément défendu, mais la même phrase stipulait qu'il devait être exercé de façon responsable, et limité par des mesures garantissant la protection de la sécurité nationale, de l'ordre public, de la santé et de la morale publiques (!), ainsi que le respect des religions[135].

On ne s'étonnera pas qu'une telle résolution, qui renforçait les droits des systèmes de croyances dominants en menaçant d'affaiblir ceux des

---

134. Sur ce qui suit, voir Paul Marshall, « Exporting Blasphemy Restrictions… », *op. cit.*; de nombreux documents dans Paul Marshall et Nina Shea, *Silenced…*, *op. cit.*, chap. 11 ; Nina Scholz et Heiko Heinisch, *Charlie versus Mohammed. Plädoyer für die Meinungsfreiheit*, Vienne, Passagen Verlag, 2016, p. 19 *sqq.*
135. Voir le texte sur https://ap.ohchr.org/documents/sdpage_e.aspx?si=A/HRC/RES/4/9 [consulté le 20/02/2020].

individus, ait provoqué un tollé parmi les organisations internationales de défense des droits humains. De toute évidence, deux conceptions très différentes du droit s'affrontaient. Pourtant, même en prenant en compte, de façon lucide, ces divergences et les écarts de sensibilité, il est difficile de ne pas voir dans de telles manœuvres un pur calcul politique et répressif des élites dominantes des pays à majorité musulmane représentés par l'OCI. Alors qu'ils luttent sur la scène internationale en usant d'un langage de respect et de tolérance, ils répriment souvent durement dans leurs propres pays les systèmes de croyances déviants et les dissidents politiques[136].

2012 : « prière punk » à Moscou

Les lois contre le blasphème et la répression des blasphémateurs ne sont pas l'apanage des pays musulmans. Ainsi, l'Inde dispose d'un article de protection contre l'atteinte intentionnelle aux sentiments religieux, hérité de la période coloniale britannique, de plus en plus instrumentalisé ces dernières années par les nationalistes hindous contre les musulmans et les chrétiens[137]. Très récemment, l'« Occident » a aussi été le théâtre d'une manifestation des liens étroits entre la chrétienté (en l'occurrence orthodoxe) et l'État.

Hooliganisme religieux

La performance du 21 février 2012 dans la cathédrale du Christ-Sauveur, à Moscou, dura moins d'une minute, mais elle attira sur les Pussy Riot l'attention du monde entier. À côté de l'autel, dans un espace normalement réservé au clergé, les femmes aux vêtements multicolores, avec une cagoule sur la tête, commencèrent à danser et à imiter des signes de croix et des génuflexions. Dans un clip diffusé plus tard sur Internet, les images de la performance furent montées avec d'autres scènes et sous-titrées avec les paroles d'une chanson. Leur « prière punk » dénonçait l'alliance de l'Église russe orthodoxe, dirigée par le patriarche Cyrille Ier, et du pouvoir politique moscovite, l'entente du « froc noir » et des « épaulettes dorées ». Le patriarche, selon elles, croyait en Poutine plutôt qu'en Dieu. D'autres paroles attaquaient la morale sexuelle rigide (« Les homosexuels sont enchaînés et envoyés en Sibérie », « Pour ne pas offenser le Très-Haut,

---

136. Austin Dacey, *The Future of Blasphemy: Speaking of the Sacred in an Age of Human Rights*, Londres, Continuum, 2012, p. 5.
137. Shagun Sharma, « Blasphemy Laws: Comparative Analysis in Context of India and Pakistan », *International Journal of Science and Research*, vol. 8, n° 4, 2019, p. 1156-1161.

les femmes doivent porter et aimer des enfants ») et la soumission des fidèles (« Tous les membres de la communauté s'aplatissent en révérence »). Par provocation, elles évoquaient « la merde de Dieu », et exhortaient la Vierge à chasser Poutine et à devenir féministe[138].

À la suite de cette prestation, trois membres du groupe furent placées en détention provisoire : Nadejda Tolokonnikova, Maria Alekhina et Ekaterina Samoutsevitch. Le plus simple aurait été de caractériser leur délit comme une infraction qui leur aurait valu des amendes légères, soit de façon concrète une « atteinte au sentiment religieux de citoyens ou une profanation d'objets ». Le Code pénal russe (article 282) prévoit aussi jusqu'à deux ans d'emprisonnement pour des actions publiques visant à inciter à la haine et à l'hostilité ou portant atteinte à la dignité humaine de personnes ou de groupes en raison de leur sexe, de leur race, de leur nationalité, de leur langue, de leur origine ou de leur rapport à la religion. Pourtant, les trois femmes furent finalement inculpées sur la base de l'article 213, disposition contre le « hooliganisme » tristement célèbre depuis l'époque soviétique. Cette loi particulièrement plastique peut servir contre toutes les oppositions politiques qui se rendent coupables de « trouble flagrant à l'ordre public ». Après plusieurs mois de détention préventive durant lesquels les accusées se mirent un temps en grève de la faim, elles furent condamnées en août 2012 à deux ans de réclusion pour « hooliganisme motivé par la haine religieuse ». Durant le procès, il avait également été question de « comportement blasphématoire » et de « profanation de symboles religieux ». En octobre, un procès en appel déboucha sur l'acquittement de Samoutsevitch, surtout pour des raisons de procédure. Les deux autres jugements furent confirmés. Malgré d'autres bras de fer juridiques, Tolokonnikova et Alekhina durent purger la plus grande partie de leur peine et ne furent libérées par une amnistie que trois mois avant de l'avoir terminée.

Le procès des Pussy Riot s'inscrivait dans une longue série de procédures judiciaires russes qui instrumentalisaient le droit pour sanctionner les idées et les figures d'opposition. Il se singularisait surtout par l'alliance étroite entre l'Église orthodoxe et le pouvoir post-soviétique. De fait, dans des affaires comparables, les représentants de l'Église dans d'autres

---

138. https://www.tagesspiegel.de/politik/dokumentiert-das-punk-gebet-von-pussy-riot/7013446.html [consulté le 20/02/2020] ; voir Tore Tvarnø Lind, « Blasphemy Cries over Pussy Riot's "Punk Prayer" », *Danish Musicology Online – Special edition: Researching Music Censorship*, 2015, p. 7-34, disponible en ligne sur https://www.researchgate.net/publication/280488756_Blasphemy_Cries_over_Pussy_Riot's_Punk_Prayer/link/55b60 4990 8ae092e9655ad81/download [consulté le 20/02/2020] ; sur les faits, Caroline von Gall, « Vorerst gescheitert: „Pussy Riot" und der Rechtsstaat in Russland », *Russland-Analysen*, n° 246, 2012, p. 2-5. Du point de vue d'une protagoniste, Maria Alekhina, *Riot Days*, Londres, Allen Lane, 2017.

pays occidentaux ont aussi fait appel à la justice. Ainsi, le chapitre de la cathédrale de Cologne porta plainte contre une représentante du groupe féministe Femen parce qu'elle avait offensé les sentiments religieux de nombreux croyants par une action spectaculaire la veille de Noël 2013. Au début de la messe pontificale, Josephine Witt avait protesté contre «le monopole du pouvoir de l'Église catholique» en sautant presque nue sur l'autel. On pouvait lire sur sa poitrine «*I am God*». Plus tard, elle fut condamnée pour trouble à l'exercice du culte à une amende de 1 200 euros, réduite de moitié en appel au regard de ses conditions de ressources. Une action véritablement radicale, du point de vue de nombreuses personnes, fut donc sanctionnée par une peine relativement légère. Par ailleurs, un homme qui avait frappé Witt au visage après sa performance ne s'en sortit pas indemne. La procédure fut suspendue contre une amende de 500 euros[139]. Par comparaison, les peines moscovites paraissaient draconiennes.

Les représentants de l'Église orthodoxe, en particulier, avaient demandé des sanctions sévères : il ne pouvait y avoir ni compassion ni miséricorde si les femmes ne se repentaient pas sincèrement[140]. Cette attitude s'explique par la vision du monde propre à l'Église russe orthodoxe. Elle abritait bien une certaine pluralité au sein de sa communauté, qui s'exprima notamment par le fait que certaines voix libérales tentèrent de minimiser le poids de l'acte. Dans l'ensemble pourtant, l'Église russe orthodoxe était et demeure d'orientation résolument conservatrice. Elle se figure mener un combat défensif contre les «promoteurs du laïcisme et de l'athéisme militant», inspirés par l'Occident, selon les termes du métropolite Hilarion, qui veulent détruire la conception traditionnelle de la famille et du mariage. Sa conviction de représenter la majorité des Russes s'appuie sur un assentiment relativement important dans la population. Il est vrai qu'il y avait eu, à l'époque soviétique, un rapide processus de déchristianisation, qui avait éloigné les Russes de la religion. Aujourd'hui encore, l'intensité de la vie religieuse demeure faible, si on la mesure par exemple par la régularité de la fréquentation des églises[141]. Néanmoins, en tant qu'institution, l'Église jouit dans la population de davantage de

---

139. Norbert Feldhoff, «Der Kölner Dom – Schauplatz öffentlicher Proteste», *in*: Joseph Marko (dir.), *Staat und Religion…, op. cit.*, p. 141-146, ici p. 145 *sq.*; https://de.wikipedia.org/w/index.php?title=Josephine_Witt&oldid=189622719 [consulté le 20/02/2020].
140. Thomas Bremer, «Der Fall „Pussy Riot" und die Russische Orthodoxe Kirche», *Russland-Analysen*, n° 246, 2012, p. 6-8, ici p. 6 *sq.* (et sur ce qui suit); pour le contexte historique, Thomas Bremer, «Der „Westen" als Feindbild im theologisch-philosophischen Diskurs der Orthodoxie», *Europäische Geschichte Online (EGO)*, 2012, disponible en ligne sur http://www.ieg-ego.eu/bremert-2012-de [consulté le 20/02/2020].
141. Voir le résultat du sondage sur la «prière punk» et la religiosité en général en Russie dans *Russland-Analysen*, n° 246, 2012, p. 9-14.

considération que ses homologues en Europe de l'Ouest. Pour beaucoup, elle fait figure d'instance porteuse de sens et protectrice de l'ordre social. Dans ce contexte, les représentants de l'Église agissent avec la conscience de représenter la majorité de la population.

Cela tient également à une autre caractéristique de la religion russe orthodoxe, étroitement adossée à l'État selon une longue tradition historique. « De façon implicite, l'Église revendique le droit d'être protégée par l'État – et les pouvoirs publics se montrent complaisants dans la mesure où cette relation particulière sert les deux côtés[142]. » Dans la société post-soviétique, justement, les représentants de l'État considèrent que l'Église orthodoxe est une force d'ordre fiable qui soutient les velléités autoritaires du pouvoir. À la suite de l'affaire des Pussy Riot, la Douma manifesta cette estime en créant une nouvelle infraction pénale de blasphème (art. 148,1). Le texte prévoit jusqu'à un an d'emprisonnement pour « les actes publics exprimant un irrespect manifeste envers la société et commis dans le but d'offenser les sentiments religieux des croyants ». La caractérisation aussi étendue qu'évasive privilégie de façon indiscutable les fidèles de l'Église russe orthodoxe et peut être considérée comme une pièce d'une politique cherchant à créer un climat d'intimidation à travers des législations symboliques[143]. Par cette alliance étroite du trône et de l'autel, la Russie contemporaine semble presque ramenée au XIXe siècle, époque où Heinrich Heine fustigeait cette « monstruosité » appelée « religion d'État », « créature risible née du concubinage du pouvoir temporel et du pouvoir spirituel[144] ».

Le blasphème, forme d'art action

Par leur performance, les Pussy Riot voulaient justement prendre pour cible cette association. En ce sens, l'action du groupe mérite un regard plus approfondi. Si, par la suite, il fut sans cesse question d'un « concert », un examen attentif montre qu'il ne s'agissait pas principalement d'une performance *live*[145]. L'œuvre principale était davantage la vidéo mise en ligne peu après l'événement. Le film de la cathédrale en formait la matière première, associé à d'autres images et à une nouvelle piste sonore. Par ailleurs, la performance éclair des Pussy Riot, en dépit de l'équipement technique mis en évidence sur les images, n'était pas réellement musicale;

---

142. Thomas Bremer, « Der Fall „Pussy Riot"... », *op. cit.*, p. 8.
143. Thomas Krüssmann, « Blasphemie nach „Pussy Riot". Neufassung des einschlägigen Straftatbestandes in der Russuschen Föderation », *in*: Joseph Marko (dir.), *Staat und Religion...*, *op. cit.*, p. 120-126, en particulier p. 122 et 126.
144. Heinrich Heine, *Tableaux de voyage en Italie*, traduit par Jean-Philippe Mathieu, Paris, Les Éditions du Cerf, 1997, p. 241.
145. Sur ce qui suit, voir Tore Tvarnø Lind, « Blasphemy Cries... », *op. cit.*, p. 20 *sqq.*

il s'agissait plutôt d'un « pantomime punk ». Plus largement, on pourrait intégrer dans la performance non seulement la brève vidéo, mais aussi les films documentaires ou semi-documentaires immortalisant l'action et ses suites devant le tribunal : comme le documentaire *Pussy Riot: A Punk Prayer* du Britannique Mike Lerner en 2013 et le drame judiciaire *Die Moskauer Prozesse* du réalisateur suisse Milo Rau en 2014[146]. Dans cette « installation artistique politique », l'affaire de la « prière punk » était de nouveau traitée devant des juges, des procureurs et des avocats. Si les sentiments et les arguments des parties adverses se heurtaient violemment, il ne s'agissait pas d'une reconstitution des procès originaux, mais d'une nouvelle audience tenue dans des conditions de neutralité qui n'existaient pas dans les procédures d'origine, dont l'issue était politiquement déterminée par avance. Le film de Rau mettait en avant à la fois la tradition d'un art critique de la religion et l'oppression étatique en Russie, en traitant avec les incidents de 2012 deux événements antérieurs. Ainsi, lors de l'exposition « Attention, religion ! » dans le Centre Sakharov à Moscou, en 2003, des militants chrétiens orthodoxes avaient détérioré et détruit des pièces ; au final, ce ne furent pas eux mais les organisateurs qui furent condamnés à verser des amendes. De même, les créateurs de l'exposition « Art interdit » de 2006 furent plus tard condamnés pour incitation à la haine religieuse.

Contrairement à la performance Femen postérieure dans la cathédrale de Cologne, la « prière punk » était dès le départ conçue pour être diffusée par le biais d'Internet. Devant le tribunal, les activistes présentèrent leurs excuses pour toute offense potentielle à des sentiments religieux et affirmèrent le caractère politique de leur action. Toutefois, il ne fait aucun doute que leur transgression des normes au sein de l'église constituait une provocation calculée, ce qui explique le violent rejet de nombre de fidèles de l'Église orthodoxe et leur approbation d'un jugement sévère – à leurs yeux, la violence symbolique exercée par les femmes exigeait de fortes représailles[147]. Dans sa déclaration finale devant le tribunal, Nadejda Tolokonnikova replaça la prière punk dans la tradition du « fou sacré », à la recherche de la sincérité et de la simplicité[148]. Elle reprenait ainsi le jugement d'observateurs proches de l'Église, lui-même suivi par des scientifiques, qui situaient l'affaire dans la culture carnavalesque de l'ancienne Église. Certains passages de la prière semblent indiquer que les autrices s'identifiaient de façon positive à ces anciennes valeurs et traditions

---

146. https://de.wikipedia.org/w/index.php?title=Die_Moskauer_Prozesse&oldid=191477061 [consulté le 20/02/2020].
147. Vasilina Orlova, « Pussy Riot: Political Affect and Religious Feelings », 2015, disponible en ligne sur https://www.researchgate.net/publication/313000180_Pussy_Riot_Political_Affect_and_Religious_Feelings [consulté le 20/02/2020].
148. Tore Tvarnø Lind, « Blasphemy Cries… », *op. cit.*, p. 14.

chrétiennes, notamment l'invocation de la mère de Dieu. Mais nombre d'éléments du texte («merde sacrée») ainsi que l'association de gestes de prosternation pieuse et d'une danse excessive renvoient bien à la profanation consciente d'objets sacrés. Si les activistes ne furent pas condamnées expressément pour blasphème, ce qui n'était pas réellement possible au regard de la législation de l'époque, on peut désigner le blasphème comme *modus operandi* de l'action, avec un usage stratégique de l'effet de choc qu'il produit à des fins artistiques, créatives et politiques[149].

La provocation blasphématoire des Pussy Riot visait à faire éclater une harmonie dominante sclérosée, en permanence réaffirmée par les acteurs officiels – comme l'exprima un porte-parole de l'Église orthodoxe : «Notre idéal est l'unité de l'Église et des autorités, et l'unité du peuple et des autorités[150].» Dans les États occidentaux de la chrétienté latine, des actions comme celles des Femen à la cathédrale de Cologne se présentent comme une contestation d'une puissante institution cléricale mais, en réalité, les communautés religieuses n'y fonctionnent plus en duo avec l'État depuis bien longtemps, en dépit de tous les privilèges dont elles jouissent, par exemple en Allemagne. En ce sens, la protestation y est relativement peu risquée. En Russie, en revanche, la contestation blasphématoire est une affaire grave. La question de savoir à qui elle a profité reste toutefois ouverte. Du point de vue d'une opinion publique libérale, les événements déclenchés par la vidéo dévoilèrent justement les mécanismes politiques que la performance dénonçait. D'un autre côté, les réactions publiques et les procédures judiciaires offrirent également au parti adverse une tribune pour mobiliser les sentiments religieux. En ce sens, le front uni de l'orthodoxie et du régime de Poutine, qui était critiqué, pourrait bien avoir été renforcé.

149. *Ibid.*, p. 8, 14.
150. Cité d'après *ibid.*, p. 19 *sq.*

19. Réactions et réflexions occidentales

Quel regard poser sur les conflits qui ont éclaté dans la nouvelle ère du blasphème ? Et comment le droit et la population devraient-ils réagir ? En Grande-Bretagne, comme au Danemark ou en France – là où les conflits mondiaux sur le blasphème ont connu les manifestations les plus intenses depuis 1989 –, l'attention s'est toujours portée sur la législation en vigueur. Même dans un pays comme la France, qui se passait fort bien d'une loi sur le blasphème depuis deux cents ans, la nécessité de telles dispositions a fait l'objet de violents débats[151]. Sur les îles britanniques, à la suite de l'affaire du *Gay News*, de vastes efforts de réforme parlementaire avaient déjà reçu un écho important, et partagé, dans la sphère publique. L'affaire Rushdie poussa le débat plus loin encore. Au début du nouveau millénaire, la chambre haute britannique chargea un comité de réviser la législation en vigueur sur les religions. Dans son rapport de 2003, la commission proposa deux voies possibles mais diamétralement opposées : extension de l'article concerné aux autres communautés religieuses, ou abrogation complète[152]. Au printemps 2008, le Parlement choisit la seconde option. La section 79,1 d'un vaste paquet de réformes du droit de pénal établissait de façon laconique : « Les délits de blasphème et d'injure blasphématoire dans la *common law* d'Angleterre et du Pays de Galles sont abolis. »

L'évolution fut plus sinueuse en Irlande[153]. Le caractère catholique de la République figurait dans la Constitution de 1937, notamment par le biais d'un article (40.6.1.i) qui désignait comme des délits les déclarations blasphématoires, séditieuses ou obscènes. Il ne donna pas lieu, toutefois,

---

151. Jean Boulègue, *Le blasphème en procès...*, op. cit., p. 156 *sqq.* ; Charb, *Lettre aux escrocs...*, op. cit.
152. Voir House of Lords, « Religious Offences in England and Wales », juin 2003, disponible en ligne sur https://publications.parliament.uk/pa/ld/ldrelof.htm [consulté le 20/02/2020] ; résumé clair du débat de 1985 à 2007 dans Jean-Pierre Wils, *Gotteslästerung*, Francfort-sur-le-Main, Verlag der Weltreligionen, 2007, p. 185 *sqq.*
153. Voir en bref https://en.wikipedia.org/w/index.php?title=Blasphemy_law_in_the_Republic_of_Ireland&oldid=918208548 [consulté le 20/02/2020].

à des condamnations. Dans le pays, la contradiction entre liberté d'expression et pénalisation du blasphème fut ressentie de plus en plus fortement. En 1991, une commission de réforme déclara que cette disposition de la Constitution était anachronique. Pourtant, la législation fut d'abord étendue avec le *Defamation Act* de 2009 (section 36) et adaptée au pluralisme religieux existant : se virent condamnés comme blasphème les « propos excessivement violents ou insultants » sur des sujets « considérés comme sacrés par une religion ». La loi ne se révéla pas très pertinente dans les années qui suivirent ; les rares plaintes n'aboutirent à aucune condamnation. Au contraire, ses adversaires redoublèrent d'efforts pour obtenir une abolition complète. Cela aboutit, à l'automne 2018, à un référendum tenu en parallèle de l'élection présidentielle. Près des deux tiers des votants se prononcèrent pour l'abolition complète et immédiate de la loi sur le blasphème – une manifestation impressionnante de la déchristianisation rapide d'une société encore très catholique peu de temps auparavant.

En Allemagne, l'article 166 du Code pénal (voir chap. 16), profondément ancré dans l'histoire même s'il fut sensiblement modifié en 1969, sanctionne toujours le blasphème, quoique les condamnations soient rares dans la pratique. Entre 1996 et 2006, seuls 15 cas par an, en moyenne, ont été traités au titre des articles 166 (blasphème) et 167 (perturbation de l'exercice de la religion) – qui forment un tout[154]. Cela n'empêcha pas, à certains moments, un débat public nourri, même si les influences et les points de vue internationaux furent moins présents qu'ailleurs. On put sentir que le pays n'avait pas une longue tradition coloniale. Ainsi, à l'été 2012, les esprits échauffés se partagèrent selon la vieille ligne de front entre l'Église romaine et ceux qui la critiquaient. Au mois de juillet, le magazine satirique *Titanic* visa littéralement sous la ceinture avec sa couverture sur les « Vatileaks » en caricaturant un pape Benoît XVI, incontinent, comme « source des fuites ». Des voix s'élevèrent dans la sphère politique et ecclésiastique pour demander un durcissement de la loi contre le blasphème. L'écrivain Martin Mosebach recommanda la pénalisation du blasphème comme une cure de jouvence pour l'art moderne, postulant qu'il était désirable, pour le climat social, que « le blasphème redevienne dangereux[155] ».

---

154. Sebastian Koch, *Die strafbare Beschimpfung von Bekenntnissen, Religionsgesellschaften und Weltanschauungsvereinigungen*, Hambourg, Dr. Kovač, 2009, p. 38.
155. Martin Mosebach, « Vom Wert des Verbietens », *Frankfurter Rundschau*, 18 juin 2012, disponible en ligne sur https://www.fr.de/kultur/kunst/wert-verbietens-11334557.html [consulté le 20/02/2020]. Voir Robert Spaemann dans le *Frankfurter Allgemeine Zeitung* du 25 juillet 2013, disponible en ligne sur https://www.faz.net/aktuell/feuilleton/debatten/robert-spaemann-zur-blasphemie-debatte-beleidigung-gottes-oder-der-glaeubigen-11831612.html [consulté le 20/02/2020] et Gerd Schwerhoff, dans le même journal du 16 septembre 2012, disponible en ligne sur https://www.faz.net/aktuell/feuilleton/

Dans l'ensemble, de telles prises de position restèrent nettement minoritaires parmi les intellectuels allemands. Les prises de parole de théologiens des deux grandes confessions chrétiennes sur la fonction possible d'une interdiction pénale étaient elles-mêmes marquées par un certain scepticisme: face au déclin de l'influence de la religion dans les sociétés occidentales, les croyants devaient résister à la tentation de raviver les poursuites contre le blasphème – dans l'ère post-Lumières de la liberté d'expression, le blasphème était «un véritable anachronisme», expliqua le théologien belge Jean-Pierre Wils. D'un point de vue théologique, le blasphème était «entièrement sans objet»: le rapport aux sentiments susceptibles d'être blessés par le blasphème devait être transféré dans le domaine de la pédagogie religieuse, loin de toute menace pénale (selon le didacticien de la religion Harald Schroeter-Wittke). «En se limitant au sentiment d'offense», les chrétiens ne manifestaient d'ailleurs que le manque d'assurance de leur foi, ajouta le philosophe et théologien Hans-Joachim Höhn. Les croyants avaient le devoir de traduire «dans la langue séculière de l'argumentation» leur indignation quant à l'offense ressentie, dans un dialogue avec les critiques de la religion. Toutes les parties devaient traiter leurs conflits par un discours moral et rationnel, au sein duquel les prémisses religieuses n'avaient pas de valeur supérieure. Enfin, le blasphème se vit même attribuer un rôle positif dans le contexte religieux, en tant qu'indicateur d'une certaine vitalité du christianisme – plus encore: le blasphème était une forme d'authentification des aspects «fous» du message chrétien et, en ce sens, on devait se demander si le croyant ne disposait pas d'un véritable «droit au blasphème», selon Thomas Laubach, théologien et professeur d'éthique[156]. Même l'archevêque de Bamberg Ludwig Schick, qui s'était prononcé avec détermination en 2012 en faveur d'une nouvelle loi contre les moqueries à l'égard des valeurs et des sentiments religieux (l'article 166 était, selon lui, presque tombé dans l'oubli), fit marche arrière deux ans plus tard: on ne pouvait «tirer de la foi chrétienne» la revendication d'une condamnation plus sévère. Il s'agissait simplement pour lui d'obtenir une égalité de traitement pour les chrétiens condamnés comme blasphémateurs, dans d'autres régions du monde, du simple fait de leur foi[157].

---

debatte-um-blasphemieverbot-manchen-drohte-gar-eine-hinrichtung-11892377.html [consulté le 20/02/2020]. Sur les réactions allemandes à l'attentat de 2015, voir Nina Scholz et Heiko Heinisch, *Charlie versus Mohammed…, op. cit.*, p. 54 *sqq.*
156. Thomas Laubach (dir.), *Kann man Gott beleidigen? Zur aktuellen Blasphemie-Debatte*, Fribourg-en-Brisgau, Herder, 2013, p. 56, 59, 70, 104, 106, 115, 122.
157. Ludwig Schick, «Blasphemie und der Glaube», *in*: Thomas Laubach et Konstantin Lindner (dir.), *Blasphemie – ein lächerlicher Glaube? Ein wiederkehrendes Phänomen im Diskurs*, Berlin, LIT Verlag, 2014, p. 11-23, ici p. 21 *sq.*

Questions juridiques

Chez les juristes allemands, les opinions concernant le délit de blasphème sont particulièrement hétérogènes. Pourtant, même les conservateurs ne croient pas réellement à la force et à l'impact des normes contre le blasphème à l'époque actuelle. Ainsi, le pénaliste Michael Pawlik dénonce, certes avec un sarcasme grinçant, la « christophobie intacte » des intellectuels allemands : ils se seraient habitués à tenir les moqueries blasphématoires pour des raffinements civilisateurs, critique-t-il, tout en indiquant des voies possibles pour une nouvelle mise au point de l'article 166. D'un autre côté, pourtant, il se montre sceptique quant à la question de savoir si ces voies devraient réellement être empruntées – le consensus perdu d'une société ne peut être remplacé par une norme pénale[158]. Après avoir soupesé de façon détaillée le droit fondamental à la liberté d'expression et les droits des communautés religieuses, de nouveaux travaux parviennent à la conclusion que l'article 166 en vigueur permet de relativement bien naviguer entre les deux. Son abolition menacerait de créer des « lacunes en matière de protection » : l'État ne pourrait plus assurer de façon satisfaisante son rôle de protection des religions et de la paix publique[159]. Barbara Rox a naturellement de bonnes raisons de se demander si, dans le cas du blasphème, il faut réellement opposer ou mettre en balance des droits fondamentaux de même rang – ici la liberté d'expression et, le cas échéant, la liberté artistique, là la liberté religieuse. Si la liberté d'expression est, selon elle, un droit fondamental classique permettant d'assurer la liberté de l'individu, il s'agirait d'autre chose dans le cas de la liberté religieuse : en tant que droit fondamental, elle protège certes le droit de l'individu, au sens très large, de pratiquer sa religion sans être inquiété. Toutefois, cela ne constitue pas une protection contre des propos désagréables ou franchement blasphématoires. On doit pouvoir exiger des croyants qu'ils s'y confrontent ou qu'ils les ignorent[160].

L'un des points de cristallisation importants du débat allemand est la question de savoir quel bien juridique est protégé par l'article 166.

---

158. Michael Pawlik, « Der strafrechtliche Schutz des Heiligen », *in*: Josef Isensee (dir.), *Religionsbeschimpfung. Der rechtliche Schutz des Heiligen*, Berlin, Duncker & Humblot, 2007, p. 59 *sq.*; dans le même ordre d'idées, Josef Isensee, « Nachwort – Blasphemie im Koordinatensystem des säkularen Staates », *in*: *ibid.*, p. 133.
159. Franziska Antonia Steffen, *Strafrecht in einer multikulturellen Gesellschaft. Eine Erörterung anhand von Fallgestaltungen*, Baden-Baden, Nomos, 2015, p. 405 *sq.*; de manière similaire, Sebastian Koch, *Die strafbare Beschimpfung...*, *op. cit.*, p. 171 *sq.*
160. Barbara Rox, « Blasphemie im Spannungsfeld zwischen Meinungs- und Religionsfreiheit? », *in*: Thomas Laubach (dir.), *Kann man Gott beleidigen?...*, *op. cit.*, p. 161-177, en particulier p. 170 ; voir de façon générale Barbara Rox, *Schutz religiöser Gefühle im freiheitlichen Verfassungsstaat?*, Tübingen, Mohr Siebeck, 2012, p. 81 *sqq.*

Le texte de la loi prévoit une sanction pour des propos « de nature à troubler la paix publique ». Compte tenu du devoir de neutralité idéologique de l'État, ce n'est donc pas l'injure envers la religion qui est incriminée, mais ses conséquences pour la vie sociale[161]. Certains partisans d'une norme plus stricte voient justement là une des raisons pour laquelle le blasphème aurait perdu beaucoup d'importance dans la pratique pénale. Une proposition de loi déposée au Bundestag en novembre 2000 par Norbert Geis notamment, pour le groupe parlementaire CDU/CSU, prévoyait ainsi la suppression de cette caractérisation du délit. Au lieu de cela, l'article 166 devait être renforcé par la formulation prévoyant une sanction pour quiconque « injurie publiquement ou par la diffusion d'écrits le contenu des convictions religieuses ou idéologiques d'autrui[162] ». Comme d'autres initiatives avant ou après elle, celle-ci se perdit dans les sables, parce que la formulation proposée fut jugée trop vague. Par ailleurs, on pourrait argumenter à juste titre que l'impact réduit de la loi est dû non au texte lui-même mais à l'interprétation par les tribunaux du devoir de protection de la paix publique[163]. De fait, le bien-fondé de l'existence autonome de l'article 166 est souvent remis en question dans la littérature pénale, car, en cas de menace sérieuse contre la paix publique et de restrictions de la tolérance, c'est de toute façon le délit d'incitation à la haine raciale de l'article 130 qui s'applique (voir conclusion)[164].

Les dangers potentiels et les instrumentalisations possibles de l'argument portant sur la paix publique, qui apparaissent moins au regard des débats allemands sur le blasphème que des débats mondiaux des dernières décennies, sont, à ma connaissance, trop peu discutés. Qu'il s'agisse d'imams en Angleterre ou au Danemark ou de groupes chrétiens fondamentalistes, de nombreux exemples montrent que ces milieux alimentent de façon délibérée l'indignation dans la société, pour déplorer ensuite les troubles publics et appeler l'État ou les tribunaux à intervenir. Le pis-aller pénal que constitue la protection de la paix publique apparaît surtout justifié si l'on considère que l'alternative possible serait la protection « des sentiments religieux ». Avant la réforme pénale de 1969, nombreux étaient ceux pour qui ce bien juridique semblait central dans l'article sur le blasphème. Dans le débat actuel des juristes allemands, il est envisagé de façon majoritairement critique. Ainsi, il serait peu justifiable de subordonner la liberté d'expression à « des susceptibilités subjectives et particulières ». Quels sentiments devraient alors servir de référence – ceux d'un évangéliste

---

161. Sebastian Koch, *Die strafbare Beschimpfung...*, op. cit., p. 39.
162. BT-Drs. 14/4558. Voir Franziska Antonia Steffen, *Strafrecht...*, op. cit., p. 81 sq.
163. Michael Pawlik, « Der strafrechtliche Schutz... », op. cit., p. 43 sqq.
164. Barbara Rox, *Schutz religiöser Gefühle...*, op. cit., p. 233.

possiblement hypersensible, ou ceux d'un chrétien par tradition, à la sensibilité religieuse largement émoussée[165] ?

Quoi qu'il en soit, la nouvelle jurisprudence au niveau européen s'oriente justement dans le sens d'une protection du sentiment religieux. La Cour européenne des droits de l'homme a pour mission de veiller sur le respect de la Convention européenne des droits de l'homme de 1950 et de mettre en balance les droits qui y sont garantis. Cela comprend la liberté de pensée, de conscience et de religion (article 9) ainsi que la liberté d'expression (article 10) dont l'exercice est toutefois lié, selon le texte, à « des devoirs et des responsabilités » (article 10.2). Par ailleurs, l'article 17 sur « l'abus de droit » offre la possibilité de limiter la liberté d'expression. Ainsi, la Cour a entrepris une mise en balance concrète de ces droits fondamentaux au regard des faits de blasphème dans son jugement sur l'interdiction du film *Le concile d'amour* de Werner Schroeter dans le Tyrol autrichien, en septembre 1994 (voir chap. 16)[166]. Fallait-il, sur la base de l'article 10.2, empiéter sur la liberté d'opinion et d'expression artistique pour protéger les « droits d'autrui » ou prévenir le « désordre » ? De l'avis unanime, la « liberté d'exercice du culte » ne pouvait en aucun cas signifier qu'on ne devait pas être confronté à une critique ou à une hostilité – même prononcée – contre sa foi. Simplement, ces propos ne devaient pas mener à une restriction de la liberté religieuse. Dans des cas extrêmes, il pouvait tout à fait arriver que le rejet des convictions des croyants les empêche de pratiquer leur religion de façon active. Ainsi, il avait fallu vérifier si le film tiré de la pièce de Panizza avait pu entraîner une telle restriction. Par leur vote minoritaire, trois juges affirmèrent que la projection, si elle avait bien fait l'objet d'une promotion publique, devait avoir lieu dans une sorte de club cinématographique : personne ne pouvait ainsi être confronté contre son gré à des contenus choquants pour la religion, la saisie avait donc constitué une mesure excessive. La majorité du tribunal vit les choses autrement et, par son exposé des motifs, élargit la protection au

---

165. Sebastian Koch, *Die strafbare Beschimpfung...*, op. cit., p. 39 ; Michael Pawlik, « Der strafrechtliche Schutz... », op. cit., p. 46 sqq. ; Barbara Rox, *Schutz religiöser Gefühle...*, op. cit., p. 112 sqq. Sur une autre justification possible de la norme juridique, orientée vers le respect dû aux convictions et aux valeurs d'une personne, et qui considère la moquerie de ce que les autres tiennent pour sacré comme un « délit proche de l'injure », voir Michael Pawlik, « Der strafrechtliche Schutz... », op. cit., p. 49.

166. Sur ce qui suit, voir Barbara Rox, *Schutz religiöser Gefühle...*, op. cit., p. 261 sqq. ; Burkhard Josef Berkmann, *Von der Blasphemie zur „hate speech"? Die Wiederkehr der Religionsdelikte in einer religiös pluralen Welt*, Berlin, Frank & Timme, 2009, p. 36 sqq. Sur l'affaire « *Otto-Preminger-Institut v. Austria* », voir le jugement n° 13470/87 de la Commission européenne des droits de l'homme, disponible en ligne sur https://hudoc.echr.coe.int/eng?i=001-57897 [consulté le 20/02/2020]. De façon générale, au niveau du droit international, voir Lorenz Langer, *Religious Offence and Human Rights: The Implications of Defamation of Religions*, Cambridge, Cambridge University Press, 2014.

droit des citoyens « de ne pas être insultés dans leurs sentiments religieux par l'expression publique des vues d'autres personnes ». L'article 188 du Code pénal autrichien sanctionnait les comportements dirigés contre des objets de vénération religieuse et susceptibles de causer « une indignation justifiée ». Cela revenait à protéger les sentiments religieux d'un groupe particulier, minoritaire ou majoritaire.

D'autres jugements montrèrent une orientation similaire. Ainsi, la Cour autorisa la censure du film de Wingrove *Visions of Ecstasy* au motif que l'État avait une large marge d'appréciation dans le cas où les « convictions et les sentiments les plus profonds » étaient heurtés[167]. Pour des motifs similaires, elle débouta la plainte d'un éditeur turc condamné à une amende pour blasphème en raison de la publication d'un roman hostile à l'islam. La Cour jugea que cette mesure avait été prise pour protéger contre les attaques des sujets considérés comme sacrés par les musulmans. « Avec une telle formulation », commente Rox de façon critique, « la Cour admet sans détour qu'il s'agit pour elle de protéger juridiquement le sacré, et ce, sous la forme qui définit le sacré pour la majorité des croyants[168] ». Le problème n'est pas seulement que de tels votes laissent le champ libre à une inquiétante subjectivité dans l'appréciation du droit pénal. Ils soulèvent aussi la question de savoir qui, en tant que représentant d'une collectivité, peut faire valoir devant la justice les sentiments offensés de celle-ci et, partant, comment éviter que des autorités publiques ou des groupes de pression radicaux ne se saisissent de cette fonction de représentation pour imposer leurs propres objectifs politiques[169].

Le blasphème : vertu éclairée ou discours de haine raciste ?

Cette question et nombre d'autres dépassent largement l'arène du droit. Dans le débat public de ces dernières décennies, les positions opposées s'affrontent parfois avec une grande intransigeance. Les laïcistes français se présentent comme les défenseurs les plus déterminés d'une tradition occidentale universaliste héritée des Lumières. Et le journal satirique *Charlie Hebdo* faisait office de porte-voix de ce laïcisme. Peu avant son assassinat, le rédacteur en chef Stéphane Charbonnier avait terminé un pamphlet qui fut publié comme un testament. Il y défendait le droit de la satire de soumettre à la critique et à la moquerie toutes les formes de

---

167. Barbara Rox, *Schutz religiöser Gefühle...*, op. cit., p. 297.
168. *Ibid.*, p. 299.
169. Pour une critique de l'argument des sentiments offensés, voir Nina Scholz et Heiko Heinisch, *Charlie versus Mohammed...*, op. cit., p. 66 *sqq*.

croyances et rejetait l'idée d'un traitement spécial pour les musulmans. Les véritables discrimination et infantilisation consistaient à leur reconnaître un droit à une plus grande susceptibilité. En tant que républicain de gauche convaincu, il se démarquait aussi de la critique de l'islam exercée par les ultra-conservateurs[170]. Après l'attentat contre la rédaction, l'écrivaine féministe Caroline Fourest reprit le flambeau. Dans son *Éloge du blasphème*, elle défendit elle aussi l'approche universaliste de la gauche française et le droit de briser les tabous de toutes les religions. Elle dénonça avec indignation toutes les réflexions fondées sur le relativisme culturel des « oui mais » (par exemple : oui, l'attentat est horrible, mais il faut voir aussi l'autre côté des choses) comme une autocensure, une lâcheté et un abandon des valeurs d'une société libre[171].

Si universaliste que soit, en apparence, cette position, elle doit être comprise dans sa dimension historique comme l'enfant d'une tradition républicaine de gauche spécifique qui mena en France un combat culturel acharné avec ses adversaires ultra-conservateurs, avant et après 1900. Elle attaqua l'Église catholique en tant qu'alliée privilégiée, ou même incarnation de la réaction antidémocrate et antirépublicaine ; des images et des textes anticléricaux, ou ouvertement blasphématoires, furent utilisés pour défendre la République. Les héritiers de cette tradition refusent de voir que cette attitude combative des « *underdogs* » républicains peut prendre aujourd'hui une tout autre coloration dans le contexte interculturel de la mondialisation. Pour Charb, provocateur, les simples croyants séduits par des imams fondamentalistes se soumettent (car il précise qu'islam signifie « soumission ») au Tout-Puissant. Ils « pètent de trouille à l'idée que leur Dieu vengeur les punisse de la moindre incartade[172] ».

Cette inébranlable intransigeance s'est trouvée confrontée à un contre-discours déterminé de la part d'un relativisme culturel qui, explicitement, se définissait non comme conservateur mais comme critique et antiraciste. Le point de départ fut souvent la constatation qu'il existait une hypocrisie de l'Occident, qui légitimait – de façon explicite ou implicite – ses propres susceptibilités ou ses tabous mais tenait pour insignifiants ceux des musulmans[173]. Mais la critique allait plus loin : les caricatures de Mahomet publiées par le *Jyllands-Posten* n'auraient pas constitué une satire, mais une « stéréotypisation islamophobe injurieuse ». Armes idéologiques,

---

170. Charb, *Lettre aux escrocs...*, *op. cit.*, p. 70.
171. Caroline Fourest, *Éloge du blasphème*, Paris, Grasset, 2015 ; Nina Scholz et Heiko Heinisch, *Charlie versus Mohammed...*, *op. cit.*
172. Charb, *Lettre aux escrocs...*, *op. cit.*, p. 15 *sqq*.
173. Talal Asad, Wendy Brown, Judith Butler et Saba Mahmood, *La critique est-elle laïque ? Blasphème, offense et liberté d'expression*, traduit par Francie Crebs et Franck Lemonde, Lyon, Presses universitaires de Lyon, 2015, p. 28 ; Saba Mahmood, « Raison religieuse et affect laïc : un clivage incommensurable ? », *in* : *ibid.*, p. 77-110, ici p. 104.

elles auraient répondu au besoin des anciennes puissances coloniales européennes de trouver une définition de « l'autre » permettant de l'exclure. Il y aurait eu ainsi une « musulmanisation des musulmans », au sens d'un essentialisme culturel, qui aurait rendu possible une délimitation nette entre « nous » et « eux », entre les « valeurs européennes » et les « traditions butées »[174]. Rapidement, on vit apparaître l'argument que devait reprendre par la suite Emmanuel Todd après l'attentat contre *Charlie Hebdo*, l'idée qu'il y avait une différence entre « le fait de critiquer ma culture et la religion qui y est la plus présente, et celui de parler d'une culture et d'une religion qui ne me sont pas familières ». Ainsi, chaque personne était libre de provoquer sa propre communauté par la critique ou par la satire. « Lorsque des homosexuels racontent des blagues sur les homosexuels et des juifs des blagues sur les juifs, personne n'a rien à y redire. [...] Mais quel courage y a-t-il, au sein d'une majorité (chrétienne ou laïque), à se moquer de la minorité (musulmane) par des caricatures[175] ? »

Les autrices et les auteurs postcoloniaux se servent de tels arguments pour aborder une question de fond, en essayant de dépouiller la « laïcité hégémonique » de l'Occident (selon les mots de la philosophe Judith Butler) de son aura d'évidence, et de la montrer comme l'idéologie d'une configuration historique spécifique. « La critique est-elle laïque ? » demandait par exemple un recueil d'essais, qui abordait les conflits de 2005 autour des caricatures de Mahomet en dépassant les oppositions stéréotypées entre « raison » et « fanatisme religieux »[176]. Le philosophe français Étienne Balibar vit dans les caricatures la manifestation d'une « violence discursive structurelle » : un Occident à la fois arrogant et prépotent s'arrogeait le droit d'outrager collectivement la communauté musulmane, sans reconnaître les limites et les contradictions de sa propre idéologie d'universalisme libéral[177].

Sans aucun doute, cette contribution et d'autres semblables ont apporté des indications importantes sur les points aveugles et

---

174. Bernhard Debatin, « Die Provokation des Banalen. Eine fehlgeschlagene Satire und das Gesetz der (nicht) intendierten Folgen », *in*: *id.* (dir.), *Der Karikaturenstreit...*, *op. cit.*, p. 215-224 ; Shaheen Merali, « Sichtbarkeit und Ideologie. Künstlerische Strategien im Umgang mit Differenz », *in*: Lydia Haustein, Bernd Michael Scherer et Martin Hager (dir.), *Feindbilder...*, *op. cit.*, p. 115-125, ici p. 118 *sq.*
175. Petra Grimm, « Reflexionen über Verzicht, Anerkennung und Toleranz in Karikaturenstreit », *in*: Bernhard Debatin (dir.), *Der Karikaturenstreit...*, *op. cit.*, p. 143-153, ici p. 149 ; Stephan Rosiny, « Der beleidigte Prophet », *in*: *ibid.*, p. 103-115, ici p. 108.
176. Talal Asad, Wendy Brown, Judith Butler et Saba Mahmood, *La critique est-elle laïque?...*, *op. cit.*
177. Étienne Balibar, « On "Freedom of Expression" and the Question of "Blasphemy" », *in*: *id.*, *Secularism and Cosmopolitanism: Critical Hypotheses on Religion and Politics*, New York, Columbia University Press, 2018, p. 151.

l'autosatisfaction excessive de l'«Occident». Toutefois, nombre d'arguments méritant réflexion perdent en plausibilité et menacent de s'effondrer une fois poussés à l'extrême : s'il y a indéniablement dans les débats occidentaux des simplifications débouchant sur des stéréotypes, l'équivalence complète entre «islamophobie» et «racisme» n'en est pas moins trompeuse[178]. Dans les efforts de différenciation et de déconstruction, ce qui apparaît plus préoccupant encore est la tendance à renforcer en sous-main les frontières entre les cultures, au lieu de les contourner. Cela concerne les discours sur la position «des» musulmans et sur celle «de» l'Occident[179]. Ainsi, on renvoie sans cesse à la conception différente de l'image en islam, sans remarquer que l'interdiction stricte correspond tout au plus à une vision moderne wahhabite fondamentaliste et ne fait en aucun cas l'unanimité. Et que penser des subtiles remarques de Talal Asad sur une conception de la liberté différente chez les musulmans, qui reconnaîtraient certes la liberté de conscience et de croyance, mais en aucun cas une liberté d'expression illimitée, car elle comporterait le danger de séduire ceux qui pensent différemment[180] ? Ne tombe-t-il pas ainsi dans les pièges identitaires qu'il dénonce dans le cas de l'universalisme libéral ? Cela ne vaut-il pas aussi, inversement, pour son esquisse d'une position unitaire «occidentale» ? Car à l'Ouest aussi on trouve – à y regarder de plus près – un large éventail d'attitudes, du nihilisme radical à la *Charlie Hebdo* jusqu'aux populistes de droite défenseurs de l'Occident, qui feraient bien volontiers condamner toute moquerie à leur égard. L'idée qu'il ne serait admis de bafouer la religion qu'au sein de sa «propre» culture et des croyances qui lui appartiennent reste entièrement prisonnière d'une logique politique identitaire. Pour un athée militant – peu importe son origine culturelle –, il serait sans doute difficilement acceptable de devoir réserver ses railleries à sa «propre» religion, puisqu'il ne la reconnaît pas comme «sienne». Et l'esprit critique ou moqueur laïque dans un environnement dominé par le fondamentalisme ne se sentirait sans doute que plus seul, et plus vulnérable, si ses camarades occidentaux se voyaient retirer toute licence d'agir comme lui.

Les débats esquissés ici prouvent une fois de plus la puissance et la dynamique d'un discours public de blasphème, qui produit lui-même les réalités qu'il prétend refléter. En d'autres termes : outrage et contre-attaque, indignation et sentiment d'offense, accusations et ripostes – tout

---

178. Voir Saba Mahmood, «Raison religieuse...», *op. cit.*, p. 95 *sqq.* et Charb, *Lettre aux escrocs...*, *op. cit.*, p. 20 *sq.* ; Austin Dacey, *The Future of Blasphemy...*, *op. cit.*, p. 50.
179. Voir à ce sujet Nina Scholz et Heiko Heinisch, *Charlie versus Mohammed...*, *op. cit.*
180. Talal Asad, «Liberté d'expression, blasphème et critique laïque», *in* : Talal Asad, Wendy Brown, Judith Butler et Saba Mahmood, *La critique est-elle laïque ?...*, *op. cit.*, p. 35-75, ici p. 56 *sqq.*

cela crée et renforce la frontière entre «nous» et «eux». Même si le «choc des civilisations» de Huntington repose sur des énoncés essentialistes erronés, même si nous ne partageons pas ses prémisses, selon lesquelles «l'Occident» et «l'islam» s'opposeraient de façon irréconciliable en raison de traditions et de valeurs incompatibles – les conflits autour du blasphème n'en conduisent pas moins à confirmer sans cesse cette différence culturelle. Elle gagne ainsi une grande influence sur les esprits et sur les actes[181].

Il n'est pas réellement possible d'aboutir, à partir des débats, à des jugements de valeur impérieux ou même à des directives concrètes. Ainsi, certaines des interventions les plus intelligentes se limitent à décrire de façon nuancée la situation et à préconiser, comme Jean-Pierre Wils, une «stratégie de désescalade», qui mise plutôt sur la civilité des rapports au-delà du droit pénal[182]. Austin Dacey, philosophe et militant des droits humains, replace lui aussi le concept de blasphème dans un large horizon de réflexions sur le respect et la reconnaissance de l'autre, l'honneur, l'identité et la formation de communautés. Il se montre compréhensif pour les sentiments négatifs éprouvés face à l'offense envers ce qui semble sacré et intouchable, et il s'exprime de façon très critique sur l'usage des propos blasphématoires en tant qu'armes dans un combat idéologique public. Néanmoins, il défend avec détermination le droit à la liberté d'expression. Sa conclusion: ce droit inclut bien la possibilité du blasphème; il serait toutefois plus intelligent de ne pas toujours en faire usage[183]. Ce précepte de comportement «civil» a certes peu de chances de devenir réalité: il a contre lui non seulement l'attrait de la moquerie blasphématoire, comme arme verbale dans un combat idéologique, mais aussi «l'envie de blasphème[184]», la désirabilité émotionnelle de la raillerie et de l'outrage, tant pour le blasphémateur lui-même que pour ceux qui se sentent ainsi offensés et peuvent donc réagir en conséquence. Il n'est pas nécessaire de posséder des dons divinatoires pour prédire que le blasphème fera encore événement à l'avenir.

---

181. Voir Lydia Haustein, «Kampf der kulturellen Kulturen statt Kampf der Kulturen – Überlegungen zu den Bilderkriegen», *in*: Lydia Haustein, Bernd Michael Scherer et Martin Hager (dir.), *Feindbilder...*, *op. cit.*, p. 25-35.
182. Jean-Pierre Wils, *Gotteslästerung*, *op. cit.*, p. 204.
183. Austin Dacey, *The Future of Blasphemy...*, *op. cit.* Voir aussi son entretien sur https://pointofinquiry.org/2014/09/austin_dacey_-_the_future_of_blasphemy/ [consulté le 20/02/2020].
184. Selon le titre d'une exposition de la collection de la Veste Coburg (forteresse de Cobourg) durant l'été 2013 («L'envie de blasphème – image et polémique au temps de la Réforme»).

Conclusion et perspectives

La profanation du sacré – tour d'horizon historique

Déjà dans l'Antiquité, les outrages et les dénigrements religieux faisaient partie de l'histoire européenne – bien avant que les faits de blasphème ne soient définis clairement. Dans le contexte des religions polythéistes, profaner le sacré consistait surtout à transgresser les règles rituelles du culte, même si Aristote avait déjà donné au délit d'*asébeia* une définition remarquablement large, dans le sens d'un « comportement coupable envers les dieux ». Le blasphème prit des contours plus nets au moment de la formation des systèmes de croyances monothéistes et d'abord, de façon paradigmatique, dans le judaïsme. Le Dieu jaloux de l'Ancien Testament exigeait de ses fidèles non seulement une vénération exclusive et la sanction d'éventuels mésusages de son nom, mais aussi la lutte contre les autres confessions. Ainsi, les blasphèmes réciproques accompagnèrent et renforcèrent le processus de différenciation des systèmes de croyances dans le monde antique : les outrages creusèrent le fossé entre les juifs et leur environnement religieux, et attisèrent les conflits ; ils marquèrent plus tard la scission des chrétiens avec les juifs ; en insultant sans distinction les juifs, les « païens » ou les « hérétiques », les chrétiens orthodoxes se démarquèrent des prétendus partisans de Satan. À l'époque moderne encore, les blasphèmes ou les accusations de blasphème revenaient sans cesse dans les conflits de foi au sein de la chrétienté, entre l'Église romaine et les mouvements hérétiques médiévaux, ou entre les confessions nées de la Réforme. Ils alimentaient aussi les querelles avec les autres religions abrahamiques, en particulier avec le judaïsme et, plus tard, avec l'islam. La fausse croyance des autres faisait sans cesse l'objet de violentes attaques verbales, alors que leurs affronts contre des convictions ou des représentations du sacré, sous forme de texte ou d'image, étaient dénoncés comme d'ignobles blasphèmes.

Au VIᵉ siècle, la législation de l'empereur Justinien donna pour la première fois une définition plus claire d'une autre variante du blasphème, l'usage illégitime du nom de Dieu dans des jurons et des malédictions. À partir de là, il est possible de suivre la trace d'une conception plus précise, qui s'étoffe au Moyen Âge : depuis le tournant du XIIIᵉ siècle, le blasphème est défini comme une atteinte à l'honneur de Dieu. Dans les textes de loi, comme dans les sermons et les ouvrages de catéchèse des théologiens, il était traité en détail comme une variante importante des péchés de la langue. Il prit ainsi l'allure d'un crime commis au sein même du cercle des fidèles, et plus seulement par les « autres ». L'Église et les pouvoirs publics mirent tout en œuvre pour empêcher les croyants de s'adonner aux ignominieux blasphèmes, par des mesures de discipline et de sanction. En effet, que pouvait-il y avoir de pire qu'une attaque contre l'honneur du Dieu créateur, de sa mère, de ses saints et de ses images ? La conviction générale était que le Tout-Puissant réagissait de façon très humaine à ces agressions contre sa majesté et menaçait, dans sa colère, de recourir à des châtiments collectifs draconiens si la communauté ne vengeait pas l'affront. De façon étonnante, en dépit de telles dramatisations, même des théologiens étaient prêts à se montrer indulgents pour les blasphémateurs. Les propos impies et les violents jurons étaient si présents dans la vie ordinaire qu'il semblait impossible de discipliner durablement la société. Dans les situations de conflit, en particulier, les paroles blasphématoires étaient utilisées de façon toute naturelle comme pour se mettre en scène. Ainsi, le jugement porté sur le blasphème était caractérisé par une curieuse dichotomie, entre dramatisation et minimisation. Les juristes et les théologiens de l'époque tentaient d'atténuer cette ambiguïté, en distinguant entre blasphèmes « négligents » et « délibérés ».

Durant de longs siècles, la profanation du sacré fut omniprésente dans les sociétés traditionnelles européennes. La chrétienté occidentale était, plus qu'aucune autre religion, teintée de blasphème ; à cet égard, elle se distingue encore aujourd'hui fortement de l'islam, par exemple. Il serait néanmoins tout à fait faux de voir là l'indice d'une foi vacillante, ou superficielle. Au contraire, le blasphème peut être considéré comme une forme d'envers de l'omniprésence de la religion. Ce n'est pas sans raison que Johan Huizinga, il y a près de cent ans, l'interprétait déjà comme l'expression d'une très grande proximité et familiarité avec les puissances de l'au-delà.

L'époque moderne fut marquée par des évolutions contraires. D'une part, les propos blasphématoires attirèrent encore davantage l'attention car, à l'ère du schisme, les confessions se faisaient concurrence pour les cœurs et les esprits des fidèles. Ainsi les efforts visant à discipliner les comportements redoublèrent. Parallèlement, les courants religieux se multiplièrent, s'injuriant ou s'accusant mutuellement de blasphémer la vraie foi. En outre, les doutes plus radicaux en matière de religion, qui se firent jour notamment en France, furent traités brutalement comme des formes criminelles et particulièrement odieuses de blasphème. D'un autre côté, la conception de ce qui constituait un blasphème commença à évoluer. Ainsi, en 1675, le juge anglais Lord Hale déclara que la religion devait être protégée contre les blasphémateurs, parce qu'elle représentait le fondement de l'ordre étatique et social. Il s'éloignait ainsi pour la première fois du concept traditionnel d'atteinte à l'honneur de Dieu, en faveur d'une vision plus fonctionnelle de la religion.

Ces évolutions éclatèrent au grand jour au moment des Lumières. L'idée qu'un acte blasphématoire pouvait à la fois offenser personnellement Dieu et le pousser à la vengeance devint largement obsolète. Ainsi disparut une justification essentielle des peines corporelles sévères et des condamnations à mort. Par ailleurs, les conceptions religieuses auparavant stigmatisées comme hétérodoxes entrèrent de plus en plus dans les mœurs. Peu à peu s'établit un espace de critique publique légitime qui concernait aussi les traditions religieuses, et ne devait plus faire l'objet par la suite d'une criminalisation. La distinction entre contenu et forme, *matters* et *manners*, devint plus forte qu'auparavant ; une critique raisonnable de la religion devait être autorisée, mais les dénigrements injurieux du sacré demeuraient interdits. Dans une minorité de pays seulement, dont la France, le processus déboucha sur une abolition totale des dispositions législatives concernant le blasphème. Les normes qui continuèrent à exister mirent toutefois l'accent sur d'autres objectifs, en particulier la préservation de la religion comme fondement de l'ordre public et/ou la protection des communautés religieuses contre les injures émanant d'autres groupes. Le débat porta de plus en plus sur la défense des susceptibilités religieuses.

Au XIXe siècle et au début du XXe siècle, le blasphème ou les accusations de blasphème se trouvèrent souvent au centre de l'attention publique. Les élites régnantes s'en servirent régulièrement pour orchestrer leurs campagnes morales. À l'inverse, les scandales provoqués dans la sphère publique fournirent à ceux qui critiquaient la religion et l'Église des occasions bienvenues de remettre en question les rapports dominants. Les confrontations judiciaires offrirent une tribune publique aux accusateurs comme aux accusés – l'issue n'était réellement prévisible pour aucune des parties. Si le procès débouchait sur une condamnation, les objectifs des gardiens de la morale et de l'ordre semblaient atteints. D'un autre côté, les condamnés pouvaient faire figure dans l'opinion publique de véritables martyrs de la libre pensée. Et les représentants du pouvoir ou les procureurs conservateurs essuyèrent souvent de pénibles revers sous forme d'acquittements des mis en cause. Le nombre de manifestations ou de propos désignés explicitement comme « blasphématoires » par leurs auteurs resta longtemps très limité, en particulier dans le domaine de la « grande » littérature et des beaux-arts. Toutefois, au XVIIe siècle, les poèmes et les romans « obscènes » dans lesquels la sacralisation du désir charnel ne pouvait, d'un point de vue chrétien, qu'être vue comme blasphématoire constituaient déjà une exception. À la fin du XIXe siècle, l'art s'accorda de plus grandes libertés : une œuvre comme *Le concile d'amour* d'Oskar Panizza, en 1894, qui mena son auteur en prison et lui coûta finalement la vie, montre de façon radicale le potentiel perturbateur d'un tel art. Un siècle plus tard, encore, son adaptation cinématographique fut censurée. À l'ère des idéologies, le blasphème fut sans doute plus souvent utilisé délibérément comme une arme dans la sphère de la « petite » propagande par les libres penseurs anglais, par les anticléricaux français ou par les communistes allemands.

Dans les décennies qui précédèrent 1989, le blasphème perdit peu à peu en importance. Les scandales qui eurent lieu témoignent certainement, avant tout, de l'assurance et de la verve d'un nombre croissant d'adversaires des Églises et des religions. Le goût du blasphème s'exprima, comme jamais auparavant, dans des textes, des images et des films satiriques. La plupart des thèmes (comme la dérision à l'égard de la naissance virginale) étaient bien plus anciens que ne le pensaient, certainement, les protagonistes eux-mêmes. Les protestations et les procès émanèrent presque exclusivement des Églises et des communautés concernées, très rarement des représentants de l'État. Il s'agissait, cela sautait aux yeux, de combats d'arrière-garde. Même chez ceux qui ne sympathisaient pas avec les moqueurs, nombreux étaient sans doute ceux qui s'attendaient à voir disparaître dans un avenir proche la conjoncture conflictuelle, avec la déchristianisation générale.

La situation changea brutalement durant l'année 1989, avec la fatwa de l'ayatollah Khomeini contre l'écrivain Salman Rushdie. Les scandales qui ont eu lieu depuis ont tenu en haleine les pays concernés, mais ont aussi débouché sur des vagues d'indignation mondiale et des explosions de violence. À de multiples reprises, accuser les « autres » d'avoir injurié ce qui était sacré a aussi été une arme politique opportune entre les mains de dirigeants calculateurs, au sein d'un État ou à l'échelle internationale. Dans les deux cas, l'islam est particulièrement concerné ; toutefois, l'exemple de la Russie montre que le scandale autour du blasphème et son instrumentalisation ne sont pas l'apanage des imams et des dirigeants musulmans. La violente indignation liée à des phénomènes comme les caricatures de Mahomet ne peut d'ailleurs être expliquée simplement par des campagnes de manipulation. Sans aucun doute, les images ont fait appel à de forts affects religieux, dont l'importance a fait aussi l'objet de débats croissants dans le monde occidental. Nombre de musulmans et de sympathisants n'ont pas seulement vu, dans les textes et les images blasphématoires, un manque de respect à l'égard d'une personne sacrée. Ils les ont aussi ressentis comme l'expression d'un manque de sensibilité à l'égard de la population musulmane dans leur propre pays, et à l'égard de l'islam dans le monde. Ils ont diagnostiqué une hostilité rampante contre l'islam, ou une «islamophobie», et considéré ainsi que les propos blasphématoires n'étaient qu'une variante des discours de haine raciste. Leurs adversaires, à l'inverse, ont présenté le blasphème comme le fanal d'une liberté d'expression qu'il fallait défendre à tout prix en faisant usage de la moquerie – plus la transgression des tabous était forte, mieux cela valait !

Dans ce contexte, pour la première fois, le blasphème est réellement devenu un acte de langage positif aux yeux de nombreuses personnes, une sorte de variante de la critique. Ce qui longtemps n'avait guère fait l'objet que d'une appréciation mitigée, et n'était défendu ouvertement que par une minorité d'activistes libres penseurs, était à présent brandi comme une déclaration politique de la société majoritaire (occidentale chrétienne) – peut-être faut-il voir là aussi une preuve de la thèse de la «désambiguïsation du monde» à l'époque contemporaine[1]. La longue et vivace tradition du blasphème dans le monde chrétien a sans doute joué de façon sous-jacente un rôle non négligeable dans cette attitude actuelle. Pour les blasphémateurs enthousiastes des Temps modernes, les images crues et les textes incisifs qui s'en prenaient au sacré semblaient, et semblent toujours, représenter une forme de critique de la domination. Selon eux, elle est exercée par les faibles, avec leur seule plume, contre une religion liée aux puissants. Au contraire, nombre de musulmans voient dans ces dénigrements ce qui a toujours été une autre facette du blasphème, c'est-à-dire un instrument pour rabaisser un groupe concurrent. Toutefois, le traitement souvent très répressif réservé aux autres religions par les communautés musulmanes dans leur sphère d'influence n'a pas contribué à éveiller la sympathie et la compréhension pour leur indignation à l'extérieur de leur propre camp. En fin de compte, les conflits autour du blasphème, depuis 1989, ont été considérés par de nombreux observateurs comme la preuve de la virulence du *clash of cultures* souvent évoqué entre l'Orient et l'Occident. Pourtant, cette synthèse a surtout montré que la dynamique d'invectives et de réactions offensées, loin de refléter seulement ce conflit culturel, a contribué à le produire et à l'accélérer.

---

1. Thomas Bauer, *Die Vereindeutigung der Welt. Über den Verlust an Mehrdeutigkeit und Vielfalt*, Dietzingen, Reclam, 2018.

La sacralisation du profane – un élargissement du regard

Le blasphème, on l'a dit en introduction, consiste à dénigrer et outrager le sacré. Les attaques blasphématoires privent une personne ou un objet de leur sacralité. Le terme de « profanation » désigne aussi le retrait hors d'un espace « sacré »[2]. La définition ne dit pas comment se constitue une sphère sacrée au-delà de l'ordinaire, comment le sacré est produit – voilà qui est logique, pourrait-on penser, car cela ne semble pas être le sujet de la présente synthèse. N'y a-t-il pas, à l'origine de cette sphère, un pieux recueillement, une consécration collective ou – comme dirait un chercheur en sciences sociales – des rituels collectifs ? Ceux-ci n'ont-ils pas, lorsqu'il est question d'actes de langage, moins à voir avec le blasphème (les propos malveillants, le dénigrement) qu'avec l'« euphémie », la bonne parole, la mise en valeur langagière sous la forme de louanges et d'oraisons ? Et pourtant : les phénomènes décrits ici indiquent, de façon répétée, un lien étroit entre blasphème et euphémie[3]. Car le blasphème, lui aussi, contribue de diverses façons à renforcer la frontière entre « sacré » et « profane ». Sa stigmatisation et sa criminalisation par les croyants peuvent tout à fait produire du sacré, au même titre que la louange et l'adoration de Dieu. Lorsque le blasphémateur cherche à dénigrer le sacré par des mots et des gestes, il le rend aussi visible. Il provoque surtout les réactions des fidèles, de l'opinion publique et de l'État, qui consolident la valeur et l'importance accordées à la sphère du sacré : la lutte contre le blasphème n'est qu'une autre forme de la glorification de Dieu et de la religion. Ainsi, il peut être tout à fait fonctionnel pour des groupes religieux, en particulier dans une modernité sécularisée, de se scandaliser de manifestations considérées comme blasphématoires. Le sentiment d'offense affiché de la façon la plus publique possible et partagé par le plus grand nombre prouve en même temps le statut sacré de la personne ou de l'objet attaqués.

À l'évidence, la consolidation du caractère sacré, par le biais du blasphème ou de l'accusation de blasphème, est particulièrement recherchée aujourd'hui. Car l'outrage envers le sacré, à la différence de l'habituelle injure publique d'une personne ou d'un groupe *x* contre une personne ou un groupe *y*, n'est pas limité à des destinataires concrets. Dans le cas d'une profanation, chacun peut potentiellement se montrer concerné et, par

---

2. Gerd Schwerhoff, « Sakralitätsmanagement. Zur Analyse religiöser Räume im spätten Mittelalter und in der frühen Neuzeit », *in* : Susanne Rau et Gerd Schwerhoff (dir.), *Topographien des Sakralen. Religion und Raumordnung in der Vormoderne*, Hambourg, Dölling und Galitz, 2008, p. 38-69, ici p. 38 *sq*.
3. Avec une orientation différente, voir Émile Benveniste, « La blasphémie et l'euphémie », *in* : *id.*, *Problèmes de linguistique générale II*, Paris, Gallimard, 1974, p. 254-257.

procuration, faire de la réaction à un acte blasphématoire une affaire personnelle. Dans la vieille Europe, les autorités ecclésiastiques et séculières se plaignaient souvent que trop de gens – en dépit de la colère menaçante de Dieu! – se soustrayaient à cette responsabilité et qu'il n'y avait pas de dénonciations massives. À l'ère numérique, au contraire, le sentiment d'offense peut se répandre comme une traînée de poudre face à un texte ou une image dont on n'a pris connaissance que rapidement et de façon déformée. Le danger est grand d'une instrumentalisation des accusations de blasphème pour discriminer ou opprimer des personnes ou des groupes indésirables.

L'observation que le blasphème sert souvent à marquer nettement la frontière entre «profane» et «sacré» est utile; elle peut nous aider à comprendre le mode de fonctionnement de l'outrage dans d'autres domaines apparentés. Car la dialectique du sacré et du dénigrement n'est en aucun cas limitée au champ du religieux. Les attaques verbales et symboliques contribuent souvent à sacraliser ce qui est bien profane, c'est-à-dire à le transférer dans une sphère sacrée, hors de l'ordinaire. Depuis toujours, un lien étroit existe entre blasphème et crime de lèse-majesté, entre dénigrement du pouvoir céleste d'un côté, terrestre de l'autre. L'Ancien Testament (Ex 22, 27) comme les savants du Moyen Âge et des premiers temps de l'époque moderne recouraient à la comparaison entre les deux, pour illustrer de façon appropriée l'horreur du blasphème. Si l'injure faite au roi était sévèrement sanctionnée en tant que *crimen lesae maiestatis*, quel châtiment plus terrible encore fallait-il réserver à l'offense à la majesté divine (*crimen lesae maiestatis divinae*)! Cette relation fonctionnait aussi dans l'autre sens, et le dirigeant se voyait souvent conférer – généralement par le sacre – une aura entraînant une sanction particulière des outrages envers lui. Il faudrait ainsi écrire une histoire du crime de lèse-majesté en recherchant dans quelle mesure les dispositions législatives et leur transgression ont contribué à renforcer la position du souverain hors de la sphère ordinaire[4].

Dans les époques plus récentes, les injures contre les dirigeants ont été de plus en plus considérées comme des attaques contre le pays tout entier. Il en existe de nombreux exemples, de la Thaïlande, où les lois strictes contre l'offense à la maison royale peuvent être utilisées comme une arme politique efficace contre la critique politique de tous bords, à la Turquie, où le président élu procède de façon à peine moins sévère. Mais il n'est plus nécessaire de s'attaquer à la personne qui incarne concrètement

---

4. Voir les travaux en ce sens de Angela Rustemeyer, *Dissens und Ehre. Majestätsverbrechen in Russland (1600-1800)*, Wiesbaden, Harrassowitz, 2006; Philip Czech, *Der Kaiser ist ein Lump und Spitzbube. Majestätsbeleidigung unter Kaiser Franz Joseph*, Cologne/Vienne, Böhlau, 2010.

le pouvoir pour accomplir un acte de dénigrement. Il est aussi possible de viser directement des sujets collectifs abstraits, l'«État», la «nation» ou le «peuple», auxquels s'attachent, depuis l'époque moderne, des interprétations quasi religieuses. Dans la théorie politique, l'idée d'une «sanctification» de l'État et de la communauté est discutée depuis longtemps sous le terme de «religion civile» et remonte au philosophe Jean-Jacques Rousseau, au XVIIIe siècle. Plus récemment, la notion a été reprise par le sociologue des religions Robert N. Bellah[5]. En s'appuyant sur l'exemple des États-Unis, il montre à quel point l'État, ses institutions politiques et ses textes ont été chargés de rhétorique et de métaphore religieuses, jusqu'à qualifier les États-Unis de «pays de Dieu». En retour, des éléments de cette religion civile peuvent aussi être dénigrés et profanés, et l'affirmation même de cette possibilité peut être une manœuvre politique. Cette même Révolution française qui, en mettant à mort le roi Louis XVI en 1793, avait extirpé les racines du pouvoir sacré et qui légitima les blasphèmes les plus brutaux avec les profanations d'hosties, l'iconoclasme et les cortèges antireligieux dans le cadre d'une campagne de déchristianisation créa aussi de nouveaux cieux, habités par des dieux comme le peuple, la patrie et la nation. Ceux-ci devaient être glorifiés et protégés de la trahison et de l'injure. De grandes figures jacobines, comme Robespierre ou Couthon, accusèrent leurs ennemis non seulement de trahison mais aussi, explicitement, de blasphème contre la République et la Révolution[6].

Le terme «peuple» se trouva pourvu d'une charge sacrée, comme on peut à nouveau le constater aujourd'hui. Il s'agit d'une construction de la théorie politique (en particulier chez Rousseau), d'un acteur imaginé dans les projets constitutionnels de l'époque moderne (souveraineté du peuple), qui est en réalité aussi peu observable que Dieu. Il est d'autant plus facile, pour les groupes les plus divers, de se saisir du terme, de prétendre «être» le peuple ou du moins parler en son nom, et le défendre contre ses ennemis. «La notion de peuple entraîne toujours avec elle les combats sanglants menés en son nom: les démarcations en haut et en bas, à l'intérieur et à l'extérieur[7].» Ce ne fut pas sans raison que la «communauté du peuple» devint une idéologie centrale du national-socialisme. Elle avait deux orientations: à «l'intérieur», elle visait à former artificiellement une communauté engagée, prête au sacrifice, à partir d'une société déchirée entre les traditions, les classes et les milieux sociaux les plus différents;

---

5. Dans Heike Bungert et Jana Weiss, «Zivilreligion(en) – Alte Herausforderungen, neue Perspektiven», *in*: *id.* (dir.), *"God Bless America". Zivilreligion in den USA im 20. Jahrhundert*, Francfort-sur-le-Main, Campus Verlag, 2017, p. 7-35, ici p. 9 *sqq*.
6. Alain Cabantous, *Histoire du blasphème en Occident*, Paris, Albin Michel, 1998, p. 157-164, en particulier p. 160 *sq*.
7. Michael Wildt, *Volk, Volksgemeinschaft, AfD*, Hambourg, Hamburger Edition, 2017, p. 15.

à « l'extérieur », l'objectif était de discriminer et, à terme, d'« éradiquer » tous ceux qui, pour des raisons réelles ou imaginaires, ne pouvaient trouver leur place dans la communauté : les « races étrangères », les opposants politiques « incorrigibles », les « asociaux » et, surtout, les juifs[8]. L'exaltation du peuple, sa sacralisation, alla toujours de pair avec l'injure et le dénigrement d'autres groupes de personnes.

Cette double caractéristique distingue aujourd'hui encore les appels au « peuple » et en fait une arme politique dangereuse. Le noyau idéologique du populisme moderne est une représentation antipluraliste de la politique, « selon laquelle le peuple moralement pur, homogène, fait face à des élites immorales, corrompues et parasites[9] ». Ces élites n'appartiennent pas au peuple, ce qui semble légitimer le fait de les dénigrer publiquement et d'appeler à les châtier. La persécution nazie des « ennemis du peuple » de toutes sortes et l'opprobre omniprésent visant les « traîtres au peuple » creusent un même sillon. Comme le montre cette synthèse, il est possible de faire remonter le schéma d'une opposition manichéenne entre « nous » et « eux » jusqu'à la distinction mosaïque, dans l'Antiquité.

Bataille pour la bannière étoilée

La sanctification de l'État et de la communauté, au-delà de la personne de leurs représentants et des notions abstraites, s'appuie souvent sur des symboles évocateurs. Le drapeau national, la bannière étoilée, est ainsi central dans la religion civile américaine évoquée plus haut. Son exemple permet de comprendre de façon saisissante la dialectique entre blasphème et euphémie, entre dénigrement et sanctification. La *Star-Spangled Banner*, longtemps peu connue, gagna en popularité dans le contexte de la guerre civile américaine ; plus de 100 000 personnes auraient ainsi participé à une *flag raising ceremony* sur Union Square, à New York, en 1861. Cela entraîna une exploitation commerciale massive du drapeau contre laquelle s'élevèrent, autour de 1890, les membres du Flag Protection Movement. Dans les communiqués du mouvement, le drapeau devint un objet de vénération. Le porte-parole Charles Kingsbury Miller déclara qu'il s'agissait d'un « joyau sacré », comme la Bible et la croix. Il diffusa un véritable culte et considéra qu'il était naturel de protéger le drapeau, comme tous les emblèmes religieux, contre les offenses. Il s'en prit d'abord aux marchands sans scrupules qui salissaient par leur « barbarie » un symbole dont

---

8. Detlev Peukert, *Volksgenossen und Gemeinschaftsfremde: Anpassung, Ausmerze und Aufbegehren unter dem Nationalsozialismus*, Cologne, Bund-Verlag, 1982, p. 247.
9. Jan-Werner Müller, *Was ist Populismus? Ein Essay*, Bonn, Bundeszentrale für politische Bildung, 2016, p. 42.

« les plis sacrés n'avaient jamais été destinés à servir de store, de couverture de chevaux, de papier cadeau, de coussins et de housses, ou de mouchoirs utilisés pour se nettoyer le nez ou essuyer sa sueur[10] ». Ce combat contre la profanation commerciale de la bannière étoilée devait durer longtemps : en 1973 encore, à Hartford, dans l'Indiana, un certain Gary Wardrip qui avait utilisé le drapeau comme un rideau dans son minibus fut condamné à une spectaculaire peine d'humiliation publique, dont le refus l'aurait envoyé un an en prison. Il dut faire pénitence durant trois heures, le drapeau à la main, devant l'hôtel de ville local. Au bout d'une heure, il dut fuir devant une foule en colère qui le traitait de « *commie* » (communiste) et se réfugier dans le bâtiment. Il raconta plus tard cette expérience traumatisante à un journaliste, lui assurant que son rideau n'était rien d'autre qu'un acte de patriotisme[11].

Avec la Première Guerre mondiale, au plus tard, la bannière étoilée prit un sens politique et devint de plus en plus le symbole d'un patriotisme conservateur. Pour les mouvements de protection du drapeau, les principaux ennemis étaient les pacifistes, les militants syndicaux et, en particulier, les communistes. En retour, ceux-ci firent une utilisation contestataire croissante du *Stars and Stripes*, en l'insultant (« au diable le drapeau ! »), en le transformant en serpillière ou en le piétinant. Longtemps, cela ne dépassa pas le stade d'incidents isolés ; mais, durant la guerre du Vietnam, des drapeaux furent brûlés de façon spectaculaire au cours de manifestations de masse, comme à Central Park, à New York, le 15 avril 1967[12]. L'événement représenta aussi une rupture dans la mesure où il faillit contribuer à un durcissement de la loi : pour la première fois dans l'histoire des États-Unis, une *Flag Desecration Law* fut votée au niveau fédéral par les deux chambres du Congrès. Jusqu'alors, des lois comparables n'avaient existé que dans certains États – même s'ils étaient nombreux. Toutefois, comme les tentatives antérieures du même ordre, la loi fédérale de 1968 contre la profanation du drapeau fut rejetée par la Cour suprême : celle-ci affirma la primauté du premier amendement de la Constitution et vit dans les drapeaux brûlés – ainsi que dans les détournements artistiques – une expression légitime de la liberté d'opinion. Dans le Wisconsin, en 1998, un juge conservateur se contenta donc, à contrecœur, de condamner pour vol un punk de 18 ans, Matthew Janssen, arrêté au terme d'une longue poursuite après avoir démonté la bannière étoilée du club de golf local, et avoir déféqué dessus[13].

10. Robert Justin Goldstein, *Saving Old Glory: the history of the American flag desecration controversy*, Boulder, Westview Press, 1995, p. 11, 13. Voir aussi Michael Welch, *Flag burning: moral panic and the criminalization of protest*, New York, Aldine de Gruyter, 2000.
11. Robert Justin Goldstein, *Saving Old Glory*, op. cit., p. 164 sq.
12. *Ibid.*, p. 120 sqq.
13. Michael Welch, *Flag...*, op. cit., p. 96 sq.

Le drapeau national américain est un bon exemple de la charge religieuse attribuée à des symboles originellement laïques. Dans ce cas précis, la sacralisation de l'objet a été le produit du combat contre une supposée profanation commerciale, lequel a poussé les opposants politiques à mettre en scène des manifestations de dénigrement d'une nouvelle intensité. De ce point de vue, les États-Unis sont un cas extrême mais non isolé. Dans les conflits récents autour du blasphème, les drapeaux nationaux ont été utilisés à de nombreuses reprises comme symboles de protestation et leur protection a fait l'objet de débats. Durant la querelle autour des caricatures de Mahomet, le drapeau national danois a été brûlé dans de nombreuses manifestations musulmanes. Et le décret français du 23 juillet 2010, qui condamne l'outrage au drapeau tricolore, s'est trouvé pris dans les discussions sur le blasphème. De façon paradoxale, le rédacteur en chef de *Charlie Hebdo* a utilisé la notion de blasphème pour critiquer cette décision : il l'a dénoncée comme une forme de blasphème dirigée contre la République française ; pour Charb, les expressions d'opinion, comme la dégradation du drapeau tricolore, ne devaient pas être incriminées, qu'elles soient dirigées contre la religion ou contre la République[14].

Invectiver « vers le haut », invectiver « vers le bas »

Dans un essai devenu classique, l'historien Peter Burke a décrit le blasphème contre Dieu et les saints, au début de l'époque moderne, comme « la pire offense faite aux êtres de rang supérieur »[15]. Et de fait, jusque dans un passé très récent, l'une des caractéristiques du blasphème était d'émaner du « bas » vers le « haut » : les hommes maudissaient Dieu et les saints ; les marginaux religieux défiaient par leurs propos l'orthodoxie religieuse ; les libres penseurs provoquaient les autorités politiques, qui voyaient l'ordre chrétien comme l'un des fondements d'une communauté bien ordonnée. Dans le contexte des Lumières, le délit de blasphème changea de sens, l'objectif ne fut plus la défense de l'honneur de Dieu, mais la préservation de l'ordre public, ce qui ne fit que renforcer ce modèle. La sanctification de l'« État », de la « nation » ou du « peuple », dans un passé récent, s'intégra également dans cette logique. Les grands symboles de la communauté étaient alors protégés de tout dénigrement émanant de marginaux, de dissidents, de minorités et d'exclus, et l'ordre public était préservé des troubles potentiels provoqués par ceux qui ne voulaient pas le respecter.

14. Charb, *Lettre aux escrocs de l'islamophobie qui font le jeu des racistes*, Paris, Les Échappés, 2015, p. 77 *sqq.*
15. Peter Burke, « Beleidigungen und Gotteslästerung im frühneuzeitlichen Italien », in : *id.*, *Städtische Kultur in Italien zwischen Hochrenaissance und Barock. Eine historische Anthropologie*, Berlin, K. Wagenbach, 1986, p. 102.

Peu à peu, la reconnaissance plus importante d'un droit individuel à la liberté d'expression et à la critique ainsi qu'une meilleure défense des droits des minorités entraînèrent une évolution. L'objectif devint (aussi) de plus en plus la protection des « autres » face au dénigrement discriminatoire d'une majorité – réelle ou simplement « ressentie ».

Pour l'Allemagne, cette transformation se lit de façon très concrète dans l'article 130 du Code pénal, communément désigné comme l'article sur l'« excitation du peuple[16] ». Il tire notamment son origine de l'une des dispositions du Code prussien liées au blasphème (PrALR II-20, § 227), qui condamnait le fait de dresser les religions les unes contre les autres en provoquant la haine et l'amertume, par des prêches ou des discours publics. Au XIXe siècle, d'autres lois des États allemands définissaient des « campagnes de dénigrement contre des groupes » d'abord en référence à des communautés religieuses[17]. Cette situation changea, au plus tard, avec l'article 130 du nouveau Code pénal de 1870 : il définissait comme une atteinte à l'ordre public le fait d'inciter « à la violence, les unes contre les autres, différentes classes de la population » et le rendait passible d'une amende pouvant aller jusqu'à 200 thalers, ou d'une peine maximale de deux ans de prison. Il ne fait aucun doute que cette disposition visait le mouvement ouvrier, et en particulier la social-démocratie.

Dans les débats sur la réforme pénale du national-socialisme, l'« excitation du peuple » remplaça l'« incitation à la haine de classe ». Selon l'idéologie nazie, toutes les oppositions entre classes avaient disparu dans la nouvelle Allemagne, racialement unifiée. Il n'en restait pas moins nécessaire de punir celui qui « excit[ait] le peuple en discutant de façon provocante les affaires publiques de l'État ». D'après ce projet, toute personne qui « menait publiquement des discussions provocantes sur les affaires de l'État, d'une façon propre à porter atteinte à l'ordre public », se rendait coupable d'excitation du peuple. Ainsi, l'État devait être protégé des propos non conformes. Selon Roland Freisler, devenu plus tard tristement célèbre comme président du Volksgerichtshof (le « tribunal du peuple », la plus haute cour nazie), l'excitation du peuple entrait dans le spectre plus large des délits de « trahison du peuple[18] ». Il est révélateur de voir que cette formule qui connaît aujourd'hui un nouveau succès populiste était profondément ancrée dans l'idéologie nationale-socialiste.

---

16. Le terme allemand est *Volksverhetzung*. Il est couramment traduit en français par « incitation à la haine ». Si cette traduction facilite la mise en parallèle avec les dispositions françaises, elle ne respecte pas la terminologie, dont l'histoire très particulière est expliquée dans ce qui suit (*N.d.T.*).

17. Benedikt Rohrssen, *Von der „Anreizung zum Klassenkampf" zur „Volksverhetzung" (130 StGB). Reformdiskussion und Gesetzgebung seit dem 19. Jahrhundert*, Berlin, De Gruyter, 2009, p. 12, 37.

18. *Ibid.*, p. 126, 131.

Ces considérations n'obtinrent jamais force de loi. Au contraire, et cela peut sembler paradoxal, l'article 130 fut utilisé après la guerre comme un point d'appui pour la lutte contre l'extrémisme de droite et pour la protection des minorités[19]. Le Parlement ne se résolut à statuer qu'à l'été 1960, alors que l'opinion était agitée par une vague de barbouillages antisémites de croix gammées. Dans le cadre de la sixième loi de modification du Code pénal, la disposition suivante fut adoptée à l'unanimité, exposant à une peine minimale de trois mois de prison ou à une amende « celui qui, d'une façon propre à troubler la paix publique, s'en prend à la dignité humaine d'autrui (1) en incitant à la haine contre certaines parties de la population, (2) en appelant à des mesures violentes ou arbitraires à leur encontre ou (3) en les insultant, en les humiliant ou en les calomniant ». Des précisions sur les faits et les victimes vinrent ensuite compléter la loi. Depuis, le fait d'approuver, de nier ou de minimiser le génocide commis par les nazis est passible d'une condamnation (1994), de même que le fait de troubler la paix publique et d'offenser la dignité des victimes par l'approbation, l'apologie ou la justification du régime national-socialiste de violence et d'arbitraire (2005). Une loi visant à exclure des minorités et des dissidents était devenue un instrument pour sanctionner la haine contre des catégories particulières de la population et la glorification des meurtres de masse du national-socialisme. L'une des bizarreries de ce processus fut que l'article 130 continua d'être publiquement désigné par la notion d'« excitation du peuple », que le député social-démocrate Arndt avait déjà critiquée au Parlement, en 1957, comme étant inappropriée[20].

Au-delà de ce vocabulaire problématique, il semble aujourd'hui exister en République fédérale un large consensus sur le fait que l'incitation à la haine contre des groupes particuliers ou l'apologie des meurtres de masse du national-socialisme doivent être condamnées par la justice. Dans les cas particuliers, il faut naturellement toujours vérifier où il convient de placer les limites de la liberté d'expression politique, protégée par la loi. Ces limites sont difficiles à définir, comme l'ont montré les récents débats sur le blasphème. Il faut ajouter à cela le problème que la configuration politique, sociale et culturelle, dans laquelle s'opère l'outrage, n'est pas toujours claire. Des acteurs occidentaux, comme les rédacteurs de *Charlie Hebdo* par exemple, s'orientaient selon le repère de l'outrage « du bas vers le haut » et se considéraient comme de simples combattants de la plume, utilisant la puissance de la satire contre des mollahs fanatiques et des systèmes politiques répressifs. Inversement, l'indignation suscitée par les textes et les images blasphématoires chez de nombreux musulmans s'appuyait sur leur

---

19. *Ibid.*, p. 190 *sqq.*, 301 *sqq.*
20. *Ibid.*, p. 188, 255 *sq.* Deutscher Bundestag, IIe législature, *Stenographische Berichte Bundestag* (Plenarprotkoll ; 2/191), 191e séance, Bonn, jeudi 7 février 1957, p. 10919.

conviction de constituer une minorité discriminée, dont la société majoritaire refusait de respecter les valeurs et les symboles religieux. Ils étayaient leurs revendications d'interdiction de l'outrage envers le Prophète par des références à la sensibilité de l'opinion publique occidentale aux paroles antisémites ou aux propos hostiles aux homosexuels et à d'autres minorités. Ainsi, les jugements controversés ne concernent pas seulement l'outrage en lui-même, mais aussi ses auteurs et ses destinataires. Qui est visé, les fondamentalistes d'un islam politique, ou tous les musulmans ? Et par ailleurs : qui peut s'indigner au nom de la communauté ?

Les débats sur le blasphème mettent en lumière des traits communs à nombre d'autres controverses des dernières années. En 2017, l'artiste américaine Dana Schutz exposa un tableau inspiré par une photographie qui montrait le jeune Emmett Till, tué en 1955 par des racistes. Son œuvre *Open Casket* («Cercueil ouvert») devait, selon elle, faire de l'art un lieu d'empathie avec la douleur de la mère de la victime. Des activistes et des artistes afro-américains contestèrent toutefois à cette Américaine blanche de la classe moyenne le droit d'utiliser ce motif. Parker Bright protesta en arborant devant le tableau un tee-shirt avec l'inscription «*Black Death Spectacle*» et sa collègue Hannah Black réclama dans une lettre ouverte non seulement la suppression du tableau de l'exposition, mais aussi sa destruction. Pour elle, il n'était «pas acceptable qu'une personne blanche transforme la souffrance noire en profit et en divertissement». D'autres commentatrices accusèrent l'artiste d'appropriation culturelle. À l'inverse, l'artiste cubano-américaine Coco Fusco déplora l'esprit de censure et dénonça comme de l'arrogance la revendication de destruction du tableau[21].

Il est évident qu'il existe d'importantes différences entre les propos offensants qui s'adressent à Dieu et les attaques contre les droits et l'intégrité de groupes discriminés. Toutefois, il reste possible d'établir des parallèles, y compris au regard de la dialectique entre «dénigrement» et «sanctification». Dans les débats contemporains, il n'est pas rare que les identités sexuelles et ethniques, de même que les identités culturelles et religieuses, se voient attribuer des qualités presque sacro-saintes. Leur «sanctification» est produite par les protestations contre l'atteinte à ces identités, leur dénigrement et leur profanation, comme dans le cas de la peintre Schutz. La sacralisation des droits des minorités se manifesta de

---

21. Voir https://en.wikipedia.org/w/index.php?title=Dana_Schutz&oldid=928534253 [consulté le 20/02/2020]; Habbo Knoch, «„See what I've seen". Das erneuerte Nachleben von Emmett Till», *hypotheses.org*, 7 juillet 2017, disponible en ligne sur https://moralicons.hypotheses.org/188 [consulté le 05/08/2020]; «George Baker on painting, critique, and empathy in the Emmett Till / Whitney Biennial debate», *Texte zur Kunst*, 29 mars 2017, disponible en ligne sur https://www.textezurkunst.de/articles/baker-pachyderm/ [consulté le 20/02/2020].

façon plus dramatique encore dans un jugement prononcé en décembre 2019 dans l'Iowa, le premier portant sur un « crime haineux » dans cet État américain. Un homme qui avait des antécédents judiciaires y fut condamné à quinze ans de prison pour avoir décroché du portail d'une église et brûlé un drapeau arc-en-ciel (*pride banner*) de la communauté LGBTQ (lesbiennes, gays, bisexuel·le·s, transgenres, queers), dans la ville d'Ames : « J'ai brûlé leur fierté (*pride*) », expliqua-t-il à la presse[22]. Le tribunal justifia la sévérité de la peine par la dangerosité du coupable. Pourtant, la proportionnalité fit l'objet de débats au sein même de la communauté concernée. La condamnation devait-elle avoir un effet préventif, ou dissuasif, pour éviter que le dénigrement symbolique des minorités ne débouche sur des violences ? Ou devait-elle protéger le drapeau arc-en-ciel comme symbole « sacré » d'une identité collective, au même titre que la bannière étoilée ? La liberté d'expression ne cesse d'entrer en conflit avec l'objectif de protéger des valeurs « sacrées », qu'il s'agisse de l'honneur de Dieu, de l'existence de l'État et de l'ordre public, ou de l'intégrité de minorités discriminées. Ainsi, l'histoire du blasphème s'insère dans une lutte beaucoup plus vaste entre le dénigrement de la transcendance et sa défense ; son dernier chapitre est loin d'être écrit.

---

22. Voir les informations sur https://www.bbc.com/news/world-us-canada-50861259 [consulté le 20/02/2020] ; https://www.zeit.de/gesellschaft/zeitgeschehen/2019-12/lgbtq-15-jahre-haft-verbrennung-regenbogenflagge [consulté le 20/02/2020].

Remerciements

Ce livre a une double origine. Depuis le début des années 1990, je m'intéresse au blasphème à la fin du Moyen Âge et au début de l'époque moderne. Mon livre *Zungen wie Schwerter*, paru en 2005, est une synthèse de ces recherches. Sans citer ici à nouveau les nombreux et nombreuses collègues qui m'ont apporté leur aide, je veux leur affirmer une fois de plus ma reconnaissance. C'est en particulier sous l'impulsion de l'unité spéciale de recherche 1285 « Invectivité. Configurations et dynamiques du dénigrement » (www.invectivity.com), active depuis 2017 à l'université technique de Dresde, et financée par la Fondation allemande pour la recherche, que j'ai approfondi le sujet ces dernières années, et que je l'ai replacé dans un contexte historique et méthodologique plus large. Je remercie tous mes collègues pour l'inspiration que j'ai trouvée au sein de ce groupement. En outre, Martin Jehne, Alexander Kästner, Lars Koch, Bettina Lindorfer, Christoph Lundgreen, Jürgen Müller, Wilfried Nippel, Martin Przybilski, Henning Sievert et Klavdia Smola m'ont apporté une aide concrète en me fournissant des indications et des documents. Antje Arnold s'est chargée, avec un talent tout particulier, de la première lecture – merci ! Je suis particulièrement redevable à ma relectrice Tanja Hommen, de S. Fischer Verlag, pour ses efforts constants (sinon toujours couronnés de succès) visant à garantir la logique, l'intelligibilité et la lisibilité du livre, ainsi que l'usage correct du subjonctif.

Je suis très heureux que le livre ait été intégré au programme de traduction franco-allemand des Éditions de la Maison des sciences de l'homme, et soit ainsi rendu accessible aux lecteurs dans un pays qui a été secoué, plus qu'aucun autre dans un passé récent, par des conflits autour du blasphème. Je remercie tous ceux qui ont soutenu ce livre dans le cadre de ce programme de traduction, notamment Bettina Sund, Astrid Thorn Hillig et Falk Bretschneider. Mes remerciements s'adressent tout particulièrement à Anne-Sophie Anglaret, pour sa traduction remarquable et extrêmement soignée, ainsi qu'à Héléna Bertrand et Anna Calvière pour leur relecture d'une très grande rigueur.

Bibliographie choisie

ADANG Camilla, ANSARI Hassan, FIERRO Maribel et SCHMIDTKE Sabine (dir.), 2015. *Accusations of Unbelief in Islam: A Diachronic Perspective on "Takfīr"*, Leyde, Brill.
APPIGNANESI Lisa et MAITLAND Sara (éd.), 1990. *The Rushdie File*, Syracuse, Syracuse University Press.
ASAD Talal, BROWN Wendy, BUTLER Judith et MAHMOOD Saba, 2015. *La critique est-elle laïque? Blasphème, offense et liberté d'expression*, traduit par Francie Crebs et Franck Lemonde, Lyon, Presses universitaires de Lyon.
ASSMANN Jan, 2007. *Le prix du monothéisme*, traduit par Laure Bernardi, Paris, Aubier.
— 2018. *Le monothéisme et le langage de la violence. Les débuts bibliques de la religion radicale*, traduit par Jean-Marc Tétaz, Montrouge, Bayard.
BAATZ Ursula, 2007. *Bilderstreit 2006: Pressefreiheit? Blasphemie? Globale Politik?*, Vienne, Picus Verlag.
BAELDE Robert, 1935. *Studiën over godsdienstdelicten*, La Haye, M. Nijhoff.
BALIBAR Étienne, 2018. «On "Freedom of Expression" and the Question of "Blasphemy"», *in*: id., *Secularism and Cosmopolitanism: Critical Hypotheses on Religion and Politics*, New York, Columbia University Press, p. 149-158.
BARCELÓ Pedro (dir.), 2010. *Religiöser Fundamentalismus in der römischen Kaiserzeit*, Stuttgart, F. Steiner Verlag.
BELMAS Élisabeth, 1989. «La montée des blasphèmes à l'âge moderne du Moyen Âge au XVIIe siècle», *in*: Jean Delumeau (dir.), *Injures et blasphèmes*, Paris, Imago, p. 13-33.
BENVENISTE Émile, 1974. «Blasphémie et euphémie», *in*: id., *Problèmes de linguistique générale*, Paris, Gallimard, t. II, p. 254-257.
BERKMANN Burkhard Josef, 2009. *Von der Blasphemie zur „hate speech"? Die Wiederkehr der Religionsdelikte in einer religiös pluralen Welt*, Berlin, Frank & Timme.
BERRIOT François, 1979. «Un procès d'athéisme à Genève: l'affaire Gruet (1547-1550)», *Bulletin de la Société de l'histoire du protestantisme français*, n° 125, p. 577-592.
BLICKLE Peter (dir.), 1993. *Der Fluch und der Eid. Die metaphysische Begründung gesellschaftlichen Zusammenlebens und politischer Ordnung in der ständischen Gesellschaft*, Berlin, Duncker & Humblot.
BOGNER Ralf Georg, 1997. *Die Bezähmung der Zunge. Literatur und Disziplinierung der Alltagskommunikation in der frühen Neuzeit*, Tübingen, M. Niemeyer.

BOULÈGUE Jean, 2010. *Le blasphème en procès, 1984-2009. L'Église et la Mosquée contre les libertés*, Paris, Nova Éditions.

BOUWERS Eveline G., HAMMAMI Mariam, KATZER Caroline, TECHET Péter et MEHLMER Sara, 2017. *Gotteslästerung in Europa. Religionsvergehen und Religionskritik seit 1500. Materialien für den Unterricht*, Schwalbach, Wochenschau Verlag.

BRUNNER Benedikt, 2013. «Das Blasphemieverbot in Deutschland – Zentrale Debatten im 20. Jahrhundert», *in*: Gérard Bökenkamp (dir.), *Meinungsfreiheit und Religion*, Berlin, Universum Kommunikation und Medien, p. 134-166.

BURKE Peter, 1986. «Beleidigungen und Gotteslästerung im frühneuzeitlichen Italien», *in*: *id.*, *Städtische Kultur in Italien zwischen Hochrenaissance und Barock. Eine historische Anthropologie*, Berlin, K. Wagenbach, p. 96-110.

BURNS COLEMAN Elizabeth et WHITE Kevin (dir.), 2006. *Negotiating the Sacred: Blasphemy and Sacrilege in a Multicultural Society*, Canberra, ANU Press.

BURNS COLEMAN Elizabeth et FERNANDES-DIAS Maria Suzette (dir.), 2008. *Negotiating the Sacred II: Blasphemy and Sacrilege in the Arts*, Canberra, ANU Press.

BURUMA Ian, 2006. *On a tué Theo Van Gogh. Enquête sur la fin de l'Europe des Lumières*, traduit par Jean Vaché, Paris, Flammarion.

CABANTOUS Alain, 1998. *Histoire du blasphème en Occident*, Paris, Albin Michel.

CASAGRANDE Carla et VECCHIO Silvana, 2007 [1991]. *Les péchés de la langue. Discipline et éthique de la parole dans la culture médiévale*, traduit par Philippe Baillet, Paris, Les Éditions du Cerf.

CHARB, 2015. *Lettre aux escrocs de l'islamophobie qui font le jeu des racistes*, Paris, Les Échappés.

CLAUSS Manfred, 2001. *Kaiser und Gott. Herrscherkult im römischen Reich*, Munich/Leipzig, K. G. Saur.

— 2015. *Ein neuer Gott für die alte Welt. Die Geschichte des frühen Christentums*, Berlin, Rowohlt.

CLAVERIE Élisabeth, 1998. «La naissance d'une forme politique: l'affaire du Chevalier de La Barre», *in*: Philippe Roussin (dir.), *Critique et affaires de blasphème à l'époque des Lumières*, Paris, H. Champion, p. 185-260.

CONNELL William et CONSTABLE Giles, 1998. «Sacrilege and Redemption in Renaissance Florence: The Case of Antonio Rinaldeschi», *Journal of the Warburg and Courtauld Institutes*, n° 61, p. 53-92.

COZZI Gaetano, 1991. «Religione, moralità e giustizia a Venezia. Vincende della magistratura degli Esecutori contro la bestemmia (secoli XVI-XVII)», *Ateneo Veneto*, vol. 178, n° 29, p. 7-95.

DACEY Austin, 2012. *The Future of Blasphemy: Speaking of the Sacred in an Age of Human Rights*, Londres, Continuum.

DEBATIN Bernhard (dir.), 2007. *Der Karikaturenstreit und die Pressefreiheit. Wert- und Normenkonflikte in der globalen Medienkultur*, Münster, LIT Verlag.

DELUMEAU Jean (dir.), 1989. *Injures et blasphèmes*, Paris, Imago.

DERENNE Eudore, 1930. *Les procès d'impiété intentés aux philosophes à Athènes au Ve et au IVe siècle avant J.-C.*, Liège/Paris, H. Vaillant-Carmanne/ É. Champion.

DE ROO Egon Johan, 1970. *Godslastering. Rechtsvergelijkende studie over blasfemie en andere religiedelicten*, Deventer, Kluwer.

DESMONS Éric et PAVEAU Marie-Anne (dir.), 2008. *Outrages, insultes, blasphèmes et injures. Violences du langage et polices du discours*, Paris, L'Harmattan.
DRESSLER Jan, 2010. *Philosophie vs. Religion? Die Asebie-Verfahren gegen Anaxagoras, Protagoras und Sokrates im Athen des fünften Jahrhunderts v. Chr.*, Norderstedt, Books on Demand.
DÜLMEN Richard van, 1994. « Wider die Ehre Gottes. Unglaube und Gotteslästerung in der Frühen Neuzeit », *Historische Anthropologie*, vol. 2, n° 1, p. 20-38.
EIDE Elisabeth, KUNELIUS Risto et PHILLIPS Angela (dir.), 2008. *Transnational Media Events: The Mohammed Cartoons and the Imagined Clash of Civilizations*, Göteborg, Nordicom.
FISS Joelle et GETGEN KESTENBAUM Jocelyn, 2017. « Respecting Rights? Measuring the World's Blasphemy Laws », Washington (DC), US Commission on International Religious Freedom, rapport de juillet 2017, disponible en ligne sur https://www.uscirf.gov/sites/default/files/Blasphemy%20Laws%20Report.pdf [consulté le 05/08/2020].
FLYNN Maureen, 1995. « Blasphemy and the Play of Anger in Sixteenth-Century Spain », *Past & Present*, n° 149, p. 29-56.
FORRER Dietrich, 1973. *Der Einfluss von Naturrecht und Aufklärung auf die Bestrafung der Gotteslästerung*, Zurich, Juris Verlag.
GRAHAM Michael F., 2013 [2008]. *The Blasphemies of Thomas Aikenhead: Boundaries of Belief on the Eve of the Enlightenment*, Édimbourg, Edinburgh University Press.
HEHENBERGER Susanne, 2008. « „Die beleidigte Ehre Gottes auf das empfindlichste zu rächen, in allweg gesonnen". Blasphemie und Sakrileg im 18. Jahrhundert », *in* : Martin Scheutz et Vlasta Valeš (dir.), *Wien und seine Wienerinnen. Ein historischer Streifzug durch Wien über die Jahrhunderte*, Cologne/Vienne, Böhlau, p. 179-201.
HEINS Marjorie, 1993. *Sex, Sin, and Blasphemy: A Guide to America's Censorship Wars*, New York, New Press.
HILDESHEIMER Françoise, 1989. « La répression du blasphème au XVIIIe siècle », *in* : Jean Delumeau (dir.), *Injures et blasphèmes*, Paris, Imago, p. 63-81.
HORODOWICH Elizabeth, 2008. *Language and Statecraft in Early Modern Venice*, Cambridge, Cambridge University Press.
HUGHES Geoffrey, 1991. *Swearing: A Social History of Foul Language, Oaths, and Profanity in English*, Oxford, Blackwell.
HÜTT Wolfgang (dir.), 1990. *Hintergrund. Mit den Unzüchtigkeits- und Gotteslästerungsparagraphen des Strafgesetzbuches gegen Kunst und Künstler, 1900-1933*, Berlin, Henschelverlag.
ISENSEE Josef (éd.), 2007. *Religionsbeschimpfung. Der rechtliche Schutz des Heiligen*, Berlin, Duncker & Humblot.
KÄSTNER Alexander et SCHERER Annette, 2013. « „die heiliege dreyfaltigkeit, salva reverentia, angeschießenn". Wahrnehmung und Deutung gotteslästerlicher Worte in Leipzig im 17. Jahrhundert », *in* : Stefan Dreischer *et al.* (dir.), *Jenseits der Geltung. Konkurrierende Transzendenzbehauptungen von der Antike bis zur Gegenwart*, Berlin, De Gruyter, p. 85-102.
KÉRY Lotte, 2006. *Gottesfurcht und irdische Strafe. Der Beitrag des mittelalterlichen Kirchenrechts zur Entstehung des öffentlichen Strafrechts*, Cologne/Vienne, Böhlau.

KHAN Siraj, 2014. « Blasphemy in Islamic Law », *in* : Coeli Fitzpatrick et Adam Hani Walker (dir.), *Muhammad in History, Thought, and Culture: An Encyclopaedia of the Prophet of God*, Santa Barbara (Calif.), ABC-CLIO, n° 1, p. 59-68.

KLAUSEN Jytte, 2009. *The Cartoons that Shook the World*, New Haven, Yale University Press.

KOCH Sebastian, 2009. *Die strafbare Beschimpfung von Bekenntnissen, Religionsgesellschaften und Weltanschauungsvereinigungen*, Hambourg, Dr. Kovač.

KOHLRAUSCH Eduard, 1908. *Die Beschimpfung von Religionsgesellschaften*, Tübingen, J. C. B. Mohr (Paul Siebeck).

KUNELIUS Risto, EIDE Elisabeth, HAHN Oliver et SCHROEDER Roland (dir.), 2007. *Reading the Mohammed Cartoons Controversy: An International Analysis of Press Discourses on Free Speech and Political Spin*, Bochum, Projekt Verlag.

LANGER Lorenz, 2014. *Religious Offence and Human Rights: The Implications of Defamation of Religions*, Cambridge, Cambridge University Press.

LAUBACH Thomas (dir.), 2013. *Kann man Gott beleidigen? Zur aktuellen Blasphemie-Debatte*, Fribourg-en-Brisgau, Herder.

LAWTON David, 1993. *Blasphemy*, New York, Harvester Wheatsheaf.

LEUTENBAUER Siegfried, 1984. *Das Delikt der Gotteslästerung in der bayerischen Gesetzgebung*, Cologne/Vienne, Böhlau.

LEVELEUX Corinne, 2001. *La parole interdite. Le blasphème dans la France médiévale (XIIIe-XVIe siècles) : du péché au crime*, Paris, De Boccard.

LEVY Leonard W., 1993. *Blasphemy: Verbal Offense against the Sacred, from Moses to Salman Rushdie*, New York, A. A. Knopf.

LIND Tore Tvarnø, 2015. « Blasphemy Cries over Pussy Riot's "Punk Prayer" », *Danish Musicology Online*, numéro spécial, p. 7-34, disponible en ligne sur https://www.danishmusicologyonline.dk/arkiv/arkiv_dmo/dmo_saernummer_2015/dmo_saernummer_2015_musikcensur_01.pdf [consulté le 05/08/2020].

LINDORFER Bettina, 2009. *Bestraftes Sprechen. Zur historischen Pragmatik des Mittelalters*, Paderborn, W. Fink.

LOETZ Francisca, 2002. *Mit Gott handeln. Von den Zürcher Gotteslästerern der Frühen Neuzeit zu einer Kulturgeschichte des Religiösen*, Göttingen, Vandenhoeck & Ruprecht.

MAK Geert, 2005. *Der Mord an Theo van Gogh. Geschichte einer moralischen Panik*, traduit par Marlene Müller-Haas, Francfort-sur-le-Main, Suhrkamp.

MANNING David, 2012. « Blasphemy in the Christian Idiom, c. 1500-2000 », *The Historical Journal*, vol. 55, n° 3, p. 883-897.

MARSH Joss, 1998. *Word crimes: Blasphemy, Culture, and Literature in Nineteenth-Century England*, Chicago, University of Chicago Press.

MARSHALL Paul et SHEA Nina, 2011. *Silenced: How Apostasy and Blasphemy Codes are Choking Freedom Worldwide*, Oxford, Oxford University Press.

MERKEL Helmut, 1981. « Gotteslästerung », *in* : Theodor Klauser *et al.* (éd.), *Reallexikon für Antike und Christentum*, Stuttgart, A. Hiersemann, t. XI, p. 1185-1201.

MOSER Adolf, 1909. *Religion und Strafrecht, insbesondere die Gotteslästerung*, Breslau, Schletter.

Montagu Ashley, 1967. *The Anatomy of Swearing*, New York, Macmillan.
Naef Silvia, 2004. *Y a-t-il une « question de l'image » en Islam ?*, Paris, Téraèdre.
Nash David, 1999. *Blasphemy in Modern Britain: 1789 to the Present*, Aldershot / Brookfield, Ashgate.
— 2007. *Blasphemy in the Christian World: A History*, Oxford / New York, Oxford University Press.
Nokes Gerald D., 1928. *A History of the Crime of Blasphemy*, Londres, Sweet & Maxwell.
Pahud de Mortanges René, 1987. *Die Archetypik der Gotteslästerung als Beispiel für das Wirken archetypischer Vorstellungen im Rechtsdenken*, Fribourg-en-Brisgau, Universitätsverlag Freiburg Schweiz.
Piatelli Daniela, 1977. « L'offesa alla divinità negli ordinamenti giuridici del mondo antico », *Atti della Accademia Nazionale dei Lincei. Memorie. Classe di Scienze Morali, Storiche et Filologiche*, série VIII, vol. 21, n° 5, p. 401-448.
Robinson Olivia, 1973. « Blasphemy and Sacrilege in Roman Law », *The Irish Jurist*, vol. 8, n° 2, p. 356-371.
Rose Flemming, 2014. *The Tyranny of Silence: How One Cartoon Ignited a Global Debate on the Future of Free Speech*, Washington (DC), CATO Institute Press.
Rox Barbara, 2012. *Schutz religiöser Gefühle im freiheitlichen Verfassungsstaat?*, Tübingen, Mohr Siebeck.
— 2013. « Blasphemie im Spannungsfeld zwischen Meinungs- une Religionsfreiheit ? » *in* : Thomas Laubach (dir.), *Kann man Gott beleidigen? Zur aktuellen Blasphemie-Debatte*, Fribourg-en-Brisgau, Herder, p. 161-177.
Rudhardt Jean, 1960. « La définition du délit d'impiété d'après la législation attique », *Museum Helveticum*, vol. 17, n° 2, p. 87-105.
Rushdie Salman, 2012. *Joseph Anton. Une autobiographie*, traduit par Gérard Meudal, Paris, Plon.
Sahner Christian C., 2018. *Christian Martyrs Under Islam: Religious Violence and the Making of the Muslim World*, Princeton, Princeton University Press.
Saint-Victor Jacques de, 2016. *Blasphème. Brève histoire d'un « crime imaginaire »*, Paris, Gallimard.
Saintes Laetitia, 2017. « De la barbarie des robes noires. L'affaire La Barre vue sous l'angle des discours voltairiens », *Revue Voltaire*, n° 17, p. 29-43.
Sauer Eberhard W., 2003. *The Archaeology of Religious Hatred: In the Roman and Early Medieval World*, Stroud, Tempus.
Schäfer Peter, 2003. *Judéophobie. Attitudes à l'égard des juifs dans le monde antique*, traduit par Édouard Gourévitch, Paris, Les Éditions du Cerf.
— 2017. *Jüdische Polemik gegen Jesus und das Christentum. Die Entstehung eines jüdischen Gegenevangeliums*, Munich, Carl Friedrich von Siemens Stiftung.
Scheer Tanja, 2000. *Die Gottheit und ihr Bild. Untersuchungen zur Funktion griechischer Kultbilder in Religion und Politik*, Munich, C. H. Beck.
Schilling Werner, 1966. *Gotteslästerung strafbar? Religionswissenschaftliche, theologische und juridische Studie zum Begriff der Gotteslästerung und zur Würdigung von Religionsschutznormen im Strafgesetz*, Munich, Claudius.
Schmidt Heinrich R., 1993. « Die Ächtung des Fluchens durch reformierte Sittengerichte », *in* : Peter Blickle (dir.), *Der Fluch und der Eid. Die metaphysische Begründung gesellschaftlichen Zusammenlebens und politischer Ordnung in der ständischen Gesellschaft*, Berlin, Duncker & Humblot, p. 65-120.

SCHOLZ Nina et HEINISCH Heiko, 2016. *Charlie versus Mohammed. Plädoyer für die Meinungsfreiheit*, Vienne, Passagen Verlag.
SCHRÖDER Winfried, 1998. *Ursprünge des Atheismus. Untersuchungen zur Metaphysik- und Religionskritik des 17. und 18. Jahrhunderts*, Stuttgart, Frommann-Holzboog.
SCHWERHOFF Gerd, 1996. «Gott und die Welt herausfordern. Theologische Konstruktion, rechtliche Bekämpfung und soziale Praxis der Blasphemie vom 13. bis zum Beginn des 17. Jahrhunderts», mémoire d'habilitation d'histoire et de philosophie, université de Bielefeld, version revue et corrigée en 2004 disponible en ligne sur https://pub.uni-bielefeld.de/download/2304832/2304835/Zentraldokument.pdf [consulté le 20/02/2020].
— 1998. «Blasphemie vor den Schranken der städtischen Justiz. Basel, Köln und Nürnberg im Vergleich (14.-17. Jh.)», *Ius Commune. Zeitschrift für Europäische Rechtsgeschichte*, n° 25, p. 39-120.
— 2000. «Blasphemie zwischen antijüdischem Stigma und kultureller Praxis. Zum Vorwurf der Gotteslästerung gegen die Juden in Mittelalter und beginnender Frühneuzeit», *Aschkenas*, vol. 10, n° 1, p. 117-155.
— 2000. «Christus zerstückeln. Das Schwören bei den Gliedern Gottes und die spätmittelalterliche Passionsfrömmigkeit», *in*: Klaus Schreiner (dir.), *Frömmigkeit im Mittelalter*, Munich, W. Fink, p. 499-527.
— 2004. «Die alltägliche Auferstehung des Fleisches. Religiöser Spott und radikaler Unglaube um 1500», *Historische Anthropologie*, vol. 12, n° 3, p. 309-337.
— 2005. *Zungen wie Schwerter. Blasphemie in alteuropäischen Gesellschaften 1200-1650*, Constance, UVK.
SHACHAR Isaiah, 1974. *The Judensau: A Medieval Anti-Jewish Motif and its History*, Londres, Warburg Institute.
SHAW Brent D., 2011. *Sacred Violence: African Christians and Sectarian Hatred in the Age of Augustine*, Cambridge / New York, Cambridge University Press.
SINRAM Jana, 2015. *Pressefreiheit oder Fremdenfeindlichkeit? Der Streit um die Mohammed-Karikaturen und die dänische Einwanderungspolitik*, Francfort-sur-le-Main, Campus Verlag.
STARK Gary D., 2012. *Banned in Berlin: Literary Censorship in Imperial Germany, 1871-1918*, New York, Berghahn Books.
TOLAN John, 2016. «Blasphemy and Protection of the Faith: Legal Perspectives from the Middle Ages», *Islam and Christian-Muslim Relations*, n° 27, p. 35-50.
TÜRCKE Christoph, 1995. «Blasphemie», *in*: *id., Religionswende. Eine Dogmatik in Bruchstücken*, Lunebourg, zu Klampen, p. 11-24.
VENINGA Jennifer Elisa, 2014. *Secularism, Theology and Islam: The Danish Social Imaginary and the Cartoon Crisis of 2005-2006*, Londres, Bloomsbury Academic.
VETTORE Luca, 2016. «Blasphemy on Trial: Slinters of Deviant Recounts from 17th Century Venice», *in*: Jörg Rogge (dir.), *Recounting Deviance: Forms and Practices of Presenting Divergent Behaviour in the Late Middle Ages and Early Modern Period*, Bielefeld, Transcript Verlag, p. 97-129.
VILLA-FLORES Javier, 2006. *Dangerous Speech: A Social History of Blasphemy in Colonial Mexico*, Tucson, University of Arizona Press.

VISCONTI Elliott, 2008. « The Invention of Criminal Blasphemy: *Rex v. Taylor* (1676) », *Representations*, n° 103, p. 30-52.
VOGEL Gereon, 1998. *Blasphemie. Die Affäre Rushdie in religionswissenschaftlicher Sicht. Zugleich ein Beitrag zum Begriff der Religion*, Francfort-sur-le-Main, P. Lang.
VOIGT Christopher, 2003. *Der englische Deismus in Deutschland. Eine Studie zur Rezeption englisch-deistischer Literatur in deutschen Zeitschriften und Kompendien des 18. Jahrhunderts*, Tübingen, Mohr Siebeck.
WALTER Nicolas, 1990. *Blasphemy Ancient & Modern*, Londres, Rationalist Press Association.
WEBERSINN Gerhard, 1928. *Die geschichtliche Entwicklung des Gotteslästerungsdelikts*, Ohlau in Schles., H. Eschenhagen.
WELCH Michael, 2000. *Flag Burning: Moral Panic and the Criminalization of Protest*, New York, Aldine de Gruyter.
WIEDERHOLD Lutz, 1997. « Blasphemy against the Prophet Muhammad and his Companions (*Sabb Al-Rasūl, Sabb Al-Sahābah*) », *Journal of Semitic Studies*, n° 42, p. 39-70.
WILS Jean-Pierre, 2007. *Gotteslästerung*, Francfort-sur-le-Main, Verlag der Weltreligionen.

Crédits des illustrations

Fig. 1 – Herzog Anton Ulrich-Museum Braunschweig, n° d'inventaire MOstendorfer AB 3.8.
Fig. 2 – Wikimedia Commons (CC Zero).
Fig. 3 – Photo : © Andreas Diesend. Kupferstich-Kabinett, Staatliche Kunstsammlungen Dresden, n° d'inventaire A 1912-561.
Fig. 4 – Staatsbibliothek zu Berlin (VD16 G 1177). Preußischer Kulturbesitz, Abteilung Handschriften und Historische Drucke, cote YD 8251 : R.
Fig. 5 – Photo : © Pietro Gianeri (DR).
Fig. 6 – Source : Jodocus Damhouder, *Praxis rerum criminalium*, Anvers, J. Belleri, 1570, cap. 61, p. 129.
Fig. 7 – Bayerische Staatsbibliothek München, Res/P.o.germ. 1691,31 (VD17 12:649168C).
Fig. 8 – Historisches Archiv der Stadt Köln, Best. 30N (Nachträge), A N/1525.
Fig. 9 – Zentralbibliothek Zürich, ms. B 316, f° 99 r°.
Fig. 10 – John Wilkes et Thomas Potter, *An Essay on Woman: A Reconstruction of a Lost Book*, édité par Arthur H. Cash, New York, AMS Press, 2000, p. 85.
Fig. 11 – gallica.bnf.fr / Bibliothèque nationale de France.
Fig. 12 – Wikimedia Commons (CC Zero).
Fig. 13 – Getty Images / Derek Hudson / Kontributor. N° d'image 563421787.

INDEX

A

Aadorf (Thurgovie) 230
Aarhus 354, 357
Abbeville 270, 272, 273
Abd al-Rahman II (émir) 107, 111
Abitène 74
Abou Dawoud 108
Abraham 85, 87
Accursius 80
Achab 41, 53
Achille 43, 44
Adam 144, 240
Afrique 109, 357, 374, 375
Afrique du Nord 62, 74, 105
Afrique du Sud 338
Afrique subsaharienne 371
Agamemnon 43
Agnès (veuve à Cologne) 160, 161
Agnew, Alexander 223
Ahmad, Mirza Masroor 361
Aïcha 107
Aiden, Cuntz 200
Aikenhead, Thomas 223, 262, 263
Aix-en-Provence 204
Ajax 43, 44, 47, 48
Akhtar, Shabbir 344
Akram, Muhammed 379
al-Ahdal, Abdullah 341
Al-Andalus 112
Albertus Magnus 122
Albert V (duc de Bavière) 195
Albrecht, Hans 313
Albrecht (quaker) 315
Alcibiade 50, 51
Alekhina, Maria 383
Alep 106
Alexamenos 64
Alexandre le Grand 59
Alexandre VI (pape) 304
Alexandrie 56-58, 60, 71, 75
Algérie 368
Al-Hakam II (calife) 107
Ali, Ayaan Hirsi 352, 353, 364
Alibhai-Brown, Yasmin 349
Ali (gendre du prophète Mahomet) 113
Allemagne 19, 29, 133, 144, 148, 149, 193, 195, 237, 247, 250, 257, 296, 301, 302, 304-308, 311, 313, 321, 347, 387, 390, 412
Al-Māwardi 110
Alphonse X (roi de Castille) 129
Alsace 72, 170, 199
Al-Subkī 108, 109
Alvare 111, 112
Amberg 305
Ambroise de Milan (évêque) 70
Ames 415
Amiens 271
Amis, Martin 362
Ammien Marcellin 75
Amsterdam 164, 237, 351
Anastase 110
Anaxagore 49

Anders von Kennelbach, Uly 225, 228, 229
Angleterre 142, 144, 163, 164, 192, 207, 214, 217, 219, 223, 237, 238, 244, 259, 260, 263, 266, 285, 296, 323, 327, 330, 336, 338, 342, 343, 345, 346, 389, 393
Antiochos IV 55-57
Antoine (roi de Saxe) 298
Antoine (saint) 280
Antonin de Florence 121, 132
Apion 57
Apollon 43
Appenzell 158, 173
Aquin, Thomas d' 127, 140, 178
Arabie, péninsule Arabique 105, 106, 110
Arabie Saoudite 342, 356, 363, 375
Aragon 92
Arcadie 47
Ardennes 73
Arétin, Pierre 235
Aristote 43, 46, 47, 50, 401
Arles 132
Arndt, Adolf 413
Artaxerxès Ier 54
Artémis 47, 48, 62
Artémis Apanchomène 48
Arthur (roi) 326
Asad, Talal 398
Asie 105
Asie du Sud-Est 374, 376
Asie (province romaine) 59, 62
Aspasie 49
Assmann, Jan 36, 38, 207
Assur 54
Assyrie, Assyrien 41, 42, 54
Athènes 48-51, 73, 78
Atmowiloto, Arswendo 377
Augsbourg 130, 161, 167, 172, 190
Auguste 59
Augustin d'Hippone 62, 72, 75, 76, 83, 178
Auschwitz 352

Austin, John 25
Australie 291
Autriche(-Hongrie) 330

B

Baal 53, 336, 337
Babenhausen 145
Bāb (prophète) 109
Babylone 36, 54, 90, 91
Badawi, Raif 375
Baden, Christoph von (margrave) 163
Bader, Augustin 145
Badinter, Élisabeth 365
Bagdad 109
Bâle 99, 103, 133, 147, 149, 153, 158, 199, 204, 218, 234
Balibar, Étienne 397
Bamberg 391
Bangladesh 355, 376
Bar Kokhba 58, 62
Barnabé 62
Barri, Giraud de 226
Basilide (évêque) 82
Bastami, Ali 109
Baudelaire, Charles 279
Bauer, Thomas 344
Bavière 169, 195, 199, 257, 258, 302, 309
Bayrou, François 365
Bebel, August 299
Bebel, Heinrich 126
Beccaria, Cesare 247, 275, 279
Bec, François 210
Becher, Johannes R. 308
Behaim, Bartel 220, 221
Behaim, Sebald 220, 221
Behr von Wettringen, Max 148
Belgique 369
Bélial 41
Bellah, Robert N. 408
Belting, Hans 234
Benghazi 367
Benoît XVI (pape) 390

Berlin 299, 300, 303, 310-312, 321, 329
Bernardin de Sienne 123-125, 128, 167
Berne 136, 145, 234, 243
Berthold (frère) 120, 127
Best, Paul 219
Bèze, Théodore de 222
Bhabha, Homi 349, 350
Bhatti, Shabbaz 380
Bibi, Asia 379, 380
Biddle, John 219
Black, Hannah 414
Blackstone, Sir William 266
Bleiler, August 313
Bluitgen, Kåre 354
Bochmann (mandataire d'une organisation ouvrière) 299
Bodecker, Stephan (évêque) 179
Bodenstein von Karlstadt, Andreas 229
Bohême 156, 180, 231
Bohner, Theodor 314
Bolliger, Adolf 314
Bologne 223
Bolton 343
Bombay 336
Boniface 73
Boulter, Harry 295
Bourbon, Étienne de 124, 125, 153, 164, 190
Bouyeri, Mohammed 351, 353
Bradford 338, 343, 347
Bradlaugh, Charles 292, 293
Bramly, Serge 329
Brandebourg 179
Brant, Sébastien 150
Brégence 168
Brentz, Samuel Friedrich 102
Breslau 314
Breteuil, comte de 279
Březová, Laurent de 227
Bright, Parker 414
Brisson (citoyen français) 280
Bristol 216
Brno 132, 133, 142, 180
Broughton 143
Bruxelles 155, 282
Bucer, Martin 188, 189, 194
Buckinghamshire 143
Bullinger, Heinrich 210, 231
Bunyan, John 214
Burchard de Worms 84
Burgos, Abner de (nom chrétien : Alfonso de Valladolid) 92
Burke, Peter 411
Bustamante, María de 183
Bute, Lord (*voir* Stuart, John)
Butler, Judith 397
Byron, Lord George Gordon 347

C

Cabut, Jean (« Cabu ») 364, 365, 368
Caïphe 87, 93, 216
Calas, Jean 274, 275, 276
Calas (veuve) 274
Caligula (empereur romain) 58-60
Calvin, Jean 181, 218, 221, 222, 362
Cambridge 336
Cambron 98
Camilleri, Elisabetta 183
Canaan (petit-fils de Noé) 144
Canada 380
Canterbury 226, 259
Caphyes 47, 48
Capitolias, Pierre de 110
Capiton, Wolfgang 212
Capriolo, Ettore 341
Carlile, Richard 289
Carpen, Johann 161
Carpus (évêque) 65
Carré, John le 340, 349
Carter, Jimmy 346
Carthage 63, 74, 82
Casas, Bartolomé de las 198
Cash, Arthur H. 268
Čáslav 156
Cassandre 43, 47
Castellion, Sébastien 218, 362

Castille-León 129, 131
Celsus 82
César 45, 59
Chafiq, Chahla 364
Charbonnier, Stéphane (« Charb »)
    367, 368, 370, 395, 396, 411
Charles (prince de Galles) 340
Charles-Auguste (duc de Weimar)
    239
Charles II (roi anglais) 214
Charles VI (roi français) 131
Charles VI (empereur du Saint-
    Empire) 152
Charles VII (roi français) 131
Charles VIII (roi français) 163
Chassaigne, Marc 271
Chatami, Mohammad 343
Cheltenham 291
Chemnitz 299
Cherbury, Herbert de (baron) 245
Chesterton, Gilbert K. 296
Chine 377
Christophe de Wurtemberg (duc)
    213
Christ (*voir* Jésus-Christ)
Chrysès 43, 44
Chrysostome, Jean 82, 93
Clark, Samuel 264
Clarkson, Laurence 214, 215
Claude (empereur romain) 58, 60
Cleese, John 328
Clemenceau, Georges 280
Clément d'Alexandrie 63
Coblence 323
Cobourg 145
Coleridge, Lord John 294
Cologne 99, 133, 136, 145, 155,
    156, 159-161, 199, 201, 384,
    386, 387
Colomb, Christophe 187
Columban (missionnaire) 73
Constance 133, 138, 141, 150, 195,
    196, 198, 203
Constance II (empereur romain) 67
Constant, Benjamin 278, 279

Constantin (empereur romain) 65,
    67, 73
Constantinople 72, 78-81, 164, 229
Copenhague 355, 369
Coppe, Abiezer 215
Cordoue 107, 108, 110-112
Corneille (pape) 74
Cortés, Hernán 168, 197
Cotta (éditeur) 303
Cottin Pogrebin, Loretta 350
Coulibaly, Amedy 368, 369
Couthon, Georges 408
Craig, Mungo 263
Cranach, Lucas 89, 189, 231, 234
Crassus 57
Cromwell, Oliver 214, 219
Cuba 414
Curll, Edmund 238
Cylon 47
Cyprien de Carthage 65, 74, 82
Cyrille Ier (patriarche russe) 382
Cyrus (roi perse) 54

D

Dacey, Austin 399
Dacre, Lord (*voir* Trevor-Roper,
    Hugh)
Dahl, Roald 340
Damas 108
Damhouder, Jodocus (ou Josse de)
    135, 150
Damiens, Robert François 273
Danemark 354-356, 359-361, 389,
    393
Daniel 37
Dante Alighieri 113
Darwin, Charles 292
David 54
Dèce (empereur romain) 64
Decourtray, Albert (cardinal) 346
Dehmel, Richard 301
Delphes 48
Déméter 51
Démétrios (bijoutier) 62

Denck, Hans 220
Dendérah 72
Denman, Thomas 290
Denning, Lord Alfred 296, 323
Descartes, René 272
Deutéro-Isaïe 37
Diagoras de Mélos 51, 52
Dibelius, Otto 321
Dibri 35
Dieudonné 369
Dinkelsbühl, Nikolaus von 142
Dinzelbacher, Peter 233
Dioclétien (empereur romain) 65, 74
Diodore 51
Dion Cassius 58
Diopeithès 48
Dirks, Walter 313, 315
Dolet, Étienne 221, 222
Dominique (saint) 154
Domitien 59, 60
Donar 73
Donin, Nicolas 94
Donner, Jan 320
Doyle, Arthur Conan 296
Dresde 298
Dreyfus, Alfred 281
Dumfriesshire 223
Dunbar, William 143
Düsseldorf 323

E

Eaton, Daniel Isaac 287
Eck, Johannes 102
Écosse 223, 263
Édimbourg 262
Edwards, Thomas 207
Égypte 36, 54, 56, 59, 224, 276, 342, 355, 360, 375
Einsiedeln 226, 227
Einstein, Carl 309
El-Beher, Salem 341
El-Essawy, Hesham 347
Éleusis 51
El-Hussein, Omar 369

Élisabeth I`re` (reine d'Angleterre) 214
Elisabetha 152
Élisée 41, 144
Ellis, Havelock 296
Elyot, Thomas 143
Émirats arabes unis 363
Empire ottoman (*voir* Turquie)
Emser, Hieronymus 229
Engau, Johann Rudolph 200
Engelhard, Regnerus 252, 254
Ensisheim 230
Éphèse 62
Épicure 157
Épiphane de Salamine 75
Erskine, Thomas 287
Esdras 54
Ésope 224
Espagne 163, 164, 183, 184, 197, 282, 374
Etallonde, Gaillard d' 271, 272
États-Unis d'Amérique 26, 217, 285, 319, 327, 331, 332, 346, 356, 368, 379, 408, 410, 411
Étienne (diacre) 61, 90
Euloge 111, 112
Euripide 49
Europe 92, 96, 97, 117, 152, 166, 169, 171, 174, 181, 193, 196, 238, 244, 259, 275, 276, 282, 347, 360, 407
Europe centrale 98, 132, 133, 137, 320
Europe de l'Est 19, 217
Europe de l'Ouest 91, 385
Europe du Nord 193
Europe du Sud 203
Eusèbe 61
Ève 144, 240
Eymerich, Nicolas 182, 183
Ézéchias (roi juif) 41

F

Fabricius, Laurentius 102
Faisalabad 379

Faltlhauser, Kurt 304
Falwell, Jerry 350
Febvre, Lucien 157
Félicissimus 74
Ferney 274
Feuerbach, Anselm von 247, 253, 258
Flaubert, Gustave 279
Flavia Domitilla 60
Flavius Clemens 60
Flavius Josèphe 55, 57
Florence 228
Fontane, Theodor 305
Foot, Michael 347
Foote, George W. 292-294
Fortunata 183
Fortuyn, Pim 352, 353
Fourest, Caroline 29, 396
Fournier, Jacques (évêque) 180
Fox, George 216
France 93, 117, 131-135, 143, 160, 163, 180, 192, 210, 229, 235, 238-240, 243, 248, 263, 270, 273, 275-277, 281, 282, 285, 286, 292, 305, 306, 319, 329, 358, 366, 367, 369, 370, 389, 396, 403
Francfort-sur-le-Main 98, 102, 138, 310, 348
Francfort-sur-l'Oder 191
François (saint) 154, 269
Franconie 97
Frédéric (co-régent de Saxe) 298
Frédéric II (empereur du Saint-Empire) 129, 166, 177, 246
Frédéric V (prince-électeur palatin et roi de Bohême) 231
Frédéric-Guillaume III (roi de Prusse) 300
Freisler, Roland 412
Freistadt (Haute-Autriche) 243
Frentzelin von Heilgenstein 155, 170
Friderich, Frantz 191
Fritzsche, Friedrich Wilhelm 299
Fukuyama, Francis 19

Furneaux, Philippe 266
Fusco, Coco 414

G

Gaesmere (Hesse) 73
Gailhard, Jean 263, 264
Galère (empereur romain) 65
Galilée (région) 90
Galilée (savant) 347
Gallus (missionnaire) 73
Gambetta, Léon 282
Gans, Evelien 352
Garasse, François 236
Garland (Texas) 369
Gaza 72
Geiler von Kaysersberg 121, 142, 144, 146, 188, 191
Geis, Norbert 393
Gélase Ier (pape) 82
Genève 218, 221, 272, 274, 362, 381
Gengenbach, Pamphilus 99
George III (roi d'Angleterre) 267
Gerson, Jean 135, 172
Gibbon, Edward 267
Giovanni (pêcheur maltais) 23
Goethe, Johann Wolfgang von 300, 305
Gogh, Theo van 351-353, 359
Goldstein, Moritz 312
Gomorrhe 41, 81, 136
Gonzáles, Andrés 183
Gott, John William 295, 296, 325
Göttingen 322
Graf, Friedrich Wilhelm 21
Grande-Bretagne (*voir* Angleterre)
Grèce, Grec 36, 43-47, 49, 50, 55-57, 286
Grécourt (abbé) 239
Grégoire IX (pape) 94, 128, 129, 177
Grégoire le Grand (pape) 119, 122
Grosz, George 29, 310, 312, 314-317
Gruet, Jacques 221, 222
Guadalquivir (fleuve) 108

Gui, Bernard 95
Guildford 215
Guillaume II (empereur allemand) 307
Guillaume III d'Orange (roi d'Angleterre) 262, 264
Gülich, Michel 169
Gutenberg, Johannes 187
Gutzkow, Karl 300

H

Haarlem 223
Habermas, Jürgen 259
Hadrien (empereur romain) 58
Hainaut 98
Hale, Matthew 260, 261, 265, 266, 287, 403
Halès, Alexandre de 95, 120, 121, 127
Halle-sur-Saale 245, 247
Hambourg 144, 246
Hannibal 70
Hanovre 258
Hansen, Jens Julius 362
Hardwicke, Philip Yorke (1er comte de) 238
Harnasch, Claus 147
Harrison, George 327
Harrison, Tony 347
Harsdörffer, Georg Philipp 204
Hart, Heinrich 303
Hartford (Indiana) 410
Hašek, Jaroslav 310
Hasenclever, Walter 310
Haslam, Charles 290
Hauer (maître maréchal-ferrant) 298
Haute-Autriche 243
Hecht, Benjamin 327
Heidelberg 218, 219
Heine, Heinrich 301, 385
Heinrich von Herford 154
Heintzen, Hans 158, 173
Heinze, Gotthilf 301
Henri IV (roi d'Angleterre) 163

Hensgen, Kneuvel 200
Héraclès (*voir* Hercule)
Hercule 45, 52
Hermans, Willem Frederik 352
Hermès 50, 55
Hermocopides 50, 51, 73
Hérode Agrippa Ier (roi juif) 57, 62
Herzfeld, Michael 171
Herzfelde, Wieland 310, 312
Herzog, Roman 348
Hésiode 44, 45
Hess, Hans 134
Hesse 73, 212, 258
Hetherington, Henry 290
Hettich, Hans Peter 204
Heyse, Paul 303
Hilarion Alfeïev (métropolite russe) 384
Hitchens, Christopher 362, 363
Hlayhel, Raed (cheikh) 355, 359
Hohenlohe-Schillingsfürst, Chlodwig zu 306
Höhn, Hans-Joachim 391
Hollande, François 365
Hollywood (*voir* Los Angeles)
Holyoake, George Jacob 290-293, 295
Homère 43-45, 47
Hommel, Karl Ferdinand 250, 256
Hone, William 288, 289
Hongrie 19
Horb 212
Horgen 227
Hottinger, Klaus (ou Nikolaus) 230
Huizinga, Johan 22, 172, 175, 314, 402
Huntington, Samuel P. 399
Hymers Jr., Robert L. 331
Hypatie 71

I

Ibn Hātim 108
Iconium 62
Iéna 200, 247

Igarashi, Hitoshi 341
Iliade 43, 44
Inde 187, 338, 345, 353, 378, 382
Indiana 410
Indonésie 357, 376, 377
Ingersoll, Robert G. 296
Innsbruck 329, 330
Iowa 415
Irak 109, 113, 343
Iran 19, 114, 339, 342, 343, 345, 346, 357, 361, 374, 375
Irénée de Lyon 75
Irlande 263, 327, 374, 389
Isaac (possible percepteur) 110, 111
Islamabad 339
Isocrate 46
Israël 39, 53, 54, 144
Istanbul (*voir* Constantinople)
Italie 132, 137, 151, 181, 183, 184, 197, 243, 332

J

Jacob (aubergiste) 158
Jacques (« frère du Seigneur ») 61
Jacques Ier (roi anglais) 259, 262
Jadoff, Kenneth (père) 327
Jakarta 377
Janssen, Matthew 410
Japon 324, 341
Jean (apôtre) 87, 142, 167, 225, 298
Jean le Baptiste 303, 323
Jean Népomucène (saint) 201
Jean-Paul II (pape) 332, 345
Jehotte la Noire 160
Jéhu 41, 53
Jérémie 37
Jérôme de Stridon 75, 82
Jérusalem 41, 54-58, 60-62, 110, 162
Jésus-Christ 30, 61-63, 73, 74, 87-90, 94, 95, 97, 100, 101, 103, 105, 110, 125, 141-143, 150, 153, 155, 156, 160, 167, 182, 191, 192, 210, 215-217, 219, 220, 222-225, 227, 229, 232, 233, 245, 246, 260, 264, 280, 284, 286, 297-299, 303, 309-314, 316, 320, 323, 324, 330, 331, 346, 360, 362
Jézabel 41, 53
Jihlava 132
Jobert, Guillaume 210
Johannesburg 338
Johann von Ghynt 155
Joos, Joseph 308
Joseph 156, 210, 285
Joseph II (empereur du Saint-Empire) 248
Joseph, John 379
Josias 54
Journet, Noël 222
Juda 39, 41, 42, 54
Judas 233, 303, 323, 328
Judée 41, 56, 58, 328
Julien (empereur romain) 67, 75
Julius Firmicus Maternus 69
Jupiter (*voir* Zeus)
Juste, Carsten 355, 359, 360, 362
Justin de Naplouse (dit Justin Martyr) 61, 90
Justinien (empereur romain) 76-84, 121, 136, 139, 193, 236, 402

K

Kano (État nigérian) 376
Kant, Emmanuel 246, 252
Kempe, Margery 179
Khartoum 367
Khomeini (ayatollah) 19, 31, 114, 335, 339, 341, 343-345, 348, 349, 358, 404
Kilchmatter (blasphémateur à Zurich) 150
King-Hamilton (juge anglais) 325
Kirkup, James 323, 324, 327
Klemperer, Victor 307
Knox, John 259
Koch, Georg (soldat) 148
Konitz 103

Konrad von Hennenhoven 139
Kouachi, Chérif 368
Kouachi, Saïd 368
Kraus, Karl 304
Kulmbach 192
Kunzelmann, Dieter 29
Kyoto 324

L

Laban, Ahmed Abu 359
La Barre, François-Jean Lefebvre de (chevalier) 22, 263, 270-276
lac de Constance 73, 195
lac de Zurich 73
Lahore 379
Lally-Tollendal, Gérard de (marquis) 279
La Mecque 356, 366, 381
Lamoignan, Jean 211
Lassalle, Ferdinand 298, 299
Latimer, Hugh 289
Laubach, Thomas 391
Laud, William 259
Lazare 264
Le Caire 338, 356, 359, 381
Leconte, Daniel 365
Lee, Robert 327
Legate, Bartholomew 219
Leipzig 256, 298, 300, 304, 306, 311
Lemon, Denis 324-326
Lénine, Vladimir Ilitch 309
Leo (habitant de Čáslav) 156, 157
Leonberg 203, 204
Leonhard Fentzel von Hohenstat 169
Léopold II (empereur autrichien) 256
Léopold VI (duc) 132
Le Petit, Claude 237, 238, 240
Lerner, Mike 386
Lessing, Gotthold Ephraim 239
Lessing, Theodor 306
Lévitique 261
Lévy, Bernard-Henri 364
Leyde 353
Lherbe, Charles 243

Liban 357
Libanios 72
Libye 367
Liège 180
Ligurie 122
Lindau 193
Locke, John 245, 262, 263
Londres 216, 219, 238, 247, 260, 270, 285, 289, 296, 336, 341, 344, 356
Los Angeles 331
Louis VII (roi français) 93
Louis IX (Saint Louis, roi français) 130, 131, 134, 135, 138, 143
Louis XIV (roi français) 244
Louis XV (roi français) 273, 275
Louis XVI (roi français) 276, 408
Louxor 73
Lucerne 132, 190, 230
Ludolphe le Chartreux 93
Lugio, Johann de 180
Luther, Martin 100-102, 181, 187, 208-210, 213, 229, 289, 302
Lyon 346

M

Macaulay, Thomas (baron) 263
Macédoine 46
Machiavel, Nicolas 261
Madonna 326, 330-332
Madrid 238
Mahomet 20, 31, 95, 105-111, 113, 123, 183, 218, 224, 246, 317, 329, 336, 337, 344-346, 354-359, 361, 362, 364, 366-370, 376-378, 381, 396, 397, 404, 411
Maihofer, Werner 321
Majlisi (ayatollah) 345
Major, John 341
Mak, Geert 353
Malaisie 376
Mali 368
Malte 150, 160, 183

Manchester 288, 293, 343
Mandeville, Bernard 264
Mani (fondateur du manichéisme) 180
Mannheim 300, 309
Mann, Thomas 305, 310
Marc 87
Marcuse, Ludwig 315
Margaritha, Anton 100
Marianne (symbole de la France) 283
Marie 23, 94-96, 98, 100, 103, 123-125, 128, 131-134, 143, 149, 152-154, 156, 180, 182, 195, 196, 198, 210, 222, 225-228, 230, 231, 233, 238, 243, 271, 285, 298, 304, 330, 383, 387
Marie II (reine anglaise) 262
Marie Madeleine 303, 330
Marinella, Lucrezia 159
Maroc 353
Marx, Karl 286
Masih, Ayub 379
Massachusetts 319
Matthieu 81, 87, 126, 179
Maximilien Ier (empereur du Saint-Empire) 135, 136
Mayence 187
Mazarin, Jules (cardinal) 238
McEwan, Ian 340
Méditerranée 143, 149
Meer, Fatima 338
Meißen 227
Melanchthon, Philipp 189, 213
Melfi 129, 166, 177
Mélos 51
Mendieta, Gerónimo de 198
Ménélas 55
Mengele, Josef 352
Merckli von Zofingen 149
mère Angelica 331
mère Teresa 328
Meslier, Jean 246
Meßkirch 162
Metz 222
Mexico 170, 183

Mexique 159, 163, 197
Milan 70, 154, 155
Miller, Charles Kingsbury 409
Millot, Michel 237
Minden 154
Minorque 71
Minucius Félix 62
Miriam 91
Mithra 61
Modène 203
Moïse 35, 36, 38, 53, 54, 61, 222, 224, 246
Moisnel, Charles François 271, 272
Molière 347
Monce 154
Mons (Belgique) 98
Montegrazie (Ligurie) 122
Montesquieu, Charles de 247, 250
Moscou 382, 386
Mosebach, Martin 390
Mouchy, Antoine de 211
Moussa, Amr 356
Moxon, Edward 290
Moyen-Orient 357, 363, 374, 375
Muggeridge, Malcolm 328, 329
Müller, Johann Joachim 246
Müller (policier saxon) 304
Munich 302, 304-306
Münster (Westphalie) 212
Müntzer, Thomas 220
Murner, Thomas 127, 171
Murry, Miss Fanny 268
Murton, John 259
Musculus, Andreas 164, 191

N

Naboth 41
Nader Chah 109
Nadjaf 109
Nantes 244
Naples 149
Napoléon Bonaparte 278
Napoléon III 279
Nasreen, Taslima 348, 364

Nayler, James 216, 217, 260
Nazareth 352
Néron (empereur romain) 63
Nesin, Aziz 341
Neuser, Adam 218, 219
Newgate 287
Newton, Isaac 264
New York 20, 327, 409, 410
Nigeria 357, 375
Nil (fleuve) 72
Nithack-Stahn, Walter 314
Noé 144, 293
Nordhausen 310
Nördlingen 102
Nørgaard, Finn 369
Norvège 327, 356
Nuremberg 133, 135, 153, 163, 168, 169, 190, 199, 200, 204, 220
Nygaard, William 341

O

Oberlahnstein 306
Oberlinghen 145, 195
Oldenbourg 258
Omar (calife) 109
Orléans, Laurent d' 178
Orwell, George 363
Ostendorfer, Michael 37
Ouganda 349
Oussama ben Laden 357

P

Pace, Gaetano 183
Pack, Ernest 295
Pagitt, Ephraim 207
Paine, Thomas 285-287, 289, 290
Pakistan 355, 363, 374, 377-379
Palatin 64
Palestine 57, 58, 72, 91
Palin, Michael 328
Pallas Athéna 43
Panizza, Oskar 22, 29, 303-306, 329, 394, 404
Panopolis 72

Paris 97, 134, 135, 154, 164, 210, 221, 222, 230, 236, 238, 247, 270, 272-274, 280, 282, 368, 369, 408
Pasco, Isabelle 329
Paterson, Thomas 291
Paul (apôtre) 61-63, 81, 90, 323
Pausanias 47, 48
Pawlik, Michael 392
Pays-Bas 164, 214, 223, 229, 244, 320, 351-354, 359
Pays de Galles 327, 389
Pelart, Jehan 150
Peña, Francisco 182, 183
Pencz, Georg 220, 221
Pendjab 380
péninsule Ibérique 105, 107, 108, 110, 113, 181
Pepys, Samuel 237
Perault, Guillaume 119, 120, 123
Perchtoldsdorf 201
Perfectus (prêtre) 111
Périclès 49
Perse 71, 109
Pfefferkorn, Johannes 99
Philippe II Auguste (roi français) 134
Philippe IV le Bel (roi français) 134
Philippe V de Macédoine 46
Philippines 374
Philon d'Alexandrie 56, 57, 60
Philpot, John 217
Phinéas 41
Pierre (apôtre) 144, 154, 155, 362
Pierre-Léopold (grand-duc de Toscane) (*voir* Léopold II)
Pierre le Vénérable 93, 94
Pie VII (pape) 278
Pilberger, Johann Georg 243
Piscator, Erwin 310
Pitt, William 270
Platon 221
Plutarque 49, 51
Pointet, Jean 230
Pollegar, Isaac 92
Pologne 19

Pologne-Lituanie 217
Pompée 57
Ponce Pilate 88, 323
Ponfick, Hans 313
Pope, Alexander 267, 269
Porphyre (évêque) 72
Portugal 273
Poséidon 43
Pottenstein, Ulrich von 178
Potter, Thomas 267, 269
Poutine, Vladimir 382, 383, 387
Prague 227, 231, 234
Preminger, Otto 329
Preuschen, Carl Ernst von (baron) 258
Proche-Orient 36, 39, 55, 109, 357
Procope 78, 79
Protagoras 49
Proudhon, Pierre-Joseph 280
Prusse 258, 297, 300, 302, 303, 307, 312
Publius Petronius 58
Purnama, Basuki Tjahaja (Ahok) 377
pythie 48

Q

Quinn, Anthony 359

R

Rabelais, François 211
Rabschaké 41
Rasmussen, Fogh 355-357, 359, 360
Rau, Milo 386
Raymond, Robert (*Lord Chief Justice*) 265
Redslob, Edwin 313
Refn, Lars 357
Reichenschwand 163
Rengel, Rodrigo 159, 198
Reuben, Jacob ben 91
Reuchlin, Johann 100
Reutlingen 310
Reve, Gerard 352
Reyes, Mariana de los 183

Rheims, Bettina 329
Rhin (fleuve) 155
Richard, Jacques 329
Rinaldeschi, Antonio 228
Rintfleisch (roi) 97
Robespierre, Maximilien de 286, 408
Rohr, Hansjoachim von 313
Rojas, Juan de 182
Roma (déesse) 70
Rome, Romain 36, 44-46, 55-59, 64, 65, 67, 69, 70, 112, 238, 261, 262, 273, 301, 303, 323, 328
Rops, Félicien 280
Rose, Flemming 354, 355, 359-362
Rosenberger, Maria Francisca 152
Rosina, Anna 152
Rothenburg ob der Tauber 148
Rouen 211
Rousseau, Jean-Jacques 408
Rowohlt, Ernst 310
Rox, Barbara 392, 395
Roxin, Claus 321
Royal, Ségolène 365
Rushdie, Salman 19-21, 29, 31, 324, 335-351, 354, 357, 362, 364, 368, 389, 404
Russie 164, 384-387, 404
Ryff, Fridolin 230

S

Saccardino, Costantino 223
Sacconi, Rainier (dit de Plaisance) 180
Sahiwal 379
Saint-Denis 164
sainte Catherine 183, 232
Saint-Fargeau, Michel Lepeletier de 276
saint Gall 155
Saint-Gall 148, 161
saint Jean 232, 269
saint Pierre 155
saint Urbain 155
Sakharov, Andreï 386

Salat von Krähenried, Hans 145
Salomon 54
Salvagus, Porchetus 101
Samoutsevitch, Ekaterina 383
Sarkozy, Nicolas 365
Sartor (baron) (procureur) 304, 305
Sattler, Michael 212
Savonarole, Jérôme 228
Saxe 191, 212, 213, 297, 304
Sayn-Wittgenstein-Hohenstein, Graf Wilhelm zu 299
Scamandre (fleuve) 44
Schäfer, Peter 91
Schick, Ludwig 391
Schimmel, Annemarie 347, 348
Schleitheim 212
Schlettstadt, Rudolf von 97
Schleupner, Christoph 192
Schlichter, Rudolf 315
Schmidt, Hans 169
Schnider, Ullin 204
Schnyder, Hans 234
Schreiner, Helmuth 314
Schroeter, Werner 329, 330, 394
Schroeter-Wittke, Harald 391
Schrötler, Ulrich 189
Schutz, Dana 414
Schwyz (canton) 226
Scorsese, Martin 330, 346
Scribner, Bob 233
Scultetus, Abraham 231
Sélestat 155
Sennachérib (roi assyrien) 42
Sérapis 71
Serre, Hercule (comte de) 278
Servet, Michael 218, 220, 221, 362
Sévère (évêque) 71
Shahabuddin, Syed 338
Shakespeare, William 174
Shaw, George Bernard 296
Shelley, Percy Bysshe 290
Shelomith 35
Shenouté d'Atripe 72
Sibérie 382
Sicile 49, 50, 129

Siddiqui, Kalim 344
Siegert, Julius 311, 313
Silésie 301
Simon de Trente 98, 102, 302
Simon le Magicien 144
Sinaï 38, 110
Singer, Michel 169
Sivas 341
Smithfield 219
Socrate 50, 347
Soden, Julius von (baron) 248, 250, 252, 253, 255
Sodome 41, 81, 136
Soleure 190
Somalie 352
Somme (fleuve) 271
Sophrone (patriarche) 110
Sorratini, Giovanni Paolo 143
Sosa, Pedro de 170
Souabe 126
Soudan 367
Southwark 328
Southwell, Charles 291
Sparte 51
Spinoza, Baruch 246
Spire 155
Spötge, Mathys 148
Stadelhofen 231
Starkie, Thomas 287
Steinschneider, Siegmund 230
Steinzer, Johann 201
Stephen, James Fitzjames (Sir) 292
Stevens, Cat 344, 348
Stevens, J. Christopher 367
Steward, Thomas 295, 296
Stockwood, Mervyn 328
Störcher, Ebirhard 145
Strasbourg 129, 148, 150, 188, 189
Strauß, David Friedrich 292
Stuart, John (3ᵉ Lord de Bute) 267
Sudermann, Hermann 303
Suède 327
Suétone 60
Suharto, Haji Mohamed 377
Suisse 133, 195, 199, 230, 243, 305

Suriname 353
Surrey 215
Sylvanus, Johannes 218, 219
Symmaque 70
Syracuse 50
Syrie 58, 72, 357

T

Tabanos (monastère) 111
Tacite 63
Taheri, Amir 345
Taseer, Salman 380
Taxil, Léo 292
Taylor, James 22, 215, 260
Tchéquie 227
Tebbit, Norman 341
Téhéran 335, 341
Tertullien 61, 63, 65, 75, 82
Texas 369
Thaïlande 407
Thatcher, Margaret 341
Théodose Ier (empereur romain) 67, 72
Théodose II (empereur romain) 67
Théophile (évêque) 71
Théophile le Jeune (pseudonyme) (*voir* Le Petit, Claude)
Thérèse d'Avila (sainte) 330
Thérèse (sainte) 281
Thétis 43
Thoma, Ludwig 307
Thomasius, Christian 245, 248
Thonis von Wesseling 156, 157
Thorsen, Jens Jørgen 361
Thor (*voir* Donar)
Thucydide 50
Thurgovie 230
Tibère 59
Till, Emmett 414
Tillich, Paul 310
Titius, Gottlieb Gerhard 248-250
Todd, Emmanuel 369, 370, 397
Toland, John 263
Tolède 108, 149, 183, 197

Tölke (juge au tribunal régional) 314
Tolokonnikova, Nadejda 383, 386
Tolstoï, Léon 306
Torrentius, Johannes 223
Toscane 256
Toulouse 223, 274
Transjordanie 110
Transylvanie 217, 219
Trente 97, 102, 194
Trevor-Roper, Hugh (Lord Dacre) 340
Troie 43
Trump, Donald 24
Tryphon 61, 90
Tunisie 366, 374
Türcke, Christoph 20,-22
Turquie 286, 341, 353, 355, 357, 363, 374, 407
Tyrol 329, 394

U

Ulm 194, 202
Union soviétique (*voir* Russie)
Uznach 225

V

Val, Philippe 364
Valence 197
Valentinien (empereur romain) 70
Valérien (empereur romain) 65
Vallée, Geoffroy 222
Vallière, Jean 210
Vanden Vekene, Cornelis 155
Vanini, Giulio Cesare 223
Vatican 346
Venise 143, 196, 238
Verr, Haensli 168
Viau, Théophile de 235-238, 240
Victoria (déesse de la Victoire) 70, 71
Victoria (reine anglaise) 291
Vienne 93, 132, 133, 152, 201, 238, 243
Vietnam 410
Vilks, Lars 369

Vitry, Jacques de 125, 134
Voigt, Adam 250, 253, 255, 256
Voltaire 271-276, 347, 370
Vulfilaïc (diacre) 73

W

Wagner, Friedrich 314
Wallraff, Günter 348
Wann, Paul 93
Warburton, Gertrude 267
Warburton, William 267-270
Wardrip, Gary 410
Wasserman, Lew 331
Wazon (évêque) 180
Wechselburg 298
Wedekind, Frank 301
Weikersheim 97
Weimar 239, 308, 310, 312, 316
Weiningen 232
Weinsberg, Hermann von 159
Weitingen, Hanns von 163
Wellberg, Hans 195
Westergaard, Kurt 355, 357, 358, 363
Westphalie 244
West Yorkshire 338
Whiston, William 264
Whitehouse, Mary 324-327
Whitelocke, Bulstrode 261
Wickliff, John (pseudonyme) 265
Wickram, Georg 192
Widodo, Joko 377
Wieland, Ernst Karl 250, 253
Wieseltier, Leon 347
Wilde, Oscar 323
Wilkes, John 239, 266, 267, 269, 270
Will, Wolfgang 51
Willancourt (abbesse de) 272
Williams, Thomas 285, 286
Willisau 166, 190
Wils, Jean-Pierre 391, 399
Wingrove, Nigel 330, 395
Winter, Leon de 351

Wirri, Heinrich 190
Wisconsin 410
Wittemberg 98, 100-102, 191, 213, 214, 229
Witt, Josephine 384
Wolff, Christian 245, 247, 251, 252, 255
Woolston, Thomas 264, 265
Worms 193
Wurtemberg 194, 203, 212, 258
Wurtzbourg 132

X

Xénophane 45

Y

Yahvé 35, 38-41, 53, 54, 59, 144
Yates, Joseph (Sir) 270
Yberger, Fridlin 229
Yémen 368

Z

Zainerin, Barbara 169
Zayd 111
Zaynab 111
Zeitz 256
Zeus 43-45, 58, 73
Zia-ul-Haq, Mohammed 378
Zimmern, Gottfried von (comte) 162
Zimmern, Gottfried Werner von (comte) 172
Zimmern, Jost Niklaus I von (comte) 162
Zimmern, Werner von (baron) 163
Zumárraga, Juan de (évêque) 197
Zurich 133, 141, 150, 160, 198, 202, 225, 227, 243, 303
Zwingli, Ulrich 181, 210, 211
Zwolle 353

Impression & brochage - France
Numéro d'impression : N08195240205 - Achevé d'imprimer : juin 2024
Dépôt légal : juin 2024